凡　例

一、本词典共收录汉语成语 6 200 余条，每一词条由条目名、注音、释义、例句四部分构成。

二、条目收录以通用性为原则。

三、每条成语均标注汉语拼音，全书条目按音序排列。

四、释义时先列通释，部分用典交代故事梗概，然后解释本义和引申义，最后解释难解字词。

五、例句的目的在于展示每条成语的具体运用，在内容上注重知识性和社会性。每条成语均有一个例句，前用“★”标志。

六、本词典正文前有“词目首字音序索引”，正文后有“词目笔画索引”，以备查检。

词目首字音序索引

A

āi

哀 1

挨 1

唉 2

ǎi

矮 2

蔼 2

ài

爱 2

碍 2

ān

安 2

鞍 4

àn

按 4

案 5

暗 5

黯 5

áng

昂 5

āo

凹 5

áo

嗷 5

ào

傲 6

奥 6

B

bā

八 7

bá

拔 7

跋 7

bǎ

把 7

bà

罢 7

bái

白 7

bǎi

百 8

bài

败 11

稗 11

bān

班 12

斑 12

搬 12

bàn

半 12

bǎng

榜 13

bàng

棒 13

bāo

包 13

bǎo

饱 13

宝 13

bào

报 13

抱 13

暴 14

bēi

杯 14

卑 15

悲 15

bèi

备 15

背 15

倍 16

bēn

奔 16

běn

本 16

bèn

笨 16

bī

逼 16

bí

鼻 17

bǐ

比 17

笔 17

bì

必 17

毕 17

闭 17

敝 18

筚 18

碧 18

壁 18

避 19

髀 19

biān

鞭 19

biàn

变 19

便 20

遍 20

biāo

标 20

biǎo

表 20

bié

别 20

bīn

宾 21

彬 21

bīng

冰 21

兵 21

bǐng

秉 22

bìng

并 22

病 23

bō
拨 23
波 23
bó
伯 23
勃 23
博 23
bǔ
捕 24
bù
不 24
布 36
步 36

C

cái
才 38
财 38
cǎi
采 38
cān
餐 38
cán
残 38
蚕 39
cǎn
惨 39
càn
灿 39
粲 39
cāng
仓 40
苍 40
沧 40
cáng
藏 41
cāo
操 41
cǎo
草 41
cè
恻 42
cēn
参 42
céng
层 42
曾 42
chā
差 42
插 43
chá
茶 43
搽 43
察 43
chà
姹 43
chāi
拆 43
chái
柴 43
豺 43
chán
馋 43
缠 43
蟾 44
chǎn
铲 44
cháng
长 44
徜 45
chǎng
惝 45
chàng
怅 45
畅 45
chāo
超 45
cháo
朝 45
嘲 45
chē
车 45
chè
彻 45
chén
沉 46
陈 46
晨 46
chèn
称 46
趁 46
chēng
称 47
瞠 47
chéng
成 47
诚 47
承 48
城 48
乘 48
程 48
惩 49
chěng
逞 49
chī
吃 49
嗤 49
痴 49
chí
驰 50
迟 50
持 50
chǐ
尺 50
chì
叱 50
赤 50
chōng
充 51
冲 51
chóng
重 51
崇 51
chǒng
宠 52
chōu
抽 52
chóu
愁 52
踌 52
稠 52
chǒu
丑 52
chòu
臭 52
chū
出 52
初 54
chú
除 54
锄 54
chǔ
处 54
楚 55
chù
怵 55

触 55

chuān

川 55
穿 55

chuán

传 56

chuàn

串 56

chuāng

疮 56
窗 56

chuàng

怆 56

chuī

吹 56
炊 56

chuí

垂 56
捶 57

chūn

春 57

chún

唇 58

chǔn

蠢 58

chuō

踔 58

chuò

绰 58

cí

词 58
慈 58

cǐ

此 59

cì

刺 59

cōng

聪 59

cóng

从 59

cū

粗 59

cù

促 60
猝 60

cuī

催 60
摧 60

cuǐ

璀 60

cùn

寸 60

cuō

蹉 61

cuò

措 61
错 61

D

dá

达 62
答 62

dǎ

打 62

dà

大 62

dāi

呆 69

dài

代 70
待 70
戴 70

dān

担 70
单 71
殚 71
箪 71

dǎn

胆 71

dàn

淡 71
弹 71

dāng

当 72

dǎng

党 72

dàng

荡 72

dāo

刀 73

dǎo

倒 73

dào

倒 73
盗 73
道 73

dé

得 74
德 75

dēng

灯 75
登 75

děng

等 76

dī

低 76
滴 76

dǐ

砥 76

dì

地 76

diān

颠 77

diǎn

点 77

diāo

刁 78
雕 78

diào

吊 78
调 78
掉 79

dié

喋 79

dīng

丁 79

dǐng

顶 79
鼎 79

diū

丢 79

dōng

东 79
冬 81

dòng

动 81
栋 81
洞 81

dǒu

斗 81

dòu

斗 81
豆 82

dú
独 82
读 83
dǔ
睹 83
dù
杜 84
妒 84
度 84
渡 84
duān
端 84
duǎn
短 84
duàn
断 84
duī
堆 85
duì
对 85
dùn
顿 85
遁 86
duō
多 86
咄 87
duó
夺 87
duǒ
躲 87

E

ē
阿 88
婀 88
é
鹅 88
蛾 88
è
扼 88
恶 88
噩 88
饿 88
ēn
恩 89
ér
儿 89
而 89
ěr
尔 89
耳 89
èr
二 90

F

fā
发 91
fá
罚 91
fǎ
法 91
fān
翻 92
fán
凡 92
繁 92
fǎn
反 93
返 93
fàn
犯 94
泛 94
fāng
方 94
芳 95
fáng
防 95
fàng
放 95
fēi
飞 96
非 96
féi
肥 97
fěi
匪 97
斐 97
fèi
吠 97
废 97
沸 97
肺 98
费 98
fēn
分 98
纷 99
fén
焚 99
fěn
粉 99
fèn
分 100
奋 100
忿 100
愤 100
fēng
丰 100
风 101
封 103
峰 104
烽 104
锋 104
蜂 104
féng
逢 104
fěng
讽 104
fèng
凤 104
奉 105
fó
佛 105
fū
夫 105
敷 105
fú
芙 105
扶 105
拂 106
浮 106
福 106
fǔ
抚 106
俯 106
釜 107
辅 107
fù
父 107
付 107
负 107
妇 108
附 108
赴 108
富 108
腹 108
缚 108
覆 109

G

gǎi
改 110
gài
盖 110
概 110
gān
干 110
甘 111
肝 111
gǎn
赶 111
敢 111
感 111
gāng
刚 112
纲 112
gāo
高 112
gào
告 114
gē
割 114
歌 114
gé
革 115
格 115
隔 115
gè
各 115
gēn
根 116
gèn
亘 117
gěng
耿 117
绠 117
gèng
更 117
gōng
工 117
公 117
功 118
攻 118
供 118
恭 119
觥 119
gǒng
拱 119
gōu
钩 119
gǒu
苟 119
狗 119
gū
沽 120
孤 120
姑 121
gǔ
古 121
股 121
骨 121
蛊 122
鼓 122
gù
固 122
故 122
顾 123
guā
瓜 123
刮 123
guǎ
寡 123
guà
挂 124
guǎi
拐 124
guài
怪 124
guān
关 124
官 124
冠 125
鳏 125
guǎn
管 125
guàn
冠 125
灌 125
guāng
光 125
guǎng
广 126
guī
归 127
guǐ
诡 127
鬼 127
guì
贵 127
桂 128
gǔn
滚 128
guó
国 128
guǒ
裹 129
guò
过 129

H

hǎi
海 130
hài
亥 131
骇 131
害 131
hān
酣 131
憨 131
鼾 131
hán
邯 131
含 131
寒 132
hàn
汗 132
旱 133
háng
行 133
hàng
沆 133
háo
号 133
毫 133
豪 134
hǎo
好 134
hào
好 135
浩 135
皓 136

hé
合 136
何 136
和 136
河 137
涸 137
hè
荷 137
赫 137
鹤 138
hēi
黑 138
hèn
恨 138
héng
横 138
hōng
轰 139
哄 139
烘 139
hóng
红 139
宏 140
洪 140
鸿 140
hóu
侯 140
hòu
后 140
厚 141
hū
呼 141
忽 142
hú
囫 142
狐 142
胡 143
湖 143
糊 143
hǔ
虎 143
hù
互 144
护 144
怙 144
huā
花 144
huá
华 145
哗 145
huà
化 145
画 146
话 146
huái
怀 146
淮 147
huān
欢 147
huǎn
缓 147
huàn
换 147
涣 148
患 148
焕 148
huāng
荒 148
慌 148
huáng
黄 149
惶 149
huǎng
恍 149
huī
灰 149
挥 150
huí
回 150
huǐ
悔 150
huì
诲 151
绘 151
蕙 151
hūn
昏 151
hún
浑 151
魂 152
hùn
混 152
huó
活 152
huǒ
火 152
huò
货 153
获 153
祸 153
豁 154

J

jī
击 155
饥 155
机 155
鸡 155
积 156
激 156
jí
及 156
吉 157
岌 157
极 157
即 157
佶 157
急 157
疾 158
集 158
嫉 158
jǐ
几 159
挤 159
济 159
jì
计 159
记 159
济 159
既 159
继 159
寄 159
jiā
夹 159
家 159
jiǎ
假 160
jià
价 161
驾 161
嫁 161
jiān
尖 161
坚 161
肩 162
艰 162
监 162

兼 162

jiǎn

简 163

jiàn

见 163
建 163
荐 163
剑 164
健 164
渐 164
鉴 164
箭 164

jiāng

江 164
将 165

jiàng

匠 165

jiāo

交 165
娇 165
骄 165
焦 166

jiǎo

狡 166
绞 166
矫 166
脚 166
搅 166

jiào

叫 166
教 166

jiē

皆 166
接 167
揭 167
嗟 167
街 167

jié

孑 167
节 167
劫 167
洁 167
结 168
桀 168
捷 168
截 168
竭 168

jiě

解 168

jiè

戒 169
借 169

jīn

巾 169
斤 169
今 169
金 169
津 171
筋 171
襟 171

jǐn

紧 171
锦 171
谨 172

jìn

尽 172
进 172
近 172
噤 173

jīng

泾 173
经 173
荆 173
惊 173
兢 174
精 174

jǐng

井 175

jìng

敬 175

jiǒng

迥 176
炯 176

jiū

纠 176

jiǔ

九 176
久 176
酒 177

jiù

旧 177
咎 177
救 177
就 177

jū

居 178
鞠 178

jú

局 178

jǔ

举 178

jù

拒 179
据 179
聚 179

juǎn

卷 180

jué

决 180
绝 180
崛 180

jūn

军 180
君 180

K

kāi

开 181

kān

看 181

kǎn

坎 181
侃 182

kàn

看 182

kāng

康 182
慷 182

kào

靠 182

kē

苛 182
科 183
颗 183

kě

可 183

kè

克 183
刻 183
恪 184
溘 184

kēng

铿 184

kōng

空 184

kǒng

孔 185

kǒu
口 185
kòu
扣 185
kū
枯 185
哭 186
kǔ
苦 186
kuā
夸 186
kuài
快 186
脍 187
kuān
宽 187
kuǎn
款 187
kuāng
匡 187
kuáng
狂 187
kuàng
旷 187
kuī
岿 187
窥 187
kuì
喟 188
愧 188
溃 188
kùn
困 188

L

lā
拉 189
lái
来 189
lán
兰 189
làn
烂 189
滥 189
láng
郎 189
狼 190
琅 190
锒 190
lǎng
朗 190
làng
浪 190
láo
劳 190
牢 191
lǎo
老 191
lè
乐 192
léi
雷 193
lèi
泪 193
lěng
冷 193
lèng
愣 193
lí
离 194
梨 194
lǐ
礼 194
李 194
里 194
理 194
lì
力 194
历 195
厉 195
立 195
励 196
利 196
例 196
lián
连 196
廉 196
敛 196
liàn
恋 196
liáng
良 196
梁 197
liǎng
两 197
liàng
量 198
踉 198
liáo
聊 198
寥 198
liǎo
了 198
liào
料 198
lín
林 198
临 198
淋 199
琳 199
鳞 199
líng
伶 199
灵 199
玲 199
凌 199
绫 199
lìng
另 200
令 200
liū
溜 200
liú
留 200
流 200
liǔ
柳 201
liù
六 201
lóng
龙 201
lǒng
笼 202
lòu
漏 202
lú
炉 202
lù
鹿 202
碌 202
路 202
lǚ
屡 202
履 202

lǜ
绿 203
luàn
乱 203
lüè
掠 203
略 203
lún
轮 203
lùn
论 203
luó
锣 203
luò
洛 203
络 203
落 203

M

má
麻 205
mǎ
马 205
mái
埋 205
mǎi
买 205
mài
卖 205
脉 206
mán
蛮 206
瞒 206
mǎn
满 206
màn
漫 207
慢 207
máng
芒 207
忙 207
盲 207
茫 207
māo
猫 208
máo
毛 208
茅 208
mào
冒 208
耄 208
貌 209
méi
没 209
眉 209
měi
每 209
美 209
mén
门 209
扪 210
mèn
闷 210
méng
蒙 210
měng
猛 210
懵 210
mèng
梦 210
mí
弥 211
迷 211
mǐ
靡 211
mì
秘 211
密 211
mián
绵 211
miǎn
免 211
勉 211
miàn
面 211
miǎo
渺 212
miào
妙 212
miè
灭 213
mín
民 213
míng
名 213
明 215
鸣 216
冥 216
mǐng
酩 216
mìng
命 216
mó
模 216
摩 216
磨 216
魔 217
mò
莫 217
漠 217
墨 217
默 217
móu
谋 217
mù
木 217
目 218
幕 218
暮 218

N

ná
拿 219
nài
耐 219
nán
男 219
南 219
难 220
喃 221
nàn
难 221
náng
囊 221
nǎo
恼 221
nèi
内 221
néng
能 221
ní
泥 222

nǐ

你 222

nì

泥 222
逆 222

niān

拈 223

nián

年 223

niàn

念 223

niǎo

鸟 223

niè

蹑 223

nìng

宁 223

niú

牛 224

niǔ

扭 224
忸 224

nóng

浓 224

nòng

弄 224

nú

奴 224
驽 225

nǔ

弩 225

nù

怒 225

nǚ

女 225

O

ōu

欧 226

ǒu

呕 226
藕 226

P

pāi

拍 227

pái

排 227
徘 227

pān

攀 228

pán

盘 228

pàn

判 228

páng

庞 228
旁 228

pāo

抛 229

páo

刨 229
咆 229
庖 229
袍 229

pǎo

跑 229

pào

炮 229

péi

赔 229

pèi

佩 230

pēn

喷 230

pēng

怦 230
烹 230

péng

朋 230
蓬 230
鹏 230

pěng

捧 230

pī

批 230
披 231
劈 231

pí

皮 231
蚍 232
疲 232

pǐ

匹 232
否 232

pì

屁 232

piān

偏 232
翩 232

pián

骈 233

piàn

片 233

piāo

漂 233
飘 233

piáo

瓢 233

piǎo

漂 233

pín

贫 233

pǐn

品 234

píng

平 234
评 235
凭 235
萍 235

pō

泼 235

pó

婆 235

pò

迫 235
破 236

pōu

剖 237

pū

扑 237
铺 237

pú

菩 237
蒲 237
濮 237

pǔ

朴 238
普 238

pù

曝 238

Q

qī

七 239
妻 240
凄 240
期 240
欺 240
漆 241

qí

齐 241
其 241
奇 241
歧 242
崎 242
骐 242
骑 242
棋 242
琪 243
旗 243

qǐ

岂 243
企 243
杞 243
起 243

qì

气 243
弃 245
泣 246
契 246

qiā

掐 246

qià

恰 246

qiān

千 246
迁 250
牵 250
谦 250

qián

前 250
钱 252
潜 252
黔 252

qiǎn

浅 252
遣 253

qiāng

枪 253

qiáng

强 253
墙 253

qiǎng

强 253

qiāo

敲 254

qiáo

乔 254
翘 254

qiǎo

巧 254
悄 255
愀 255

qiè

切 255
窃 255
挈 255
锲 256

qīn

亲 256

qín

芹 256
秦 256
琴 256
禽 256
勤 256
擒 257
螓 257

qǐn

寝 257

qìn

沁 257

qīng

青 257
轻 258
倾 259
卿 260
清 260
蜻 261

qíng

情 261
晴 262
擎 262

qǐng

请 262

qìng

庆 262
罄 262

qióng

穷 262
茕 263
琼 263

qiū

秋 264

qiú

求 264

qū

区 264
曲 264
屈 265
趋 265

qǔ

曲 265
取 265

qù

去 266
阒 266

quán

权 266
全 266
拳 267

quǎn

犬 267

quàn

劝 267

quē

缺 267

què

却 267
鹊 267

qún

群 267

R

rán

燃 269

rǎng

攘 269

ráo

饶 269

rào

绕 269

rě

惹 269

rè

热 269

rén
人 270
仁 277
rěn
忍 277
rèn
认 277
任 278
rì
日 278
róng
戎 280
荣 280
容 280
熔 280
融 280
rǒng
冗 280
róu
柔 281
ròu
肉 281
rú
如 281
茹 284
孺 284
rǔ
乳 284
rù
入 284
ruǎn
阮 285
软 285
ruì
锐 285
瑞 286
ruò
若 286
弱 286

S

sài
塞 287
sān
三 287
sǎn
散 290
sàng
丧 290
sāo
搔 290
骚 290
sǎo
扫 290
sè
色 291
sēn
森 291
sēng
僧 291
shā
杀 291
沙 292
shà
歃 292
煞 292
shān
山 292
芟 293
删 293
姗 293
煽 293
潸 293
shǎn
闪 294
shàn
善 294
缮 294
擅 294
shāng
伤 294
shǎng
赏 294
shàng
上 295
shāo
稍 295
sháo
韶 296
shǎo
少 296
shào
少 296
shé
舌 296
蛇 296
shě
舍 296
shè
设 297
涉 297
摄 297
shēn
申 297
伸 297
身 297
莘 298
深 298
shén
神 299
shěn
审 301
shèn
甚 301
慎 301
shēng
升 301
生 301
声 303
shéng
绳 304
shěng
省 304
shèng
圣 304
胜 304
盛 305
shī
尸 305
失 305
师 306
诗 306
shí
十 307
石 308
时 308
识 309
实 309
拾 309
食 309
shǐ
史 310
矢 310
始 310

shì

士 310
世 311
市 311
事 312
势 313
视 313
拭 314
是 314
适 314
恃 314
逝 314
舐 314
誓 314

shōu

收 315

shǒu

手 315
守 316
首 316

shòu

寿 316
受 316
授 317
瘦 317

shū

书 317
殊 317
疏 317

shú

熟 317

shǔ

黍 318
蜀 318
鼠 318
数 318

shù

束 319
述 319
树 319
竖 319
数 320

shuāng

双 320

shuǐ

水 320

shùn

顺 321
瞬 321

shuō

说 321

shuò

硕 322

sī

司 322
丝 322
私 322
思 322
斯 322

sǐ

死 322

sì

四 324
似 324
肆 325

sǒng

耸 325

sòng

送 325

sōu

搜 325

sú

俗 325

sù

夙 325
肃 325
素 325
速 326
溯 326

suān

酸 326

suī

虽 326

suí

随 326

suì

岁 327

sǔn

损 327

suō

缩 327

suǒ

所 327
索 327

T

tā

他 328

tà

踏 328

tái

骀 328

tài

太 328
泰 328

tān

贪 329

tán

昙 329
谈 330
弹 330

tǎn

忐 330
坦 330
袒 330

tàn

叹 330
探 330

táng

堂 331
糖 331
螳 331

tāo

滔 331
韬 331
饕 332

táo

逃 332
桃 332
陶 332

tǎo

讨 332

tè

特 332

téng

腾 332

tī

梯 333

tí

提 333
啼 333
醍 333

tǐ

体 333

tì

倜 333

涕 333
替 333

tiān

天 334
添 338

tián

恬 338
甜 338

tiāo

挑 338

tiáo

条 339
调 339

tiǎo

挑 339

tiào

跳 339

tiě

铁 339

tīng

听 339

tíng

亭 340
停 340

tǐng

挺 340
铤 340

tōng

通 340

tóng

同 340
彤 342
铜 342
童 342

tǒng

统 342

tòng

痛 342

tōu

偷 343

tóu

头 343
投 344

tū

突 345

tú

图 346
荼 346
徒 346
涂 346
屠 346

tǔ

土 347
吐 347

tù

兔 347

tuán

抟 348

tuī

推 348

tuí

颓 349

tuì

退 349
蜕 349

tūn

吞 349

tún

囤 349

tuō

托 349
拖 349
脱 350

tuò

拓 350
唾 350

W

wā

挖 351
蛙 351

wāi

歪 351

wài

外 351

wān

剜 352

wán

丸 352
纨 352
完 352
玩 352
顽 353

wǎn

宛 353
晚 353
婉 353

wàn

万 353

wāng

汪 356

wáng

亡 357
王 357

wǎng

网 357
枉 357
往 358
惘 358

wàng

妄 358
忘 358
望 358

wēi

危 359
威 360
偎 360
微 360
巍 360

wéi

韦 360
为 361
违 361
围 361
唯 361
惟 362
帷 362

wěi

尾 362
委 362
娓 362
唯 362

wèi

为 362
未 363
味 364
畏 364
蔚 364

wēn

温 364

wén

文 364
闻 366

wěn

刎 366
稳 366

wèn

问 367

wèng

瓮 367

wǒ

我 367

wò

卧 368
握 368

wū

乌 368
污 368
呜 369

wú

无 369
毋 375
吴 376
梧 376

wǔ

五 376
舞 377

wù

兀 377
物 378
误 378
雾 379

X

xī

夕 380
西 380
息 380
悉 380
惜 380
稀 380
溪 380
熙 381
嬉 381

xí

习 381
席 381
袭 381

xǐ

洗 381
徙 382
喜 382

xì

细 383

xiā

虾 383
瞎 383

xiá

狭 383
遐 383
瑕 383
霞 383

xià

下 383

xiān

仙 384
先 384
纤 385
鲜 386

xián

闲 386
贤 386
弦 386
咸 386
衔 386
嫌 386

xiǎn

显 386
险 387

xiàn

现 387
陷 387

xiāng

相 387
香 388

xiáng

降 389

xiǎng

响 389
想 389

xiàng

向 389
项 389
相 389
象 390

xiāo

枭 390
骁 390
逍 390
消 390
萧 390
硝 390
销 390

xiǎo

小 390
晓 392

xiào

笑 392
啸 392

xié

邪 392
斜 392
携 392

xiè

泄 393
卸 393
谢 393
邂 393

xīn

心 393
欣 397
新 397
薪 398

xìn

信 398

xīng

兴 398
星 399
惺 399
腥 399

xíng

行 399
形 400

xìng

兴 401
杏 401
幸 401
性 401
姓 401

xiōng

凶 401
汹 401
胸 401

xióng

雄 402
熊 402

xiū

休 402
修 403
羞 403

xiù

秀 403
袖 403
绣 403

xū

虚 403
嘘 404

xú

徐 404

xǔ

栩 404

xù

旭 404
絮 404

xuān

轩 404
喧 405

xuán

玄 405
悬 405

xuǎn

烜 405
癣 405

xuàn

泫 405
炫 405
绚 406

xuē

削 406

xué

学 406

xuě

雪 406

xuè

血 407

xún

寻 407
循 408

xùn

训 408
迅 408
徇 408

Y

yā

压 409
鸦 409

yá

牙 409
睚 409

yǎ

哑 409
雅 409

yà

揠 409

yān

烟 410
湮 410
嫣 410

yán

延 410
严 410
言 410
沿 412
炎 412
研 412
颜 413

yǎn

奄 413
掩 413
眼 413
偃 414

yàn

艳 414
雁 414
燕 414

yāng

泱 414

yáng

扬 414
羊 415
阳 415
洋 415

yǎng

仰 415
养 416

yàng

怏 416

yāo

妖 416
邀 416
腰 416

yáo

摇 417
遥 417

yǎo

杳 418
咬 418
窈 418

yào

乐 418
要 418
药 418
耀 419

yě

野 419

yè

业 419
叶 419
夜 420

yī

一 420
衣 434
依 434

yí

仪 435
怡 435
贻 435
移 436
遗 436
颐 436
疑 436

yǐ

以 437
倚 440

yì

义 441
艺 441
忆 441
议 441
亦 441
异 441
屹 442
抑 442
易 442
意 442
溢 443
毅 443
熠 443

yīn

因 443
阴 444
音 444
氤 444

yín

吟 445
寅 445
淫 445

yǐn

引 445
饮 446
隐 446

yīng

应 446
英 446

莺 447
鹦 447

yíng

迎 447
营 447
蝇 447

yǐng

郢 447
影 448

yìng

应 448
硬 448

yōng

拥 448
庸 448
雍 448
饔 449

yǒng

永 449
勇 449

yòng

用 449

yōu

优 449
忧 450
悠 450

yóu

由 450
犹 451
油 451
游 451

yǒu

有 451

yòu

诱 454
囿 454

yū

迂 455

yú

于 455
余 455
鱼 455
愚 456

yǔ

与 456
羽 457
雨 457
语 457

yù

玉 458
郁 458
浴 458
欲 458
遇 459
御 459
鹬 459
誉 459
鬻 459

yuān

冤 459

yuán

原 459
圆 460
援 460
缘 460
源 460

yuǎn

远 460

yuàn

怨 461

yuē

约 461

yuè

月 461
跃 462
越 462
粤 462

yūn

晕 462

yún

云 462
芸 462

yùn

运 463

Z

zā

咂 464

zá

杂 464
砸 464

zāi

灾 464

zǎi

宰 464

zài

再 464
在 465
载 465

zàn

赞 465

zāng

臧 465

zāo

糟 466

záo

凿 466

zǎo

早 466
澡 466

zào

造 466

zé

责 466
择 466

zéi

贼 466

zēng

曾 467

zhà

乍 467

zhài

债 467

zhān

沾 467
瞻 467

zhǎn

斩 467
展 468
崭 468
辗 468

zhàn

战 468

zhāng

张 468
獐 469
彰 469

zhǎng

长 469
掌 469

zhàng

仗 469

zhāo

招 469
昭 470
朝 470

zhào
照 471
zhē
遮 471
zhé
折 472
zhēn
针 472
珍 472
真 472
zhěn
枕 473
zhèn
振 473
震 473
zhēng
争 473
征 474
峥 474
症 474
铮 474
蒸 474
zhěng
拯 474
整 475
zhèng
正 475
郑 475
政 476
zhī
之 476
支 476
只 476
芝 476
枝 476
知 477
zhí
执 478
直 478
zhǐ
止 478
只 478
纸 479
指 479
咫 481
趾 481
zhì
至 481
志 481
质 482
炙 482
治 482
栉 482
秩 482
掷 482
智 482
置 483
zhōng
中 483
忠 484
终 484
钟 485
zhǒng
踵 485
zhòng
众 485
种 486
重 486
zhōu
周 487
zhǒu
肘 487
zhòu
昼 487
zhū
朱 487
珠 487
诸 488
蛛 488
zhú
竹 488
逐 488
zhǔ
主 488
zhù
助 488
著 488
铸 489
zhuā
抓 489
zhuān
专 489
zhuǎn
转 489
zhuāng
庄 490
装 490
zhuàng
壮 490
zhuī
追 490
zhuì
惴 491
zhūn
谆 491
zhuō
捉 491
zhuó
卓 491
斫 491
着 491
擢 491
zī
孜 492
姿 492
锱 492
龇 492
zǐ
子 492
zì
自 492
字 496
恣 497
zǒng
总 497
zòng
纵 497
zǒu
走 498
zú
足 498
zuān
钻 498
zuǐ
嘴 498
zuì
罪 498
醉 499
zūn
尊 499
zuǒ
左 499
zuò
作 500
坐 500
座 502
做 502

A

【哀哀欲绝】āi āi yù jué 悲哀到将要气绝的地步。形容极其悲哀。绝：气绝。★这首小夜曲凄迷动人，~，仿佛在诉说曲作者无尽的哀伤。

【哀兵必胜】āi bīng bì shèng 满腔悲愤的军队必定胜利。常用以鼓励处于劣势的一方坚定必胜的信念。哀兵：因国家、民族遭受侵凌、残害而悲愤满腔的军队。★我们深受迫害，~，这次战斗一定能够取得胜利。

【哀而不伤】āi ér bù shāng 悲哀而不过度伤心。原是孔子赞美《诗经·关雎》的话。后用以形容某些诗歌、音乐优美典雅，感情适度，悲哀而有节制。也比喻言行适度或无伤大雅。★在这本书中，三毛说情叙事极其内敛，笔调~，诉说了对荷西的无比思念之情。

【哀感顽艳】āi gǎn wán yàn 原谓歌声哀婉凄恻，使顽钝和聪明的人都受感动。后多用以形容缠绵绮丽的作品。顽：愚笨。艳：聪慧。★他早年的散文风格~，自成一家。

【哀鸿遍野】āi hóng biàn yě 哀鸣的大雁布满了原野。比喻到处都是呻吟呼号、流离失所的灾民。鸿：鸿雁，大雁。★1943年七八月间，青海省西宁市山洪暴发，人畜、田地、房屋被淹，灾民流离，~。

【哀矜勿喜】āi jīn wù xǐ 原指法官断狱，对罪犯应怀哀怜之心，不要引以为乐。后也用以表示对人民不幸遭遇的同情。矜：怜悯。★朱自清先生说，妓是一种不健全的职业，我们对于她们，应有~之心。

【哀莫大于心死】āi mò dà yú xīn sǐ 再没有比丧失意志更可悲哀的了。也指人沉迷于错误的思想行动而不可救药。于：比。心死：意志极度消沉，完全丧失进取心。★~，经历了这次沉重打击后，他变得对生活毫无信心了。

【哀痛欲绝】āi tòng yù jué 悲哀到将要气绝的地步。形容极度悲痛。绝：气绝。★在大洋彼岸听到父亲去世的消息，他~，放声痛哭。

【挨家挨户】āi jiā āi hù 顺着次序，一家紧接着一家。★“非典”期间，按照上级政府的要求，社区医疗站对居民~进行检查。

【挨肩擦背】āi jiān cā bèi 形容

紧紧挨着。也形容很多人拥挤不堪。★每到正月十五那一晚，去城隍庙观灯的人，男男女女，~。

【唉声叹气】āi shēng tàn qì 因伤感、失意、烦闷等而发出叹息。★下岗之后，他整天愁眉苦脸，~，根本不知道怎么打发时间。

【矮人看戏】ǎi rén kàn xì 矮个子挤在人群里看戏。比喻不了解实际情况，跟着别人说长道短。★他并不了解事情真相，却也高谈阔论，评头论足，不免有~之嫌。

【蔼然可亲】ǎi rán kě qīn 态度和蔼，使人感到亲切，愿意亲近。蔼然：对人和善的样子。★他淳厚朴实，~，很受部下的拥戴。

【爱不释手】ài bù shì shǒu 对所喜爱的东西拿在手里舍不得放下。释：松开，放下。★前年冬天，我从景德镇给爷爷带回来一个精致的小酒壶，爷爷~，视若珍宝。

【爱才若渴】ài cái ruò kě 爱慕贤才，急欲求得，就像口渴急于喝水一样。★他一向~，像你这样文武双全的人才，一定会得到他的重用。

【爱财如命】ài cái rú mìng 吝惜钱财就像爱惜生命一样。形容极为吝啬或贪财。爱：本指吝惜，后也指贪爱。★李老头~，你想找他借钱，比登天还难。

【爱国如家】ài guó rú jiā 像爱自己的家庭一样爱自己的国家。★郑先生在北京求学时结交了许多志同道合的朋友，他们一起追求光明，宣传革命，~。

【爱民如子】ài mín rú zǐ 爱护老百姓就像爱护自己的子女一样。旧时用以赞扬某些好的官吏或帝王关怀爱护百姓。爱：爱护。★他为官清廉，勤于政事，一向以~著称。

【爱莫能助】ài mò néng zhù 虽然同情，却不能给予帮助。爱：怜惜，同情。★对于这些遭遇痛苦和不幸的孩子，我们~，只能在心灵深处为他们的平安祈祷。

【爱屋及乌】ài wū jí wū 爱那所房屋，连那屋上的乌鸦一并喜爱。比喻由于喜爱某人，也喜爱与之有关的人或物。乌：乌鸦。★她对丈夫的爱是深厚的，大概是~的原因吧，对丈夫书架上那些她所不熟悉的书，也百般珍爱。

【爱憎分明】ài zēng fēn míng 爱什么，恨什么，界限清清楚楚。★他是一名优秀的检察官，在办案过程中~，从来不徇私情。

【碍手碍脚】ài shǒu ài jiǎo 指多方受阻，难以顺利进行。也指妨碍别人做事，使人感到不方便。碍：妨碍，阻碍。★你在这儿~的，还是早点回公司去吧。

【安邦定国】ān bāng dìng guó 使国家安定、巩固，免于动乱。邦：古代诸侯的封国，后泛指国家。★自古以来，我国名相如云，他们满腹韬略，襄助君主～。

【安不忘危】ān bù wàng wēi 处于安定的环境中，不忘记有可能出现的危难。★对于防洪工作，我们要始终保持清醒的头脑，～，要有忧患意识。

【安步当车】ān bù dàng chē 从容地步行，就当乘车一般。旧时多指人能安守贫贱。《战国策·齐策四》记载，齐人颜斶巧妙地劝齐宣王礼贤下士，宣王欲拜他为师并给予优厚的待遇，颜斶拒绝说："晚食以当肉，安步以当车，无罪以当贵，清净贞正以自虞。"★我们～，从动物园走到了人民广场。

【安常习故】ān cháng xí gù 指墨守成规，不思变革。常：常规。习：习惯。故：旧例。★社会在不断地发展，历史证明，～的思想和做法是行不通的。

【安分守己】ān fèn shǒu jǐ 安于本分，遵守合于自己身份的规矩。★王大爷是位地道的农民，一生谨小慎微，～，从来不搞歪门邪道。

【安家落户】ān jiā luò hù 在他乡安置家业，长期居住下去。★"三峡"工程使大批移民迁出峡区，来到上海、山东等地～。

【安居乐业】ān jū lè yè 过着安定的生活，愉快地从事自己的职业。★我的家乡自然条件优越，物产丰富，人民～，很少有人外出谋生。

【安民告示】ān mín gào shì 原指官府发布的安定民心的布告。现多指在开会或进行某项工作之前，把内容通知有关人员，以便有所准备。★起义军攻下该郡的当天就贴出～，以防百姓骚乱。

【安内攘外】ān nèi rǎng wài 本是医疗名词，就药的疗效而言，安定体内病痛，抵御体外病毒的侵入。后多指国家安定内政，抵御外侮。攘：抗御。★～是历代统治者保持国家稳定的策略之一。

【安贫乐道】ān pín lè dào 安于贫困的境遇，乐于奉行自己所遵循的思想道德准则。道：理想，信念，准则。★古时候的隐士，有的～，不入世俗，有的则是沽名钓誉，借此求得朝廷的封赐。

【安然无恙】ān rán wú yàng 平安无事，没有发生意外。恙：疾病，灾祸。★在警察的帮助下，出走13天的小玲终于～地回来了。

【安如磐石】ān rú pán shí 形容极为安稳，不可动摇。磐石：厚而重的大石头。★中国经济基础良好，经济环境稳定，即使在东南亚遭受金融危机的情况下，也泰然无虞，～。

【安如泰山】ān rú tài shān 像泰山一样安稳。形容情势安定稳固，没有危险或不可动摇。★敌军虽以强大火力进行了十几次冲锋，我军依然～。

【安身立命】ān shēn lì mìng 生

活有着落，精神有所寄托。安身：安置存身之所。立命：精神上有所寄托或有信仰。★事业有了一定的基础之后，他希望自己能够重返家乡，～，不再四处漂泊。

【安身之地】 ān shēn zhī dì 指存身的地方。★在周游了世界各地之后，他选择了中国的西藏作为自己的～。

【安土重迁】 ān tǔ zhòng qiān 留恋故土，不肯轻易迁居他处。土：故土。重：不轻率。★在市场经济大潮的冲击下，农民一改祖辈～的旧观念，纷纷外出打工。

【安危相易，祸福相生】 ān wēi xiāng yì，huò fú xiāng shēng 安定与危难可以相互转化，灾祸和幸福可以互为因果。易：改变。★～，是中华民族自古以来奉行的信条，曾激励着许多人从生活的低谷走向成功。

【安营扎寨】 ān yíng zhā zhài 原指军队驻扎下来。现借指为完成某项任务而建立临时住所。安营：安好营房。扎寨：在营房四周筑起栅栏。★登山队在山脚下～，等待大雪停止后开始爬山。

【安于现状】 ān yú xiàn zhuàng 满足于现有的状况，不求进取。★工作要追求创新，不能老是～。

【安之若素】 ān zhī ruò sù 对于困危境地或异常情况，一如平常，毫不在意。素：平素。★不管别人怎么劝他预防火灾，他依然～。

【鞍马劳顿】 ān mǎ láo dùn 指旅途疲困劳累。劳顿：疲乏。★演员们不顾～，刚一到达歌剧院就投入到紧张的排练中。

【鞍前马后】 ān qián mǎ hòu 奔忙于鞍前和马后。比喻随侍左右，供别人驱使。鞍：马鞍。★做市委秘书这些年，他～，确实为本市的经济发展出了不少力。

【按兵不动】 àn bīng bù dòng 控制住军队暂不行动。现多指接到命令后而不立即采取行动。按：止住。★任务下达后，各个车间都积极行动起来了，唯有二车间～，不知他们有什么打算。

【按兵束甲】 àn bīng shù jiǎ 放下武器，停止交战。按：止住，压下。兵：兵器。束：捆，绑。甲：铠甲。★在各方的共同努力下，交战双方～，达成临时停火协议。

【按部就班】 àn bù jiù bān 按照门类，列定次序。原指写文章时结构安排得当，遣词造句合乎规范。后用以形容做事按照一定的顺序。按：依照。部：门类。就：归于。班：次序。★他离开了父母为他设计好的～的生活，独自一人来到深圳闯荡天下。

【按图索骥】 àn tú suǒ jì 按照图上画的样子去寻找好马。明·杨慎《艺林伐山》卷七记载，相传伯乐著有《相马经》，书中描述了骏马的特征并配有插图。伯乐的儿子先天痴呆，他按照书上画的样子去找马，结果误将蟾蜍当作骏马。后多用以比喻遵循成规，拘泥不变。也比喻按照线索去寻找，易于获得。索：寻求。骥：良马。★读者利用书籍索引～，查询所需信息，既省时又省力。

【案无留牍】 àn wú liú dú 桌案上没有积压的公文。形容处理公务及时。牍：公文。★他精明强干，在任期间勤于政事，～。

【暗淡无光】 àn dàn wú guāng 形容失去光彩。暗淡：昏暗，不明亮。★时过境迁，当年红极一时的那位歌星，如今已～。

【暗渡陈仓】 àn dù chén cāng《史记·高祖本纪》记载，楚汉相争时，汉将韩信领兵秘密东出陈仓，击败楚将章邯。后多指暗中进行偷袭活动。也比喻男女之间私通。渡：越过。陈仓：古县名，今陕西省宝鸡市东，是关中与汉中之间的交通要道。★对敌作战要灵活机动，有时采用"～"的计策，会取得奇效。

【暗箭伤人】 àn jiàn shāng rén 放冷箭来伤害他人。比喻暗中玩弄伎俩伤害别人。★你和同事在工作中要公平竞争，不要使用～的伎俩。

【暗送秋波】 àn sòng qiū bō 本指暗中用眉目传情。后引申指暗中示意，献媚巴结。秋波：秋天的水波。形容美女的眼睛。★小李频频向他～，可他总是一副不理不睬的样子。

【暗无天日】 àn wú tiān rì 形容暴政之下社会的极端黑暗。★他生活在～的世界里，和恶势力作着不懈的斗争。

【黯然神伤】 àn rán shén shāng 形容情绪低沉，心神忧伤。黯然：心情抑郁沮丧的样子。★听到自己高考再度落选的消息，他不禁～。

【黯然失色】 àn rán shī sè 指相形见绌，仿佛失去了原有的色泽与光辉。黯然：灰暗，不明亮。★他的演讲妙语连珠，激情澎湃，使得其他参赛选手～。

【黯然销魂】 àn rán xiāo hún 心情极度沮丧，好像失去了灵魂。销魂：指神思茫然，失魂落魄。★离别在即，这对恋人涕泣垂泪，～。

【昂首阔步】 áng shǒu kuò bù 抬起头，迈开大步走。形容精神抖擞，意气风发。有时也形容态度高傲，神气十足。★全副武装的三军将士～地走过阅兵广场。

【昂首挺胸】 áng shǒu tǐng xiōng 抬起头，挺起胸膛。形容斗志昂扬。★面对敌人的严刑拷打，他～，毫不屈服。

【凹凸不平】 āo tū bù píng 形容表面高低不平。★路面～，他们一行五人在颠簸中到达了目的地。

【嗷嗷待哺】 áo áo dài bǔ 原指雏鸟嗷嗷哀鸣，等待喂养。后常形容饥饿时急于求食的情状。哺：

喂食。★他上有年迈的老母，下有～的孩子，生活十分艰难。

【傲然屹立】 ào rán yì lì 形容坚定挺拔，不可动摇。傲然：坚强不屈的样子。屹立：像山峰一样高耸而稳固地立着。★一排排青松郁郁苍苍，生气勃勃，～。

【傲雪欺霜】 ào xuě qī shuāng 傲视白雪，欺凌寒霜。形容不畏严寒，在霜雪中依然傲然挺立。也比喻人经历了长期磨难，对逆境无所畏惧。★人们赞颂松、竹、梅，是因为它们都有一种～的精神。

【奥妙无穷】 ào miào wú qióng 指事物中奇妙有趣之处极多。奥妙：深奥微妙。★知识的海洋里～，只要你在其中潜心遨游，定会享受到无穷乐趣。

B

【八面玲珑】bā miàn líng lóng 原指四面八方通透明亮。后多形容机敏圆滑，各方面都能巧妙应付。也用来形容建筑、雕刻等精致灵巧。玲珑：敞亮通明。★这人向来行事～，上下关系都处得不错。

【八仙过海，各显神通】bā xiān guò hǎi，gè xiǎn shén tōng 八位神仙过海时，各自显示出一套高超的法术。后多比喻各有一套办法或本领，相互竞赛、媲美。八仙：民间传说中的八位神仙，即汉钟离、张果老、吕洞宾、铁拐李、韩湘子、曹国舅、蓝采和、何仙姑。神通：原为佛教用语，指无所不能的力量。后比喻特别高明的本领。★为了拿到那个市建工程，参与竞标的公司都行动起来了，可谓～。

【拔苗助长】bá miáo zhù zhǎng 原作“揠苗助长”。《孟子·公孙丑上》记载，战国时，有个宋国人嫌庄稼长得太慢，就跑到田里把禾苗逐一往上拔了一截。他回到家中对家人夸口说：“我今天累坏了，我帮禾苗长高了！”儿子跑到田里一看，禾苗全枯死了。后用以比喻做事不依循客观规律，急于求成，反而坏事。★他给刚刚五岁的儿子讲授高中的课程，有点～。

【拔山扛鼎】bá shān gāng dǐng 形容力大无比或气势雄伟。扛鼎：将鼎举起来。★在孩子眼中，父亲是个～的大力士。

【跋山涉水】bá shān shè shuǐ 形容旅途劳苦。跋山：翻山越岭。涉水：徒步过河。★我们～，专程去探寻那个快要消失的原始部落。

【把酒临风】bǎ jiǔ lín fēng 指临风饮酒。古人认为是一种雅事。把：执，持。临：对着，迎面。★古代的文人雅士经常三五成群，～，谈诗论画。

【罢黜百家】bà chù bǎi jiā 原指排除诸子杂说，专门推行儒家学说。后也比喻只要一种形式，不要其他形式。罢黜：废弃不用。百家：指诸子学说。★那种意欲～，独尊一家的思想是与“百家齐放，百花争鸣”的文艺方针背道而驰的。

【白璧微瑕】bái bì wēi xiá 洁白的玉上有小斑点。比喻美好的人或事物尚有小缺点。含有美中不足的意思。璧：中间有孔的扁圆形玉器。瑕：玉上的斑点。★这部戏剧虽然还有一些不足，但只是~，并没有影响主人公的丰满形象。

【白发苍苍】bái fà cāng cāng 形容年迈而头发花白。苍苍：灰白色。★在他最后的日子里，来医院探望的既有朝气蓬勃的青年学子，也有~的老学者。

【白发苍颜】bái fà cāng yán 头发灰白，脸色灰暗。形容衰老的容貌。苍：灰白。★无论是~的老者，还是黄发垂髫的少儿，无不期盼着中国早日实现和平统一。

【白虹贯日】bái hóng guàn rì 白色的长虹贯穿太阳。这是一种罕见的日晕天象，旧时认为是一种不祥之兆。白虹：指像虹一样的白气。★古人认为凡是天下有异常的变动时，就会出现“~”的天象变化。

【白驹过隙】bái jū guò xì 像白色的骏马在缝隙前一闪而过。形容时间过得很快。白驹：白色骏马。比喻日影。隙：空隙。★人生短暂，如~，我们应该好好珍惜光阴，多做一些对社会有益的事情。

【白日升天】bái rì shēng tiān 道教语。白昼升入天界成仙。比喻骤然显贵。★这个曾经以拾破烂为生的孤儿，如今做了大公司的老总，这无异于~。

【白日做梦】bái rì zuò mèng 大白天做梦。比喻幻想根本不可能实现的事。★事实证明，在长江三峡兴建水利设施，并非~。

【白手起家】bái shǒu qǐ jiā 比喻在一无所有或条件极差的情况下，靠艰苦奋斗创立一番事业。白手：空手。★创业之初，我们什么也没有，可以说是~。

【白首穷经】bái shǒu qióng jīng 形容勤勉好学，至老不倦。白首：白头，指老年。穷经：专心钻研经书、典籍。★清代蒲松龄科举考试屡屡不中，但并未消沉，他~，借狐鬼抒发胸中块垒，为后人留下了独具魅力的短篇小说集《聊斋志异》。

【白头偕老】bái tóu xié lǎo 指夫妻共同生活一辈子。偕：共同，在一块。★你一个穷庄稼汉，她怎么会和你~呢?

【白衣苍狗】bái yī cāng gǒu 天上的云像白衣裳，顷刻间又变成了灰白狗。比喻世事变幻无常。苍：灰白色。★重新回到这片土地，故乡的影子已经模糊，他大有~之感。

【白纸黑字】bái zhǐ hēi zì 白纸上写着黑字，形容有文字凭证。★我手中有证据，~，你怎么能反悔呢?

【百弊丛生】bǎi bì cóng shēng 各种弊病同时发生。丛：聚集在一起。★光有好的法律而没有好的法官，执行起来也容易~。

【百不一存】bǎi bù yī cún 形容

丧失殆尽。存：留存。★文物走私贩抢劫了伊拉克的国家博物馆，那里陈列的国宝~。

【百步穿杨】 bǎi bù chuān yáng 《史记·周本纪》记载，楚国有个叫养由基的人，善射箭，能在百步以外射穿杨柳树叶。后用以形容射击极准。穿：穿透。★在这次行动中，他挑选的八名刑警个个都是~的神枪手。

【百尺竿头】 bǎi chǐ gān tóu 原为古代的一种杂技。爬上百尺高竿的顶端表演技艺。佛教用来比喻道行修养达到极高的境界。后常与"更进一步"连用，泛指不满足已有成就，争取更大的进步。★昨天的成绩并不代表什么，我们还要~，更进一步。

【百川归海】 bǎi chuān guī hǎi 许多河流都汇入大海。比喻众多分散的事物汇聚一处。百川：江河湖泽的总称。★中华儿女向往统一的心愿如~，谁也阻挡不了。

【百辞莫辩】 bǎi cí mò biàn 无论用什么言辞都不能辩白。辞：言辞。★人证物证俱在，这次你恐怕是~了。

【百读不厌】 bǎi dú bù yàn 形容诗文精妙，耐人品味。厌：厌倦。★《西游记》一书内容非常精彩，人物刻画也很生动，让人~。

【百端待举】 bǎi duān dài jǔ 许多事等着兴办。形容面临一场大规模的建设事业。端：头绪。举：兴办。★俱乐部刚刚成立，~，我们必须团结一心，埋头苦干，才能创造出良好的经济效益和社会效益。

【百发百中】 bǎi fā bǎi zhòng 形容射技很高，每次都能命中目标。也比喻料事准确，做事有十足的把握。发：发射。中：命中目标。★他父亲是个~的神枪手，在与犯罪分子作斗争中屡建奇功。

【百废待兴】 bǎi fèi dài xīng 许多被废置的事情等着兴办起来。废：被废置的事情。兴：兴办。★这个经过战争洗礼之后刚刚建立起来的新国家，~。

【百废俱兴】 bǎi fèi jù xīng 许多被延误、搁置的事情都兴办起来了。形容各项事业蓬勃发展。俱：全，都。★20 世纪 80 年代初，改革开放的大幕刚刚拉开，全国上下~。

【百感交集】 bǎi gǎn jiāo jí 种种感触汇集在一起。形容感触很多。交：一齐。★她终于又回到了阔别已久的家乡，望着那熟悉的山水和村落，~，心潮起伏。

【百舸争流】 bǎi gě zhēng liú 很多船只争着在急流中行驶。比喻各项事业欣欣向荣。舸：大船。★最近，桂林旅游业又迎来了新的高峰，八方游客接踵而至，百里漓江呈现出一派~的繁荣景象。

【百花齐放】 bǎi huā qí fàng 各种花卉一齐开放。常用以比喻文艺界或社会其他事业的繁荣景象。

★春秋末年以后，诸子百家蔚然兴起，在中国文化史上形成了一个~的壮观景象。

【百花争妍】bǎi huā zhēng yán 各种花儿争美斗艳。形容繁花盛开、生气勃勃的景象。也比喻美好的事物相互竞美。妍：艳丽。★国庆节将至，江城处处张灯结彩，~，洋溢着浓郁的节日气氛。

【百家争鸣】bǎi jiā zhēng míng 我国春秋战国时代，社会处于大变革时期，产生了儒、墨、道、法等各种思想流派。他们纷纷著书立说，提出治理社会的种种构想，并互相批评，呈现出一派繁荣景象，后世称为“百家争鸣”。现多用以比喻思想学术领域的自由争论。家：指各种学术流派。鸣：鸣放，指发表意见。★我们所主张的“~”是提倡在文学艺术工作和科学研究工作中有独立思考的自由，有辩论的自由，有创作和批评的自由，有发表自己的意见、坚持自己的意见和保留自己的意见的自由。

【百孔千疮】bǎi kǒng qiān chuāng 形容缺漏很多或破坏严重。孔：洞。疮：伤口。★战争过后，这座美丽的城市竟然变成了一片~、横尸遍地的废墟。

【百里挑一】bǎi lǐ tiāo yī 在一百个里面才挑选出一个。形容超群出众或挑选极其严格。★老许在我们单位可是个~的人物。

【百炼成钢】bǎi liàn chéng gāng 比喻久经锻炼成为坚强有用的人才。★青年是祖国的未来，要在风雨中~。

【百年不遇】bǎi nián bù yù 一百年也碰不到。形容极其罕见。★17岁那年，她的家乡遭受了一场~的自然灾害，她不得不带着年幼的弟弟妹妹外出求生。

【百年大计】bǎi nián dà jì 关系到长远利益的重要计划或策略。百年：泛指长久。计：策略，计划。★抓教育，提高全体国民的文化素养，是关系到国家前途和命运的~。

【百年好合】bǎi nián hǎo hé 形容夫妻和睦恩爱，直到永远。★今天是你们的大喜日子，祝新郎新娘~，幸福如意！

【百年树人】bǎi nián shù rén 比喻培养人才是长久之计，需要付出艰辛的努力。树：种植。引申为培育。★十年树木，~。培育人才不是一朝一夕之事，需要付出长期的劳动。

【百身莫赎】bǎi shēn mò shú 死一百次也不能换回失去的人。表示对死者的沉痛悼念。又表示对自己罪过的痛悔，谓身死百次也不能抵消罪责。赎：换取；抵偿。★他作恶多端，对人民犯下的罪行~。

【百思不解】bǎi sī bù jiě 反复思考仍无法理解。★他从~的哲学问题中走了出来，开始关心周围人的现实生活。

【百万雄师】 bǎi wàn xióng shī 数以百万的威武雄壮的军队。形容军力强大，兵多将广。★“钟山风雨起苍黄，~过大江”，全国人民终于迎来了解放战争的胜利。

【百闻不如一见】 bǎi wén bù rú yī jiàn 听说一百次，不如亲眼见到一次。指听的再多不如亲眼见的可靠。闻：听见。★~，我们还是去演唱会现场看看她的风采吧！

【百无聊赖】 bǎi wú liáo lài 指精神空虚没有依托，感觉什么都没意思。聊赖：凭借，寄托。★高考结束后没有事干，他一个人待在家里感到~。

【百依百顺】 bǎi yī bǎi shùn 事事都顺从对方。形容一味依顺。依：依从。★现在许多做父母的，对独生子女~，非常溺爱。

【百战百胜】 bǎi zhàn bǎi shèng 每战必胜。形容善于作战。★作战之前，要详细了解敌我双方的情况，只有知己知彼，才能~。

【百折不挠】 bǎi zhé bù náo 经过多少次挫折，也不动摇屈服。形容意志坚强，在强大的压力和巨大的困难面前毫不退缩。折：挫折。挠：弯曲。★孙中山先生一生致力于中国革命，历尽艰险，~。

【百啭流莺】 bǎi zhuàn liú yīng 形容声音婉转悦耳，十分动听。百啭：鸣声婉转多样。★她的歌声如~，让人百听不厌。

【百足之虫，死而不僵】 bǎi zú zhī chóng，sǐ ér bù jiāng 比喻有基础有实力的家业或势力，虽一时败落，但不会立即垮台，其影响依然存在。百足：虫名，长约一寸，躯干二十节，切断后还能蠕动。僵：僵仆，倒下。★旧势力虽已退出历史舞台，但~，我们仍要提高警惕。

【败笔成丘】 bài bǐ chéng qiū 用坏了的笔堆积成山丘。形容书画、著述用功之勤。★他是当地一位小有名气的残疾作家，他的卧室内积稿如山，~。

【败不旋踵】 bài bù xuán zhǒng 形容失败很快。旋踵：踵，脚后跟。转动一下脚跟，极言时间之短。★这样骄横跋扈的军队，在抗日前线却~。

【败军之将，不可言勇】 bài jūn zhī jiàng，bù kě yán yǒng 打了败仗的将领，不可以谈论勇武。泛指失败之人无颜夸耀自己的本事。★~，我没有什么经验可以介绍，参加这次大赛，主要是来向大家学习的。

【败瓦残垣】 bài wǎ cán yuán 形容荒凉破败的景象。败：毁坏，破败。残：残缺，不完整。垣：矮墙。也泛指墙。★战争过后的水乡小镇，到处都是~。

【稗官野史】 bài guān yě shǐ 泛指记载逸闻琐事的文字。稗官：古代小官，其职责是收集街谈巷

容逃跑时惊慌狼狈的样子。窜：逃匿。★愤怒的长工们举起了拳头，吓得老地主~。

【抱瓮灌园】bào wèng guàn yuán 指代一种淳朴的原始生活。《庄子·天地》记载，孔子的学生子贡在汉水南岸看到一个老头用水瓮从井里取水，然后抱到田里去浇菜，十分辛苦且效率极低。后也用以比喻墨守成规，不求改进。瓮：一种陶制的容器。灌：浇灌，灌溉。★农村改革要注重宣传科学种田，引进先进的生产技术，抛弃那种~的落后的生产方式。

【抱薪救火】bào xīn jiù huǒ 抱着柴草去救火。比喻用错误的方法去消除灾祸，反而使灾祸扩大。薪：柴草。★面对帝国主义的侵略，清政府非但没有起来反抗，反而今日割一地，明日割一城，结果如~，国家命运岌岌可危。

【抱子弄孙】bào zǐ nòng sūn 抱弄子孙，安享天伦之乐。弄：逗弄。★离休后，他谢绝了一切事务，安心在家~。

【暴风骤雨】bào fēng zhòu yǔ 急剧而猛烈的风雨。常用以比喻声势浩大、来势迅猛的群众运动。暴、骤：急剧，猛烈。★~的来临，使统治者变得无限惊恐。

【暴虎冯河】bào hǔ píng hé 空手打虎，徒步过河。比喻勇猛果敢。也比喻冒险蛮干，有勇无谋。暴：空手搏斗。冯河：冯，同“凭”。不用舟楫趟水过河。★做任何事情都要讲究策略，~是要付出代价的。

【暴露无遗】bào lù wú yí 全部显现出来，没有一点保留。遗：遗漏。★鸦片战争爆发后，清朝政府在政治、军事上的腐败~。

【暴虐无道】bào nüè wú dào 残暴凶恶，道义沦丧。常用以指斥暴君。★夏桀的~是夏朝衰亡的根本原因。

【暴殄天物】bào tiǎn tiān wù 本指残害虐杀各种生物。后泛指任意糟蹋东西。暴：损害，糟蹋。殄：灭绝。天物：指自然界的生物。★1900年，八国联军入侵中国，所到之处，烧杀抢掠，~，无恶不作。

【暴跳如雷】bào tiào rú léi 形容大怒或情急的样子。★这个狡猾的伪君子，眼看就要在众人面前现原形了，不禁恼羞成怒，~。

【杯弓蛇影】bēi gōng shé yǐng 把映在酒杯里的弓影误认为是蛇而疑心恐惧。《晋书·乐广传》记载，有一个人在别人家里饮酒时，看见酒杯里有一条蛇，吓得生了病。后来主人告诉他，那是挂在墙上的一张弓的影子，他的病也就好了。后用以比喻疑神疑鬼，自相惊扰。★自从那次受了惊吓之后，她有点~，再也不敢晚上出门了。

【杯盘狼藉】bēi pán láng jí 形容宴饮时杯盘碗筷横竖散乱的样

子。狼藉：狼窝里的垫草。比喻纵横散乱的样子。★收拾完～的餐桌，她疲惫极了。

【杯水车薪】bēi shuǐ chē xīn 用一杯水救一车着火的柴草。比喻力量微弱，无济于事。薪：柴草。★为贫困生捐资助学，虽然似～，却也能够解决一些问题。

【卑鄙无耻】bēi bǐ wú chǐ 形容品行恶劣，没有廉耻。★做一个～的小人是没有好下场的。

【卑躬屈膝】bēi gōng qū xī 形容没有骨气，以低下的姿态奉承别人。屈膝：下跪。★大敌当前，他～，成了投降派。

【卑之无甚高论】bēi zhī wú shèn gāo lùn 原意是不要空发议论。《汉书·张释之传》记载，廷尉张释之与文帝谈及当前应该办理的事情时，讲了一番大道理，文帝嫌他调子太高，打断他的话说："卑之，毋（无）甚高论，令今可行也。"后常用作谦辞，指见解一般，没有什么高明之处。卑：低下。★我并不是经济学出身的，现在只是凭着一点常识，来谈谈中国经济现在面临的问题，实在是～。

【悲不自胜】bēi bù zì shèng 悲痛到自己无法承受的地步。形容极度悲伤。悲：悲痛，哀伤。胜：承受得住。★噩耗传来，他～，一下子晕倒在地上。

【悲愤填膺】bēi fèn tián yīng 心中充满悲痛和愤怒。填：充塞，填塞。膺：胸。★听到村长被歹徒杀害的消息，村民们无不～。

【悲观失望】bēi guān shī wàng 指情绪消极，失去信心。悲观：原为佛家语，五观之一。★我们应该选择积极的人生态度，遇到什么事都不能～。

【悲欢离合】bēi huān lí hé 悲伤，喜悦，别离，团聚。指人世间幸和不幸的种种遭际。★元代王实甫的《西厢记》，描写了张生和崔莺莺～的爱情故事。

【悲天悯人】bēi tiān mǐn rén 哀叹世道的艰难，同情人民的疾苦。天：时世。悯：怜悯。★从古到今，许多文人墨客～，写出了大量的优秀作品。

【悲痛欲绝】bēi tòng yù jué 悲痛得快要断气了。形容悲痛到了极点。欲：将要。绝：断，断气。★听到父亲去世的消息，她～。

【悲喜交集】bēi xǐ jiāo jí 悲伤和喜悦两种心情交织在一起。交：一起，同时。★毕业后的第一次重逢，他们望着彼此略显苍老的面孔，不禁～。

【备尝艰苦】bèi cháng jiān kǔ 形容历尽千辛万苦。备：全，尽。★我们几十年来经营这个小店，～。

【背道而驰】bèi dào ér chí 朝着相反的方向跑。比喻行动的方向和目标完全相反。驰：奔跑。★无论什么时候，我们个人的所作所为都不能与人民的利益～。

【背井离乡】 bèi jǐng lí xiāng 指离别家乡，到外地谋生。背：离开。井：上古之制，八家为一井。引申为家乡。★这一地区遭遇了特大洪涝灾害，农民纷纷～。

【背水一战】 bèi shuǐ yī zhàn 比喻面临绝境，为求出路而奋力作最后一搏。背水：背临江河，表示没有退路。★公司面临倒闭，我们只有～，才有可能获得新的发展机遇。

【背信弃义】 bèi xìn qì yì 指不守信用，背弃道义。背：违背。弃：抛弃。★他～，单方面撕毁合同，受到大家的指责。

【倍道兼行】 bèi dào jiān xíng 加倍赶路，一天走两天的路。★运送救灾物资的车辆～，连夜赶往灾区。

【奔走相告】 bēn zǒu xiāng gào 形容人们遇到重大或非常事件时，迅速地互相转告。★刘翔在雅典奥运会上获得了男子110米跨栏冠军，小区居民欢呼雀跃，～。

【本来面目】 běn lái miàn mù 佛家用语，指人本来具有的心性。后多用以指事物原来的样子。★我们严厉谴责一些不法商人的“圈地运动”，奉劝他们早日还草原以～。

【本末倒置】 běn mò dào zhì 比喻把根本和枝节、主要和次要弄颠倒了。本：树根。末：树梢。★学生不把功课学好，却把主要精力放在了社团活动上，这有点～。

【本乡本土】 běn xiāng běn tǔ 指当地，也指家乡。★在国外生活，比不上～习惯。

【本性难移】 běn xìng nán yí 指长久形成的习性不容易改变。本性：固有的性质。移：改变。★无论父母怎么规劝，他还是再一次因拦路抢劫被送进了监狱，真是～。

【笨鸟先飞】 bèn niǎo xiān fēi 比喻能力差的人做事比别人先行一步。多用作谦辞。★智力并不能决定一切，～也一样能取得成功。

【笨嘴拙舌】 bèn zuǐ zhuō shé 指口才不好，不善言辞。拙：笨。★她们虽是孪生姐妹，却一个伶牙俐齿，一个～。

【逼良为娼】 bī liáng wéi chāng 强迫良家妇女卖淫。比喻被迫做坏事。★这帮恶少在这一带杀人放火，～，无恶不作。

【逼上梁山】 bī shàng liáng shān《水浒传》里有宋江、林冲等人为官府所迫，上梁山造反的故事。后常用来比喻被迫做某事。梁山：今山东省东平湖西、梁山县南，附近地区为古梁山泊，北宋以后，常为农民起义军的根据地。★经营了几十年的公司面临破产的危机，他～，不得不将自己的房屋和车子全部抵押给了银行。

【鼻垩挥斤】bí è huī jīn 挥动斧头，削掉鼻尖上的白土。《庄子·徐无鬼》记载，庄子送葬，过惠子墓时对左右随从说："楚国郢都有个人的鼻尖上沾了蝇翅大小的一点白粉，他请匠石为他削掉。只见匠石抡起斧头，呼呼带风，飞快地朝鼻尖砍去，白粉踪迹全无，鼻子居然没有受到丝毫损伤。"后用以比喻技术神奇高妙。垩：白垩，白土。斤：斧头。★这门技术并不难，只要你潜心钻研，勤于练习，必定熟能生巧，～。

【鼻青脸肿】bí qīng liǎn zhǒng 形容因跌打、磕碰等而伤势严重。也比喻因受责备或碰钉子而丢面子。★在那次斗殴事件中，小明被几个高年级的学生打得～。

【比比皆是】bǐ bǐ jiē shì 到处都是。形容同类的事物或现象很多。比比：一个挨一个，引申为处处。★"五一"前后，在江滩卖风筝的商贩～。

【比肩继踵】bǐ jiān jì zhǒng 肩膀挨着肩膀，脚尖碰着脚跟。形容人多拥挤的样子。比：并。踵：脚跟。继：紧接着。★国庆节之夜，南京路上人潮涌动，～。

【比上不足，比下有余】bǐ shàng bù zú, bǐ xià yǒu yú 比上有差距，比下有富余。指处于中间状态。常用作满足于现状的自我安慰之词。汉·赵岐《三辅决录》记载，西汉时，杜伯直和崔子玉的楷书法度严谨，仪态端庄，为人推崇。赵袭和罗恽的草书成就很高，然而狂妄自负，因而遭到了众人的鄙视。书法家张伯英在给朋友朱赐的信中称自己"上比崔、杜不足，下比罗、赵有余"。★他的围棋水平略可称道，～。

【比翼连枝】bǐ yì lián zhī 比喻夫妻或情侣相伴不离。比翼：比翼鸟，传说此鸟一目一翼，须两两齐飞。连枝：连在一起的树枝。★愿天下有情人～，白头偕老。

【比翼双飞】bǐ yì shuāng fēi 比喻夫妻或情侣朝夕相伴或共同前进。比：并列，挨着。★这对情侣硕士毕业后考上了同一个导师的博士，在知识的长空里～。

【笔头生花】bǐ tóu shēng huā 形容诗文写得很漂亮。★他是远近闻名的才子，妙思泉涌，～。

【笔走龙蛇】bǐ zǒu lóng shé 挥笔呈现龙蛇在舞的状态。形容书法矫健多姿。★杨老是位著名的书法家，在春节晚会上，他挥毫泼墨，～。

【必由之路】bì yóu zhī lù 必须经过的道路。由：经过。★改革开放是社会主义发展的～。

【毕恭毕敬】bì gōng bì jìng 形容十分恭敬礼貌。★他在经理面前～，连说话也不敢大声。

【闭关锁国】bì guān suǒ guó 封闭关口，关闭国境，不与外国通商往来。锁：封闭。★不管一个国家原本多么强大富足，一旦～就难逃落后挨打的命运。

【闭关自守】bì guān zì shǒu 封闭关口，与外界断绝往来。也比喻因循守旧，不接受新事物。★有着悠久历史的中国在西方资本主义国家工业革命以后变得落伍了，一个重要的原因就是～。

【闭口不谈】bì kǒu bù tán 对事情完全不肯提及。★在新专辑的新闻发布会上，这位女歌星～自己的感情问题。

【闭口不言】bì kǒu bù yán 心里有话却保持沉默。有时也指不置可否。★同学们在激烈地争论着，只有支部书记～，他在想着怎样帮助那些困难的同学。

【闭门却扫】bì mén què sǎo 关上大门，不再扫地迎客。指谢绝世俗交往。却扫：却，止。不打扫庭院路径。★这二十年，他几乎断绝了与美术界朋友的所有来往，～，专心作画。

【闭门思过】bì mén sī guò 关起房门反省自己的过错。过：过错。★事情已经这样了，我们必须想个补救的办法，光～有什么用？

【闭门造车】bì mén zào chē 原意为只要按统一规格，即使关起门来制造车辆，使用时也能和路上的车辙相合。后多比喻不依据实际情况，单凭主观想象办事。闭：关闭。★如果一个作家脱离了现实生活，～，本事再大也写不出好作品。

【闭目塞听】bì mù sè tīng 闭上眼睛，堵住耳朵。形容对外界事物不闻不问。★一个～、同外界绝缘的人，是不会获得任何认识的。

【闭月羞花】bì yuè xiū huā 月亮见了躲藏，花儿见了含羞。形容女子极其貌美。★传说中的西施，有～之貌。

【敝帚自珍】bì zhǒu zì zhēn 家里的破扫帚，自己看得很宝贵。比喻对自己的东西十分珍惜。敝：破旧，坏。珍：珍视，看重。★那些书籍虽然破旧，然而～，我总是舍不得扔掉。

【筚路蓝缕】bì lù lán lǚ 驾着柴车，穿着破衣。形容创业的艰难。筚路：柴车。蓝缕：破旧衣服。★我们公司创业之初，～，经历了无数的艰辛。

【筚门陋巷】bì mén lòu xiàng 指穷人居住的地方。筚门：柴门。陋巷：狭小简陋的街道。★谁都没有想到，这位伟大的诗人竟然住在这样的～。

【碧血丹心】bì xuè dān xīn 珍贵的热血，赤诚的忠心。用以称颂为国死难的重大烈士。★在雨花台成为革命先烈长眠之地以后，雨花石便被赋予了深刻的寓意，成为无数先烈～的象征。

【壁垒森严】bì lěi sēn yán 形容防守严密。也比喻布局严密，无懈可击。又比喻界限分明，不可逾越。壁垒：古代军营周围的防御围墙。森严：整齐，严肃。★我军～，敌人要想进攻，只会大败而归。

【避人之长，攻人之短】 bì rén zhī cháng，gōng rén zhī duǎn 避开对方的长处，攻击对方的短处。★在比赛过程中，只有～，才能取得胜利。

【避实击虚】 bì shí jī xū 指避开对方的主力所在，攻击其力量薄弱之处。★在敌强我弱、敌众我寡的情况下，我们必须～，不能硬拼。

【避重就轻】 bì zhòng jiù qīng 避开繁重的而选择轻松的。也指回避要害问题而仅涉及无关紧要的方面。★你要坦白交代自己的罪行，不要～。

【髀肉复生】 bì ròu fù shēng 大腿上的肉又长起来了。《三国志·蜀书·先主传》裴松之注引《九州春秋》记载，东汉末年，刘备被曹操打败后投奔荆州牧刘表，一待就是几年。有一次，刘备上厕所时看到自己大腿上的肉又长起来了，全然不是当年骑马作战时的样子，不禁感慨万千。后用以形容人久处安逸而无所作为。髀：大腿。★他休了一个月假后，发觉自己～了。

【鞭长莫及】 biān cháng mò jí 原指鞭子虽长，但不应打到马肚子上。后比喻力所不能及。★上大学对于他来说是一件～的事情。

【鞭辟入里】 biān pì rù lǐ 原指学习要深入里层。形容分析问题透彻深刻。鞭辟：鞭策，激励。里：里层。★他是个优秀的杂文家，对社会问题的分析～。

【变本加厉】 biàn běn jiā lì 原意是比原来更加发展。后多用以形容变得比原来更加严重。本：原来。加：更加。厉：迅疾，猛烈。★根据预测，未来二十年，人们对大自然的污染将～，这是经济发展带给人类的最大隐患。

【变化多端】 biàn huà duō duān 形容变化多种多样。端：头绪，方面。★诸如环境污染、资源枯竭、人口膨胀、难民涌动等日益突出的全球性问题，使～的国际局势又面临着新的严峻考验。

【变化无常】 biàn huà wú cháng 指变化不定，没有定规，不可捉摸。常：规律，法则。★这里的天气～，刚刚还是晴天，说不定转身就是一场大雨。

【变化无穷】 biàn huà wú qióng 指变化繁多，没有穷尽。穷：穷尽，完结。★自然界的生物是～的。

【变幻莫测】 biàn huàn mò cè 变化复杂，捉摸不透。变幻：不规则的变化。测：测度，捉摸。★～的仙女峰，吸引了众多观光的游客。

【变生肘腋】 biàn shēng zhǒu yè

比喻祸患发生在内部或自己身边。肘：上臂和下臂相接处。腋：胳肢窝。★攘外必先安内，以防～。

【便宜从事】 biàn yí cóng shì 原指按照情况变化的需要，采取适当的措施。后指因时因地自行处理，不必请示。便宜：方便，适宜。★你们要密切注意罪犯的动向，若有突发情况，可以～。

【遍地开花】 biàn dì kāi huā 比喻全面开展，广泛兴起。有时还可在军事上比喻火力猛，杀伤力大。★集市贸易在调整农村经济政策以后，已经～，在全国蓬勃发展起来。

【遍体鳞伤】 biàn tǐ lín shāng 形容伤势严重。遍：全部。鳞：鱼鳞。这里形容伤痕布满全身。★革命者被敌人打得～，但他们绝对不会出卖自己的同志。

【标新立异】 biāo xīn lì yì 提出新的见解或主张，表示与众不同。标：显示，表明。立：建立，树立。异：奇异。★多姿多彩的国际服装节给大家传递着一个共同的信息：服装的设计要～，不可墨守成规。

【表里如一】 biǎo lǐ rú yī 比喻思想与言行完全一致。表：外表。里：指内心。★每个家长都希望能把自己的孩子培养成为坦率真诚、～的人。

【别出机杼】 bié chū jī zhù 机轴缠经线，梭子送纬线。这里比喻诗文、书画的组织和构思。比喻文艺作品构思新颖，不落俗套。别：另外。机杼：织机和梭子。★这部作品人物形象丰满，构思精巧新奇，可谓～。

【别出心裁】 bié chū xīn cái 独创一格，与众不同。别：另外。心裁：心中的筹划和裁断。★苏州园林的设计～，具有很强的艺术感染力。

【别具匠心】 bié jù jiàng xīn 指构思巧妙，与众不同。别：另外。具：具有。匠心：巧妙的构思和设计。★参加陶瓷艺术展的绝大部分作品都是～的上乘之作。

【别具一格】 bié jù yī gé 另有一种独特的风格。★这个城市的建筑设计和区域规划都～。

【别开生面】 bié kāi shēng miàn 原指画像经重新绘制，面目一新。后用以指另创新的风格、形式或另开新的局面。别：另外。开：开创。生面：新的面貌。★毛泽东同志把马克思列宁主义的普遍原理同中国革命的具体实践相结合，～地提出了农村包围城市、武装夺取政权的革命方略。

【别树一帜】 bié shù yī zhì 另外树立一面旗帜。指自成一家，与众不同。★他的散文格调优雅，～。

【别无长物】 bié wú cháng wù 再也没有别的东西。指除此以外空无所有，形容极其清贫或俭朴。长（旧读 zhàng）物：多余的东西。★他的居室内除了一张书桌、一张木床和几个书架外，~。

【别有洞天】bié yǒu dòng tiān 比喻另有一种绝妙的境界。洞天：道教所说的神仙所居之处。这里指境界。★城堡内有个宽敞的活动中心，冬暖夏凉，~。

【别有风味】bié yǒu fēng wèi 形容食物味道鲜美，不同寻常。也形容具有特殊的情调或趣味。★南京的特色小吃多而且精，每一样都是~。

【别有天地】bié yǒu tiān dì 形容风景或艺术创作等另有一番境界，引人入胜。别：另外。天地：指境界。★过去的秦淮河非常热闹，一到晚上，满河都是画舫游船，清歌浅唱，真正是~呢！

【别有用心】bié yǒu yòng xīn 另有不可告人的企图。用于贬义。用心：居心，企图。★他把这封信寄给校长，肯定是~。

【宾客如云】bīn kè rú yún 客人多得像聚积的云层。形容客人很多。★这位厅长在位时家里~，可现在却是门庭冷落。

【宾至如归】bīn zhì rú guī 客人到这里就像回到家一样。形容待客殷切周到。宾：客人。至：到。★这家酒店对顾客的服务周到热情，凡是来这里吃过饭的人都有~的感觉。

【彬彬有礼】bīn bīn yǒu lǐ 形容举止文雅，对人有礼貌。彬彬：文雅的样子。★她举止文雅，待人总是~。

【冰冻三尺，非一日之寒】bīng dòng sān chǐ，fēi yī rì zhī hán 表示事物所达到的程度是日积月累、逐渐形成的。★~，这位学者扎实的文献功底是靠长期的积累形成的。

【冰清玉洁】bīng qīng yù jié 像冰一般清明，像玉一样洁净。比喻人品质纯洁，操行高尚。★她~，独立不俗，是个百里挑一的好姑娘。

【冰天雪地】bīng tiān xuě dì 冰雪漫天盖地。形容天寒地冻。★~里，一位游子正踏上回乡的路。

【冰消冻解】bīng xiāo dòng jiě 冰冻消释融解。比喻障碍或疑难、困惑等消除干净。解：融化，消释。★老友的一席话终于使我多年的疑虑~。

【冰雪聪明】bīng xuě cōng míng 多形容女子纯洁而聪明。冰雪：如冰雪般洁白透明。★她的女儿不仅长相标致，而且~。

【兵不血刃】bīng bù xuè rèn 兵器上没有沾血。指不战而胜。★敌人不战而逃，我军~就接连解放了几座城市。

【兵不厌诈】bīng bù yàn zhà 指用兵作战时可以用欺诈的策略和方法迷惑敌人。兵：指用兵打仗。厌：厌弃，排斥。诈：欺诈。★作战不能光靠匹夫之勇，须知

~，只有智勇双全，才能克敌制胜。

【兵贵神速】bīng guì shén sù 用兵贵在行动特别迅速。贵：重要。神速：极其迅速。★~，下了决断，就必须马上采取行动。

【兵荒马乱】bīng huāng mǎ luàn 形容战时动乱不安的景象。兵、马：借指战争。★在~的年代，田地荒芜，农民们不得不四处逃散，以求生存。

【兵精粮足】bīng jīng liáng zú 兵马精良，粮草充足。形容军力强大，战备充分。★曹军~，却在赤壁之战中败给了孙刘联军。

【兵来将挡，水来土掩】bīng lái jiàng dǎng，shuǐ lái tǔ yǎn 比喻根据具体情况，采取相应措施。也比喻不管对方使用什么手段，都有办法对付。挡：抵挡。掩：遮蔽，堵住。★不用害怕，~，我们会有办法的。

【兵连祸结】bīng lián huò jié 指战争、灾祸接连不断。兵：战争。连：连续。结：联在一起。★清末民初，由于~，经济萧条，嘉定竹刻濒临灭绝的厄运。

【兵临城下】bīng lín chéng xià 军队已经来到城墙下面。形容大军压境，形势危急。兵：军队。临：到。★敌军已经~，诸葛亮却稳坐城中。

【兵强马壮】bīng qiáng mǎ zhuàng 形容军队实力雄厚，富有战斗力。马壮：指部队装备精良。★经过40多年的不懈努力，中国队~，成为亚洲的一支劲旅。

【兵戎相见】bīng róng xiāng jiàn 用军事手段来解决问题。兵戎：武器。★因为边界划分问题，这两个国家经常~。

【兵微将寡】bīng wēi jiàng guǎ 兵乏将少。形容军队力量薄弱。★孙子认为，作战时必须对天候、地形作仔细评估及利用，这样即使~，亦可取胜。

【秉笔直书】bǐng bǐ zhí shū 拿起笔来径直书写。指著史作文不隐瞒，不夸大，真实客观地反映事实。秉：握住。直：径直。★如果当政者残暴专制，史家要做到~具有相当大的难度。

【秉烛待旦】bǐng zhú dài dàn 手持点燃的蜡烛等待天亮。形容心情迫切，夜不能寐。秉：握住。待：等待。旦：早晨。★他~，一夜未眠，思考着怎样面对即将到来的战斗。

【并驾齐驱】bìng jià qí qū 比喻彼此不相上下，不分先后。并驾：并排驾车。齐驱：一起快跑。★经过几年的激烈竞争，两家网站~，成为网络大战的领头羊。

【并行不悖】bìng xíng bù bèi 指同时存在或进行，互不冲突。并：一齐。悖：抵触，冲突。★计算机的应用并不意味着手写时代的终结，二者~。

【病急乱投医】bìng jí luàn tóu yī 病重时慌乱地找个医生就诊。比喻事情紧急时胡乱找人想办法解决。★我们先要找那些和这件事息息相关的人来商量对策，不要～。

【病入膏肓】bìng rù gāo huāng 原指病情危重，无法救治。后也比喻事态严重，无可挽回。膏肓：古称心尖脂肪为“膏”，心脏与膈膜之间为“肓”，皆药力不达之处。★清王朝已经～，不推翻它无以救中国。

【拨乱反正】bō luàn fǎn zhèng 治理混乱的局面，恢复正常的秩序。拨：平定，治理。反：回复。★粉碎“四人帮”以后，党面临着～、振兴经济的艰巨任务。

【拨云见日】bō yún jiàn rì 拨开云雾，见到太阳。比喻冲破黑暗，见到光明。也比喻消除阴影、误会或疑团，豁然明朗。★新中国的成立使中国人民～。

【波澜壮阔】bō lán zhuàng kuò 波涛浩淼广阔。比喻声势浩大，雄伟壮观。波澜：波涛。★姚雪垠所著《李自成》是一部描写明末～的农民起义运动的著名长篇小说。

【伯乐相马】bó lè xiàng mǎ 伯乐观察、品评马的优劣。比喻有眼力者鉴别并推举人才。伯乐：春秋时秦国人，本姓孙，名阳，有鉴别千里马的特殊技能。相：省视，察看。★领导干部要善于发现和识别人才，要有～的才能。

【伯仲之间】bó zhòng zhī jiān 比喻难分高低。伯仲：兄弟排行的次序，老大为伯，老二为仲。★他们两个的办事能力处在～，不分上下。

【勃然大怒】bó rán dà nù 突然变脸，大发脾气。勃然：突然。★父亲一听这话，便～。

【博采众长】bó cǎi zhòng cháng 广泛采取多方面的长处。博：广泛。采：采取。长：长处，优点。★在历史研究方面，张教授不守一家，～。

【博大精深】bó dà jīng shēn 指学识广博精当，思想宏富高深。博：宽广，丰富。★中国传统文化～，我们要广泛地吸收它的精髓。

【博而寡要】bó ér guǎ yào 广博而不得要领。常用以形容治学贪多而不求精。寡：缺乏。★这篇文章用典丰富，但没有很好地梳理选择，因而～。

【博古通今】bó gǔ tōng jīn 通晓古今的事情。形容知识渊博。★他～，学贯中西，在学术研究方面取得了杰出的成就。

【博观慎取】bó guān shèn qǔ 广泛地观览，审慎地选取。博：广泛。慎：审慎。★我们读书、写文章要～，不可粗枝大叶。

【博览群书】bó lǎn qún shū 广泛阅读各种书籍。形容学识丰富。

【不甘后人】bù gān hòu rén 不甘心落在别人后面。甘：情愿，甘心。后：落后。★她虽然基础差了点，但做任何事情都～。

【不甘寂寞】bù gān jì mò 不甘心处于冷落无闻的状态。形容极不愿意置身事外，急于表现或加人进来。甘：情愿。寂寞：冷落，孤单。★他虽然退休了，但～，常常回车间给年轻人做技术指导。

【不甘示弱】bù gān shì ruò 不甘心表现出自己比别人差。★哥哥考上了重点大学，弟弟也～，决心在接下来的中考中考出好成绩。

【不尴不尬】bù gān bù gà 指行为举动不正常，不伦不类。也形容处境困窘，下不了台。★家长这么一说，班主任～地坐在校长面前说不出话来。

【不敢苟同】bù gǎn gǒu tóng 表示对不同意见持审慎态度，不敢随便同意。苟：姑且，随便。★你这篇文章文笔不错，但其中的某些观点我实在～。

【不攻自破】bù gōng zì pò 不用攻击，自己就破灭了。本指据点或防线等力量薄弱，不堪一击。后多指不正确的言论或谣言未经批驳，就露出破绽。也形容处理问题时如能掌握要领，其余环节自然迎刃而解。攻：攻击。破：破灭，败落。★谣言传到一定程度后，通常会～。

【不共戴天】bù gòng dài tiān 不跟仇敌在同一个天底下生存。形容仇恨极深。共：同。戴：顶着。★他是我们～的敌人，你怎么能和他交朋友呢！

【不苟言笑】bù gǒu yán xiào 不随便说笑。形容态度庄严稳重。苟：苟且，随便。★在我们眼中，父亲总是～，对我们兄弟姐妹十分严厉。

【不关痛痒】bù guān tòng yǎng 指与本身没有利害冲突，或无关紧要。关：关系到。痛痒：喻指与切身利害相关的事。★会上，他的几句～的话激怒了台下的工人。

【不管三七二十一】bù guǎn sān qī èr shí yī 指不顾一切，不管是非情由。★他们一到现场便～，先把当事人打了一顿。

【不寒而栗】bù hán ér lì 不寒冷而发抖。形容极度恐惧。栗：颤抖。★他是县衙有名的刽子手，提起他，令人～。

【不合时宜】bù hé shí yí 不合乎时势的需要或与世情相违。时宜：当时的社会需要或社会风气。★学习外来的东西不能生搬硬套，否则即使用上，也是～。

【不欢而散】bù huān ér sàn 很不愉快地分散。★双方本来是要解决问题的，结果却～。

【不慌不忙】bù huāng bù máng 不慌张，不忙乱。形容言论或行动从容镇定。★他~地走上讲台，向同学问好，开始讲课。

【不计其数】bù jì qí shù 无法计算数目。形容数量极多。★警察在那个贪官的家里搜出的珍宝~。

【不假思索】bù jiǎ sī suǒ 不经过思考就作出反应。多用以形容应对或行文迅速敏捷。假：借。★面对老师的提问，他~就说出了答案。

【不见棺材不落泪】bù jiàn guān cái bù luò lèi 比喻不看到最后的结局就决不罢休。含贬义。★这家伙~，那就让他看看我们乡下人的厉害吧。

【不见经传】bù jiàn jīng zhuàn 在经和传中都不见记载。指某种说法缺乏文献依据。也指人或事物不受重视，没有名气。经：指有影响的文献典籍。传：指阐明经典的文字。★他本来是个~的小人物，因为一篇学术论文而一举成名。

【不见天日】bù jiàn tiān rì 看不见天空和太阳。形容环境幽蔽。也用以比喻世道黑暗，处境艰难。★旧社会，广大农民处境艰难，~。

【不骄不躁】bù jiāo bù zào 不骄傲，不急躁。指态度谦逊，遇事冷静。★在学习和工作中要想有所成就，就必须认真做好每一件事，持之以恒，~。

【不近人情】bù jìn rén qíng 不合乎人之常情。多指性情、行为怪僻。近：接近。引申为符合。★他说话刻薄，行为乖张，处事~。

【不经世故】bù jīng shì gù 指对人情世事缺乏经验。经：经过，经历。世故：人情世事的变故。★这么多年过去了，她从一个~的小女孩变成了一个老于世故的商界女强人。

【不经一事，不长一智】bù jīng yī shì, bù zhǎng yī zhì 不经历某件事情，就不能增长关于那件事情的认识。指人的经验、智慧随阅历而增长。★~，经历了这次人生的挫折，他变得更加成熟了。

【不胫而走】bù jìng ér zǒu 没有腿而能跑。比喻事物不待宣传推广就迅速传播流行开来。胫：小腿。走：跑。★他的作品出版后~，很快就在网友中传播开来。

【不拘小节】bù jū xiǎo jié 不拘泥于无关大体的琐屑小事。拘：拘泥，局限。小节：非原则性的琐碎小事。★他这人在生活上有点~，在工作中却极其认真负责。

【不拘一格】bù jū yī gé 不局限于一种规格或模式。拘：拘泥，局限。格：格局，形式。★他是一个好领导，用人从公司实际出发，~，唯才是用。

【不绝于耳】bù jué yú ěr 声音

在耳旁不断鸣响。指接连不断的声响。绝：断绝。★每到夜晚，从街那边传来的舞曲震天动地，~。

【不刊之论】bù kān zhī lùn 不可改易的言论。刊：修改。论：言论。★《四书》、《五经》上的许多话，千百年来一直被认为是~。

【不堪回首】bù kān huí shǒu 不忍回忆过去的情景或经历。堪：忍受。回首：回忆，回顾。★往事~，现在的我只能面向未来。

【不堪入目】bù kān rù mù 指事物粗俗、低劣或野蛮，让人看不下去。★当今的许多非法出版物，内容~，需要严厉打击。

【不堪设想】bù kān shè xiǎng 不能想象未来的情况。指事情的发展会有很坏的结果。堪：能够。设想：想象，推测。★你应该意识到自觉纳税的重要性，否则后果~。

【不堪一击】bù kān yī jī 形容力量薄弱，经不起一打。也指文章、言谈不严密，经不起反驳与推敲。堪：经得起，承受得住。★别看他的评论文章言辞华美，其实论点是~的。

【不可辩驳】bù kě biàn bó 指理由充分，证据确凿，让人无法反驳。★在法庭上，律师以~的事实证明了原告的无罪。

【不可告人】bù kě gào rén 不可以告诉别人。多指不光明、不正当的打算或计谋不敢公开说出来。也指不便让他人知道。★失业后，他经常和当地的几个地痞一起干一些~的勾当。

【不可估量】bù kě gū liàng 形容数量大或程度深，难以估计。★调查研究表明，农副产品的市场前景是~的。

【不可救药】bù kě jiù yào 比喻病情或事态非常严重，已经到了无法挽救的地步。药：用药物治疗。★他这人无论怎样都不听人劝，真是~。

【不可开交】bù kě kāi jiāo 无法摆脱或了结。开交：结束，解决，摆脱。★爸爸这几天正忙得~，你千万别去公司添乱。

【不可理喻】bù kě lǐ yù 不能用道理使之明白。形容态度蛮横，不通情理。喻：使明白。★他明知违反规定，却不听劝阻硬往里闯，真是~。

【不可名状】bù kě míng zhuàng 无法用言语来形容。名：说出。状：描绘。★这是她第一次举办钢琴演奏会，看着她那娴熟的技法，听着那美妙的旋律，我心中的感受~。

【不可磨灭】bù kě mó miè 形容永远不会消失。磨灭：随时间推移而逐渐消失。★毛泽东同志是伟大的马克思主义者，是伟大的无产阶级革命家和理论家，他对中国革命的巨大功绩是~的。

【不可偏废】bù kě piān fèi 指对相互关联的事物不能片面地强调一方面而忽视另一方面。偏废：重视一方而忽视另一方。★企业求发展，产量和质量必须齐头并进，～。

【不可胜数】bù kě shèng shǔ 数不完。形容数量极多。胜：尽。数：计算。★历代脍炙人口的诗文名篇～。

【不可收拾】bù kě shōu shí 原指事物破败，无法归类整顿。后借指事情糟糕到无法挽救的地步。收拾：整顿，整理。★犯错误有时是人生的财富，有的人一直以来很少犯错误，结果一旦出错就～。

【不可思议】bù kě sī yì 原为佛教用语。指道理神秘奥妙，不可用心意思忖，也不能用言语表达。后用以形容事物不可想象或难以理解。★这位学者在一年时间内竟然写出40万字的专著，简直有点～。

【不可同日而语】bù kě tóng rì ér yǔ 不能在同一时间里来谈论。形容差距很大，不可相提并论。★他是国家一级运动员，你和他～。

【不可限量】bù kě xiàn liàng 不能限定止境或数量。后多用以形容有远大的前程。★年轻人可塑性强，充满希望，前途～。

【不可言传】bù kě yán chuán 不能用言语表达。意谓只能意会。传：传达，表达。★有些事情，只可意会，～，不必非得追究个明白。

【不可一世】bù kě yī shì 形容极其卓越突出，同时代没有谁比得上。又用来形容极端狂妄自大，自以为没人能比得上。可：认可，赞许。一世：指同一时代（之人）。★日本鬼子所到之处气焰嚣张，～，烧杀抢掠，无恶不作。

【不可逾越】bù kě yú yuè 不能越过。逾：越过。★被视为～的长江天堑，还是无法阻挡我人民解放军前进的步伐。

【不可造次】bù kě zào cì 不能匆匆忙忙地进行。意谓要慎重。造次：急遽，匆忙。★领导干部要严格约束自己的行为，在经济问题上千万～。

【不可战胜】bù kě zhàn shèng 不可被人战胜。意谓永远立于不败之地。★中国共产党领导下的人民解放军是～的。

【不可终日】bù kě zhōng rì 连一天也过不下去。形容局势危急或心中惶恐。终日：过完一整天。★我们应该尽快治好越来越严重的“非典”后遗症，不要草木皆兵，弄得人心惶惶，～。

【不可捉摸】bù kě zhuō mō 指对事物无法猜测和估量。也指无法知道对方的用意。捉摸：揣测，预测。★随着文明进化的脚步，社会逐渐变得越来越纷繁复杂，越来越显示出其多样性和～的一面。

【不稂不莠】bù láng bù yǒu 本指庄稼长得好，田无杂草。后又指既不像稂，又不像莠，不伦不类。比喻不成才，没出息。稂：狼尾草。莠：狗尾草。★他唯一的儿子从小娇生惯养，长大后～。

【不劳而获】bù láo ér huò 自己不劳动而获取别人的劳动果实。★我们要自食其力，勤于劳作，不能做～的人。

【不劳而食】bù láo ér shí 自己不劳动而获取别人的劳动果实。劳：劳作，劳动。食：吃。★在过去，地主～，佃户辛勤劳作却缺衣少食。

【不了了之】bù liǎo liǎo zhī 该做的事情没有做完，拖延敷衍过去就算完了。了：了结，结束。★对于国有资产的流失，决不能等闲视之，～，必须一查到底，尽量为国家挽回经济损失。

【不留余地】bù liú yú dì 不留一点空余之地。指说话、办事强硬死板，不可回旋。★这么多年过去了，没想到他还是和年轻时候一样执拗，说话做事从来～。

【不露锋芒】bù lù fēng máng 不显露才干或锐气。多指有意地将自己的才能、抱负等加以隐匿。露：显露。锋芒：比喻人的才干、锐气。★秘书小王沉稳内敛，～，很受领导赏识。

【不露声色】bù lù shēng sè 内心活动丝毫没有从语言和神情上流露出来。形容态度沉着冷静。露：显露。声色：声音，神色。★他内心极不平静，表面上却～，好像什么事情都没有发生过。

【不伦不类】bù lún bù lèi 既不是这类，也不是那类。形容不合规范或不成样子。伦：类。★老王一向看不惯小儿子一身～的打扮。

【不蔓不枝】bù màn bù zhī 原指莲花梗不蔓延，不分杈。后用以比喻说话或写文章简洁流畅。蔓：蔓生植物生出的长茎。枝：分枝。★这篇文章语言～，读起来使人感到轻快流畅。

【不毛之地】bù máo zhī dì 不生长草木庄稼的地方。形容土地荒凉贫瘠。毛：地面上生长的谷物草木。★沙漠在人们的想象中是一片黄色的～，充满了暗淡苍凉的气氛。

【不明不白】bù míng bù bái 形容模模糊糊，不清楚。也指见不得人，不正派。★丈夫死得～，她必须去讨个说法。

【不鸣则矣，一鸣惊人】bù míng zé yǐ，yī míng jīng rén 不叫则罢，开口一叫就令人震惊。比喻平时默默无闻，一旦行动起来便不同凡响。★他第一次参加奥运会就夺得了金牌，这真是～。

【不谋而合】bù móu ér hé 事前

未经商议，意见或行动却完全一致。谋：商量。★诸葛亮和周瑜~，两人都想到了火攻曹操。

【不能自拔】bù néng zì bá 指陷于某种境地，自己无法解脱。拔：摆脱。★自从染上了毒品，他便沉迷其中，~。

【不能自已】bù néng zì yǐ 不能控制自己，使激动的情绪平静下来。已：停止。★第一次去西藏，她便~地爱上了那个神奇的地方。

【不怕一万，就怕万一】bù pà yī wàn, jiù pà wàn yī 不怕那种意料之中的经常性的情况出现，就怕那种出乎意料的情况突然发生。用于告诫人不要粗心大意，要做好充分准备，防止意外发生。★~，在这非常时期，一定要做好安全防护工作。

【不偏不倚】bù piān bù yǐ 原指折中调和。后指不偏不斜，正中目标。又指不偏向任何一方。偏、倚：不是正中，偏向一边。★人们期望法官根据案件的客观事实，做出~的公正判决。

【不平则鸣】bù píng zé míng 原指物不平整就会发出响声。后比喻人遭遇不平的事情，就发出不满或反抗的呼声。平：平正，公平。★他秉性耿直，~，遇到这种情况自然会说几句公道话。

【不破不立】bù pò bù lì 不破除旧的，就不能建立新的。★~，改革就是要破旧立新，促进社会的发展。

【不期而遇】bù qī ér yù 没有预约，意外地相遇。期：邀约，约会。★去年丽江之行，我和分别五年多的大学好友~。

【不求甚解】bù qiú shèn jiě 指读书只领会其要义，不在词句上多下工夫。后泛指不认真，不求深刻的理解。甚：很。★他喜欢博览群书，却每每~。

【不求有功，但求无过】bù qiú yǒu gōng, dàn qiú wú guò 不求有功劳，只求没过错。指做事平庸保守，总怕出岔子的消极态度。求：期求。但：只，仅。★上进心不强的人，一般都是安于现状，无所事事，~。

【不屈不挠】bù qū bù náo 形容意志坚强，在困难或恶势力面前决不屈服低头。挠：弯曲，屈服。★凡是在事业上有所建树的人，面对困难都有一股~的精神。

【不容分说】bù róng fēn shuō 不允许分辩、解释。表示强行干某事。容：容许。★姐姐来到办公室，~，拉起我就往外走。

【不容置疑】bù róng zhì yí 不容许怀疑。也指真实正确，绝对可信，用不着怀疑。容：容许。置：设置，提出。★正义必然战胜邪恶，这是~的。

【不辱使命】bù rǔ shǐ mìng 不辜负别人的差遣。表示很好地完成了对方交给的任务。辱：辱没，玷辱。★申奥工作人员~，圆满

【不学无术】bù xué wú shù 本指不能学古，所行不合道术。后泛指没有学问，没有本领。术：道术。★别看这些人衣冠楚楚，其实都是些~之徒。

【不言而喻】bù yán ér yù 不用说就能明白。形容事理极其明显。言：说。喻：明白，知道。★没有一定的经济实力，教育便很难得到发展，这是~的。

【不厌其烦】bù yàn qí fán 不嫌麻烦费事。厌：嫌恶。烦：琐细。★孩子的好奇心很强，我们要有耐心，要~地回答他们提出的各种稀奇古怪的问题。

【不厌其详】bù yàn qí xiáng 不嫌详细，越详细越好。厌：嫌烦。详：详尽，完备。★对于海底世界的描述，他~，为的是给孩子们一个全面的认识。

【不一而足】bù yī ér zú 原指不是一事一物可以满足。后指同类事物非常多，不能尽举；或情况不止一次或一种。足：满足。★他喜欢集邮，家里收藏的各种邮票花样繁多，~。

【不遗余力】bù yí yú lì 毫无保留地用尽全部力量。遗：留存。余：剩余。★孙中山先生~地为中国革命奋斗了一生。

【不以规矩，不成方圆】bù yǐ guī jǔ, bù chéng fāng yuán 比喻不遵循一定的标准、法则，就不能把事情做好。规：圆规。矩：曲尺。★俗话说，"~"，写字也是这样，只有从历代法帖入手，才能有所造诣。

【不以人废言】bù yǐ rén fèi yán 不因为人犯有错误，就将他的正确言论加以否定。以：因为。废：废弃，否定。★领导干部在工作过程中，一定要做到~。

【不以为然】bù yǐ wéi rán 不认为是正确的。表示不同意。然：是的，对的。★演讲人在台上眉飞色舞，振振有词，听众却~，反应冷淡。

【不以为意】bù yǐ wéi yì 不放在心上。指对人或事不加重视，不认真对待。★事故发生之前，有人曾向该单位领导提出了预防措施，领导却~。

【不以一眚掩大德】bù yǐ yī shěng yǎn dà dé 不因为一点小的过错就抹杀了大的功德。眚：过失。掩：掩盖。德：功德，功劳。★局长对小刘说，这件事做错了不要紧，以后改正就是了，你对单位的贡献还是很大的，我们~。

【不义之财】bù yì zhī cái 靠不正当手段获得的钱财。不义：不合理。★这些年，他是靠着这些~发达起来的。

【不亦乐乎】bù yì lè hū 不也是很愉快吗？也表示事态发展已达到过甚的程度，带有诙谐意味。亦：也。乎：语气词，相当于"吗"。★为了保证工作进度，这一阵忙得真是~。

【不翼而飞】bù yì ér fēi 没长翅膀，竟然飞走。比喻不用宣传就迅速传播。又比喻东西突然消失。翼：翅膀。★那封信刚才还在我的书桌上，怎么一转身就~了呢？

【不由分说】bù yóu fēn shuō 不容辩解。不由：不听从，不容许。分说：辩白。★刚一进门，父亲便~把他骂了一顿。

【不由自主】bù yóu zì zhǔ 由不得自己，控制不住自己。★书读多了，说话写文章常常会~地引用书中的一些语句。

【不远千里】bù yuǎn qiān lǐ 不以千里为远。形容不畏路途遥远。远：以……为远。★我们~来到哈尔滨，就是为了一睹冰雕节的盛况。

【不约而同】bù yuē ér tóng 事先没有商量，看法或行动却完全一致。约：约定，商议。★救人英雄一走上讲台，台下便~地响起了雷鸣般的掌声。

【不在话下】bù zài huà xià 原为旧小说、剧本中的套话，表示某故事告一段落或转入别的情节。后指没什么了不起，不值一提。也指事属轻微，不值得说。★父亲年轻时在部队搞文艺工作，吹拉弹唱都~。

【不在其位，不谋其政】bù zài qí wèi, bù móu qí zhèng 不处在某种职位上，就不过问有关方面的事情。位：职位。谋：考虑。政：政事，政务。★~，你还是去找新上任的领导吧。

【不择手段】bù zé shǒu duàn 为了达到某种目的，什么手段都使得出来。多用于贬义。择：选择。★体育竞赛要公平，不能为了胜利而~。

【不折不扣】bù zhé bù kòu 指商品按原价出售，一点也不打折扣。也表示完全合乎标准，一点不差。折、扣：指商品按原价减除若干成数出售。★从他的言谈举止可以看出，他是个~的生意人。

【不知不觉】bù zhī bù jué 没有意识到，没有感觉到。指某种变化没有引起人们的注意。★他边走边思考问题，~就到了家门口。

【不知高低】bù zhī gāo dī 指心中无数，不知轻重深浅。★你不用那么生气，他只是个~的孩子，说那样的话完全是无心的。

【不知好歹】bù zhī hǎo dǎi 分辨不出好坏。多指不懂得别人的好意。也指不知轻重利害。★他真~，我们好心帮助他，他却怀疑我们别有用心。

【不知轻重】bù zhī qīng zhòng 分不清哪是重要的，哪是次要的。也比喻处世莽撞，不明分寸。★你不要~，他可是大名鼎鼎的人物，得罪不得。

【不知深浅】bù zhī shēn qiǎn 不知道是深还是浅。也比喻为人处世没有分寸。★你不用担心，他并不是~的人。

【不知所措】bù zhī suǒ cuò 不知该怎么办才好。多指对突然发生的情况无法应付。措：放置，处理。★面对突然到来的检查团，校长有点~。

【不知所云】bù zhī suǒ yún 不知道说的是什么。原为谦辞，表示自己语无伦次，说话不当。后也泛指语言混乱或空洞，难以理解。云：说。★这篇文章语意混乱，读起来让人~。

【不治之症】bù zhì zhī zhèng 无法医好的病。也比喻无法除去的弊端与祸患。症：疾病。★随着医学的不断发展，曾被称为~的艾滋病现在已经能够有效控制了。

【不置可否】bù zhì kě fǒu 不表示同意，也不表示反对。指没有明确的态度。置：确立。可：可以。否：不行。★你是主要负责人，要态度明确，怎么能~呢？

【不主故常】bù zhǔ gù cháng 不拘旧套，不限一格。主：拘守。故常：旧的常规。★这位艺术家的石雕手法~，自成一派。

【不着边际】bù zhuó biān jì 空旷挨不着边。指没有着落。多形容言论空泛，不切实际。着：挨上，接触到。★他的作文语无伦次，~，老师给了他零分。

【不自量力】bù zì liàng lì 不能正确地估量自己的能力。多指过高地估计自己。量：估计，衡量。★她想参加世界模特大赛，简直是~。

【不足挂齿】bù zú guà chǐ 不值一提。表示轻蔑。也表示自谦。足：值得。挂齿：谈及，提起。★为失学儿童出点力是我们应尽的义务，实在是~。

【不足为凭】bù zú wéi píng 指不能作为凭证或根据。足：够得上。凭：凭证，根据。★衡量一个人，光靠一件事情是~的，要看他一贯的表现。

【不足为奇】bù zú wéi qí 不值得奇怪。指事物或现象很平常、很一般。足：值得。★贸易战是国家之间利益摩擦的正常反应，现在已经~了。

【不足与谋】bù zú yǔ móu 不配同他商量事情。表示轻视，瞧不起。足：配，值得。谋：谋划，商量。★他是个没有眼光的人，~。

【布衣蔬食】bù yī shū shí 穿粗布衣裳，吃粗糙饭食。形容生活俭朴。蔬食：指蔬菜和谷类食物。蔬，亦作“疏”。★老先生专心治学，~，生活恬淡。

【布衣之交】bù yī zhī jiāo 指平民之间的朋友交谊。也指显贵者与平民之间的交谊。布衣：古代指平民。交：交往，交情。★父亲和连长之间算得上是~。

【步步高升】bù bù gāo shēng

形容地位或身价直线上升。★他自从娶了董事长的千金之后，便从一个小职员～，做了公司的总经理。

【步步为营】 bù bù wéi yíng 军队每前进一步就设置一道营垒。形容行动谨慎，防备严密。步步：古时五尺为步，形容相隔很近。营：营垒。★他的象棋下得稳重，防守严密，～。

【步调一致】 bù diào yī zhì 比喻行动一致。步调：行进的步伐。★作为分公司，我们要和总公司保持～。

【步履蹒跚】 bù lǚ pán shān 形容走路缓慢、摇摆。步履：行走。蹒跚：因腿脚不灵便走路缓慢、摇摆的样子。★父亲～地穿过马路，向我这边走来。

【步履如飞】 bù lǚ rú fēi 走路好像飞一样。形容脚步轻捷，走得很快。步履：步行。★老将军虽然已年近七旬，但～，连年轻人也赶不上他。

【步履维艰】 bù lǚ wéi jiān 行走困难。也比喻因受到某种阻力而进展困难。步履：行走。维：文言助词，无义。艰：困难。★他看到一个～的老人要过天桥，便走过去搀扶着他。

【步人后尘】 bù rén hòu chén 跟在别人后面走。比喻追随、模仿他人。步：踏着。后尘：走路时后面扬起的尘土。★没有科技创新，一味地～，就只能永远受制于人。

C

【才高八斗】 cái gāo bā dǒu 比喻极富文才。★韩愈是唐代文学家，学识渊博，~。

【才华横溢】 cái huá héng yì 形容很有才华。横溢：充满而流出来。★他是位~的诗人，他的诗篇曾被几代人传诵。

【才貌双全】 cái mào shuāng quán 既有才学，又有美貌。貌：容貌。★这次选拔出来的十名城市形象大使，个个~。

【才疏学浅】 cái shū xué qiǎn 才能空疏，学识浅薄。多用作谦语。疏：粗疏，空虚。★学生~，还望老师多加指教。

【才子佳人】 cái zǐ jiā rén 旧称有才学的男子和容貌美丽的女子。有时指才貌相匹配的夫妻。★昆曲被联合国教科文组织命名为"人类口头遗产代表作"，要了解这阳春白雪、弥足珍贵的"~文化"，不能不去江南。

【财迷心窍】 cái mí xīn qiào 形容由于爱财入迷，心中糊涂。心窍：古时以为心脏有窍，能思考，故用以指代思想。★他~，竟然走上了贩毒的道路。

【采风问俗】 cǎi fēng wèn sú 采集民间歌谣，访问民间风俗。风：民歌，民谣。俗：习俗。★为了创作，他经常深入民间，~。

【餐风饮露】 cān fēng yǐn lù 吃的是冷风，喝的是露水。形容旅途或野外生活的艰苦。★科学考察队员跋山涉水，~，获得了珍贵的第一手资料。

【残暴不仁】 cán bào bù rén 凶狠暴虐，毫无同情怜悯之心。仁：仁爱，慈爱。★封建时代，统治阶级口头上讲仁义道德，行为上却~。

【残编断简】 cán biān duàn jiǎn 指残缺不全的书籍。编：古时用以穿连竹简的皮条或绳索。简：竹简。★别小看这些~，它们可都是珍贵的文献资料啊。

【残兵败将】 cán bīng bài jiàng 战败后剩余的兵将。★那些从前线下来的~，多数又都死于归途中。

【残冬腊月】 cán dōng là yuè 指一年将尽的时候。残冬：冬季末尾的日子。腊月：农历年最后一个月。★遇上灾年，一到~，农民家里便断了粮。

【残羹冷炙】 cán gēng lěng zhì 指吃剩的东西。也比喻豪门富贵的冷遇或施舍。羹：带汤的食物。冷炙：放冷了的烤肉。★在流浪儿的眼中，那些~也变成了美食。

【残圭断璧】cán guī duàn bì 残缺不全的圭璧。比喻虽然残缺却很珍贵的文字。圭：上尖下方的玉器。璧：扁平的环状玉器。★在出土文献中，虽然许多是~，却极具历史价值。

【残酷无情】cán kù wú qíng 残暴，冷酷，毫无人情。★敌人对待革命者是~的。

【残缺不全】cán quē bù quán 残破短缺而不完整。★许多珍贵的历史文物，经过多次战争的洗劫，早已变得~了。

【残垣断壁】cán yuán duàn bì 残缺的围墙，倒塌的墙壁。形容破败荒凉的景象。垣：围墙。★战后的这座城市，到处都是~，破败荒凉。

【残渣余孽】cán zhā yú niè 比喻残存下来的坏人。渣：渣滓，废物。余孽：残余的坏分子或恶势力。★我们一定要将革命进行到底，扫除旧社会的一些~。

【蚕丛鸟道】cán cóng niǎo dào 喻指窄而险的山路。蚕丛：本指蜀地，后泛指险绝的山路。鸟道：狭窄险峻的山路。★这个偏僻的小村位于大山深处，到处都是~。

【蚕食鲸吞】cán shí jīng tūn 像蚕吃桑叶一样逐步侵占，像鲸鱼捕食一样一举吞进。比喻侵占吞并。★鸦片战争以后，各国列强企图对中国进行~。

【惨不忍睹】cǎn bù rěn dǔ 情景极其悲惨，使人不忍心看。睹：看见。★解放前的农村，到处是一片~的景象。

【惨淡经营】cǎn dàn jīng yíng 原指艺术创作过程中苦心构思，精心布局。后也形容苦心谋划并从事某项事业。惨淡：尽心思虑。经营：规划构思。★经过几代人的~，这家老牌药店才拥有今天的辉煌。

【惨绝人寰】cǎn jué rén huán 悲惨的程度为世间所没有。形容悲惨到了极点。绝：极。人寰：人世间。★“二战”期间，日本军国主义制造了~的南京大屠杀，使30多万中国人丧失了生命。

【惨无人道】cǎn wú rén dào 残酷到了没有一点人性的地步。形容凶恶残暴到了极点。人道：指对人的同情、尊重、爱护、关怀。★在工厂主~的压迫剥削下，雇工们过着牛马不如的生活。

【灿若繁星】càn ruò fán xīng 光彩照耀像天上繁密的星星。形容事物繁多而又有光彩。灿：亦作“粲”。★这些散落的珍珠晶莹夺目，~。

【粲花妙论】càn huā miào lùn 形容言论优美精妙，引人入胜。也指委婉美妙的言谈。粲花：言谈之美，犹如百花灿烂。★钱钟书是著名学者，也是著名作家，他的著作多～。

【粲然可观】càn rán kě guān 鲜明耀眼，很值得一看。形容文章、事业等成就很高。粲然：鲜明的样子。★近几年文学创作逐渐繁荣，不少作品～。

【仓促从事】cāng cù cóng shì 匆匆忙忙做某事。仓促：匆忙。★这件事情关系重大，切不可～。

【仓皇不定】cāng huáng bù dìng 形容匆匆忙忙，心神慌乱。仓皇：亦作“苍惶”。★他～，肯定是出了什么事情。

【仓皇失措】cāng huáng shī cuò 形容极度慌张的样子。仓皇：匆促慌张。失措：举止失常。★地震突然袭来，刚从睡梦中惊醒的村民们～，四散奔逃。

【苍白无力】cāng bái wú lì 形容贫弱无力，没有朝气。苍白：白而略带青色。★在专制主义时代，民主思想显得那么～。

【苍翠欲滴】cāng cuì yù dī 翠绿的颜色，好像要滴下来一样。形容草木茂盛，充满生气。苍：青色。翠：青绿色。★校园里的古木～，美不胜收。

【苍生涂炭】cāng shēng tú tàn 形容百姓境遇极端困苦，像掉进泥沼和火坑中一样。苍生：指百姓。涂炭：泥沼和炭火。★20世纪初，内忧外患的中国大地满目疮痍，～，民不聊生。

【苍松翠竹】cāng sōng cuì zhú 指四季常青的松竹。常用以形容人长寿清拔或品性高洁。★老屋后面是一片～，被溪水环绕着，一年四季常青。

【苍颜白发】cāng yán bái fà 脸色灰暗，头发灰白。形容衰老的容貌。也指代老人。★父亲由于操劳过度，虽然不到六十，却已是～。

【苍蝇附骥】cāng yíng fù jì 苍蝇附着在千里马身上，可以很快到达千里之外。比喻依靠别人的声望而成名。骥：千里马。★古代一些读书人如～，奔走权门。

【沧海横流】cāng hǎi héng liú 大海泛滥，四处奔流。比喻天下大乱，社会动荡。沧海：大海。横流：到处泛滥。★战国时期，烽烟四起，～。

【沧海桑田】cāng hǎi sāng tián 大海变成陆地，陆地变成大海。比喻自然界或世事变迁巨大。沧海：大海。桑田：农田，指陆地。★这一带过去是一片荒漠，现在却高楼林立，绿树成荫，真可谓～。

【沧海一粟】cāng hǎi yī sù 大海里的一粒小米。比喻极其渺小微弱。粟：谷子。★我们所研究的语言现象，只是人类语言活动中的～。

【沧海遗珠】cāng hǎi yí zhū 大海里漏采的珍珠。比喻被埋没的人才或珍贵事物。沧海：大海。★这部词典所收条目是从数万条成语、熟语中精选出来的，尽管如此，也难免～。

【藏而不露】cáng ér bù lù 掩藏才华或情感，不使外露。★他虽然才华出众，却～。

【藏锋敛锷】cáng fēng liǎn è 把锋和刃隐藏收敛起来。形容谦抑含蓄，不露锋芒。锋：兵器的锐利部分。锷：刀剑的刃。★身处乱世，为保全自己，他不得不～。

【藏龙卧虎】cáng lóng wò hǔ 比喻潜藏着各类非凡人才。龙、虎：比喻不平常的人物。★社会科学院人才济济，是一个～之地。

【藏器待时】cáng qì dài shí 比喻胸怀才学，等待施展的时机。藏：收藏，储藏。器：器具，引申为才能。★古代一些心怀报国之志的读书人如果不能实现自己的理想，往往隐居乡野，～。

【藏头露尾】cáng tóu lù wěi 形容遮遮掩掩，不肯暴露全部真相。★做事要光明正大，不要～。

【藏踪蹑迹】cáng zōng niè jì 尽量不让人察觉到自己的行动。藏踪：隐匿行踪。蹑迹：放轻脚步。★为了躲避仇人，他隐姓埋名，～，独自居住在这座深山老林里。

【操觚染翰】cāo gū rǎn hàn 拿着木简，以笔蘸墨。指提笔写作或创作书画。觚：木简，古代书写材料。翰：毛笔。★陈毅元帅不仅是横刀立马的将军，还是～的诗人。

【操翰成章】cāo hàn chéng zhāng 拿起笔来就能写成文章。形容文思敏捷，善于作文。翰：毛笔。★小雅天资聪慧，才上小学便能～。

【操之过急】cāo zhī guò jí 处理事情过于急躁。操：从事。★做事要脚踏实地，不能～，盲目冒进。

【草草了事】cǎo cǎo liǎo shì 形容匆忙草率地结束某事。★这么重要的一个工程，一定要注意质量，千万不可～。

【草草收场】cǎo cǎo shōu chǎng 形容匆忙草率地结束了事。★由于现场音响效果不佳，主办单位只好～。

【草菅人命】cǎo jiān rén mìng 把人命看得像野草一样轻贱。指轻视生命，任意杀人。菅：一种多年生的野草。★近年来，越来越严重的煤矿事故在不断地提醒人们：地方经济的发展和农民的脱贫致富，绝不能建立在～的基础之上。

【草莽英雄】cǎo mǎng yīng xióng 旧指在山野川泽起义的英雄人物或打家劫舍的强人。草莽：丛生的杂草，泛指荒野。★他不过是一个～，有什么难以对付的？

【草木皆兵】cǎo mù jiē bīng 野草和树木都像是敌兵。《晋书·苻坚载记》记载，前秦王苻坚率军攻打东晋，结果被打得大败。苻坚和大将苻融登上寿阳城楼，看到东晋军队行列严整，士气饱满，吓得胆战心惊，回头望了望北面的八公山，只见冷风吹动草木一起一伏，仿佛全是伏兵。后用以形容惊恐万状，疑神疑鬼，稍有动静就异常紧张而产生错觉。兵：士兵。★出于自身安危考虑，防范之心乃人之天性，但~则不可取。

【草率从事】 cǎo shuài cóng shì 形容做事不认真，不细致。草率：粗枝大叶，敷衍了事。★无论做什么工作，都应该认真负责，不能~。

【草行露宿】 cǎo xíng lù sù 在草丛中赶路，在露天里过夜。形容旅途或野外生活的艰辛。★大型的越野运动总免不了~，辛苦是肯定的，却可以很好地锻炼人的体质和野外生存能力。

【草薰风暖】 cǎo xūn fēng nuǎn 青草幽香，微风煦暖。指春天来临。薰：花草的香味。★在这~的春天，我们享受着大自然的恩赐，感受着人生的美妙。

【草长莺飞】 cǎo zhǎng yīng fēi 花草生长，黄莺飞舞。形容江南明媚的春景。莺：黄莺。★暮春三月，正是~的时节。

【恻隐之心】 cè yǐn zhī xīn 见人遭受不幸而产生的忧伤同情之心。恻隐：同情，怜悯。★人人都应该心怀~，帮助那些贫困的失学儿童。

【参差不齐】 cēn cī bù qí 形容长短不齐，高低不一。参差：不齐的样子。★班上同学的写作水平~，有高有低。

【层层叠叠】 céng céng dié dié 形容层次很多，错综复杂。★站在最高峰放眼望去，群峰~，绵延数十里。

【层出不穷】 céng chū bù qióng 接连出现，没有止尽。层：重叠，接连不断。穷：尽。★这里山水秀丽，历史文化名人~。

【层峦叠嶂】 céng luán dié zhàng 形容峰峦相接，连绵重叠。峦：相连的山。嶂：直立像屏障一样的山峰。★站在山顶远眺，~，云雾缭绕，如同仙境。

【曾几何时】 céng jǐ hé shí 指时间过去没有多久。曾：副词，表示过去。几何：若干。★~，我们还是青春少年，如今却都已为人父母。

【曾经沧海】 céng jīng cāng hǎi 比喻经历过大世面，见多识广，经验丰富。曾经：从前经历过。沧海：大海。★~的他有气度、有远见，说话办事与众不同。

【差强人意】 chā qiáng rén yì 本指尚可振奋人心。后指还比较令人满意。差：稍微。强：振奋。★今年农民负担大大减轻，与往年相比，~。

【差之毫厘，谬以千里】 chā zhī háo lí，miù yǐ qiān lǐ 形容极

细微的差别或失误会造成巨大的差距或导致严重的后果。毫厘：微小的长度和重量单位，十丝为一毫，十毫为一厘。谬：差错。★科学仪器的制作要极其精密，否则，～。

【插翅难飞】 chā chì nán fēi 插上翅膀也难飞出去。比喻无法逃脱。★公安机关已经布下了天罗地网，犯罪分子～。

【插架万轴】 chā jià wàn zhóu 形容藏书极为丰富。插架：把书刊放到书架上。轴：书画卷轴。★许多学问家同时又是～的藏书家。

【插科打诨】 chā kē dǎ hùn 指戏曲演员在演出中插入一些滑稽幽默的动作和诙谐的语言引人发笑。也泛指耍滑稽开玩笑。科：指戏曲中演员的动作表情。打诨：用诙谐的语言相戏谑。★京剧名丑不仅唱做俱佳，而且善于～。

【茶余饭后】 chā yú fàn hòu 喝茶吃饭后的一段空闲休息时间。泛指休息和空闲的时间。★每到夏天，～，老人们喜欢三五成群地到天桥下乘凉。

【搽脂抹粉】 chá zhī mǒ fěn 搽上胭脂，抹上香粉。指妇女修饰容貌。也比喻粉饰、掩盖。★有些地方干部在上级有关部门检查工作时，往往～，虚报政绩。

【察言观色】 chá yán guān sè 观察言语脸色以揣摸对方的心意。察、观：仔细看。★这些经过训练的猴子，不但能帮主人做事，还会～，讨主人的欢心。

【姹紫嫣红】 chà zǐ yān hóng 形容各色美丽的花朵争奇斗艳。姹：美丽。嫣：娇艳。★园内百花盛开，～，一派春意盎然的景象。

【拆东补西】 chāi dōng bǔ xī 拆掉东方去补西方。比喻临时勉强应付，不能解决根本问题。★由于经营不善，不少租赁公司已陷入破产危机，有些勉强支撑也是～，危机四伏。

【柴米油盐】 chái mǐ yóu yán 指每日生活必需品。也指平常而必需的生活。★家庭生活不像恋爱时那么浪漫，总少不了～。

【豺狼当道】 chái láng dāng dào《东观汉记·张纲》记载，汉顺帝遣八使巡行郡邑，整顿吏治，御史张纲也在其中。当时大将军梁翼及其弟河南尹梁不疑等专擅国政，不可一世。张纲认为不应对大奸大恶置之不理而去追究小奸小恶，因此不愿前行，并气愤地说："豺狼当道，安问狐狸!"后用以比喻坏人掌权得势。当道：横在路中间。★任何时代，都不能忽视吏治的整顿，决不能让～。

【馋涎欲滴】 chán xián yù dī 馋得口水都要流下来了。形容十分贪吃。也比喻贪婪的欲望非常强烈。涎：口水。★西双版纳的傣味菜颇具特色，让人～。

【缠绵悱恻】 chán mián fěi cè 形容心情沉郁悲苦，无法排遣。

常用以指诗文调子哀婉动人。缠绵：情感萦绕而不能解脱。悱恻：悲苦。★琼瑶的小说描写的大都是~的爱情故事。

【蟾宫折桂】chán gōng zhé guì 相传蟾宫中有桂树，到月宫中去折取桂枝谓之“蟾宫折桂”。旧指科举考试及第。蟾宫：指月宫。旧传月中有蟾蜍，故称。★过去的读书人都希望能够~。

【铲草除根】chǎn cǎo chú gēn 铲除野草要连根除掉。比喻彻底除掉祸根，不留后患。★对反动势力一定要~，决不姑息。

【长此以往】cháng cǐ yǐ wǎng 长期这样下去。多就不好的情况而言。★许多孩子喜欢吃零食而不吃正餐，~会引起营养不良。

【长歌当哭】cháng gē dàng kū 以歌代哭。指以放声歌咏或写作诗文来抒发心中的抑郁和悲愤。长歌：长声歌咏，引申为写作诗文。当：当作。★周总理逝世的噩耗传来，全国人民~，万分悲痛。

【长江后浪推前浪】cháng jiāng hòu làng tuī qián làng 比喻世事的更迭。多指新生事物代替陈旧事物，永不停息地向前发展。★~，新一代的青年必定有更大的发展空间。

【长命百岁】cháng mìng bǎi suì 寿命很长，能活到一百岁。常用作祝词。★爷爷，我衷心祝愿您福如东海，~！

【长年累月】cháng nián lěi yuè 形容经历的时间长久。长年：指整年。累月：一月又一月。★地质考察队员~深入荒山野岭工作，十分辛苦。

【长篇大论】cháng piān dà lùn 冗长的文章，大而空的言论。形容文章或讲话冗长且空泛。★他的发言总是~，让人生厌。

【长篇累牍】cháng piān lěi dú 指文章篇幅冗长。多含贬义。累：重叠。牍：古代写字用的木简。★这篇文章~地引用别人的看法，并没有作者自己的观点。

【长驱直入】cháng qū zhí rù 指进军神速而顺利，径直到达对方纵深地区。也可指动物等的迁徙。驱：策马快跑。直：径直。★这群野象~，回到了原先生活的茂密的森林地带。

【长途跋涉】cháng tú bá shè 形容长途远行的艰辛。跋涉：翻山越岭，趟水过河。★经过半年的~，他终于到达了中国最北的一个村庄。

【长袖善舞，多钱善贾】cháng xiù shàn wǔ, duō qián shàn gǔ 长衣袖便于舞蹈，本钱多便于做生意。比喻做事的条件越好越容易成功。也形容有钱有势有手腕的人善于投机钻营。善：善于，擅长。贾：做生意。★~，有了他们这笔赞助，我们的计划将会更顺利地进行。

【长吁短叹】cháng xū duǎn tàn 长声短声地叹气。形容人在忧思痛苦中唉声叹气的情状。吁：叹气。★近日来，她总是一个人坐在屋里～地想心事。

【徜徉恣肆】cháng yáng zì sì 形容文章或言论内容深广，气势豪放。徜徉：自由自在地来回走动。恣肆：放肆无忌。★战国时期思想家孟子的文章～，汹涌澎湃。

【惝恍迷离】chǎng huǎng mí lí 形容怅然若失而又神情恍惚的样子。惝恍：失意的样子。★唐代诗人李商隐的爱情诗，读后令人感觉～，靡丽缠绵。

【怅然若失】chàng rán ruò shī 因不如意而心情沮丧，好像丢了什么一样。怅然：失意的样子。★火车开走了，她站在月台上，～，眼泪扑簌扑簌掉下来。

【畅所欲言】chàng suǒ yù yán 把要说的话痛痛快快说出来。畅：畅快，尽情。欲：打算。★新年茶话会上，大家有说有笑，～，为单位的发展提出了许多建设性意见。

【畅通无阻】chàng tōng wú zǔ 顺利地通行，没有阻碍。指事情能顺利进行。★有了这张通行证，侦察员便能在敌占区～了。

【超前绝后】chāo qián jué hòu 超越前人，后人也无一可比。形容绝无仅有，独一无二。★李白是历史上～的伟大诗人。

【超群绝伦】chāo qún jué lún 超出众人，无人可以类比。伦：类。★孙中山先生是资产阶级民主革命时期出类拔萃、～的革命家。

【超然物外】chāo rán wù wài 指超脱于世俗之外。也指置身事外或风雅不俗。★只有树立了正确的人生观、价值观，对名利地位、物质待遇等采取～的态度，才能胸怀坦荡。

【朝野上下】cháo yě shàng xià 从中央到地方，从当官的到老百姓。犹言举国上下。★对于减轻农民负担问题，～无不拍手称赞。

【嘲风咏月】cháo fēng yǒng yuè 旧时诗人多以风月为写作题材，因以泛指作诗抒情。也指描写风月而思想内容贫乏的作品。嘲：歌唱，吟咏。★过去的一些文人学士常常写一些～的诗词。

【车水马龙】chē shuǐ mǎ lóng 车络绎不绝，有如流水；马首尾相接，好似游龙。形容车马成群结队，往来不绝，十分热闹。★上海南京路上，～，游人络绎不绝。

【车载斗量】chē zài dǒu liáng 可以用车载，可以用斗量。形容数量极多。★会写小说的人～，但写得好的却屈指可数。

【彻头彻尾】chè tóu chè wěi 从头到尾，自始至终，整个儿。彻：

通贯，贯通。★他是个～的书呆子，一点社会经验也没有。

【彻夜不眠】chè yè bù mián 指一夜未睡。彻夜：通宵，整夜。眠：睡觉。★除夕之夜，人们往往～，这是中国的习俗。

【沉迷不悟】chén mí bù wù 沉溺其中而不醒悟。沉迷：深深地迷惑、迷恋。★他染上了吸毒的恶习，却一直～。

【沉默寡言】chén mò guǎ yán 不爱说话，很少出声。★他平时～，工作中也总是埋头苦干，很少与人说笑。

【沉鱼落雁】chén yú luò yàn 游鱼见之下沉，飞雁见之降落。形容女子极其貌美，多与“闭月羞花”连用。★她是远近闻名的美人，有～之容、闭月羞花之貌。

【沉郁顿挫】chén yù dùn cuò 指诗文等深沉蕴藉，音调抑扬有致。沉郁：深刻含蓄，深沉蕴藉。顿挫：停顿和转折。★唐代诗人杜甫的诗歌，～，极富历史厚重感。

【沉渣泛起】chén zhā fàn qǐ 比喻一度消亡了的腐朽事物又重新露头。沉渣：沉下去的渣滓。★近几年，社会上的一些不良旧习～，应当引起我们高度重视。

【陈陈相因】chén chén xiāng yīn 原指皇家粮仓里陈粮上加陈粮，年年堆积。后比喻因袭陈旧事物，毫无创新。陈：陈旧。因：沿袭。★～，依样画葫芦，这是文艺创作的大忌。

【陈词滥调】chén cí làn diào 指陈旧空泛的言词或论调。陈：旧。滥：空泛。★许多著名文学家都一再强调要向人民群众学习，这不是～，而是宝贵的箴言。

【陈腐不堪】chén fǔ bù kān 形容陈旧腐朽得不成样子。堪：忍受。★我们应该尽早丢掉这种～的观念。

【陈规陋习】chén guī lòu xí 指过时的、不好的规章制度和习俗。陈：陈旧。陋：不好，不合理。★中华人民共和国成立后，特别是党的十一届三中全会以来，良好的社会风气逐步形成，一些～逐渐被革除。

【晨钟暮鼓】chén zhōng mù gǔ 指寺庙中早晚报时的钟鼓声。用以形容佛教徒的孤寂生活。也指时光的推移。又用以比喻可以使人警觉醒悟的言语。★每天听着～，他的心情慢慢地平静了下来。

【称心如意】chèn xīn rú yì 符合心愿，感到满意。★这件事情虽然顺利结束了，但她却并不觉得～。

【趁火打劫】chèn huǒ dǎ jié 趁人失火时去抢劫东西。比喻趁人处在危难时刻从中捞一把或趁机害人。趁：乘机。★“抗战”期间，那些丧尽天良的官僚～，大发国难财。

【趁热打铁】chèn rè dǎ tiě 趁铁烧红时锤打。比喻做事抓住有利时机或便利条件，加速进行。★我们应该抓住这个机会，~，把最后一道工序做好。

【称名道姓】chēng míng dào xìng 指直接呼唤姓名。称、道：叫，说。★在中国，对长辈~是一种不礼貌的行为。

【称王称霸】chēng wáng chēng bà 自封为帝王或霸主。比喻狂妄自大，专横独断。王：古代帝王。霸：春秋战国时诸侯的盟主。★他俨然以权威自居，竟在这里~起来了。

【称兄道弟】chēng xiōng dào dì 互相以哥弟相称。形容关系亲密。也用于贬义，表示拉拢。★他们俩在人前~，背后却总是互相诋毁。

【瞠目结舌】chēng mù jié shé 瞪着眼睛说不出话来。形容吃惊或受窘的样子。瞠：瞪眼直视的样子。★高空飞行表演的惊险动作使得观众个个~，浑身冷汗。

【成家立业】chéng jiā lì yè 结婚成家，并在事业上有所成就。★大哥~后，就不再和我们住在一起了。

【成年累月】chéng nián lěi yuè 形容经历时间长久。成年：整年。累月：月复一月。★父亲~在地里干活，脸被太阳晒成了古铜色。

【成千上万】chéng qiān shàng wàn 形容数量很多。成、上：这里指达到。★~的群众站在长安街两侧，等待着总理灵车的到来。

【成群结队】chéng qún jié duì 一群群，一队队。形容人或动物很多，自然地组合在一起。★在冰雪覆盖的南极大陆，企鹅经常~地在冰上玩耍。

【成人之美】chéng rén zhī měi 指成全别人的好事。★既然他们两人情投意合，我们就应该~，促成这门婚事。

【成事不足，败事有余】chéng shì bù zú，bài shì yǒu yú 不仅不能把事情办好，反而把事情办糟。指人的才德不足，容易坏事。★有些人~，不值得重用。

【成也萧何，败也萧何】chéng yě xiāo hé ，bài yě xiāo hé 成事的是萧何，败事的仍是萧何。比喻成败都由于同一个人或同一件事。也：语助词，表停顿。萧何：汉初丞相，曾辅佐刘邦战胜项羽，建立了西汉王朝。★~，当初他名闻天下靠的是这部著作，现在他身败名裂也是因为这部著作。

【成则为王，败则为寇】chéng zé wéi wáng，bài zé wéi kòu 指双方争夺统治权，成功的便为帝王，失败的便为贼寇。意谓“王”与“寇”仅凭成败来论定。★封建时代的中国，往往是~。

【诚惶诚恐】chéng huáng

chéng kǒng 原为封建时代奏章中常用的套话，表示惶恐不安，是对皇帝的尊敬服从。现用作泛指，形容小心谨慎以至于惶恐不安的样子。含讽刺意味。诚：确实。惶：惊慌。恐：恐惧。★他在领导面前～，在下级面前却盛气凌人。

【诚心诚意】 chéng xīn chéng yì 形容非常真挚诚恳。★我～地向你道歉，希望你能原谅我。

【承前启后】 chéng qián qǐ hòu 继承前人的，开创今后的。多用于学问或事业等。启：开启。★这是一次～的盛会，它为科技的新一轮发展奠定了良好的基础。

【承上启下】 chéng shàng qǐ xià 承接上面的，引出下面的。多用于写作。启：开启。★文章中～的句子具有特殊的作用，少了它，就仿佛少了桥梁。

【城门失火，殃及池鱼】 chéng mén shī huǒ, yāng jí chí yú 城门着了火，护城河里的鱼跟着遭殃。比喻因牵连而受祸害或损失。殃：灾祸。池：护城河。★～，你是我的学生，老师挨批，恐怕你也要跟着遭罪啊。

【城下之盟】 chéng xià zhī méng 在敌人大军压境或兵临城下时被迫签订的屈辱性和约。盟：旧指宣誓缔约或签订和约。★宋朝和金人签订的～并没有换来天下太平。

【乘风破浪】 chéng fēng pò làng 船趁着顺风，劈波斩浪地前进。比喻有远大的志向，勇于向前。也形容事业迅猛向前发展。★新时期的改革者～、大展宏图，为把我国建设成为现代化强国而努力奋斗。

【乘龙佳婿】 chéng lóng jiā xù 旧指才貌双全的好女婿。乘龙：女子乘坐于龙上，比喻得婿如龙。★他大学一毕业就做了某局长的～。

【乘人之危】 chéng rén zhī wēi 趁着别人遭遇危难之时进行要挟或侵害。乘：趁着。危：危难。★你这样～，是不道德的行为。

【乘兴而来，败兴而返】 chéng xìng ér lái, bài xìng ér fǎn 指趁着兴致而来，最后却是扫兴而归。败兴：兴致被破坏，情绪低落。★我们本来想去看音乐会，没想到中途突遇暴雨，结果只能～。

【乘虚而入】 chéng xū ér rù 本指军事上向对方没有设防或兵力薄弱之处进攻。又泛指乘机钻空子。乘：趁着。虚：空虚，弱点。★当身体抵抗力下降时，病菌就会～，疾病往往由此产生。

【程门立雪】 chéng mén lì xuě 《宋史·杨时传》记载，宋代杨时在下雪天拜谒著名学者程颐，程颐闭目而坐，杨时不敢惊动，在一旁站立等待。程颐醒来，门外积雪已有一尺深了。后形容尊敬老师，虔诚求教。程：指宋代理学家程颐。立雪：站在雪地里。★向专家求教要有～的精神。

【惩恶劝善】chéng è quàn shàn 惩罚邪恶，劝勉人心向善。★健全法制的目的是为了～，维护社会的正常秩序。

【惩前毖后】chéng qián bì hòu 吸取以前错误、失败的教训，以后谨慎小心，不致重犯。惩：鉴戒。毖：谨慎。★对待犯错误的同志，要坚持～、治病救人的原则。

【惩一儆百】chéng yī jǐng bǎi 惩罚一个人，警戒多数人。儆：告诫，敬告。★我们对个别犯错误的同学作出处分决定，就是为了要～，教育大多数。

【逞强好胜】chěng qiáng hào shèng 显示自己有本事，事事都想胜过别人。逞强：显示自己的能力强。★我那个时候年轻气盛，～，得罪了不少人。

【吃穿用度】chī chuān yòng dù 指吃饭穿衣等用以度日的花费。用度：费用。★母亲一生任劳任怨，家里平日的～都由她一人打理。

【吃喝嫖赌】chī hē piáo dǔ 狂吃滥饮，嫖娼赌博。指行为不端，生活奢靡，道德败坏。★他是个公子哥，十五六岁便养成了～的恶习。

【吃苦耐劳】chī kǔ nài láo 能够经受艰苦和劳累。形容有坚忍不拔的意志。★～是中华民族的传统美德。

【吃苦在前，享受在后】chī kǔ zài qián，xiǎng shòu zài hòu 吃苦要抢在别人前头，享受要考虑在别人后头。指一种高远的思想境界。★我们共产党人应该全心全意为人民服务，～。

【吃里爬外】chī lǐ pá wài 指依靠一方生存和发展，暗地里却为另一方效劳。★他～，把我们的项目计划透露给了竞争对手。

【吃力不讨好】chī lì bù tǎo hǎo 费了很大力气，还是不能赢得称赞或得到好处。多形容工作周期长或难度大，费时费力且不易出成果。★有些工作做起来～，但我们却不能不去做。

【吃一堑，长一智】chī yī qiàn，zhǎng yī zhì 受一次挫折，长一分见识。堑：壕沟，比喻挫折，失败。★～，相信经过这次挫折，你会逐渐成熟起来的。

【嗤之以鼻】chī zhī yǐ bí 用鼻子哼出冷笑，表示蔑视。嗤：讥笑。★他是封建家庭公认的叛逆者，对世俗礼教总是～。

【痴人说梦】chī rén shuō mèng 本指对痴呆的人说梦话，而痴呆的人信以为真。后用来讽刺仅凭想象而说些不可能实现的荒唐话。★他完全是～，你怎么能相信他呢？

【痴心不改】chī xīn bù gǎi 指

对人或对事的追求忠贞执著，不会改变。痴心：指沉迷于某人或某事的心思。★经历过无数磨难，他却依然～，坚持做一名普通的人民警察。

【痴心妄想】 chī xīn wàng xiǎng 形容一心想着根本不可能实现的事情。痴心：入迷的心思。妄想：荒唐的、不切实际的想法。★不经过艰苦的努力而想取得成功，那简直是～。

【驰名中外】 chí míng zhōng wài 声誉传扬国内外。驰名：名声远扬。★西安出土的秦始皇兵马俑～，是世界十大奇观之一。

【迟疑不决】 chí yí bù jué 形容拿不定主意。迟疑：犹豫。决：决断。★事到如今，他反而有些～了，不知道该不该将他告上法庭。

【持之以恒】 chí zhī yǐ héng 有恒心，长期坚持下去。持：坚持，保持。恒：恒心。★只有将～的体育锻炼与合理的饮食有机结合，才能达到运动减肥的目的。

【持之有故，言之成理】 chí zhī yǒu gù，yán zhī chéng lǐ 所持的论点有根据，所讲的话有道理。持：持论，立论。故：根据。★说话作文都要～，否则难以服人。

【尺寸之功】 chǐ cùn zhī gōng 指微小的功劳。尺、寸：言其少。★有的人无～，却加官晋爵，实在不公平。

【尺有所短，寸有所长】 chǐ yǒu suǒ duǎn，cùn yǒu suǒ cháng 因运用的场合不同，一尺有时也显得短，一寸有时也显得长。比喻人或事物各有短处，也各有长处。★～，我们要用辩证的眼光看待问题。

【叱咤风云】 chì zhà fēng yún 呵斥一声，风云都为之兴起或变色。形容声势威力极大。有时也谑指气势汹汹。叱咤：怒斥，吆喝。★随着韩日世界杯足球赛的落幕，一批曾经～的球星将黯然离开国家队。

【赤壁鏖兵】 chì bì áo bīng 东汉建安十三年（公元208年），孙权、刘备联军用火攻大败曹军于赤壁。后泛指激烈的战斗。赤壁：地名，今湖北嘉鱼县东北长江边。鏖：激战。★双方军队经过一段时间的～，终于停战议和。

【赤膊上阵】 chì bó shàng zhèn 原指光着脊梁，不顾一切地出阵交战。赤膊：光着上身。★李逵性情急躁，常常手抡板斧，～，与官兵厮杀。

【赤胆忠心】 chì dǎn zhōng xīn 形容十分忠诚。赤、忠：忠诚。★无论处境多么艰难，他对人民的～从来没有过丝毫动摇。

【赤地千里】 chì dì qiān lǐ 形容严重的自然灾害过后，广大地区寸草不生的凄凉景象。赤：空，一无所有。★在过去，人们对自然灾害的抗御能力弱，往往大灾过后，~。

【赤身裸体】 chì shēn luǒ tǐ 指露出大部分身体；也指全身裸露，一丝不挂。★他~地站在雪地里，一定是疯了。

【赤手空拳】 chì shǒu kōng quán 指手中没有任何武器。也比喻毫无凭借。赤手：两手空空。★他~来到这个南方城市，开始了他的创业历程。

【赤子之心】 chì zǐ zhī xīn 指纯真无邪的心灵。赤子：初生的婴儿。★中国的大多数知识分子都有一颗~。

【充耳不闻】 chōng ěr bù wén 塞住耳朵不听。形容存心不听别人的意见。充：塞住。★有些领导干部对于群众的意见~，结果犯了错误。

【冲锋陷阵】 chōng fēng xiàn zhèn 向敌人冲锋，深入敌人阵地。形容作战英勇。也泛指勇于进击。陷：深入，攻破。★鲁迅是在文化战线上，代表全民族的大多数，向着敌人~的最正确、最勇敢、最坚决、最忠实、最热忱的空前的民族英雄。

【重操旧业】 chóng cāo jiù yè 重新从事原来的行业。操：从事。★从部队转业回来以后，他~，做起了厨师。

【重蹈覆辙】 chóng dǎo fù zhé 再走翻车的老路。比喻不吸取失败的教训，重犯以往的错误。蹈：踏上。覆：翻倒。辙：车轮辗过的痕迹。★如果我们不能从失败中汲取教训，就会~。

【重见天日】 chóng jiàn tiān rì 比喻脱离黑暗，重新见到光明。★眼睛手术成功了，老教授终于能够~了。

【重温旧梦】 chóng wēn jiù mèng 比喻重新经历或回忆往日的事情。★小李从美国归来，试图与昔日的女友~。

【重新做人】 chóng xīn zuò rén 改变原来的不好形象，从头另行开始，做个正派人。★在管教干部的帮助下，他决定改掉恶习，~。

【重整河山】 chóng zhěng hé shān 指重新治理国家。整：治理，整顿。河山：江河山岳。指代国家。★面对破碎的国家，满朝文武都希望全国一心，~。

【重整旗鼓】 chóng zhěng qí gǔ 比喻失败或受挫后重新组织力量再干。旗鼓：古代军中用于发号施令的旗帜和战鼓。★在地震后的废墟上，工人们打算~，再建自己的工厂。

【崇本抑末】 chóng běn yì mò 注重根本，抑制枝末。古代多以农业生产为本，以工商业为末。崇：重视，推崇。抑：压制，抑制。★中国古代一直~，不重视科学技术和工商业的发展。

【崇山峻岭】 chóng shān jùn lǐng

形容山岭高大险峻。峻：高而陡峭。★在～之中，掩藏着一个不为人知的小小村落。

【崇洋媚外】chóng yáng mèi wài 一味崇拜外国，向外国献媚。指一种丧失国格和民族自尊心的思想行为。★20世纪90年代，国内出现了～的思想倾向。

【宠辱不惊】chǒng rǔ bù jīng 不因受到宠信或辱没而惊动。指人很有涵养，能将荣辱置之度外。★他是一个真正的人民作家，在历次浪潮中均～。

【宠辱皆忘】chǒng rǔ jiē wàng 把得宠和受辱完全忘却。形容心胸坦荡，不以得失为怀。★昨天已经成为过去，我们应该抱着～的心态坦然面对明天。

【抽薪止沸】chōu xīn zhǐ fèi 抽去锅底的柴火，让锅内的水停止沸腾。比喻从根本上解决问题。薪：柴。★解决问题不能扬汤止沸，而要～。

【愁眉不展】chóu méi bù zhǎn 因忧愁而紧锁眉头，不得舒展。形容心事重重的样子。展：舒展。★农田缺水，这些天他一直～地望着地里的庄稼。

【愁眉苦脸】chóu méi kǔ liǎn 皱着眉头，哭丧着脸。形容愁苦的神色。★面对昂贵的学费，他的父母整日～。

【踌躇不前】chóu chú bù qián 徘徊犹豫，不敢向前。踌躇：犹豫。★在困难面前～的人是永远不会成功的。

【踌躇满志】chóu chú mǎn zhì 从容自得，心满意足。多指对自己取得的成绩非常满意。踌躇：从容自得的样子。满志：心愿满足。★越王勾践消灭吴国以后，～，决心争夺诸侯霸主地位。

【稠人广众】chóu rén guǎng zhòng 指人数众多的公开场合。稠人：稠密的人群。广众：很多的人。★他这个人很不谦虚，总是喜欢在～之中表现自己。

【丑态百出】chǒu tài bǎi chū 指令人厌恶的各种丑恶情状都表现出来了。丑态：丑恶的神态。★为了讨得主子的欢心，奴才在主子面前常常是～。

【臭名远扬】chòu míng yuǎn yáng 坏名声传得很远。扬：传播。★奸臣秦桧阴谋杀害岳飞，成了～的千古罪人。

【臭名昭著】chòu míng zhāo zhù 坏名声尽人皆知。昭著：明显，显著。★他是历史上有名的汉奸走狗，～，遭人唾弃。

【臭味相投】chòu wèi xiāng tóu 比喻性格志趣、思想作风等相互投合。用作贬义。臭味：气味。投：投合。★这帮人～，聚在一起，不是赌博，就是酗酒闹事。

【出尔反尔】chū ěr fǎn ěr 原意为你怎样对待别人，别人就会怎样对待你。后多指说话不算数或做事不认账。尔：你。★合同一经签订，就应该严格遵守，不能～。

【出乎意料】chū hū yì liào 出于意料之外，没料想到。★期终考试，他～地进了年级前十名，所有人都对他另眼相看。

【出口成章】chū kǒu chéng zhāng 话说出口就形成文章。章：文章。★别以为他是天才，～靠的是平时的积累。

【出口伤人】chū kǒu shāng rén 指用恶言恶语辱骂伤害他人。★你说话要注意分寸，不能～！

【出类拔萃】chū lèi bá cuì 形容才德超出同类之上。出、拔：超出。萃：人群，物类。★他悟性好，肯用功，在我的学生中是～的。

【出没无常】chū mò wú cháng 出现和隐没没有常规。表示让人难以捉摸。无常：变化不定。★野猪糟蹋庄稼，～，村民为此感到非常头疼。

【出谋划策】chū móu huà cè 想办法，出主意。谋：计策。划：谋划。★他招聘了一个副手，专门为公司～。

【出其不意】chū qí bù yì 趁对方没有料到就采取行动。意：意料。★干警们～，捣毁了整个制假窝点。

【出奇制胜】chū qí zhì shèng 原指军事上用出人意料的奇兵奇计制服敌方，取得胜利。奇：奇兵，奇计。制胜：取胜。★李自成是一位善于用兵的军事统帅，在战场上经常～。

【出人头地】chū rén tóu dì 超过一般人，高人一等。★他好胜心强，一心想～。

【出人意料】chū rén yì liào 出乎人们的意料之外。★晚会现场～地火暴，人们热情高涨，像过节似的。

【出神入化】chū shén rù huà 形容技艺达到绝妙的境界。神：神奇。化：化境。★《天鹅湖》的青年演员们，动作娴熟，舞姿优美，表演得～，令人叹为观止。

【出生入死】chū shēng rù sǐ 原指从出生到死亡。后指冒着生命危险，随时都有牺牲的可能。★那些曾经跟着他一起～的战友，如今都杳无音信了。

【出手不凡】chū shǒu bù fán 指刚开始就表现得不同凡响。★他初来公司便～，接下了一笔大生意。

【出水芙蓉】chū shuǐ fú róng 出水绽放的荷花。比喻清新可爱的诗句。也比喻娇美的女性。芙蓉：荷花。★18 岁的她犹如～，在三乡五里小有名气。

【出头露面】chū tóu lòu miàn 指事物显现出来。也指在公众场合出现。又指出面做事。★我自小内向，不愿意～，所以社交能力较差。

【出头之日】chū tóu zhī rì 比喻从困苦的环境中摆脱出来，重见光明或重新得势的时刻。★尽管目前中国足球面临严重的危机，但我们坚信中国足球一定会有~。

【出言不逊】chū yán bù xùn 说话傲慢，不谦逊。逊：谦虚，恭顺。★你到底是什么人，竟敢如此~。

【出淤泥而不染】chū yū ní ér bù rǎn 从污泥中生长出来而不被沾染。比喻身处污浊环境而能保持品性纯洁。淤泥：污泥。染：沾染。★莲花~的品质一直被世人所称颂。

【初出茅庐】chū chū máo lú 三国时诸葛亮隐居隆中茅屋，刘备三顾茅庐请他出来辅佐自己。诸葛亮离开茅庐，和曹操第一次交锋就打了胜仗，人称“博望相持用火攻，指挥如意笑谈中。直须惊破曹公胆，初出茅庐第一功”。后用以比喻刚刚步入社会或工作岗位，尚缺乏经验。茅庐：草房。★我是~，请大家多多关照。

【初来乍到】chū lái zhà dào 表示刚刚来到一个新环境里。乍：刚，起初。★你~，我先带你熟悉一下环境。

【初露锋芒】chū lù fēng máng 比喻刚刚显露出才能或力量。锋芒：刀剑等锐器的刃口和尖端。喻指人的才能和力量。★他练了5年钢琴，今天是首场演出，可谓~。

【初生牛犊不怕虎】chū shēng niú dú bù pà hǔ 刚出生的小牛不怕老虎。比喻青年人无所畏惧，敢作敢为。犊：小牛。★中国有句古话，叫做“~”，年轻人就应该有这种闯劲。

【除暴安良】chú bào ān liáng 铲除残暴之徒，安抚善良百姓。★这支农民起义军~，每到一处，都深受老百姓的欢迎。

【除恶务尽】chú è wù jìn 清除邪恶必须干净彻底。务：必须。★~，将不好的思想行为连根拔除，不要有丝毫的吝惜。

【除旧布新】chú jiù bù xīn 废除旧的，建立新的。布：建立。★改革就是要~，只有废除旧的，才能让新的有更大的发展空间。

【锄强扶弱】chú qiáng fú ruò 铲除强暴，扶助弱小。锄：铲除。★人们在动荡的社会中对现实不满又找不到出路，便把希望寄托在那些~、伸张正义的侠客身上。

【处安思危】chǔ ān sī wēi 处于太平安定的环境，要想到可能发生的危难。★我们应当~，尽力做好环境保护工作。

【处心积虑】chǔ xīn jī lǜ 指费尽心机，蓄意已久。多含贬义。处心：存心。积虑：长时期地考虑。★国内外反动派互相勾结，~，想把新生的红色政权扼杀在摇篮之中。

【楚楚动人】chǔ chǔ dòng rén 形容姿容美好，动人心神。也形容风格杰出，令人赞赏。楚楚：鲜明娇美貌。★画中女子～，令人心动。

【楚河汉界】chǔ hé hàn jiè《史记·项羽本纪》记载，楚王项羽与汉王刘邦争夺天下，最后约定以鸿沟（今河南贾鲁河东）为界划天下而治，东归楚，西归汉，各不相扰。后泛指争斗双方之间的界线。也指象棋棋盘上双方的分界。★经过数年的激烈战争，两个国家终于划定～，归于和平。

【怵目惊心】chù mù jīng xīn 形容看见某种景象，内心震惊。怵：恐惧，害怕。★事故现场尸横遍地，令人～。

【触景生情】chù jǐng shēng qíng 受当时情景的触动而生发某种感情。★面对如此美丽的山水景色，历代文人～，留下了许多优秀的诗篇。

【触类旁通】chù lèi páng tōng 掌握了关于某一事物的知识或规律，而能够推知同类中的其他事物。旁通：互相贯通。★读书重在理解，不能死记硬背，而要举一反三，～。

【触目惊心】chù mù jīng xīn 看到某种情况就不禁为之震惊。形容所见情况极其严重。★沿着沙湖一路走来，湖面上漂着的死鱼让人～，没想到这里的环境污染这么严重。

【川流不息】chuān liú bù xī 河水永不止息地流淌。原比喻时光流逝和大自然的运行永无休止。后用以形容行人、车马等像水流一样连续不断。川：河流。息：停止。★尽管天气炎热，街面上依然人来人往，～。

【川壅必溃】chuān yōng bì kuì 河流堵塞必然导致决口溃堤。比喻事物在发展过程中受到阻塞必会导致不良后果。川：河流。壅：堵塞。溃：决口。★信访部门要高度重视群众的意见和呼声，不然～，后果不堪设想。

【穿靴戴帽】chuān xuē dài mào 穿着靴子，戴着帽子。多比喻文章形式主义严重，喜欢在开头或结尾加上一些与内容无关的话。★有些人写文章喜欢～，官味十足。

【穿杨贯虱】chuān yáng guàn shī 形容射技高超精良。穿杨：《战国策·西周策》记载，楚人养由基善射，能在百步之外射中杨树之叶。贯虱：《列子·汤问》记载，纪昌精于射技，能射中悬挂于空中的虱子。★他的射击技术高超精妙，可谓～。

【穿凿附会】chuān záo fù huì 指生拉硬扯，非常牵强地解释。穿凿：牵强地解释，凿旧读 zuò。附会：把没有关系的事物硬扯在一起。★对文化典籍的解读不能～，而应该历史地真实地解读。

【穿针引线】chuān zhēn yǐn

xiàn 比喻从中撮合、联系。★中介公司所起的作用是～，最后能否成功还要靠双方的努力。

【传道解惑】chuán dào jiě huò 原指传授圣贤之道，解答各种疑惑。后泛指传授知识解答疑惑。★～是教师的职责。

【传经送宝】chuán jīng sòng bǎo 比喻介绍和传授先进经验和方法。经：经验。宝：比喻可贵的方法。★考察团此次下乡，是来给农民朋友～的。

【传为美谈】chuán wéi měi tán 成为人们称道的好事而流传开去。美谈：人们乐于谈论的好事。★他帮助贫困学生的事迹在班里～。

【传宗接代】chuán zōng jiē dài 传延宗族，接续后代。★许多村民认为结婚就是生儿育女，其目的就是～，延续香火。

【串通一气】chuàn tōng yī qì 暗中勾结，互相配合，联成一气。★他们～，形成攻守联盟，企图阻挠调查组的调查。

【疮痍满目】chuāng yí mǎn mù 比喻遭受破坏或灾害的景象。满眼都是残破凄凉的景象。形容破坏的程度极为严重。疮痍：创伤。★地震后的村庄～，一路上见到的都是倒塌的房屋和受惊吓的人们。

【窗明几净】chuāng míng jī jìng 形容房间明亮，陈设整洁。几：小桌子。★阅览室书架整齐，～，是个读书的好地方。

【怆然涕下】chuàng rán tì xià 悲伤地流下泪来。形容心情悲伤凄怆。怆然：悲伤的样子。涕：眼泪。★看着老百姓受苦遭罪，老将军不禁～。

【吹拉弹唱】chuī lā tán chàng 泛指演奏、歌唱等技艺。★小明多才多艺，～样样都会。

【吹毛求疵】chuī máo qiú cī 比喻故意挑毛病，找差错。疵：小毛病。★有些领导干部喜欢～，对下属要求十分苛刻。

【吹牛拍马】chuī niú pāi mǎ 吹牛皮，拍马屁。指吹嘘奉承。★他别的本事没有，要讲～却没人能比。

【炊沙作饭】chuī shā zuò fàn 把沙子煮成米饭。比喻白费力气，无济于事。★想把石头变成金子，这无异于～，根本不可能实现。

【垂帘听政】chuí lián tīng zhèng《旧唐书·高宗纪》记载，唐高宗每次上朝时，都要在御座后垂挂帘子，太后武则天坐在后面听政，干预政事。后常用以指女后掌握朝政。也用作泛指。垂帘：放下帘子。★慈禧太后～，干了不少丧权辱国的事。

【垂死挣扎】chuí sǐ zhēng zhá 临近死亡时的挣扎或抵抗。垂：接近。★新中国成立之初，隐藏在国内的特务还妄想在覆灭之前作～。

【垂头丧气】chuí tóu sàng qì 耷拉着脑袋，沮丧泄气。形容失意懊丧的样子。★输了这场志在必得的比赛，队员们一个个～。

【垂涎三尺】chuí xián sān chǐ 口水流出来三尺长。形容嘴馋到了极点。也比喻看见别人的好东西而想得到。涎：口水。★明明看见小伟手里拿着汉堡包，不禁～。

【垂涎欲滴】chuí xián yù dī 馋得口水都要滴下来了。★狐狸看到乌鸦嘴里叼着一块肥肉，早就～了。

【捶胸顿足】chuí xiōng dùn zú 用拳捶胸，用脚跺地。形容极度悲伤、悔恨或焦急而无计可施。顿：跺地。★三岁的女儿被河水冲走之后，她～地哭号，怨恨自己没有照看好。

【春蚕到死丝方尽】chūn cán dào sǐ sī fāng jìn 春蚕吐丝，到死才会休止。原比喻恋人离别后的相思之苦。后也比喻为某种理想而执著追求，至死不渝。★～，他把自己的一生全部献给了革命事业，直到最后一刻还坚守在工作岗位上。

【春风得意】chūn fēng dé yì 原形容考中进士后洋洋得意的情态。后用以指进士及第。也形容因事情如愿以偿而欢畅的心情。★他开着"奔驰"车～地回到了儿时的故乡。

【春风化雨】chūn fēng huà yǔ 比喻潜移默化的良好教育。多用以称颂师长的教诲。也引申为适宜的环境和条件。春风：适宜于万物生长的和风。化雨：化育万物的雨水。★老师的教诲犹如～，温暖了他那颗孤独的心。

【春光明媚】chūn guāng míng mèi 形容春天明丽美好的景致。★每到大雪封山的时候，我们总是怀念那些～的日子。

【春寒料峭】chūn hán liào qiào 指略带寒意的春风。料峭：形容春天的微寒。★～时节，梅花独自飘香。

【春花秋月】chūn huā qiū yuè 春天的花，秋日的月。泛指春秋佳景。比喻人生最美好的时刻。也指岁月季节更替。★青年时代，犹如～，是人生最美好的季节。

【春华秋实】chūn huá qiū shí 春天开花，秋天结果。多比喻文采学问、品德情操或事物间的因果关系。华：同"花"。实：结果实。★～，他潜心钻研的课题，如今到了收获的季节。

【春暖花开】chūn nuǎn huā kāi 春日温暖，百花盛开。形容春天气候宜人，景色优美。也比喻良好的环境或际遇。★江南的三月，～，草长莺飞。

【春秋笔法】chūn qiū bǐ fǎ 经学家认为孔子修订《春秋》，意含褒贬，增减一字都有微言大义。

后指因文笔隐晦曲折而意含褒贬的文字。春秋：我国最早的编年体史书。笔法：写作方法。★这部作品文笔简练，含义深微，颇有～的味道。

【春色满园】 chūn sè mǎn yuán 满园都是春天的景色。比喻一派欣欣向荣的景象。★梅园里，园丁们精心培育的各种梅花竞相开放，可谓～。

【春意盎然】 chūn yì àng rán 形容春天的气息浓厚。也比喻形势欣欣向荣。春意：春天的气象。盎然：丰满、浓厚的样子。★虽是寒冬腊月，可对于刚刚改制的玻璃厂来说，却是一派～。

【唇齿相依】 chún chǐ xiāng yī 嘴唇牙齿相互依存。比喻关系极为密切，利害与共。★中朝两国是～的友好邻邦。

【唇红齿白】 chún hóng chǐ bái 嘴唇红润，牙齿洁白。形容容貌俊美。多指少年。★时光流逝，当年嗷嗷待哺的婴儿，如今已成长为～的少年。

【唇枪舌剑】 chún qiāng shé jiàn 嘴唇像枪，舌头像剑。形容论辩激烈，言辞锋利。★辩论赛上，双方队员～，互不相让。

【唇亡齿寒】 chún wáng chǐ hán 嘴唇没有了，牙齿就会感到寒冷。比喻双方关系密切，利害相关。亡：失去。★这个合同签订后，我们两家公司从此就～，休戚相关了。

【蠢蠢欲动】 chǔn chǔn yù dòng 原指爬虫缓缓蠕动。后多比喻敌人开始进行攻击或坏人策划破坏活动。蠢蠢：蠕动的样子。★近来走私集团～，准备开始新的犯罪活动。

【踔厉风发】 chuō lì fēng fā 形容意气昂扬，精神奋发。踔：踏地。厉：猛烈。踔厉：原指舞蹈动作威武有力，后比喻精神振奋。风发：奋发。★他是新思想的先驱，所作诗文～，常能鼓舞人心。

【绰绰有余】 chuò chuò yǒu yú 形容丰富、宽裕，用不完。也指很从容。绰绰：宽裕。★以她的能力，做这项工作可以说是～。

【绰约多姿】 chuò yuē duō zī 形容女子体态柔婉美好或事物多姿多彩。绰约：姿态柔美的样子。★江南山水，养育出了许多～的女子。

【词不达意】 cí bù dá yì 指说话作文时词句不能充分确切地表情达意。词：也作“辞”，言辞。达意：表达思想。★他拙于言辞，在和别人交流的时候往往～。

【慈眉善目】 cí méi shàn mù 形容人面目慈祥善良。★到会的有一个～的老者，很受大家尊敬。

【慈乌反哺】 cí wū fǎn bǔ 小慈乌长大后反过来衔食喂养母乌。常用以比喻子女报答父母养育之恩。慈乌：乌鸦的一种，相传此乌能反哺其母，故称慈乌。★～，是青年人应尽的义务。

【此地无银三百两】 cǐ dì wú yín sān bǎi liǎng 相传有人将三百两银子埋在地下，因怕人发现就在旁边立了一块木牌，上写“此地无银三百两”七字。邻居阿二偷走银子，也担心别人知道，便在木牌上添写道：“隔壁阿二不曾偷。”比喻本想掩盖事实，反而暴露了真相。★此事一出，老王极力为自己辩解，正可谓～。

【此起彼伏】 cǐ qǐ bǐ fú 这里起来，那里落下。形容一起一落，接连不断。伏：低下去。★远处的山脉～，连绵不断。

【此一时，彼一时】 cǐ yī shí, bǐ yī shí 现在是一个时候，过去又是一个时候。指时势不同，情况各异。《孟子·公孙丑下》记载，孟子神情不悦，弟子充虞问：“以前听先生说过‘君子不怨天，不尤人’，现在为何不高兴呢?”孟子回答说：“彼一时，此一时也。”★前几年说起蒙城，在国内还是知者甚少。～，如今这个农业大县已经名扬四方了。

【刺股悬梁】 cì gǔ xuán liáng 用锥子扎大腿，将头发悬于梁。指刻苦勤学。《战国策·秦策一》记载，魏人苏秦十次游说秦王均未成功，资用乏绝后回家发奋读书，每至昏昏欲睡时就用锥子扎自己的大腿。又《汉书》记载，汉人孙敬勤奋好学，日夜读书，为防打瞌睡，就把头发束起吊在房梁上。股：大腿。★古人读书～，其精神值得学习。

【聪明伶俐】 cōng míng líng lì 又聪明，又乖巧。伶俐：灵活，乖巧。★英子是个～的小姑娘，十分招人喜爱。

【聪明一世，糊涂一时】 cōng míng yī shì, hú tú yī shí 指一向聪明的人，偶尔在某事上犯了糊涂。★你真是～，这种犯法的事情怎么能做呢?

【从长计议】 cóng cháng jì yì 从长远的角度或用较长的时间多加商量考虑。指不马上作出决定。从长：时间放长或眼光放远。计议：商议。★这个问题我们要～，不能只顾眼前利益。

【从容不迫】 cóng róng bù pò 形容不慌不忙，镇静沉着。从容：镇静，沉着。迫：急促。★刘胡兰～地面对敌人的铡刀，大义凛然，毫不畏惧。

【从善如流】 cóng shàn rú liú 听从好的意见或建议，就像水顺流而下一样迅速。形容乐于接受别人的正确意见。★领导者要有～的气度，要善于察纳雅言。

【从天而降】 cóng tiān ér jiàng 从天上掉下来。比喻出人意外地突然出现。★这群文艺工作者～，让雪山哨卡的战士们大为惊喜。

【粗茶淡饭】 cū chá dàn fàn 指简单粗陋的饮食。形容生活简朴或清苦。★他是个乡下人，一辈子～，过惯了朴素的生活。

【粗声粗气】cū shēng cū qì 说话声音大且生硬。形容鲁莽或不客气的样子。★父亲对母亲说话一向～，这使我们几个孩子很反感。

【粗心大意】cū xīn dà yì 做事不细心，不谨慎，马虎草率。★由于安全检查员的～，导致矿上几十名工人丧失了生命。

【粗衣淡饭】cū yī dàn fàn 形容衣食简单，生活俭朴。★进城十多年了，父亲依然保持着～的习惯。

【粗枝大叶】cū zhī dà yè 粗壮的枝干，阔大的叶子。比喻内容简略，不具体。也比喻做事毛糙，不细致。★他做自己的事情很细心，但是对待工作却～。

【粗制滥造】cū zhì làn zào 草率地大量制造。指只追求数量，不顾质量，产品粗劣。也泛指工作马虎，不负责任。滥：过度。★在激烈的竞争中，～的商品总是最先被淘汰。

【促膝谈心】cù xī tán xīn 形容面对面靠近坐着，倾心交谈。促膝：两人对坐时，膝盖挨着膝盖。★他俩是大学毕业十年后第一次见面，晚上在一起～。

【猝不及防】cù bù jí fáng 事情突然发生，来不及防备。猝：突然，出乎意外。★他边走路边思考问题，～，掉进了路边的水坑里。

【催人泪下】cuī rén lèi xià 形容故事十分感人，使人禁不住流下眼泪。催：促使。★老矿工的先进事迹～，打动了在场的每一个人。

【摧枯拉朽】cuī kū lā xiǔ 摧折枯草腐木。比喻很容易将腐朽势力打垮。枯：枯草。朽：腐木。★公安干警在和平年代的反腐败斗争中，同样需要～的气魄和力量。

【摧眉折腰】cuī méi zhé yāo 低着头，弓着腰。指屈身事人。摧眉：低眉，低头。折腰：弯腰。★历史上有许多正直忠诚的名士，由于不愿～屈服于权贵而一生穷困潦倒。

【璀璨夺目】cuǐ càn duó mù 光辉灿烂，耀人眼睛。形容极具价值。璀璨：珠玉等光彩鲜明。★改革开放中，深圳的发展速度十分惊人，成为珠江三角洲一颗～的明珠。

【寸步不离】cùn bù bù lí 形容跟随得很紧或关系非常亲密。寸步：形容距离非常近。★无论她走到哪里，她的那条爱犬总是和她～。

【寸步不让】cùn bù bù ràng 形容丝毫不肯让步。★他是一个优秀的外交官，在关系到国家利益的谈判中，总是～。

【寸步难行】cùn bù nán xíng

形容行走十分困难。也比喻陷入困境，难以摆脱。★在科技飞速发展的今天，我们不掌握大量的现代知识信息，就~。

【寸草不留】 cùn cǎo bù liú 连一根小草也不留下。比喻斩尽杀绝或毁坏一空。寸草：一寸长的小草，比喻极微小的东西。★这场大火烧得整个林场~，损失惨重。

【寸草不生】 cùn cǎo bù shēng 连一根小草也不生长。形容土地贫瘠或灾情严重。★随着自然条件的逐渐恶化，当年广袤青葱的草原如今已经变得~。

【寸土必争】 cùn tǔ bì zhēng 一小块土地也要坚决争夺。表示竭力维护国家主权。寸土：极小的一片土地。★在维护国家主权的斗争中，我们要~，决不让步。

【蹉跎岁月】 cuō tuó suì yuè 白白荒废了年月。指虚度光阴。蹉跎：时光白白过去。岁月：时日。★当年知青上山下乡的那些~，让人不堪回首。

【措手不及】 cuò shǒu bù jí 形容事情突然发生，来不及应付。措手：着手处理，应付。★检查团的突然到来，让厂方感到~。

【错落有致】 cuò luò yǒu zhì 形容排列布置参差不齐，富有情致。错落：交错纷杂。致：情趣。★这个小山村有几十户人家，远近高低，~。

【错综复杂】 cuò zōng fù zá 形容关系纵横交错，头绪繁杂。★随着侦查工作的逐步深入，案情却变得更加~起来了。

D

【达官贵人】dá guān guì rén 声势显赫的大官，身份高贵的人物。达官：达，显赫。旧指位高权重的大臣。贵人：旧指身份、地位显贵的人。★推动历史进步的不是那些～，而是广大人民群众。

【答非所问】dá fēi suǒ wèn 回答的话没有针对所问的问题。★小刚最近在课堂上总是走神，经常～，为此老师决定做一次家访。

【打抱不平】dǎ bào bù píng 遇见不公平的事，主动帮助受欺侮的一方，打击强暴者。★他侠肝义胆，只要遇到不公平的事，就会挺身而出，帮助别人～。

【打草惊蛇】dǎ cǎo jīng shé 原比喻惩处一方而使相类似的另一方有所警觉，感到惊慌。后多比喻行事不密，事先惊动了对方。★我们要小心谨慎，千万不要～，以免破坏整个行动计划。

【打成一片】dǎ chéng yī piàn 原指把不同的感情和遭遇看作是一回事。后用以表示把不同的部分合为一个整体。现多指紧密配合，不分彼此。★这本书教你如何巧妙融入新环境，与同事～。

【打击报复】dǎ jī bào fù 对曾经反对过自己的人，利用职权，耍弄手腕，进行攻击、刁难或压制。★工作过程中要胸襟开阔，加强团结，不能搞～。

【打家劫舍】dǎ jiā jié shè 到他人家里用暴力抢夺财物。劫：抢劫，掠夺。舍：房舍。★这群孩子肯定是武侠小说看多了，竟然也学着书里的样子干起了～的勾当。

【打破常规】dǎ pò cháng guī 打破沿袭下来的老规矩。形容敢于突破创新。★创新，就是要～，开辟新的天地。

【打破沙锅问到底】dǎ pò shā guō wèn dào dǐ 比喻对问题追根寻底。沙：也作“砂”。问：本作“璺”，陶瓷、玻璃等器物上的裂纹，谐音而成“问”。★5 岁的儿子对大人说的每一句话都感兴趣，总喜欢～。

【打退堂鼓】dǎ tuì táng gǔ 旧时官吏退堂前击鼓，以示停止或结束对案件的审理。后比喻中途退缩或撒手不干。堂：公堂，旧指官吏审理案件的厅堂。★工作刚刚起步你就～，这样怎么能干成事业呢?

【大白于天下】dà bái yú tiān

xià 使所有人都知道事情的真相。大白：彻底明白。★整个案件终于～，蒙冤的武警战士永远躺在了花丛中，他可以瞑目了。

【大饱眼福】dà bǎo yǎn fú 指有机会充分领略、欣赏到珍奇美好的事物。眼福：有机会看到珍奇或美好的事物。★老艺术家向我们展示了他的收藏品，令我们～。

【大步流星】dà bù liú xīng 形容步子迈得大，走得很快。★会议开完后，他～往家走。

【大材小用】dà cái xiǎo yòng 把大材料用在小地方。比喻使用不当，造成浪费。材：也作"才"。★让一个外语系毕业的高材生去当收发员，真是～了。

【大操大办】dà cāo dà bàn 操办一件事情大手大脚，极其铺张。操：操持，料理。★我们结婚的时候，只请了几位好友简单吃了一顿饭，并没有～。

【大彻大悟】dà chè dà wù 最彻底的了解和最深刻的领悟。彻：明白，贯通。悟：领会，领悟。★通过一次失败的婚姻经历，她终于～了，开始努力在生活中寻找真正属于自己的东西。

【大吃一惊】dà chī yī jīng 形容非常吃惊。★老虎突然从笼子里窜了出来，围观的人都～。

【大吹大擂】dà chuī dà léi 指热热闹闹地鼓乐齐鸣。后多用以讥讽人过分宣扬，大肆吹嘘。吹：吹喇叭。擂：打鼓。★他的话你不要轻信，他平时总喜欢在同事面前～。

【大醇小疵】dà chún xiǎo cī 大体纯正，略有缺陷。醇：酒味醇厚，引申为纯正。疵：毛病。★这篇文章～，略作修改就可发表。

【大慈大悲】dà cí dà bēi 原为佛教用语，意谓佛爱世人，怜悯众生，心肠慈善。后用以泛指对人慈悲怜悯，心地善良。慈：仁爱。悲：怜悯。★有些人装作～，实际在进行诈骗活动。

【大打出手】dà dǎ chū shǒu 比喻野蛮地逞凶打人或互相殴斗。打出手：戏曲中演武戏时，一个主角同几个对手相互抛掷接踢武器，形成种种武打场面。★几个歹徒对一位老人～，路人见此情景上前制止。

【大大咧咧】dà dà liē liē 形容随随便便、满不在乎的样子。★他一向～的，你别跟他计较。

【大刀阔斧】dà dāo kuò fǔ 原形容军队声势浩大，杀气腾腾。后比喻办事果断而有魄力。刀、斧：古时作战时使用的兵器。★改革需要～的魄力，不能只是小打小闹。

【大得人心】dà dé rén xīn 指深得民众的欢迎和拥护。人心：民心。★新来的县长只有 30 多岁，他下乡蹲点，解决农民的实际问题，因而~。

【大敌当前】dà dí dāng qián 强大的敌人正在面前。形容情势严峻，处于危急关头。当：正在。★司马懿兵临城下，诸葛亮却镇定自若，在~的危急时刻上演了一出千古传诵的“空城计”。

【大动干戈】dà dòng gān gē 原指发动战争。现多用以比喻大张声势地做某事。干戈：古代的两种兵器。★两个相邻的村子为了引水灌田而~，兵戎相见。

【大发慈悲】dà fā cí bēi 形容对人表现出极大的善心和怜悯之情。慈悲：慈善怜悯。★寒冷的冬夜，衣衫单薄的叫花子在挨家挨户地敲着门，希望遇见~的人能让他借宿一晚。

【大发雷霆】dà fā léi tíng 比喻大发脾气，高声训斥。霆：暴雷。★财务人员不小心弄丢了一本支票，老板因此~。

【大发议论】dà fā yì lùn 连续不断地发表很多的评论或议论。★有些人喜欢捕风捉影，听到一点小道消息便开始~。

【大方之家】dà fāng zhī jiā 懂得大道理的人。《庄子·秋水》记载，黄河之神河伯自以为黄河当为天下第一。一天顺流东行来到北海，只见白浪连天，茫茫一片，于是自感惭愧，仰天向北海之神叹道：“吾长见笑于大方之家。”后用以泛指见多识广、学问深厚的专家。大方：大道理。★他喜欢在~面前卖弄他的学问，真是不知深浅。

【大放厥词】dà fàng jué cí 原指创作诗文极力铺陈词藻。现多指空发议论或妄发谬论。厥：其，他的。词：也作“辞”。★被解雇的董事长在接受电视采访时~，指责董事会的行为。

【大费周折】dà fèi zhōu zhé 指事情复杂，办起来很费力。周折：曲折，不顺利。★他跋山涉水，~，终于找到了失散三十几年的亲兄弟。

【大风大浪】dà fēng dà làng 原指自然界的狂风巨浪。现多比喻艰难的环境和动荡的时局。★他的生活一直十分顺利，他希望能经受一些~，从而使自己变得更坚强一些。

【大腹便便】dà fù pián pián 形容肚子肥大。多形容肥胖的样子。便便：肥大的样子。★由于长期以来过着养尊处优的日子，如今的他已经是~了。

【大公无私】dà gōng wú sī 指秉公持正，没有私心。★我们要学习雷锋同志~的高贵品质。

【大功告成】dà gōng gào chéng 指巨大的事业或重要的任务宣告完成。功：功业。告成：宣告完成。★再过一两个小时，整个计划就~了。

【大海捞针】dà hǎi lāo zhēn 在大海里打捞细针。比喻极难寻觅。

★在茫茫大上海找一个并不相识的人，简直是~，希望太渺茫了。

【大喊大叫】dà hǎn dà jiào 大声叫嚷。也指大肆宣传，大造舆论。★比赛到了关键时刻，教练冲着队员~。

【大红大紫】dà hóng dà zǐ 形容非常显赫，颇受注目。★在近年来的歌坛上，他确实~了好一阵子。

【大获全胜】dà huò quán shèng 大胜对手，获得全面胜利。获：获取。★在这次世界乒乓球锦标赛上，中国代表队~。

【大祸临头】dà huò lín tóu 大灾祸马上到来。临：来到。★眼看就要~了，他只好一走了之。

【大惑不解】dà huò bù jiě 原指非常糊涂，不明事理。后指感到非常迷惑，不能理解。惑：疑惑。解：明白。★他平时是个很听话的孩子，却杀害了自己的母亲，这让许多人~。

【大吉大利】dà jí dà lì 形容非常吉祥顺利。旧时用于占卜或祝福。★吃年夜饭的时候，家庭成员之间都会说一些~的话，为彼此新的一年祝福。

【大家风范】dà jiā fēng fàn 出自高贵人家的特有气派。也形容风度典雅大方。大家：指有地位有声望的贵族。风范：风度，气派。★她无论说话还是做事都有~，不失为一代才女。

【大家闺秀】dà jiā guī xiù 原指名门望族中有才德的女子。后多泛指富贵人家有才德的女子。★她是~，知情达礼，能诗能文。

【大江东去】dà jiāng dōng qù 原指长江水向东流去。后用以比喻历史向前发展或陈迹消逝。也作为一种豪放风格的代称。★岁月如~，飞速流逝。

【大匠运斤】dà jiàng yùn jīn 高明的匠人使用斧子。原指技艺极为高妙精湛。后也用以比喻行文娴熟，技巧高超。运：使用。斤：斧子。★晋代诗人陶渊明的诗看似散缓而有奇句，似~，不露斧凿之痕。

【大街小巷】dà jiē xiǎo xiàng 指城里大大小小的街巷。泛指全城镇的各个地方。★国庆节将至，城市里~都张灯结彩，庆祝佳节。

【大惊失色】dà jīng shī sè 大为震惊，脸色失常。形容非常害怕。色：脸色。★看了桌上的信后，他不禁~。

【大惊小怪】dà jīng xiǎo guài 形容对于不足为奇的事情过分惊讶。有时也指呼叫吵闹。★不就是遇到一条蛇嘛，有什么~的！

【大举进攻】dà jǔ jìn gōng 大规模地出兵，主动向敌方攻击。★在中原战场上，我军已经开始向敌人~。

【大开杀戒】dà kāi shā jiè 废除戒律，大肆杀戮。开：解除；

打破。杀戒：杀生的戒律。★官兵开始大规模反扑，对农民起义军~。

【大开眼界】dà kāi yǎn jiè 开阔视野，增长见识。眼界：视野。★这次出国考察，使我们~。

【大可不必】dà kě bù bì 完全可以不那样做。指完全没有必要。★你~感到失望，下次还有机会的。

【大快人心】dà kuài rén xīn 指事情、举动符合人心，使人们感到非常痛快。★残害少女的歹徒终于被正法了，真是~！

【大梦初醒】dà mèng chū xǐng 从沉睡中刚醒过来。比喻从长期迷茫无知中顿然醒悟。★锒铛入狱后他才~，后悔当初不该干那些罪恶的勾当。

【大名鼎鼎】dà míng dǐng dǐng 形容名气很大。鼎鼎：盛大的样子。★提起鲁迅先生，我们都知道他是中国~的文学家、思想家。

【大模大样】dà mú dà yàng 形容态度傲慢、满不在乎的样子。又形容外表讲究，很有排场。★教授~地走上讲坛，开始了自己的演讲。

【大难不死】dà nàn bù sǐ 指遭到巨大的灾难而没有丧生。难：灾祸。★~，必有后福，他相信经过这次的死里逃生，生活会有些转机。

【大逆不道】dà nì bù dào 旧时多指犯上谋反的言行。今泛指做出严重违背人情事理之事。逆：叛逆。不道：指违背一定的道德标准。★儿子竟敢殴打父亲，真是~！

【大起大落】dà qǐ dà luò 大幅度地起落。形容变化幅度很大。★他的一生经历了几次~，这使他变得成熟起来。

【大气磅礴】dà qì páng bó 形容气势盛大。磅礴：广大无边。★这幅山水画~，给人以震撼的力量。

【大器晚成】dà qì wǎn chéng 原指大的器物需要长时间加工才能做成。后指担当大任的人要经过长期的磨炼，所以成就事业比较晚。器：才干。成：成就。★唐宋八大家之一的苏洵，是个典型的~的人。

【大千世界】dà qiān shì jiè 原为佛教用语。以须弥山为中心，以铁围山为外部，是一户小世界，小世界的千倍叫小千世界，小千世界的千倍叫中千世界，中千世界的千倍叫大千世界。后用以指广阔无边的世界。★~，人海茫茫，想遇见一个知心的人，谈何容易！

【大巧若拙】dà qiǎo ruò zhuō 真正聪明灵巧的人，表面看上去好像很笨拙。★齐白石的国画，线条粗犷，用墨浓郁，~。

【大权独揽】dà quán dú lǎn 独自把持着处理重大事情的权力。

揽：把持，掌握。★在中国封建社会的许多时代，外戚、宦官～，连皇帝也被架空。

【大权旁落】dà quán páng luò 重大的权力落到旁人手中。旧时多指皇帝的权力落到大臣、宦官或后妃手里。★北宋建国以后，宋太祖赵匡胤生怕～，于是采取了收夺高级将领兵权的措施。

【大杀风景】dà shā fēng jǐng 某事或某物破坏了美好的景致。现多比喻败坏兴致。杀：也作“煞”。损伤，败坏。★晚会进入高潮时现场突然停电，真是～！

【大厦将倾】dà shà jiāng qīng 高大的房屋将要倾倒。比喻局势动荡，濒临崩溃。★由于财务出现了问题，这家企业如今危机四伏，～。

【大赦天下】dà shè tiān xià 指对天下原已判刑的罪犯加以赦免或减刑。赦：赦免。★封建时代的许多皇帝即位以后，先是～，继而又推行严刑峻法。

【大声疾呼】dà shēng jí hū 大声急切地呼吁，以引起广泛的注意。后多表示大力提倡或号召。疾：急，快。★我们应当～：每个公民都要学会用法律保护自己！

【大失所望】dà shī suǒ wàng 指原来寄予很大的希望，结果都落空了。形容非常失望。★这位年轻的博士处长上任不久就犯了经济错误，真让人～。

【大势所趋，人心所向】dà shì suǒ qū，rén xīn suǒ xiàng 整个局势发展的趋向，人民群众内心的向往。含有不可改变的意思。大势：整个局势。趋：趋向。向：向往。★实现中华民族的和平统一是～，是不可阻挡的历史潮流。

【大势已去】dà shì yǐ qù 有利的形势已经丧失。形容大局已无可挽回。大势：整个有利的局势。去：失掉。★反动派～，我们的胜利马上就要到来了。

【大是大非】dà shì dà fēi 指重大的、原则性的是非问题。是：正确。非：错误。★他面对～的时候，从不拿原则做交易。

【大手大脚】dà shǒu dà jiǎo 比喻开销没有节制。也指行动鲁莽。★有些大学生花钱～，却不知父母的辛劳。

【大书特书】dà shū tè shū 用墨很多，着重记述。多指对于重大意义的人或事，需要着力突出加以记述。书：写，记述。★那些发生在抗击“非典”一线的感人事迹，应该～。

【大题小做】dà tí xiǎo zuò 把大题目做成小文章。比喻把重大的事情当小事来处理。★做任何事情都应该遵循实事求是的原则，既不能小题大做，也不能～。

【大庭广众】dà tíng guǎng zhòng 指人数众多的公开场合。大庭：本指旧时官署的厅堂，后泛指庭院。★他经常在~之下夸耀自己，以引起别人的注意。

【大同小异】dà tóng xiǎo yì 大体相同，小有差异。★这两篇文章的观点~，只是所用材料略有不同。

【大喜过望】dà xǐ guò wàng 结果超过原来的希望，因而非常欢喜。★一向学习成绩中等的儿子竟然考上了重点高中，父母二人~。

【大显身手】dà xiǎn shēn shǒu 充分显示自己的本领。显：表现。身手：指本领。★我国体育健儿在雅典奥运会上~，取得了辉煌的成绩。

【大显神通】dà xiǎn shén tōng 充分显示出高超的本领。神通：原为佛教用语，指无所不能的力量，后比喻特别高明的本领。★今年春节晚会上，魔术师~，让观众大饱眼福。

【大相径庭】dà xiāng jìng tíng 形容彼此相差很远。径庭：径是门外路，庭是堂外地，表示二者差距很大。★她的舞蹈是革命性的，与一直统治着西方舞坛的芭蕾舞~，充满了创意。

【大兴土木】dà xīng tǔ mù 大规模地兴建土木工程。土木：指建筑工程。★秦始皇~，为自己建造宫殿，给广大农民增加了沉重的徭役负担。

【大雅之堂】dà yǎ zhī táng 指高贵典雅的场所或显要而正当的位置。大雅：高贵，典雅。★中学生性教育本来是个难登~的话题，如今却走进了部分校园的讲堂。

【大言不惭】dà yán bù cán 说大话而不感到羞愧。惭：惭愧，羞惭。★他并没有意识到自己的重大失误给公司带来的巨大损失，竟然还在职工代表大会上~地替自己辩护。

【大摇大摆】dà yáo dà bǎi 指走路时身子左右摇晃的样子。也形容洋洋自得、满不在乎的样子。★他~地走进会议室，全然不把众人放在眼里。

【大义凛然】dà yì lǐn rán 形容为了正义事业而无所畏惧的庄严神态。大义：正义，正气。凛然：严峻而不可侵犯，令人敬畏的样子。★文天祥临危不惧，视死如归，充分表现了坚贞不屈、~的民族气节。

【大义灭亲】dà yì miè qīn 对亲属犯罪不徇私情，使之受到应有的国法制裁。★公安局长~，亲手把手拷戴在了弟弟的手上。

【大有裨益】dà yǒu bì yì 有很大的益处。裨益：益处。★到西部去锻炼一段时间，对认识社会、转变观念、锻炼意志都将~。

【大有起色】dà yǒu qǐ sè 指情况有了明显的好转。起色：情况好转。★在爷爷的耐心辅导下，小明的成绩~。

【大有人在】dà yǒu rén zài 指某一类的人为数很多。★尽管劳动管理部门三令五申禁止无证用工，但省城餐馆无证上岗者仍然～。

【大有文章】dà yǒu wén zhāng 指某种现象中暗含有很多令人揣摸的意思或情况。文章：指曲折隐晦的含义。★你别小看这篇东西，这几百个字背后可～。

【大有作为】dà yǒu zuò wéi 能充分发挥才干，作出很大贡献。作为：可以做的事，意谓干一番事业。★工作没有高低贵贱之分，在任何一个岗位，只要好好干，都是可以～的。

【大鱼吃小鱼】dà yú chī xiǎo yú 比喻大吞小，强欺弱。也比喻层层剥削。★～，小鱼吃虾米，市场经济的竞争就是这样残酷无情。

【大雨滂沱】dà yǔ pāng tuó 形容雨下得非常大。滂沱：（雨）下得很大。★一时只见乌云翻滚，随即～，足足下了一个时辰。

【大展宏图】dà zhǎn hóng tú 指大力实施宏伟远大的计划和设想。展：施展。★有志向的青年应该到祖国最需要的地方去～。

【大展经纶】dà zhǎn jīng lún 充分施展政治才能。经纶：整理丝缕，引申为筹划国家大事，也指政治才干。★我们既然生逢盛世，就应该人尽其才，～。

【大张旗鼓】dà zhāng qí gǔ 摆开大的阵势，摇旗擂鼓。比喻声势和规模很大。张：铺排，陈设。★媒体对残疾人事业～地宣传，为残疾人事业的持续发展创造了良好的社会舆论环境。

【大政方针】dà zhèng fāng zhēn 重大的政策方针。指引导事业前进的方向和目标。★～已经制定，关键在于贯彻落实。

【大智大勇】dà zhì dà yǒng 指非凡的智慧和胆识。智：智慧。勇：胆识。★他凭借～，和敌人不断周旋。

【大智若愚】dà zhì ruò yú 极有智慧的人外表上看似很愚笨。指有才智、修养的人谦虚谨慎，不露锋芒。若：如，像。★他是一位～的学者。

【大字不识】dà zì bù shí 连“大”这样简单的字都不认识。指什么字都不认识。★母亲虽然～，却用她勤劳的双手将四个孩子都送进了大学。

【大做文章】dà zuò wén zhāng 指借题发挥，有意识地扩大事态，从而达到某种目的。★我们要防止他在这件事上～，横生枝节。

【呆若木鸡】dāi ruò mù jī 原指训练好的鸡镇定冷静，跟木头雕成的一般。《庄子·达生》记载，纪渻子替齐王驯养斗鸡，40天才完成。训好的斗鸡听见别的鸡叫，毫不慌乱，“望之似木鸡矣”，别的鸡看到它吓得飞跑。后用以形容呆笨或因恐惧、惊讶而发愣的样子。又指修养达到了很高的境界。★当我兴高采烈地回到故乡时，眼前的情景让我~，曾经郁郁葱葱的麦田如今一片荒芜！

【呆头呆脑】dāi tóu dāi nǎo 形容动作和表情迟钝的样子。★他~的样子让人看了就生气。

【代不乏人】dài bù fá rén 指每一时期或世代都有同类的人出现。代：时期，世代。乏：缺、少。★扬州盆景艺术始于隋唐，盛于明清，盆景匠师~。

【代代相传】dài dài xiāng chuán 一代接一代地流传下去。★我们要让中华民族的传统文化~。

【代人捉刀】dài rén zhuō dāo 指代人做事。《世说新语·容止》记载，三国时，有匈奴使者求见曹操，曹操自认为相貌丑陋，不足以威慑远国，便让崔季珪代替他接见使者，自己则扮成卫士握刀站在坐榻旁。事后曹操派人问使者："魏王如何？"使者说："魏王雅量非常，然床头捉刀人，此乃英雄也。"后用以比喻代人写文章。捉刀：握刀。★他经常~，以挣取微薄的生活费。

【待价而沽】dài jià ér gū 等有好价钱时才出售。原比喻士人怀才等待时机出来做官。《论语·子罕》记载，孔子的政治主张一直得不到施用。有一次，子贡问他："如果有一块美玉，是把它藏在柜子里，还是讨个好价钱卖出去？"孔子听后说："沽之哉！沽之哉！我待贾者也。"后用以比喻等到有了好的待遇或条件才肯出来做事。待：等待。沽：卖，出售。★他不肯轻易和唱片公司签约，就是要~。

【待人接物】dài rén jiē wù 与人接触。指与人相处和一般的交际应酬。待：对待。物：指众人。★有些年轻人只懂书本知识，不懂~，因而无法适应社会。

【待时而动】dài shí ér dòng 等待时机采取行动。时：时机。★刘邦去偏远之地南郑为王，养精蓄锐，~。

【待字闺中】dài zì guī zhōng 指女子尚未出嫁。也喻指好东西等待顾主。待字：古代女子许嫁后才命字，故称未出嫁为"待字"。闺中：闺阁之中，旧称女子所居内室为闺。★大姑已年过三十，却依然~。

【戴罪立功】dài zuì lì gōng 在身负罪责的情况下建立功劳。戴：带，负。★他决心改过，~，在抓捕罪犯的过程中立下头功。

【担惊受怕】dān jīng shòu pà 指提心吊胆，内心感到紧张害怕。担：承受。★他总是为做空姐的妻子~。

【担雪填井】dān xuě tián jǐng 比喻白费气力，无济于事。担：肩挑。★我们这样做是~，徒劳无益。

【单刀直入】 dān dāo zhí rù 用单刀径直刺入。比喻认定目标，勇猛直进。也比喻说话做事直截了当，不兜圈子。★他性格爽朗，说话向来~，从不拐弯抹角。

【单门独户】 dān mén dú hù 旧指孤寒门第。现多指身边没有同姓之族、杂居其他大家族中的家庭。也指一家居住一个门户。★在这个村子，他们~地过了许多年。

【单枪匹马】 dān qiāng pǐ mǎ 原指打仗时只身一人上阵。现多比喻孤身一人行动。★要想为国家作出重大贡献，就不能~，而需要团结一批人，形成团队，共同奋斗。

【殚财竭力】 dān cái jié lì 用尽所有的财力和人力。殚、竭：尽。★为了那些贫困地区的孩子能走进课堂，他~，无怨无悔。

【殚精竭虑】 dān jīng jié lǜ 用尽精力，费尽心思。殚、竭：竭尽，用尽。★宋庆龄女士为了祖国的富强和人民的幸福，~，在中国近现代史上谱写了光辉的篇章。

【箪瓢陋巷】 dān piáo lòu xiàng 指穷困清贫的生活环境。箪：盛饭用的圆形竹器。瓢：舀水器具。陋巷：破陋狭小的地方。★过去有很多读书人安贫乐道，即使~，也改变不了他们的志向。

【胆大包天】 dǎn dà bāo tiān 胆大得可以包容天。形容胆子极大。★那几个歹徒实在是~，竟敢在光天化日之下强抢民宅。

【胆大妄为】 dǎn dà wàng wéi 形容胆子很大，无所顾忌地胡作非为。妄为：任意做坏事。★这名~的醉汉，不仅酒后驾驶，还态度蛮横地妨碍警察执行公务。

【胆小如鼠】 dǎn xiǎo rú shǔ 像老鼠那样胆小。形容人的胆量非常小。★老王~，从不敢一个人走夜路。

【胆战心惊】 dǎn zhàn xīn jīng 形容内心非常恐惧。战：也作"颤"。发抖。★疯牛病曾让全世界的人们~，以至于许多人都谈牛色变。

【淡而无味】 dàn ér wú wèi 本指菜肴没有味道。也形容说话、作文内容平淡乏味。★作家必须深入体验生活，如果闭门造车，作品必定是思想贫乏，语言~。

【弹尽粮绝】 dàn jìn liáng jué 弹药用光了，粮食也吃完了。形容处境十分危急。★前线已经~，后方必须马上支援。

【弹丸之地】 dàn wán zhī dì 像弹丸一样大的地方。形容地方非常狭小。弹丸：弹弓所用的丸。★真不可思议，这样一个~的国家，竟然有着如此深厚的文化底蕴。

【弹无虚发】 dàn wú xū fā 每一颗子弹都命中目标。形容枪法很准，每发必中。★他是我们连的神枪手，每次演习都~。

【当断不断，反受其乱】dāng duàn bù duàn, fǎn shòu qí luàn 应当决断而不能决断，反而会遭受祸乱。指遇事要当机立断，否则贻害无穷。断：决断。乱：祸乱。★当领导做事要有决断，切不可优柔寡断，要知道，~。

【当机立断】dāng jī lì duàn 抓住时机，立刻决断。当机：正当关键时刻。★现代社会信息瞬息万变，机会稍纵即逝，这就更需要领导者~，为企业赢得更多机遇。

【当家做主】dāng jiā zuò zhǔ 当得了家，做得了主。比喻处于领导的地位或有自主的权利。★在社会主义国家，人民~。

【当局者迷，旁观者清】dāng jú zhě mí, páng guān zhě qīng 下棋的人迷惘，看棋的人清醒。比喻当事人往往陷于主观片面，反而不及旁观的人看得清楚。当局者：原指下棋的人，后指当事人。★我们要多听取别人的意见，所谓~。

【当仁不让】dāng rén bù ràng 面对合乎道义的事决不退让。后泛指遇到应该做的事，积极主动去做，不退让。当：面对。仁：合乎仁义道德的事。★我是您的学生，这件事我来出面可谓~。

【当世无双】dāng shì wú shuāng 在这个时代独一无二，无以可比。形容极其优秀。★他出身少林，武功~。

【当务之急】dāng wù zhī jí 原指应当做的事情才是最紧要的。后指当前所做事情中最紧要、最急迫的事。当务：当前应办理的事情。★~是把各项工作做到实处，等待检查团的到来。

【当一天和尚撞一天钟】dāng yī tiān hé shang zhuàng yī tiān zhōng 比喻按照惯例敷衍塞责，混时度日。★现代社会竞争日趋激烈，人们都得努力地学习和工作，决不能~。

【当之无愧】dāng zhī wú kuì 指承受得起某种荣誉或称号而毫不惭愧。表示名副其实。当：承受。无愧：不感到惭愧。★鲁迅先生是我国现代文学史上~的最伟大的作家。

【党同伐异】dǎng tóng fá yì 跟自己意见相同的就袒护，跟自己意见不同的就攻击。原指学术上的派别之争。后泛指一切社会集团之间的斗争。党：袒护，偏袒。伐：攻击。★个别学术带头人~，排斥异己，既败坏了学术形象，又不利于学术发展。

【荡气回肠】dàng qì huí cháng 形容声乐或文辞婉转动人。有时也形容感情充沛强烈。荡：摇荡。回：回旋。★他的诗篇~，具有很强的震撼力。

【荡然无存】dàng rán wú cún 指原有的东西消失殆尽。荡然：

空无所有的样子。★一场肆虐的洪水，使整个村庄～。

【刀耕火种】dāo gēng huǒ zhòng 古代山地的耕种方法。古代山民播种前，常先伐去林木，再烧去野草，以灰做肥料，就地下种。后多泛指原始的耕作方法。★这个部落仍然处在～的落后时代。

【刀光剑影】dāo guāng jiàn yǐng 刀的闪光，剑的投影。形容杀气腾腾的气势或激烈厮杀、搏斗的场面。★置身古战场，令你仿佛又回到烽烟四起、～的风云岁月。

【刀枪入库，马放南山】dāo qiāng rù kù，mǎ fàng nán shān 刀枪放入仓库，战马归置南山。形容战争停息的和平景象。也形容麻痹大意，放松警惕。★军队肩负着抵御外族入侵、保卫祖国安全的使命，即使在和平时期，也不能～。

【刀山火海】dāo shān huǒ hǎi 比喻最艰难、最危险的地方。★不管前面是万丈深渊，还是～，共产党员一定要为了国家和人民的利益，不怕困难，勇往直前！

【倒海翻江】dǎo hǎi fān jiāng 原形容水势浩大。后比喻力量或声势巨大。★梁山好汉聚众山林，劫富济贫，其事业轰轰烈烈，～。

【倒背如流】dào bèi rú liú 把读过的东西倒过来背诵，熟悉得像流水一样顺畅。形容背诵得极熟、极流利。背：背诵。流：流水。★著名数学家苏步青小学毕业时，已可将《左传》、《唐诗三百首》～了。

【倒打一耙】dào dǎ yī pá《西游记》中猪八戒用钉耙作武器，常用倒打一耙的战术打败对方。后比喻自己犯了过错不但不承认，反而指责诬赖别人。倒：反过来。耙：钉耙，一种带齿的农具。★明明是他的错，却～埋怨我，真令人气愤！

【倒屣迎之】dào xǐ yíng zhī 为了急于迎接宾客，把鞋都穿倒了。常用以形容热情迎客。倒屣：把鞋穿倒。★大名鼎鼎的杨先生突然造访，王先生喜出望外，～。

【倒行逆施】dào xíng nì shī 原指做事违背常理。后多用来指违背社会正义和时代前进方向的行为。逆：相反。施：施行，实行。★清政府割地赔款，～，是中国历史的耻辱。

【盗亦有道】dào yì yǒu dào 强盗也有做强盗的一套道理或准则。即强盗也有他们遵循的行为准则。道：道理，道义。★犯罪团伙成员之间互相包庇，难道这就是所谓的～吗？

【道不拾遗，夜不闭户】dào bù shí yí，yè bù bì hù 东西掉在路上没有人拾为己有，夜里不关门也没人来偷盗。原用来形容民风淳厚。现多用以形容好的社会道德风尚。遗：丢失的东西。户：

门。★唐太宗贞观年间，国力强盛，政治清明，许多地区～。

【道不同，不相为谋】 dào bù tóng, bù xiāng wéi móu 志趣不同的人，不能在一起商量共事。★～，这件事我们不能和他商量。

【道高一尺，魔高一丈】 dào gāo yī chǐ, mó gāo yī zhàng 原为佛教用语，警告修行者警惕外界的诱惑。意谓正气难以修得，而邪气容易高过正气，成为修行的干扰。现多比喻一方的力量超过竞争或敌对一方的力量。也比喻一事物进步，又有另一事物超越其上。道：道行，指正气。魔：魔障，指邪气。★～，犯罪分子再狡猾，也逃不过公安机关布下的天罗地网。

【道路以目】 dào lù yǐ mù 指百姓慑于暴政，在路上相见不敢交谈，只能用眼睛相互示意。表示毫无言论自由。以：用。★在专制制度的强压下，老百姓～，敢怒不敢言。

【道貌岸然】 dào mào àn rán 神态庄重，一本正经。多用以指外貌正经严肃而内心邪恶的人。道貌：正经严肃的外貌。岸然：高傲威严的样子。★我们要剥去这个所谓"慈善家"～的外衣，还其虚伪狡诈的本来面目。

【道听途说】 dào tīng tú shuō 路上听来的话，在道上传说。指没有根据的传闻。途：路途。★对于那些～的话，我们完全可以不予理睬。

【得不偿失】 dé bù cháng shī 所得的好处不足以补偿所受的损失。得：得到的。偿：补偿，抵偿。★只注重眼前利益，忽略环境保护，必将～。

【得寸进尺】 dé cùn jìn chǐ 得到一寸，还想再得到一尺。比喻贪得无厌。也用以形容不断进取。★甲午之战，清政府步步退让，日本侵略者～，越来越猖狂。

【得道多助，失道寡助】 dé dào duō zhù, shī dào guǎ zhù 坚持正义就能得到多方面的支持与帮助，违背正义必然陷于孤立。道：道义，正义。寡：少。★"～"是放之四海而皆准的真理，正义之师必胜，侵略者必败。

【得而复失】 dé ér fù shī 指得到后又失掉了。★由于后方基础不牢，以至于大片领土～。

【得过且过】 dé guò qiě guò 只要能过得去就马马虎虎地过下去。形容勉强维持生计。也形容对工作或学习敷衍塞责，不负责任。且：暂且，苟且。★在农村，一部分人头脑中还存有～、不思进取的落后思想。

【得陇望蜀】 dé lǒng wàng shǔ 已经取得陇地，又望着蜀地。比喻得寸进尺，贪心不足。陇：古地名，今甘肃省东部。蜀：古地名，今四川省中西部。★他是个见异思迁、～的人，这个项目你不要太指望他。

【得天独厚】 dé tiān dú hòu 具有特别优越的天然条件。多指人的禀赋或社会、自然环境特别优越。天：天然的，自然的。厚：优越。★川西平原拥有~的自然条件，那里土地肥沃，河渠密布，气候温和，物产丰富。

【得心应手】 dé xīn yìng shǒu 心里想怎么做，手里就能怎么做。形容心手相应，技艺纯熟。得心：领悟到了规律。应手：做起来顺手。★他善于学习，经验丰富，如今做这项工作已经是~了。

【得一望十】 dé yī wàng shí 得到一个还想得到十个。形容贪得无厌，得寸进尺。★他贪心不足，~，我劝你不要跟他合作。

【得意门生】 dé yì mén shēng 令人满意的弟子。门生：学生。★小李是张老师的~，不仅学问做得好，人品也出众。

【得意忘形】 dé yì wàng xíng 原指因高兴而物我两忘。后多形容人高兴得控制不住自己，忘记了应持的态度。★歌手大奖赛中获得冠军，她开始有点~了。

【得意洋洋】 dé yì yáng yáng 形容十分得意的样子。★他接过冠军奖杯，~地朝着那些曾经轻视过他的人们看了一眼。

【得鱼忘筌】 dé yú wàng quán 原指鱼捕到了，就把捕鱼的工具忘掉了。后比喻事成之后忘掉赖以成功的手段或工具。筌：也作"荃"，用竹或草编的捕鱼工具。★人要知恩必报，不能~。

【德才兼备】 dé cái jiān bèi 既有品德，又有才能。德：道德。才：才能。兼备：都具备。★只有选拔~的后备干部，才能保证我们的事业顺利进行。

【德高望重】 dé gāo wàng zhòng 品德高尚，声望很高。多用于称颂年长而名望高的人。德：品德。望：声望。★他造诣精深，贡献巨大，是数学界~的老前辈。

【灯红酒绿】 dēng hóng jiǔ lǜ 形容饮宴尽欢的场面。多指寻欢作乐的奢侈生活。也指娱乐场所的繁华景象。★城市~的生活使他早已忘记了远在家乡的妻儿老小。

【灯火辉煌】 dēng huǒ huī huáng 形容灯火通明、光辉灿烂的景象。辉煌：光彩耀眼。★节日的天安门广场~，来自全国各地的人们会聚这里，观花赏灯，欢度佳节。

【灯火阑珊】 dēng huǒ lán shān 本指灯火暗淡，即将熄灭。后也比喻事物发展的气势衰减。阑珊：暗淡，衰残。★当年新文学运动如火如荼的景象，如今早已笙歌消歇，~了。

【登峰造极】 dēng fēng zào jí 登上山峰，到达最高点。比喻成就、造诣达到最高境界。也比喻坏到了极点。峰：山顶。造：到达。极：最高的地方或程度。★王羲之的书法艺术成就极高，可谓~。

【登高望远】dēng gāo wàng yuǎn 登上高处，眺望远方。比喻思想境界高，才能目光远大。★以史为鉴，才能~，开创未来。

【登山临水】dēng shān lín shuǐ 登上高山，靠近水边。原是写送别时的情景。后指游览山水名胜。也指长途跋涉。临：靠近。★他们~，寻找当年丝绸之路的遗迹。

【登堂入室】dēng táng rù shì 登上厅堂，进入内室。多比喻学问、技能由浅入深，循序渐进，达到很高的造诣。堂：古时宫室的前屋。室：古时宫室的后屋。★他是著名历史学家陈垣先生~的弟子，在学术上取得了很高的成就。

【等量齐观】děng liàng qí guān 把有差别的事物不加区别地同样看待。等：等同。齐：同样。★宗教和科学从来都不能~，也根本无法相比。

【等米下锅】děng mǐ xià guō 形容生活窘迫，急需钱粮。也比喻急等着某些东西用。又形容消极等待，不积极创造条件。★你赶快把电脑的硬盘送来，我这儿正~呢！

【等闲视之】děng xián shì zhī 把事情看得很平常，不加重视。等闲：平常。之：代词，它。★环境保护是关系到子孙后代的大事，千万不要~。

【等闲之辈】děng xián zhī bèi 指无足轻重的普通人物。多用于否定句。等闲：寻常，一般。★别看他言语不多，他可不是~。

【低眉顺眼】dī méi shùn yǎn 形容非常温驯的神态。★传统观念中，只有~、唯命是从的孩子才算好孩子。

【低三下四】dī sān xià sì 形容地位卑贱，低人一等。也形容卑躬屈膝，没有骨气。★他在主子面前~，一副十足的奴才相。

【低声下气】dī shēng xià qì 不敢大声说话。形容恭顺小心的样子。★他同人讲话总是~的。

【滴水不漏】dī shuǐ bù lòu 比喻将手中掌握的东西控制得非常严密，没有丝毫遗漏。又比喻说话办事非常周密，没有疏漏。★他是谈判桌上的老手，说话逻辑严密，~。

【滴水成冰】dī shuǐ chéng bīng 水一滴下就结成冰。形容天气非常寒冷。★一到~的冬季，这里景色奇特，是观光旅游的好地方。

【砥砺琢磨】dǐ lì zhuó mó 比喻精心锻炼培养。砥砺：锻炼，磨炼。琢磨：雕刻和打磨玉石。★他们用了十年时间，~，锲而不舍，终于获得成功。

【地大物博】dì dà wù bó 国家疆土辽阔，资源丰富。博：丰富。★中国虽然~，但如果人口增长过快，也难以解决人们的衣食住行问题。

【地动山摇】dì dòng shān yáo 地被震动，山被摇撼。形容场面激烈或声势浩大。★双方军队展开了激烈的厮杀，一时间天昏地暗，~。

【地广人稀】dì guǎng rén xī 土地广大，人烟稀少。稀：也作"希"。稀少。★西部地区~，物资匮乏，需要得到国家的大力扶持。

【地瘠民贫】dì jí mín pín 土地瘠薄，百姓贫苦。瘠：贫瘠，不肥沃。★这个革命老区~，人民的温饱问题还没有彻底解决。

【地久天长】dì jiǔ tiān cháng 极言时间悠久。也形容爱情、友谊等永久不变。★他们之间的友谊永生不变，~。

【地利人和】dì lì rén hé 指优越的地理条件和良好的群众基础。地利：优越的地理条件。人和：得人心。★苏州作为正在形成的制造业重镇，占据了~的双重优势。

【地主之谊】dì zhǔ zhī yì 指本地人对外来客人尽自己的情谊。地主：指住在当地的人。谊：情谊。★外宾来到中国，我们得尽~，热情周到地接待他们。

【颠倒错乱】diān dǎo cuò luàn 颠三倒四，失去常规或常态。也指文字的错讹混乱。★这篇论文太糟糕，文字~的地方到处都是。

【颠倒黑白】diān dǎo hēi bái 把黑的说成白的，把白的说成黑的。形容故意歪曲事实，混淆是非。★对那些~、歪曲事实的人，要与之作坚决的斗争。

【颠倒是非】diān dǎo shì fēi 形容故意违反事实，混淆是非。★这位法官~，硬是将罪名安到了这位农民的头上。

【颠来倒去】diān lái dǎo qù 翻过来又倒过去，来回重复。★他拿着这只烟斗~地看了好多遍，终于从中找到了案件的突破口。

【颠沛流离】diān pèi liú lí 形容生活困苦，到处流浪，无处安身。颠沛：困顿，受挫。流离：流转离散。★"七七"事变爆发后，日军大举入侵中国，我匆匆告别了幸福的童年，开始了~的生活。

【颠扑不破】diān pū bù pò 不管怎样摔打都不会破损。比喻理论或学说正确，无法驳倒或推翻。颠：跌，倒。扑：拍打，扑打。★实践是检验真理的唯一标准，这是一条~的真理。

【颠三倒四】diān sān dǎo sì 形容说话或做事错乱，没有次序。★他的演讲拖沓冗长，~，让人听了昏昏欲睡。

【点睛之笔】diǎn jīng zhī bǐ 指文章或绘画的传神绝妙之处。《晋书·顾恺之传》记载，顾恺之每画完一人像，几年都不点上眼睛。

有人问其原因，他说：“传神写照，正在阿堵中。”★这几句是本篇文章的~，怎么能删掉呢！

【点石成金】 diǎn shí chéng jīn 神话传说，有仙人能将铁石点化成金。后比喻手段高超，能够化腐朽为神奇。★李老师真不简单，他只把这篇文章稍作修改，便让人感觉文采飞扬，实在是~啊！

【刁钻古怪】 diāo zuān gǔ guài 形容人狡猾奸诈，不好对付。也形容事物或主意稀奇古怪，难以琢磨。刁钻：狡诈。古怪：违反情理或常规，使人感到离奇。★小明经常在课堂上向老师提些~的问题，这让老师又为难又惊喜。

【雕虫小技】 diāo chóng xiǎo jì 比喻微不足道的技能。多指文字技巧。虫：指鸟虫书，汉字篆书的别体。★这只不过是点~，不值得宣扬。

【雕栏玉砌】 diāo lán yù qì 雕绘的栏杆，玉石砌的台阶。泛指华丽堂皇的建筑。栏：也作“阑”。★皇宫内外的~，印证着当年的豪华和奢靡。

【雕梁画栋】 diāo liáng huà dòng 房梁和房栋都有雕刻和绘画装饰。形容中式建筑物富丽堂皇。梁：架在墙上或柱子上支撑屋顶的横木。栋：古代指房屋的脊檩。★这些民居均为明清时代建筑，~，古朴典雅。

【雕章琢句】 diāo zhāng zhuó jù 形容对文章字句刻意修饰。琢：雕琢。★真正好的文章乃是出于自然，绝非~。

【吊古伤今】 diào gǔ shāng jīn 凭吊古迹，对现状有所感触而悲伤。吊：凭吊。★这首词描绘了六朝故都秋景，抒发了~的情怀。

【吊民伐罪】 diào mín fá zuì 抚慰受苦的百姓，讨伐有罪的统治者。吊：慰问。★周武王打着“~”的旗号，联合各路诸侯，推翻了商纣王的残暴统治，建立了周朝。

【吊死抚伤】 diào sǐ fǔ shāng 悼念祭奠死者，安抚受伤者。吊：悼念。抚：安抚。★作为军中主帅，既要指挥士兵冲锋陷阵，也要~，做好善后工作。

【调兵遣将】 diào bīng qiǎn jiàng 调动兵力，派遣将领。也泛指调动和安排各方面人力。★项目很快就上马了，经理~，指挥若定。

【调查研究】 diào chá yán jiū 对事物进行考察，并对考察结果进行分析，以探求事物的本质和规律。★作为机关干部，应该经常作~，否则便会与群众脱节。

【调虎离山】 diào hǔ lí shān 将老虎调离出山。比喻用计使对方离开原来有利的地势或据点，以便乘机行事。★游击队采用~之计，将敌人主力引出根据地，从而减轻了根据地的压力。

【掉以轻心】diào yǐ qīng xīn 指轻率、不在意，漫不经心地对待。掉：摇动。★在沙漠里开车，意外事故很多，切不可～。

【喋喋不休】dié dié bù xiū 形容说话唠唠叨叨，没完没了。喋喋：话多的样子。休：停止。★推销员～，软磨硬泡，最后我只好买了一件。

【丁是丁，卯是卯】dīng shì dīng，mǎo shì mǎo 比喻做事认真仔细，毫不马虎。丁、卯：分别为天干和地支中的一个，干支错误会影响农历的推算。也作"钉"、"铆"，分别是器物接榫的榫头或凹入处，钉铆错了就安装不上。★科学研究讲究实事求是，～，容不得半点马虎。

【顶礼膜拜】dǐng lǐ mó bài 本为佛教徒最尊敬的礼节。现比喻崇拜到了极点。顶礼：旧指两手伏地，头顶佛脚行跪拜礼。膜拜：两手放在额上，跪下磕头。★将科学过于神化，则令科学变得高不可攀，深不可测，公众只能向科学～。

【顶天立地】dǐng tiān lì dì 头顶着天，脚踩着地。形容形象高大，气概雄伟豪迈。★我们要做～的好汉，不要做胆小怕事的懦夫。

【鼎力相助】dǐng lì xiāng zhù 尽全力帮助。鼎力：大力，尽全力。★我们是好朋友，如果你有困难，我一定会～的。

【鼎足之势】dǐng zú zhī shì 比喻三方面势均力敌的分立局势。鼎：古代烹煮用的青铜器物，三足两耳。★曹操、刘备和孙权三分天下，各据一方，形成了魏、蜀、吴三国的～。

【丢盔卸甲】diū kuī xiè jiǎ 丢掉头盔，脱去铠甲。形容吃了败仗后仓皇逃跑的狼狈相。盔、甲：古代作战时用的头盔和铠甲，用以护头护身。卸：解除。★敌人根本不是我军对手，只一个回合，就被杀得～，落荒而逃。

【丢人现眼】diū rén xiàn yǎn 指出丑，丢脸。★丈夫在那么多人面前～，让她觉得很难堪。

【丢三落四】diū sān là sì 形容因记忆力不好或草率马虎而顾此失彼。落：拉下，丢下。★做事要细致些，不能总是这么～的！

【东奔西走】dōng bēn xī zǒu 形容为了生计到处奔波或为了某一目的四处活动。走：跑。★为了拍摄这部影片，他～，四处拉赞助，结果却毫无收获。

【东窗事发】dōng chuāng shì fā 指密谋败露或罪行被人揭发。田汝成《西湖游览志余》记载，宋朝奸臣秦桧伙同其妻王氏在东窗下密谋杀害忠臣岳飞，秦桧死后，王氏叫方士为他招魂，秦桧正在阴间受刑，他对方士说："可烦传语夫人，东窗事发矣。"★受贿之事～，人事局长受到了法律的制裁。

【东倒西歪】 dōng dǎo xī wāi 时而倒向这边，时而歪向那边。形容力不能支，站立不稳。也形容杂乱无章。★他字虽然写得~，做事却很踏实。

【东道主】 dōng dào zhǔ 原指东路上的主人。《左传·僖公三十年》记载，晋、秦两国攻打郑国，郑国老臣烛之武劝秦穆公退兵说："若舍郑以为东道主，行李之往来，共其乏困，君亦无所害。"后用以指摆宴请客的人。★今天我是~，肯定是我掏钱，大家就不要客气了。

【东郭先生】 dōng guō xiān shēng 指明人马中锡小说《中山狼传》中一个迂腐懦弱滥行仁慈的人物，因救助被人追逐的中山狼，差点儿被狼吃掉。借以讽劝对坏人发慈悲、对敌人讲宽大的人，常有自食恶果的危险。★对于那些犯罪分子，我们不能做~，应该根据事实对他们进行打击惩处。

【东拉西扯】 dōng lā xī chě 一会儿说东，一会儿说西。形容说话、作文漫无边际，杂乱无章。也指四处拼凑。★他写文章常常是~，让人看了头疼。

【东拼西凑】 dōng pīn xī còu 指临时从别处借用、筹集钱物等。也指零零星星地拼凑。★这户人家院落不大，只有四间东倒西歪的破土房。门窗都是~的，看上去很不协调。

【东山再起】 dōng shān zài qǐ 原指隐退后复出任职。《晋书·谢安传》记载，谢安辞官隐居会稽东山，以后又应诏再度出来做官。后用以比喻失败后重新兴起。东山：山名，今浙江上虞西南。★这个城市的汽车制造业经历了几起几落之后，有望~。

【东施效颦】 dōng shī xiào pín《庄子·天运》记载，春秋时，越国美女西施因为有心疼病，经常捂胸皱眉。邻居丑女东施觉得好看，回去也学这个样子，人们见了都躲在一边不愿看她。后用以比喻不根据客观条件，盲目生硬地模仿别人，结果适得其反。效：模仿，仿效。颦：皱眉。★盲目学洋人，只会落得个~的尴尬境地。

【东涂西抹】 dōng tú xī mǒ 本指妇女涂脂抹粉。后常比喻随意提笔作文、写字或绘画。又喻指做事无规则、无定准。★我从前曾经学过国画，~的，没成什么气候。

【东摇西摆】 dōng yáo xī bǎi 东摇摇，西摆摆。形容走路不稳的样子。也形容立场不坚定。★处在这样的市场环境中，我们不能~，而要遵循基本的科学规律，以不变应万变。

【东隅已逝，桑榆非晚】 dōng yú yǐ shì，sāng yú fēi wǎn 早年的时光已流逝，如果珍惜时间，发奋努力，到了晚年也不算迟。东隅：日出处，比喻早年。桑榆：

日落处，比喻晚年。★～。我们虽然年过半百，但只要加倍努力，还是能有所作为的。

【东张西望】dōng zhāng xī wàng 东边看看，西边望望。形容四处搜寻察看。也形容漫无目标地四处观望。★他在大街上～，不知道要到哪里去。

【冬日可爱】dōng rì kě ài 冬天的太阳使人感到亲切温暖。比喻为人和蔼可亲。《左传·文公七年》记载，春秋时狄族丞相酆舒问晋国军帅贾季，赵衰与赵盾谁更贤德，贾季说："赵衰，冬日之日也；赵盾，夏日之日也。"晋杜预注曰："冬日可爱，夏日可畏。"★王局长待人和蔼，有～之风。

【动荡不安】dòng dàng bù ān 形容局势不稳定，不平静。★春秋战国时期，诸侯争霸，社会～，人民流离失所。

【动人心弦】dòng rén xīn xián 指有激动人心的力量，能使人在感情上产生共鸣。心弦：指受感动而引起的共鸣。★当贝多芬《命运交响曲》那～的音符奏响时，台下的观众被深深震撼了。

【动若脱兔】dòng ruò tuō tù 行动像逃跑的兔子一样快速。比喻行动极为敏捷。脱兔：逃跑的兔子。★刘翔～，在奥运会110米栏比赛中首先到达终点。

【栋梁之材】dòng liáng zhī cái 可以做栋梁的大材料。比喻能担负重任的人。栋：房屋正中的脊檩。梁：架在墙上或柱子上支撑房顶的横木。材：也作"才"。★为国家培养～，是高等院校的一项重要任务。

【洞房花烛】dòng fáng huā zhú 指新婚，也代指新婚之夜。洞房：新婚夫妇的卧房。花烛：有彩饰的蜡烛，多在婚礼时用。★刚刚是金榜题名，现在又～，他真可以说是双喜临门了。

【洞若观火】dòng ruò guān huǒ 清楚明白得像看火一样。比喻观察事物清楚明白。洞：透彻。★他政治觉悟高，目光敏锐，对形势的发展～。

【斗升之水】dǒu shēng zhī shuǐ 一斗一升的水。比喻微薄的资助。斗、升：容量不大的器具。★这些钱粮衣物虽是～，不能解决根本问题，却体现了全国人民对灾区的一片心意。

【斗折蛇行】dǒu zhé shé xíng 形容道路蜿蜒曲折。斗折：曲折如北斗星的排列。蛇行：像蛇爬行般弯弯曲曲。★山路崎岖回转，～，爬了很长时间才到达山顶。

【斗转星移】dǒu zhuǎn xīng yí 北斗星转向，星座移位。指时间的推移和岁月的更迭。★～，转瞬间我们学校已经走过了近百年的风雨历程。

【斗志昂扬】dòu zhì áng yáng 形容斗争意志坚定旺盛。昂扬：情绪高涨。★全厂职工～，正在为实现下一个宏伟目标而不懈努力。

【豆蔻年华】dòu kòu nián huá 豆蔻将要开花的时候。喻指少女十三四岁的青春年华。豆蔻：多年生常绿草本植物，初夏开淡黄色花。★想想自己当年，这正是最开心、最无忧虑的时候，而文影这些姑娘却在～承受这么多的忧愁。

【独霸一方】dú bà yī fāng 独自霸占一个地方，称王称霸。多形容恶人独断专横。★在这一地区，他一手遮天，～，是有名的地头蛇。

【独步天下】dú bù tiān xià 形容独一无二，无人可比。★我国的水禽业发展有得天独厚的品种资源，最有资格～。

【独出心裁】dú chū xīn cái 独创一格，与众不同。裁：设计、构思或筹划。★他是个优秀的电脑设计师，其创意每每～。

【独当一面】dú dāng yī miàn 一个人单独承担或领导一个方面的工作。★他是董事长亲手培养起来的，现在已经能～了。

【独到之处】dú dào zhī chù 指见解或技艺等有与众不同的地方。★他的作文虽然不长，却有～，被老师当作范文在班上宣读。

【独断专行】dú duàn zhuān xíng 指行事专断，不考虑别人的意见。断：决断。★他任总经理以来，～，听不进员工的意见。

【独夫民贼】dú fū mín zéi 指暴虐无道以致众叛亲离的统治者。独夫：旧指残暴无道、众叛亲离的暴君。民贼：残害百姓的人。★～袁世凯倒行逆施，最终在全国人民的唾骂声中死去。

【独具匠心】dú jù jiàng xīn 指具有独到的构思或创造性。匠心：灵巧的心思。★在工艺品博览会上，这件作品～，大家赞口不绝。

【独具一格】dú jù yī gé 具有独特的风格。★沈从文的作品以描写湘西人物风情而～，享誉中外。

【独开生面】dú kāi shēng miàn 指独创新的风格或形式。开生面：呈现新的面目。★他的小说主要反映乡村山野的自然美，风格清新流丽，在文坛上～。

【独立不群】dú lì bù qún 超出众人，和一般人不一样。★他颇有个性，在当代画家中是个～的人物。

【独立王国】dú lì wáng guó 比喻不按上级指示办事，形成独立于上级统辖范围之外的特殊地区、部门或单位。★加强中央集权，就是为了防止地方政权势力失去控制而形成～。

【独立自主】dú lì zì zhǔ 指不依赖于别人的力量而存在，自己行使主权。多指一个国家或民族自己掌握自己的命运。★我们既要大胆地引进发达国家的资金和先进技术，又要～，自力更生，不受外国的制约和奴役。

【独木难支】dú mù nán zhī 一根木头难以支撑将要倾倒的大厦。比喻一个人的力量难以挽救行将崩溃的全局。支：支撑。★公司发生危机，虽然我是董事长，却~，希望得到大家的支持。

【独辟蹊径】dú pì xī jìng 独自开辟出一条小路。比喻独自开创一种新方法或新风格。蹊径：小路。★他在博采众长的基础上~，开创了中西唱法有机结合的崭新风格。

【独善其身】dú shàn qí shēn 原指不得志时，也要注意自身的修养。后也指只顾自己好，不管他人。善：使之善，指修养。★我们反对那种“各人自扫门前雪，莫管他人瓦上霜”的~的个人主义处世哲学，希望人人对社会担负起责任。

【独树一帜】dú shù yī zhì 单独树起一面旗帜。比喻与众不同，自成一家。★苏轼是北宋词坛~的大家，在宋词发展史上具有十分重要的地位。

【独行其是】dú xíng qí shì 不顾及他人的意见，按自己认为对的去做。是：认为对，正确。★他独断专行，~，群众对他意见很大。

【独一无二】dú yī wú èr 只有这一个，再无其他相同的或可以相比的。形容极其罕见。★不仅在音乐史上，就算在整个艺术史上，莫扎特也可以说是一个~的人物。

【独占鳌头】dú zhàn áo tóu 唐宋时皇宫殿前台阶正中石板上雕有龙和鳌的图像，按规定，科举考中的状元要站在殿阶中巨鳌头上迎榜，故称中状元为“独占鳌头”。后泛指在竞争中名列首位。鳌：传说中海里的大龟或大鳖。★在英国2000年举办的一千年来最佳诗人及作家推选活动中，英国16世纪伟大剧作家、诗人莎士比亚~。

【读书百遍，其义自见】dú shū bǎi biàn, qí yì zì xiàn 读书遍数多了，其中的意义就自然会显现出来。见：显露。★~。我们应该多读书，通过多读来逐渐提高自己的水平。

【读书破万卷，下笔如有神】dú shū pò wàn juàn, xià bǐ rú yǒu shén 书读得多，学识渊博，写起文章来就好像有神相助。★~。要想文思泉涌，就必须多读书。

【读万卷书，行万里路】dú wàn juàn shū, xíng wàn lǐ lù 读万卷书，如同行万里路一样。形容读书多，则见多识广。★~。人的见识既可以直接得来，也可以间接获得，而读书是获取间接经验的最好办法。

【睹物思人】dǔ wù sī rén 看到与故人相关的东西便引起对他的思念。★~，看到老宅中的旧物，不免更加怀念和爷爷奶奶一起生活的岁月。

【杜渐防萌】dù jiàn fáng méng 祸患刚露苗头时，就加以预防制止，不使发展。杜：堵塞。渐：事物发展的开端。萌：萌芽。★我们要有防患意识，~，以防止大的灾难发生。

【杜门却扫】dù mén què sǎo 关闭大门，不再打扫门庭，迎接宾客。《魏书·李谧传》记载，李谧自幼好学，博通诸经，朝廷多次征召均辞而不就，他“绝迹下帏，杜门却扫，弃产营书，手自删削，卷无重复者四千有余矣”。后用以比喻关门闭户，不再与外界交往，过隐居自适的生活。却扫：不再打扫。★一个人只要不是~，与世隔绝，应酬便在所难免。

【妒贤嫉能】dù xián jí néng 对品德、才能比自己强的人心怀嫉恨。妒、嫉：嫉妒，因别人比自己好而憎恨。贤、能：指有才有德的人。★从古到今，凡是~的人，必定是心胸狭窄的无能之辈。

【度日如年】dù rì rú nián 度过一天就像度过一年。形容日子过得太慢。表示希望早日摆脱某种困境的急切心情。★录取通知书收到的前两个月，小明真的感觉是~。

【渡江亡楫】dù jiāng wú jí 过江时没有船桨。比喻没有准备，做事缺乏必要的条件。亡：通“无”。楫：船桨。★农民种地没有锄头，工人做工没有机器，战士打仗没有枪，便如~，无法成功。

【端本澄源】duān běn chéng yuán 从根本上加以整治。端：使端正。澄：使清澈。★事实证明，中国足球的发展需要~，局部调整起不了丝毫作用。

【短兵相接】duǎn bīng xiāng jiē 以短小武器面对面地拼杀搏斗。形容敌我逼近，战斗激烈。也比喻面对面地论难或斗争。短兵：指刀剑等短兵器。★敌我双方~，杀得天昏地暗，血流成河。

【短小精悍】duǎn xiǎo jīng hàn 形容人身材矮小，精明强干。后也形容文章或言论简短有力。★他的文章~，朴实无华，深受读者喜爱。

【断壁颓垣】duàn bì tuí yuán 坍塌的墙壁，残破的短墙。形容荒凉破败的景象。颓：崩塌，倒塌。垣：短墙。★一百多年过去了，那些曾经在这里传经布道的人早已化为尘埃，这座天主教堂现在也已是~，一片荒凉。

【断编残简】duàn biān cán jiǎn 指残缺不全的书本或文章。编：古时穿竹简的皮条或绳子。简：竹简。★经历了几次战乱，这些古书现已成了~。

【断断续续】duàn duàn xù xù 时断时续地接连下去。★受害人~说了半个多小时，民警终于了解到了事情的真相。

【断鹤续凫】duàn hè xù fú 截短白鹤的长腿，接长野鸭的短脚。比喻不按事物的特点或规律办事，必然收不到好的效果。凫：野鸭。★任何事物都有它存在的缘由和根据，如果强以自己的好恶对其进行修饰加工，其结果必然是～，对事物造成伤害。

【断井颓垣】duàn jǐng tuí yuán 断了的井栏，倒塌的短墙。形容荒凉破败的景象。井：指井栏。★老屋已经很长时间没人居住了，只剩下一片～。

【断线风筝】duàn xiàn fēng zhēng 比喻一去不返或不知去向的人或物。★往事就像～一样，已经一去不复返了。

【断章取义】duàn zhāng qǔ yì 原指引用《诗经》中某一篇章的诗句，借以表达自己的意思，而不顾及所引诗句的原意。后用来指不顾全文和原意，只根据自己的理解和需要，孤立地摘取其中的一段或一句。章：篇章。★在调研过程中，有时一个～的结论会让我们与成功失之交臂。

【断子绝孙】duàn zǐ jué sūn 没有子孙后代。多用作咒语。★老百姓愤愤地骂道："他这样不行仁义，是要～的！"

【堆积如山】duī jī rú shān 东西堆积得像山一样。形容数量很多。★产品没有了销路，在工厂里～。

【对簿公堂】duì bù gōng táng 指原告和被告在法庭上对质。对簿：受审时根据诉状核对事实。公堂：旧时审理案件的地方。★为了老屋的继承权，兄弟俩直闹得～。

【对答如流】duì dá rú liú 回答问题像流水一样。形容思维敏捷，答话流利顺畅。★面对外国老板有意刁难的问题，小林面无难色，～。

【对酒当歌】duì jiǔ dāng gē 对着酒应当高声歌唱。指宾朋嘉友聚会时应当赋诗以助酒兴，含有及时行乐之意。★～，人生几何？我看你还是趁着年轻多享受一下吧。

【对牛弹琴】duì niú tán qín 古代乐师公明仪善弹琴，一次对着牛弹奏了一曲，牛听不懂，依旧吃它的草。后比喻说话、做事不看对象。也指听话人听不出所以然。★对那些缺乏起码公德的人奢谈爱心，无异于～。

【对症下药】duì zhèng xià yào 医生确诊后，针对症状用药。比喻针对具体情况，制定解决问题的办法。症：病症。★做思想工作必须因人而异，～，一把钥匙开一把锁，不能搞一刀切。

【顿开茅塞】dùn kāi máo sè 被茅草堵塞的心房忽然打开了。比喻一下子解开了心中的疑难，立刻领会了某个问题。顿：立刻，一下子。茅塞：被茅草塞住。★仅用几分钟，王老师便把这道难题讲得清清楚楚，使同学们～。

【顿足捶胸】 dùn zú chuí xiōng 跺脚拍胸。形容情绪激烈，悲痛或懊恼到了极点。顿：跺，踏。★遇难者家属在事故现场～地呼喊着亲人的名字。

【遁入空门】 dùn rù kōng mén 避开尘世，进入佛门。多指出家为僧尼。遁：逃避。★他看破红尘，～，将与佛卷青灯为伴度过一生。

【遁世绝俗】 dùn shì jué sú 指隐居起来，与世俗隔绝。遁世：避世隐居。★过去有许多士大夫在官场不得意时，便～，隐居深山。

【多才多艺】 duō cái duō yì 有多方面的才能和技艺。才：也作"材"。★他既是一位优秀的党务工作者，又是一位～的艺术家。

【多愁善感】 duō chóu shàn gǎn 形容人感情脆弱，容易触景生情，引发忧愁和感伤。善：容易。★他自幼性情孤僻，而且～，很少与人交往。

【多此一举】 duō cǐ yī jǔ 这一举动是多余的。表示做了不必要的事。举：行动，动作。★许多人喝鲜奶前都要先煮一下，专家认为这完全是～。

【多多少少】 duō duō shǎo shǎo 或多或少。也表示很多。★虽然最终还是落榜了，但复读这一年对于他来说，～还是有所收获。

【多多益善】 duō duō yì shàn 原指带兵越多越好。《史记·淮阴侯列传》记载，有一次，刘邦问大将韩信："像我这样的人，最多能带多少兵？"韩信回答说十万。刘邦又问韩信能带多少，韩信则说"多多益善"。后用以泛指越多越好。益：更加。★我们现在正缺人手，～，你能派多少就派多少。

【多快好省】 duō kuài hǎo shěng 成果多，进度快，质量好，工料省，是一种最佳的建设方法。也泛指最佳的办事方法。★我们要在现有的条件下，～地完成这项任务。

【多谋善断】 duō móu shàn duàn 指既善于谋划，又敢于决断。★小王～，同事们都称他为"智多星"。

【多如牛毛】 duō rú niú máo 多得像牛毛一样数不清楚。形容为数极多。★解放前，在国民党统治的地区，苛捐杂税～。

【多事之秋】 duō shì zhī qiū 指事故或事变很多的时期。秋：年，时期。★这是一个～，我们一定要提高警惕。

【多行不义必自毙】 duō xíng bù yì bì zì bì 坏事干得多了，必然会自取灭亡。毙：死。★～，别看他们现在得意洋洋，总有一天会受到法律的严惩。

【多灾多难】 duō zāi duō nàn 形容灾难不断或磨难很多。★老王家今年可以说是～，老伴刚刚去世，儿子又摊上了官司。

【多嘴多舌】 duō zuǐ duō shé 指逞能多说话，或不当说的话说得太多。常指人爱管闲事。★你是小孩子，大人讲话，不要～！

【咄咄逼人】 duō duō bī rén 原指说话刺人，令人难堪。后也形容后辈超越前人，令人赞叹。现多形容气势汹汹，盛气凌人。咄咄：惊诧的声音。★北方沙漠正以～的态势吞噬着草原，我们应当全力加大防治力度。

【咄咄怪事】 duō duō guài shì 形容令人惊奇而又费解的事情。咄咄：叹词，表示惊诧。★在押狱中的罪犯竟然还可以行使董事长的权力，岂非～！

【夺眶而出】 duó kuàng ér chū 指眼泪无法抑制，从眼里涌出来。眶：眼的四周。★她终于见到了阔别十年的亲人，眼泪～。

【夺胎换骨】 duó tāi huàn gǔ 本为道家语。指修道者若得道，就能脱去凡胎，夺他人之胎而转生成仙骨。后比喻吸取前人作品意旨或变用其语句，从而不露痕迹地加以创新。★黄庭坚是宋代大诗人，善于化用前人诗句，使之～，面目一新。

【躲躲闪闪】 duǒ duǒ shǎn shǎn 指躲避掩饰，不敢面对。也形容不老实，不坦率，支支吾吾。★在困难面前，他总是～，不敢从容面对。

E

【阿谀奉承】ē yú fèng chéng 说好听的话谄媚、迎合别人。阿谀：曲意恭维。奉承：恭维，讨好。★世界上没有什么比直言不讳更难，也没有什么比～更容易的了。

【婀娜多姿】ē nuó duō zī 形容女子或花木姿态轻盈柔美。婀娜：轻盈柔美。★她虽是农家女子，却长得～。

【鹅行鸭步】é xíng yā bù 像鹅和鸭子那样走路。形容走路或前进缓慢，摇摇摆摆。★他走起路来～，难看极了。

【蛾眉皓齿】é méi hào chǐ 形容女子的美貌。也借指美女。蛾眉：蚕蛾触须细长而弯曲，因喻指女子细长的眉毛。皓齿：洁白的牙齿。★她～，貌美如花。

【扼腕长叹】è wàn cháng tàn 用手握腕，长声叹息。形容情绪激动的神态。扼腕：用一只手握住另一只手腕，表示振奋、惋惜、愤慨等情绪。★孙权痛失少帅周瑜，不禁～。

【恶贯满盈】è guàn mǎn yíng 罪恶很多，就像穿物的绳索已经穿满一样。比喻罪大恶极。贯：古代穿铜钱的绳索。盈：满。★这个～的汉奸，终于受到了应有的惩罚。

【恶言恶语】è yán è yǔ 形容说话恶毒，语气凶狠。★他态度粗暴，对儿子总是～的。

【恶衣恶食】è yī è shí 粗劣的衣服和饭食。形容生活非常俭朴。恶：粗劣，不好。★即使环境艰难，～，他也从未放弃对事业的追求。

【恶语中伤】è yǔ zhòng shāng 用恶毒的语言诬蔑、打击和伤害他人。★对那些～他人的人，要进行严肃的批评教育，触犯法律的还要追究法律责任。

【恶作剧】è zuò jù 恣意戏弄人，使人难堪。★同事小王经常爱搞～，这次又把主管好好戏弄了一番。

【噩梦初醒】è mèng chū xǐng 形容刚刚从迷惘中清醒过来。也指灾难过后，心有余悸而又感到幸运的心情。★～，他不禁悔恨自己的所作所为。

【饿殍载道】è piǎo zài dào 饿死的人满路都是。形容天灾人祸，贫民多死于饥饿的惨状。殍：亦作“莩”，饿死的人。载：满。★这一地区遭遇了百年不遇的大饥荒，百姓～，哀鸿遍野，甚是凄凉。

【恩断义绝】ēn duàn yì jué 恩情和情义断绝。指夫妻或其他亲属关系决裂。恩：恩情。义：情义。★兄弟两个为了争一点遗产闹上法庭，结果弄得～。

【恩恩爱爱】ēn ēn ài ài 形容夫妻间感情深厚融洽。有时也用以形容亲骨肉间的真挚情感。★这对老夫妻～走过了50多个春秋。

【恩将仇报】ēn jiāng chóu bào 以仇恨来回报恩惠。指忘恩负义。★东郭先生救了狼，狼却～，要吃掉东郭先生。

【恩深义重】ēn shēn yì zhòng 恩德和情义极为深重。★张老师对我～，我决不能做对不起他老人家的事。

【恩威并行】ēn wēi bìng xíng 恩德与威势相辅运用。恩：恩德。威：威严。★他～，终于使下属屈从于他。

【恩怨分明】ēn yuàn fēn míng 对恩怨的界限十分清楚，毫不含糊。恩：恩惠。怨：仇恨。★大丈夫应当～，既要知恩必报，又要疾恶如仇。

【恩重如山】ēn zhòng rú shān 形容恩义极为深重。★父母对我们～，孝顺父母是我们应尽的义务。

【儿女情长】ér nǚ qíng cháng 指过分沉溺于男女间的情爱。也指家庭长幼之间的爱护依恋之情。★人应以事业为重，不要总是沉湎在～之中。

【而立之年】ér lì zhī nián 人到可以立志立业的年龄。指30岁。后为30岁的代称。★大哥刚过～，事业已是小有成就了。

【尔虞我诈】ěr yú wǒ zhà 你欺骗我，我欺骗你。指相互欺骗，互不信任。尔：你。虞、诈：欺骗。★他已厌倦了～的商海，决定携妻儿归隐故里。

【耳边风】ěr biān fēng 从耳边吹过的风。比喻听了不放在心上的话。★禁止教育乱收费为何总是被当成～？这是个值得深思的问题。

【耳聪目明】ěr cōng mù míng 指听觉、视觉都很敏捷机灵。★他～，听到这话一下子全都明白了。

【耳根清净】ěr gēn qīng jìng 指耳边没有干扰，清净自在。耳根：耳边。★一屋子的客人走后，他总算可以～了。

【耳目喉舌】ěr mù hóu shé 比喻了解、反映情况、宣传方针政策的工具或代言人，如报刊、广播、记者等。★新闻工作者是党和人民的～，反映情况一定要做到实事求是，客观公正。

【耳目一新】ěr mù yī xīn 听到、看到的都很新鲜。一：全，满。★不断调整一成不变的家居风格，让自己多一些～的体验，生活会

世良臣。法家：深明法度的大臣。拂士：拂，亦作“弼”。辅佐君主改正过失的贤士。★孟子曾说：“入则无~，出则无敌国外患者，国恒亡。”由此可见良臣贤士在治理国家过程中的重要作用。

【法力无边】 fǎ lì wú biān 佛法的力量无比巨大，没有边际。也泛指力量巨大。法力：佛法的威力。★这个人自称~，其实是个十足的骗子。

【翻江倒海】 fān jiāng dǎo hǎi 形容水势浩大。常用来比喻力量或声势巨大。也用以形容吵得很凶或心情极不平静。★他心潮激荡，似~，久久不能平静。

【翻来覆去】 fān lái fù qù 来回翻动身体。形容难以入眠。也形容多次重复。翻、覆：翻转。★夜已经很深了，他~睡不着，总是惦记着地里的庄稼。

【翻脸无情】 fān liǎn wú qíng 对人的态度突然变得不好，一点情义也不讲。旧时常用以形容世态炎凉。★~，即便是亲兄弟也常常因经济利益纷争而对簿公堂。

【翻然悔悟】 fān rán huǐ wù 形容很快醒悟、悔改所犯过错。翻然：也作“幡然”。迅速转变的样子。★经历了这次波折，他~，决心倍加珍惜自己现在的生活。

【翻山越岭】 fān shān yuè lǐng 翻越崇山峻岭。形容跋涉艰辛。越：翻过。★为了一桶水，他们~，有时要走好几十里山路。

【翻天覆地】 fān tiān fù dì 使天地翻覆，换了位置。形容发生根本性变化。也形容闹得很凶。★新中国成立以来，全国上下发生了~的变化。

【翻箱倒柜】 fān xiāng dǎo guì 翻检箱子，搜查柜子。形容彻底翻动搜检。★“文革”期间，~的抄家事件是经常发生的。

【翻云覆雨】 fān yún fù yǔ 手向上翻是云，手向下翻是雨。比喻反复无常，变化不定。也形容善于耍手腕、弄权术。★有些领导干部人前讲原则、讲政策，背后却~，这种作风必须坚决杜绝。

【凡夫俗子】 fán fū sú zǐ 佛教指未入佛门的人。也泛指资质平庸或粗俗浅薄的人。凡、俗：平庸。★他一个~，哪能成什么大家呢。

【繁花似锦】 fán huā sì jǐn 纷繁的鲜花盛开，好像华丽的锦缎一样美丽。繁：多而茂盛。锦：艳丽多彩的锦缎。★春到人间，~。

【繁华胜地】 fán huá shèng dì 热闹繁盛的名胜之地。繁华：热闹，繁盛。胜地：有名的风景优美的地方。★浙江杭州自古以来都是~。

【繁荣昌盛】 fán róng chāng shèng 形容国家、民族或事业生气勃勃，兴旺发达。繁荣：本指草木枝叶花朵茂盛，形容事物蓬勃发展。★在新的世纪到来之际，祝愿我们的祖国更加～。

【繁荣富强】 fán róng fù qiáng 形容国家兴盛发达，富庶强大。★欢快的乐曲声中，与会代表共祝我们伟大的祖国～，人民幸福安康。

【繁文缛节】 fán wén rù jié 仪式、礼节过分复杂烦琐。也比喻琐碎多余之事。文：仪式。缛：烦琐。节：礼节。★现代社会节奏加快，我们做事要讲究程序的简化和效率的提高，决不能搞～。

【反败为胜】 fǎn bài wéi shèng 变失败为胜利。反：翻转过来。★我们开局时比分低于对方，最后终于～。

【反唇相讥】 fǎn chún xiāng jī 受到指责不服气，反过来讥讽对方。反唇：还嘴。讥：讥讽。★他实在忍受不了了，～道："难道这件事是我一个人的责任不成？"

【反腐倡廉】 fǎn fǔ chàng lián 反对腐败，提倡廉洁。★在改革开放的新形势下，我们更应该～，净化干部队伍。

【反复无常】 fǎn fù wú cháng 一会儿这样，一会儿那样，没有常规。形容变化不定。★天气的变化～，这时候最容易感冒。

【反戈一击】 fǎn gē yī jī 掉转矛头，向自己原来从属的营垒进攻。戈：古代的一种兵器，形状像矛。★庭审进入到关键时刻，原告证人～，原告最终败诉。

【反客为主】 fǎn kè wéi zhǔ 客人反过来变成主人。指颠倒主客位置。也比喻变被动为主动，或把次要的变为主要的。★他～，反倒指挥主人做这做那。

【反目成仇】 fǎn mù chéng chóu 指由亲近的关系转为相互仇视。反目：翻眼相看，不和睦。★为了那栋小楼，父子俩～，最终走上法庭。

【反其道而行之】 fǎn qí dào ér xíng zhī 采取同对方相反的办法行事。道：方向，方法。★中华民族的历史任务是团结抗战以求解放，投降派却～，这是全国人民所不能答应的。

【反裘负薪】 fǎn qiú fù xīn 反穿皮袄背柴，怕皮袄上的毛磨掉。形容士人劳苦贫困。《晏子春秋·内篇上》记载，春秋时，齐相晏婴去晋国路过中牟，见一人头戴破帽，反穿皮袄背柴坐于路旁休息。派人一问，知是贤人越石父，为免于饥冻而沦为臣仆，晏婴解驾车之马为其赎身。裘：毛皮衣服。薪：柴。★历史上许多贤臣均曾～，而最终成就大业。

【返老还童】 fǎn lǎo huán tóng 由衰老返回青春，原为道家传说的一种却老之术。也指由老年回复到少年时的脾气和容颜。返：回归，返回。★世界上根本就没有～的仙术，我们也无法阻挡青春和岁月的流逝。

【返璞归真】 fǎn pú guī zhēn 指

返回事物原来的面目。璞：未经加工的玉。★近年来，家居装修流行～的格调。

【犯而不校】fàn ér bù jiào 别人触犯了自己也不与之计较。意谓度量大。犯：触犯。校：计较。★倘若人人都能做到～，世上还有什么仇恨可言？

【犯上作乱】fàn shàng zuò luàn 触犯君上尊长，进行叛逆活动。★封建时代，君臣上下等级秩序非常严格，做臣子的只能俯首听命，稍有不合礼制的举动，便会认为是～。

【犯颜极谏】fàn yán jí jiàn 敢于冒犯君上或尊长而直言规劝其改正错误。犯颜：指敢于冒犯君上或尊长的威严。极：极力，尽力。谏：直言规劝。★唐朝魏征是一位极具魄力的贤相，经常在唐太宗面前～。

【泛泛而谈】fàn fàn ér tán 指说话作文浮泛，不深刻。泛泛：浮浅，寻常。★这篇文章～，没有什么值得肯定的地方。

【泛泛之交】fàn fàn zhī jiāo 指交情不深。泛泛：浮浅，一般。★我和小霞只是～，并不互相了解对方。

【泛滥成灾】fàn làn chéng zāi 江河湖泊的水涨溢漫流，造成灾害。也比喻某种不良现象或有害的言行思想四处扩散，成为祸患。★在我们生活的城市，白色垃圾已经～。

【方便之门】fāng biàn zhī mén 原指指引人们信佛的灵活方式和途径。后泛指给人以便利。方便：本为佛教语，指用不同的传教方式劝各种各样的人信佛。后指便利。★乡政府决定引进这项先进技术，为农民致富大开～。

【方寸不乱】fāng cùn bù luàn 形容人在遇到紧急情况时仍然从容镇定。方寸：指心或心绪。★一个心理素质好的人，即使遇到紧急情况也会～。

【方寸大乱】fāng cùn dà luàn 指人在情况紧急时心中十分慌乱。方寸：指心或心绪。★敌人已经逼近这个小屋，老奶奶～，情急之下将孙子塞进了灶膛。

【方寸之地】fāng cùn zhī dì 像心一样大小的地方。指极小的土地。又比喻人的心。方寸：指心。★在这里，已经没有～能够容纳这些可怜的孩子。

【方寸之木，高于岑楼】fāng cùn zhī mù，gāo yú cén lóu 把一寸高的木块放在高楼的尖顶上，它就会比高楼还高。比喻不把两者放在同一基础上进行比较，就会得出错误的结论。岑楼：尖顶高楼。★你这种不在同一条件下的比较是毫无道理的，须知～。

【方枘圆凿】fāng ruì yuán záo 方的榫头插不进圆的卯眼。比喻两者不相合。枘：榫头，木器中嵌合处的突出部分。凿：卯眼，木器中嵌合处的凹空部分。★他们两个性格截然相反，要他们合作，无异于~。

【方外之人】 fāng wài zhī rén 指言行超脱于世俗礼教之外的人。也指僧道之人。方外：世外。★《红楼梦》里的贾宝玉虽然生在富贵之家，长在温柔之乡，言谈举止却犹如~。

【方兴未艾】 fāng xīng wèi ài 形容事物正在蓬勃发展，势头并未停止。方：正在。兴：兴起。艾：停止。★出土简帛的研究~，已经取得了可喜的成绩。

【芳草萋萋】 fāng cǎo qī qī 形容春天草木葱茏的景象。芳草：香草。萋萋：草木茂盛的样子。★大雨过后，长江两岸~。

【防不胜防】 fáng bù shèng fáng 指要防备的太多，难以一一应付。防：防备。胜：尽。★山里的野猪非常猖獗，经常出没在田间地里，糟蹋庄稼，令村民~。

【防患未然】 fáng huàn wèi rán 指在祸患发生以前就加以预防。患：忧患，灾祸。未然：没有成为事实。★我们一定要加强消防意识，平时留心，~。

【防民之口，甚于防川】 fáng mín zhī kǒu，shèn yú fáng chuān 堵住人民的嘴，比堵塞河流引起的危害还严重。意谓压制人民的言论自由，必定有大害。防：堵塞。川：河流。★不让老百姓说话，后果将很严重，殊不知~。

【防微杜渐】 fáng wēi dù jiàn 在错误或坏事萌芽的时候及时制止，不让它扩展。微：细微，微小。渐：事物的开端。★我们要~，不然，小过错也会酿成大失误。

【放荡不羁】 fàng dàng bù jī 行为随便，不受任何约束。放荡：放纵任性或行为不检点。羁：马笼头，引申指约束。★他过惯了~的生活，因而很难在办公室里待住。

【放虎归山】 fàng hǔ guī shān 把老虎放回深山。比喻放走敌人，给自己留下祸根。★他将已抓获的敌人轻易释放，无异于~。

【放浪形骸】 fàng làng xíng hái 指言行不受世俗礼法的约束。放浪：放荡，不受拘束。形骸：形体。★他深知官场的黑暗，于是佯狂避世，~。

【放任自流】 fàng rèn zì liú 听凭事物自由发展，不加干预。放任：听其自然，不予干涉。★对学生的管理要严格有序，不能采取~的态度。

【放下包袱】 fàng xià bāo fu 比喻消除思想上的顾虑，解除精神上的负担。★我们要~，轻装上阵，力争赛出最高水平。

【放下屠刀，立地成佛】 fàng xià tú dāo，lì dì chéng fó 放下屠刀，马上就可以成佛。原是佛教劝人改恶从善的话。后用以比喻只要停止作恶，也能很快变成好人。立地：立即。★这伙杀人犯凶残成性，劝他们～是不可能的。

【放之四海而皆准】fàng zhī sì hǎi ér jiē zhǔn 具有普遍意义的真理，在任何地方都是正确适用的。放：扩展，传播。之：代指具有普遍性的真理。四海：指任何地方。准：正确。★马克思主义是～的真理。

【飞蛾投火】fēi é tóu huǒ 比喻自取灭亡或不顾牺牲，勇敢奔赴。飞蛾：夏天的一种小虫，喜近光。★任何企图破坏我国社会主义建设的犯罪分子必将如～，自取灭亡。

【飞鸿踏雪】fēi hóng tà xuě 大雁踩过的雪地。比喻往事遗留下来的痕迹。鸿：大雁。★我对往事的记忆犹如～，已不再清晰和深刻。

【飞黄腾达】fēi huáng téng dá 形容神马飞驰。比喻官职、地位上升得很快。飞黄：古代传说中的神马名。腾达：上升。★封建社会的读书人，大多向往科举中第，在仕途上～，从而光宗耀祖。

【飞禽走兽】fēi qín zǒu shòu 泛指一切鸟兽。禽：鸟类。兽：野兽。★由于人类的破坏，～已经很少光顾这片森林了。

【飞沙走石】fēi shā zǒu shí 沙土飞扬，石头滚动。形容风力极大。沙：亦作“砂”。★这里的植被破坏严重，到处是裸露的黄土，大风一起，便～。

【飞文染翰】fēi wén rǎn hàn 形容挥笔迅速写成文章。染翰：用毛笔蘸墨。★在滕王阁的宴会上，王勃～，写出了千古绝唱《滕王阁序》。

【飞檐走壁】fēi yán zǒu bì 在屋檐上飞越，在墙壁上奔跑。形容身手敏捷，武艺高强。★这些少林僧人个个～，身手不凡。

【飞扬跋扈】fēi yáng bá hù 形容骄纵横暴，放纵不羁。今多指放肆骄横。飞扬：放纵，昂扬振奋。跋扈：蛮横，肆意妄为。★有的村干部～，拉帮结派控制选举。

【飞针走线】fēi zhēn zǒu xiàn 形容缝纫刺绣的技术娴熟。★在延安困难时期，战士们自力更生，艰苦奋斗，个个都能～。

【非此即彼】fēi cǐ jí bǐ 不是这个（样），就是那个（样）。即：就是。此：这个。彼：那个。★有些事情很复杂，并不能用简单的～的对或错来评价。

【非分之想】fēi fèn zhī xiǎng 超出本分的想法。非分：不守本分，不安分。★除了学业，他从没有什么～。

【非驴非马】fēi lú fēi mǎ 不是驴也不是马。比喻事物不伦不类。★这种文体～，没有什么价值，不值得学习。

【非亲非故】fēi qīn fēi gù 既不是亲戚，也不是故旧。表示彼此毫无关系。亲：亲戚，亲属。故：故旧，老朋友。★一个人如果连自己的父母都不想赡养，让他去赡养一个~的陌生人，绝无半点可能。

【非同儿戏】fēi tóng ér xì 指事关重大，不可以像儿童做游戏那样随随便便。★结婚是终身大事，~，你要三思而后行。

【非同小可】fēi tóng xiǎo kě 指人或事不寻常。也指事关重大，不容忽视。小可：寻常。★这是军事机密，~，绝不能走漏半点风声。

【非我莫属】fēi wǒ mò shǔ 除了我，再没有谁能够拥有。用以形容自负或勇于承当。莫：没有谁。属：归属。★我队技术占上风，竞技状态甚佳，看来冠军~。

【肥马轻裘】féi mǎ qīng qiú 乘坐肥壮马匹驾的车，身穿轻软暖和的皮袍。形容生活非常富裕奢华。裘：皮衣。★富贵人家~，穷苦人家卖儿卖女。

【肥头大耳】féi tóu dà ěr 形容人长得肥胖。★他长得~，一看就是那种喜欢吃喝的人。

【匪夷所思】fěi yí suǒ sī 不是根据常理所能想象得到的。形容人的思想离奇。匪：通“非”，不是。夷：常道。★人体彩绘在十年前还是一件~的事，但现在已经作为一种艺术被大多数人所接受。

【斐然成章】fěi rán chéng zhāng 形容人富有文才，文章可观。斐然：有文采的样子。章：文章，花纹。★他很有才华，常常是信手写来便~。

【斐然可观】fěi rán kě guān 指很有文采，值得一看。也指十分显著。斐然：有文采的样子。可观：值得一看或达到较高的程度。★他是清代有名的官吏，文章政绩，~。

【吠形吠声】fèi xíng fèi shēng 一只狗看见生人叫起来，许多狗听到声音也跟着叫。比喻盲目随声附和。也说吠影吠声。★世上就有这种人：自己没有主见，遇事随大流，总喜欢~。

【废寝忘食】fèi qǐn wàng shí 顾不上睡觉，忘记了吃饭。形容专心致志于某事。废：停止。寝：睡觉。★白求恩大夫为了中国的革命事业~，努力工作，他是一个真正的国际共产主义战士。

【废私立公】fèi sī lì gōng 抛弃一己之私，一心只为公共利益。★徐医生~，一心扑在医学事业上。

【沸反盈天】fèi fǎn yíng tiān 沸腾翻滚的声浪喧天。形容人声鼎沸，极其嘈杂喧闹。沸反：沸腾翻滚。盈：满。★最近一段时间，由这部电视剧而引发的官司可以说是闹得～。

【沸沸扬扬】fèi fèi yáng yáng 烧开了的水上下翻滚，热气蒸腾。形容七嘴八舌，议论纷纷。也形容来往纷繁，非常热闹。★有关这位影星的绯闻被传得～，你难道一点都不知道？

【肺腑之言】fèi fǔ zhī yán 发自内心的真诚话语。肺腑：指内心。★王老师的一番～终于感动了学生家长，辍学的小明重新又回到了课堂。

【费尽心机】fèi jìn xīn jī 费尽了心思，用尽了计谋。心机：心思。★为了争夺父亲的遗产，他～，最终却弄得身败名裂。

【分崩离析】fēn bēng lí xī 形容国家、集团分裂瓦解或地区支离割裂。离析：离散，解体。★人民流离失所，国家～，我们正处在民族危亡的重要关头。

【分道扬镳】fēn dào yáng biāo 把马嚼子向上提，勒马分路而行。比喻志趣不同，各行其是。也比喻各有所长，互不相让。又比喻各奔前程，各干其事。扬镳：提起马嚼子。★大学毕业后，他们～，从此再也没有什么来往。

【分工合作】fēn gōng hé zuò 按职责分头工作，互相配合。★我们～，一起完成这项光荣而艰巨的任务。

【分毫析厘】fēn háo xī lí 分析一毫一厘。形容分析深入细致。分：分辨。毫、厘：单位名，十丝为一毫，十毫为一厘。析：剖析。★王教授对这篇文章作了～的讲解，大家都感觉受益匪浅。

【分斤掰两】fēn jīn bāi liǎng 形容在小事小利上过分计较。斤：亦作“金”。★李大妈专会打细算盘，～的。

【分门别类】fēn mén bié lèi 按照人或事物的特点、性质区分为各种类别。门、类：类别。★我们应该经常梳理所学知识，～地加以归纳总结。

【分秒必争】fēn miǎo bì zhēng 形容抓紧时间，一分一秒也不放松。争：争取，争夺。★为了早日攻克这个课题，科研人员～，昼夜奋战在工作台上。

【分身无术】fēn shēn wú shù 没有办法一身同时兼顾几个方面。术：办法。★他工作太忙，～，只能请保姆来照看儿子。

【分庭抗礼】fēn tíng kàng lǐ 原指宾客和主人分别站在庭院两旁，以平等的礼节相见。后用以比喻互相对立，不相上下。庭：庭院。抗：也作“伉”，对等。★论才华，在我们单位能与小王～的恐怕只有你了。

【分文不取】fēn wén bù qǔ 一分、一文钱也不要。分：指银子计量的最小单位。文：指旧时制钱的最小单位。★林老师退休后在附近一所小学里当课外辅导员，他将所有的精力都倾注在孩子们

身上，却～。

【分文不值】fēn wén bù zhí 没有任何价值，一钱不值。★他手中那些曾经价值昂贵的股票如今已经～了，全家人的生活一下子掉进了深渊。

【分星擘两】fēn xīng bò liǎng 分辨秤星，分清斤两。比喻彻底而详尽地说清楚或问清楚。星：秤星，秤上表示重量单位的标记。擘：分开。★司机～地把刚才所发生的一切说了一遍，警察这才明白是怎么回事。

【纷纷扰扰】fēn fēn rǎo rǎo 形容纷杂混乱。纷纷：多而杂乱。扰扰：纷乱貌。★他无法忍受尘世间的～，于是选择了皈依佛门。

【纷纷扬扬】fēn fēn yáng yáng 形容飘落物在空中纷乱飞舞的样子。也形容议论纷纷的样子。纷纷：多而杂乱。扬扬：飘洒。★～的大雪把整个世界打扮得银装素裹，煞是美丽。

【纷至沓来】fēn zhì tà lái 形容纷繁杂沓、接连不断地到来。纷：众多。沓：繁多，重复。★随着中国投资环境的不断改善，众多外商～，极大地带动了中国经济的发展。

【焚膏继晷】fén gāo jì guǐ 点起灯继续着白天干的事。形容夜以继日地勤奋工作或学习。膏：油脂。焚膏：指点油灯。晷：日影，代指白天。★科研工作人员发愤忘食，～，取得了令人瞩目的成绩。

【焚林竭泽】fén lín jié zé 烧毁树林，猎取野兽；排干湖水，捕捉鱼虾。比喻贪图眼前利益，无止境地索取，不留余地，不顾长远利益。竭：使干涸。泽：聚水的洼地。★有些地方为获得经济效益而毁坏山林农田，兴办工厂，污水废气泛滥成灾，这种～式的开发必然会受到自然界的惩罚。

【焚琴煮鹤】fén qín zhǔ hè 焚烧琴去煮白鹤。比喻随意糟蹋美好的事物。★这么优美的古诗词你竟然这样胡乱解说，岂不是～？

【焚书坑儒】fén shū kēng rú 指秦始皇焚烧典籍、活埋儒生一事。后用以指对文化和知识分子的摧残。★中国历代都有类似～的事件发生，使文化遭受重大摧残。

【粉墨登场】fěn mò dēng chǎng 用粉和墨化妆，登台演戏。也比喻坏人乔装打扮，登上政治舞台。粉、墨：指化妆品。场：戏场。★日寇入侵中国后，一批汉奸卖国贼组成的政治力量～，开始了他们卖国求荣的政治活动。

【粉身碎骨】fěn shēn suì gǔ 身体变得粉碎。形容不惜牺牲生命。★战士们为保卫祖国安全～，在所不惜，他们是新时期最可爱的人。

【粉饰太平】fěn shì tài píng 指伪装太平景象，以掩饰混乱黑暗的时局。粉饰：装饰外表，掩盖实情。★每个朝代都有一些宫廷

文人为当朝者歌功颂德，~。

【分外妖娆】fèn wài yāo ráo 形容景象格外娇艳美好。妖娆：娇艳美好。★大雪过后，北京城银装素裹，~。

【奋笔疾书】fèn bǐ jí shū 形容提笔快速书写。★他~，起草好一份文件，交给秘书去办。

【奋不顾身】fèn bù gù shēn 奋勇直前，不顾个人安危。★武警战士~地冲进火海，救出了那个失明的少年。

【奋发图强】fèn fā tú qiáng 振奋精神，谋求强盛。奋发：振作，振奋。图强：谋求强盛。★青年要~，为社会主义现代化建设作贡献。

【奋发有为】fèn fā yǒu wéi 精神振作，意气昂扬，有所作为。奋发：振作，振奋。★这群青年学者有知识，有目标，有干劲，~，令人欣喜。

【奋起直追】fèn qǐ zhí zhuī 振奋起来，赶紧向前追赶。★我们要~，尽快缩短与发达国家在经济上的差距。

【奋勇当先】fèn yǒng dāng xiān 鼓足勇气，冲到最前面。奋勇：鼓足勇气。当先：赶在最前面。★在游泳接力赛中，美国队~，一举夺得金牌。

【忿然作色】fèn rán zuò sè 因气愤而变了脸色。忿然：气愤发怒的样子。★听到这话，老王~，摔门而去。

【愤愤不平】fèn fèn bù píng 因不公平的事而愤怒或不满。愤愤：非常生气的样子。★几个月来辛苦劳作，到头来工资还被拖欠，工人们感到~。

【愤世嫉俗】fèn shì jí sú 对不合理的社会和习俗表示愤恨、憎恶。愤、嫉：愤恨，憎恨。世：世道，社会。俗：风俗，习俗。★晋代诗人陶渊明，因为~而弃官归隐。

【丰富多彩】fēng fù duō cǎi 形容内容和形式丰富多样，绚丽多姿。★在这座美丽的海滨城市，我度过了~的四年大学生活。

【丰功伟绩】fēng gōng wěi jì 伟大的功绩。绩：业绩。★无论是战争年代还是和平时期，人民的~都是不可磨灭的。

【丰年稔岁】fēng nián rěn suì 指五谷丰登的好年景。稔：指庄稼成熟。岁：年成，年景。★这几年风调雨顺，庄稼长势喜人，贫困的农民终于迎来了几个难得的~。

【丰神异彩】fēng shén yì cǎi 形容精神饱满，容光焕发。★年轻的董事长~，事业如日中天。

【丰衣足食】fēng yī zú shí 吃穿都很富足。形容生活富裕。★改革开放取得了巨大成就，人们~，一部分人的生活已经达到小康水平。

【风餐露宿】fēng cān lù sù 在风雨里吃饭，在露水里睡觉。形容旅途或野外生活的艰苦。★越野队员们经过几天苦战，~，终于到达了目的地。

【风尘仆仆】fēng chén pú pú 形容旅途奔波，辛苦劳累。风尘：本是旅途中所沾的尘土，指旅途劳累。仆仆：奔走劳顿貌。★地震发生不久，县委书记便~地赶到了重灾区，了解那里的受灾情况。

【风驰电掣】fēng chí diàn chè 形容像刮风和闪电那样迅速。风驰：刮风。电掣：闪电。★汽车在高速公路上~般驶过，城市的轮廓渐渐模糊了。

【风吹草动】fēng chuī cǎo dòng 风轻轻一吹，草就会随之摇动。比喻细微的动静或变故。★网已经撒开了，歹徒一旦有什么~，公安干警会立即将他们绳之以法。

【风吹浪打】fēng chuī làng dǎ 遭受风浪的冲击。比喻经历磨难与波折。★他一生所经历的~已经不计其数，没想到年老的时候依然不得安宁。

【风吹日晒】fēng chuī rì shài 被风吹，被太阳晒。★他们常年在田里劳作，~，看起来有些苍老。

【风度翩翩】fēng dù piān piān 风采气度文雅，姿态举止优美。翩翩：文雅的样子。★当年的小嘎子，如今已长成一个~的少年。

【风风火火】fēng fēng huǒ huǒ 形容急急忙忙的样子。也形容活跃有劲的样子。★她是个急性子，干什么事都~的。

【风风雨雨】fēng fēng yǔ yǔ 形容连续地刮风下雨。也比喻艰难险阻。又比喻谣言纷传。★经过几十年的~，两人终于有了一个幸福的晚年。

【风光旖旎】fēng guāng yǐ nǐ 形容景色柔和美好。风光：风景，景象。旖旎：柔和美好。★这个海滨城市~，是度假的好地方。

【风和日暖】fēng hé rì nuǎn 形容微风和煦，阳光温暖。★海南岛四季~，越来越多的人来这里购房定居。

【风花雪月】fēng huā xuě yuè 泛指四时景色。也指堆砌词藻、内容空泛、格调不高的诗文。又指男女情爱风流之事。★古代诗文中，有不少是描写~的。

【风华正茂】fēng huá zhèng mào 形容朝气蓬勃，富有才华。风华：风采，才华。茂：旺盛。★他今年18岁，正是~的好时候。

【风卷残云】fēng juǎn cán yún 大风卷走残留的浮云。多形容吃喝贪婪，狼吞虎咽。也比喻一下子消灭干净。又形容作战杀敌，势如破竹。★那个在街上流浪了很久的孩子~般将满满一碗面全部吃完了。

【风流才子】 fēng liú cái zǐ 指洒脱不拘、才识渊博的人。风流：有才学而不拘礼法。★明朝的~唐伯虎，演绎了很多的传奇故事。

【风流人物】 fēng liú rén wù 指一个时代杰出的、有影响的人物。也指轻浮放荡之人。风流：杰出不凡，也指放荡轻浮。★历史上的许多~，都曾有过苦难的童年。

【风流倜傥】 fēng liú tì tǎng 形容人文雅潇洒，不拘礼法。风流：洒脱放逸。倜傥：洒脱，不拘束。★他是位青年诗人，~，气度不凡。

【风流韵事】 fēng liú yùn shì 既风雅又有情趣的事。也指男女私情。韵：情趣；风雅。★在某些人看来，他人的~是品茶聊天的最佳话题。

【风马牛不相及】 fēng mǎ niú bù xiāng jí 指两地距离很远，即使牛马走失也不会跑到对方境内。一说是马与牛不同类，雌雄不会相诱。比喻两者毫无关系，互不相干。风：放逸，走失；一说兽类雌雄相诱。★这两件事~，不要混为一谈。

【风靡一时】 fēng mǐ yī shí 形容事物在一个时期内非常流行。靡：顺风倒下。★巴金的《家》、《春》、《秋》三部曲在20世纪30年代曾经~。

【风平浪静】 fēng píng làng jìng 没有风浪，水面很平静。比喻平静无事。★习惯了惊涛骇浪的缉毒生活，~的日子反倒让他觉得不自在。

【风起云涌】 fēng qǐ yún yǒng 大风刮起，云涛涌现。比喻文思敏捷，极富气势。也比喻多种事物或力量并起，发展迅速，声势浩大。★西部大开发，新的发展机遇~，成千上万的企业纷纷而至，投入到这全新的盛会中去。

【风清弊绝】 fēng qīng bì jué 形容政治清明，社会风气良好，没有贪污舞弊等现象。风清：风气清明。弊绝：弊病断绝。★只有彻底惩治腐败，才能出现~的良好社会环境。

【风声鹤唳】 fēng shēng hè lì 听到风吹鹤叫，就以为是敌人来袭。《晋书·苻坚载记》记载，前秦苻坚的军队在淝水被晋军打得大败，逃跑的路上听见风声和鹤叫声，以为是晋军在追击他们。后用以形容极度惊恐不安而产生错觉或自相惊扰。鹤唳：鹤叫。★面对疫情，掉以轻心固然不行，~也不可取。

【风调雨顺】 fēng tiáo yǔ shùn 风雨适合农时。指农业获得好收成，年成好。也比喻天下太平。调：调和。顺：顺适。★开春以来，一直~，看来今年又是一个丰收年。

【风土人情】 fēng tǔ rén qíng 指一个地方的风俗习惯和自然环境。风土：山川、风俗、气候等的总称。人情：人的性情习惯。★他每到一个地方，都深入了解当地的～。

【风行天下】fēng xíng tiān xià 指某种事物或思想四处盛行。风行：普遍流行，盛行。★摇滚乐～，成为乐坛的主流。

【风行一时】fēng xíng yī shí 在一段时间内非常流行。风行：普遍流行，盛行。★那种年代，绿色军装曾经～。

【风言风语】fēng yán fēng yǔ 没有根据或恶意中伤的话。也指私下议论或暗地里散布的某种传说或流言。又指疯疯癫癫的话。★他从派出所出来，～便流传开来了，说什么的都有。

【风雨交加】fēng yǔ jiāo jiā 狂风大雨一齐袭来。形容天气恶劣。★在一个～的夜晚，一场罪恶的交易正在秘密地进行。

【风雨飘摇】fēng yǔ piāo yáo 在风雨中飘荡不定。后多用于比喻时局动荡不安。飘摇：飘荡。★在那些～的日子里，他坚持用自己的笔来声讨那个罪恶的社会。

【风雨同舟】fēng yǔ tóng zhōu 在风雨中同乘一条船。比喻同心合力，共渡难关。舟：船。★两国人民～，患难与共，用鲜血凝成的战斗友谊是经得起时间考验的。

【风月无边】fēng yuè wú biān 清风明月无边无际。形容夜色无限美好。风月：清风朗月。★中秋之夜，～，大家兴致颇浓。

【风云变幻】fēng yún biàn huàn 比喻局势动荡不定或事物变幻复杂。变幻：奇异莫测的变化。★在～的国际局势中，做一个优秀的外交官绝非易事。

【风云际会】fēng yún jì huì 像风应虎生、云应龙兴一样遇到了适时的机会。指遇到施展才能的好机会。风云：指风云各有所从。际会：机遇，时机。★现在可以说是～，只要有真本事，不愁英雄无用武之地。

【风云人物】fēng yún rén wù 指能左右局势、影响很大的人物。风云：比喻位高或超群。也指昙花一现的人物。★在 NBA 打球的中国球员姚明，曾一度成为篮球场上的～。

【风烛残年】fēng zhú cán nián 比喻人到晚年身体衰弱、临近死亡的年岁。也比喻事物凋残破败，毫无生气。风烛：风中摇晃的烛火。残年：残存的年月。★爷爷已是～，无力再支撑家业。

【风姿绰约】fēng zī chuò yuē 形容女子风度姿态十分美好。风姿：风度姿态。绰约：体态柔美。★这位影星虽已年过四十，却仍然～。

【封妻荫子】fēng qī yìn zǐ 封建时代功臣的妻子因丈夫功劳而受封，子孙也得以承袭官爵。也泛指建功立业，光耀门庭。荫：子孙因先代的功劳而受封。★他科举中第，~，成为当地的显宦。

【峰回路转】fēng huí lù zhuǎn 形容山峦环绕，道路曲折盘旋。后也比喻事情经历曲折后出现新的转机。★总经理出国归来，事情~，终于有了解决的办法。

【烽火连天】fēng huǒ lián tiān 形容战火四处燃烧。烽火：古时边防报警点的烟火。借指战火。★在~的岁月里，他为祖国的生死存亡呕心沥血，四处奔波。

【烽火相连】fēng huǒ xiāng lián 报警的烽火一个连接一个。比喻战备谨严或形容战火不断。烽火：古代边防报警燃烧的烟火。★民国初年，军阀混战，~，人民饱受苦难。

【锋芒毕露】fēng máng bì lù 形容人言辞犀利，敢作敢为。也形容人逞强显能，好表现自己。又形容笔锋笔势遒劲有力。锋芒：刀剑等武器的尖利部分。比喻人的锐气、才干。毕露：完全显露。★他虽然有些才能，但~，太爱表现自己，因此引起了周围人的反感。

【锋芒所向】fēng máng suǒ xiàng 比喻斗争矛头所指向的人或事。锋芒：比喻事物的尖利部分。★随着事态的不断发展，传达室的老李逐渐成了~。

【蜂拥而至】fēng yōng ér zhì 像成群的蜜蜂似的接连到来。★不明真相的村民~，把纪委书记的车围了个水泄不通。

【逢场作戏】féng chǎng zuò xì 本指卖艺人遇到适合演出的场地，就开场演戏。后多比喻随俗应酬。逢：遇到。场：演出场地。★我从不抽烟，今天酒宴上不过是~，你千万不要生气。

【逢人说项】féng rén shuō xiàng 一碰见人便称道项斯的才学。比喻热心替人扬名或称道某事的好处。项：项斯，唐代人，据说很有才学。★这位老学者乐于帮助年轻后学，经常~，予以提携。

【逢山开路，遇水叠桥】féng shān kāi lù，yù shuǐ dié qiáo 指克服途中重重困难，逢山遇水，开路前进。后也泛指打通前进道路上的层层障碍。叠：搭建。★公司成立之初，~，如今终于站稳了脚跟。

【逢凶化吉】féng xiōng huà jí 遇到危难转为吉祥。旧时迷信，以为只要运气好或有神灵保佑，就能逢凶化吉。凶：危难。化：转化。★他从警以来数十次陷入险境，凭着自己的机智勇敢，每次都能~。

【讽一劝百】fěng yī quàn bǎi 形容讽谏的言辞少而鼓励称颂的言辞多，因而无法使人归于正道。讽：委婉地劝告指责。劝：鼓励。★汉代许多赋作~，并无多大思想意义。

【凤凰来仪】fèng huáng lái yí 凤凰飞来翩翩起舞，仪态优美。

古代以此为祥瑞之征。凰：亦作“皇”。仪：容仪。★凤凰是传说中的瑞禽，~有吉祥如意之兆。

【凤毛麟角】fèng máo lín jiǎo 凤的毛，麟的角。比喻稀有难得的人才或事物。★体操比赛中，能够做出这种高难度动作的运动员可以说是~。

【奉公守法】fèng gōng shǒu fǎ 奉行公事，遵守法令。指为官者公正无私。★纪委书记一向~，关键时刻决不徇私情。

【奉若神明】fèng ruò shén míng 像迷信的人崇拜神灵一样去敬奉某人或某物。形容对某人或某物极其尊崇。奉：崇奉信仰。神明：神的总称。★自从汉代儒家独尊以来，孔子一直被~。

【奉为圭臬】fèng wéi guī niè 指将某些言论学说奉为准则。奉：尊重。圭臬：圭，测日影的工具。臬，射箭的靶子。比喻法度、准则。★这一学说，当今学者犹~。

【佛面贴金】fó miàn tiē jīn 比喻表面敷衍应酬。★别看他每天在外忙活得挺热闹的，其实那都是~，敷衍应酬罢了。

【佛是金装，人是衣装】fó shì jīn zhuāng，rén shì yī zhuāng 佛的庄严靠黄金装点，人的模样要衣饰打扮。比喻人的外观服饰不可忽视。★俗话说，“~”，穿衣打扮是一个人精神面貌的体现，不可等闲视之。

【夫唱妇随】fū chàng fù suí 丈夫说什么，妻子都顺从照办。比喻夫妻互相配合，行动一致。也形容夫妻相处和睦。唱：也作“倡”，倡导。★结婚以来，他们俩~，小日子过得非常甜蜜。

【夫贵妻荣】fū guì qī róng 旧指地丈夫地位显贵，妻子也跟着荣耀。★作为新时代的女性，你要加强自立，不要总是指望着~。

【夫妻反目】fū qī fǎn mù 指夫妻不和。反目：翻眼相看。★为了争夺对孩子的抚养权，他们~，最终闹上了法庭。

【敷衍了事】fū yǎn liǎo shì 形容做事马虎应付，草草了结。敷衍：指表面上应付。了：终结，结束。★一个对工作~的人，很难在事业上取得成就。

【敷衍塞责】fū yǎn sè zé 随便应付以搪塞责任。塞责：搪塞责任。★有些人在工作上~，在个人利益上斤斤计较。

【芙蓉出水】fú róng chū shuǐ 荷花刚刚露出水面。比喻诗句清新可爱。也形容女子清纯秀丽。芙蓉：荷花。★环球小姐如~，亭亭玉立。

【扶老携幼】fú lǎo xié yòu 搀着老人，带着小孩。形容男女老幼成群结队。也指照顾、帮助老人和小孩。携：携带，带领。★列车上，乘务员~，端茶送水，对乘客体贴入微。

【扶危济困】fú wēi jì kùn 扶助接济危难困苦的人。扶：帮助。济：救济。★古代许多正直之士，因不满黑暗现实而替天行道，~，救人于水火之中。

【扶摇直上】fú yáo zhí shàng 被旋风卷着快速上升。比喻上升的速度极快。也比喻急剧变化。又形容仕途得志，升官很快。扶摇：自下而上的旋风。★办公室的小李~，两年之内便从一个小科员坐上了主任的宝座。

【拂袖而去】fú xiù ér qù 一甩衣袖就走了。形容因生气、不满或避忌而离去。拂：甩动。★部分人对老王提出的正确建议不予采纳，会还没结束，老王便~。

【浮光掠影】fú guāng lüè yǐng 比喻印象不深，像水上的反光和一闪而过的影子，一晃即逝。浮光：水面的反光。掠影：一晃而过的影子。★有些同志所谓下基层，其实只是~地看一下，这是不能解决任何问题的。

【浮家泛宅】fú jiā fàn zhái 形容以船为家，漂泊不定的生活。多指隐逸江湖。泛：飘浮水上。★唐朝诗人张志和长期过着隐逸生活，~地徜徉在江湖之上。

【浮生若梦】fú shēng ruò mèng 人生虚浮不定，短促得仿佛一场梦。浮生：虚浮无定的人生。★他感到~，于是产生了轻生的念头。

【浮想联翩】fú xiǎng lián piān 形容许多想象接连涌现于脑际。浮想：头脑里涌现出来的感想。联翩：鸟飞翔的样子。比喻连续不断。★好的文学作品富有想象力，往往能让人~。

【福禄双全】fú lù shuāng quán 福气官运两齐全。禄：俸禄。★老奶奶每月都会去庙里焚香跪拜，祈求神灵保佑子孙~。

【福如东海】fú rú dōng hǎi 福气像东海那样广大无边。后来常与“寿比南山”连用，作为祝词。★祝父亲大人~，寿比南山，永远健康！

【福无双至，祸不单行】fú wú shuāng zhì, huò bù dān xíng 好事不会连续到来，灾祸却会接踵而至。★~，这一地区的农民刚刚躲过洪水，又遇上了虫灾。

【抚今追昔】fǔ jīn zhuī xī 接触当前的事物而回想过去。抚：接触。追：缅怀。★历史在不断前进，~，我们总有无限感慨。

【俯拾即是】fǔ shí jí shì 只要弯腰去拾，就可得到。形容数量很多，极容易得到。俯：低头，弯腰。★这类精彩的描写像珍珠般散落在作品中，可以说是~。

【俯首帖耳】fǔ shǒu tiē ěr 低着头，耷拉着耳朵。形容驯服恭顺的样子。俯：低下。帖：帖服。★有些干部对上级~，对下属却飞扬跋扈。

【釜底抽薪】fǔ dǐ chōu xīn 抽去锅底的柴火。比喻从根本上解决问题。釜：锅。薪：柴。★打击黑恶势力，与其扬汤止沸，不如～。

【辅车相依】fǔ chē xiāng yī 比喻事物之间关系密切、相互依存。辅：古代在车两旁加的横木；一说车子两轮外壁加的直木；一说颊骨。车：车辆；一说牙床。★如果不与周边国家建立利害攸关、～的战略关系，就可能被强国分而治之。

【父慈子孝】fù cí zǐ xiào 父母对子女慈爱，子女对父母孝顺。旧指儒家主张的伦理道德。父：父母。子：子女。★中国古代所讲究的～的伦理道德，当今依然有其现实意义。

【父母官】fù mǔ guān 旧时对地方官的称呼，多指县令。★王市长是我们的～，这件事我们去找他解决。

【父债子还】fù zhài zǐ huán 父亲生前的债务，由子女负责偿还。也指父辈的过错连累而及于下一代。★毫无疑问，我们这代人因破坏自然环境而造成的恶果，将不可避免地由下一代去承受和偿还，～，这实在不公平。

【付之一炬】fù zhī yī jù 一把火烧掉。指将某物一焚了之。炬：火把。★无数珍贵的古董在这场浩劫中～，真令人惋惜。

【付诸东流】fù zhū dōng liú 把一切交给向东流的江河，使其随之流走。比喻希望落空，前功尽弃。诸："之于"的合音。★公司破产了，三十年的心血～，他痛不欲生。

【负荆请罪】fù jīng qǐng zuì 背着荆条，向对方请罪。表示认罪，愿受责罚。《史记·廉颇蔺相如列传》记载，战国时，赵国蔺相如官居廉颇之上，廉颇不服，寻找机会侮辱相如。相如为国家利益处处退让，廉颇深受感动，脱去上衣，背负荆条，登门向相如请罪，将相终于和好，结为刎颈之交。后多用以表示悔过后虚心向人认错赔礼。负：背着。荆：荆条，打人的荆杖。★虽然是他的错，但如今他已～，你就不应该再埋怨他了。

【负薪救火】fù xīn jiù huǒ 背着柴草救火。比喻消灭灾害的方法不对，反而助长了灾害。薪：柴草。★这种愚蠢的办法无异于～，不仅不能解决问题，反而使问题更加严重。

【负隅顽抗】fù yú wán kàng 指残敌守住一角或险要之处顽固抵抗，拒不投降。负：依仗，凭借。隅：角落或山势弯曲险阻的地方。★面对勇猛的解放军战士，敌人的～起不到丝毫的作用。

【负债累累】fù zhài lěi lěi 形容欠债非常多。累累：繁多，沉重。★为了把两个儿子送进大学，如今的他早已～了。

【负重致远】fù zhòng zhì yuǎn 背负重物送到远方。比喻能够担负重任。致：达到。★青年一代～，希望你们加倍努力。

【妇人之见】fù rén zhī jiàn 妇女的见解。古时候轻视女子，故借指平庸的见解。★他提出的一些公司改制的建议，被人视为～。

【妇人之仁】fù rén zhī rén 旧指妇女见识短浅，只给人小恩小惠而不识大体。仁：仁慈。★秦末项羽之所以失败，很大程度上是由于他的～而笼络不住人才。

【妇孺皆知】fù rú jiē zhī 妇女小孩都知道。形容尽人皆知。孺：小孩。★我们必须大力宣传交通法规，做到家喻户晓，～。

【附庸风雅】fù yōng fēng yǎ 为了装点门面而结交名士，从事一些文雅的活动。附庸：依托，依傍。风雅：原指《诗经》中的《国风》和《大雅》、《小雅》，也指风流儒雅的文士风度。★王强是个目不识丁的暴发户，可他却偏爱～，经常买些古董字画。

【附赘悬疣】fù zhuì xuán yóu 比喻多余无用之物。赘：皮肤上长的瘤子。疣：瘊子，中医称“千日疮”。★文章贵精练，对于那些～，应当断然割去。

【赴汤蹈火】fù tāng dǎo huǒ 跳入沸水，踩着烈火。比喻不顾任何艰险，奋不顾身。赴：奔赴，投入。汤：烧开的水。蹈：踩。★一名真正的共产党员，为了国家利益应该～，万死不辞。

【富贵不淫】fù guì bù yín 指不因金钱和地位的引诱而迷惑。淫：迷惑，惑乱。★古代许多士大夫都能做到威武不屈，贫贱不移，～。

【富国强兵】fù guó qiáng bīng 使国家富足，兵力强大。★秦王虽然残暴，但也采取了一些～的政策。

【富甲天下】fù jiǎ tiān xià 拥有的财富在天下位居第一。甲：居首位。★他靠着自己的勤劳和智慧在经济大潮中奋勇搏击，终于成为～的大企业家。

【富可敌国】fù kě dí guó 私人财产可以与一个国家的财富相当。形容极其富有。敌：同等，相当。★古代许多奸臣聚敛天下钱财，～。

【富丽堂皇】fù lì táng huáng 多形容建筑物雄伟壮丽或场面豪华。富丽：繁富华丽。也指文章词藻华丽。堂皇：气派雄伟。★这座园林不仅～，而且高雅别致，处处充满诗情画意。

【腹背受敌】fù bèi shòu dí 前后两面都受到敌人的攻击。表示在军事上处于极其不利的地位。腹：肚子。背：后背。★部队～，这将是一场艰难的战斗。

【缚鸡之力】fù jī zhī lì 捆一只

鸡的力量。比喻力量很小，体力很弱。缚：捆绑。★他从小缺乏劳动锻炼，所以手无～。

【覆巢毁卵】fù cháo huǐ luǎn 鸟巢倾覆，鸟蛋打破。表示整体覆灭，各部分都不复存在。比喻灭门大祸，无一人幸免。★在过去，朝廷大臣伴君如伴虎，稍有不慎，便有～之祸。

【覆水难收】fù shuǐ nán shōu 倒在地上的水难以收回。比喻事情已成定局，无法挽回。覆：倾倒。★他知道此话一经出口，便～了。

G

【改朝换代】gǎi cháo huàn dài 旧的朝代为新的朝代代替。泛指政权更迭。有时也指社会动荡。朝、代：一代君主统治的时期。★历史上~之际，也是英雄辈出之时。

【改过自新】gǎi guò zì xīn 自觉改正错误，重新做人。★犯了错误的人，只要能够~，大家还是欢迎的。

【改换门庭】gǎi huàn mén tíng 意谓改变门第出身，提高家庭的社会地位。也用以比喻另外寻找依靠。门庭：门第，家族的地位。★他寒窗苦读，热衷科举，就是为了能金榜题名，以~。

【改名换姓】gǎi míng huàn xìng 改变原来的姓名。多指为了进行隐蔽活动而改用假名。★为躲避灾祸，他~，逃进深山。

【改天换地】gǎi tiān huàn dì 指改造自然，变革社会。★亿万人民正在为~而努力工作着。

【改头换面】gǎi tóu huàn miàn 原为佛教用语，意谓一切众生在六道轮回中仅改变形象而神志不变。后指改变面目。也比喻只改变形式而不改变内容、实质。★他将别人的论文~，据为己有。

【改弦更张】gǎi xián gēng zhāng 换了琴弦重新安上。后比喻改革制度或变更办法。弦：乐器上发声的线。更：更换。张：乐器上弦。★为了早日和国际接轨，国有企业开始~，向国际先进管理模式靠拢。

【改邪归正】gǎi xié guī zhèng 改正邪恶，回到正道上来。归：返回。★在居委会的耐心规劝下，游手好闲的待业青年小王~，做起了小买卖。

【盖棺论定】gài guān lùn dìng 一个人的是非功过，要在他死后才能作出结论。也泛指事情完毕以后再下结论。盖棺：盖上棺盖，借指人死去。论定：作出结论。★评价一个人或一件事，不能草率下结论，而要~。

【盖世无双】gài shì wú shuāng 指才能、技艺超过当世，无人匹敌。盖世：高出当代之上。★他武艺超群，~。

【概莫能外】gài mò néng wài 全都如此，没有例外。概：全部。莫：没有。外：例外。★勤奋是一个人获得成功最重要的条件，古今中外，~。

【干净利落】gān jìng lì luò 形

容整洁有条理。也形容动作敏捷娴熟，或处理问题果断彻底。★她做事～，从不拖泥带水。

【干云蔽日】gān yún bì rì 冲上云霄，遮蔽日光。形容树木、建筑物等高大繁密。干：犯，冲。★这棵古树高大繁茂，～。

【甘拜下风】gān bài xià fēng 比喻自认不如，甘居下位。甘：甘心，情愿。拜：拜倒，倾服。下风：风向的下方。比喻下位，劣势。★王明刚唱了两句，李炎就～，自愧不如。

【甘居人后】gān jū rén hòu 甘心处在他人之后。居：处。★这位年轻的企业家自小有一种不服输的精神，勇于进取，从不～。

【甘苦与共】gān kǔ yǔ gòng 指同享幸福，共度患难。★作为兄弟单位，我们应该精诚团结，肝胆相照，～。

【肝肠寸断】gān cháng cùn duàn 形容内心极度悲痛。★听说好朋友因车祸死了，他～，痛哭不已。

【肝胆过人】gān dǎn guò rén 比喻胆识勇力出众。肝胆：比喻勇气，血性。过：超过。★刑警队长～，局长非常赏识他。

【肝胆相照】gān dǎn xiāng zhào 以赤诚真挚之心待人。肝胆：比喻真诚之心。★对待朋友～，这是他做人的一贯准则。

【肝胆欲碎】gān dǎn yù suì 肝胆将要破裂。形容悲痛到极点。★失去孩子的母亲～地哭着，周围的乡亲也都跟着掉泪。

【肝脑涂地】gān nǎo tú dì 形容人死得很惨。也表示尽忠竭力，甘作牺牲。★为了藏区人民能过上幸福生活，他不惜～，死而后已。

【赶尽杀绝】gǎn jìn shā jué 驱逐和消灭干净。也比喻逼人太甚，对人狠毒。绝：净，尽。★专家提醒，对细菌～并非一定是好事，有些细菌对人类健康还有好处。

【敢怒不敢言】gǎn nù bù gǎn yán 心里愤怒，但不敢讲出来。表示慑于某种威力。★这是一群带有黑社会性质的团伙，在当地横行霸道，人们都～。

【敢作敢当】gǎn zuò gǎn dāng 敢于去做也敢于承担责任。当：承当。★他有胆识、有气魄，～。

【敢作敢为】gǎn zuò gǎn wéi 指做事有胆识，敢于承担责任和风险。★年轻人做事有时候缺乏周密的考虑，但是他们～的精神是值得鼓励的。

【感恩戴德】gǎn ēn dài dé 对别人给自己的恩德心怀感激。戴：拥护尊敬。德：恩德。★他对叔叔的养育之恩～，就像对待亲生父亲一样孝敬叔叔。

【感恩图报】gǎn ēn tú bào 感激别人对自己的恩德，设法报答。图：图谋，设法。★他是农民的儿子，他肯定会~的。

【感激不尽】gǎn jī bù jìn 表示对对方给予的恩惠报答不尽。尽：完。★您在我最困难的时候给了我帮助，令我~。

【感激涕零】gǎn jī tì líng 感激得流下了泪水。形容非常感激。涕：泪。零：落。★老农~，拉着下乡干部的手久久不放。

【感慨万分】gǎn kǎi wàn fēn 形容感慨颇深。万分：表示程度极深。★回到昔日的校园，见到的都是些陌生的面孔，他不由得~。

【感情用事】gǎn qíng yòng shì 办事不沉着冷静，凭个人好恶或一时的感情冲动处理事情。用事：行事。★无论在什么时候，我们都要沉着冷静，切不可~。

【感人肺腑】gǎn rén fèi fǔ 形容内心深受感动。肺腑：指内心深处。★老师的一席话~，在场的同学都情不自禁地哭了。

【感人至深】gǎn rén zhì shēn 特别感动人。至：很，甚。★作者用平凡的语句表达出~的真情，这的确是一篇佳作。

【感天动地】gǎn tiān dòng dì 感人至深，使天地为之感动。★孔繁森把自己的生命和热血都献给了西藏人民，他的事迹~，在人们心中树起了不朽的丰碑。

【感同身受】gǎn tóng shēn shòu 就像亲身感受到一样。身：亲身。★这首西藏民歌强烈地震撼着我们的心灵，对于那些受苦受难的藏族人民，我们是~的。

【刚愎自用】gāng bì zì yòng 倔强固执，不肯接受别人的意见。刚愎：倔强固执。自用：自以为是。★他性格倔强，~，这在很大程度上限制了他在事业上取得更大成功。

【刚柔相济】gāng róu xiāng jì 刚强的与柔和的事物互相调剂补充，使恰到好处。刚：刚强。柔：柔和。济：调剂，促成。★执法人员要想在形形色色的工作对象面前游刃有余，需要有~的工作方法。

【刚正不阿】gāng zhèng bù ē 刚强正直，不徇私迎合。刚正：刚强正直。阿：偏袒，迎合。★父亲是一名~的老法官，受到人们的尊重。

【纲常名教】gāng cháng míng jiào 旧时为维护封建统治而设置的一套规范。纲常：三纲五常的简称。名教：以儒家思想所定的名分和以儒家教训为准则的道德观念。★封建社会的所谓~，曾经使多少青年男女失去爱情和幸福。

【纲举目张】gāng jǔ mù zhāng 提起渔网的总绳，所有的网眼都张开了。比喻抓住事物的要领，就可以带动全面。也形容文章条理分明。纲：网上的总绳。目：网眼。★做任何事情都要先有个纲，~，才能条理分明。

【高傲自大】gāo ào zì dà 自视

甚高，看不起人。★我的同桌一向～，从来不把别的同学放在眼里。

【高不成，低不就】gāo bù chéng, dī bù jiù 高而合意的攀不上，低而不合意的又不愿迁就。多用于选择配偶或谋求职业。也指事业上平平庸庸，无甚成就。就：迁就，接近。★大学生就业过程中～的现象，引起了社会各方面的强烈关注。

【高不可攀】gāo bù kě pān 高得无法攀登上去。形容难以达到。★不要觉得当一名学者是～的事，只要你肯下工夫，也是可以做成的。

【高风亮节】gāo fēng liàng jié 高尚的品格，坚贞的节操。风：品格。亮：通“谅”，信实，正直。★相声艺术大师马三立～，立下遗嘱要求丧事从简。

【高高在上】gāo gāo zài shàng 原指地位很高，居于上层。现也形容领导者脱离群众，不了解下情。★有些领导干部～，漠视民意民情，不管百姓痛痒。

【高官厚禄】gāo guān hòu lù 官位显赫，俸禄丰厚。禄：俸禄。★他舍弃了～，甘心回乡做一个平头百姓。

【高楼大厦】gāo lóu dà shà 高大的楼房建筑。厦：高大的房子。★那些民工在城市里建起了～，自己却住在低矮潮湿的工棚里。

【高门大户】gāo mén dà hù 旧指声势显赫的富贵之家。户：指家族。★他觉得自己是穷苦人家的孩子，攀不上～的小姐。

【高朋满座】gāo péng mǎn zuò 高贵的客人坐满了席位。形容宾客很多。朋：宾客。★官复原职后，他的家里重又～了。

【高人一等】gāo rén yī děng 比别人高出一个等级，即超过别人。也用于贬义，指自视高贵而瞧不起群众。★你不要觉得自己了不起，～，不就是个处长嘛！

【高山流水】gāo shān liú shuǐ《吕氏春秋·本味》记载，春秋俞伯牙鼓琴，弹志在高山的曲子，钟子期听后说：“善哉乎鼓琴，巍巍乎若太山。”又弹志在流水的曲子，钟子期听后说：“善哉乎鼓琴，汤汤乎若流水。”两人因此成为知己。钟子期死后，伯牙破琴绝弦，终身不再鼓琴。后用以比喻乐曲高妙。也比喻知音或知己。又形容自然风光美好。★他俩是～的知音，最后终成眷属。

【高深莫测】gāo shēn mò cè 高深的程度无法揣测。多指玄虚深奥，不可捉摸。有时也用以讥讽人故弄玄虚。测：揣测，测量。★他看上去有点～，不知道葫芦里卖的什么药。

【高视阔步】gāo shì kuò bù 高昂着头，迈着大步走路。形容傲慢自得。也形容气概不凡。★他～，侃侃而谈，在座的人无不为之折服。

【高耸入云】gāo sǒng rù yún 高高直立，插入云端。形容山峰、建筑物等高峻挺拔。耸：高起，直立。★昔日的小渔村，如今已是高楼大厦～的开放城市。

【高抬贵手】gāo tái guì shǒu 向人请求宽容原谅或通融的客套话。★他希望对手能够～，让他顺利闯过人生最艰难的一关。

【高谈阔论】gāo tán kuò lùn 指漫无边际地大发议论。多用于贬义。★你们不要老坐在会议桌旁～了，还是多深入基层，去解决一些实际问题吧！

【高屋建瓴】gāo wū jiàn líng 从高屋顶上向下倾倒瓶里的水。形容居高临下，不可阻挡的形势。建：通“瀽”，倒，倒水。瓴：盛水的瓶子；一说是仰瓦，即瓦沟。★毛泽东同志洞察全局，～，在指挥中国革命中表现出前无古人的伟大气魄。

【高瞻远瞩】gāo zhān yuǎn zhǔ 形容目光远大。瞻：向上或向前看。瞩：注视。★要想成功，就一定要～，鼠目寸光是成不了大事的。

【高枕无忧】gāo zhěn wú yōu 把枕头垫得高高的，无忧无虑地睡大觉。形容平安无事，无所担忧。★今年雨水多，要全力防洪，不要以为大堤修整过一次就可以～了。

【告贷无门】gào dài wú mén 找不到门路借钱。形容生活陷入困境，无处求助。告贷：向别人借贷。门：门路。★新学年开始了，我们姐弟四人的学费是个不小的数字，父亲～。

【告老还乡】gào lǎo huán xiāng 因年老而请求辞职回老家。也指退休回家。告老：以年老为由请求辞职。泛指年老退休。★这个案件终于侦破了，老王收拾行李，准备～。

【割据一方】gē jù yī fāng 谓凭借武力占据一个地区，与中央政权对抗。★封建军阀～，对中央政权造成了极大的威胁。

【割席分座】gē xí fēn zuò 把坐席割开，不再同坐。《世说新语·德行》记载，三国时，魏国管宁与华歆同坐一张席子读书。外面锣鼓喧天，华歆跑出去看。回来后，管宁用刀把席子割开，不与华歆同坐，并说他不是自己的朋友。后用以比喻因志向不同而与朋友绝交。★同桌三年，情同手足，为区区小事～，实在可惜。

【歌功颂德】gē gōng sòng dé 赞美功绩，颂扬恩德。★每朝每代，都会有专门为统治者～的人。

【歌声绕梁】gē shēng rào liáng 《列子·汤问》记载，古时有个叫韩娥的人，歌声美妙动听。有一次她到齐国去，走到雍门时干粮吃光了，只好卖唱求食。她的歌声悠扬婉转，萦绕在房梁之上，过了三天还不断绝。后用以形容歌声美妙动听，耐人寻味。★她是当今有名的女高音，音色纯美，～，三日不绝。

【歌舞升平】 gē wǔ shēng píng 唱歌跳舞，庆贺太平。形容太平盛世景象。也形容统治者不顾政事，贪图享乐。升平：太平。★边关烽烟正浓，朝廷里却在～。

【革故鼎新】 gé gù dǐng xīn 除去旧的，建立新的。革：《周易》卦名，意为变革。鼎：《周易》卦名，取象于鼎，鼎乃烹饪器皿，能使食物由生变熟，由硬变软，故引申为更新之意。★任何一种体制，如果不～，与时俱进，都会失去当初的生机和活力。

【格格不入】 gé gé bù rù 形容彼此抵触，不相投合。格格：抵触，阻碍。★那些从小在城市里长大的年轻人与农村习俗是那样～。

【格杀勿论】 gé shā wù lùn 指把行凶、拒捕或违反禁令的人当场打死，不以杀人论罪。格杀：打杀。勿论：不论罪。★法律规定，对正在抢劫银行或运钞车的犯罪嫌疑人，一律～。

【格物致知】 gé wù zhì zhī 穷究事物的原理以获得有关知识。这是宋儒客观唯心主义治学方法的一部分。格：研究，推求。致：达到，获得。★朱熹是宋代大哲学家，在认识论上强调～。

【隔岸观火】 gé àn guān huǒ 从河的这边观看对岸失火。比喻置身事外，袖手旁观的态度。★他正处于危难时期，我们既不能～，更不能落井下石，而应该伸出手来帮助他。

【隔世之感】 gé shì zhī gǎn 仿佛相隔一世。形容变化极大。世：古代以30年为一世，也指一个时代。★仅仅相隔两年，所写的东西，读起来就已经有～了。

【隔靴搔痒】 gé xuē sāo yǎng 在靴子外面挠痒。比喻说话、做事不切实际，不中肯，没有抓住关键。搔：挠，抓。★大家的发言完了，他～地总结了几句，就宣布散会。

【各奔前程】 gè bèn qián chéng 多指各自朝着自己确定的目标努力。奔：投向，奔赴。前程：前途。★高中毕业后，他去北京上大学，我到深圳去打工，从此～。

【各不相让】 gè bù xiāng ràng 指彼此不肯容让。★在父亲遗产问题上，几个子女～，以致闹上了法庭。

【各持己见】 gè chí jǐ jiàn 每个人都坚持自己的意见。持：坚持。己：自己。★由于董事们～，使得公司决议无法形成。

【各得其所】 gè dé qí suǒ 原指各自得到所希望或需要的东西。后多指各自得到恰当的安置。★实行专业对口，为的是使科技人员～，充分发挥各自的才能和专长。

【各个击破】 gè gè jī pò 指集中主要力量逐一攻破。★在这件事上，我们要采取～的战术，不能胡子眉毛一把抓。

【各尽所能】 gè jìn suǒ néng 指各人把自身的能力毫无保留地施展或贡献出来。★只有让员工～，企业才会有更好的发展。

【各就各位】 gè jiù gè wèi 各自到自己的位置或岗位上去。也比喻各自扮演各自的角色。就：到。★最后，矿长对大家说："这件事就这么办，现在大家～。"

【各人自扫门前雪，莫管他人瓦上霜】 gè rén zì sǎo mén qián xuě，mò guǎn tā rén wǎ shàng shuāng 比喻只管自己的事，对别人的事一概不管。★灾难来临的时候，我们不能～，只有相互帮助，才能共渡难关。

【各色人等】 gè sè rén děng 指社会上各种职业各个阶层的人。各色：各种各样。人等：众人，许多人。★对于足协改革，～均有不同的反应。

【各式各样】 gè shì gè yàng 各种式样，各种类别。形容种类繁多。式：式样。样：种类。★他是一位技艺高超的民间剪纸艺人，手中一把剪刀剪出了～的蝴蝶。

【各抒己见】 gè shū jǐ jiàn 每个人都申述自己的见解。抒：抒发，表达。★对于教学改革问题，老师们～，表现出极高的热情。

【各显身手】 gè xiǎn shēn shǒu 各人拿出擅长的本领。显：表现。身手：本领。★在改革开放的大潮中，大家可以凭借自己的本事～。

【各行其是】 gè xíng qí shì 各自按照自己认为对的去做。形容思想、行动不一致。行：做。是：正确。★如果没有共同的奋斗目标，团队成员就会迷失方向，～，很难达成一致。

【各有千秋】 gè yǒu qiān qiū 各有自己存在的价值或各有特色、长处。千秋：千年，千载。泛指久远。★沪剧和越剧这两个地方剧种，在唱腔和表演方面，可以说是～。

【各有所长】 gè yǒu suǒ cháng 各有各的长处。★这两个人～，他们在一起工作可以优势互补。

【各执一词】 gè zhí yī cí 各自坚持自己的说法。执：坚持。一词：一种说法。★听证会上，双方～，互不相让。

【各自为政】 gè zì wéi zhèng 各自按自己的主张处理事情。常用以比喻不顾全局，不统一，不配合。政：事务。★国家是一个有机整体，经济建设要求各方面相互协调，不能～。

【根深蒂固】 gēn shēn dì gù 比喻基础稳固坚实，不易动摇。蒂：花或瓜果与枝茎相接处。★几千年来"养儿防老"、"多子多福"

的旧观念，在文化落后的山区，至今依然～。

【根深叶茂】 gēn shēn yè mào 根扎得深，枝叶就会长得茂盛。比喻事物基础牢固，就会蓬勃发展。★他在这个地方的势力～，惩治他必须谨慎。

【亘古不变】 gèn gǔ bù biàn 从古至今，没有变化。亘古：亘，横贯。整个古代。★太阳东升西落，～。

【亘古未闻】 gèn gǔ wèi wén 从来都没有听说过。★秦始皇焚书坑儒，对中国文化的摧残～。

【亘古未有】 gèn gǔ wèi yǒu 从未有过。形容事物空前。★《三国演义》既是一部文学名著，又是一部～的军事谋略全书。

【耿耿于怀】 gěng gěng yú huái 心里老是想着，不能忘怀。常用以形容人心胸狭窄。耿耿：心里有事，很不安宁的样子。★三年前，我曾在象棋比赛中击败过他，至今他对我依然～。

【绠短汲深】 gěng duǎn jí shēn 吊桶的绳子很短，却要从深井里打水。比喻学识浅陋，不能领悟深刻道理。也比喻能力微薄，难以胜任。绠：打水用的绳子。汲：打水。★这项工作对于我来说实在是～，难以胜任，您还是另请高明吧。

【更上一层楼】 gèng shàng yī céng lóu 原指欲开阔眼界就要立足于更高的地方。后用以比喻在原来的基础上再提高或前进一步。★取得一点成绩千万不要骄傲，要继续努力，～。

【更无长物】 gèng wú cháng wù 再也没有多余的东西。形容家境清贫，生活非常简单。长（旧读zhàng）物：多余的东西。★祖父家里除了一张床，两柜子书，～。

【工欲善其事，必先利其器】 gōng yù shàn qí shì，bì xiān lì qí qì 工匠要想做好活儿，必须先把工具整治好。善：做好。利：使锋利。器：工具。★要想取得成功，必须要有充足的准备，俗话说得好，～。

【公报私仇】 gōng bào sī chóu 借办公事的机会，报私仇，泄私愤。★一个心胸狭窄的人，经常会～。

【公而忘私】 gōng ér wàng sī 一心为公，忘了个人。形容品质崇高。私：指个人。★焦裕禄同志全心全意为人民服务，他～的精神，值得广大干部学习。

【公平交易】 gōng píng jiāo yì 按照合理的价格成交，买卖双方都不吃亏。交易：买卖商品。★在我看来，这是一场～，双方都没吃亏。

【公事公办】 gōng shì gōng bàn 公家之事，公平办理。表示不徇私情。★他坚持原则，一向～，是个好干部。

【公正廉明】gōng zhèng lián míng 形容掌权者公平正直，廉洁清明。★他是位难得的好官，~，深受百姓拥戴。

【公之于众】gōng zhī yú zhòng 把事情真相向大众公布。★他希望能够尽早地将这些事情~，以免群众发生误解。

【功败垂成】gōng bài chuí chéng 事情将要成功时遭到失败。垂：接近，快要。成：成功。★试验越接近尾声，越要谨慎小心，任何一个小小的误差，都可能导致我们~。

【功成名就】gōng chéng míng jiù 建立了功业，成就了名声。成、就：成功。★30 岁那年，他成为一家著名公司的总经理，也算是~了。

【功垂竹帛】gōng chuí zhú bó 功绩记录在史册上，永远流传。形容功绩很大，流传千古。垂：流传。竹帛：竹简和白绢。古人在竹帛上写字，因此泛指书籍史册。★他在人民解放战争中功勋卓著，~。

【功到自然成】gōng dào zì rán chéng 功夫用到了，技艺自然纯熟或事情自然成功。多用于劝人不要急于求成。★学习要循序渐进，不能一口吃个胖子，须知~。

【功德无量】gōng dé wú liàng 常用以称颂人的功劳、恩德非常大，或做了许多有益的事。功德：功业与德行；佛教指行善、念经、布施等。无量：没有限量。★普及基础教育是件~的事，应当受到政府的重视。

【功夫不负苦心人】gōng fū bù fù kǔ xīn rén 只要肯下苦功，一定会有收获。功夫：指占用的时间精力。负：对不起。苦心人：辛苦地把心思精力用在某一事业上的人。★~，他的付出终于得到了回报。

【功亏一篑】gōng kuī yī kuì 原指积土成山，只差最后一筐土。后用以比喻一件事情只差最后一点而前功尽弃。表示惋惜。功：功业，事业。亏：短缺。篑：土筐。★发射中心的工作人员认真做好最后的检测工作，以免~。

【攻其无备，出其不意】gōng qí wú bèi, chū qí bù yì 趁对方没有防备时发动进攻，行动出乎对方意料之外。无备：没有防备。不意：意想不到。★我们面对的是一个具有很强的反侦察能力的犯罪团伙，只有~，才能获胜。

【攻无不克，战无不胜】gōng wú bù kè, zhàn wú bù shèng 形容每战必胜，所向无敌。攻：攻打，进攻。无：没有。克：战胜。★一个人只要能战胜自己，也就~了。

【供不应求】gōng bù yìng qiú 供给不能满足需求。应：满足要求。★今年夏天，武汉持续高温，空调市场出现了~的局面。

【恭敬不如从命】 gōng jìng bù rú cóng mìng 一味恭敬礼让，不如听从吩咐。多用为接受别人款待、馈赠或请求时的谦语。★既然你如此盛情地邀请，那我就~了。

【觥筹交错】 gōng chóu jiāo cuò 酒杯酒筹交互错杂。形容欢闹的宴饮场面。觥：古代酒器。筹：行酒令的筹码。★大年三十，家家户户欢声笑语，~，共度佳节。

【拱手让人】 gǒng shǒu ràng rén 恭顺地让给别人。形容懦弱可欺或甘受奴役。拱手：两手在胸前相抱表示恭敬。★企业将本属自己的市场~，结果造成了不可挽回的损失。

【拱手听命】 gǒng shǒu tīng mìng 恭恭敬敬地听从吩咐。命：命令，吩咐。★别以为她是女人就会对你~，你的如意算盘打错了。

【钩心斗角】 gōu xīn dòu jiǎo 原指宫室建筑结构错综交叉，精巧别致。也指诗文结构精巧，错落回环。后多用以比喻人与人之间明争暗斗，各用心计。钩心：也作“勾心”。指建筑物曲折勾连。斗角：檐角相互交错。★封建皇室内的~，注定了每一个成员的悲剧命运。

【钩玄提要】 gōu xuán tí yào 指探索精微，摘抉要义。钩：探求。玄：深微的道理。提：摘抉。要：要领，要义。★钱钟书先生治学，贯通中西，融会古今，探幽入微，~，在当代学术界成一大家。

【苟且偷安】 gǒu qiě tōu ān 指只图眼前的安逸，得过且过，不顾将来。苟且：得过且过。偷安：只顾眼前安逸。★金兵南侵，宋高宗赵构却躲到杭州，~，做起半壁江山的主子来。

【苟且偷生】 gǒu qiě tōu shēng 得过且过，只图眼前能够生存。★一个有志向的青年应当奋发进取，决不能~。

【苟全性命】 gǒu quán xìng mìng 勉强保全性命。苟全：苟且保全。★即便是在困境中，也要堂堂正正做人，不能~，丧失气节。

【苟延残喘】 gǒu yán cán chuǎn 勉强拖延最后一口气。意谓勉强维持生存。苟：苟且。延：延续。残喘：临死前残余的喘息。★他~地活在世上，却从不觉得自己卑微。

【狗胆包天】 gǒu dǎn bāo tiān 形容坏人无所顾忌，为所欲为。包天：包住天。形容很大。★你竟敢在公安局门口拦路抢劫，真是~！

【狗急跳墙】 gǒu jí tiào qiáng 狗急了，就会跳墙出逃。多比喻坏人在情势危急时会不顾后果采取极端行动。★要密切注意歹徒的一举一动，防止他~，危及群众安全。

【狗皮膏药】gǒu pí gāo yào 药膏涂在小块狗皮上的一种膏药。旧时走江湖的人常假造这种膏药以骗取钱财。因用以比喻骗人的货色。★这些所谓的特效药都是~，千万不能上当。

【狗头军师】gǒu tóu jūn shī 指爱给人出谋划策而智谋并不高明的人。军师：指军中负责谋划的人。★他只是个~，并没有什么真才实学。

【狗尾续貂】gǒu wěi xù diāo 貂尾不够，续上狗尾。本指封官太滥。《晋书·赵王伦传》记载，西晋赵王伦篡夺帝位后大肆封官，当时，亲近的官员都以貂尾作为冠饰，每次朝廷集会，貂尾冠饰随处可见。时人见此，编谣谚曰："貂不足，狗尾续。"后用以比喻以差续好，前后不相称。★有些电视剧的续集不是锦上添花，而是~。

【狗眼看人低】gǒu yǎn kàn rén dī 比喻人眼光势利。★汪财主是个势利小人，他~，以为这个穿着破烂的人只是个乡巴佬。

【狗咬吕洞宾】gǒu yǎo lǚ dòng bīn 比喻不识好歹。吕洞宾：传说中的八仙之一。★她这样做真是~，不识好人心。

【狗仗人势】gǒu zhàng rén shì 比喻坏人依仗主子权势欺压人。仗：仗恃。★封建社会，宦官往往~，拉帮结派，建立自己的恶势力。

【狗嘴吐不出象牙】gǒu zuǐ tǔ bù chū xiàng yá 比喻坏人嘴里说不出好话。★~，你别期望他这样的人能说什么好听的。

【沽名钓誉】gū míng diào yù 指用某种手段猎取名誉。沽：买。★我们要一心为公，心境淡泊，反对~、争名夺利的坏思想、坏作风。

【孤儿寡母】gū ér guǎ mǔ 死了父亲的孩子，死了丈夫的妇女。泛指无依无靠、无人保护的妇幼。★邻居们见她们~可怜，经常给一些衣食物品救济。

【孤芳自赏】gū fāng zì shǎng 独秀的香花，有自我骄矜的情态。比喻自视清高，自我欣赏。芳：香花。★《红楼梦》中，林黛玉的~是导致她悲剧命运的原因之一。

【孤家寡人】gū jiā guǎ rén 比喻十分孤立的人。孤家、寡人：古代帝王、诸侯的自称。★袁世凯梦想当皇帝，结果弄得众叛亲离，最终成了~。

【孤军作战】gū jūn zuò zhàn 孤立无援的军队单独对敌作战。也比喻在无人援助的情况下从事某项工作。★其他单位对这个课题不感兴趣，我们也只能~了。

【孤苦伶仃】gū kǔ líng dīng 孤单困苦，无依无靠。伶仃：孤独的样子。★她从小~，几乎没有享受过欢乐的童年。

【孤立无援】 gū lì wú yuán 处于孤立境地，得不到外力援助。★她自费开办了一条热线，专门为那些～的人提供帮助。

【孤陋寡闻】 gū lòu guǎ wén 学识浅薄，见闻不广。孤、寡：少。陋：见识短浅。★他长期待在家中，不去工作，慢慢地就变得～了。

【孤身只影】 gū shēn zhī yǐng 形容十分孤单。孤、只：单。★为筹集学费，整个暑假，我都～地在几十里外的矿山上背石头。

【孤掌难鸣】 gū zhǎng nán míng 一个巴掌难以拍响。比喻势单力薄，难以成事。鸣：发响。★～，球队的胜利需要上下一心，通力配合，光靠个人技术和力量是不行的。

【孤注一掷】 gū zhù yī zhì 原指赌博时把所有的钱物并作一注押上去，希望最后能赢。比喻危急时拼尽全部力量做最后一次冒险。孤：唯一的。注：赌注。掷：掷骰子。★眼看城池就要被攻破，守城主将集合所有力量，～，准备作最后的抗争。

【姑妄言之，姑妄听之】 gū wàng yán zhī, gū wàng tīng zhī 姑且随便说说，随便听听。表示说的未必有根据或有价值，听的也不必那么认真。★这只是一个小型的茶话会，大家随便谈谈，～。

【姑息养奸】 gū xī yǎng jiān 一味宽容，就会助长坏人坏事。姑息：一味迁就或宽容。养：养成，助长。奸：指坏人坏事。★这件事情应当及早处置，千万不可～。

【古道热肠】 gǔ dào rè cháng 形容待人真诚热情。古道：上古时代淳朴敦厚的风习。热肠：热心肠。★抵达杨家河小学的时候，～的村民们都站在校门口，热忱地欢迎我们的到来。

【古今中外】 gǔ jīn zhōng wài 总括过去、现在，国内、国外。表示普遍存在。★人民是推动历史前进的决定性力量，～，概莫能外。

【古色古香】 gǔ sè gǔ xiāng 形容书画、器物、建筑等具有古朴的色彩和古雅的情调。★茶馆里的摆设～，别有情致。

【古往今来】 gǔ wǎng jīn lái 从古到今。★～，不知道有多少仁人志士舍生忘死，报效祖国。

【古为今用】 gǔ wéi jīn yòng 批判地继承古代优秀文化遗产，使之为今天服务。★“～，洋为中用”，这是我们一贯坚持的文艺方针。

【股掌之上】 gǔ zhǎng zhī shàng 兜在大腿上，控在掌心里。比喻完全控制，极易操纵。股：大腿。★他利用一部分人明哲保身的心理，把他们玩弄于～。

【骨肉相残】 gǔ ròu xiāng cán 指家族内部自相残杀。残：伤害，杀害。★为了争夺皇位，皇族内部～，酿成了无数历史悲剧。

【骨肉相连】gǔ ròu xiāng lián 像骨头和肉一样相互连接着。比喻关系密切，不可分离。多指亲属关系。★我们同是中华儿女，～，休戚相关。

【骨瘦如柴】gǔ shòu rú chái 瘦得像木柴一样。形容身体极为消瘦。★非洲难民营的孩子，个个营养不良，～。

【蛊惑人心】gǔ huò rén xīn 比喻用谣言来毒害迷惑人心。蛊：相传是一种人工培育的毒虫，用来放在食物中害人。惑：使人迷惑。★一些不法分子到处散发非法宣传品，企图用奇谈怪论～，干扰和破坏我们的社会主义建设。

【鼓角齐鸣】gǔ jiǎo qí míng 战鼓咚咚，号角鸣响。古时形容军队出击时的雄壮气势。鼓：战鼓。角：古代军中的乐器，即号角。★正疑虑间，忽听山上一声炮响，喊声大震，～，敌兵冲杀而来。

【鼓盆之戚】gǔ pén zhī qī《庄子·至乐》记载，庄子的妻子死了，惠施前来吊唁，见庄子正“箕踞鼓盆而歌”。后因指丧妻之哀。鼓：敲。盆：瓦罐。戚：悲哀。★陈先生刚过不惑之年，竟遭～。

【鼓乐喧天】gǔ yuè xuān tiān 指音乐演奏的声音嘈杂热闹。鼓乐：击鼓奏乐。喧天：声音大而嘈杂。★距活动开始还有半个小时，世纪广场上早已是歌声阵阵、～了。

【鼓足干劲，力争上游】gǔ zú gàn jìn, lì zhēng shàng yóu 指振奋精神，努力争取进入先进行列。鼓：振奋，发动。干劲：做事的劲头。上游：先进。★我们要～，争取年底取得更好的业绩。

【固若金汤】gù ruò jīn tāng 形容城池或阵地极其牢固，不易攻破。金：金城，金属铸造的城墙。汤：汤池，河水滚烫的护城河。★武汉的长江大堤～，经受了'98洪水的考验。

【固执己见】gù zhí jǐ jiàn 坚持自己的看法，不肯改变。★他～，从来不肯接受别人的劝告。

【故步自封】gù bù zì fēng 比喻因循守旧，安于现状，不求进取。故步：也作“固步”。走老步子。封：限制在一定范围内。★在科技迅猛发展的今天，如果我们依然～，就只能被时代远远抛在后面。

【故伎重演】gù jì chóng yǎn 形容再次要弄老花招。故：旧的，老的。伎：伎俩，花招。★这两个骗子正准备～，被警察当场抓住。

【故弄玄虚】gù nòng xuán xū 故意玩弄使人迷惑的欺骗手段。玄虚：使人迷惑的言辞或手段。★他有点～，事情没那么复杂。

【故作高深】gù zuò gāo shēn 指故意摆出水平高、程度深的样子。

★他～地对我说："这个问题可不好解决啊！"

【顾此失彼】 gù cǐ shī bǐ 顾了这个，顾不了那个。形容不能兼顾。★制定计划要考虑周密，千万不能～，造成工作上的被动局面。

【顾虑重重】 gù lǜ chóng chóng 形容顾虑很多，不敢贸然行动。★因为事关高层领导，刑警队长～，迟迟不肯下达搜查命令。

【顾名思义】 gù míng sī yì 看到名称，就联想到它的含义。顾：看。★海底世界，～，就是让人如同漫步海底，欣赏各类海底生物的海洋馆。

【顾盼生姿】 gù pàn shēng zī 一顾一盼之间有美妙的姿态。形容眉目传神，姿态动人。顾、盼：看。姿：姿态。★她～，含情脉脉，无数男士为之倾倒。

【顾盼自雄】 gù pàn zì xióng 左顾右盼，自以为了不起的样子。顾、盼：看。雄：了不起。★他站在领奖台上，一副～的样子，让人生厌。

【顾全大局】 gù quán dà jú 一切为整体利益着想，不使它受到损害。大局：全局或整体。★为了～，他不得不放弃了自己的计划。

【顾影自怜】 gù yǐng zì lián 看着自己的影子，自己怜惜自己。形容孤苦失意。也形容自我欣赏。★古希腊神话中有一个关于水仙花的传说：美少年厄索斯英俊绝伦，他爱上自己水中的倒影，每天～，最后跳入水中，死后变成了水仙花。

【瓜剖豆分】 guā pōu dòu fēn 瓜被剖开，豆从荚里裂出。比喻国土被分割。★清政府签订了无数屈辱的不平等条约，使中华民族陷于被列强～的悲惨境地。

【瓜熟蒂落】 guā shú dì luò 瓜熟了，瓜蒂就自然脱落。比喻条件或时机一旦成熟，问题自然能够解决。蒂：花或瓜果跟枝茎相连的部分。★你不要急于求成，等积累到了一定程度，发文章出成果是～、水到渠成的事。

【瓜田李下】 guā tián lǐ xià 瓜田纳履，李下整冠，会被人怀疑有偷窃之嫌。指容易引起嫌疑的场合。★李厂长在生活方面很谨慎，为了避免～，招惹是非，他从不单独与女士一起出差。

【刮垢磨光】 guā gòu mó guāng 刮去尘垢，打磨光亮。比喻仔细琢磨，精益求精。★有些诗文虽然是两千年前的东西，仍值得我们～，发掘其中蕴藏的精华。

【刮目相看】 guā mù xiāng kàn 比喻丢掉老看法，用新眼光来看待。刮：擦拭。★经过一年的英语强化训练，他的口译水平已让人～了。

【寡不敌众】 guǎ bù dí zhòng 人少的抵挡不住人多的一方。寡：

少。敌：对抗，抵挡。★冲在前方的士兵因为~，只好撤退回来。

【寡恩少义】 guǎ ēn shǎo yì 形容冷酷无情，刻薄自私。寡：少。★他自小~，竟然杀害了自己的同学。

【寡廉鲜耻】 guǎ lián xiǎn chǐ 没有操守，不知羞耻。寡、鲜：少。廉：廉洁。耻：羞耻。★为追求享乐生活，她~地干起了不可告人的勾当。

【寡言少语】 guǎ yán shǎo yǔ 形容性格内向，言语很少。也形容心情烦闷，不爱讲话。寡：少。★过去那个~的少年，如今已经成长为颇有成就的语言学专家。

【挂羊头，卖狗肉】 guà yáng tóu，mài gǒu ròu《晏子春秋·内篇杂下》记载，齐灵公强行禁止宫外妇女穿男装而不禁宫内，国相晏婴说："君使服之于内，而禁之于外，犹县牛首于门，而卖马脯于内也。"后用以比喻拿好东西作幌子来推销恶劣货色。多指名实不符或言行不一。★这明明是家药品专卖店，却卖起了电脑产品，真是~！

【挂一漏万】 guà yī lòu wàn 形容所举甚少，遗漏很多。挂：列举。一：极言其少。★我搜集的材料难免~，请其他参加过调查的同志多加补充。

【拐弯抹角】 guǎi wān mò jiǎo 指沿着弯弯曲曲的道路走。也比喻说话、作文不直爽，绕弯子。★他~地向我打听了十年前一个战友的消息。

【怪诞不经】 guài dàn bù jīng 形容荒唐离奇，不合情理。诞：荒诞。经：常规，原则。★这部书非常好玩，记载了许多诸如老鼠吃人一类~的故事。

【怪模怪样】 guài mú guài yàng 形容模样、举止或装扮等奇特怪异。★大街上打扮得~的少男少女，吸引了众人的目光。

【关门闭户】 guān mén bì hù 把门户都关闭起来。形容冷清寥落。户：门。★每到黄昏，这里家家~，村里村外死气沉沉。

【关门大吉】 guān mén dà jí 把门关起来免去灾难。指工商业倒闭，也指某些事业停办。含讥笑意。★国家开始整顿教育市场，这所民办高校终于~了。

【官逼民反】 guān bī mín fǎn 官府的残酷压迫逼得人民起来反抗。逼：逼迫。★《水浒传》这部小说，真实地反映了封建时代~的社会现实。

【官官相护】 guān guān xiāng hù 指当官的人相互包庇袒护。★这些地方行政长官~，联合起来坑害百姓。

【官样文章】 guān yàng wén zhāng 原指适应官场需要、典雅堂皇的文章。也指有固定套式的文章。后多指徒具形式、照例敷衍的虚文滥调。★某些国有企业里，诸如请示汇报之类的～泛滥成灾，行政效率极低。

【官运亨通】guān yùn hēng tōng 指做官十分顺利，不断升迁。亨通：顺利。★他正是靠着虚报政绩，才～，坐上了副局长的位子。

【冠盖如云】guān gài rú yún 旧时形容官员很多。也形容官员、士绅集会的盛况。冠盖：古代官员、士绅的冠服和车盖，也借指官吏。如云：好像云雾集聚。★随着商品贸易的发展，这座小城成为南北水陆联运的枢纽，舟车辐辏，～，一派兴旺发达的景象。

【冠冕堂皇】guān miǎn táng huáng 形容表面严正气派，实际未必如此。冠冕：古代帝王、官吏的帽子，引申为庄严、正大。堂皇：气派很大。★选举结束后，他～地当上了市长，随后在各大媒体频繁亮相。

【鳏寡孤独】guān guǎ gū dú 失去配偶的人，老年丧子、幼年丧父的人。也泛指丧失劳动力又无依无靠的人。★富裕后的他，开办了一家收容所，专门收留三乡五里的～，让他们有稳定的生活。

【管鲍之交】guǎn bào zhī jiāo 管仲和鲍叔牙那样的交情。《史记·管晏列传》记载，春秋时，齐国管仲和鲍叔牙交谊深厚，患难之中相互帮助，管仲曾言："生我者父母，知我者鲍子也。"后用以形容朋友之间知心相契，友谊深挚。★我们同窗十年，交情深厚，可以说是～。

【管窥蠡测】guǎn kuī lí cè 从竹管里看天，用瓢来量海水。比喻目光短浅，见识狭隘。蠡：用瓠做的瓢。测：测量。★本文仅是～之言，敬请大方之家批评指正。

【管中窥豹】guǎn zhōng kuī bào 从竹管中看豹子。比喻不全面的观察或认识。也比喻从观察到的一部分可以推测全貌。管：竹管。窥：从孔隙中看。★我对这件事情的了解只是～，还不够全面深入，所以没有发言权。

【冠绝古今】guàn jué gǔ jīn 超过古往今来的人或物。形容极为优秀。冠绝：出类拔萃，远远超过。★这块璧玉，质地精良，色泽纯正，堪称～。

【冠绝一时】guàn jué yī shí 指在当代遥遥领先。冠绝：出类拔萃，远远超过。★清朝乾隆时的大学士刘墉，不仅为政清廉，书法也～。

【灌夫骂坐】guàn fū mà zuò《史记·魏其武安侯列传》记载，灌夫参加丞相田蚡的婚礼，酒宴上趁酒兴把一向看不惯的灌贤、程不识等痛骂一顿。后用以泛指借酒发泄积愤或形容人耿直敢言。坐：亦作"座"。★在今天的公司聚会上，他旧习不改，又在～了。

【光彩夺目】guāng cǎi duó mù

形容事物极为鲜艳亮丽，引人注目。夺目：耀眼。★满天的星辰，犹如无数颗～的明珠，镶嵌在无垠的天幕上。

【光怪陆离】 guāng guài lù lí 形容现象奇异，色彩斑斓。光怪：光彩奇异。陆离：色彩繁杂的样子。★在漠河，一年当中可有一天见到极光，那是一种～的奇景。

【光辉灿烂】 guāng huī càn làn 形容色彩鲜艳，光亮耀眼。也形容事业、前程光明美好。★只要我们共同努力，就一定能创造出～的明天。

【光可鉴人】 guāng kě jiàn rén 光亮得可以照见人影。常形容器物等表面光滑明亮。鉴：照。★这件瓷器是景德镇出产的，质地良好，～。

【光芒万丈】 guāng máng wàn zhàng 形容人或事伟大不朽，放射异彩。★唐代诗人杜甫取得了极高的艺术成就，其诗作～，永垂千古。

【光明磊落】 guāng míng lěi luò 形容胸襟坦白，正直无私。磊落：正大光明。★大丈夫行事要～，不能总是暗地里算计别人。

【光明正大】 guāng míng zhèng dà 指心地坦荡，公正无私。光明：胸襟坦白。正大：正派，公正。★无论那帮人如何造谣中伤，他依然～地干自己的事情。

【光前裕后】 guāng qián yù hòu 给前人增光，为后代造福。形容德行或功业显著。光：使增光。裕：使富足。★他几十年如一日，植树造林，保护河堤，做了一件～的大好事。

【光天化日】 guāng tiān huà rì 原指太平盛世。也指白昼。现多比喻人人都看得清楚的场合。光天：阳光普照之天。化日：太平时日。★警察在～之下被活活打死，公理何在？

【光阴荏苒】 guāng yīn rěn rǎn 指时光逐渐流逝。荏苒：逐渐过去。★～，往事如烟，大学毕业已经20年了。

【光阴似箭】 guāng yīn sì jiàn 形容时间飞快流逝。★～，日月如梭，一转眼，我们已是人到中年。

【光阴虚度】 guāng yīn xū dù 形容时光白白度过。虚度：白白度过。★这么多年～，想来就让人痛心。

【光宗耀祖】 guāng zōng yào zǔ 为宗族争光，使祖先荣耀。旧时形容人成就功名，光耀门庭。★在他看来，获得奥运会金牌不仅是一件～的事，更是一件为国争光的事。

【广见洽闻】 guǎng jiàn qià wén 指见闻广博，知识丰富。广、洽：广博。★张教授～，学识渊博，科研成果十分丰富。

【广开言路】 guǎng kāi yán lù

尽量多地创造条件，使人们能充分发表意见。广开：广泛开辟。言路：进言途径。★一个成功的领导者一定是善于～、察纳雅言的。

【广种薄收】guǎng zhòng bó shōu 大面积播种，产量却很低。多用以比喻广泛施行而成效不大。薄：少。★他～，向各地的报纸杂志频繁投稿，用微薄的稿费养活一家老小。

【归根结底】guī gēn jié dǐ 归结到根本上。常作总结用语。★人类历史的变迁，～是以社会经济的发展变化为基础的。

【归心似箭】guī xīn sì jiàn 形容急切希望回到家中。归心：回家的念头。★老母病危，他心急如焚，～，草草收拾一下就踏上了归乡的列车。

【诡计多端】guǐ jì duō duān 形容狡猾的主意很多。诡计：狡诈的计策。端：方面。★他～，是个可怕的对手，我们切不可掉以轻心。

【鬼斧神工】guǐ fǔ shén gōng 形容技艺高超精妙，非人力所能达到。★这片人迹罕至的荒山里隐藏着许多～、天然雕成的奇岩异石。

【鬼鬼祟祟】guǐ guǐ suì suì 形容偷偷摸摸，行动诡秘。祟：迷信指鬼怪或鬼怪害人，借指不正当的行动。★他～地溜进教室，坐在最后一排的位置上。

【鬼话连篇】guǐ huà lián piān 指大量说谎，全是假话。★他～，把传销说成是一项伟大的事业。

【鬼哭狼嚎】guǐ kū láng háo 像鬼和狼一样哭嚎。形容大哭大叫，声音凄厉。含贬义。嚎：大声哭喊。★我军发动总攻，敌人～，大败而逃。

【鬼迷心窍】guǐ mí xīn qiào 形容被某种糊涂认识而迷惑。迷：迷惑，惑乱。心窍：古人认为心脏有窍，能够认知和思维。★我真是～，竟然做出这种事情。

【鬼使神差】guǐ shǐ shén chāi 对于意外或凑巧的事，迷信认为是鬼神在暗中指使。也比喻事情出乎意外或行动不由自主。使、差：派遣，支使。★他一年前还在一家餐馆做厨师，现在却～地当上了市电视台的主持人，真是不可思议。

【鬼蜮伎俩】guǐ yù jì liǎng 指阴险害人的手段。鬼蜮：蜮，传说中能含沙射影害人的动物。比喻阴险害人的人。伎俩：不正当的手段。★青年学生对复杂的现实社会不甚了解，对～缺乏警惕，所以容易上当受骗。

【贵耳贱目】guì ěr jiàn mù 重视外在传闻，轻视亲眼所见。贵：重视。贱：轻视。★耳听为虚，眼见为实，我们应该反对那种～的学风。

【贵古贱今】guì gǔ jiàn jīn 重

视古代的，轻视当代的。★或许是职业的原因吧，这位古典文学专家有点～。

【贵人多忘事】guì rén duō wàng shì 地位高贵的人容易忘事。形容身居高位的人对人傲慢，不念旧交。也用以讽刺人健忘。★您是～，我们先前在一个镇上住过。

【贵远贱近】guì yuǎn jiàn jìn 看重古时或远方的，轻视今世或近处的。★～是人们的一种普遍心理，本地明明有上好的产品，却非要买外地的。

【桂殿兰宫】guì diàn lán gōng 用香气浓郁的桂花和木兰修饰的宫殿。形容建筑精美华贵。★封建时代，许多美貌的皇妃宫女在～里耗费着自己的青春。

【桂薪玉粒】guì xīn yù lì 柴草如桂，米粒如玉。比喻柴米昂贵。薪：柴火。★在那些自然灾害严重的年月里，真是～。

【滚瓜烂熟】gǔn guā làn shú 形容朗读、背诵得非常纯熟。滚瓜：指成熟的瓜。烂熟：熟透。★小学三年级的时候，他已经能将《唐诗三百首》背得～了。

【滚滚而来】gǔn gǔn ér lái 形容水流不断且来势迅疾。滚滚：江河奔流的样子。★在大家的共同努力下，我们开发的新产品逐渐打入国际市场，各种订单～。

【国富民强】guó fù mín qiáng 国家富足，民力强盛。★我们要大力发展经济，提高综合国力，实现～的目标。

【国计民生】guó jì mín shēng 国家经济和人民生活。★发展教育是关系到～的大事，政府应当加大投资力度。

【国家兴亡，匹夫有责】guó jiā xīng wáng，pǐ fū yǒu zé 国家的兴盛与衰败，每个普通百姓都有责任。匹夫：指平民百姓。★～，我们要学好本领，建设伟大的祖国。

【国难当头】guó nàn dāng tóu 国家正面临着巨大的灾难。当头：临头。★～，每一个中华儿女都应该团结起来抵御外敌入侵。

【国破家亡】guó pò jiā wáng 国家残破，家室丧亡。★～之际，许多仁人志士不得不流亡国外。

【国色天香】guó sè tiān xiāng 原形容牡丹花色香俱佳。也泛指艳丽的鲜花。又形容女子容貌极美。★洛阳牡丹节上，～，争奇斗艳，令人目不暇接。

【国泰民安】guó tài mín ān 国家太平，人民安乐。泰：平定，安定。★新世纪到来之际，让我们共同祝愿伟大的祖国～，繁荣富强。

【国无宁日】guó wú níng rì 国家没有安宁的日子。宁：安宁。★一直在蔓延的黑恶势力若不能及时铲除，必将使～。

【裹足不前】 guǒ zú bù qián 把脚缠起来，不再往前走。多指因有所顾虑而停止前进。★遇到困难要努力克服，绝不能～。

【过从甚密】 guò cóng shèn mì 形容交往频繁，关系密切。过从：互相往来。★他们两个近来～，想必是发生了什么事。

【过河拆桥】 guò hé chāi qiáo 过了河就把桥拆掉。比喻达到目的后，就把赖以成功的人或事物抛开。★我一直把你当朋友，你竟然做出这种～的事来，真让人寒心！

【过河卒子】 guò hé zú zi 象棋规则中，卒子过了河界后可以直走横走但不能后退。因用以比喻只能向前、不能退后的处境。河：指棋盘上的界河。卒子：象棋中的棋子之一。★在这个竞争日益激烈的时代，我们都是～，只能不断向前。

【过江之鲫】 guò jiāng zhī jì 西晋末年，中原陷落，北方很多名士纷纷南渡，来到建康（今南京），当时有人说："过江名士多于鲫。"后用以比喻纷乱众多的人群。江：长江。鲫：鲫鱼。★近些年来，各种各样的偶像派明星如～，数不胜数。

【过街老鼠】 guò jiē lǎo shǔ 比喻人人痛恨厌恶的坏人。★我们要让腐败成为～，人人喊打，无处藏身。

【过目不忘】 guò mù bù wàng 看过一遍就不会忘记。形容记忆力特好。★他是个～的神童，三乡五里的人都知道他的名字。

【过目成诵】 guò mù chéng sòng 看过一遍就能背诵出来。形容记忆力特强。★他～，却不是天才，而是靠了勤奋不懈的努力。

【过五关，斩六将】 guò wǔ guān, zhǎn liù jiàng《三国演义》第二十七回描写蜀将关羽单枪匹马护送刘备甘、糜二夫人，连闯曹操设置的五个关口，杀死孔秀等六员战将。后比喻闯过重重难关。★在好几轮残酷的考试中，她～，终于为自己赢取了一个宝贵的职位。

【过眼烟云】 guò yǎn yān yún 比喻很快就消逝的事物。★公司昔日的辉煌已成～，现在，他不得不从零开始。

【过犹不及】 guò yóu bù jí 事情做得过了火，就跟做得不够一样，都是不好的。表示做事应恰如其分。过：过分。犹：如同。不及：不足，不够。★艺术夸张应该掌握分寸，不然～。

H

【海底捞月】hǎi dǐ lāo yuè 比喻白费气力，无法做到。也指自下向上捞托的武术动作。★你想改变他简直是~的事，他已经不是过去那个你所熟悉的人了。

【海角天涯】hǎi jiǎo tiān yá 指非常遥远的地方。涯：边际。★即使走到~，我也一定要找到她。

【海枯石烂】hǎi kū shí làn 海水枯干，石头粉碎。比喻经历的时间极久，变化巨大。多用于誓言，反衬意志坚定不移。★他们两人曾经发誓，即使是~，彼此也永不变心。

【海阔凭鱼跃，天高任鸟飞】hǎi kuò píng yú yuè，tiān gāo rèn niǎo fēi 大海辽阔，任凭鱼儿跳跃；天宇空旷，任凭鸟儿飞翔。原形容无挂无碍，自由自在。后常用以比喻充分施展抱负，大显身手。★~，只要我们学好了科学文化知识，就一定有用武之地。

【海阔天空】hǎi kuò tiān kōng 大海辽阔，天空高旷。形容空间广阔。也形容说话、作文东拉西扯，漫无边际。★他们~地聊着，从体育到人生，从国内到国外，无所不谈。

【海纳百川】hǎi nà bǎi chuān 大海能够容纳成百上千条江河。形容包容性极强。纳：包容，容纳。川：河流。★我们应该~，不拘一格地吸引各类人才来我们公司工作。

【海内无双】hǎi nèi wú shuāng 指天下独一无二。海内：四海之内，旧指中国国境以内。★作为正在蓬勃发展的国际大都市，上海的经济实力可以说是~。

【海市蜃楼】hǎi shì shèn lóu 指大气中的光线经过不同密度的空气层发生反射或折射时，把远处景物显现在空中或地面的奇异幻景。这种幻景常发生在海边或沙漠地区。古人缺乏科学常识，误认为是蜃吐气而成。常用来比喻虚幻的事物。蜃：蛤蜊。★共产主义的远大理想并非~，而是可以通过我们的艰苦努力实现的。

【海誓山盟】hǎi shì shān méng 多指男女相恋时所立的誓言盟约，表示爱情像山和海一样永恒不变。誓：立誓，发誓。盟：古代在神前立誓缔约，引申为缔结誓约。★随着社会的发展，许多人不再相信~，但这并没有影响他们对爱情的追求。

【海水不可斗量】hǎi shuǐ bù kě dǒu liáng 大海之水不能用斗升来测量。比喻涵蕴很深之人，不能用低标准去衡量。★王老师长相一般，却是我国数学研究领域的后起之秀，真是人不可貌相，~。

【海外奇谈】hǎi wài qí tán 本指《山海经》中有《海外南经》、《海外西经》、《海外北经》、《海外东经》等篇，记叙了海外各国的异人怪物。后借指荒唐稀奇的谈论或传说。★那名外教在课堂上讲的事情完全是~。

【亥豕之误】hài shǐ zhī wù 指因字形相似而出现的错误。《吕氏春秋·察传》记载，春秋时，子夏到晋国去路过卫国，看到卫国史书上写着“晋师三豕涉河”，怀疑应该是“己亥涉河”，到晋国后得到证实。因为“己”与“三”形似，“豕”与“亥”形似，故有此误。★这本书校勘不够严谨，~，层出不穷。

【骇人听闻】hài rén tīng wén 使人听了非常吃惊、害怕。含贬义。骇：惊惧。★20世纪30年代，日本侵略者在中国的土地上制造了~的“南京大屠杀”。

【害群之马】hài qún zhī mǎ 危害马群的马。比喻危害集体的人。★一个团队里只要有一个~，其他成员的努力就可能白费。

【害人不浅】hài rén bù qiǎn 形容给人造成的损害非常大。★安徽阜阳发现的劣质奶粉~，至今已有近200名婴儿受到不同程度的伤害。

【酣畅淋漓】hān chàng lín lí 常形容书法、绘画笔意流畅或文艺作品表达详尽透彻。酣畅：痛快，舒畅。淋漓：非常畅快。★他的文章最突出的特点就是语言表达上的~，这一点无人能及。

【憨态可掬】hān tài kě jū 天真而略带傻气的神态招人喜爱。憨：朴实，天真。掬：用手捧。★老师傅~，为人宽厚大量，深受大家敬重。

【鼾声如雷】hān shēng rú léi 形容熟睡时呼噜声很大。鼾，也作“酣”。★这一阵子家里事情特别多，辛勤操劳的父亲晚上头一挨床便~。

【邯郸学步】hán dān xué bù 《庄子·秋水》记载，相传战国时赵国邯郸人走路姿势很美，燕国寿陵有一少年跑来学习，结果不但没学会邯郸人走路的优美姿势，反而连自己原先的步法也忘了，只好爬着回了燕国。后用以比喻盲目模仿不成，反而丢掉了原有的技能。★年轻人不仅要勤于学习，而且要善于学习，只知~是永远不会有大作为的。

【含苞欲放】hán bāo yù fàng 花苞将要开放。也指少女的青春年华。苞：花苞。欲：将要。★十五六岁的少女，~，她们的岁月如同鲜花般美丽。

【含糊不清】hán hú bù qīng 形容声音不清楚。也指不能明辨是非。含糊：也作“含胡”。不清楚，不明确。★病人躺在病床上，~地向护士小姐诉说着自己的遭遇。

【含糊其辞】hán hú qí cí 指话说得不明确，让人不明白。辞：也作“词”。★关键时刻的~，让人不能不怀疑他的领导能力。

【含情脉脉】hán qíng mò mò 形容眼神中饱含着缠绵深长的情意。脉脉：默默地用眼神或行动传达情意。★她对小王总是~的，肯定是爱上他了。

【含沙射影】hán shā shè yǐng 《搜神记》卷十二记载，传说有一种叫蜮的动物，能在水中含沙射人或人的影子，被射中的人因而生病。后用以比喻暗中攻击或诽谤。★他写了一篇评论文章，~地攻击那位有名的作家。

【含笑九泉】hán xiào jiǔ quán 表示死后欣慰。九泉：地下深处，指人死后埋葬的地方。★我们已经完成了伯伯的遗愿，希望他能~。

【含辛茹苦】hán xīn rú kǔ 形容忍受各种辛苦。辛：辣。茹：吃。★母亲年轻守寡，~，好不容易才将我们几个抚养成人。

【含血吮疮】hán xuè shǔn chuāng 用嘴吸病人疮里的脓血。形容将领对手下士兵备加关爱。吮：吸。★相传战国名将吴起常常为士兵~，士兵们为此英勇杀敌，为他卖命。

【含饴弄孙】hán yí nòng sūn 含着饴糖，逗弄孙儿。形容老年人尽享天伦之乐的闲适生活。饴：麦芽糖。★按照中国的传统，~是许多老年人的心愿。

【含英咀华】hán yīng jǔ huá 比喻细细体味诗文中的精华。英、华：均指精华。咀：含在嘴里细细品味。★读书要善于~，否则便不能真正把握它的神韵和精髓。

【含冤负屈】hán yuān fù qū 忍受着冤枉和委屈。负：承受。屈：委屈。★这么多年她一直~，为的就是等待见到儿子的这一天。

【寒蝉凄切】hán chán qī qiè 深秋的知了凄凉悲切地鸣叫。多用于诗文中烘托凄凉悲切的气氛。寒蝉：深秋的知了。凄切：凄切悲凉。★深秋叶落，~，最容易撩起感伤的情绪。

【寒来暑往】hán lái shǔ wǎng 寒冬到来，炎夏过去。指岁月变迁，时光流逝。★八十高龄的老教授每天都要挤出几个小时从事科研活动。~，从不间断。

【汗流浃背】hàn liú jiā bèi 汗水流湿了脊背。多形容因天气炎热或极度惶恐惭愧而流汗很多的样子。浃：湿透。★在被称为“四大火炉”之一的武汉，盛夏的高温常常使人们终日~，酷热难耐。

【汗马功劳】hàn mǎ gōng láo 原指在战争中立下的大功劳。现泛指大的功劳。汗马：马累出了汗，形容征战劳苦。★他率军转战南北，为新中国的建立立下了~。

【汗牛充栋】hàn niú chōng dòng 搬运书籍时，牛累得出汗；存放时，装满整个房屋。形容书籍极多。汗牛：使牛出汗。栋：房屋的脊檩，借指房屋。★中国古典小说~，蔚为大观，其中许多作品历代流传，受到广大人民群众的喜爱。

【汗如雨下】hàn rú yǔ xià 汗像雨一样流下来。形容流汗很多。★等我们到达终点时，已经是~了。

【旱涝保收】hàn lào bǎo shōu 原指水利条件好，无论旱灾水灾，庄稼都保证有好收成。现常用以比喻无论在哪种情况下都不会出现大问题。涝：雨水过多，淹没庄稼。★凭嘴皮子吃饭终究不是长久之计，学一门手艺才能~。

【行行出状元】háng háng chū zhuàng yuán 比喻各行各业都有能做出优异成绩的人。状元：科举时代殿试第一名。喻指同行中最优秀的人。★俗话说得好，"~"，只要你努力去做，在哪个行业都能取得成绩。

【行伍出身】háng wǔ chū shēn 旧指当兵出身。行伍：古代军制，五人为"伍"，二十五人为"行"。泛指军士。★朱德是~，他领导的军队为中国革命建立了不朽的功勋。

【沆瀣一气】hàng xiè yī qì 宋·钱易《南部新书·戊集》记载，唐朝有个主考官叫崔沆，徇私录取他的门生崔瀣做官，二人名字合在一起是"沆瀣"，有人称他们为"沆瀣一气"。后用以比喻气味相投者互相勾结在一起。多用于贬义。沆瀣：指崔沆和崔瀣两人。一说指夜间的水汽。★他俩~，干了很多违法乱纪的事。

【号啕大哭】háo táo dà kū 形容放声大哭。号啕：大声哭。★今天是亮亮第一次上幼儿园，妈妈刚一转身离开，他便~起来。

【毫不讳言】háo bù huì yán 丝毫没有顾忌地说出来。讳言：不愿说或不敢说。★你要是知道事情真相就应该~，不要遮遮掩掩。

【毫不介意】háo bù jiè yì 一点都不放在心上。介意：放在心上。★你把我的故事告诉别人，我是~的。

【毫不利己，专门利人】háo bù lì jǐ，zhuān mén lì rén 丝毫不为自己着想，一心一意做有利于他人的事。形容忘我无私的高尚品质。★雷锋同志~的精神，表现在他对工作的极端负责任和对同志、对人民的极端热忱。

【毫发无遗】háo fà wú yí 一点遗漏也没有。形容非常周密。毫发：毫毛和头发，比喻极其微小。

遗：遗漏。★我们经理是个极其仔细的人，处理问题往往都能做到～。

【毫分缕析】 háo fēn lǚ xī 精细详尽地分析。缕：丝线。★他对这一复杂问题～，论述透辟，令人信服。

【毫厘不爽】 háo lí bù shuǎng 一点差错或失误也没有。形容极为准确。毫、厘：计量单位，十丝为一毫，十毫为一厘。比喻极少的数量。爽：差错，失误。★这架电子分析天平能精确地称量微量物质，其准确性可以说是～。

【毫无疑义】 háo wú yí yì 一点也不怀疑，或没有一点可疑的地方。★～，我的猜测是正确的。

【豪放不羁】 háo fàng bù jī 形容人性情豪爽奔放，不受任何拘束。羁：马笼头，引申为束缚。★此人志向远大，我行我素，～。

【豪情壮志】 háo qíng zhuàng zhì 豪迈的情怀，伟大的志向。★这首诗抒发了作者改造自然、建设祖国的～。

【豪言壮语】 háo yán zhuàng yǔ 豪迈雄壮的语言。★革命先烈们的～永远激烈着我们奋发向上。

【好好先生】 hǎo hǎo xiān shēng 什么事都说好的先生。明·冯梦龙《古今谭概》记载，东汉颍川人司马徽跟人谈话时，不论美丑善恶都说好，从不说人短处，时人因称他为“好好先生”。后用以比喻谁也不得罪，不问是非曲直，只求相安无事的人。★他为人胆小怕事，谨小慎微，是一位出了名的～。

【好景不长】 hǎo jǐng bù cháng 好光景不长久。多指对美好光景流逝的惋惜和感伤。景：光景，境况。★近来他感觉身体恢复得不错，可～，一次重感冒又让他住进了医院。

【好梦难圆】 hǎo mèng nán yuán 比喻美好的愿望难以实现。★为了理想，他历尽艰辛，最终却依然是～。

【好事不出门，恶事传千里】 hǎo shì bù chū mén, è shì chuán qiān lǐ 好事不易为人所知，坏事却传播得很快很广。★～。不到半个月时间，他卖假药的消息街坊邻居都知道了。

【好事多磨】 hǎo shì duō mó 好事做成或实现往往要经历许多曲折磨难。多指男女爱情的波折。磨：阻碍，磨难。★俗话说“～”，他和她在经过了漫长的等待之后，终于走到了一起。

【好言好语】 hǎo yán hǎo yǔ 指顺耳、中听或善意、中肯的话。★孩子的成绩有所下降，作为家长不要一味指责，要～地与孩子共同找原因。

【好自为之】 hǎo zì wéi zhī 自己好好把握，好好干下去。多用于劝人自勉。★父亲劝儿子要～，不要总希望别人为自己铺好人生道路。

【好吃懒做】hào chī lǎn zuò 嘴馋贪吃，懒得做事。形容又馋又懒。好：喜欢，爱好。★丈夫～，每天不是出去喝酒，就是出去打牌，还经常对她动粗。

【好大喜功】hào dà xǐ gōng 原指封建帝王喜欢用兵，炫耀武功。后指不顾客观条件，一心想干大事、贪大功的浮夸作风。★作为领导干部，要为人民多做好事、做实事，不能整日～。

【好高骛远】hào gāo wù yuǎn 比喻不切实际地追求过高或过远的目标。骛：马快跑，引申为追求。★必须打好基础，才能建造房子，这道理是很浅显的。但是～，贪抄捷径的心理，却常常妨碍人们去认识这最普遍的道理。

【好谋善断】hào móu shàn duàn 勤于谋划，善于决断。断：裁断，决断。★策划部成立的时候，因为他的～，理所当然地被任命为主管。

【好事之徒】hào shì zhī tú 指喜欢惹事或爱管闲事的人。也指对某种事物有特殊爱好的人。★有～在他们两人之间挑拨离间，使这对昔日的好友成了冤家。

【好为人师】hào wéi rén shī 喜欢当别人的老师。形容不谦虚，喜欢以教导者自居。为：当，做。★他有点～，总是摆出一副教导人的姿态。

【好问则裕】hào wèn zé yù 喜欢虚心向别人请教，学识就会渊博。好：喜爱。裕：丰富。★有些同学遇到不懂的问题从来不问，～，不问怎么能学好呢？

【好恶殊方】hào wù shū fāng 形容情趣不同，爱憎各异。好：喜好。恶：厌恶。殊：不同。方：方向，趋向。★历代君主，～，你怎么能强求一致呢？

【好逸恶劳】hào yì wù láo 贪图安逸，厌恶劳动。逸：安逸。恶：厌恶。★在吃大锅饭的年代，他养成了～的习惯，一实行包产到户，他的日子就不好过了。

【好勇斗狠】hào yǒng dòu hěn 爱逞勇敢，喜欢斗殴。狠：凶恶，残忍。★周处年少时，～，乡邻们把他看成一害。后来他知错就改，好学不倦，一时被传为佳话。

【浩浩荡荡】hào hào dàng dàng 本指水势浩大。也形容空旷广阔。后多形容队伍规模盛大，气势雄壮。浩浩：水盛大的样子。荡荡：广大的样子。★反战游行的队伍～地过来了，走在最前面的是高举旗帜的年轻学生。

【浩气长存】hào qì cháng cún 浩然正气，永远留存。浩气：浩然之气，正气。★那些为中国革命的胜利抛头颅、洒热血的人民英雄们，～，永垂不朽！

【浩气凛然】hào qì lǐn rán 浩

然之气，令人敬畏。浩气：浩然之气，正气。凛然：严肃，令人敬畏的样子。★革命先烈的音容笑貌早已淹没在岁月的风尘中，但他们～、慷慨赴义的高风亮节依然震撼着我的灵魂。

【浩然之气】 hào rán zhī qì 正大刚直的精神气节。浩然：盛大的样子。★包公一身～，成为古今秉公执法的典范。

【浩如烟海】 hào rú yān hǎi 比喻浩繁众多。多用来形容书籍、资料极多。浩：浩繁，多。烟海：雾气弥漫的大海。★中国古代典籍～，如果不掌握一定的目录学知识，就不能有效地利用这些书籍。

【皓首穷经】 hào shǒu qióng jīng 形容勤勉好学，至老不倦。皓首：白头，指老年。穷经：专心钻研经籍。★如果一味读死书，不注重联系实际，即使～，也不会有什么建树。

【皓月千里】 hào yuè qiān lǐ 形容月光皎洁，天气晴和。皓：明亮。★那天晚上，～，我与她漫步校园，畅想着我们的未来。

【合而为一】 hé ér wéi yī 把分散的事物合成为一个整体。★因为报考的人数太少，校方不得不把几个专业～，才有了现在这个班。

【合情合理】 hé qíng hé lǐ 符合人情事理。★校长的辩辞似乎～，家长一时也拿不定主意了，老师惩罚学生究竟有没有错呢？

【何乐而不为】 hé lè ér bù wéi 为什么不乐意做呢？表示很乐意去做。为：做。★不用花太高的成本就能赚到大钱，～呢？这几乎是所有参与传销的人的最初想法。

【何去何从】 hé qù hé cóng 形容心中惶惑，无所适从。现多指在重大问题上表明态度，作出选择。去：离开。从：跟随，遵从。★是弃恶从善，重新做人，还是执迷不悟，顽固到底，～，你自己选择。

【何至于此】 hé zhì yú cǐ 怎么能到这样的境地。表示不会或不应到达这种地步。★他懊悔不已，当初要是听了妻子的话，现在～！

【何足挂齿】 hé zú guà chǐ 哪里值得放在口头上。表示事情很小，不值得一提。足：值得。★对于浩瀚的宇宙来说，那颗小星星～，但它却给孩子们的童年增添了无穷的乐趣。

【何罪之有】 hé zuì zhī yǒu 有什么罪过呢？表示没有罪过。★不就是说了几句真话吗？我～！

【和蔼可亲】 hé ǎi kě qīn 形容态度温和，使人感到容易亲近。和蔼：温和，和气。★总理一直～，面带微笑地注视着我们，并不断询问我们的学习情况。

【和风细雨】 hé fēng xì yǔ 柔和的春风，绵绵的细雨。也比喻做事方式和缓，不粗暴。和风：柔和的风，多指春天的微风。★对待犯错误的同志，我们应当采取~的方式，耐心帮他改正。

【和睦相处】 hé mù xiāng chǔ 彼此融洽地相处在一起。和睦：相处融洽，不争吵。★这么多年，大杂院里的邻居们一直~，相互之间从没红过脸。

【和盘托出】 hé pán tuō chū 将所有东西全盘托了出来。比喻全部说出或拿出，毫无保留。和：连带。★在公安干警的劝说下，他终于将犯罪集团的违法行为~。

【和气生财】 hé qì shēng cái 待人和善能够带来财运。多用作商家经营之道。和气：和睦。★他是个生意人，最信奉的格言就是~。

【和颜悦色】 hé yán yuè sè 形容态度和蔼亲切。和：温和。颜：面容。悦：喜悦。色：脸色。★邻居李爷爷为人厚道，待人接物总是~的。

【和衷共济】 hé zhōng gòng jì 比喻团结一致，共同克服困难。和衷：衷，内心。同心同德。共济：共同渡过。★当灾难袭来时，我们应该~，共渡难关。

【河东狮吼】 hé dōng shī hǒu 宋·洪迈《容斋三笔·陈季常》记载，河东人陈季常好宾客，喜畜声妓，其妻柳氏性情凶悍，苏东坡有诗云："龙邱居士亦可怜，谈空说有夜不眠。忽闻河东狮子吼，拄杖落手心茫然。"后用以比喻嫉妒而凶悍的妻子发怒撒泼。河东：古郡名，今山西南部，柳姓是世居其地的显贵家族，因以指代柳姓。★生活中的这次打击，使她从过去的小鸟依人变得~了。

【河清海晏】 hé qīng hǎi yàn 黄河的水清了，大海平静了。比喻天下太平。河：黄河。晏：平静。★政通人和，~，这是很多封建文人所期盼的理想社会。

【涸辙之鲋】 hé zhé zhī fù《庄子·外物》记载，战国时，庄子生活困窘向监河侯借米，监河侯推托说等租金收上来后再借他三百金。庄子气愤地说：昨天来时，干涸车辙里的一条鲫鱼向他借斗升之水活命，庄子说等到游历完吴、越后再引西江之水救它。鲫鱼愤怒地说，到那时，我早就在枯鱼市场上了！后用以比喻身处困境急待救助的人。涸：干涸。辙：车辙。鲋：鲫鱼。★这个国家正在遭受战乱，百姓生活贫困，朝不保夕，犹如~。

【荷枪实弹】 hè qiāng shí dàn 扛着枪，装满子弹。形容全副武装，处于戒备状态。荷：担，扛。实：充实，填满。★为了各国首脑的安全，会议大楼外的大道两旁全是~的警察。

【赫赫有名】 hè hè yǒu míng 形容名声很大。赫赫：显著盛大的样子。★岳飞是我国南宋时~的民族英雄，八百多年来，一直受到我国人民的敬仰和赞颂。

【鹤发童颜】hè fà tóng yán 头发雪白如仙鹤，容颜红润如童子。形容老年人气色好，精神健旺。颜：容颜。★老先生～，精神矍铄，健步走向主席台。

【鹤立鸡群】hè lì jī qún 像仙鹤站立在鸡群当中。比喻身材、仪表或才能十分出众，超出一般。★他～，在这次主持人大赛中以绝对优势胜出。

【黑白不分】hēi bái bù fēn 比喻不辨是非，不分好坏。★他～，是非不明，这样的人怎么能当领导呢！

【黑白分明】hēi bái fēn míng 黑白两种颜色对比鲜明。比喻是非好坏区分得很清楚。★在对与错的问题上，要～，混淆不得。

【黑灯瞎火】hēi dēng xiā huǒ 北方口语，形容没有灯光，一片漆黑。★这地方～的，小文不敢一个人待在这儿。

【恨入骨髓】hèn rù gǔ suǐ 形容痛恨到了极点。★当了乡长以后，他的亲朋好友横行乡里，老百姓～。

【恨铁不成钢】hèn tiě bù chéng gāng 比喻对人要求严格，希望他变得更好。多指恨某人不成才、不争气。★儿子这次考试又是班里倒数，他真是～。

【恨之入骨】hèn zhī rù gǔ 痛恨到骨头里。形容痛恨到了极点。★江姐对人民满腔热情，对反动派～。

【横冲直撞】héng chōng zhí zhuàng 形容肆意纵横驰骋或乱冲乱撞。★一位新手驾着车在路上～，结果酿成一场悲剧。

【横加干涉】héng jiā gān shè 强行制止或过问。表示不该管而硬管。横加：不讲道理，强行施加。干涉：制止或过问。★有的领导干部～，致使这项工程无法正常开工。

【横加指责】héng jiā zhǐ zé 无理地指摘责备。横加：不讲道理，强行施加。指责：指摘，责备。★这事不是我的错，主管～，让我感到非常委屈。

【横眉冷对】héng méi lěng duì 形容对敌人坚决斗争，决不屈服。横眉：怒目而视的样子。冷对：冷眼相对。★鲁迅先生对敌人～，对同志热情友好。

【横七竖八】héng qī shù bā 形容纵横杂乱，没有条理。★山坡上，～地躺着敌军的尸体。

【横扫千军】héng sǎo qiān jūn 形容气势迅猛，一举歼灭大量敌军。★这支军队有“钢铁劲旅”的称号，每次出征都能～，使敌人闻风丧胆。

【横生枝节】héng shēng zhī jié 比喻意外生出一些小的事端，使主要问题不能顺利解决。★为了避免～，把事情搞得复杂化，她决心哪儿也不去。

【横槊赋诗】héng shuò fù shī 横执长矛，吟诵诗篇。形容儒将文武双全的英雄气概。槊：长矛。★曹操文武双全，常常在戎马倥偬中～。

【横行霸道】héng xíng bà dào 依仗权势到处为非作歹，欺压他人。横行：行为蛮横。霸道：蛮横不讲理。★二狗仗着舅舅是乡长，在乡里～。

【横行天下】héng xíng tiān xià 原指没有阻碍地走遍各地。后指所向无敌，任意纵横驰骋。横行：走遍，纵横。★他以为自己武功好便可以～。

【横行无忌】héng xíng wú jì 到处为非作歹，无所忌惮。横行：行动蛮横。忌：顾忌。★他以为山高皇帝远，在这偏僻的山沟无人能管，于是拉了几个兄弟，在这一带～。

【横征暴敛】héng zhēng bào liǎn 指统治者强征捐税，残暴地搜刮民财。横：蛮横。征：征收。敛：聚敛。★封建社会的～比蛇蝎还毒，老百姓经常被逼得卖儿卖女。

【轰动一时】hōng dòng yī shí 在一个时期里影响很大，惊动很多人。★法国作家大仲马根据父亲事迹创作的小说《三个火枪手》，曾在整个欧洲～，后来又被陆续介绍到世界各地。

【轰轰烈烈】hōng hōng liè liè 形容声响巨大或声势浩大。轰轰：象声词，指声音巨大。烈烈：火势旺盛的样子。★他把自己的青春投入到～的大生产运动中去了。

【哄堂大笑】hōng táng dà xiào 形容满屋子的人同时大笑。★小明一上台就做了一个滑稽动作，惹得台下观众～。

【烘云托月】hōng yún tuō yuè 原指作画的一种手法，通过渲染云彩来衬托月亮。后比喻从侧面加以点染描绘以突出主体或主题的表现手法。烘：渲染。托：衬托。★这段景物描写在文章中起到了～的作用。

【红光满面】hóng guāng mǎn miàn 形容神采焕发的样子。★毕业十年后再次见面，他～，一改往日委靡不振的样子。

【红杏出墙】hóng xìng chū qiáng 形容春意盎然。也比喻事业有成，崭露头角。多用来比喻妻子有婚外恋情。★正值春色满园、～的季节，他们来到了充满神奇色彩的千岩洞。

【红袖添香】hóng xiù tiān xiāng 旧指书生学习时有年轻貌美的女子陪读。红袖：借指美女。★怎么不好好看书，你不会想到～了吧？

【红颜薄命】hóng yán bó mìng 旧指美貌女子往往遭遇不好的命运。红颜：指美貌的女子。薄命：

命运不好。★《红楼梦》里描写的大观园里的女子们多是～。

【红装素裹】hóng zhuāng sù guǒ 形容雪后天晴，红日白雪互相映照的艳丽景色。红装：妇女的红色装束，比喻艳丽的太阳。素裹：白色的装束，形容大雪覆盖。★大雪过后的群峰，～，分外妖娆。

【宏才大略】hóng cái dà lüè 杰出的才能，远大的谋略。★汉武帝刘彻是中国历史上一位具有～的皇帝。

【宏图大志】hóng tú dà zhì 宏伟的计划，远大的志向。★他胸怀～，却自认为没有机遇去实现它。

【洪福齐天】hóng fú qí tiān 形容福气很大。旧时一般用作对帝王的赞誉之辞。洪：大。齐天：与天同高。★老太太生日那天，儿孙满堂，大家都祝她～，福寿无疆。

【洪水猛兽】hóng shuǐ měng shòu 造成灾害的大水和凶猛的野兽。后比喻极大的祸害。★学校把早恋当作～围追堵截，这不是解决问题的根本办法。

【鸿鹄之志】hóng hú zhī zhì 天鹅高飞远翔的志向。比喻远大的志向。鸿鹄：天鹅。★他一个贫困山区的少年，却立下了～，决心读完大学回来建设好自己的家乡。

【鸿篇巨制】hóng piān jù zhì 指内容丰富、规模宏大的著作。鸿、巨：大。制：著作。★姚雪垠费尽心血，终于完成了《李自成》这部～。

【鸿雁传书】hóng yàn chuán shū 用大雁来传送信件，报告消息。比喻用信件互通音信，交流感情。鸿雁：大雁。★他们俩在相隔万里的两个国度，六年来一直～。

【侯门似海】hóu mén sì hǎi 唐·范摅《云溪友议》卷一记载，唐朝秀才崔郊与姑姑家的一位婢女暗中相恋，后来婢女被卖到一户权贵人家做了小妾，两人断了音讯。有一天，崔郊在路上遇见了她，感慨良久，作诗相赠：“公子王孙逐后尘，绿珠垂泪滴罗巾。侯门一入深如海，从此萧郎是路人。”后用以形容贵族门庭深邃，禁卫森严。侯门：指显贵之家。★自古以来～，你就别指望能攀上这门高枝了。

【后发制人】hòu fā zhì rén 先让对方动手，然后伺机反击，制服对方。发：发动。制：控制，制服。★尽管你现在领先几分，千万不能掉以轻心，因为对手是最善于～的。

【后顾之忧】hòu gù zhī yōu 指对后方或将来的担心或忧虑。后顾：回过头来照看。忧：忧虑，忧患。★为了更好地发挥业务骨干的作用，我们应该做好后勤工作，以消除他们的～。

【后患无穷】hòu huàn wú qióng 将来的灾祸没有尽头。患：祸患。穷：穷尽。★在城市建设上大搞形式主义，大搞面子工程，必将～。

【后悔莫及】hòu huǐ mò jí 后悔已经来不及了。莫：不。★由于情绪激动，他失手打碎了祖传的花瓶，现在已是～。

【后会有期】hòu huì yǒu qī 以后还有相会的日子。多用于道别时。★我们在分手的时候经常会说：彼此珍重，～！

【后继无人】hòu jì wú rén 后面没有人继承了。继：继承。★如果不从现在开始重视国学，那么我们祖先留下的丰厚遗产将要～了。

【后继有人】hòu jì yǒu rén 前人的事业有后人来继承。指有了接班人。继：继承。★大量的乒乓球新星脱颖而出，这表明我国的乒乓球运动是～的。

【后来居上】hòu lái jū shàng 原指资格浅的新官反居资格老的官员之上。后泛指后来的胜过先前的。★日本经济之所以能够～，其中一个重要的原因就是他们广泛引进世界各国的先进技术，为自己所用。

【后起之秀】hòu qǐ zhī xiù 后出现的或新成长起来的优秀人物。秀：优秀。★在全国模特大赛上，～大显身手，成为新的明星。

【后生可畏】hòu shēng kě wèi 指后辈超过前辈，令人敬畏。后生：青年人，后辈。可：值得。畏：敬服。★文学院几位年轻博士一年在一级学术刊物上发表好几篇文章，真是～啊！

【后院起火】hòu yuàn qǐ huǒ 比喻内部闹矛盾或后方出了麻烦事。★越是在困难的环境中，我们越是要团结一致，防止～。

【厚此薄彼】hòu cǐ bó bǐ 重视或优待这一方，轻视或慢待另一方。形容不同等对待。厚：重视，优待。薄：与“厚”相对。★有些老师偏爱学生，每每～，对喜欢的学生事事照顾，对一般学生则很少过问。

【厚古薄今】hòu gǔ bó jīn 指重视和推崇古代的，轻视和鄙薄现代的。厚：看重。薄：轻视。★他认为在学术问题上不能～，而应坚持古为今用的原则。

【厚积薄发】hòu jī bó fā 形容积累得多，基础雄厚，发出的力量才大或事情才能办好。★我们无论做学问还是搞事业，都要先奠立坚实的基础，只有这样才能做到～。

【厚颜无耻】hòu yán wú chǐ 形容脸皮厚，不知羞耻。颜：脸面。★反动派～的诬蔑，并没有削弱革命者的斗志。

【呼风唤雨】hū fēng huàn yǔ

原指神话传说中神仙、道士神通广大，能呼风就刮风，唤雨就下雨。现多比喻能够支配和控制自然。也指具有很大的煽动性或创造力。★广大人民群众的积极性一旦被调动起来，就具有～、改造山河的巨大力量。

【呼朋引类】hū péng yǐn lèi 呼唤、招引同类的人。多形容坏人之间互相勾结。引：招引。类：同类。★这家伙～，又去约了十几个帮手，前去滋事。

【呼天抢地】hū tiān qiāng dì 大声叫天，用头撞地。形容极度悲痛。抢：碰，撞。★爆炸现场，那些被埋在地下的矿工家属～，哭得死去活来。

【呼之欲出】hū zhī yù chū 一召唤他就像要出来。形容艺术作品中人物形象极其生动逼真，简直像活的一样。也指已经酝酿成熟。欲：将要。★随着三峡大坝蓄水工作的顺利进行，高峡平湖奇观初显，拥有崭新人文自然景观的“新三峡”～。

【忽冷忽热】hū lěng hū rè 形容天气变化或情绪波动频繁。★近段时间天气～，要注意增减衣服，防止感冒。

【囫囵吞枣】hú lún tūn zǎo 吃枣时不经咀嚼，整个吞下肚去。比喻读书等不加分析地笼统接受。囫囵：也作“混沦”、“鹘仑”。整个儿。★～，不细细品味，是不能体会经典著作的精义的。

【狐假虎威】hú jiǎ hǔ wēi 狐狸借助老虎的威风。《战国策·楚策一》记载，楚宣王问群臣：“我听说北方人十分害怕大将昭奚恤，真是这样吗?”大臣江一答道：“老虎外出觅食时捉到一只狐狸，狐狸说天帝让它做百兽之王，百兽对它都很害怕。老虎不相信，跟在狐狸后面想看个究竟。百兽并不怕狐狸，但看到它身后的猛虎，吓得都跑光了。同样道理，北方人并不惧怕昭奚恤，而是怕您赋予他的强大兵权。”后用以比喻仗着别人的威力欺压人。假：依仗，凭借。★抗战时期，汉奸仗着日本人的势力，～，到处欺压百姓。

【狐朋狗友】hú péng gǒu yǒu 指专好吃喝玩乐、不务正业的朋友。★二哥尽结交些～，每天上饭馆，搓麻将，昏天黑地地混日子。

【狐凭鼠伏】hú píng shǔ fú 像狐狸、老鼠一样凭借他物隐藏潜伏。比喻躲躲藏藏，不敢出动。凭：凭借。伏：潜伏。★在我军强大炮火的攻击下，敌军一个个～，魂飞魄散。

【狐群狗党】hú qún gǒu dǎng 比喻勾结在一起的坏人。党：集团。★以他为首的～，经常聚集在一起干坏事。

【狐死首丘】hú sǐ shǒu qiū 传说狐狸死时总要把头朝向狐穴所在的那个山丘。比喻人永远怀念故乡。也比喻不忘本。首丘：头向着山丘。★～，我的家在中国，我要回到生我养我的土地上。

【胡编乱造】hú biān luàn zào 没有事实根据，不合乎情理地随意编造。★他小说中的故事纯属～，你别信以为真。

【胡搅蛮缠】hú jiǎo mán chán 形容蛮不讲理，胡乱纠缠。搅：扰乱。蛮：不讲道理。★他犯了错误却又拒不承认，甚至有点～，真让人讨厌。

【胡说八道】hú shuō bā dào 毫无根据地随口乱说。★天底下哪有这样的道理，真是～。

【胡思乱想】hú sī luàn xiǎng 不切实际、毫无根据地瞎想。★你别～了，结果还没出来，你怎么知道没被录取？

【胡言乱语】hú yán luàn yǔ 毫无根据地随意乱说或失去理智说胡话。★他喝醉了酒，又在～，你别往心里去。

【胡作非为】hú zuò fēi wéi 无视社会道德和国家法纪，肆意干坏事。非为：干坏事。★他从小在恶劣的家庭环境中成长，长大后不务正业，～。

【湖光山色】hú guāng shān sè 形容秀丽的自然风光。★江南的～，吸引了无数中外游客。

【糊里糊涂】hú lǐ hú tú 形容不明事理或对事物认识模糊。★赶快去上班吧，不要整天那么～的。

【虎背熊腰】hǔ bèi xióng yāo 比喻人身体魁梧健壮。★举重运动员个个～，力大无比。

【虎口拔牙】hǔ kǒu bá yá 比喻深入险境夺取或除掉某一目标或对象。虎口：比喻危险的境地。★要端掉这个匪窝犹如～，我们必须倍加小心。

【虎口余生】hǔ kǒu yú shēng 比喻逃脱极其危险的境地，侥幸保全性命。虎口：比喻危险的境地。余：留下。★这次煤矿事故中，只有少数人～，侥幸逃了出来。

【虎落平川】hǔ luò píng chuān 老虎离开深山老林落到平地上。比喻有能耐或有权势者身陷不利境地，从而失去优势或权势。平川：地势平坦的地方。★老杨从局长的位子上退下来以后，常有～之叹。

【虎入羊群】hǔ rù yáng qún 老虎窜进羊群。形容强者冲入弱者中间，恣意横行，任意施威。★加入WTO后，外商进入中国绝不是～，国内企业有实力与他们展开竞争。

【虎视眈眈】hǔ shì dān dān 像老虎瞪着眼睛看着。比喻贪婪而凶狠地注视着攫取对象。眈眈：注视的样子。★帝国主义列强对中国早就～，由于清政府的腐败无能，他们的野心终于得逞。

【虎头虎脑】hǔ tóu hǔ nǎo 形

容壮实憨厚的样子。★这小孩长得~的，很招人喜爱。

【虎头蛇尾】hǔ tóu shé wěi 虎的脑袋，蛇的尾巴。比喻做事有始无终，或开始声势很大而后来劲头很小。★定下奋斗目标，你就应该脚踏实地地坚持到最后，千万不要~，更不能半途而废。

【互通有无】hù tōng yǒu wú 彼此以所有交换所无，以满足各自需求。★大多数去西藏的游客都会带上点小东西，和那里的藏民~。

【互为因果】hù wéi yīn guǒ 指彼此之间既是对方的原因，又是对方的结果。★有生才有死，有死才有生，两者~。

【互相标榜】hù xiāng biāo bǎng 互相吹嘘夸耀。标榜：吹嘘，夸耀。★文人之间~，互相吹捧，是一种不好的风气。

【互相推诿】hù xiāng tuī wěi 彼此之间互相推脱，都不愿承担责任。把责任推卸给别人。★市人大代表提出的一些问题，由于有关部门的~，一直没有得到解决。

【护身符】hù shēn fú 原指迷信之人随身佩带的符箓，认为可以驱鬼避邪，保护生命。后用以比喻借以保护自己避免困难或惩罚的人或事物。★这个犯罪团伙仗着有副市长作~，横行霸道，无所不为。

【怙恶不悛】hù è bù quān 怙：依仗，依靠。悛：悔改。坚持作恶，不肯悔改。★这帮无赖~，胡作非为，人们对之无不切齿痛恨。

【花好月圆】huā hǎo yuè yuán 比喻美好圆满的生活。多用作新婚颂词。★在这~的美好时刻，让我们共同祝愿这对新人白头偕老，永远幸福！

【花红柳绿】huā hóng liǔ lǜ 形容春光明媚，景色宜人。也形容色彩鲜艳。★五月的北京~，春意盎然，一派生机勃勃的景象。

【花街柳巷】huā jiē liǔ xiàng 旧指妓院。★有钱之后，他逐渐堕落，经常出没于~。

【花里胡哨】huā lǐ hú shào 形容色彩过分浓艳纷繁。也比喻浮华不实在。★他经常打扮得~，出没于各种娱乐场所。

【花前月下】huā qián yuè xià 原指休息游玩之处。后多借指男女幽会的地方。★大学阶段是人生的黄金时期，青年学子不要在~浪费光阴，而应把时间精力放在学习上，为将来的发展打好基础。

【花拳绣腿】huā quán xiù tuǐ 指武术动作花里胡哨，不切实用。也比喻耍花招或搞形式主义。★这些东西充其量是~，解决不了任何实际问题。

【花容月貌】huā róng yuè mào 形容女子容貌美好。★参加模特大赛的女子个个～，亭亭玉立。

【花天酒地】huā tiān jiǔ dì 原指在美好的环境中饮酒作乐。后多形容吃喝玩乐的奢侈堕落生活。花：比喻美女，也特指妓女。★在杜甫笔下，一边是～，朱门酒肉臭；一边是衣食无着，路有冻死骨，两者形成强烈的反差。

【花团锦簇】huā tuán jǐn cù 形容五彩缤纷的艳丽景象或形象。锦：有彩色花纹的丝织品。簇：聚成一团。★中山广场上～，一派节日的气氛。

【花言巧语】huā yán qiǎo yǔ 指虚假而动听的话。也指说虚假而动听的话。★有些领导干部原则性差，常被几句～哄得辨不清方向。

【花样翻新】huā yàng fān xīn 形容创造出新的式样或品种。也比喻玩弄新的花招。★这位设计师～，又设计出几款时尚而流行的服装。

【花枝招展】huā zhī zhāo zhǎn 形容景致鲜艳妩媚或女子打扮十分艳丽，引人注目。招展：迎风摇摆的样子。★小姑娘们打扮得～的，兴高采烈地参加秋游。

【华而不实】huá ér bù shí 只开花，不结果。比喻徒有其表，言过其实。也比喻外表华丽而内容空虚。华：同“花”。开花。实：结果。★作文讲究的是有感而发，～的语言只会让人厌恶。

【哗众取宠】huá zhòng qǔ chǒng 用浮夸的言辞或行动迎合众人，以博取夸奖或喜爱。哗：喧哗。宠：宠爱。★他正直无私，绝不是那种喜欢～、爱出风头的人。

【化腐朽为神奇】huà fǔ xiǔ wéi shén qí 把陈腐的东西变为神奇的东西，或把无用的东西变为有用的东西。比喻有非凡的本领或不同凡响的效果。★他将人们随手丢弃的易拉罐制成种种工艺品，真可谓～。

【化干戈为玉帛】huà gān gē wéi yù bó 比喻把战争、争斗变为和平、友好。干戈：古代兵器，借指战争。玉帛：玉器和丝织品，古代诸侯会盟朝聘所带的礼物，借指和平。★居委会李阿姨经常出面调解邻里纠纷，每次都能使他们～。

【化零为整】huà líng wéi zhěng 把分散的力量集中起来，成为一个整体。★这次战斗中，游击队～，歼灭敌军一个连。

【化为泡影】huà wéi pào yǐng 变成像水泡和影子那样，很快消失。形容事情或希望全部落空。★刚做完这项工程他就住进了医院，原定带儿子去爬长城的计划终于～。

【化为乌有】huà wéi wū yǒu 变得什么都没有了。形容一下子全部丧失或落空。乌有：无有，没有。《史记·司马相如列传》记载，司马相如作《子虚赋》，虚构三人对话，其中一个叫“乌有先生”，意思是根本没有此人。★项目终告失败，几十年积累起来的资产顷刻间～。

【化险为夷】huà xiǎn wéi yí 化险阻为平坦或化危险为安全。夷：平坦，平安。★他有勇有谋，屡次遭遇危难而总能～。

【化整为零】huà zhěng wéi líng 把整体力量分散开来，以便灵活运用。★我们应该将部队～，采取分散突围的方式冲出敌人的包围圈。

【画饼充饥】huà bǐng chōng jī 画个饼子解饿。本指虚有其名而无实惠，于事无补。后多比喻借空想安慰自己。★你应该到改革的大潮中去实现自己的梦想，不要整天待在屋子里～。

【画地为牢】huà dì wéi láo 相传上古时在地上画圈作牢狱，让犯罪的人站在里面。比喻束缚在狭小的范围内。★我们要打破～的格局，重新制定新的计划。

【画龙点睛】huà lóng diǎn jīng 唐·张彦远《历代名画记》卷七记载，相传梁代张僧繇在金陵安乐寺壁上画了四条龙，不点眼睛，说点了就会飞走。人们不相信，叫他点上。刚点了两条，就见雷鸣电闪，两条龙冲破墙壁，直冲云天。后用以比喻说话、作文时在关键之处加上精辟的语句，使内容更加生动传神。★生动的细节描写对刻画人物性格能起到～的作用。

【画蛇添足】huà shé tiān zú 《战国策·齐策二》记载，从前，楚国有一户人家举行祭祀，主人赏给仆人们一壶酒，仆人们通过比赛画蛇决定谁来喝酒。一人画好后见他人尚未画完就在蛇上添了两只脚，另一画好之人指出其误，夺过酒壶一饮而尽。后用以比喻多此一举，反而不当。★主持人已经把会议总结得很好了，你再说些无关紧要的话，不是有点～吗？

【话不投机】huà bù tóu jī 指感情或趣味不投合，话说不到一块去。★两人仅仅因～就发生争斗，结果一人丧命，一人入狱。

【话里有话】huà lǐ yǒu huà 话里暗含别的意思。形容语含双关。★我听他～，就知道事情不妙。

【怀才不遇】huái cái bù yù 指有才能而得不到赏识。表示不得志。★他一生～，直到老年才扬眉吐气。

【怀古伤今】huái gǔ shāng jīn 怀念过去，哀伤现今。指一种悲观倒退的思想情绪。★看到社会上某些消极阴暗的东西就一味地～，这是不可取的。

【怀恨在心】huái hèn zài xīn 把怨恨藏在心里。表示记下仇恨，伺机报复。★上一次我们两人发生过一点小小的摩擦，没想到他却～。

【怀瑾握瑜】huái jǐn wò yú 怀里揣着瑾，手里拿着瑜。比喻人具有纯洁高尚的品德和杰出的才能。瑾：美玉，比喻美德。瑜：美玉，比喻优点。★封建社会，有不少～之士在不得志中死去，这是令人感慨不尽的。

【怀文抱质】huái wén bào zhì 原指人既有文才，又有名节。后也指作品既有文采，又有内容。文：文才。质：品质，也指名节。★他是一位真正的名士，虽一生坎坷，不容于世，却能～。

【怀真抱素】huái zhēn bào sù 形容人纯真高洁，质朴无华。真：本性。抱：怀有。素：朴素，质朴。★他～，淡泊自守，不与世俗同流合污。

【淮橘为枳】huái jú wéi zhǐ 淮南的橘树移到淮北就变为枳树。比喻人或事物因环境改变而发生变化。枳：又名枸橘，一种落叶灌木或小乔木。★原本老实本分的小凯到了这座繁华的城市后，竟然变得油腔滑调了，这大概就是～的原因吧。

【欢蹦乱跳】huān bèng luàn tiào 高兴得乱蹦乱跳。形容活泼、健康或欢乐之极。★公园里，～的孩子们畅游在花的海洋里。

【欢呼雀跃】huān hū què yuè 形容十分高兴、欢乐的景象。★北京成功申办2008年奥运会，全国人民为此～。

【欢聚一堂】huān jù yī táng 高兴地聚集在一起。★研究所里的老师～，共庆第二十个教师节。

【欢声雷动】huān shēng léi dòng 欢呼声像雷鸣一样。形容场面欢乐热烈。★《同一首歌》的演出现场经常是～，台上台下连成一片歌的海洋。

【欢天喜地】huān tiān xǐ dì 形容非常欢喜。★小龙拿着获奖证书～地跑回家向父母报喜。

【欢喜若狂】huān xǐ ruò kuáng 高兴得像发了疯一样。形容欢喜到了极点。★北京申奥成功了，举国上下～。

【欢欣鼓舞】huān xīn gǔ wǔ 形容非常高兴振奋。欢欣：欢喜，高兴。鼓舞：振奋。★中国的“入世”让国内企业家～，他们的企业有了更为广阔的市场前景。

【缓兵之计】huǎn bīng zhī jì 使敌方暂不进攻的计策。也比喻拖延时间使事态缓和，另想他法来对付的一种策略。缓：推迟，延缓。★公元前494年的吴越之战中，越王勾践兵败后被迫退守会稽山，不得不采用～向吴国献媚求和。

【换汤不换药】huàn tāng bù huàn yào 比喻名称或形式改变了，但实质没有改变。汤：中药配方的一种名称，也指煎中药时所用的水。★你这种做法是～，还是不能解决根本问题。

【涣然冰释】huàn rán bīng shì 像冰融化一样流散消失。比喻嫌隙、疑团、误会等完全消除。涣然：也作"焕然"。消散的样子。冰释：像冰一样消融。★经过一夜推心置腹的长谈，我的疑虑~。

【患得患失】huàn dé huàn shī 没有时担心得不到，得到了又担心失去。原指忧虑禄位的得失。后泛指过分计较个人利害得失。患：担心，忧虑。★个人主义严重的人，自然总是斤斤计较，~。

【患难与共】huàn nàn yǔ gòng 指在不利处境中，共同承受忧患与灾难。患难：忧患与灾难。★这对夫妻在战场上共同经历枪林弹雨，可谓~。

【患难之交】huàn nàn zhī jiāo 指共患难的亲密朋友。患难：忧患与灾难。交：交情。★我们一块蹲过敌人的监狱，可以算得上是~了。

【焕然一新】huàn rán yī xīn 形容十分鲜明地呈现出崭新的面貌。焕然：鲜明光亮的样子。★自从有了中国共产党，中国革命的面目就~了。

【荒诞不经】huāng dàn bù jīng 非常荒唐离奇，不合情理。荒诞：荒唐离奇。不经：不合常理。★在小说《堂吉诃德》里，塞万提斯的叙述态度几乎完全是现实主义的，可情节却~。

【荒诞无稽】huāng dàn wú jī 荒唐离奇，无法查考。形容无根无据，过于虚妄。稽：查考。★神话虽然十分~，然而它产生的社会历史根源却是非常现实的。

【荒郊野外】huāng jiāo yě wài 指离城镇村庄很远的荒凉地带。荒：荒凉。郊：野外，城外。★对于地质队员们来说，在~作业是经常的事。

【荒无人烟】huāng wú rén yān 指地方偏僻荒凉，见不到人家。荒：荒凉。人烟：指住户，人家。★原先那个~的小岛，如今成了渔民们快乐的家园。

【荒淫无耻】huāng yín wú chǐ 指生活糜乱，不知羞耻。荒淫：贪恋酒色。★法国18世纪启蒙主义作家伏尔泰、狄德罗等人的作品，揭露了统治阶级的~，批判了封建教会对人民的欺骗和迫害。

【荒淫无道】huāng yín wú dào 多指统治者迷恋酒色，重用奸佞，杀害忠良，暴虐百姓。荒淫：贪恋酒色。无道：不行道义。★历史上出现了许多~的统治者，他们最终的下场都是亡国。

【荒淫无度】huāng yín wú dù 指生活糜烂，没有节制。荒淫：贪恋酒色。度：限度。★这个皇帝政治上昏庸无能，生活上~。

【慌不择路】huāng bù zé lù 慌忙之中，来不及选择道路。也比喻在慌乱紧急之中无法作出正确的抉择。择：选择。★小偷逃跑时~，钻进了一个死胡同。

【慌慌张张】 huāng huāng zhāng zhāng 形容心里发慌，手脚忙乱的样子。★知道家里出了事，他～地往回赶。

【黄道吉日】 huáng dào jí rì 旧时迷信星命之说，指所谓青龙、明堂、金匮、天德、玉堂、司命等六位吉神值日的日子。在这些日子里，据说诸事皆宜，不避凶忌。后泛指宜于办事的好日子。★姥爷认为新店铺开张一定要选个～，说这样以后会财源茂盛。

【黄金时代】 huáng jīn shí dài 指最宝贵或最辉煌的时期。★先秦诸子时期被认为是中国学术史上最富创造力的～。

【黄粱美梦】 huáng liáng měi mèng 唐·沈既济《枕中记》记载，唐代一位姓卢的书生在邯郸客店遇上道士吕翁，卢生自叹穷困，吕翁从袋子里拿出一只瓷枕，让他枕着睡。卢生梦见自己做了大官，娶妻生子，享尽荣华富贵，一觉醒来，店主的米饭还未煮熟。后比喻不切实际的空想。也指希望破灭。黄粱：小米。★反动派妄想重新骑在人民头上作威作福的～被彻底粉碎了。

【黄袍加身】 huáng páo jiā shēn 比喻被部属拥立为帝或靠阴谋登上皇位。黄袍：帝王穿的龙袍。★后周大将赵匡胤在陈桥兵变中～，做了北宋的开国皇帝。

【黄雀伺蝉】 huáng què sì chán 黄雀伺机捕捉蝉。比喻贪求眼前利益而不顾及后患。也比喻暗中算计他人者却不知别人也正在算计他。伺：观察，守候。★他总想把别人置于死地，谁成想～，自己先遭了殃。

【惶惶不可终日】 huáng huáng bù kě zhōng rì 惊慌恐惧得连一天都过不下去。形容惊恐到了极点。惶惶：也作“皇皇”。恐惧不安的样子。终：尽。★他驾车肇事逃跑后，～，最终还是向当地公安机关自首了。

【惶恐不安】 huáng kǒng bù ān 惊慌害怕，心神不定。惶：恐惧。★爆炸事件发生后，受惊的市民～，害怕新的灾难又会突然降临到他们身上。

【恍然大悟】 huǎng rán dà wù 一下子忽然明白过来。恍然：猛然醒悟的样子。悟：明白，觉醒。★过了好一会儿，他才～，原来刚才天空中出现的景象就是海市蜃楼。

【恍如隔世】 huǎng rú gé shì 好像隔了一个世代。形容人事、景物发生了巨大变化。恍：仿佛。★他从监狱出来，对周围的人事有～之感。

【灰飞烟灭】 huī fēi yān miè 像灰、烟一样很快消失。形容在极短的时间内消失净尽。★她的遗体昨日火化，一代影后从此～。

【灰心丧气】 huī xīn sàng qì 因遭受困难挫折而丧失信心，意志消沉。★不要因为一次失败就～，应该从失败中吸取教训，重新再来。

【挥汗如雨】huī hàn rú yǔ 挥洒汗水像下雨一样。原形容人多拥挤。后也形容出汗很多。挥：挥洒。★虽然是数九寒天，足球场上的运动员却～，浑身湿淋淋的。

【挥霍无度】huī huò wú dù 任意花费钱物，毫无节制。挥霍：任意花费钱物。度：限度。★他凭借爸爸的权力～，最终触犯了法律。

【挥金如土】huī jīn rú tǔ 花钱像撒土一样。形容极端挥霍浪费。有时也比喻学问渊博，对书卷知识运用自如。挥：散出。金：钱财。★豪门子弟已经习惯了～的生活，一旦家道没落，就会无路可走。

【挥洒自如】huī sǎ zì rú 本指写字、绘画或作文时运笔无拘无束，流利自然。后也形容处理事情干练、娴熟。挥洒：挥笔洒墨。★无论干什么事，他都能～，这与他丰富的处世经验是分不开的。

【回光返照】huí guāng fǎn zhào 指日落时由于光线反射，天空中又短时间发亮的自然现象。佛教指省察自己身心，以求证悟佛理。也泛指自我反省。又比喻人临死前神志忽然清醒或兴奋。也比喻旧事物灭亡前表面上短暂的繁荣兴旺。返：也作“反”。★有学者认为清朝是封建社会的～，有表面上的短暂繁荣。

【回天无力】huí tiān wú lì 比喻对局势或问题没有能力进行挽救。回天：比喻扭转局势的能力。★公司负债累累，濒临倒闭，决策层～，只有宣布破产。

【回天之力】huí tiān zhī lì 原指劝阻君主错误行为的能力。也比喻战胜困难或扭转局势的巨大力量。回天：旧时以皇帝为天，因称能谏止皇帝意志为“回天”。★他纵有～，也挽救不了这破乱不堪的时局。

【回味无穷】huí wèi wú qióng 过后细细体会，觉得有品味不尽的韵味。回味：在回忆中体会。穷：尽。★好的作品，总让人读后良久还会～。

【回心转意】huí xīn zhuǎn yì 改变原来的想法和态度。多用于指放弃前嫌，重修旧好。★在妈妈的劝导下，她～，决定搬回家里来住。

【悔过自新】huǐ guò zì xīn 追悔过错，重新做人。悔：后悔。过：过错。★对于那些愿意～的人，我们应该给予热心诚恳的帮助。

【悔恨交加】huǐ hèn jiāo jiā 后悔和怨恨交织在心中。形容非常懊悔痛心。★他徘徊在长江大桥上，～，不明白自己怎么会亲手拆散了这个曾经温馨的家。

【悔之无及】huǐ zhī wú jí 后悔已经来不及了。悔：后悔。及：赶上。★这件事情关系重大，一定要慎重考虑，否则就～了。

【诲尔谆谆，听我藐藐】huì ěr zhūn zhūn，tīng wǒ miǎo miǎo 教导的人尽心尽力，不知疲倦，听话的人却心不在焉。形容白费口舌。尔：你。谆谆：教诲不倦的样子。藐藐：疏远冷漠的样子。★有些大学教师尽管满腹经纶，但由于讲课死板，课堂上还是～。

【诲人不倦】huì rén bù juàn 教诲别人不知疲倦。形容耐心施教。诲：教导，训诲。★好的老师不仅要做到～，还要做到学而不厌，不断丰富自己的知识。

【绘声绘色】huì shēng huì sè 摹写声音，描绘色彩。形容描写、叙述生动逼真。绘：描绘。★新来的语文老师讲课～，学生们都喜欢听。

【蕙质兰心】huì zhì lán xīn 比喻女子心地纯洁，温柔雅静。蕙、兰：香草名。★古代的苏州女子～，读书，写诗，作画，刺绣，无所不能。

【昏昏欲睡】hūn hūn yù shuì 昏昏沉沉，直想睡觉。形容疲乏困倦或精神委靡的样子。★连续三天三夜的工作，使他～。

【昏迷不醒】hūn mí bù xǐng 昏过去失去知觉。★昨天某中学发生了一起食物中毒事件，至今还有十几名学生躺在医院里～。

【昏天黑地】hūn tiān hēi dì 形容天色漆黑，不能辨别方向。也形容神志不清，糊里糊涂。又形容社会黑暗，秩序混乱。还形容行为荒唐，失去节制。★大风夹着黄沙，刮得～。

【昏头昏脑】hūn tóu hūn nǎo 形容头脑不清，糊里糊涂。★为了赶上明天的产品展销会，大家一上午都忙得～的，连口水也顾不上喝。

【昏庸无道】hūn yōng wú dào 糊涂愚昧，凶残不讲道义。★皇帝～，决定把国土割让给别国。

【浑浑噩噩】hún hún è è 形容糊里糊涂，愚昧无知。也形容一片模糊的状态。浑浑：浑厚质朴。噩噩：严肃正大的样子。★过日子得明明白白，千万别～。

【浑然天成】hún rán tiān chéng 自然地完全融合在一块，就像是天生的。形容才德或诗文完美自然，无雕琢痕迹。浑然：也作“混然”。完全融合的样子。天成：自然形成。★奇石的魅力就在于它的～，绝非人工之所能成。

【浑然一体】hún rán yī tǐ 融合在一起，完全成为不可分割的整体。浑然：完全融合的样子。★广场上的浮雕和纪念碑～，完美地结合在一起。

【浑身是胆】hún shēn shì dǎn 全身是胆。形容非常勇敢，毫不惧怕。★侦察英雄杨子荣～，深入匪巢，智取威虎山。

【浑身解数】hún shēn xiè shù

指全身所有的本领。解数：武术的架势、路数，比喻本领。★他使出～，也没能从对方口中套出他们的投资计划。

【浑水摸鱼】hún shuǐ mō yú 在混浊的水里捉鱼。比喻趁混乱的时机捞取不正当的利益。浑水：混浊的水。★火灾发生，要防止坏人趁火打劫，～。

【魂不附体】hún bù fù tǐ 灵魂离开了躯体。形容万分惊恐。也形容受到极大的诱惑，不能自持。魂：灵魂，魂魄，迷信说法指依附在人体内并能离开人体而存在的精神、灵气。附：依附。★火车呼啸而过，尽管孩子依然安然无恙地躺在铁轨上，母亲却早已吓得～了。

【魂不守舍】hún bù shǒu shè 灵魂离开躯体。形容人精神恍惚，心神不定。舍：房屋，宅舍。比喻人的躯体。★丈夫从“非典”重灾区开会回来便被隔离了，她整天～，担心丈夫染病。

【魂飞魄散】hún fēi pò sàn 魂魄飞散。形容惊恐万分。有时也形容受到诱惑而不能自持。★我军攻进敌人最后一个据点时，残存的敌兵早已吓得～，乖乖束手就擒。

【魂牵梦萦】hún qiān mèng yíng 在梦中心里还牵挂萦绕着。形容思念殷切，念念难忘。★法国巴黎格调优雅，是一个让我～的地方。

【混世魔王】hùn shì mó wáng 旧时比喻胡作非为扰乱世界，给人们带来灾难或烦恼的恶人。★神话中的英雄总是长得高大魁梧，而～却总是一副丑恶嘴脸。

【混为一谈】hùn wéi yī tán 把不同事物不加区别地混在一起，认为是同样的事物。混：混杂，混淆。★我们不能把提倡民主和搞自由主义～。

【混淆黑白】hùn xiáo hēi bái 不加分辨地把黑白混杂在一起。比喻故意制造混乱，颠倒是非。★反动派搬弄是非、～，企图离间党和人民群众的关系。

【混淆视听】hùn xiáo shì tīng 指混淆、迷惑人们的认识，使真假难辨。视听：看到的和听到的。★为～，那些人在不断制造流言蜚语。

【混淆是非】hùn xiáo shì fēi 把正确的说成是错误的，把错误的说成是正确的。指故意制造混乱，颠倒是非。★法律是庄严而神圣的，绝不允许乱用法律～。

【活蹦乱跳】huó bèng luàn tiào 形容健康、活泼、欢快的样子。★他酒后驾车，致使一个～的孩子悲惨地死去。

【活灵活现】huó líng huó xiàn 形容描述或模仿的人或事物生动逼真。★泥人张捏出的泥人～，跟真的似的。

【火冒三丈】huǒ mào sān zhàng

形容怒气特别大。★看到店员对顾客不理不睬，店主～，当场宣布他下岗。

【火上浇油】huǒ shàng jiāo yóu 比喻使恼怒情绪更激烈或使事态更严重。★父亲怒气正盛，又见儿子叼着一根烟走了进来，更是～，冲上去就给了他一个耳光。

【火烧火燎】huǒ shāo huǒ liǎo 比喻心中十分焦灼或身上热得难受。燎：烧。★地上卷起一股热浪，～的，令人感到窒息。

【火烧眉毛】huǒ shāo méi máo 比喻情势十分紧迫。也比喻只顾眼前。★前线的抗洪抢险工作已经是～了，所有机关干部必须放下手中的工作，全力以赴地投入到这场战斗中去。

【火树银花】huǒ shù yín huā 形容灿烂的灯火或烟火。★国庆佳节，天安门广场～，热闹非凡。

【火眼金睛】huǒ yǎn jīn jīng 旧小说中指经过修炼能识别妖魔鬼怪的眼睛。后也指目光敏锐，识别力极强。★犯罪分子再狡猾，也逃不过刑警队员的～。

【火中取栗】huǒ zhōng qǔ lì 17世纪法国寓言诗人拉·封丹的《猴子与猫》记载，猴子和猫看见炉火上烤着栗子，猴子想吃，却骗猫去取，栗子取出后被猴子吃了，猫不但没吃着，反而把脚上的毛烧掉了。后用以比喻冒了风险替别人出力，自己吃了苦头却一无所获。★让我去帮他代考，你不是想～吧，你的如意算盘打错了。

【货真价实】huò zhēn jià shí 货物地道，价钱实在。商人招揽生意用语。也形容人或事物实实在在，没有虚假。★这是一瓶～的茅台酒，味道极其醇正。

【获益匪浅】huò yì fěi qiǎn 得到的好处或教益很大。匪：通"非"。★张教授的这场学术讲座，使我～。

【祸不单行】huò bù dān xíng 指不幸的事往往会接二连三地发生。祸：灾祸，灾难。★李叔叔家真是～，妻子刚刚去世，儿子又患了重病。

【祸不旋踵】huò bù xuán zhǒng 形容祸患很快就要来临。旋踵：转足之间，比喻时间极短。★进入施工现场一定要戴安全帽，否则～。

【祸从口出】huò cóng kǒu chū 指因说话不谨慎而招致祸患。★无意中说出的一句话让他挨了那帮恶棍的一顿揍，真可谓～。

【祸从天降】huò cóng tiān jiàng 灾祸从天上落下。指遭受意外灾祸。旧时也指老天降灾于人。★他在自家院子里被外边飞来的一块石头砸伤了，这真是～啊！

【祸福无常】huò fú wú cháng 灾祸福运没有一定的常规。指祸福难以预测和把握。★她活泼开朗，能歌善舞，然而风云难测，

~，病魔突然像幽灵一样缠住了她。

【祸国殃民】 huò guó yāng mín 使国家受害，使人民遭殃。殃：使受灾难。★汉奸的卖国行为~，他们绝对不会有好下场。

【豁达大度】 huò dá dà dù 形容人胸怀宽广，性格开朗，有气量，能容人。豁达：胸襟开阔，性格开朗。大度：气量宽宏。★电视剧《贫嘴张大民的幸福生活》描写了一个普通人的生活，他~，乐观热情，总是微笑着面对困难。

【豁然开朗】 huò rán kāi lǎng 形容由狭隘幽暗一变而为开阔明亮。也指由心存疑惑一变而为通晓领悟。豁然：开阔明朗的样子。★这次谈心使她~，近日来脑子里存着的疑惑都解开了。

J

【击中要害】jī zhòng yào hài 正好打在能致命的部位上。也比喻正好切中问题的关键之处。★李明的话正好~，对方顿时无话可说。

【饥不择食】jī bù zé shí 饥饿时不挑选食物。比喻急需时顾不得选择。★他~，从地里拔起一个萝卜就啃。

【饥肠辘辘】jī cháng lù lù 肚子饥饿发出咕噜噜的响声。形容腹中空空，饥饿难耐。辘辘：车轮转动声。★经过一整天的辛苦劳动，大家早已是~了。

【饥寒交迫】jī hán jiāo pò 饥饿和寒冷同时逼来。形容吃不饱，穿不暖，生活极度贫困。交：同时，一齐。迫：逼近。★他的童年，基本上是在~中度过的。

【机不可失，时不再来】jī bù kě shī, shí bù zài lái 机会不可错过，时机不会第二次来临。指时机难得，不可轻易错过。机、时：时机。失：丧失，失掉。再：第二次。★这次人才招聘会你一定要去，要知道，~。

【机关算尽】jī guān suàn jìn 形容用尽心机。机关：周密巧妙的计谋或策略。★他残忍地杀害了两个可爱的儿女，骗取保险金100万元，然而他~，最终还是被依法严惩。

【鸡蛋里挑骨头】jī dàn lǐ tiāo gǔ tou 比喻无中生有地故意挑毛病、找差错。★这篇文章的确写得非常精彩，如果说有问题的话，那也是~了。

【鸡飞蛋打】jī fēi dàn dǎ 鸡飞走了，蛋也破了。比喻全部落空，一无所获。★他本想占点便宜，结果却~，什么也没捞着。

【鸡毛蒜皮】jī máo suàn pí 比喻微不足道或无关紧要的琐事。★在他们共同生活的几十年中，常为一些~的小事吵得不可开交。

【鸡鸣狗盗】jī míng gǒu dào 学鸡鸣叫，装狗偷盗。《史记·孟尝君列传》记载，秦昭王囚孟尝君，孟尝君门客装狗夜入秦宫，偷出狐白裘献给昭王幸姬。幸姬说情，孟尝君获释。至函谷关，一门客学鸡叫引起群鸡齐鸣，骗得守关者开关门，孟尝君一行得以逃脱。后用以指卑微的技能或具有这种技能的人。★他的那些部下都是些~之徒，没什么可怕的。

【鸡犬不留】jī quǎn bù liú 连鸡和狗都不留下。形容掠夺杀戮净尽。★日本侵略者实行“三光”

政策，所到之处，~。

【鸡犬不宁】jī quǎn bù níng 连鸡狗也得不到安宁。形容被严重骚扰。宁：安宁。★春节前，经常有小偷作乱，搅得整个村庄~。

【鸡犬不闻】jī quǎn bù wén 听不到鸡鸣狗叫。形容偏僻荒凉，没有人烟。★唐朝初年，洛阳以东直至沿海，茫茫千里，人烟断绝，~。

【鸡犬升天】jī quǎn shēng tiān 晋·葛洪《神仙传·刘安》记载，汉代淮南王刘安好道，修炼成仙，临去时把余下的药放在中庭，鸡犬舐啄之后也都升天了。后用以比喻一人得势，跟他有关系的人也跟着沾光。★他当上经理后，亲戚朋友都被安排在公司上班，真可谓一人得道，~。

【鸡犬相闻】jī quǎn xiāng wén 鸡鸣狗叫的声音能互相听见。表示居住邻近。也形容百姓安居的太平景象。闻：听到。★这是一个小村落，有十几户人家，分散在相隔不远的山坳里，~，其乐融融。

【积毁销骨】jī huǐ xiāo gǔ 长久不断的诽谤，会使人陷入毁灭境地。极言流言可畏。毁：毁谤。销：也作“消”。熔化。★有时候风言风语也可以毁掉一个人，所谓众口铄金，~。

【积劳成疾】jī láo chéng jí 因长期劳累过度而导致疾病。劳：疲劳，劳累。★在中老年知识分子中，因忘我工作而~的大有人在。

【积少成多】jī shǎo chéng duō 一点点积累起来，可以由少变多。★一天只记几个单词，时间久了，~，词汇量自然会扩大。

【积土成山】jī tǔ chéng shān 土堆积起来可以成山。比喻积少成多，积小成大。★小的错误不改正，~，酿成大错，想改都来不及了。

【积习难改】jī xí nán gǎi 指多年的旧习惯难以改变。★他总是喜欢一边吃饭一边喝酒，几十年来，~。

【积重难返】jī zhòng nán fǎn 指长期形成的某种作风或习俗已习以为常，难以改变过来。积重：积习很深。返：也作“反”。★社会弊病~，非从体制上作根本变革不可。

【激扬文字】jī yáng wén zì 指写文章批评时事，激浊扬清。激扬：激浊扬清。★年轻的革命家们，为着祖国的前途和命运，指点江山，~。

【激浊扬清】jī zhuó yáng qīng 比喻批评丑恶，表彰良善。激浊：冲去脏水。扬清：使清水涌流。★我们要从源头上~，树立正气，预防和打击犯罪。

【及时行乐】jí shí xíng lè 抓紧时机，纵情享乐。行乐：消遣娱乐。★理想信念的缺乏，会导致青年学生~思想的产生。

【吉光片羽】jí guāng piàn yǔ 吉光身上的一片羽毛。后比喻残存的珍贵物品。吉光：古代传说中的神马。★这些文献资料尽管是~，却弥足珍贵。

【吉祥如意】jí xiáng rú yì 指事情吉利，遂人心意。★我祝大家新的一年身体健康，~。

【吉凶未卜】jí xiōng wèi bǔ 祸福成败不能预料。吉凶：指祸福成败。卜：占卜，古人视龟甲烧后的裂纹来预测吉凶的一种迷信活动。★这次探险活动~，大家要特别注意安全。

【岌岌可危】jí jí kě wēi 形容山高陡峭，快要倒塌的样子。也比喻形势危急。岌岌：高而险。★目前形势~，地下党组织必须尽快行动起来，团结一切可以团结的力量进行斗争。

【极目远眺】jí mù yuǎn tiào 用尽目力向远处望。眺：远望。★登上黄山顶峰，~，展现在我们面前的是一幅极为壮观的画卷。

【即景生情】jí jǐng shēng qíng 由眼前景物而引发某种感情。即：触，近。★今天我终于见到了向往已久的大海，它深邃辽阔，波浪滔天，~，于是我赋诗一首。

【佶屈聱牙】jí qū áo yá 形容文辞艰涩古奥，别扭难读。佶屈：曲折，不顺畅。聱牙：不顺口。★译文在忠实原文意思的前提下要努力做到流畅，不要为了一字一词的“信”而弄得译文~。

【急不可待】jí bù kě dài 急得不能再等待。形容心情急切或形势紧迫。★商店要到9点才开门，这几个人已经有点~了，在店门口踱来踱去。

【急风暴雨】jí fēng bào yǔ 急促而猛烈的大风雨。常用以形容来势迅猛、声势浩大的革命运动。★我们这支革命队伍，是经得起~考验的。

【急功近利】jí gōng jìn lì 急于取得成效，只贪求眼前利益。功：成绩，功效。★他是个~的人，成不了大事。

【急急忙忙】jí jí máng máng 形容十分匆忙的样子。★当他~赶到体育馆时，足球比赛已经开始了。

【急流勇进】jí liú yǒng jìn 在急流中勇敢前进。形容在险境中积极进取，不退缩。★在改革开放的浪潮中，我们应该~，创造佳绩。

【急流勇退】jí liú yǒng tuì 原指仕宦得意时及时辞官引退，以明哲保身。后泛指人在顺利或得意时，为了避祸而及早见机引退。急流：水势急速的河流。勇退：果断地退却或退避。★他觉得文艺圈太不好混，刚刚获得大奖的他不禁萌生了~的想法。

【急起直追】jí qǐ zhí zhuī 立即行动起来，一直追赶上去。直：径直。★认识到了差距，我们就应该~，奋力赶上世界先进水平。

【急如星火】jí rú xīng huǒ 急迫得像一闪而过的流星。形容形势十分急迫。星火：流星。★华北地区大面积的旱灾是一个~的问题，不马上解决，今年的粮食产量将大大下降。

【急于求成】jí yú qiú chéng 心情急切，想马上就取得成功。★做任何事情都不能~，而要从一点一滴的小事、实事做起。

【急中生智】jí zhōng shēng zhì 在紧急时刻猛然想出了好办法。智：智谋。★她~，顺手抓起一把石灰撒向歹徒的眼睛。

【急转直下】jí zhuǎn zhí xià 形势或情况突然转变，并很快顺势发展下去。★比赛到了第三节，形势~，我们球队将近20分的领先优势顿时化为乌有。

【疾恶如仇】jí è rú chóu 对坏人坏事如同对仇敌一样痛恨。形容正义感极强。疾：痛恨。★他~，所以好人拥护他，坏人痛恨他。

【疾风暴雨】jí fēng bào yǔ 急促而猛烈的大风雨。多用以形容事物声势大，来势猛。疾：迅疾。★青年人要想成才，就要经得起~的考验。

【疾风扫落叶】jí fēng sǎo luò yè 比喻以迅猛之势扫除溃败的军队或腐朽的东西。疾风：迅猛的大风。★对待同志要像春天般温暖，对待敌人要像~般冷酷无情。

【疾风知劲草】jí fēng zhī jìng cǎo 在烈风中才知道哪些草是坚忍不拔的。比喻在激烈的斗争或危难的情境中才能考验出人是否意志坚强、忠贞可靠。疾风：迅猛的大风。劲：强劲，有力。★~，危难见忠贞。在这次抗击“非典”的战役中，我们的医务工作人员经受住了考验。

【疾言厉色】jí yán lì sè 形容发怒时的神情。疾言：说话急切。厉色：面色严厉。★他对待同志总是和蔼可亲，从不~。

【集思广益】jí sī guǎng yì 集中众人智慧，广泛吸取有益的意见。广：增广，扩展。益：收益。★有些高校利用“校长信箱”收集老师和同学对学校工作的意见和建议，以便加强沟通，~，改进学校各方面的工作。

【集腋成裘】jí yè chéng qiú 狐狸腋下皮毛虽小，但聚集多了也能缝成一件皮衣。比喻积少成多或集众力办一事。集：聚集。腋：狐狸腋下的皮毛。裘：皮衣。★如果我们每个人都能为希望工程捐一点零花钱，~，就是一笔不小的数目，许多失学儿童就能重返课堂了。

【嫉贤妒能】jí xián dù néng 对品德、才能比自己强的人心怀忌恨。★他是个~的小人，你不用和他一般见识，却要提防着点儿。

【几次三番】jǐ cì sān fān 形容反复多次，屡次。番：次，回。★他~向学校提出休学申请，均未得到批准。

【挤眉弄眼】jǐ méi nòng yǎn 指不方便直说，用眉眼作态示意。★你~的干什么，我偏要把实情告诉他！

【济济一堂】jǐ jǐ yī táng 形容很多人聚集在一起。济济：众多的样子。★在春节联欢晚会上，各界人士~，共度良宵。

【计日而待】jì rì ér dài 等待的时间可按日计算。形容为期不远。★随着中国国门的进一步打开，中国经济发展新一轮高潮的到来~。

【记忆犹新】jì yì yóu xīn 过去的事还记得清清楚楚，就像刚发生过的一样。犹：仍然，还。★这部电影我已看过多年了，但其中许多精彩的情节和场面，我至今仍~。

【济世安民】jì shì ān mín 救济世人，安抚百姓。指治理国家。济：救助。★封建社会不少能人贤士有文经武纬之才，怀~之志。

【既成事实】jì chéng shì shí 已经形成了事实。既：已经。★这是~，你还敢狡辩。

【既得利益】jì dé lì yì 已经得到的利益。既：已经。★这样做并不妨碍我们公司的~，相反，它会给我们带来更大的利润。

【既来之，则安之】jì lái zhī, zé ān zhī 原意是已经使远方的人来了，就要使他安心定居。后多用以表示既然来了，就要安下心来。既：已经。来之：使之来。安之：使之安。★~，你就安心在我的公司上班吧。

【既往不咎】jì wǎng bù jiù 对以往的错误不再追究。既往：以往。咎：责备，加罪。★只要你深刻检讨并努力改正自己的错误，我们是可以~的。

【继往开来】jì wǎng kāi lái 继承前人的事业，开辟未来的道路。★勇敢而勤劳的中国人民以满腔热情迎来了~的新时代。

【寄人篱下】jì rén lí xià 寄居在别人家的篱笆下面。原比喻文章著述因袭别人而无独创。后多比喻依附别人生活，不能独立自主。寄：依附，依靠。篱：篱笆。★她父母双亡，从小住在舅舅家里，过着~的生活。

【夹道欢迎】jiā dào huān yíng 众多的人站在道路两边欢迎。多形容民众对新任官吏或来宾热烈欢迎的情景。夹道：在道路两旁。★奥运冠军回到故乡，家乡父老~。

【家长里短】jiā cháng lǐ duǎn 指琐碎寻常的家务事。★电视剧《老屋》，讲述了居住在北京四合院里的一家人的~。

【家常便饭】 jiā cháng biàn fàn 家中的日常饭食。也比喻习以为常的事情。★旧社会，工人过着牛马不如的生活，挨打受骂是～。

【家丑不可外扬】 jiā chǒu bù kě wài yáng 家庭或集体内部不光彩的事，不能对外宣扬。扬：宣扬。★～，这件事我们家里人知道就行了，谁也不能对外讲。

【家传户诵】 jiā chuán hù sòng 家家户户都在传诵。形容诗文等深受群众喜爱。诵：念诵，朗读。★白居易的诗作贴近生活，通俗易懂，在唐代已是～，广为人知了。

【家破人亡】 jiā pò rén wáng 家庭破败，亲人死亡。形容家庭遭到灾祸或不幸。★毒品使许多家庭～，我们必须牢牢记住这个深刻的教训，严格控制毒品的蔓延。

【家徒四壁】 jiā tú sì bì 家里只剩下四面墙壁。形容家境十分贫寒。徒：只，仅。壁：墙。★她父母双亡，～，拿什么来供养两个弟弟读书呢？

【家学渊源】 jiā xué yuān yuán 指学问是从家里祖辈传下来的，根基扎实深厚。家学：家族世代相传的学问。渊源：事物的根源。★朱先生有深厚的～，是一位颇有成就的学者。

【家有敝帚，享之千金】 jiā yǒu bì zhǒu, xiǎng zhī qiān jīn 家里有一把破扫帚，也看作价值千金。比喻自己的东西虽然不好，也觉得非常珍贵。敝帚：破烂扫帚。享：供奉，认为珍贵。★这个书柜虽然已经很旧了，但～，我还是舍不得丢。

【家喻户晓】 jiā yù hù xiǎo 家家户户都知道。形容人人皆知。喻：明白。晓：知道。★在雅典奥运会上，中国选手刘翔平了110米栏的世界纪录，一夜之间成为～的体育明星。

【家贼难防】 jiā zéi nán fáng 家庭或集体内部的贼人最难防范。★王鹏的存折丢了，万万没想到是睡在上铺的同学偷的，真是～啊！

【假公济私】 jiǎ gōng jì sī 假借为公的名义以谋取私利。假：借。济：补益。★个别干部～，利用出差的机会旅游、购物。

【假仁假义】 jiǎ rén jiǎ yì 指伪装的仁义慈善。★他明明是心里乐开了花，却还～地对邻居说了些同情的话。

【假途灭虢】 jiǎ tú miè guó《左传·僖公五年》记载，晋国向虞国借路攻打虞的邻国虢国，虞国答应了晋国的请求。晋国灭虢后，在回师途中把虞国也消灭了。后泛指先借路利用，而后顺便将之灭亡的策略。假途：借路，假道。虢：春秋时诸侯国名，今山西平陆及河南三门峡一带。★他这用的是～之计，小心上他的当。

【假戏真做】 jiǎ xì zhēn zuò 原

指戏演得很逼真。后多指把假事当作真事来做。★这对舞台上的恋人～，竟然成了生活中的夫妻。

【价廉物美】jià lián wù měi 指货物价格便宜，质量优良。廉：便宜，价钱低。★散落在城市每个角落的各类超市，凭借它们的～，深得市民喜爱。

【价值连城】jià zhí lián chéng 价值相当于连成一片的许多城池。形容物品极其珍贵。★故宫博物馆中的许多文物极为珍贵，～。

【驾轻就熟】jià qīng jiù shú 驾着轻车走熟路。比喻对事情熟悉，做起来轻而易举。熟：熟悉。★她下岗前做过会计，现在让她帮我们管账，真是～，不会有什么问题。

【嫁祸于人】jià huò yú rén 将自身祸患转嫁到别人身上。嫁：转嫁。★他自己收受贿赂，却又～，真是狡猾。

【嫁鸡随鸡，嫁狗随狗】jià jī suí jī, jià gǒu suí gǒu 一种旧的婚姻观念。比喻女子出嫁后，不管丈夫好坏，都要跟他过一辈子。★～，她觉得自己这辈子摊上这么个无能的丈夫算是完了。

【尖酸刻薄】jiān suān kè bó 指说话挖苦带刺，令人难堪。尖酸：说话带刺，使人难受。刻薄：冷酷无情，过分苛求。★她说话～，常常让人下不了台。

【尖嘴猴腮】jiān zuǐ hóu sāi 形容人脸面瘦削，长相丑陋。★财主家的二少爷长得～，经常吃完饭后提着个鸟笼四处闲逛，还不时招惹是非。

【坚壁清野】jiān bì qīng yě 作战时对付优势敌人而采取的一种策略，即坚守或撤出据点，转移周围地区的居民及粮食、牲畜等物，给敌人造成种种困难。★面对强敌入侵，我们应该～，不让他们捡一点便宜。

【坚不可摧】jiān bù kě cuī 非常坚固，不能摧毁。★人民解放军～，他们是保卫我们国家和人民不受侵害的钢铁长城。

【坚持不懈】jiān chí bù xiè 坚持到底，毫不放松。懈：松懈。★要学好外语，必须～，三天打鱼，两天晒网是不行的。

【坚定不移】jiān dìng bù yí 形容意志坚强，决不动摇。移：改变，动摇。★只要我们～地沿着社会主义发展路线走下去，就一定能把中国建设成为一个美丽富强的国家。

【坚强不屈】jiān qiáng bù qū 形容意志坚定刚强，决不动摇屈服。★革命者～，面对敌人的屠刀也不泄露秘密。

【坚忍不拔】jiān rěn bù bá 形容意志坚强，不可动摇。坚忍：坚持而不动摇。拔：移动，改变。★挑山夫挑着200多斤的担子行走在山路上，他们那宛如黄山松一样～的意志，深深地震撼着我。

【坚如磐石】jiān rú pán shí 形容非常坚固，不可动摇。坚：坚固。磐石：厚而大的石头。★我们两国人民之间的友谊～，牢不可破。

【坚贞不屈】jiān zhēn bù qū 坚守气节，决不屈服。坚贞：坚定而有节操。★面对敌人的枪口，小通信员～，为祖国的革命事业献出了自己年轻的生命。

【坚贞不渝】jiān zhēn bù yú 坚定而有节操，始终不会改变。渝：改变。★他～的革命情操，令人肃然起敬。

【肩不能挑，手不能提】jiān bù néng tiāo, shǒu bù néng tí 形容一点体力活都不能干。常用来指缺乏锻炼的文弱书生。也指不爱劳动的人。★他是个书呆子，～的，你还指望他干点什么事吗！

【艰苦奋斗】jiān kǔ fèn dòu 在艰难困苦的条件下进行英勇顽强的斗争。★无论在什么时期，我们都要发扬中华民族～的优良传统。

【艰苦朴素】jiān kǔ pǔ sù 形容吃苦耐劳、勤俭节约。朴素：勤俭朴实。★在新的工作岗位上，他依然保持着军人～的作风。

【艰难困苦】jiān nán kùn kǔ 指处境艰难，生活困苦。★经历过～的人，才懂得珍惜眼前幸福的生活。

【艰难曲折】jiān nán qū zhé 种种困难和周折。形容极不顺利。曲折：弯曲，指波折。★在～的人生道路上，他从来没有被困难吓倒过。

【艰难险阻】jiān nán xiǎn zǔ 指所遇到的困难、危险、障碍、挫折等。★无论前进道路上有多少～，我们都要勇往直前，向着胜利进军。

【监守自盗】jiān shǒu zì dào 指盗窃自己所监管的公家财物。监守：看管。★香港一银行职员～，多次窃取公款，结果被判徒刑。

【兼而有之】jiān ér yǒu zhī 指同时具备。★在科学研究方面，基础科学知识和应用科学知识应该～。

【兼容并包】jiān róng bìng bāo 指把有关各方面的东西都包容进去。常用来形容人办事的方针、宗旨和气度。★蔡元培治校，采取～的原则，广泛吸纳人才。

【兼收并蓄】jiān shōu bìng xù 把各种不同的东西一齐吸收保存起来。蓄：储藏，容纳。★我国以汉族文化为主体，对各兄弟民族优秀的传统文化～。

【兼听则明，偏信则暗】jiān tīng zé míng, piān xìn zé àn 广泛听取意见，就能明辨是非；只信一面之词，就会昏暗不明。暗：不明白，糊涂。★领导干部一定要广泛听取群众意见，所谓“～”，不要被个别人的花言巧语所蒙蔽。

【简单明了】 jiǎn dān míng liǎo 简明扼要，使人一看就明白。★计算机的使用说明书要～，让人一看就懂。

【简明扼要】 jiǎn míng è yào 形容说话、作文简单明了，能抓住要点。扼要：抓住要点。★校长讲话总是～，经常是三五句话就能将问题讲清楚。

【见多识广】 jiàn duō shí guǎng 指阅历深，见识广。★他一辈子走南闯北，～，生意场上从来没有失败过。

【见风使舵】 jiàn fēng shǐ duò 看风向掌舵。比喻看情况行事。现多比喻看人脸色，投机逢迎。★他是个～、投机钻营的人，不值得信任。

【见缝插针】 jiàn fèng chā zhēn 指抓紧时机，尽量利用一切可以利用的时间和空间。缝：裂缝，缝隙。★时间是挤出来的，要学会～，抓紧时间学习。

【见机行事】 jiàn jī xíng shì 指根据情况的发展灵活处理事情。机：时机，机会。★作为一个侦察员，面对突如其来的各种险情，必须沉着机智，善于～。

【见利忘义】 jiàn lì wàng yì 看到有利可图就忘记了道义。义：道义。★医务工作者必须讲究职业道德，以救死扶伤为天职，绝不能～。

【见钱眼开】 jiàn qián yǎn kāi 形容人贪财爱钱。★她母亲是个～的人，看见许老板有钱就答应了这门亲事。

【见死不救】 jiàn sǐ bù jiù 看见别人有急难大祸却不相救助。★他被绑架一个多星期了，你们怎么能～呢?

【见微知著】 jiàn wēi zhī zhù 看到一点苗头就能知道它的发展趋向或问题的实质。微：细微。著：明显。★基层党组织要增强政治敏锐性，要善于～，防微杜渐。

【见贤思齐】 jiàn xián sī qí 见到有道德有才能的人，就想向他学习、看齐。贤：贤德，贤能。思齐：思与之齐。★他～，总是不懈地向优秀人物学习。

【见义勇为】 jiàn yì yǒng wéi 看到正义的事，就挺身而出，勇敢地去做。★他～、舍身抢救溺水儿童的光辉事迹被广为传诵。

【见异思迁】 jiàn yì sī qiān 看到别的事物就改变原来的主意。指意志不坚定，感情不专一。异：不同的，新奇的。迁：改变。★干工作不能～，找到适合自己的位置就要专心致志地干下去。

【建功立业】 jiàn gōng lì yè 建立功勋，成就事业。多指人的抱负。★毕业生应该到祖国和人民最需要的地方去～。

【荐贤举能】 jiàn xián jǔ néng 举荐有德行和才能的人。荐、举：推荐，荐举。★共产党人应该胸襟开阔，不仅要善于慧眼识人，而且要善于～。

【剑拔弩张】jiàn bá nǔ zhāng 像剑拔出来，弓弩张开一样。原用以比喻书法或文笔气势豪放，咄咄逼人。后多用来比喻气势逼人或形势紧张。弩：弩弓，古代一种利用机械力量射箭的弓。★双方村民在河坝上对峙着，～，一场械斗一触即发。

【健步如飞】jiàn bù rú fēi 形容走路极快，像飞一样。健步：脚步快而有力。★爷爷今年70多岁了，登长城却依然～。

【渐入佳境】jiàn rù jiā jìng 兴味逐渐浓厚或境况逐渐好转。佳境：美好的境界。★他读书读到这个地方，～，舍不得放下了。

【鉴往知来】jiàn wǎng zhī lái 审察以往的经验，可以推知未来的发展。鉴：对照，审察。★我们要学会不断总结，不断审视过去，～，这样才能积累经验，少走弯路。

【箭不虚发】jiàn bù xū fā 形容射箭技术高超，每射必中。也比喻做事有针对性，决不落空。虚：空。★他技艺精湛，～，最终夺得这个项目的冠军。

【箭在弦上】jiàn zài xián shàng 比喻事情十分紧迫，已经到了非做不可的地步。★形势发生变化，看来提前起义已是～，不得不发了。

【江河日下】jiāng hé rì xià 江河之水每天不停地向下游流去。比喻事物一天天衰败下去。日：每日，每天。★旧中国，民族工业在殖民主义的压迫下，～，濒于灭亡。

【江湖骗子】jiāng hú piàn zi 原指闯荡江湖靠卖假药等骗术谋生的人。后用来喻指专事招摇撞骗的人。★近段时间，一些～专爱骗农村中年妇女，大家一定要提高警惕。

【江郎才尽】jiāng láng cái jìn 《南史·江淹传》记载，南朝江淹早年以才学闻名一时，后曾梦见一个名叫张景阳的人从他怀中夺走一匹锦帛，从此才思大为衰退。后用以比喻文思减退或才华枯竭。江郎：即江淹。★我们应该不断地学习，否则，终究有一天会～的。

【江山如画】jiāng shān rú huà 形容祖国的大好河山像画一样美丽。★我们伟大的祖国～，唤起了我们每一个中华儿女的无限热爱。

【江山易改，禀性难移】jiāng shān yì gǎi，bǐng xìng nán yí 山河容易改造，人的本性却难以改变。禀性：指天赋的品性和资质。★～，要他在短时间内改掉这些恶习是不可能的。

【江心补漏】jiāng xīn bǔ lòu 船到江心才去补船上的漏洞。比喻补救措施为时已晚。★与其～，不如防患未然。

【将错就错】 jiāng cuò jiù cuò 事情既然已经错了，干脆顺着错误做下去。将：依顺，随顺。★事已至此，他只能～。

【将功补过】 jiāng gōng bǔ guò 拿功劳来弥补过失。将：拿。★小王，我想给你一次～的机会，希望你这次能够做好。

【将功赎罪】 jiāng gōng shú zuì 拿功劳来抵偿罪过。赎：抵偿。★对于犯了错误的同志，我们要给他一个～的机会，让他重新振作起来。

【将计就计】 jiāng jì jiù jì 利用对方的计策，反过去向对方施计。也指顺势听从别人的计划或设想。将：随顺。★我们～，把敌人引入包围圈。

【将心比心】 jiāng xīn bǐ xīn 指设身处地体谅理解别人。★我们做事如果都能～，那么矛盾就会大大减少。

【将信将疑】 jiāng xìn jiāng yí 有些相信又有些怀疑。形容对事物的看法犹豫不决。将：且，又。★对于儿子的话，她～，于是决定亲自去学校看个究竟。

【匠心独运】 jiàng xīn dú yùn 形容艺术构思精巧独特。匠心：精巧的心思。独运：运用巧妙。★艺术家们～，创造了许多巧夺天工的工艺品。

【交口称誉】 jiāo kǒu chēng yù 众口同声称赞。交口：众口，齐声。称誉：称扬赞美。★参观东方明珠电视塔的中外游客，对这座亚洲第一高塔～，惊叹不已。

【交头接耳】 jiāo tóu jiē ěr 彼此凑到耳边低声交谈。★上课应该认真听讲，不要～。

【交相辉映】 jiāo xiāng huī yìng 指各种光亮、色彩等相互映照。常用于形容美好的景象。交相：互相。辉映：照耀，映射。★星月灯火，～，一派美景。

【娇生惯养】 jiāo shēng guàn yǎng 指在过分宠爱和姑息中成长。娇：宠爱。惯：纵容。★她虽是独生子女，却没有～，具有良好的道德品质和生活习惯。

【娇小玲珑】 jiāo xiǎo líng lóng 形容身材小巧，伶俐可爱的样子。玲珑：精巧；灵活。★别看她长得～的，力气却很大，挑一担水上山下山不觉得累。

【骄傲自满】 jiāo ào zì mǎn 自以为了不起，看不起别人。含贬义。满：满足。★得了大奖赛第一名后，她开始～起来，不再努力练功。

【骄兵必败】 jiāo bīng bì bài 骄傲轻敌的军队必定失败。★～，对手尽管实力较弱，但大家千万不能轻敌。

【骄奢淫逸】 jiāo shē yín yì 骄横奢侈，荒淫无度。骄奢：骄纵奢侈。淫逸：逸，也作“佚”。荒淫放荡。★如果~成为一种时尚，那么无论物质上如何发达都会使社会风气败坏。

【焦头烂额】 jiāo tóu làn é 指头脸被火烧焦。也比喻受到重创或处境狼狈不堪。★这几天学校事情特别多，忙得我~。

【焦躁不安】 jiāo zào bù ān 着急烦躁，心里不安宁。★据调查，半数以上的高三学生经常~，患有明显的"毕业生综合征"。

【狡兔三窟】 jiǎo tù sān kū 狡猾的兔子有三个窝。比喻避祸藏身的处所或方法很多。★他~，为自己设计好了好几种退路。

【绞尽脑汁】 jiǎo jìn nǎo zhī 形容用尽心机，想尽一切办法。绞：挤压。脑汁：指脑筋。★每年高考结束后，各类民办大学都在~地拉生源。

【矫揉造作】 jiǎo róu zào zuò 形容过分做作，极不自然。矫：使弯变直。揉：使直变弯。★写文章要有实在内容，反对空洞无物；要自然流畅，反对~。

【矫枉过正】 jiǎo wǎng guò zhèng 谓矫正弯曲的东西过了限度，结果又弯向另一方。比喻纠正偏差过了头，结果又产生另一种偏差。矫：纠正。枉：弯曲。过正：超过限度。★专家认为，对糖尿病患者的治疗不宜~，不然将引发新的矛盾，给病人带来新的痛苦。

【脚踩两只船】 jiǎo cǎi liǎng zhī chuán 比喻因对事物认识不清或存心投机而跟两方面都保持关系。形容摇摆不定，不专一或下不了决心。★她们两个中间你只能选择一个，不能~。

【脚踏实地】 jiǎo tà shí dì 比喻做事踏实认真。★严峻的现实要求我们必须~地来保护环境，不能再饮鸩止渴，贻祸子孙。

【搅海翻江】 jiǎo hǎi fān jiāng 把江海都搅动翻腾起来了。形容声势巨大。★他们以~的气势打响了治理沙漠的战斗。

【叫苦不迭】 jiào kǔ bù dié 不住地叫苦。表示形势糟糕或窘迫。不迭：不停止。★连日来，小区周围的污水越积越多，附近居民~。

【叫苦连天】 jiào kǔ lián tiān 连连地大声叫苦。★各级政府摊派繁重的杂税，让老百姓~。

【教学相长】 jiào xué xiāng zhǎng 通过教学，不但学生得到进步，教师自己也得到提高。相长：彼此促进。★上课过程中，同学们可以给老师以启发，使老师对所授课程的理解更加全面和深化，所谓~。

【皆大欢喜】 jiē dà huān xǐ 原为佛经结束时的套语。后泛指结局圆满，大家都高高兴兴。★这场官司，公司赢得了声誉，员工得到了利益，可谓~。

【接二连三】jiē èr lián sān 一个接着一个，连续不断。★长江洪峰～，防洪形势异常严峻。

【接风洗尘】jiē fēng xǐ chén 指设宴款待刚刚到来的客人，以示慰问和欢迎。★他在酒店订了两桌酒宴，算是为大哥～。

【接踵而至】jiē zhǒng ér zhì 形容很多人接连而来。踵：脚后跟。★演出即将开始，观众～。

【揭竿而起】jiē gān ér qǐ 高举旗帜，起来反抗。原指秦末陈胜、吴广发动农民起义。后泛指武装起义。揭：举。★暴政和饥荒让百姓～，一代王朝终于覆灭。

【嗟来之食】jiē lái zhī shí《礼记·檀弓下》记载，春秋时齐国发生饥荒，有个叫黔敖的人在路上施舍饮食，对一个饥饿者说："嗟，来食！"饿者答曰："予唯不食嗟来之食，以至于斯也。"最终饿死。后用以比喻带侮辱性的施舍。嗟：叹词。★朱自清先生气节崇高，宁死不受美国的～。

【街头巷尾】jiē tóu xiàng wěi 泛指大街小巷。★国庆节将至，城市的～都张灯结彩。

【孑然一身】jié rán yī shēn 孤独一人。孑然：孤单的样子。★他～，穷居陋巷，潜心这项新技术的研究。

【节哀顺变】jié āi shùn biàn 指亲人既已去世，不要过于哀痛。用作吊唁之辞。节哀：节制哀痛。顺变：顺应变故。★人死不能复生，望你～。

【节节胜利】jié jié shèng lì 形容一个胜利接着一个胜利。节节：一个接一个。★"辽沈"、"淮海"、"平津"三大战役以后，我军～，迅速解放了全中国。

【节外生枝】jié wài shēng zhī 在原来枝节上又长出新枝。比喻在原有问题之外又出现新问题。★我本以为这个问题能够比较快地解决，没想到～，结果又多花了一个月时间。

【节衣缩食】jié yī suō shí 在吃穿上尽量节省。指生活节俭朴素。节：俭省。缩：缩减。★父母为了供我们上大学，不得不～。

【劫富济贫】jié fù jì pín 夺取富人财产，救济贫苦人民。劫：强行夺取。济：救济。★他本性善良，行侠仗义，～。

【劫后余生】jié hòu yú shēng 经历灾难后幸存下来的人或物。劫：灾难。生：生命。★几天后，这些～的天鹅将重新展翅飞向蓝天。

【劫数难逃】jié shù nán táo 命中注定的灾祸难以逃脱。劫数：佛家用语，命中注定的灾祸。★犯罪分子垂头丧气地说："看来这次是～了。"

【洁身自好】jié shēn zì hào 保持自身纯洁，不同流合污。也指怕招惹是非，只顾自己好，不管别人。★他～，从不与那帮小混混来往。

【结党营私】jié dǎng yíng sī 纠集一伙人结成党派，以图谋私利。党：帮派，集团。营：谋取。★自从做了副总经理，他便开始罗织关系网，～了。

【结发夫妻】jié fà fū qī 旧指初成年时结成的夫妻，意指原配夫妻。结发：束发。旧指刚刚成年。★他们是～，几十年来虽然经历了很多风雨，但感情一直很好。

【结绳而治】jié shéng ér zhì 指上古没有文字，用结绳记事的办法治理天下。★很多人向往～的古代社会，这实际上是一种保守倒退的思想。

【桀骜不驯】jié ào bù xùn 形容凶暴倔强，不服约束管教。桀骜：凶暴倔强。驯：驯服。★他的身上，有一种～的野性。

【捷报频传】jié bào pín chuán 胜利的消息接连传来。捷报：胜利的消息。频：屡次。★在世界乒乓球锦标赛上，中国代表队～，取得了可喜的战绩。

【捷足先登】jié zú xiān dēng 比喻行动快的人抢先达到目标或先得到所求之物。捷足：脚步敏捷。★老年组成员～，率先登上了长城。

【截然不同】jié rán bù tóng 形容两件事物区别明显，毫无相同之处。截然：界限分明。★这两篇文章的立意～，你怎么能说是雷同呢？

【竭尽全力】jié jìn quán lì 用尽全部力量。竭尽：用尽。★他～地为大家服务，被称为“人民的老黄牛”。

【竭泽而渔】jié zé ér yú 排干水塘去捉鱼。比喻一味贪图眼前利益，不顾严重后果。竭泽：排干水塘。渔：捕鱼。★为追求更多利润，你让员工没日没夜地干活，这无异于～。

【解甲归田】jiě jiǎ guī tián 脱下铠甲，回家种田。指军人退伍还乡。也泛指离开官职，回家不干了。甲：古代将士的护身衣，用金属或皮革做成。★这场战斗过后，他决心～，做一个清静的平头百姓。

【解铃还须系铃人】jiě líng hái xū xì líng rén 系在老虎颈上的铃，还应当靠系铃的人去把它解掉。宋·惠洪《林间集·法灯泰钦禅师》记载，一次，法眼禅师问大家：“老虎脖子上系着一只金铃，谁能把它解下来呢？”众僧答不上来，只有法灯禅师答道：“解铃还是系铃人。”后用以比喻由谁惹出的麻烦，仍须由谁去解决。★～，这件事情既然是因你而起，还得麻烦你去走一趟。

【解囊相助】jiě náng xiāng zhù 解开口袋，拿出钱财帮助他人。形容慷慨助人。囊：袋子。★流浪少年千里寻亲到江城，社区居民知道情况后纷纷～。

【戒备森严】 jiè bèi sēn yán 警戒防备极其严密。戒备：警戒防备。森严：防备严密。★皇宫里～，一般人是不允许进入的。

【戒骄戒躁】 jiè jiāo jiè zào 警惕骄傲，防止急躁。指勉励人严格要求，不断进步。戒：警惕，防备。★我们要发扬艰苦奋斗的精神，戒奢戒贪，～，为促进经济发展提供强有力的政治保障。

【借刀杀人】 jiè dāo shā rén 自己不出面，而利用别人去害人。★这个凶手十分狡猾，他～，还伪造现场，妄图迷惑公安人员。

【借古讽今】 jiè gǔ fěng jīn 假托古人古事来影射讽刺现实。借：假托。讽：讥讽，讽刺。★这部电视剧明显是在～，以抨击当今社会的不良现象。

【借花献佛】 jiè huā xiàn fó 比喻拿别人的东西做人情。★今天我～，祝你工作进步，心想事成。

【借酒浇愁】 jiè jiǔ jiāo chóu 指用饮酒的方式来排遣心中愁闷。★比赛失利后，他一个人来到酒吧～。

【借题发挥】 jiè tí fā huī 借谈论另外的题目来表达自己的真实意图。★在这篇文章中，他～，不失时机地将当今的公务员录取制度好好地讽刺了一番。

【巾帼英雄】 jīn guó yīng xióng 指女英雄。巾帼：古代妇女的头巾，借指妇女。★秋瑾是我国近代史上一位著名的～。

【斤斤计较】 jīn jīn jì jiào 形容过分计较无关紧要的小事。斤斤：明察的样子，引申为琐屑细小。★这么一点小事，他都～，真没有度量。

【今愁古恨】 jīn chóu gǔ hèn 今日的忧愁，旧时的怨恨。形容无限的感慨愁恨。★风波亭上的岳飞父子，～，涌上心头，仰望苍天，万分感慨。

【今非昔比】 jīn fēi xī bǐ 如今不是过去所能比的。形容变化巨大。★随着我国对外交往的不断扩大，现在公民的英语听说能力已是～。

【今生今世】 jīn shēng jīn shì 这一生，这辈子。★我们俩相敬如宾，白头偕老，～，永不改变。

【今夕何夕】 jīn xī hé xī 今天这个夜晚是哪一天的夜晚？常指因情感激动或神情恍惚而弄不清当天的确切日期。也表示对难忘之夜的感叹之情。夕：夜晚。★读他的小说，常令人不知～。

【今朝有酒今朝醉】 jīn zhāo yǒu jiǔ jīn zhāo zuì 今天有酒今天喝醉了再说。指追求享乐，不管其他。也比喻只顾眼前享受，不作长远打算。今朝：指今天。★他生活没有计划，花钱如流水，一发工资就到餐馆大吃大喝，仿佛在追求一种～的生活。

【金榜题名】 jīn bǎng tí míng 名

字被写在金榜上。泛指考试录取。金榜：科举时代公布殿试录取名单的黄榜。★在旧社会，~，衣锦还乡，往往是那些寒窗苦读的学人士子的最高人生理想。

【金碧辉煌】jīn bì huī huáng 形容建筑物或陈设等非常华丽，光彩耀眼。金碧：金黄色和绿色，泛指鲜艳明亮的色彩。辉煌：光辉灿烂。★在影视拍摄基地，那些仿造的皇宫看起来和真的一样~。

【金蝉脱壳】jīn chán tuō qiào 蝉蜕变时脱去原来的外壳。比喻趁对方尚未察觉时利用某种假象逃脱。也比喻更新改变。又指形同蝉蜕的现象。★见打不过，他便使了个~之计，逃窜而去。

【金城汤池】jīn chéng tāng chí 形容城防坚固严密，不易攻破。也比喻言谈无懈可击。金城：像金属铸造的城墙。汤池：像开水翻滚的护城河。★这座边防重镇~，龙盘虎踞，难以攻取。

【金风送爽】jīn fēng sòng shuǎng 秋风送来凉爽。金风：秋风。古代以阴阳五行解释季节变化，秋属金。★在这~的美好时节，我们相聚北京，共同研讨我国基础教育的改革与发展。

【金戈铁马】jīn gē tiě mǎ 指持戈跃马作战。常用以形容威武豪迈的气概或粗豪奔放的气势。金戈：古代一种用青铜或铁制成的兵器。铁马：配有铁甲的战马。★置身古战场，我思绪万千，仿佛回到了当年那个~的时代。

【金科玉律】jīn kē yù lǜ 原形容法律条文尽善尽美。后多指不能变动、必须遵守的信条。科、律：法律，法令。★学术提倡争鸣与创新，即使是权威学者的言论也不能当作~。

【金汤之固】jīn tāng zhī gù 像金城汤池那样坚固。形容城防坚固严密，不易攻破。★这座城池有~，想要攻取殊非易事。

【金童玉女】jīn tóng yù nǚ 传说中供神仙役使的童男童女。借指天真烂漫的男孩和女孩。★娘娘出院游玩，旁边伴着几对~。

【金屋藏娇】jīn wū cáng jiāo 原谓汉武帝要用金屋接纳阿娇作妇。东汉·班固《汉武故事》记载，汉武帝小时候，姑母长公主问他想不想娶媳妇，武帝说想。长公主指着左右侍女给他看，他觉得都不好。最后问自己女儿阿娇如何，武帝答道："若得阿娇作妇，当作金屋贮之也。"后泛指娶得娇妻美妾而极其宠爱。因阿娇后来失宠被摒居长门宫，故有时用以指被遗弃的妻妾。★他花钱在外另买了一套豪宅，开始过起了~的生活。

【金无足赤】jīn wú zú chì 比喻一切人和事物都不可能十全十美。足赤：成色十足的金子。★~，人无完人，他犯这点错误也是正常的，你就不要再责怪他了。

【金玉良言】jīn yù liáng yán 比喻极其珍贵有益的劝告或教诲。金玉：黄金美玉。★爷爷刚才说的一番话都是~，你要牢牢记在心里。

【金玉其外，败絮其中】jīn yù qí wài, bài xù qí zhōng 金玉般的外表，里面却是破棉絮。比喻外表华美而实质糟糕。★这种商品包装精美而质量粗劣，真是~。

【金针暗度】jīn zhēn àn dù 唐·冯翊子《桂苑丛谈·史遗》记载，相传古代有位女子叫采娘，七夕夜摆下香案向织女祈求传授缝织的秘诀。织女将一根金针放入采娘的裙带中，并叮嘱她三天之内不乱说。采娘如是照办，后来手艺果然精巧。后用以比喻把高超的技艺传授给别人。度：授予，传授。★这位老画家~，把作画技巧毫无保留地传授给了年轻人。

【金枝玉叶】jīn zhī yù yè 形容华美的花树枝叶。常比喻帝王子孙及出身高贵的人。★小姐是~，怎么能和我们普通老百姓平起平坐呢?

【金字招牌】jīn zì zhāo pái 指店铺用金粉涂字的招牌。常指商店资金雄厚，信誉卓著。也比喻向人炫耀的名义或称号。★他们凭着“同仁堂”的~，在医药界一直立于不败之地。

【津津乐道】jīn jīn lè dào 指饶有兴味地谈论某事。津津：兴味很浓的样子。乐道：乐于谈论。★英国作家柯南道尔塑造的著名侦探福尔摩斯形象，时至今日仍为人们~。

【津津有味】jīn jīn yǒu wèi 形容兴味非常浓厚。★他一边欣赏着优雅的小夜曲，一边~地吃着西餐。

【筋疲力尽】jīn pí lì jìn 形容极度疲乏，没有一点力气。筋、力：指体力。★从篮球场上下来，他早已累得~了。

【襟怀坦白】jīn huái tǎn bái 心地纯洁、坦率，光明正大。襟怀：胸怀。坦白：直率纯真。★他光明磊落，~，是一位出色的行政领导。

【紧锣密鼓】jǐn luó mì gǔ 锣鼓敲打得很紧急。比喻事前紧张地筹备。★项目马上要启动，公司正在~地招聘人才。

【锦囊妙计】jǐn náng miào jì 封在锦囊中的巧妙计策。比喻能及时解救危急的好办法。★靠着诸葛亮的~，蜀军多次在战斗中化险为夷。

【锦上添花】jǐn shàng tiān huā 在美丽的锦上再绣上花。比喻美上加美，好上加好。锦：有彩色花纹的丝织品。★我们公司目前经营困难，需要的是雪中送炭，而不是~。

【锦心绣口】jǐn xīn xiù kǒu 形容文思优美，辞藻华丽。★唐代诗人李白10岁时便精通书史，出口成章，时人都称他～。

【锦绣前程】jǐn xiù qián chéng 指美好光辉的前途。锦绣：精美鲜艳的丝织品，比喻美丽或美好。★展现在我们眼前的是无限美好的～。

【锦绣山河】jǐn xiù shān hé 形容国土像锦绣般美丽。锦绣：精美华丽的丝织品。比喻美丽或美好。山河：代指国土。★那些战士驻守在人迹罕至的高原，保卫着我们祖国的～。

【锦衣玉食】jǐn yī yù shí 形容豪华而奢侈的生活。也比喻富贵。锦衣：华丽的衣服。玉食：美食。★那些大户人家只知每日～，全然不顾国家的安危。

【谨小慎微】jǐn xiǎo shèn wēi 一举一动都小心提防，生怕出问题。又指对细小的事情过分谨慎，以致流于畏缩。微：细微。★我们提倡谦虚谨慎，但并不是人人要做～的谦谦君子。

【尽力而为】jìn lì ér wéi 用尽全部气力去做。★你放心，这件事情我一定会～的。

【尽人事，听天命】jìn rén shì，tīng tiān mìng 尽心尽力去做，听从天命安排。这是宿命论者的说法。★该做的我都做了，至于这件事最终能否成功，只好～了。

【尽如人意】jìn rú rén yì 完全合乎人的心意。人意：人的意愿、情绪。★他做事一向让我放心，但这次商贸洽谈并不十分～。

【尽善尽美】jìn shàn jìn měi 形容事物达到最完美的境界。尽：极。善：好。★他是个完美主义者，做任何事情都追求～的境界。

【尽心竭力】jìn xīn jié lì 用尽心智，使出全力。竭：尽。★他是个热心肠的人，凡是别人托他的事，他都～去办。

【尽忠报国】jìn zhōng bào guó 竭尽忠心，报效祖国。★在抗击“非典”的斗争中，医护人员用忘我的无私奉献精神谱写了中华儿女～的新篇章。

【进退两难】jìn tuì liǎng nán 前进后退都感到为难。形容处境尴尬，左右为难。★事到如今，他～，不知道该如何选择。

【进退维谷】jìn tuì wéi gǔ 前进后退都陷于困境。指进退两难。维：语助词。谷：山间夹道。比喻困境。★局长的儿子犯了错，不能不处理，又不知如何处理，弄得我～。

【近水楼台先得月】jìn shuǐ lóu tái xiān dé yuè 坐落在水边的楼台先得到月光。比喻由于近便而优先得到好处。★～，他的提升得益于做了多年的首长秘书。

【近在咫尺】jìn zài zhǐ chǐ 形容距离很近。咫：古代周制称八寸为咫，合现在市尺六寸二分二厘。★他觉得自己追求的东西～，却又只能望洋兴叹。

【近朱者赤，近墨者黑】jìn zhū zhě chì, jìn mò zhě hēi 靠近朱砂会染上红色，靠近墨会染上黑色。比喻环境对人的习性有决定性的影响。朱：朱砂，红色颜料。★俗话说得好，~，他就是因为交友不慎而犯罪的。

【噤若寒蝉】jìn ruò hán chán 比喻不敢做声。噤：闭口不做声。寒蝉：寒天里不再鸣叫的蝉。★小张在同学面前夸夸其谈，一见老师却总是~。

【泾渭分明】jīng wèi fēn míng 泾河水清，渭河水浊，两条河合流后清浊不相混。比喻界限清楚，是非分明。★他们虽是朋友，在政治立场上却是~。

【经久不息】jīng jiǔ bù xī 形容掌声或欢呼声长时间不停息。经久：长久。★他的演讲非常精彩，博得了听众~的掌声。

【经年累月】jīng nián lěi yuè 形容经历了很长时间。经年：经历多年。累月：连续数月。★死海的源头主要是约旦河，河里的矿物质沉淀下来，~，越积越多，使得死海成了著名的“不沉之海”。

【经天纬地】jīng tiān wěi dì 规划治理天下。形容才能和气魄极大。经纬：织物的纵线和横线。比喻规划治理。★三国蜀相诸葛亮上知天文，下晓地理，有~之才。

【荆棘丛生】jīng jí cóng shēng 荆条蒺藜成堆生长。比喻环境恶劣艰难。荆棘：山野丛生的带棘小灌木。★人生道路上~，我们要时刻做好迎接困难的准备。

【惊弓之鸟】jīng gōng zhī niǎo 被弓箭吓怕了的鸟。《战国策·楚策四》记载，魏国射箭能手更羸看到空中有只大雁飞得很慢而且叫声悲切，断定是只受伤的孤雁。他拉响空弓，大雁听到弓响受到惊吓而掉落下来。后多用以比喻受过惊吓的人，遇到一点动静就异常惶恐。★敌人被我游击队打怕了，一个个成了~。

【惊慌失措】jīng huāng shī cuò 惊恐慌乱，不知如何是好。失措：举动失常，不知怎么办才好。★当我们遇到意外情况时，一定要沉着冷静，不要~。

【惊魂未定】jīng hún wèi dìng 形容受惊之后心情尚未平静。惊魂：惊慌失措的神态。★当警察赶到爆炸现场时，游客们依然~。

【惊恐万状】jīng kǒng wàn zhuàng 形容极度惊慌恐惧。万状：各种各样的情态。★枪声响起，一群大雁~地向南飞。

【惊世骇俗】jīng shì hài sú 指思想言行异于寻常而令人震惊。骇俗：震惊世俗。★那时张爱玲已成为上海的新闻人物，自己设计服装，表现出~的勇气。

【惊涛骇浪】jīng tāo hài làng 令人惊恐的凶猛波涛。形容水上风浪极大。也比喻险恶的境遇或尖锐激烈的斗争。骇：惊惧。★这些功勋赫赫的老将军，都是从枪林弹雨里走过，经历了无数的~。

【惊天动地】jīng tiān dòng dì 使天地为之震惊。形容声势或影响极大。★千万不要气馁，在平凡的岗位上同样可以做出~的事业。

【惊喜交加】jīng xǐ jiāo jiā 惊异和喜悦交织在一起。交加：交集；同时出现。★听说被拖欠三年的工资马上就要发放时，他~，不由得热泪盈眶。

【惊心动魄】jīng xīn dòng pò 形容对人内心产生极大的震动。也形容极度惊险紧张。魄：魂魄。★日前，武警支队成功处置了一起犯人脱逃事件。事件突发到平息虽短短几分钟，官兵们却经历了一场~的考验。

【兢兢业业】jīng jīng yè yè 形容工作小心谨慎，勤恳负责。兢兢：小心谨慎的样子。业业：畏惧的样子。★她从事管理工作五年来，始终~、勤勤恳恳，出色地完成了本职工作。

【精兵简政】jīng bīng jiǎn zhèng 精简人员，缩小机构。也比喻精简不必要的东西。精：使精粹。简：捐弃，剔除。★有些高校实行改革，优化教师队伍，~，提高效率，收到了良好的效果。

【精诚所至，金石为开】jīng chéng suǒ zhì, jīn shí wéi kāi 指人的诚心能感动天地，使金石为之开裂。精诚：真诚。★~，他花费十年时间钻研的课题终于获得成功。

【精诚团结】jīng chéng tuán jié 诚心诚意地团结一致。精诚：真诚。★只要各民族各党派~，统一祖国的大业就一定能完成。

【精打细算】jīng dǎ xì suàn 指在使用人力物力时，精心细致地计算筹划。★在自助旅游中，只要~，就可以做到既节约又不影响旅游质量。

【精雕细琢】jīng diāo xì zhuó 本指对玉石等进行精心细致的雕刻加工。后比喻做事认真细致。雕：画，刻。琢：雕刻玉石。★这尊雕像是他花费了近半年的时间~而成的，具有很高的艺术价值。

【精耕细作】jīng gēng xì zuò 本指农业生产中的细致耕作。也比喻工作严谨细致。★我们必须~，提高单位面积产量。

【精妙绝伦】jīng miào jué lún 精致巧妙，无与伦比。绝伦：超过同类。★他画的这幅《猛虎下山图》，是一件~的艺术品。

【精明强干】jīng míng qiáng gàn 形容人精细明察，办事能力强。★他们小组的几个年轻人个个～，办事效率很高。

【精疲力竭】jīng pí lì jié 形容精神疲乏，毫无力气。精：精神，精力。疲：疲惫。竭：尽。★球赛结束后，每个球员都～，连路都走不动了。

【精神抖擞】jīng shén dǒu sǒu 精神振作奋发。抖擞：抖动，振作。★在军训场地上，那些刚入学的大学新生个个～，充满活力。

【精神焕发】jīng shén huàn fā 显现出光彩和神韵。也形容精神振作，情绪激昂。焕发：现出光彩；振作。★工作之余，适量的户外运动会让人在筋疲力尽之后～。

【精神恍惚】jīng shén huǎng hū 形容神思不定或神志不清。精神：心神，神志。恍惚：迷茫，心神不宁。★工作的重压使他有一段时间～，提不起劲头。

【精卫填海】jīng wèi tián hǎi《山海经·北山经》记载，相传在远古时代，炎帝的小女儿女娃在东海游泳时被淹死。为使后人不受东海之害，女娃变成一只精卫鸟，每天衔来西山的木石填到东海里，一天又一天，从没停止过。后用以比喻不畏艰难，奋斗不懈。有时也比喻徒劳无益。★我们要把学校办成世界一流的学校，这需要全校教职员工有～的恒心和迎难而上的勇气。

【精益求精】jīng yì qiú jīng 已经很好了，还要求更好。精：完美。益：更加。★只有专心致志，～，不畏艰辛，才可能在学术上有所建树。

【井底捞月】jǐng dǐ lāo yuè 到井底捞月亮。比喻徒劳无功，不可能达到目的。★总经理的话让那几个人有些紧张，他们担心此次北京之行是～。

【井底之蛙】jǐng dǐ zhī wā 生活在井底的青蛙。比喻阅历狭窄、见识短浅的人。★走进图书馆，我才知道自己是～，需要学的东西实在太多了。

【井井有条】jǐng jǐng yǒu tiáo 形容条理分明，秩序不乱。井井：整齐有序的样子。★母亲把家庭的日常生活安排得～，给我们提供了一个良好的家庭环境。

【井然有序】jǐng rán yǒu xù 形容条理分明，整齐有序。井然：整齐而有秩序的样子。★暑运以来，由于铁路方面准备充分，组织得当，全国铁路客流平稳，旅客乘车～。

【井水不犯河水】jǐng shuǐ bù fàn hé shuǐ 比喻两者之间界限分明，互不相犯。犯：干犯。★从今以后，我们～，你走你的阳关道，我过我的独木桥。

【敬而远之】jìng ér yuǎn zhī 尊敬他而又不接近他。★近年来，博士毕业生被用人单位～的现象时有发生。

【敬业乐群】jìng yè lè qún 指专心致志于学业或工作，喜欢和朋友相处并吸取教益。乐群：乐于与人相处。★我们不要总是埋怨条件太差，而应以一种~的态度积极工作。

【迥然不同】jiǒng rán bù tóng 差别很大，明显不一样。迥然：相差很远的样子。★以两种对立的世界观看待同一事物，得出的结论一定会~。

【炯炯有神】jiǒng jiǒng yǒu shén 形容目光明亮而有神采。炯炯：明亮的样子。★已经年近七十的周总理，目光依旧~。

【纠缠不清】jiū chán bù qīng 形容很多问题搅在一块，分不清楚。也指有意找麻烦，揪住不肯放手。★张爱玲笔下的《半生缘》，讲述了20世纪30年代旧上海几个痴男怨女之间~的爱情故事。

【九九归一】jiǔ jiǔ guī yī 原是珠算中归除和复原的口诀，即九除以九等于一。比喻转来转去最后又回到了本源。引申为归根结底的意思。★香港、澳门都顺利回归了，~，实现祖国的和平统一是不可阻挡的历史趋势。

【九牛二虎之力】jiǔ niú èr hǔ zhī lì 比喻很大的力量。★我费了~才说服她重新返回校园。

【九牛一毛】jiǔ niú yī máo 许多头牛身上的一根毛。比喻数量或价值极其微小。九：虚数，形容多。★这点钱对他来说不过是~。

【九泉之下】jiǔ quán zhī xià 指人死后所在之处。九泉：亦称"黄泉"。人死后埋葬的地方。★他希望一生操劳的父亲在~能够清静安宁。

【九死一生】jiǔ sǐ yī shēng 形容多次经历极大的危险而幸存。也指幸存不死的人极少。★楚鲁松杰是西藏阿里地区靠近西部最边远的乡镇之一，自然条件非常恶劣，去楚鲁松杰被认为是~的旅行。

【九霄云外】jiǔ xiāo yún wài 形容无比高远，无影无踪。九霄：古人以为天有九重，指天的极高处。★孩子一见到可爱的小动物，刚才的不高兴立刻就被抛到~去了。

【久别重逢】jiǔ bié chóng féng 指长久分别之后又一次相遇。★异乡的~往往会给人们之间增加更多的亲切感。

【久病成医】jiǔ bìng chéng yī 长期患病，因此也懂得了医学常识。比喻在某方面经历得多了，外行也变成了内行。★治疗糖尿病您说起来是头头是道，真是~啊。

【久而久之】jiǔ ér jiǔ zhī 指经历了长久的时间。★刚到重庆的时候，他不习惯川菜的味道，~反倒喜欢上它了。

【久负盛名】jiǔ fù shèng míng 长时间地享有很大的名望。负：享有。盛名：很大的名望。★这里的森林公园，是~的旅游胜地，山清水秀，景色宜人。

【久旱逢甘雨】jiǔ hàn féng gān yǔ 干旱了很久的土地，突然遇到一场好雨。比喻长久的渴望得到满足。★小山村的文化生活十分贫乏，这次艺术团来这里演出，真可谓~。

【久闻大名】jiǔ wén dà míng 早就听说过盛名。常用作初见面时的客气话。闻：听见。大名：盛名。★~，今日一见，三生有幸！

【酒逢知己千杯少】jiǔ féng zhī jǐ qiān bēi shǎo 知己相遇，喝一千杯酒也嫌少。表示彼此关系好，情谊深。知己：彼此了解而情谊深厚的人。★“~”，让我们今天来个一醉方休。

【酒囊饭袋】jiǔ náng fàn dài 盛酒装饭的袋子。比喻只会吃喝，不会做事的无能之辈。★这些人都是~，靠他们是办不成事的。

【酒肉朋友】jiǔ ròu péng yǒu 只在一起吃喝玩乐的朋友。含贬义。★他们只是些~，关键时刻不能相助。

【酒足饭饱】jiǔ zú fàn bǎo 酒已尽量，饭已吃饱。形容吃喝尽兴。★11 点钟了，大家~，各自驱车回家。

【旧病复发】jiù bìng fù fā 旧病再次发作。比喻老毛病又犯了。★繁忙的工作使他~，在医院一躺就是一年。

【旧调重弹】jiù diào chóng tán 比喻把老一套的议论、说法重新搬出来。旧调：陈旧的调子。★你这不过是~，没有什么新意。

【咎由自取】jiù yóu zì qǔ 罪过或灾祸是由自己造成的。咎：罪过，灾祸。★他违反交通规则，出了车祸，这是~。

【救死扶伤】jiù sǐ fú shāng 抢救垂危的人，照顾受伤的人。扶：扶助。★~是所有医务工作者的天职。

【救亡图存】jiù wáng tú cún 拯救国家危亡，谋求民族生存。图：谋求。★辛亥革命是中华民族的一次伟大觉醒，是民族危机意识、~意识、推翻封建帝制建立民主共和意识的积聚和爆发。

【就地取材】jiù dì qǔ cái 在原地寻找所需要的人才或材料。★建这座桥最好能够~，这样就避免了往来运转，能节省一大笔开支。

【就地正法】jiù dì zhèng fǎ 就在犯罪所在地执行死刑。正法：依法制裁。此指执行死刑。★昨日这里举行隆重的宣判大会，一批毒枭被~。

【就事论事】jiù shì lùn shì 只就某件事情本身来谈论它的是非得失，不涉及其他。也指只孤立地谈论某事。就：按照。★他处理事情一向讲究事实，~，从不胡乱牵连。

【居安思危】jū ān sī wēi 处在安逸的环境里要想到可能出现的危难。★我们要~，切实抓好长江的堤防建设。

【居高临下】jū gāo lín xià 占据高处，俯视下面。指处于有利的形势或地势。也形容姿态清高，气势凌人。临：俯视。★她讲话总是那么~的，让人难以接近。

【居功自傲】jū gōng zì ào 自认为有功劳而骄傲自大。居功：自认为有功。★我们的工作虽然取得了一定的成绩，但不能~。

【居心不良】jū xīn bù liáng 指心地不好，存心出坏点子。居心：存心。★在网上要善于保护自己的资料，别让~的人钻了空子，给自己带来不必要的麻烦。

【居心叵测】jū xīn pǒ cè 心地险恶，不可推测。居心：存心。叵：不可。★他~，你千万别和他靠得太近，以防被他欺骗。

【鞠躬尽瘁】jū gōng jìn cuì 形容恭敬谨慎，尽心竭力地操劳工作。鞠躬：恭谨的样子。尽瘁：竭尽心力而过度劳累。★敬爱的周总理为党和国家~，死而后已。

【局促不安】jú cù bù ān 形容拘谨不自然。局促：拘束，拘谨。★他来到局长办公室，坐在软软的沙发上，有点~。

【举案齐眉】jǔ àn qí méi 原指妻子尊敬丈夫。《后汉书·梁鸿传》记载，东汉扶风平陵人梁鸿为人舂米养家糊口，妻子对他十分敬重，每次端饭都要把托盘举得和眉毛一样高。后多用以形容夫妻相敬相爱。案：古时用以进食的有短脚的木托盘。★这对夫妇相敬相爱，~，真让人羡慕。

【举不胜举】jǔ bù shèng jǔ 列举不完。形容非常多。胜：尽。★在我们周围，自学成才的例子~。

【举国若狂】jǔ guó ruò kuáng 全国上下纵情欢乐，像发狂似的。举：全。★“五四”运动期间，打倒孔家店，推翻旧文化，几乎是~。

【举国上下】jǔ guó shàng xià 指全国各地区、各阶层。举：全。★中国载人航天卫星“神舟五号”成功着陆后，~，一片欢腾。

【举目无亲】jǔ mù wú qīn 抬眼看不到一个亲人。形容人地生疏，孤独无靠。★在这个城市里，她~，遇到困难不知道找谁去说。

【举棋不定】jǔ qí bù dìng 举起棋子不知这一着如何走。比喻临事犹豫不决。★由于在工作和考研的问题上他一直~，最终错过了一个很好的机会。

【举世闻名】jǔ shì wén míng 全世界都知道。形容非常著名。举世：整个世间，全世界。★中国的万里长城～，被誉为世界七大奇迹之一。

【举世无双】 jǔ shì wú shuāng 整个世间没有第二个。形容极为稀有。★长江三峡大坝工程是21世纪初期～的重大工程。

【举世瞩目】 jǔ shì zhǔ mù 全世界的人都注视着。形容某一重大人物或事件受到世人的普遍关注。瞩目：注视。★改革开放以来，中国取得了～的成就。

【举手投足】 jǔ shǒu tóu zú 一抬手，一踏脚。指人的行为举止。也用以形容轻而易举，毫不费力。有时又比喻做每一件事情。举手：抬手。投足：踏脚。★这位学者知识渊博，～间透露出机敏和睿智。

【举手之劳】 jǔ shǒu zhī láo 一举手的辛劳。比喻不费气力。★～而已，还用说什么谢谢。

【举贤任能】 jǔ xián rèn néng 举荐任用贤德有能的人。举：推荐，荐举。任：任用。★唐太宗是一位比较开明的封建帝王，～，纳谏如流。

【举一反三】 jǔ yī fǎn sān 用已知的一件事理去推知相类似的其他事理。比喻善于由此知彼，触类旁通。举：提出。反：类推。三：虚指多数。★学习要有灵活性，应学会～，触类旁通。

【举止大方】 jǔ zhǐ dà fāng 举止自然，不拘束，不做作。举止：姿态和风度。★他头脑冷静，～，谈吐高雅，颇具外交官的气质。

【举重若轻】 jǔ zhòng ruò qīng 举重东西像举轻东西一样容易。比喻轻松地胜任繁重的工作或处理难题。★他是一位出色的领导，许多繁杂的工作都～，处理得很好。

【举足轻重】 jǔ zú qīng zhòng 脚动一下，就可改变两边的轻重分量，使之失去平衡。形容所处地位重要，一举一动都能影响全局。★煤炭对全国工农业生产的发展起着～的作用。

【拒人于千里之外】 jù rén yú qiān lǐ zhī wài 把人拒绝在千里之外，根本不想接触。形容待人态度极其冷淡傲慢，毫无商量的余地。拒：也作“距”。拒绝。★奶奶一生乐善好施，从不～。

【拒之门外】 jù zhī mén wài 把人拒绝在门外，不让进入。意谓拒绝协商或交往。拒：拒绝。★我几次都想与他和好，他却总是将我～。

【据理力争】 jù lǐ lì zhēng 根据事理尽力争辩或争取，不轻易让步。据：按照，依据。★学生会主席～，校方终于同意组织这场毕业生足球赛了。

【据为己有】 jù wéi jǐ yǒu 占据公共的或别人的东西，归自己所有。★他经常利用职务之便，将公家的东西～。

【聚精会神】 jù jīng huì shén 原

指把大家的精神智慧会聚起来。后形容注意力非常集中。★走进办公室，同事小王正在～地打一份文件。

【聚沙成塔】 jù shā chéng tǎ 把细沙聚成宝塔。比喻积少成多。★学习中不能放过每一个知识点，～，集腋成裘，渊博的知识就是由点滴积累而成的。

【卷土重来】 juǎn tǔ chóng lái 指失败之后重新组织力量反攻。也泛指重新开始。卷土：卷起尘土，形容众多人马奔跑的样子。★我们一定要做好战略防御工作，防止敌军～。

【决胜千里】 jué shèng qiān lǐ 在千里之外即能决定胜负。形容将帅善于谋划，指挥得当。★诸葛亮是人民智慧的化身，他运筹帷幄，～，为刘备三分天下立下了不朽功勋。

【决一雌雄】 jué yī cí xióng 进行决战，分出胜负。决：决定。雌雄：雌性和雄性，喻指胜败高下。★别的话无须多说，我们到赛场上～吧。

【绝处逢生】 jué chù féng shēng 陷入绝境后又得到了生路。★街头流浪三天的他～，一家建筑队答应让他做小工。

【绝代佳人】 jué dài jiā rén 当世无双的美女。绝代：当代独一无二。★～费雯丽是一位卓越的电影表演艺术家，她主演了《乱世佳人》、《魂断蓝桥》、《汉密尔顿夫人》、《安娜·卡列尼娜》等许多不朽名作。

【绝口不谈】 jué kǒu bù tán 闭口不去谈论。指有意回避。★当天的记者招待会上，他对球员罢赛一事～。

【绝伦逸群】 jué lún yì qún 指超群出众。绝伦：超过同辈。逸群：超出一般。★意大利歌唱家帕瓦罗蒂的演唱艺术～，被誉为世界三大男高音之一。

【绝然不同】 jué rán bù tóng 完全不相同。绝然：绝对，完全。★这是风格～的两首歌，你不能用同一种方式来演绎。

【绝无仅有】 jué wú jǐn yǒu 只有这一个。形容极其罕见。★小说《红楼梦》是几百年来～的优秀著作。

【崛地而起】 jué dì ér qǐ 从平地上突起。形容某种新事物迅速出现。崛：突起。★改革开放以后，全国各种民营企业如雨后春笋般～。

【军令如山】 jūn lìng rú shān 军事命令像山一样不可动摇。指军法严峻，必须执行。★～，部队不听调遣，那怎么能打仗？

【君子之交】 jūn zǐ zhī jiāo 君子的交谊高雅纯净，像水一样清淡。表示建立在道义基础上的友谊。★我们是～，没必要搞得那么客套。

K

【开诚布公】kāi chéng bù gōng 指态度诚恳，公正无私。开诚：敞开胸怀，显示诚意。布：宣示。★我们应该坐在一起~地谈一谈，免得产生误会。

【开诚相见】kāi chéng xiāng jiàn 敞开心胸，真诚相见。形容坦诚地与人交往。★我们应以大局为重，捐弃前嫌，~，和好如初。

【开怀畅饮】kāi huái chàng yǐn 指无拘无束地痛快饮酒。开怀：敞开胸怀。★在青岛国际啤酒节上，海内外宾客~。

【开卷有益】kāi juàn yǒu yì 打开书本就将获得益处。开卷：打开书卷，指读书。★古人云：~，读书能让人增长知识。

【开路先锋】kāi lù xiān fēng 指行军或作战的先头人员。也比喻在事业或工作中走在前面起开创作用的人员或集体。★在征服自然的工作中，钻探队是披荆斩棘的~。

【开门见山】kāi mén jiàn shān 打开门就可以望见山。原指居住环境幽雅。常比喻说话、作文一开始便切入主题，不兜圈子。★大家都不是外人，我就~地说了。

【开门揖盗】kāi mén yī dào 打开大门迎接强盗。比喻引进坏人，自招祸患。揖：作揖，打拱，表示欢迎。★你这样不加考查地要他入伙简直是~，我坚决反对。

【开天辟地】kāi tiān pì dì 古代神话传说盘古氏开辟了天地，以后才有世界。后用以表示有史以来或比喻创立前所未有的伟大事业。★中国共产党的成立，是中国历史上~的伟大事件。

【开源节流】kāi yuán jié liú 开辟水源，节制水流。比喻开辟财源，增加收入，节省开支。源：源泉。★理财之道，最重要的一点在于~。

【开宗明义】kāi zōng míng yì 原为《孝经》第一章的篇名。后指说话作文在开始时揭示主题、点明意旨。开宗：阐发宗旨。明义：说明义理。★在这篇文章里，作者~地说明了他的写作意图。

【看家本领】kān jiā běn lǐng 指本人特别擅长、别人难以胜过的本领。★这一次他可是拿出了~，结果还是输给了对手。

【坎坷不平】kǎn kě bù píng 指道路不平坦。常用以比喻人生旅途中有很多困难和挫折。坎坷：

高低不平的样子。★到乡村旅游，虽然道路~，备受颠簸，心情却是十分愉悦的。

【侃侃而谈】 kǎn kǎn ér tán 形容谈话从容不迫，理直气壮。★经验交流会上，他口若悬河，~。

【看菜吃饭，量体裁衣】 kàn cài chī fàn, liàng tǐ cái yī 比喻根据具体情况恰当处理。★学校自身教学条件不够，就不能盲目扩招，而应当~。

【康庄大道】 kāng zhuāng dà dào 宽阔平坦、四通八达的大道。也比喻光明远大的前途。康庄：《尔雅·释宫》："五达谓之康，六达谓之庄。"谓四通八达的大道。★他放着~不走，却甘心一辈子在山区小学教书，在某些人看来真是不可思议。

【慷慨陈词】 kāng kǎi chén cí 情绪激昂、充满正气地陈述自己的意见。慷慨：情绪激昂，正气凛然。陈词：陈述见解。★法庭上，原告律师~，列举了被告人的数条罪证。

【慷慨激昂】 kāng kǎi jī áng 形容精神振奋，情绪激昂，充满正气。★在迎新晚会上，校长~地作了简短而精彩的演讲。

【慷慨解囊】 kāng kǎi jiě náng 意谓非常大方地拿出钱来帮助别人。慷慨：大方，不吝啬。解囊：解开钱袋。★四面八方的群众纷纷~，为洪灾后的重建工作出一份力。

【慷慨就义】 kāng kǎi jiù yì 大义凛然地为正义献身。慷慨：情绪激昂，正气凛然。就义：为正义去死。★刘胡兰面对敌人的铡刀毫不畏惧，最后~。

【靠山吃山，靠水吃水】 kào shān chī shān, kào shuǐ chī shuǐ 比喻依靠职业或周围的自然条件谋求生活。也比喻利用手中职权谋取私利。靠：接近，临近。★~，我们必须根据自己的资源优势来发展自己的特色产业。

【靠天吃饭】 kào tiān chī fàn 比喻技术水平落后，只能依靠自然条件来获得收成。靠：依赖。★自古以来，~的农民总是企盼一年四季能够风调雨顺。

【苛捐杂税】 kē juān zá shuì 苛细繁多的赋税。苛：苛细，繁杂。捐：赋税。★封建社会，繁重的~常常使老百姓被迫离开家乡，四处逃荒。

【苛政猛于虎】 kē zhèng měng yú hǔ 苛细繁多的政令比老虎还要凶猛可怕。《礼记·檀弓下》记载，孔子路过泰山，见有一妇人在坟前哭得凄惨，让学生子路过去一问才知道，她的公公、丈夫和儿子都被老虎吃掉了。孔子问她为什么不离开这里，妇人说因为这里没有苛刻的政令。孔子对子路说："小子识之，苛政猛于虎也。"苛：苛细，繁杂。政：政令。★在~的古代社会，统治阶级想尽一切办法压迫和剥削老百姓。

【科班出身】kē bān chū shēn 比喻受过专业教育或训练。科班：旧时指招收儿童，培养戏曲演员的教学组织。出身：指个人早期的经历。★论唱京剧他是～，有着很深的演唱功底。

【颗粒无存】kē lì wú cún 形容粮食完全用尽或拿光。存：存余。★由于蝗虫大面积的侵扰，农民的庄稼～。

【可乘之机】kě chéng zhī jī 可以利用的机会。乘：利用。★我们要加强防备，不要给犯罪分子以～。

【可歌可泣】kě gē kě qì 值得歌颂赞美，值得为之流泪。多形容事迹英勇悲壮，令人非常感动。可：值得。泣：无声的哭。★在缉毒斗争中，涌现出了许多～的英雄事迹。

【可见一斑】kě jiàn yī bān 从一块斑纹可以窥见其全身。比喻由一点可以推知全貌。斑：斑点，斑纹。★为练好舞蹈，他把家里的木地板都磨坏了，其刻苦程度～。

【可望而不可即】kě wàng ér bù kě jí 可以望见但无法接近。即：接近，靠近。★共产主义不是～的，是一定能够实现的。

【可想而知】kě xiǎng ér zhī 可以凭推想而知道。想：推想。★这张纪念邮票是目前国内唯一的一张，它的价值～。

【可有可无】kě yǒu kě wú 可以有也可以没有。形容无关紧要。★这段话没有什么实质性的内容，～，不妨删掉。

【克敌制胜】kè dí zhì shèng 战胜敌人，获得胜利。克：战胜。制胜：取得胜利。★天时、地利、人和，是～的三个重要条件。

【克己奉公】kè jǐ fèng gōng 严格要求自己，一心为公。克己：约束自己。奉公：奉行公事。★父亲一生兢兢业业，～，是位合格的共产党员。

【克勤克俭】kè qín kè jiǎn 既能勤劳，又能节俭。克：能够。★爷爷给地主做过长工，一辈子～，供养三个孩子读书成才。

【刻薄寡恩】kè bó guǎ ēn 形容为人冷酷无情。刻薄：冷酷无情。寡：少。★他这个人～，没有人愿意和他交朋友。

【刻不容缓】kè bù róng huǎn 一刻也不能拖延。形容时间紧迫，情势紧急。刻：片刻。容：允许。缓：延缓。★大力发展电力，是我省经济工作中～的任务。

【刻骨铭心】kè gǔ míng xīn 镂刻在骨头上或心里。比喻感受深刻，永不忘记。铭：镂刻；记载。★那场人为的火灾留给人的教训是～的。

【刻鹄类鹜】kè hú lèi wù 把天

鹅刻画得像野鸭子。本意为模仿虽不逼真，但还相似。后比喻仿效失真，效果适得其反。鹄：天鹅。鹜：野鸭。★文学描述手法中，比喻的用法要贴切，否则～，反而有失本意。

【刻舟求剑】 kè zhōu qiú jiàn 《吕氏春秋·察今》记载，相传有楚人乘船渡江，不小心剑掉到水里，他赶紧在船帮上刻了一个记号，想等船靠岸后再从做记号的地方下水捞剑。后用以比喻拘泥固执，不知变通。★做任何事情都应该根据情势的变化而采取相应的对策，不能～，死守教条。

【恪尽职守】 kè jìn zhí shǒu 勤勉工作，忠于职守。恪：谨慎，恭敬。★李庄镇之所以取得如此迅速的发展，关键在于有一位～、廉洁勤政、一心为民的好书记。

【溘然长逝】 kè rán cháng shì 指人忽然死去。一般指病故。溘然：突然。★正当事业如日中天之际，年仅50岁的他～，令人痛惜。

【铿锵有力】 kēng qiāng yǒu lì 形容声音洪亮，语言坚定有力。铿锵：形容声音洪亮而有节奏。★爷爷年纪大了，耳朵有点聋，但说话依然～。

【空洞无物】 kōng dòng wú wù 形容文章或说话没有实际内容。★这篇文章语言枯燥，～。

【空空如也】 kōng kōng rú yě 本形容谦虚诚恳。后形容空虚无所知，或什么也没有。如：助词，用在形容词后表示事物或动作的状态。★从考场上下来，我脑子里～，什么也想不起来了。

【空口无凭】 kōng kǒu wú píng 单是口头上说而没有其他证据是不足为凭的。凭：凭证，凭据。★在法庭上，～是不行的，一定要找到对自己有利的人证物证才能打赢官司。

【空前绝后】 kōng qián jué hòu 从前没有，今后也不会有。形容古今独一无二，绝无仅有。★这位国画大师技艺超群，真可谓～的丹青妙手。

【空头支票】 kōng tóu zhī piào 票面额超过存款额或透支现额因而不能兑现的支票。常用来比喻说得好听而实际不能兑现的诺言。支票：向银行支取款项的一种票证。★家长是孩子成长道路上的第一位老师，经常给孩子开～，会影响孩子身心健康发展。

【空穴来风】 kōng xué lái fēng 空的洞穴容易招进风来。多比喻流言蜚语乘虚而入。也代指流言蜚语。穴：洞，孔。来：招来。★曾经传得沸沸扬扬的三位当红歌星将要光临我校的消息，完全是～。

【空中楼阁】 kōng zhōng lóu gé 悬浮在空中的楼阁。本指海边或沙漠中由阳光折射而成的虚幻楼阁，即海市蜃楼。后多用以比喻虚幻的事物或脱离实际的理论、计划等。★不愿付出而想有所收获，这种想法无异于~。

【孔武有力】kǒng wǔ yǒu lì 非常勇猛而有力量。孔：很，甚。武：勇猛。★那个背对镜头的小伙子，肩膀特宽，使人觉得他是个~的人。

【口齿伶俐】kǒu chǐ líng lì 言谈流利，应对自如。形容口才很好。口齿：说话，谈吐。伶俐：聪明，灵活。★她思维敏捷，~，被评为本次辩论赛的最佳辩手。

【口干舌燥】kǒu gān shé zào 指口舌干渴。多形容说话太多。燥：干燥。★我~说了这一通，你倒睡着了！

【口角生风】kǒu jiǎo shēng fēng 形容能说会道。★他见多识广，~，广泛传布他的人生哲学。

【口口声声】kǒu kǒu shēng shēng 形容不住地陈说或把某一说法经常挂在嘴边。★你~说事成之后分给我三成的报酬，可你是怎么做的呢！

【口蜜腹剑】kǒu mì fù jiàn 比喻嘴甜心狠，歹毒狡诈。★李林甫是唐朝时期的奸臣，他~，陷害过许多忠良。

【口若悬河】kǒu ruò xuán hé 说话像河流倾泻直下，滔滔不绝。形容能言善辩。若：好像。★只要谈到绘画，他定能~，滔滔不绝，别人简直插不进话来。

【口是心非】kǒu shì xīn fēi 嘴里说的是一套，心里想的又是一套。指心口不一。★少数干部~，言行不一，让老百姓无所适从。

【口说无凭】kǒu shuō wú píng 光是口说，不能作为凭据。凭：证据，凭据。★倡导文明，~，我们要用实际行动去证明。

【口头禅】kǒu tóu chán 本为佛教语，指有的和尚只空谈禅理而不实行；也指借用禅宗常用语作为谈话的资料。后泛指习惯性挂在口头而无实际意义的词句。★原中国国家足球队主教练米卢有句~：态度决定一切。

【口诛笔伐】kǒu zhū bǐ fá 用言语或文字进行谴责和声讨。诛：谴责。伐：讨伐；声讨。★国民党政府的倒行逆施激起了全国人民的~。

【扣盘扪烛】kòu pán mén zhú 宋·苏轼《日喻》记载，相传古时候有一个瞎子从未见过太阳，有人告诉他太阳像铜盘，他听到钟声误以为是太阳；有人告诉他太阳像蜡烛一样能发光，他摸到一只管籥又误以为是太阳。后用以比喻认识片面，主观臆断。扣：通“叩”。敲击。扪：摸。★许多人不懂得客观辩证地对待事物，往往~，主观猜想。

【扣人心弦】kòu rén xīn xián 形容诗文、表演等有感染力，使人心情激动。扣：敲击。★这场比赛打得真是~，令人激动不已。

【枯木逢春】kū mù féng chūn

枯树遇到春天又有了生机。比喻面临绝境的事物重获生机。★解放后，在党和政府的扶持下，许多濒临绝境的民间艺术～，迅速发展起来。

【枯燥无味】kū zào wú wèi 干巴巴的，单调无趣味。★他酷爱数学，～的数字，一到他面前，就变得生动起来。

【枯枝败叶】kū zhī bài yè 干枯的树枝，衰败的花叶。形容荒凉破败的样子。★踩着～，走在那条熟悉的小路上，我的心情非常复杂。

【哭笑不得】kū xiào bù dé 哭也不是，笑也不是。形容遇到又可恼又可笑的事情时尴尬的神情。★在亲子晚会上，孩子们提出的问题令所有在场的父母都～。

【苦不堪言】kǔ bù kān yán 痛苦到不能言说。意谓深受其苦。堪：能够。★天旱蝗灾，饥荒瘟疫，苛捐杂税，让这里的老百姓～。

【苦海无边，回头是岸】kǔ hǎi wú biān, huí tóu shì àn 佛教语。意谓尘世的痛苦和磨难如同大海一样无边无际，只有皈依佛法，彻底觉悟，才能获得超度。后用以比喻罪恶虽重，但只要悔改，就有出路。★他终于意识到这条黑道是没有出路的，～，他决心向人民政府自首。

【苦尽甘来】kǔ jìn gān lái 形容苦难的日子熬完了，幸福的日子来到了。甘：甜。★队员们坚信：平时训练虽苦，但总有～的时候。

【苦口婆心】kǔ kǒu pó xīn 形容好心地再三规劝。婆心：老婆婆一样的仁慈心肠。★父亲～地规劝，他置之不理，依然每天沉迷在电脑游戏中。

【苦心孤诣】kǔ xīn gū yì 指刻苦钻研探索，达到某种独到的境界。苦心：费尽心机。孤诣：独到境地。★王工程师～，孜孜以求，终于设计出了最佳建筑方案。

【苦心经营】kǔ xīn jīng yíng 费尽心思地去筹划管理。苦心：费尽心思。经营：筹划并管理。★祖辈的基业，需要我们～，发扬光大。

【苦中作乐】kǔ zhōng zuò lè 在困苦的环境里强作欢乐。★朱自清说，民间文学是被压迫的人民～、忙里偷闲的表现。

【夸大其词】kuā dà qí cí 指说话或写文章不切实际，超出实际情况。词：也作“辞”。★少数毕业生为求得好的职位，在推荐材料上～，甚至弄虚作假。

【夸夸其谈】kuā kuā qí tán 形容说话或作文虚浮夸饰，脱离实际。★在实际工作中，要的是真才实学，不是～。

【快刀斩乱麻】kuài dāo zhǎn luàn má 比喻用坚决而迅速的手段解决纷乱复杂的问题。★对于这种事情你最好用～的办法一下子彻底解决，拖下去对谁都没有好处。

【快马加鞭】 kuài mǎ jiā biān 给奔跑的马再打几鞭子。比喻快上加快，疾驰飞奔。★参加青藏铁路建设的科技工作者正～地进行各种科学试验，力争为青藏铁路建设提供可靠而翔实的依据。

【脍炙人口】 kuài zhì rén kǒu 本指美味人人爱吃。比喻好的诗文人人称誉传诵。也比喻好的事物为人所喜爱称道。脍：切细的肉。炙：烤肉。★《唐诗三百首》收录的大多是～的名篇。

【宽宏大度】 kuān hóng dà dù 形容待人宽厚，度量大，能容人。宽宏：指气量大。★蔡元培先生对人～，别人如有长处，他总是公开赞扬；别人如有过错，他总能原谅。

【宽严得体】 kuān yán dé tǐ 宽厚和严格相结合，做得恰到好处。得体：得当，合适。★对下属的管理要～，既不使之放纵，又不使之拘谨。

【款款而谈】 kuǎn kuǎn ér tán 诚恳而从容地谈话。款款：诚恳的样子。★面对领导，他从不畏缩，总是～，直抒自己对工作的看法。

【匡俗济世】 kuāng sú jì shì 匡救社会时俗，使之归于正道。匡：纠正。济：救助。★北宋包拯刚正不阿，～，是一代名臣。

【狂风暴雨】 kuáng fēng bào yǔ 急速猛烈的风雨。多比喻境遇险恶或时局动荡。★一夜的～，使这里的庄稼变得一片狼藉。

【狂轰滥炸】 kuáng hōng làn zhà 疯狂猛烈地轰炸。★敌人对我平民区～，激起了我军民的极大愤恨。

【狂妄自大】 kuáng wàng zì dà 肆意妄为，自以为是。狂妄：肆意妄为。★任何宣称自己掌握了绝对真理的人不是～，便是失去了理智。

【旷日持久】 kuàng rì chí jiǔ 指持续的时日很久。旷日：经历很长时间。★～的战争给人民带来了无穷的灾难。

【旷世奇才】 kuàng shì qí cái 形容世上少见的杰出人才。旷世：世所未有。★欧洲文艺复兴时期的达·芬奇是一位～，他在科学方面的造诣丝毫不亚于其艺术成就。

【岿然不动】 kuī rán bù dòng 形容高大稳固，不可动摇。岿然：高峻挺立的样子。★大风暴袭来的时候，飞沙走石，树倒房塌，这座千年古塔却依旧～。

【窥豹一斑】 kuī bào yī bān 看见豹子的一个斑点。比喻所见仅为局部。也比喻从部分可以推知整体。斑：斑点；花纹。★～，由这件事可以看出该校的学生管理工作还存在很大问题。

【喟然长叹】kuì rán cháng tàn 形容深有感触而叹息。喟然：叹气的样子。★望着那些不珍惜年华的青年学生，老教授不禁～。

【愧不敢当】kuì bù gǎn dāng 对别人赠送的物品或给予的称赞承受不起，感到惭愧。常用作谦辞。愧：惭愧。当：承受，接受。★我除了史学之外，文学、哲学、艺术都沾点边。有人称我是杂家，我实在～。

【溃不成军】kuì bù chéng jūn 军队被彻底打垮，四处逃散。形容惨败的样子。溃：溃散，崩溃。★只要我们团结一致，一定能够将日本侵略者打得～。

【困兽犹斗】kùn shòu yóu dòu 比喻陷入困境中的人还要尽力挣扎反抗。困兽：陷入困境中的野兽。斗：搏斗，反抗。★虽然敌军大势已去，但不要掉以轻心，防止他们～。

L

【拉帮结派】 lā bāng jié pài 拉拢一部分人，结成帮派。★他最喜欢～，你可千万别上他的当。

【来龙去脉】 lái lóng qù mài 迷信说法，认为一些连绵蜿蜒的山势是“龙脉”，地处龙脉就会吉祥发达。后用以比喻人、物的由来、背景或事情的前因后果。★这件事对于侦破工作来说至关重要，我们一定要把它的～弄清楚。

【来日方长】 lái rì fāng cháng 将来的日子还很长。意谓将来还有机会或事情还大有可为。来：未来，将来。方：正在。★这只是我们的第一次合作，～，希望我们加强联系。

【来势汹汹】 lái shì xiōng xiōng 形容到来的气势十分凶猛。势：气势。汹汹：形容声势浩大的样子。★这帮人～，看来要出事了，我们还是先躲一躲吧。

【来往如梭】 lái wǎng rú suō 像织布的梭子一样往来不停。形容往来十分频繁。★边界上建立了互通买卖的市场之后，两国商人～。

【来者不拒】 lái zhě bù jù 凡是来的都不拒绝。指对到来的人或物不加选择地一概接纳。拒：拒绝。★老汪是个热心肠，对于那些上门求助的人，他总是～。

【来之不易】 lái zhī bù yì 得来很不容易。含应该珍惜之意。★粮食是农民辛勤劳动的成果，～，我们一粒也不能浪费。

【兰摧玉折】 lán cuī yù zhé 兰草被摧残，美玉被折断。比喻贤人不幸早死。也比喻为坚持高尚节操而死。★这位受人尊敬的学者人到中年而～，令人无比痛惜。

【烂醉如泥】 làn zuì rú ní 形容饮酒过量，瘫软一团的样子。★他率领小分队和民兵及时赶到威虎山，全歼喝得～的土匪。

【滥竽充数】 làn yú chōng shù 不会吹竽的人混杂在乐队里充数。《韩非子·内储说上》记载，战国齐宣王让三百人一起为他吹竽，有个南郭先生本不会吹，见有机可乘便混入乐队。宣王死后，其子湣王喜欢竽手一个个地吹，南郭先生害怕露馅，找了个机会溜走了。后用以比喻没有真才实学的人混在行家中间凑数。也比喻以次充好。有时用作自谦之词。★在科研成果“量化”的体制下，～的论文越来越多。

【郎才女貌】 láng cái nǚ mào

男子有才，女子貌美。指男女双方才貌相称。★他们是中学同学，~，十分般配。

【狼狈不堪】láng bèi bù kān 形容处境非常艰难、窘迫。狼狈：困苦受窘的样子。堪：忍受。★他挣扎着从河里爬上岸，~地逃走了。

【狼狈为奸】láng bèi wéi jiān 比喻相互勾结做坏事。狼狈：两种兽名，狈前脚极短，必须趴在狼身上才能行动。★帝国主义和封建势力互相勾结，~，残酷地欺压老百姓。

【狼奔豕突】láng bēn shǐ tū 像被追赶的狼和猪那样乱跑乱窜。形容仓皇逃跑的样子。也比喻坏人乱冲乱闯。豕：猪。突：冲撞。★日本侵略者大举侵犯东三省，~，无恶不作。

【狼吞虎咽】láng tūn hǔ yàn 像老虎和狼那样大口地吞食东西。形容吃得又急又猛。★河马每天要吃一二百斤草，但都是细嚼慢咽，从来不~。

【狼心狗肺】láng xīn gǒu fèi 比喻心肠像狼和狗一样凶狠歹毒。★那帮~的侵略者，到处滥杀无辜的人民。

【狼烟四起】láng yān sì qǐ 四方边境都有报警的烽烟。形容战乱四起或外敌侵扰边疆。狼烟：狼粪燃烧时冒起的烟，这种烟不容易消散，古代常用以报警。★隋炀帝时期，国内~，民不聊生。

【狼子野心】láng zǐ yě xīn 狼崽子有着凶残的本性。比喻凶狠残暴的人恶性难改。★连日来，邪教组织频繁攻击我国电视卫星，干扰人民群众的正常生活，其~已昭然若揭。

【琅琅上口】láng láng shàng kǒu 形容诵读起来响亮顺口。琅琅：玉石相击的声音。★她写的许多散文短小精悍，~，深受读者喜爱。

【锒铛入狱】láng dāng rù yù 用铁链锁起来，关进监狱。锒铛：铁锁链。★他知法犯法，制造伪证，最终~。

【朗朗乾坤】lǎng lǎng qián kūn 形容政治清明，天下太平。朗朗：明亮清晰。乾坤：指天地。★阳光普照大地，万物欣欣向荣，然而~却仍有恶魔肆虐的阴影。

【浪子回头金不换】làng zǐ huí tóu jīn bù huàn 做了坏事的人改正学好后，比金子还要宝贵。浪子：到处游荡、不务正业的青年人。★~，只要你重新做人，没有人会瞧不起你。

【劳而无功】láo ér wú gōng 付出劳动却无功效。★他不讲究科学的工作方法，结果是~。

【劳苦功高】láo kǔ gōng gāo 做事勤苦，功劳很大。★他为了创办这所希望小学历尽艰辛，真可谓~。

【劳民伤财】láo mín shāng cái 既让百姓劳苦不堪，又耗费国家资财。劳：使劳苦。伤：使损害。★这样一个脱贫致富的项目最后竟弄得～，农民对此怨声很大。

【劳燕分飞】láo yàn fēn fēi 伯劳和燕子分别飞向不同的方向。比喻人生离别。多指夫妻、情侣的离别。劳：伯劳鸟。★他们虽然结婚多年，但由于价值观念的不同，最终只好～。

【劳逸不均】láo yì bù jūn 有人辛苦劳累，有人安逸闲适。多指分配不均衡，不合理。逸：安逸，闲适。均：均衡，平等。★许多现代化企业依然存在着个别～的现象。

【劳逸结合】láo yì jié hé 指工作与休息安排得当。逸：安逸，闲适。★我们既要努力工作，又要注意休息，做到～。

【牢不可破】láo bù kě pò 非常坚固，不可摧毁。牢：牢固。★无论局势如何改变，中朝两国人民的战斗友谊是～的。

【老成持重】lǎo chéng chí zhòng 形容人阅历丰富，办事老练成熟，谨慎稳重。★新任县长是个～的人，对老百姓的事情非常关心。

【老大无成】lǎo dà wú chéng 年纪很大了，却没有什么成就。★他整天游荡闲逛，不学无术，以至于～。

【老当益壮】lǎo dāng yì zhuàng 年纪虽老，志气更高。当：应当。益：更加。壮：豪壮。★朱先生已经80多岁了，但～，仍然主持一项国家大型科研项目。

【老调重弹】lǎo diào chóng tán 比喻言论或见解没有新意，还是以往的老一套。★他的演讲总是～，大家都听腻了。

【老骥伏枥，志在千里】lǎo jì fú lì, zhì zài qiān lǐ 比喻人虽年老，仍怀有建功立业的雄心壮志。骥：良马，比喻贤才。枥：马槽。★这些老同志～，退休以后还勤于笔耕，推出多部学术专著。

【老奸巨猾】lǎo jiān jù huá 指老于世故、奸猾狡诈的人。★因为有了《三国演义》，曹操一直被中国人视为～的乱世奸雄。

【老街旧邻】lǎo jiē jiù lín 老街坊，旧邻居。指相处多年的左邻右舍或父老乡亲。★每晚茶余饭后，～自发地聚在一起聊天，上到国家大事，下到家庭纠纷，无所不谈。

【老马识途】lǎo mǎ shí tú 老马能辨识走过的道路。《韩非子·说林上》记载，春秋时，管仲、隰朋跟随齐桓公率军讨伐远方的山戎和孤竹国，回来时迷了路，齐桓公十分焦急，管仲献计说："老马之智可用也。"他们放了几匹老马在前面引路，果然顺利返回。后用以比喻熟悉情况、经验丰富的人能起引导作用。★～，这个项目有必要让老王带着年轻人一块干。

【老谋深算】 lǎo móu shēn suàn 谋划周详，思虑深远。形容人精明老练，工于算计。★他～，跟他谈判你得多长个心眼。

【老气横秋】 lǎo qì héng qiū 原指老练的气概不可一世。现形容人摆老资格，自以为了不起的样子。也形容暮气沉沉，没有朝气。横秋：横亘秋空。★他年仅二十，却总是一副悲天悯人、～的样子。

【老生常谈】 lǎo shēng cháng tán 老书生翻来覆去讲的话。指听厌了的老话。★我今天的话是～，却不能不谈。

【老实巴交】 lǎo shí bā jiāo 形容人忠厚老实。★我的父母都是～的农民，一辈子没惹过事。

【老鼠过街】 lǎo shǔ guò jiē 比喻对害人的东西人人痛恨，群起攻之。★这个作恶多端的犯罪分子被当众游街，犹如～，人人喊打。

【老态龙钟】 lǎo tài lóng zhōng 形容年老体衰，行动不灵便。龙钟：行动不便的样子。★当年容光焕发的小伙子，如今已是～了。

【老羞成怒】 lǎo xiū chéng nù 因极为羞辱而大发脾气。老：非常，很。★听到侮辱自己的话，小王～，一拳把他打倒在地。

【乐不可支】 lè bù kě zhī 快乐到不能支撑的程度。形容快乐到了极点。支：支撑，支持。★动物园里狗熊的憨态逗得他～。

【乐不思蜀】 lè bù sī shǔ《三国志·蜀书·后主传》裴松之注引《汉晋春秋》记载，蜀汉亡国后，后主刘禅被安置在魏国都城洛阳，生活十分优裕。一天，司马昭问他："颇思蜀否？"刘禅说："此间乐，不思蜀。"后用以指乐而忘本或乐而忘返。★在城里待了几个月，他便有点～了。

【乐此不疲】 lè cǐ bù pí 乐于从事某事而不知疲倦。疲：疲劳，困乏。《后汉书·光武帝纪下》记载，光武帝刘秀勤于政事，还经常和大臣们讲经论理，直到深夜才休息。太子见他如此操劳，劝他注意身体，他却笑道："我自乐此，不为疲也。"★虽然做学问非常辛苦，然而古今中外仍有大批人立志于此，且～。

【乐而忘返】 lè ér wàng fǎn 快乐得忘记返回。★园中深处是遮天蔽日的修竹，微风拂过，沙沙的竹声伴着清爽的竹气，使得游人～。

【乐极生悲】 lè jí shēng bēi 欢乐到了极点，就会发生令人悲伤的事。★几个同学在山上玩得非常开心，不料～，有一个从山上摔了下来，跌断了腿。

【乐善好施】 lè shàn hào shī 乐于做好事，喜欢用财物来帮助他人。施：施舍。★～是中华民族的一种传统美德，在他身上得到了很好的体现。

【乐以忘忧】lè yǐ wàng yōu 快乐得忘掉了忧愁。★孔子发愤忘食，~，不知老之将至。

【乐在其中】lè zài qí zhōng 快乐就在这中间。表示行事自得其乐。★只要对学习产生了兴趣，便会感觉~。

【雷厉风行】léi lì fēng xíng 像雷一样猛烈，像风一样迅速。比喻声势迅猛，行动果决。厉：猛烈。★林则徐任湖广总督时，~地开展禁烟运动。

【雷声大，雨点小】léi shēng dà，yǔ diǎn xiǎo 比喻声势造得很大，实际行动却很少。★这两年进行的教师人事制度改革，迫于各方阻力，一直都是“~”。

【雷霆万钧】léi tíng wàn jūn 比喻威力极大，不可抵挡。霆：霹雳，暴雷。钧：古代重量单位，三十斤为一钧。★黄河水以~之势，通过龙羊峡口，形成水深流急的峡道。

【泪如泉涌】lèi rú quán yǒng 眼泪像泉水般涌出。形容万分悲痛或伤心。★得知母亲去世的消息，她~。

【泪如雨下】lèi rú yǔ xià 眼泪像雨水一样往下落。形容万分悲痛或激动。★20年来，她第一次与亲生母亲相见，不禁激动万分，~。

【冷嘲热讽】lěng cháo rè fěng 尖刻辛辣地嘲笑讽刺。★座谈会上，他此话一出，便遭到了众人的~。

【冷酷无情】lěng kù wú qíng 冷漠刻薄，没有感情。★此人竟然抛弃了自己的亲生女儿，真是~到了极点！

【冷冷清清】lěng lěng qīng qīng 形容凄凉、冷落或静幽的场景。★客人都走了，只剩下我一个人，偌大的房子一下子变得~。

【冷暖自知】lěng nuǎn zì zhī 本为禅语，指对禅理的亲身证悟和领会。后比喻对事物的理解只有亲身经历过才会有真切的感受。★漂泊海外，若一叶浮萍，事事亲历，~。

【冷若冰霜】lěng ruò bīng shuāng 像冰霜一样冷。形容非常严肃或冷漠，难以亲近。★这位医生对待病人~，大家的意见很大。

【冷言冷语】lěng yán lěng yǔ 指冰冷的带有讥讽的刻薄话。★在我的记忆中，她说话总是~的，让人难以接近。

【冷眼旁观】lěng yǎn páng guān 用冷淡或冷静的态度在一旁观察而不介入。★我们应该积极地投入到改革的洪流中去，而不应该~。

【愣头愣脑】lèng tóu lèng nǎo 形容鲁莽冒失的样子。★他~地站在那儿，一句话也不说。

【离题万里】 lí tí wàn lǐ 指东扯西拉，同所要表达的中心意思相距甚远。题：中心，主旨。★作文如果审题不清，便会导致下笔千言，~。

【离乡背井】 lí xiāng bèi jǐng 指离别家乡。井：上古以八家为井，引申为家乡。★生活困难时期，我们全家~，去了关外。

【离心离德】 lí xīn lí dé 形容各怀异心，失去了共同的信念而无统一的行动。★领导干部沦为腐败分子，一般表现为政治上与党~，经济上贪得无厌，生活上腐化堕落。

【梨花带雨】 lí huā dài yǔ 梨花上沾着雨。原比喻美人流泪，后也形容女子容貌娇美。★她乌云叠鬓，杏脸桃腮，真似海棠醉日，~。

【礼尚往来】 lǐ shàng wǎng lái 在礼节上注重有来有往。现也指你对我怎么样，我也对你怎么样。尚：崇尚，注重。★~是中华民族的优良传统。

【礼贤下士】 lǐ xián xià shì 对贤能人才谦恭敬重。礼：礼遇，尊重。下：屈己而尊人。士：旧指有才能的人。★唐太宗~，纳谏如流，造就了历史上有名的“贞观之治”。

【礼义廉耻】 lǐ yì lián chǐ 崇礼，行义，廉洁，知耻。原为管仲协助齐桓公推行政令的准则。后成为历代统治者维护其统治的原则。也泛指为人处事的道德标准和行为规范。★儒家所提倡的~，在中国社会有着很深的思想基础。

【李代桃僵】 lǐ dài táo jiāng 李树代替桃树枯死。原比喻兄弟间互相爱护。后用以比喻互相顶替或代人受过。僵：干枯。★这件事本来是我的错，哥哥却在爸爸面前承担了全部责任，~，让我觉得羞愧。

【里通外国】 lǐ tōng wài guó 暗中勾结外国势力，进行背叛祖国的活动。★他~，受到了法律的严厉制裁。

【里应外合】 lǐ yìng wài hé 里面接应，外面攻打。指内外互相接应。应：接应。合：配合。★城内城外~，攻下了这座被敌人占领三个多月的城市。

【理屈词穷】 lǐ qū cí qióng 理由被驳倒，无话可说。理屈：理亏。穷：尽。★他~，竟然开始动手打人。

【理所当然】 lǐ suǒ dāng rán 道理上应当这样。★子女孝敬父母，这是~的事。

【理直气壮】 lǐ zhí qì zhuàng 理由充分，说话有气势。★在商战中，有钱的一方往往表现得更为~一些。

【力不从心】 lì bù cóng xīn 心里想做但力量达不到。从：顺从。★他想把儿子培养成一个作家，但限于自身的文化修养，他时常感觉到～。

【力不胜任】lì bù shèng rèn 能力不足以承担所负的职责或任务。★那些凭借关系进来的人，在岗位上遇到～的工作，会非常尴尬。

【力扛九鼎】lì gāng jiǔ dǐng 形容力气很大。也比喻笔力雄健。扛：用双手举。鼎：古代青铜器，三足两耳。★他的书法笔力遒劲，～，在全国很有名气。

【力排众议】lì pái zhòng yì 竭力排除各种反对意见以确立自己的主张。排：排除。★在高三年级教师会上，年轻的李老师～，坚持自己所提出的教学方法。

【力所能及】lì suǒ néng jí 力量或能力所能达到或做到的。及：达到。★隔壁老王爱厂如家，退休后仍来厂里帮着做一些～的活儿。

【力挽狂澜】lì wǎn kuáng lán 比喻竭力挽救险恶的局势。挽：挽回。狂澜：汹涌的波涛。★叶剑英同志多次在危机关头～，为中国革命的胜利立下了不朽功勋。

【力争上游】lì zhēng shàng yóu 比喻努力争取到领先的地位。★我们小组要不甘落后，～，拿到今年的优胜奖。

【历尽沧桑】lì jìn cāng sāng 形容经历了许多磨难。历：经历。沧桑：指沧海桑田，比喻变迁巨大。★他～，在异国他乡漂泊了20多年后，终于回到了亲爱的祖国。

【历历可数】lì lì kě shǔ 可以一个个清楚地数出来。形容非常清晰分明。★墙壁上的弹孔～，记载了那段硝烟弥漫的历史。

【历历在目】lì lì zài mù 清清楚楚地呈现在眼前。历历：一个一个清楚分明。★看着纪念册上的照片，大学生活仿佛～。

【厉兵秣马】lì bīng mò mǎ 磨好兵器，喂饱战马。形容积极做好战斗准备。现也比喻做好各种准备工作，迎接某项行动的到来。厉：同“砺”，磨。兵：兵器。秣：喂养。★奥运会快要到了，各路选手正在～，备战奥运。

【厉行节约】lì xíng jié yuē 严格实行节约。厉行：严格实行。★水资源是宝贵而有限的，我们应～，杜绝浪费。

【立竿见影】lì gān jiàn yǐng 把竹竿竖在阳光下，马上就会现出影子。比喻立见功效。立：竖立。★这种治疗风湿的新药疗效显著，～。

【立功赎罪】lì gōng shú zuì 建立功劳来抵消或弥补罪过。赎：抵消，弥补。★公安部门会根据罪犯～的表现，给予从轻发落。

【立身处世】lì shēn chǔ shì 指在社会上待人接物的种种活动。立身：指做人。★他～非常谨慎，从来不莽撞行事。

【立锥之地】lì zhuī zhī dì 插锥子的地方。常比喻极小的安身之处。★封建时代的农民常常是饥寒交迫，身无～。

【立足之地】lì zú zhī dì 站脚的地方。比喻能够容身的地方。★在这个繁华的现代城市里，要想找到一块～并非易事。

【励精图治】lì jīng tú zhì 指振奋精神，力图把国家治理好。励：磨炼，振奋。图：谋划。★新中国成立50多年来，几代人～，不断推动我国社会主义现代化建设的进程。

【利令智昏】lì lìng zhì hūn 因贪图私利而使头脑发昏，丧失理智。令：使。★在形形色色的诱惑下，某些领导干部～，拿原则做交易，结果触犯了法律。

【利欲熏心】lì yù xūn xīn 形容贪财图利的私欲迷住了心窍。熏：熏染，比喻迷惑。★王某～，竟然出售有毒猪肉，最终遭到处罚。

【例行公事】lì xíng gōng shì 按成规或惯例处理公务。现多指做事流于形式。★这次检查只是～而已，你们用不着那么紧张。

【连绵不断】lián mián bù duàn 形容接连不断。连绵：连续不断的样子。★屋前眺望，远处是～的群山。

【连篇累牍】lián piān lěi dú 形容篇幅冗长，文辞累赘。累：堆积。牍：古代写字用的木片。★这篇新闻稿～地讲述了一些鸡毛蒜皮的琐碎小事，渲染了大量无关宗旨的细节，没有什么价值。

【廉洁奉公】lián jié fèng gōng 廉正清白，奉行公事。★当纪委书记来到刘庙村走访的时候，几乎所有村民都竖起大拇指，夸赞老刘是个～的好支书。

【敛声屏气】liǎn shēng bǐng qì 压住嗓子不说话，屏住呼吸。形容慑于威势而小心谨慎的样子。敛：收束。屏：抑止。★无论教室多么嘈杂，只要教导主任一出现，学生便立刻～，不敢做声。

【恋恋不舍】liàn liàn bù shě 非常留恋，舍不得离开。★飞机起飞了，他～地离开了这座美丽的城市。

【良辰美景】liáng chén měi jǐng 美好的时光，美丽的景色。辰：时光，时辰。★～，激发了她对大自然的无限热爱。

【良师益友】liáng shī yì yǒu 对自己有教益的老师和朋友。★家长要试着用孩子们能懂的简单道理进行说服教育，做孩子们的～。

【良心发现】liáng xīn fā xiàn 指良心又重新萌发并显现出来。良心：本指天然的善良心性，现指内心对是非、善恶的正确认识。★我们不能指望那些恶贯满盈的人～。

【良药苦口】liáng yào kǔ kǒu 好药喝起来很苦，但有利于治病。比喻忠言逆耳。★同志们的批评虽然很尖锐，但～，对你会有帮助的。

【良药苦口利于病，忠言逆耳利于行】liáng yào kǔ kǒu lì yú bìng，zhōng yán nì ěr lì yú xíng 好药喝起来很苦，但有利于治病；直言批评、劝告听起来不顺耳，但有利于正确地行事。★老王的话是难听了点，可全是为你好，俗语说“～”嘛！

【良莠不分】liáng yǒu bù fēn 指好的和坏的混杂在一起，分辨不清。莠：狗尾草，喻指坏的，不好的。★网络是一个开放的世界，既有宝贵的信息，也有不健康的东西，对此我们不能～，全盘接受。

【良莠不齐】liáng yǒu bù qí 指好的和坏的混杂在一起，参差不齐。莠：狗尾草，喻指坏的，不好的。★外国文艺作品～，翻译出版时，应当慎重选择。

【梁上君子】liáng shàng jūn zǐ 《后汉书·陈寔传》记载，有一窃贼夜间到陈寔家偷东西，躲在屋梁上，陈寔称他为梁上君子。后用来指小偷。★他在睡梦中听见响动，原来是位～在翻箱倒柜。

【两败俱伤】liǎng bài jù shāng 争斗的双方都受到损害。俱：全，都。★你们两家还是和好吧，这样斗下去，只能是～。

【两国相争，不斩来使】liǎng guó xiāng zhēng，bù zhǎn lái shǐ 两国争斗，不杀对方派来的使者。★～，这不仅是中国的古例，也是国际外交的一项通则。

【两脚书橱】liǎng jiǎo shū chú 比喻读书很多、学识渊博的人。也指只会死记硬背而不能灵活运用的书呆子。★读书要善于灵活变通，不能当死读书的～。

【两面三刀】liǎng miàn sān dāo 比喻当面一套，背后一套，玩弄欺骗手法。★他是个～的人，说话向来不算数。

【两全其美】liǎng quán qí měi 同时顾全两方面，使两方面都好。全：顾全，成全。★做这项工作，既不用整天风里雨里地跑，又不少赚钱，～，何乐而不为呢？

【两手空空】liǎng shǒu kōng kōng 指手里什么也没有。多指没有钱财。★这些外出务工的农民本想挣点钱好过年，不料～地回来了。

【两相情愿】liǎng xiāng qíng yuàn 双方都愿意。★他们俩的结合是～，一个愿打，一个愿挨，你就不用操那么多心了。

【两小无猜】liǎng xiǎo wú cāi 形容男女小时候一起玩耍，互不猜忌避嫌。猜：猜疑，怀疑。★他和妻子青梅竹马，～。

【两袖清风】liǎng xiù qīng fēng 本形容迎风走路轻快飘逸。后比喻为官清廉，没有积蓄钱财。★父亲一辈子为政清廉，到退休时，依然是～。

【量才录用】 liàng cái lù yòng 衡量才能大小，任命适当职务。量：估量，衡量。★用人单位要根据实际情况，～。

【量力而行】 liàng lì ér xíng 按照自己的实际能力去做事。意谓不要超过力所能及的范围勉强去做。量：估量，衡量。★工作要～，否则不会收到好的成效。

【量入为出】 liàng rù wéi chū 根据收入的数量决定支出的限度。★过日子不能大手大脚，要省吃俭用，～。

【量体裁衣】 liàng tǐ cái yī 比照身材，裁剪衣服。比喻根据实际情况办事。★搞农村工作，要切合实际，～，不能机械地一刀切。

【踉踉跄跄】 liàng liàng qiàng qiàng 形容脚步不稳、跌跌撞撞的样子。★看他走路～的样子，一定是酒喝多了。

【聊表寸心】 liáo biǎo cùn xīn 稍微表示一点心意。聊：稍微，略微。寸心：微薄的心意。★这次捐款十万元，只是向母校～，不成敬意。

【聊以自慰】 liáo yǐ zì wèi 姑且用来自我安慰。聊：姑且。慰：安慰。★我们不能因为经济落后就一味以所谓的东方文化优势～。

【寥寥可数】 liáo liáo kě shǔ 形容数目很少，可以数得清楚。寥寥：稀少。★懂得这项技术的人很多，但技术高超的却～。

【寥寥无几】 liáo liáo wú jǐ 形容非常少，没有几个。寥寥：稀少。★他的课沉闷乏味，认真听讲的同学～。

【寥若晨星】 liáo ruò chén xīng 稀疏得像早晨的星星。形容数量稀少。寥：稀少。★近些年，长篇小说的数量与质量之间存在着严重的失衡，真正优秀的作品～。

【了然于心】 liǎo rán yú xīn 心里很明白。了然：清楚，明白。★诸葛亮虽然隐居隆中，对天下大事却是～。

【了如指掌】 liǎo rú zhǐ zhǎng 清楚明白得就像指着手掌里的东西给人看一样。形容对情况极为了解。了：清楚，明白。★他对于整个计划的每一个环节都～，所以他最有发言权。

【料事如神】 liào shì rú shén 形容对事情估量得十分准确。★他足智多谋，～，我们有事总是找他。

【林林总总】 lín lín zǒng zǒng 形容众多的样子。★中国古籍～，但也可以分出种种类别。

【临渴掘井】 lín kě jué jǐng 临到口渴时才去挖井。比喻事到临头才想办法。★平时学习不认真，靠考试前猛攻，这种～的办法不值得提倡。

【临危不惧】 lín wēi bù jù 面对危难，毫不惧怕。临：面临，遇到。惧：害怕。★共产党人～，视死如归。

【临危受命】lín wēi shòu mìng 在危难关头接受任命。临：面临，遇到。★蜀国丞相诸葛亮～，担负起辅佐后主刘禅、重振蜀汉的历史重任。

【临渊羡鱼】lín yuān xiàn yú 面对水潭，想得到里面的鱼。比喻徒有空想而无实际行动。临：对着。渊：深水潭。★他平时工作不努力，到年终看到别人拿奖金，也只能是～。

【临阵磨枪】lín zhèn mó qiāng 临到上阵打仗时才去磨枪。比喻事到临头才仓促准备。枪：古兵器，长柄，金属尖头。★学习靠的是平日积累，而不能靠～。

【临阵脱逃】lín zhèn tuō táo 军人临作战时逃跑。比喻在紧急时刻退缩逃避。★本来让你参加这次长跑比赛，你怎么～了呢？

【淋漓尽致】lín lí jìn zhì 形容文章或谈话详尽透彻。也形容暴露得很彻底。淋漓：湿淋淋往下滴，引申为畅快。尽致：达到极点。★他的演奏非常精彩，将乐曲的内涵、意境表达得～。

【琳琅满目】lín láng mǎn mù 形容眼前美好的东西很多。琳琅：美玉，比喻珍奇的物品。★面对超市里～的商品，消费者真不知该如何挑选。

【鳞次栉比】lín cì zhì bǐ 像鱼鳞和梳子齿一样地排列着。形容房屋、物品等排列整齐紧密。次：顺序。栉：梳子、篦子的通称。比：排列。★那些清朝末年的古建筑～地分布在城市的每个角落，这是座名副其实的古城。

【伶牙俐齿】líng yá lì chǐ 形容口齿灵巧，能说会道。伶、俐：聪明灵活。★她从小就～的，长大后成了一名优秀的主持人。

【灵丹妙药】líng dān miào yào 指非常灵验的奇药。也比喻能够解决一切问题的办法。丹：古代道家用朱砂炼成丹药，后指依方精制的药物。★勤奋和毅力是战胜困难的唯一～。

【灵机一动】líng jī yī dòng 形容某种灵感或主意一下子涌上心来。★面对歹徒的威胁，她～，撒了个谎，将他们吓跑了。

【玲珑剔透】líng lóng tī tòu 形容器物奇巧精制，明晰透亮。也形容人聪明灵巧，俊俏标致。玲珑：精致精巧。剔透：剔除而使透空明晰。★广场中心的巨大冰雕～，吸引了不少中外游客。

【凌云壮志】líng yún zhuàng zhì 原指立志成仙。后多形容远大豪迈的志向。凌云：直上云霄。★队员们怀着走向世界的～，苦练了一个又一个春夏秋冬，终于捧回了金杯。

【绫罗绸缎】líng luó chóu duàn 泛指精美的丝织品或用其做成的服装。★平苦百姓吃杂粮、穿粗布，有钱人家却吃的是山珍海味，穿的是~。

【另当别论】lìng dāng bié lùn 应当另外加以评论。表示原来的看法、结论不成立或从另外一个角度讨论问题。另：另外。论：评论。★他杀了人，的确应该受到法律的制裁，但从道义角度讲，那就~了。

【另辟蹊径】lìng pì xī jìng 另外开辟一条路。比喻另创一种新方法或新风格。蹊、径：小路。★他~，从传统的学术研究中闯出了一条新路。

【另起炉灶】lìng qǐ lú zào 比喻重新做起或另搞一套。★40岁那年，他离开奋斗了十几年的家族事业，~，开了家咨询服务公司。

【另请高明】lìng qǐng gāo míng 多用作自己不愿干或无法胜任，要求另找他人的客套话。高明：指学问高深或技能高超的人。★我不是内行，写不了这份报告，你还是~吧。

【另眼看待】lìng yǎn kàn dài 用另一种眼光看待。多表示重视。★靠着勤奋，进公司刚半年的他，业绩已经超过了所有同事，从此，老板对这个低学历的乡下人~了。

【令人发指】lìng rén fà zhǐ 形容人愤怒到了极点。发指：头发直竖。★罪犯的凶残行为~，人们呼吁司法机关给予严惩。

【令人神往】lìng rén shén wǎng 让人心中向往。多表达怀念、羡慕或敬仰的心情。神往：内心向往。★在许多人看来，去西藏旅游是一件~的事。

【令人作呕】lìng rén zuò ǒu 让人恶心讨厌。作呕：恶心，想呕吐。★他的某些行为非常龌龊，~。

【溜之大吉】liū zhī dà jí 指偷偷溜走完事。多指摆脱不利的场合。★每次班级打扫卫生时，他总是~。

【留有余地】liú yǒu yú dì 指说话、做事不走极端，留下可以回旋的空间。★说话做事不能这样绝对，要为自己~。

【流芳百世】liú fāng bǎi shì 形容美名长远地留传于后世。流：流传，传播。芳：香，比喻美名。百世：极言久远。★人总是要死的，与其忍耻贪生，遗臭万年，不如含笑就死，~。

【流离失所】liú lí shī suǒ 到处流浪，没有安身之处。流离：流落失散。所：处所，指安身之地。★战争的灾难让越来越多的人~，这是一个残酷的现实。

【流连忘返】liú lián wàng fǎn 指沉迷于其中忘记返回。流连：依恋而舍不得离开。返：也作“反”。★每到春季，郁郁葱葱的珞珈山，波光潋滟的东湖，加上如云似彩的樱花，足以使到过这里的人们~。

【流水不腐，户枢不蠹】liú shuǐ bù fǔ，hù shū bù dù 流动的水不会腐臭，经常转动的门轴不会被虫蛀。比喻经常运动的事物不易受到外物的侵蚀。户枢：门的转轴。蠹：蛀蚀。★～，长期坚持运动锻炼的人，一般体魄都很强健。

【流水无情】liú shuǐ wú qíng 流水一去不复返，毫无情意。比喻时光消逝，无法挽留。也比喻事物的发展不以人的意志为转移。★光阴似箭，～，年轻人一定要抓紧时间学习，提高充实自己。

【流星赶月】liú xīng gǎn yuè 像流星追赶月亮。形容速度极快。★高速公路上，南来北往的车辆如～，来往穿梭。

【流言蜚语】liú yán fēi yǔ 毫无根据的诽谤或中伤的话。蜚语：没有根据的话。★关于他的～很多，但他毫不理会，一心扑在工作上。

【柳暗花明】liǔ àn huā míng 绿柳成荫，繁花耀眼。后多比喻在困境中忽然看到希望。暗：指树荫蔽日。明：明丽。★正当公司上下一筹莫展之际，突然间～，从国外学习归来的副总经理带回了100万元的产品订单。

【六亲不认】liù qīn bù rèn 形容人没有情义或不讲情面。★严格执法的工作人员常常被人们说成是～，其实他们最富感情，他们心中怀着对百姓深深的爱。

【六神无主】liù shén wú zhǔ 形容心慌意乱，不知如何是好。六神：道教认为人的心、肺、肝、肾、脾、胆各有神灵主宰，称为六神。后泛指精神。★孩子突然发起了高烧，母亲紧紧抱着孩子，～。

【龙飞凤舞】lóng fēi fèng wǔ 像神龙飞行，像凤凰飞舞。原形容山川气势雄伟奔放。后多用以形容书法笔势遒劲活泼，挥洒自如。有时也形容字迹潦草。★作家接过读者递上来的本子，在空白处～地签上了自己的名字。

【龙马精神】lóng mǎ jīng shén 比喻人精神高昂旺盛。龙马：古代传说中的神马，即骏马。★他虽年过六十，却不像花甲之人，而是～，精神得很呢！

【龙蛇飞动】lóng shé fēi dòng 形容姿态多变，遒劲生动。★这棵古树已有数百年的历史，至今仍有～之势。

【龙潭虎穴】lóng tán hǔ xué 比喻极其险恶的地方。潭：深水池。★这位优秀刑警经常独闯～，与罪犯展开殊死斗争。

【龙腾虎跃】lóng téng hǔ yuè 像龙一样飞腾，像虎一样跳跃。形容矫健有力或生气勃勃，有所作为。★运动场上，同学们个个～，生气勃勃。

【龙争虎斗】lóng zhēng hǔ dòu 比喻双方势均力敌，斗争激烈。

★行业之间的~，能够起到带动经济发展的效果。

【笼络人心】 lǒng luò rén xīn 指用权术或手段拉拢人，收买人心。★有些领导干部为了~，不惜拿自己手中的权力做交易。

【漏洞百出】 lòu dòng bǎi chū 比喻说话作文破绽很多，不能自圆其说。也指工作或计划很不周密。漏洞：破绽。百：言次数之多。★他的话~，明显是在撒谎。

【漏网之鱼】 lòu wǎng zhī yú 比喻侥幸逃脱拘禁或控制的人。★公安机关终于在今年年底将这个犯罪团伙的~全部抓获。

【炉火纯青】 lú huǒ chún qīng 道家炼丹，炉中的火焰由红色转为纯粹的青色时为最佳火候。比喻达到纯熟完美的境界。纯：纯粹。★傅聪是一位中西文化共同培育出的著名钢琴家，他的演奏已经达到了~的地步。

【鹿死谁手】 lù sǐ shuí shǒu 意谓最后的胜利属于谁。鹿：指猎取的对象，常比喻政权或其他胜利果实。★冠军争夺战已经开始，但究竟~，恐怕不到最后一刻谁也不敢妄下结论。

【碌碌无为】 lù lù wú wéi 平庸而无所作为。碌碌：平庸的样子。★一个人的一生应该这样度过：当他回首往事的时候，不因虚度年华而悔恨，也不因~而羞耻。

【路见不平，拔刀相助】 lù jiàn bù píng, bá dāo xiāng zhù 路上遇见不平的事，拔出刀来帮助受欺压的一方。形容勇于打抱不平的正义行动。★中国自古就有~的英雄，他们是正义和无畏的化身。

【路遥知马力，日久见人心】 lù yáo zhī mǎ lì, rì jiǔ jiàn rén xīn 路途遥远才知道马的力气大小，时间久了才看出人心的好坏。★中国有句古话：~，我们之间的友谊是经得起时间考验的。

【屡见不鲜】 lǚ jiàn bù xiān 原指客人来得次数多了，就不用拿新宰的禽畜招待了。后指多次见到，已经不觉得新奇了。屡：多次。鲜：新鲜，新奇。★封建王朝的内部斗争一向十分激烈，宫廷政变在历史上~。

【屡教不改】 lǚ jiào bù gǎi 经过多次教育仍然不思悔改。屡：多次。教：教育。★除了极少数~的人以外，大多数人是可以改正错误的。

【屡试不第】 lǚ shì bù dì 接连多次参加考试都没有考取。屡：多次。第：科第，科举制度考选官吏后备人员时，分科录取，每科按成绩排列等第，叫做科第。★他多次进京赶考，~，后来回乡开了学馆。

【履险如夷】 lǚ xiǎn rú yí 走在险峻的地方就像走在平地上一样。比喻身处险境而毫不畏惧。履：

踩，踏。夷：平地。★杂技演员单脚踩在钢丝绳上，~，轻松自如。

【绿草如茵】lǜ cǎo rú yīn 绿油油的草地像茵席一样平整。茵：褥子。★这里万木葱茏，~，蜂飞蝶舞，流水淙淙。

【乱臣贼子】luàn chén zéi zǐ 君主时代指不守臣道、心怀异志的人。后泛指危害国家利益的奸臣。★这些~若不早除，定会使国无宁日。

【乱点鸳鸯】luàn diǎn yuān yāng 比喻错配姻缘。鸳鸯：水鸟，常比喻夫妻。★别瞎开玩笑了，他们两个是表兄妹，真是~！

【乱七八糟】luàn qī bā zāo 形容非常杂乱，毫无条理或秩序。★屋子里的东西~地堆放在一起，看来是好久没有人收拾了。

【掠人之美】lüè rén zhī měi 夺取别人的功劳或荣誉归自己所有。掠：强取，抢夺。美：指美名或功绩。★他从不~，文章中引用别人成果的地方都一一加以说明。

【略胜一筹】lüè shèng yī chóu 相比起来稍微强一点。略：稍微。筹：筹码，用竹木等制成的计数工具。★在科研能力上，他比我~。

【略知一二】lüè zhī yī èr 略微知道一点。略：粗略，大致。★我和他是邻居，对他的事儿我~。

【轮扁斫轮】lún biǎn zhuó lún 轮扁砍木制造车轮。比喻技艺纯熟高超。轮扁：春秋时齐国的造车能手。斫：砍。★任何技艺都要勤于练习，只有这样，才能达到~的娴熟境界。

【论功行赏】lùn gōng xíng shǎng 评定考核功绩，给予相应赏赐。论：评定。行：施行。★每次大赛结束后，队里都要根据队员的表现情况~。

【锣鼓喧天】luó gǔ xuān tiān 敲锣打鼓，响声震天。多用以形容喜庆欢乐的气氛。喧：喧闹。★这一天，村里~，彩灯高悬，好一番热闹景象。

【洛阳纸贵】luò yáng zhǐ guì 《晋书·左思传》记载，左思曾作名文《三都赋》，豪贵之家竞相传写，国都洛阳的纸价因此上涨。后用以形容著作广泛流传，风行一时。★小说《白鹿原》一经问世，读者争相购阅，一时间~。

【络绎不绝】luò yì bù jué 形容人或车马等前后相接，连绵不断。络绎：连续不断的样子。★新一届牡丹节开幕了，前来赏花的人~。

【落花流水】luò huā liú shuǐ 落下的花瓣随流水飘走。原形容暮春时节花儿凋零的衰败景象。含惋惜、无奈之意。后多比喻惨败。★经过两个多小时的较量，被打得~的敌人终于投降了。

【落荒而逃】luò huāng ér táo 离开战场，向荒野逃走。形容失败后狼狈逃窜。★周围挺身而出的人越来越多，歹徒见状，吓得～。

【落井下石】luò jǐng xià shí 对掉在井里的人，不但不救，反而向井里扔石头。比喻乘人危难时加以陷害打击。★在别人最困难的时候～，这样的人是阴险可怕的。

【落落大方】luò luò dà fāng 形容言谈举止自然洒脱。也形容事物贴切自然，典雅脱俗。落落：开朗坦率的样子。大方：不拘谨，不扭捏。★生活中的她十分内向，但站在讲台上却～。

【落水狗】luò shuǐ gǒu 掉落水中的狗。比喻已被打败或陷入困境的坏人。★鲁迅先生告诫我们，对于～决不能姑息怜悯，要痛打。不然，狗一上岸就会继续咬人，而且会置你于死地。

【落汤鸡】luò tāng jī 掉在热水里的鸡。比喻浑身湿透的人。汤：热水。★一场暴雨让现场的歌迷都成了～。

【落英缤纷】luò yīng bīn fēn 形容花絮纷纷飘落的景象。英：花。缤纷：繁盛杂乱的样子。★花园里～，景色迷人，令人流连忘返。

M

【麻痹大意】má bì dà yì 比喻失去警惕，疏忽大意。麻痹：身体某部分失去知觉。★安全保卫工作切不可～，不然将造成大的损失。

【麻木不仁】má mù bù rén 本指肢体麻木，感觉不灵敏。也比喻对事物反应迟钝或漠不关心。不仁：失去知觉。★对人民疾苦～的干部，不是称职的干部。

【麻雀虽小，肝胆俱全】má què suī xiǎo, gān dǎn jù quán 比喻事物规模虽小，各个部件却样样具备。★你别看我们单位规模不大，却是～。

【马不停蹄】mǎ bù tíng tí 马不停下脚步。比喻一刻不停地连续行动。★他今天刚从北京返回武汉，晚上又～地赶往广州。

【马到成功】mǎ dào chéng gōng 战马一到就取胜。形容人一到马上取得成果。★这次比赛意义非凡，祝大家旗开得胜，～。

【马革裹尸】mǎ gé guǒ shī 用马皮包裹尸体。形容军人为正义事业战死沙场。革：皮革。裹：包裹。★好男儿应该战死疆场，～，而不应老死牖下。

【马马虎虎】mǎ mǎ hǔ hǔ 形容草率粗心，不认真。也形容勉强过得去。★我们做任何事都要细致认真，不能～。

【埋头苦干】mái tóu kǔ gàn 形容不声不响地刻苦工作。埋头：头也不抬。★他总是在自习室里～，从未看到过他上街游玩。

【买椟还珠】mǎi dú huán zhū 《韩非子·外储说左上》记载，战国时，有个楚国人到郑国去卖珍珠，把珍珠装在匣里，并把匣子装饰得非常华贵。有个郑国人买下匣子，却把珍珠退还了。后用以比喻舍本逐末或没有眼光，取舍不当。椟：木柜，木匣。★读书在于品味其中内容，读书而不穷理，无异于～。

【买卖公平】mǎi mài gōng píng 买或卖价格公平合理，不相欺诈。★这个小摊贩做生意 30 年，一直坚守～的原则，从不坑人。

【卖官鬻爵】mài guān yù jué 旧指当权者收取钱财，出卖官爵职位。鬻：卖。爵：爵位。★封建时代，屡屡出现朝廷～、百姓卖妻鬻子的现象。

【卖国求荣】mài guó qiú róng 出卖国家民族利益，以谋求个人荣华富贵。★秦桧是中国历史上~、陷害忠良的典型人物。

【脉络分明】mài luò fēn míng 形容条理清晰明了。脉络：人体的经络，比喻条理。分明：清晰。★这个孩子只有8岁，却能写出~的好文章。

【脉络贯通】mài luò guàn tōng 比喻条理清楚，前后连贯。脉络：人体的经络，喻指条理。贯通：连贯通畅。★这部小说情节曲折，人物丰满，线索明晰，~。

【蛮不讲理】mán bù jiǎng lǐ 蛮横不讲道理。蛮：粗野，不通情理。★被家人宠坏的小女孩，在生活中表现得~。

【蛮横无理】mán hèng wú lǐ 指粗暴不讲道理。★遇到这种~的人，没有什么道理可讲。

【瞒上欺下】mán shàng qī xià 哄骗上级，欺压下属。瞒：欺骗；隐瞒。★为了满足妻子的虚荣心，他~，渐渐走上堕落之路。

【瞒天过海】mán tiān guò hǎi 比喻用手段作伪装或掩护，暗中活动。★为了敛财，他们~，用花言巧语来诱导那些刚步入社会的青年加入传销行列。

【满不在乎】mǎn bù zài hū 形容全然不放在心上，无所谓的样子。满：完全。★明知自己犯了大错，他却依然一副~的样子。

【满城风雨】mǎn chéng fēng yǔ 形容风雨交加的深秋或晚春景色。也比喻某事风传开来，众议纷纷。★关于他因贪污被“双规”一事，在这座小城里被传得~。

【满打满算】mǎn dǎ mǎn suàn 形容全部计算在内。满：充盈。★他利用课余时间去餐馆打工，一个月的收入~也不过200元钱。

【满腹经纶】mǎn fù jīng lún 形容人很有学问和才干。经纶：原指整理丝缕，理丝为经，编丝为纶，统称经纶。引申为治国的才能或抱负。★他虽然~，却始终没有遇到赏识他的人。

【满腹牢骚】mǎn fù láo sāo 一肚子不满情绪。牢骚：烦闷不满的情绪或抱怨的话。★这几天他~，肯定是遇上了什么不如意的事。

【满怀信心】mǎn huái xìn xīn 充满信心。★中国的知识分子~，迈向新的征程。

【满面春风】mǎn miàn chūn fēng 指春风扑面的景象。也比喻人满面喜悦舒畅的神色。★瞧他今天~的样子，一定是有什么喜事。

【满目凄凉】mǎn mù qī liáng 形容视野所及到处是冷落残破的景象。★至清末废除科举、取消书院，曾经显赫一时的白鹿洞书院自此江河日下，衰落下来。解放前夕，已是屋宇倒坍，尘霉满院，荆棘丛生，~。

【满腔热忱】mǎn qiāng rè chén 心中充满真挚热烈的感情。热忱：

热情。★他将～全部投入到乡村教育中去了，只讲奉献，不讲索取。

【满载而归】mǎn zài ér guī 装得满满地回来。形容收获颇丰。载：装载。★我们这次去山城考察不虚此行，～。

【漫不经心】màn bù jīng xīn 形容随随便便，满不在乎。漫：随便。★她～地翻着那本杂志，突然看见了一张熟悉的照片，照片上的人就是她朝思暮想的爸爸。

【漫山遍野】màn shān biàn yě 山岭和田野里到处都是。形容数量多或范围广。漫：满。遍：到处。★故乡的春天，～都是火红的杜鹃花。

【漫天匝地】màn tiān zā dì 弥漫天空，遍布地面。形容范围极大或势头极猛。匝：满，遍。★夜里，北风卷起～的黄沙，猛烈地扑打着窗户。

【漫无边际】màn wú biān jì 形容非常广阔，看不到边。也指说话、写文章等没有中心，离题很远。边际：边沿，界限。★说话作文最忌～，离题万里。

【慢声细语】màn shēng xì yǔ 形容说话声调低缓柔和。★小芳看上去很文静，说话也总是～的。

【慢条斯理】màn tiáo sī lǐ 形容说话做事动作缓慢，不慌不忙。★无论别人多么着急，他总是～地做着自己的事。

【芒刺在背】máng cì zài bèi 像芒刺扎在脊背上。形容心里极度惶恐，坐立不安。芒刺：植物果实、茎叶上的细刺。★他被老师批评得羞愧无比，如有～。

【忙里偷闲】máng lǐ tōu xián 在繁忙中挤出一点空闲时间。★他常常～，和几位同事一起去系里打乒乓球。

【忙忙碌碌】máng máng lù lù 形容忙着做各种事情。★他每天～的，总有做不完的事情。

【盲人摸象】máng rén mō xiàng 《涅槃经》卷三二记载，一群盲人触摸大象，摸到象牙的人说像芦菔根，摸到象耳朵的说像簸箕，摸到象头的说像大石头，摸到象鼻子的说像捣物的木棒，摸到象脚的说像舂米的木臼，摸到象脊梁的说像一张床，摸到象肚子的说像口大瓮，摸到象尾的说像根绳子，各执己见，争论不休。后用以比喻了解片面，固执一点，乱加揣测。★看问题要客观全面，我们反对～的片面观点。

【盲人骑瞎马】máng rén qí xiā mǎ 瞎子骑着瞎马。形容乱闯乱碰，极其危险。★没有考察好项目就乱投资，就好比～，是极其危险的。

【茫然若失】máng rán ruò shī 形容心神不宁，好像失去了什么似的。茫然：无所知的样子。★妻子去世后，他每次回到家中，总有一种～的感觉。

【茫然失措】máng rán shī cuò 形容心里没有主意，不知如何是好。茫然：无所知的样子。失措：举动失常，不知怎么办。★又一次落榜了，走出学校大门，我一个人~地在街上走了许久，不知道未来的路该怎么走。

【茫无所知】máng wú suǒ zhī 完全不了解、不知道。茫：无所知。★对这次活动我~，所以不能接受你的采访。

【猫哭老鼠】māo kū lǎo shǔ 比喻假装同情，假慈悲。★你别~了，说不定你心里还不知怎么高兴呢！

【猫鼠同眠】māo shǔ tóng mián 猫和鼠睡在一起。比喻上级失职，纵容下级干坏事。也比喻上下勾结，朋比为奸。又比喻主仆相处，缺乏上下之分。★你们领导、员工上下勾结侵吞国家资产，简直是~！

【毛骨悚然】máo gǔ sǒng rán 身上毛发竖起，脊梁骨发冷。形容异常惊恐或寒冷。悚然：惊惧不安的样子。★深夜，附近山林里传来的狼叫声让人~。

【毛手毛脚】máo shǒu máo jiǎo 形容做事粗心或行为不沉着。也指小偷小摸。又指男女间动手动脚的不严肃行为。毛：粗糙，草率。★他做什么事都是~的，真让人不放心。

【毛遂自荐】máo suì zì jiàn 《史记·平原君列传》记载，秦兵进攻赵国，赵国的平原君要挑选二十个门客随他去楚国求援，毛遂自荐同往。平原君与楚王长谈而未果，毛遂挺身而出，陈述利害，楚王最终答应派兵救赵。后用以比喻自告奋勇，推荐自己。荐：推举，介绍。★学校图书馆要雇一名管理员，我~，获得了校长的批准。

【茅茨土阶】máo cí tǔ jiē 用茅草搭盖屋顶，用泥土垒砌台阶。形容住房极其简陋质朴。茅茨：茅草覆盖的屋。★尧舜居~，而一心为公。

【茅塞顿开】máo sè dùn kāi 形容忽然理解或领会。塞：被茅草堵塞。比喻思维堵塞、僵化。★听了小王的解释，我~，明白了事情的原委。

【冒名顶替】mào míng dǐng tì 假托别人的名义替代他做某事。冒：假托。★在各类考试中，~的现象时有发生。

【冒天下之大不韪】mào tiān xià zhī dà bù wěi 公然去做天下人都认为是最大错误的事。冒：不顾。韪：是，对。★日本首相小泉纯一郎~，公然去参拜靖国神社，受到国际舆论的强烈谴责。

【耄耋之年】mào dié zhī nián 七十至九十的高龄。指年寿很高。耄耋：耄，八九十岁；耋，七八十岁。指年老。★他是一位在古典文学领域很有造诣的学者，~

仍笔耕不辍。

【貌合神离】mào hé shén lí 表面上关系密切而实际上怀着二心。也指表面相似而实质不同。貌：外表。神：实质。★正副市长～，各怀异心，招商引资最终未成。

【没精打采】méi jīng dǎ cǎi 形容没精神，情绪低落的样子。采：精神。★街边的那家超市冷冷清清，营业员～地在柜台里坐着。

【没头没脑】méi tóu méi nǎo 形容糊里糊涂，不知如何是好。也形容言行突兀，无缘无故。又形容不顾一切，劈头盖脑。★今天早上他给我打了个电话，说了些～的话。

【眉飞色舞】méi fēi sè wǔ 满脸高兴或得意的神情。色：神色。★在办公室里，她正～地跟大家讲这次的青海之旅。

【眉开眼笑】méi kāi yǎn xiào 眉头舒展，眼带笑意。形容十分高兴的样子。★奶奶每次看见我们，都高兴得～。

【眉来眼去】méi lái yǎn qù 本指山如眉峰，水如眼波，乘船行进，纵目观览，远山渐渐移近，船旁水波渐渐逝去。后多指以眉目传情。又形容暗相勾结。★看他们俩～的，肯定有问题。

【眉目如画】méi mù rú huà 形容容貌漂亮。★她生得肌肤莹然，～。

【眉清目秀】méi qīng mù xiù 形容相貌清秀美丽。★高原的风沙已将昔日～的少年磨炼成面目黝黑、身体健壮的男子汉。

【每况愈下】měi kuàng yù xià 原指越是踏在猪的肢体的下部，越能推测出猪是否真肥。后比喻情况越来越差。况：推及；推测。★这些年来，我的身体～，如今已是药不离身了。

【美不胜收】měi bù shèng shōu 形容美好的东西太多，品味或欣赏不尽。胜：尽，完。收：接受。★这里有蔚蓝色的大海，金色的沙滩，还有远处传来的阵阵笑声，真是～！

【美轮美奂】měi lún měi huàn 形容房屋壮观华丽。轮：高大的样子。奂：鲜明；盛大。★人民大会堂规模宏大，～，是中国现代建筑的精品。

【美中不足】měi zhōng bù zú 总体很好而尚有不足。★这篇文章的～是例证似乎略微少了些。

【门当户对】mén dāng hù duì 旧指男女双方家庭的社会、经济地位相当，适宜通婚。也指事物之间彼此相称。当：相称。对：相称。★现在少数农村地区，依然沿袭着～的封建传统观念，年轻人对自己的婚姻还缺乏自主权利。

【门户之见】mén hù zhī jiàn 指学术或艺术领域中由宗派情绪而产生的偏见。门户：宗派，派别。★钱穆治经学同治诸子学一样，从史学立场出发，混合了今文经学和古文经学的～。

【门庭冷落】mén tíng lěng luò 家门前冷冷清清。形容被人冷落，来客稀少。门庭：门前空阔的地方。冷落：冷清，不热闹。★由于报考学生太少，一些技工学校～，有的甚至只能停止招生。

【门庭若市】mén tíng ruò shì 门前、庭院热闹得像集市一样。形容交际往来的人很多。庭：庭院。若：好像。市：集市。★由于经营得当，这家超市～。

【门外汉】mén wài hàn 指外行。★通过自学，他这个从未学过法律的～，顺利拿到了律师资格证书。

【扪虱而谈】mén shī ér tán 一边摸身上的虱子，一边谈话。形容谈吐时不拘小节，从容随便。扪：按，摸。★这位作家旁若无人，～，真是潇洒。

【扪心自问】mén xīn zì wèn 摸着胸口自己问自己。指自我反省。扪：摸，按。★事情已过去三个月，但～，我仍感歉疚。

【闷闷不乐】mèn mèn bù lè 心情郁闷，很不高兴的样子。闷闷：心情抑郁不畅。★这几天他总是～，不知道发生了什么事。

【蒙混过关】méng hùn guò guān 用欺骗的手段蒙混通过。蒙：欺骗，掩盖。混：冒充。关：指关口。★答辩的时间马上就到了，他请人代写了一篇论文，希望能够～。

【蒙昧无知】méng mèi wú zhī 形容糊涂无知，不明事理。蒙昧：没有文化，落后愚昧。★封建社会里，由于统治者推行愚民政策，许多人处在～的状态。

【蒙冤受屈】méng yuān shòu qū 受到冤屈。★这个案件必须尽快调查清楚，我们既不能让好人～，也不能让坏人逃脱法网。

【蒙在鼓里】méng zài gǔ lǐ 被包在鼓里。比喻受到蒙蔽，全然不知。★这件事被传得神乎其神，我却一直被～。

【猛将如云，谋臣似雨】měng jiàng rú yún, móu chén sì yǔ 形容文臣武将极多。★曹操会用兵，会用人，他的手下可谓～。

【猛志常在】měng zhì cháng zài 形容雄心壮志至死不变，坚定不移。★他虽然被迫逃亡国外，但～，一心想通过革命改变中国贫穷落后的面貌。

【懵懵懂懂】měng měng dǒng dǒng 形容人糊涂，什么也不知道。★他还是个小孩子，对很多事情都～的。

【梦笔生花】mèng bǐ shēng huā 梦见笔头上生了花。形容才思横溢，文笔超群。★苏轼的诗词豪迈奔放，可谓～，令人百读不厌。

【梦魂颠倒】mèng hún diān dǎo 形容人由于思念情切而神魂不定，

精神恍惚。★每到月圆之夜，她对景怀人，不由得~。

【梦寐以求】mèng mèi yǐ qiú 睡梦中都在追求。形容愿望十分迫切。寐：睡着。★拿乒乓球世界冠军是她~的，尽管希望一次次破灭，她却从不灰心。

【弥天大罪】mí tiān dà zuì 指极大的罪恶或罪过。弥天：满天。★你犯了~，今后有何面目见人？

【迷惑不解】mí huò bù jiě 不理解，不明白，摸不着头脑。★书看得多了，虽然对许多问题仍然~，我却觉得自己长进了不少。

【迷途知返】mí tú zhī fǎn 迷路后知道返回。比喻犯了错误知道改正。途：道路。★一个人犯了错误并不要紧，关键是要~。

【靡不有初，鲜克有终】mǐ bù yǒu chū，xiǎn kè yǒu zhōng 做事都有个开头，但很少有能坚持到底的。多用于告诫人做事应有头有尾、善始善终。靡：无。初：开始。鲜：少。克：能够。★~，你们一定要把这个学生社团好好地办下去。

【靡靡之音】mǐ mǐ zhī yīn 柔弱、颓靡或淫荡的音乐。靡靡：柔弱，颓唐。★现在有些所谓的流行歌曲实际上是~，对青少年的成长没有好处。

【秘而不宣】mì ér bù xuān 保守保密，不去公开。宣：宣扬。★这件事影响到公司的声誉，公司对它一直~。

【密不通风】mì bù tōng fēng 密得连风都透不进去。形容封闭或防守得十分严密。★在许多阿拉伯国家，妇女都用长袍和头巾把自己裹得~。

【绵里藏针】mián lǐ cáng zhēn 丝绵里藏着钢针。比喻表面温和而内心刻毒。也形容柔中带刚。★记者招待会上，他的提问~，令回答者难以应对。

【绵绵不绝】mián mián bù jué 接连不断，一直延续下去。绵绵：连续不断的样子。★远处，山峦起伏，~。

【绵延起伏】mián yán qǐ fú 形容山势延伸不绝，高低错落。绵延：延续不断。★放眼望去，~的山坡上都是葱茏的草木，山脚下一幢幢美丽的别墅，错落有致。

【免开尊口】miǎn kāi zūn kǒu 请对方不要开口的委婉说法。有时含有讽刺意味。免：免除，不要。尊：尊贵。★当别人正在说话的时候，请您~，不要随便插话。

【勉为其难】miǎn wéi qí nán 勉强去做力所不及或者本来不愿做的事情。勉：勉强。为：做。★你不愿唱歌，我也就不~了，给大家说个笑话吧。

【面不改色】miàn bù gǎi sè 脸色一点都不改变。形容遇到危险或意外变故时，十分从容镇静。

色：脸色，表情。★情况非常危急，但他从容自若，~。

【面红耳赤】miàn hóng ěr chì 脸和耳朵都红了。形容过于用力、情绪激动或羞愧时的脸色。赤：红。★两兄弟为了一点小事竟然争得~。

【面黄肌瘦】miàn huáng jī shòu 脸色蜡黄，身形消瘦。形容营养不良或瘦弱有病的样子。★长期的营养不良使这些山区的孩子~，然而他们求知的欲望却是那样的强烈。

【面面俱到】miàn miàn jù dào 各个方面都照顾到，没有遗漏。也指照顾到各方面，但没有重点。俱：都。★做工作要抓住主要矛盾，突出重点，不要~，胡子眉毛一把抓。

【面面相觑】miàn miàn xiāng qù 你看着我，我看着你。形容因惊惧尴尬而不知所措的情状。觑：看。★此话一出，大家~，不知如何是好。

【面目全非】miàn mù quán fēi 面貌完全改变。形容变化极大。面目：面貌。★我离开家乡20多年了，这次回乡探亲，家乡的小镇已是~。

【面目一新】miàn mù yī xīn 改变原来的模样，呈现崭新的面貌。★经过老师的加工润色，我的那篇文章变得~了。

【面目狰狞】miàn mù zhēng níng 形容相貌凶恶可怕。狰狞：样子凶恶。★几个歹徒~，手持尖刀向我要钱。

【面如凝脂】miàn rú níng zhī 形容脸色洁白柔滑。凝脂：凝结的脂肪。★她~，飘逸婀娜，笑若荷花。

【面如土色】miàn rú tǔ sè 脸色土黄。形容惊恐得脸上失去了血色。也形容久病之后蜡黄的脸色。★老虎突然从笼子里走了出来，他当时吓得~。

【面无人色】miàn wú rén sè 脸上没有一点血色。形容惊恐、憔悴、虚弱或病危时的样子。★眼前突如其来的凶杀事件，把小芳姑娘吓得~。

【面有难色】miàn yǒu nán sè 脸上露出为难的神色。难：作难。★看见父亲~，我马上打消了买电脑的念头。

【渺无人烟】miǎo wú rén yān 在辽阔无边的大地上没有人的任何踪迹。形容地广人稀，十分荒凉。渺：遥远。人烟：指人迹。★他们在~的沙漠里跋涉，希望能找到一片绿洲。

【渺无音信】miǎo wú yīn xìn 一片渺茫，毫无消息。音信：往来的信件和消息。★三年前，他突然不辞而别，从此便~。

【妙不可言】miào bù kě yán 事物极其美妙，无法用语言来形容。妙：美妙。★柳宗元的山水游记别具特色，寄寓生平感慨、人生哲理于细腻的山水描写之中，实在是～。

【妙趣横生】miào qù héng shēng 美妙的意趣洋溢而出。横生：洋溢而出。★老先生不愧是一代语言大师，他的课总是～，令学子们受益匪浅。

【妙手回春】miào shǒu huí chūn 形容医术高明，能治愈垂危的病人。妙手：指技艺高超的人。回春：使春天返回，比喻重获生机。★王医生医术精湛，～，挽救了那个孩子的生命。

【妙手偶得】miào shǒu ǒu dé 形容写作技艺高超的人，有时因灵感而意外得到佳作或佳句。妙手：技艺高超的人。★作家的～，实际来源于平日的不懈积累。

【妙语连珠】miào yǔ lián zhū 美妙精彩的语言像成串的珠子接连不断。★他的演讲～，博得了同学们的阵阵掌声。

【灭顶之灾】miè dǐng zhī zāi 人有被水淹死的灾难。比喻毁灭性的灾难。灭顶：水漫过头顶，指淹死。★秦始皇的暴政给秦王朝带来了～。

【灭绝人性】miè jué rén xìng 丧尽了人的理性。形容极其残暴。灭绝：完全丧失。★日本侵略者攻破南京后，开始了～的大屠杀。

【民不聊生】mín bù liáo shēng 人民无以为生，无法生活下去。聊生：赖以维持生活。★在那些年月，军阀混战，土匪横行，～。

【民康物阜】mín kāng wù fù 民众安乐，物资丰富。康：平安，安乐。阜：丰富。★在同样一块土地上，旧社会啼饥号寒，哀鸿遍野；新社会～，河清海晏。

【民生凋敝】mín shēng diāo bì 形容人民穷困，经济衰败。民生：人民的生计。凋敝：衰败，困乏。★那时～，饭都吃不饱，哪有心思谈文学呢！

【民以食为天】mín yǐ shí wéi tiān 百姓以粮食作为赖以生存的首要条件。★～，历朝历代统治者都不能忽视农业生产的地位。

【民殷国富】mín yīn guó fù 国家和人民都很富足。殷：富足。★如今我国政通人和，～，一派繁荣景象。

【民怨沸腾】mín yuàn fèi téng 人民的怨恨情绪已达到极点。沸腾：水开翻腾。比喻情绪高涨。★乡长一年吃掉10万元，消息一经传开，顿时～。

【民脂民膏】mín zhī mín gāo 喻指人民用血汗换来的财富。脂、膏：油脂。★剥削阶级用～来养肥自己，老百姓却终年忍饥挨饿。

【名不副实】míng bù fù shí 名声与实际不相符合。副：相称，符合。★这条广告～，极大地欺骗了消费者。

【名不虚传】míng bù xū chuán 所传扬的名声不是虚假的。意谓名声与实际相符合。名：名声，名望。★王教授学识渊博，思维敏捷，果然是～。

【名垂青史】míng chuí qīng shǐ 英名在历史上永远流传。垂：流传。青史：古代称史书为青史。★文天祥坚持抗敌，被俘后坚贞不屈，成为～的民族英雄。

【名存实亡】míng cún shí wáng 名义上还存在，实际上已不存在了。★他们父子已经多年互不相认，父子关系～。

【名副其实】míng fù qí shí 名声或名称与实际完全符合。副：也作"符"。相称，符合。★他是一个～的革命者，无论敌人如何严刑拷打，都无法从他嘴里得到任何信息。

【名利双收】míng lì shuāng shōu 同时获得荣誉和利益。收：收获。★他这次算是～了，既出了风头又发了财。

【名列前茅】míng liè qián máo 指名次排列在前面。前茅：春秋楚国军队行军时，遭遇敌情的前哨举茅草做的旌旗示警，故称前茅。★从小学到中学，他的成绩在班上一直～。

【名落孙山】míng luò sūn shān 宋·范公偁《过庭录》记载，宋朝苏州士子孙山与同乡一同应考，孙山被录取为最后一名，同乡没有考取。回来后同乡的父亲向孙山询问自己儿子考得如何，孙山答道："解名尽处是孙山，贤郎更在孙山外。"后用以比喻应考不中。★今年的研究生考试我～，只好再待来年。

【名满天下】míng mǎn tiān xià 形容声名显赫。天下：指全中国或全世界。★明末清初，汉口镇位居"天下四大名镇"之首，～。

【名门闺秀】míng mén guī xiù 有名望人家的姑娘。名门：有名望的门第。★她是～，既会唱京戏，又会讲外文。

【名门望族】míng mén wàng zú 有名望的世家豪门大族。名门：有名望的门第。望族：有名望、有地位的家族。★他出身～，有着很好的教养。

【名山大川】míng shān dà chuān 著名的高山与河流。★每一位中华儿女，都应该热爱祖国的～。

【名胜古迹】míng shèng gǔ jì 指风景优美或有古代遗迹的地方。★杭州是中国七大古都之一，～众多。

【名噪一时】míng zào yī shí 某时期内名声很大，受到广泛的重视。噪：名声广泛传播。★这位现代诗人在20世纪80年代～，受到广大学生的喜爱。

【名正言顺】míng zhèng yán shùn 指名分或名义正当，道理也讲得通。泛指做事的理由充分正当。★你代表单位出席这次会议～，不用担心什么。

【明辨是非】 míng biàn shì fēi 清楚明白地分辨对错。明辨：辨别清楚。★一个人要有~的能力，否则工作就难以做好。

【明察暗访】 míng chá àn fǎng 公开调查，暗里寻访。指用多种方式进行了解。★调查组连日来~，搜集了许多相关材料。

【明察秋毫】 míng chá qiū háo 能敏锐地看清极微小的事物。形容目光敏锐，能洞察一切。察：看出。秋毫：秋天鸟兽身上新生出来的细毛。比喻极细微的东西。★这位法官~，断案从未出过错。

【明火执仗】 míng huǒ zhí zhàng 点着火把，拿着武器。多指公开抢劫或肆无忌惮地做坏事。仗：武器。★这伙人~地打家劫舍，官府早就应该处置他们了。

【明镜高悬】 míng jìng gāo xuán 比喻人对情况明察秋毫，见解深刻高明。也比喻官吏执法公正严明。★北宋包拯~，惩恶扬善，被人誉为"包青天"。

【明来暗往】 míng lái àn wǎng 指公开或暗地里频繁往来。★他俩~的，不知又在搞什么名堂。

【明媒正娶】 míng méi zhèng qǔ 旧指经媒人说合、父母同意并按传统仪式迎娶的婚姻。★我可是~进了你们家的，我们应该相敬如宾，白头到老。

【明眸皓齿】 míng móu hào chǐ 眼睛明亮，牙齿洁白。形容容貌清秀美丽。也借指美人。眸：眼珠，也指眼睛。皓：洁白。★新来的公关小姐~，光彩照人，成为公司的一大亮点。

【明目张胆】 míng mù zhāng dǎn 原指有胆有识，敢作敢为。后用作贬义，形容公然作恶，无所避忌。张：放开。★他~地把公家东西往家里拿，结果受到严厉的处罚。

【明枪暗箭】 míng qiāng àn jiàn 比喻公开的攻击和隐蔽的伤害。★在反革命的文化围剿中，鲁迅对来自任何一方的~，从不畏缩退让。

【明修栈道，暗渡陈仓】 míng xiū zhàn dào, àn dù chén cāng 楚汉战争中，刘邦在进军南郑途中烧掉栈道，表示不再返回关中，用以打消项羽的疑惑。随后却率兵偷渡陈仓，打败楚军，回到咸阳。比喻制造假象迷惑对方，而暗中进行活动以达到目的。栈道：在悬崖峭壁间用木头架起的通道。陈仓：古县名，在今陕西宝鸡市东。★他~，将本不属于他的奖项拿到了手。

【明哲保身】 míng zhé bǎo shēn 原指通达事理，能够保全自己。后多指为个人利益而丧失原则的庸俗处世态度。明哲：明智。★事不关己，高高挂起；明知不对，少说为佳；~，但求无过。这都是自由主义的表现。

【明争暗斗】 míng zhēng àn dòu

明里暗里都在互相争斗。★为了一点财产，他们兄弟俩~，搅得全家不安。

【明知故问】míng zhī gù wèn 明明知道，却故意发问。★你明明知道我去了哪儿，却还~。

【明珠暗投】míng zhū àn tóu 把闪光的珍珠扔在黑暗处。比喻有才德的人得不到赏识重用或误入歧途。也比喻贵重的东西落到不识货的人手中，得不到珍爱或欣赏。★像他这样一个有才能的人去给那个一字不识的莽汉当副手，真是~了。

【鸣金收兵】míng jīn shōu bīng 敲起锣来，命令正在与敌交战的官兵撤回。也比喻事情告一段落或暂停下来。鸣金：敲钲、铙（后来多用锣）等金属乐器，古代作战时收兵的信号。★只战了几个回合，敌人就~了。

【鸣冤叫屈】míng yuān jiào qū 喊叫冤屈。鸣、叫：喊叫。★巴金创作长篇小说《家》，是为了向腐朽的封建制度提出控诉，替横遭摧残的年轻生命~。

【冥思苦想】míng sī kǔ xiǎng 绞尽脑汁，苦苦思索。也形容不作实地调查研究，单凭主观想象考虑问题。冥思：用心思考。★这件事我~了很久，却始终理不出个头绪来。

【冥顽不化】míng wán bù huà 形容愚昧无知而又顽固不化。冥顽：愚钝顽固。不化：不变。★为了挽救一名失足青年，他跑了上百次，以耐心和真诚打动了这颗~的心。

【酩酊大醉】mǐng dǐng dà zuì 形容喝酒喝得醉醺醺的样子。酩酊：大醉的样子。★那天晚上，他和几个朋友喝得~。

【命若悬丝】mìng ruò xuán sī 性命就像悬挂在丝线上。丝线随时可断，比喻生命垂危。★在秦汉交替的六七十年间，所谓儒家经世之学，几乎~。

【模棱两可】mó léng liǎng kě 指对事物没有明确的态度或主张，这样也可，那样也行。模棱：态度含糊。★既然局长对改组~，我这个助理还有何话可说？

【摩肩接踵】mó jiān jiē zhǒng 肩擦肩，脚碰脚。形容人多拥挤。踵：脚跟。★这是今年的第一次人才交流会，现场~，拥挤不堪。

【摩拳擦掌】mó quán cā zhǎng 摩擦着拳头和手掌。形容战斗或行动前精神振奋、急不可待的神情。也形容愤激的样子。★随着改革的进一步深化，我市的各行各业都在~，准备迎接新的挑战。

【磨杵成针】mó chǔ chéng zhēn 宋·祝穆《方舆胜览·眉州·磨针溪》记载，唐代诗人李白小时候读书不用功，一次见一老妇在磨铁杵，一问才知欲做一针。李白深受触动，从此苦学。后用以比喻做事有恒心，有毅力，坚持到底一定成功。杵：舂谷或捶衣用的棒槌。★无论学习还是干事业，都要有~的恒心和毅力。

【魔高一尺，道高一丈】 mó gāo yī chǐ, dào gāo yī zhàng 邪气高一尺，正气高一丈。比喻正义终能压倒邪恶。魔：邪气，魔道。道：正气，正道。★~，再狡猾的犯罪分子也逃不出人民警察的掌心。

【莫名其妙】 mò míng qí miào 不能说出其中的奥妙。指事物、道理奇怪或不合情理，使人无法理解。名：说出。妙：玄妙，奥妙。★今天，我收到一封~的电子邮件，感到非常惊讶。

【莫逆之交】 mò nì zhī jiāo 指情投意合，感情深厚的朋友。莫逆：不抵触，不违背。交：交情。★经过这次旅行，我们成了~。

【莫衷一是】 mò zhōng yī shì 不能断定哪个对。指意见有分歧，不能得出一致的结论。衷：裁断。是：正确。★学校正式颁布了禁止学生经商的规定，一时间，校园里众说纷纭，~。

【漠不关心】 mò bù guān xīn 感情或态度冷淡，不放在心上。漠：冷漠，冷淡。★她对工厂的任何事情都~，毫无主人翁责任感。

【漠然置之】 mò rán zhì zhī 冷淡地搁置在一边。形容对人或事情不经意，不关心。漠然：冷淡的样子。置：搁置。★遇到困难，~，这是一种逃避的表现。

【墨迹未干】 mò jì wèi gān 墨写的字迹还没有干。多指条约、协定或承诺等刚签订或写就。常用以责备对方很快就违背诺言。★就业协议~，他又准备跳槽了。

【墨守成规】 mò shǒu chéng guī 固执旧法，不肯变通。引申为顽固坚守。墨守：墨子善于守城。成规：现成的、已不适用的规章制度。★改革就是要创新，~怎么能前进呢？

【默默无闻】 mò mò wú wén 指没有名气，不为世人所知。默默：无声无息，不声不响。★市长的父亲，是位~的庄稼汉。

【默默无言】 mò mò wú yán 不声不响，一句话也不说。★我和教导员静静对坐着，~。

【谋财害命】 móu cái hài mìng 为了谋取钱财而害人性命。谋：图谋。★无端地空耗别人的时间，无异于~。

【谋事在人，成事在天】 móu shì zài rén, chéng shì zài tiān 谋划事情在于人的主观努力，事情能否成功却要看天意。这是旧时的一种宿命论观点。现也指不管成败，必须全力争取。谋事：谋划事情。★~，现在需要做的就是发挥我们的最大能量，把这件事情做好。

【木已成舟】 mù yǐ chéng zhōu 木材已被做成了船只。形容事情已成定局，无法更改。舟：船。

★现在～，说什么都晚了。

【目不识丁】 mù bù shí dīng 形容一字不识。丁：指代最简单的字。★这个老工人～，修车技术却绝对一流。

【目不暇接】 mù bù xiá jiē 形容美好新奇的事物太多或变换太快，眼睛来不及观看。暇：空闲。接：接应。接也作给，应付。★今年的牡丹花展品种繁多，色彩丰富，让人～。

【目不斜视】 mù bù xié shì 眼睛不向旁边看。形容庄重、严肃或自以为是，旁若无人。★进入教室，她～，在最前排找了一个位置坐下了。

【目不转睛】 mù bù zhuǎn jīng 眼珠不转动一下。形容注意力高度集中地凝神注视。睛：眼珠。★上课时，他总是～地听老师讲解。

【目瞪口呆】 mù dèng kǒu dāi 瞪着眼睛说不出话来。形容因惊惧或生气而发愣的样子。呆：迟钝，不灵活。★小明正在网吧玩游戏，父亲突然闯了进来，吓得他～。

【目光炯炯】 mù guāng jiǒng jiǒng 眼睛明亮有神。形容精神饱满或严肃、愤怒的样子。炯炯：亮晶晶的。★总理满面笑容、～地走过来，紧紧地握住了老艺术家的手。

【目光如豆】 mù guāng rú dòu 眼光像豆子那样小。比喻目光短浅，眼界狭小。★领导干部看问题不能～，而要从长远着眼，为全局着想。

【目空一切】 mù kōng yī qiè 一切都不放在眼里。形容狂妄自大。★此人～，不可一世。

【目无法纪】 mù wú fǎ jì 眼里没有法律、纲纪。形容肆无忌惮地践踏律令、干坏事。★那些～、胡作非为的人，最终是要受到法律制裁的。

【目中无人】 mù zhōng wú rén 眼中没有别人。形容骄傲自大。★这个人太狂妄，简直是～。

【幕天席地】 mù tiān xí dì 以天为帷幕，以地为铺席。常形容襟怀旷达，生活放任不拘。★天地作厂房，深谷作车间，～，群山环拱，世界上还没有哪一个地方的轻工业生产有这样的规模！

【暮气沉沉】 mù qì chén chén 形容精神委靡不振，不求进取。暮气：黄昏时的雾霭。比喻委靡不振的精神状态或疲沓不求进取的作风。沉沉：深沉。★一位当代的年轻知识分子，怎么能整天这样～呢？

N

【拿来主义】 ná lái zhǔ yì 指吸取外来事物的长处，为自己所用。★对世界上所有先进的文化观念和科学技术，我们都要采取～的办法，为我所用。

【拿手好戏】 ná shǒu hǎo xì 本指演员演得最出色的剧目。也比喻最擅长的本领。拿手：很在行，得心应手。★魔术表演是他的～，每次联欢会上都少不了这个节目。

【耐人寻味】 nài rén xún wèi 经得起人们仔细体味。形容意味深长。耐：经得住。寻味：仔细品味。★这是一篇～的好文章，同学们应当好好读读。

【男盗女娼】 nán dào nǚ chāng 男的做贼偷盗，女的为娼卖淫。指男女都做坏事。也形容思想、行为卑劣无耻。娼：妓女。★这个封建家族的成员，一个个看上去都是道貌岸然，背地里却是～。

【男儿有泪不轻弹】 nán ér yǒu lèi bù qīng tán 指男子汉不轻易流泪。★俗话说"～"，眼前这感人的一幕，使这位钢铁硬汉也掉下了眼泪。

【男耕女织】 nán gēng nǚ zhī 男人耕种，女人纺织。旧指农家男女分工进行生产劳动。★这个小山村环境幽雅，大家过着一种～的平静生活。

【男女授受不亲】 nán nǚ shòu shòu bù qīn 一种封建礼教。指男女之间不能亲手交接东西。授：给予。受：接受。亲：亲自接触。★"～"是封建礼教一贯坚持的教条，严重禁锢了青年男女的思想。

【男尊女卑】 nán zūn nǚ bēi 古代社会以男子为中心，认为男子尊贵，妇女卑下。尊：高贵。卑：地位低下。★现在都是21世纪了，你怎么还有～的封建思想！

【南郭先生】 nán guō xiān shēng《韩非子·内储说上》记载，战国齐宣王喜欢听三百人一起吹竽，本不会吹竽的南郭先生趁机加入乐队。齐宣王死后，他的儿子齐湣王喜欢竽手一个个地吹，南郭先生害怕露馅，找个机会溜走了。后用以比喻没有真实本领而窃居其位的人。★精简机构时，我们局里的那位～终于被刷下来了。

【南橘北枳】 nán jú běi zhǐ 南方的橘子树移到淮河以北就会变成枳树。比喻事物因环境、条件不同而发生变异。枳：果树名，叶多刺，果小味酸苦。★每种艺术形式都有它特定的生存土壤，离开了这片土壤，就可能变得~了。

【南柯一梦】nán kē yī mèng 唐·李公佐《南柯太守传》记载，淳于棼做梦到大槐安国做了南柯太守，享尽荣华富贵。醒来却发现只是一场梦，原来大槐安国就是住宅南边大槐树下的蚁穴。后用以泛指一场美梦。也比喻一场空欢喜。★他认为自己最有实力当选市长，哪知到头来是~。

【南来北往】nán lái běi wǎng 形容行人车马来来往往。★镇上开了不少店铺，招揽~的人。

【南腔北调】nán qiāng běi diào 形容说话夹杂各地方言，口音不纯。也指各种地方戏曲腔调或各地方言。★他是个商人，经常四处奔波，说起话来~的。

【南辕北辙】nán yuán běi zhé 本要向南走，车子却往北开。比喻采取的行动和所要达到的目的正好相反。也指两者截然不同。有时又指北来的车和南来的车。辕：车前驾牲口的两根直木。辙：车轮行进时压出的痕迹。★用压制的方法达到使人服从的目的，结果只能是~。

【南征北战】nán zhēng běi zhàn 形容转战各地，英勇杀敌。★他率领部队~，出生入死，为中国革命立下了汗马功劳。

【难解难分】nán jiě nán fēn 形容双方争斗激烈，相持不下。也形容情意缠绵，难以分开。解：解开。★男单冠军争夺战正打得~，双方都希望能捧上这标志世界乒乓球最高水平的奖杯。

【难能可贵】nán néng kě guì 做到了难以做到的事，非常可贵。难能：不容易做到。★他在最艰苦的时候依然坚持学习，这是最~的。

【难舍难分】nán shě nán fēn 形容感情深厚，难以割舍分开。★大学同学四年，毕业离别之际，大家真是~。

【难言之隐】nán yán zhī yǐn 难以说出口的隐情。隐：隐情，深藏于内心的话或事。★他几次欲言又止，似乎有什么~。

【难以为继】nán yǐ wéi jì 难以继续下去。★我所经营的公司资金匮乏，长期依靠贷款，已经到了~的地步。

【难以置信】nán yǐ zhì xìn 很难相信。置信：相信。★令人~的是，第一次参加世界大赛的小将，在第一轮比赛中就将头号种子斩于马下。

【难于启齿】nán yú qǐ chǐ 很难开口，表示有所顾虑。启齿：开口。★他想向同学借钱，又~。

【难于上青天】nán yú shàng qīng tiān 形容道路险峻，非常难走。也用以形容简直不可能做到。★你一个初出茅庐的小孩，想要战胜上届世界冠军，简直是～。

【喃喃细语】nán nán xì yǔ 形容连续不断地小声说话。喃喃：连绵低语声。★小青～，向我诉说情怀。

【难兄难弟】nàn xiōng nàn dì 指共患难或同处困境的人。★我们曾经是～，今日相见，分外亲切。

【囊空如洗】náng kōng rú xǐ 口袋里什么都没有，像洗过一样。形容极度穷困。囊：口袋。★家道中落后，他～，不得不靠亲戚的周济生活。

【囊括四海】náng kuò sì hǎi 指统一全国各地，控制整个天下。囊括：用袋子装，引申为包罗。四海：指全中国。★毛泽东的诗词～，包举宇内，文采斐然，千古独步。

【囊萤映雪】náng yíng yìng xuě 形容人能在艰苦的条件下勤学苦读。囊萤：指东晋人车胤年少家贫买不起灯油，夏天捉几十只萤火虫装在透明的袋子里，晚上用来照明读书。映雪：指晋人孙康家贫没有油灯照明，晚上常借着雪地反光来读书。★当今学子，也要发扬～的精神，刻苦读书。

【恼羞成怒】nǎo xiū chéng nù 由于羞愧和恼恨而发怒。★他～，上前一把夺过书包，扭头就走。

【内柔外刚】nèi róu wài gāng 内心柔弱而外表刚强。★她是一个～的人，你要给她更多的关怀。

【内外交困】nèi wài jiāo kùn 内部、外部同时遇到困难。交：一齐，同时。困：陷于困境。★我们公司目前～，需要大家通力协作，共渡难关。

【内忧外患】nèi yōu wài huàn 指内部、外部都有忧虑祸患。多指同时并起的国内动乱和外来侵略。也比喻个人同时遭遇内部困扰和外部压力。忧：忧虑。患：祸患。★民族资本家面对～，毅然肩负起振兴民族工业的重任。

【能歌善舞】néng gē shàn wǔ 既擅长唱歌，又擅长舞蹈。能：善于，擅长。★她自幼～，后来经过不懈努力，终于成为一名出色的舞蹈演员。

【能工巧匠】néng gōng qiǎo jiàng 指在工艺上有高超技术的人。★雄伟壮丽的故宫，是我国古代～的杰作。

【能掐会算】néng qiā huì suàn 指能预测未来要发生的事。掐：用拇指点着其他指头进行暗记或推算。★他自称受过神仙指点，～，许多乡下妇女信以为真，上了他的当。

【能屈能伸】néng qū néng shēn 指在不利的条件下能委曲忍耐，条件有利时能施展才能。屈：弯曲。伸：伸直。★大丈夫要～，不要因眼前的劣境而沮丧。

【能说会道】néng shuō huì dào

口才好，很会说话。道：说，讲。★他虽没读多少书，却~，因此很快就找到了一份工作。

【能文能武】néng wén néng wǔ 既有文才，又会武艺。也泛指既有文化，又能劳动。★他~，在这方圆几十里小有名气。

【能言善辩】néng yán shàn biàn 很会讲话，善于辩论。★小张~，曾经在大学生辩论赛上舌战群雄。

【能者多劳】néng zhě duō láo 能力强的人多做事，多受累。原指有才智的人太劳累，主张弃绝智巧，安于无能。后转义为称誉多能的人。能者：有才干的人。★~，这次的任务再多分派给你点儿。

【能者为师】néng zhě wéi shī 知识、技艺、经验多的人，就可以当老师。★我说你行，你就行，你就不要推辞了，~嘛！

【能征惯战】néng zhēng guàn zhàn 善于带兵打仗，富有战斗经验。征：远行讨伐。★政委选拔了十名侦察兵，都是~的，组成了一个重案侦察小组。

【泥牛入海】ní niú rù hǎi 泥塑的牛掉进大海。比喻一去不复返。★小李去了日本后，我曾给他写过信，但他却如~，至今没有消息。

【泥菩萨过河，自身难保】ní pú sà guò hé，zì shēn nán bǎo 比喻自己尚且顾全不了自己，更谈不上帮助别人。保：保全。★他们现在是~，你怎么还去他们那儿添麻烦。

【泥沙俱下】ní shā jù xià 泥土和沙子一起流下来。比喻好坏不同的人或事物混杂在一起。俱：全，都。★国门打开以后，外来事物~，我们不能不加分辨地一概接受。

【你死我活】nǐ sǐ wǒ huó 形容双方斗争非常激烈，不能并存。★大家都是圈子里的朋友，为什么非要争个~呢？

【泥古不化】nì gǔ bù huà 拘泥于古代的制度或说法，不知结合具体情况加以变通。泥：拘泥。化：变化。★我们要尊重民族的文化，但是不能~。

【逆来顺受】nì lái shùn shòu 指对恶劣的环境或粗暴的待遇顺从忍受。受：承受，接受。★她忍气吞声，~，却更助长了丈夫的蛮横无理。

【逆流而上】nì liú ér shàng 迎着水流的方向行进。也比喻迎着艰险坚持采取行动。★从武汉到重庆，我们乘船~。

【逆水行舟，不进则退】nì shuǐ xíng zhōu，bù jìn zé tuì 迎着水流划船，如不努力推进，就会被流水冲着后退。比喻工作、学习不努力向前就会后退。★他时常对自己的学生说，学习如~，因此你们一刻也不能放松。

【拈花惹草】niān huā rě cǎo 比喻卖弄风流，挑逗异性，乱搞男女关系。★这个游手好闲的家伙生活放荡，不时在外～。

【拈轻怕重】niān qīng pà zhòng 只拣轻松容易的做，怕挑重担子。形容对工作缺乏责任感。★不少人对工作不负责任，～，把重担子给别人，自己挑轻的。

【年富力强】nián fù lì qiáng 年纪正轻，精力旺盛。年富：未来的岁月多。★据调查结果显示，企业总经理平均年龄为48岁，～，大多数拥有较高学历，同时具备一定的管理经验。

【年轻力壮】nián qīng lì zhuàng 年纪轻，体力强壮。★他～的，多干一点没什么关系。

【年深日久】nián shēn rì jiǔ 指时间经历久远。★这座古建筑一直无人修缮，～，已经残破得不成样子。

【年头岁尾】nián tóu suì wěi 泛指一年之中。★春节的历史很悠久，它起源于殷商时期～的祭神祭祖活动。

【年幼无知】nián yòu wú zhī 年纪轻，不懂事。★他是个～的孩子，你怎么能和他一般见识呢！

【年逾古稀】nián yú gǔ xī 年纪超过70岁。指年龄很大。逾：超过。古稀：指70岁。★他虽已～，但看起来身体十分健康。

【念念不忘】niàn niàn bù wàng 总是思念着，一刻也不忘记。念念：常常想念。★做了市长后，他对原先帮助过自己的那些乡下朋友依然～。

【念念有词】niàn niàn yǒu cí 原指迷信的人祈神时不停地念咒语。后也指嘴里含糊不清地不停说着什么。念念：不停地低声念诵。★他口中～，原来是在背诵英语单词。

【鸟尽弓藏，兔死狗烹】niǎo jìn gōng cáng，tù sǐ gǒu pēng 鸟打光了，就把弹弓收起来不用了；兔子死了，就把猎狗煮着吃了。比喻事成之后把有功之人抛弃或残害。★刘邦建立汉朝后，把曾经立下大功的韩信等人设计处死，真可谓～。

【鸟枪换炮】niǎo qiāng huàn pào 打鸟的火枪换成了大炮。比喻条件有了很大改善或情况有了很大好转。★目前我们办公室也是～了，电脑、复印机、扫描仪等现代化办公设备应有尽有。

【鸟语花香】niǎo yǔ huā xiāng 鸟儿啼叫，花儿飘香。多形容春天景色宜人。★五月的江城非常迷人，满目青枝绿叶，处处～。

【蹑手蹑脚】niè shǒu niè jiǎo 形容走路时脚步放得很轻。蹑：放轻脚步。★怕惊动父母，他～地走进卧室。

【宁缺毋滥】nìng quē wú làn 宁可缺额不足，也不降低标准凑数。毋：不要。滥：过度，没有限制。

★我校的特聘教授岗位～，我们必须严格把关。

【宁死不屈】nìng sǐ bù qū 宁可死去，也不屈服。★无数的革命者～，英勇就义。

【宁为玉碎，不为瓦全】nìng wéi yù suì, bù wéi wǎ quán 宁愿做美玉被打碎，也不做瓦器而得以保全。比喻愿为正义而死，不愿忍辱苟活。★大丈夫～，要杀要剐随你便了。

【牛鬼蛇神】niú guǐ shé shén 牛头鬼，蛇身神。原形容作品思路奇特，想象诡异。后多比喻形形色色的坏人。★晚清小说《二十年目睹之怪现状》，为我们勾画了一幅～无所不包的市井百丑图。

【牛郎织女】niú láng zhī nǚ 传说织女是天帝的孙女，善于织造云锦，嫁给河西牛郎后不再织锦，天帝大怒，责令分离，与牛郎隔在银河两侧，每年农历七月初七夜才得相会一次。后用以比喻长期分居两地的夫妇。也泛指长期分离的恋人。★夫妻俩一个在北京，一个在新疆，长期过着～的生活。

【牛头不对马嘴】niú tóu bù duì mǎ zuǐ 比喻双方不相符合。也指所答非所问。★他上课走神，回答老师的问题～。

【扭扭捏捏】niǔ niǔ niē niē 指走路时身体故意左右扭动。也形容说话、做事不爽快，不大方。★这个孩子很大方，见到生人从不～的。

【扭转乾坤】niǔ zhuǎn qián kūn 改天换地，出现新气象。比喻彻底改变原有的状况。乾坤：指天地。★自从粉碎了“四人帮”之后，中国的形势就像是～般地彻底改变了。

【忸怩作态】niǔ ní zuò tài 形容故意装出一副不好意思或害羞的模样。忸怩：形容不好意思或不大方的样子。★这位年轻演员在台上～，大家看了十分反感。

【浓妆艳抹】nóng zhuāng yàn mǒ 形容女子妆饰艳丽。★她整天～的，完全不像一个大学生。

【弄假成真】nòng jiǎ chéng zhēn 本来是假装的，结果却变成了真事。也指把假的当作真的。★影片中的这对男女～，成了生活中的夫妻。

【弄巧成拙】nòng qiǎo chéng zhuō 本想要巧妙手段，结果却做了蠢事。★这件事一定要稳妥，不要自作聪明，以免～。

【弄虚作假】nòng xū zuò jiǎ 指说假话或造假象骗人。★做任何事情都要实事求是，～只能毁了自己。

【奴颜婢膝】nú yán bì xī 奴仆般向人巴结讨好的样子。奴颜：奴才谄媚相。婢膝：指婢女常下跪。★做人要堂堂正正，既不能不可一世，也不能～。

【奴颜媚骨】nú yán mèi gǔ 形

容低三下四、逢迎讨好的丑恶嘴脸。奴颜：奴才谄媚相。媚：谄媚。★鲁迅的骨头是最硬的，他没有丝毫的～，始终以大无畏的革命精神同敌人战斗。

【驽马十驾】 nú mǎ shí jià 劣马拉车走十天也可以走很远的路程。比喻才能低下的人只要不懈努力，也能达到目的。驽马：劣马。驾：马驾车一天所走的路程为一驾。★他这种“～，功在不舍”的精神，使他在科学研究中取得了很高的成就。

【弩箭离弦】 nǔ jiàn lí xián 形容行动异常迅速。弩：利用机械力射箭的弓。★指导员一声令下，队员们如～，争先恐后向敌军驻地冲去。

【怒不可遏】 nù bù kě è 愤怒得抑制不住。形容异常愤怒。遏：阻止。★他站在演讲台上，～地控诉反动派的欺压行为。

【怒发冲冠】 nù fà chōng guān 气得头发竖立，把帽子都顶起来了。形容愤怒到了极点。冠：帽子。★听到闻一多先生被反动派暗杀的消息，朱自清先生不禁～，悲愤填膺。

【怒火中烧】 nù huǒ zhōng shāo 心中怒气像火一样燃烧。形容非常愤怒。★这个外交官公然出卖国家利益，公众无不～。

【怒目而视】 nù mù ér shì 愤怒地用眼睛瞪着对方。★他看着对方～的样子，不敢再说下去了。

【怒气冲冲】 nù qì chōng chōng 形容非常愤怒。冲冲：情感激动的样子。★校长～地闯进教室，责问是谁把新来的女老师气走的。

【怒气冲天】 nù qì chōng tiān 愤怒的情绪直冲天际。形容愤怒到了极点。★听说要让李师傅下岗，小王～地冲进厂长办公室找厂长论理。

【怒形于色】 nù xíng yú sè 愤怒之情表现在脸上。形容内心的愤怒难以抑制。形：显露，表露。色：脸色。★～的人群潮水般向总统府涌去，他们强烈要求当局释放被关押的学生。

【女子无才便是德】 nǚ zǐ wú cái biàn shì dé 旧社会衡量妇女德行的一种标准，提倡妇女不必有学识才干，只需一切顺从。★旧社会尊奉的是“～”，奶奶自然被剥夺了去私塾念书的权利，只能天天待在家里学针线活、刺绣等女工。

O

【欧风美雨】ōu fēng měi yǔ 指来自欧美资本主义国家的种种影响。★改革开放以来，中国的文化传统受到了~的极大冲击。

【呕心沥血】ǒu xīn lì xuè 形容耗尽心血。呕：吐。沥：滴。★为了祖国的建设事业，他~，死而后已。

【藕断丝连】ǒu duàn sī lián 藕断了，藕丝还连着。比喻形式上断绝了关系，实际上仍有牵连。一般多指男女情思难以割断。连：也作"联"。牵连。★既然你们已经离婚，彼此又都有了新的家庭，就不要再~了。

P

【拍案而起】pāi àn ér qǐ 狠拍桌子，猛地从座位上站起。形容十分愤怒的情状。也形容得意、高兴的样子。案：几案，桌子。★面对反动派的血腥暴行，老教授～，毅然加入斗争的行列。

【拍案叫绝】pāi àn jiào jué 用手拍桌子叫好。形容特别欣赏。绝：指极好。★他是个京剧迷，每次听梅兰芳的《霸王别姬》，总忍不住要～。

【拍板成交】pāi bǎn chéng jiāo 比喻双方达成某种协议。拍板：商行拍卖货物，为表示成交而拍打木板。★双方通过新一轮的谈判，最终～。

【拍手称快】pāi shǒu chēng kuài 鼓掌欢呼，表示非常高兴。多用以形容正义得到伸张时的痛快心情。快：痛快。★市场的规范化不仅使生产者感到满意，也让消费者～。

【排兵布阵】pái bīng bù zhèn 排列队伍，摆布军阵。指谋划军务。也喻指安排、布置事情。★诸葛亮年轻时就精通～之法，在军事上有卓越的才能。

【排斥异己】pái chì yì jǐ 排挤、清除与自己意见不同或非本集团的人。排斥：排除，驱逐。异己：同一集体中在立场、政见或重大问题上与自己有严重分歧甚至敌对的人。★他利用职权拉帮结派、～，在群众中造成了很坏的影响。

【排除万难】pái chú wàn nán 克服一切困难。形容人做事情决心极大。万难：指无数困难。★只要我们下定决心，～，就一定能解决这个技术问题。

【排难解纷】pái nàn jiě fēn 排除患难，解决纠纷。难：患难。纷：纷乱。★他是个有名的民营企业家，坦诚热情，善于为员工～。

【排山倒海】pái shān dǎo hǎi 推倒高山，翻转大海。形容来势迅猛，力量强大。排：推开。倒：翻过来。★中国人民解放军以～之势渡过长江，解放了南京。

【排忧解难】pái yōu jiě nàn 排除忧愁，解脱危难。★党和政府积极为群众～，安排好他们的工作和生活。

【徘徊不前】pái huái bù qián 指怀着犹豫心情，不愿前进。徘徊：在原地来回打转，比喻犹豫不决。★这个处室的工作业绩一直～，受到公司领导的批评。

【攀龙附凤】 pān lóng fù fèng 比喻依附帝王而建功立业，或依附有声望的人而立身扬名。攀：用手抓住物体往上爬。附：依附。★他不学无术，却很会～，故而屡获升迁。

【攀云追月】 pān yún zhuī yuè 攀援青云，追赶月亮。比喻仕途登进。★这些年来他～，平步青云，仕途十分得意。

【盘根错节】 pán gēn cuò jié 树根盘绕，枝节交错。比喻事情复杂，难以处理。也比喻某种势力根深蒂固，难以铲除。★残余势力～，必须深挖细排。

【盘根问底】 pán gēn wèn dǐ 盘问事物的根由底细。盘：盘问。★他有很强的好奇心，对任何事情都喜欢～。

【盘马弯弓】 pán mǎ wān gōng 形容准备马上交战杀敌的姿态。后比喻故意摆出架势而不立即行动。盘马：跨马盘旋。弯弓：拉弓准备发射。★这家公司只是摆出一副～的架势，迟迟不肯投资。

【判若鸿沟】 pàn ruò hóng gōu 像鸿沟区分楚汉一样。形容界限非常明显。判：区别。鸿沟：古代运河，即今河南贾鲁河，为古汴河的分流，秦末楚汉相争时曾以之为界。★“五四”运动后，中国文坛新旧界限～。

【判若两人】 pàn ruò liǎng rén 区别分明，像两个人。形容一个人前后的变化截然不同。判：区别。★他和照片上的那个英俊青年真是～。

【庞然大物】 páng rán dà wù 指又高又大的东西。也形容表面强大而实际笨拙虚弱。庞然：高大的样子。★汉代形式主义的宫廷文学总有那么一股～的气派。

【旁观者清】 páng guān zhě qīng 旁观者往往比当事人看得更清楚。★正所谓当局者迷，～，作品是需要有人提意见的。

【旁门小道】 páng mén xiǎo dào 指不合于正道的门类、派别及途径等。★他所走的那些～为正人君子所不齿。

【旁门左道】 páng mén zuǒ dào 指不正宗的学术或宗教派别。也泛指不正派的事物。左：不正，邪僻。门、道：学术或宗教派别。★马克思主义理论刚传入中国时，曾被许多顽固分子视为～而大加斥责。

【旁敲侧击】 páng qiāo cè jī 在旁边和侧面敲敲打打。比喻说话、写文章不从正面直接说明，而从侧面曲折表达。侧：旁边。击：敲打。★有些规劝最好采用～的方式，以防止当事人感情上受到伤害。

【旁若无人】 páng ruò wú rén 好像旁边没有其他人一样。形容说话做事态度从容，坦然如常。也形容高傲，不把别人放在眼里。★尽管台下坐着上千名观众，讲台上的他却依然～地宣讲着自己的哲学理论。

【旁征博引】 páng zhēng bó yǐn 指广泛引用众多的资料进行论证。旁：广泛。征：收集。博：众多。引：引证。★王教授知识渊博，写文章～，令人叹服。

【抛头颅，洒热血】 pāo tóu lú, sǎ rè xuè 抛弃头颅，挥洒热血。形容为了正义事业而不惜牺牲生命。★革命志士～，为的是让老百姓过上自由幸福的生活。

【抛头露面】 pāo tóu lù miàn 原指妇女在大庭广众之中出现，旧礼教认为这样有失脸面。现泛指公开露面。多含贬义。抛：暴露。露：外露。★她是个爱虚荣的人，凡是～的事，总是抢在前面。

【抛砖引玉】 pāo zhuān yǐn yù 抛出砖块，引来宝玉。以浅拙引出高明的谦辞。★他原以为自己的话只起一个～的作用，想不到大家会有这么强烈的反响。

【刨根问底】 páo gēn wèn dǐ 盘问追究事情的根底。刨：挖，追究。★这不关你的事，别这么～的。

【咆哮如雷】 páo xiào rú léi 形容人暴怒叫喊或其他事物的呼啸轰鸣声。咆哮：猛兽怒吼。★父亲是一名军人，脾气比较暴躁，经常因为我和弟弟不认真学习而～。

【庖丁解牛，游刃有余】 páo dīng jiě niú, yóu rèn yǒu yú 厨师解剖牛，在骨缝间自由运刀，毫无阻碍。后用以比喻技术纯熟神妙，运用轻松自如。庖丁：厨工；一说"丁"是厨工名。解：分割，肢解。游刃：指自由运刀。★她是我们市有名的纺纱能手，纺纱犹如～。

【袍笏登场】 páo hù dēng chǎng 穿袍执笏，登台演戏。也比喻新官上任。含有讽刺意味。袍：指古代官服。笏：臣子朝见君主时手中拿的记事手板。★这位贪官三年前正是在这个会议室～，作了一番就职演说，大谈特谈反腐倡廉。

【跑马观花】 pǎo mǎ guān huā 骑马奔跑着看花。比喻大略地观看一下。表示做事不细致。★到基层搞调查研究切不可～，一定要深入群众。

【炮火连天】 pào huǒ lián tiān 炮火充满了天空。形容战斗十分激烈。★在那个～的战争年代，多少人献出了年轻的生命。

【赔了夫人又折兵】 péi le fū rén yòu zhé bīng 三国时东吴孙权为了向刘备讨还荆州，按照都督周瑜的计谋，假意把妹妹许配给刘备做夫人，骗其到东吴成亲，乘机扣留以讨回荆州。结果弄假成真，刘备带着孙夫人逃出东吴，周瑜带兵追赶，又被诸葛亮的伏兵打得大败，蜀兵还齐声羞辱周瑜道："周郎妙计安天下，赔了夫人又折兵。"后用以比喻想占便宜反而两头失算，受到双重损失。赔：赔偿，输掉。折：亏损。★这笔交易一定要慎重，以免我们~。

【佩金带紫】pèi jīn dài zǐ 佩带金印紫绶。表示身份地位高贵。金：金印。紫：紫色印绶。★旧社会，达官贵人~，穷苦百姓衣衫褴褛。

【喷薄欲出】pēn bó yù chū 形容波涛喷涌或太阳初升时霞光四射的样子。喷薄：激荡喷涌的样子。欲：即将。★当年，井冈山的红旗似~的朝阳，光芒四射。

【怦然心动】pēng rán xīn dòng 指由于受到某种事物的吸引而发生思想感情上的变化。怦然：形容心跳。★谈到如何到国外挣钱的事，她~，打算自己也出去闯一闯。

【烹龙炮凤】pēng lóng páo fèng 烹煮白马和野鸡。形容筵席菜肴珍奇。龙：指白马。炮：烧烤。凤：指野鸡。★今天是她大喜的日子，厨房里~，客厅里觥筹交错。

【朋比为奸】péng bǐ wéi jiān 互相勾结做坏事。朋：结党，互相勾结。比：勾结。★这一带，黑势力与官府~，盘根错节，成为社会的一大毒瘤。

【蓬荜生辉】péng bì shēng huī 常用作称谢之辞。表示由于客人来访或张挂别人题赠的字画等而使家里增添光辉。蓬荜：也作“蓬筚”，用蓬草和荆竹编的门，代指陋室。★您的那幅山水画意趣纵横，使我家~。

【蓬门筚户】péng mén bì hù 用蓬草、荆条、树枝等编织成的门户。形容居处简陋。也比喻穷苦人家。蓬：蓬草。筚：篱笆。★我家世代~，改革开放政策使我家富裕起来。

【蓬头垢面】péng tóu gòu miàn 头发蓬乱，脸上很脏。形容仪容邋遢，不整洁。蓬：散乱，蓬松。垢：污秽。★露宿街头的流浪汉~，衣衫破烂。

【蓬头跣足】péng tóu xiǎn zú 蓬着头，赤着脚。形容十分狼狈或困苦的样子。也指行为不拘礼法。跣：赤脚。★这时进来一个人，~，衣衫褴褛，骨瘦如柴。

【鹏程万里】péng chéng wàn lǐ 鹏鸟飞行的路程有万里之遥。比喻前程远大。鹏：传说中的大鸟。程：里程。★乡亲们都说村长家的大儿子~，将来肯定是要做大官的。

【捧腹大笑】pěng fù dà xiào 捧着肚子大笑。形容笑得很厉害。★春节联欢晚会上的相声小品，经常逗得亿万观众~。

【批亢捣虚】pī háng dǎo xū 指攻击要害之地，乘虚而入。批：打击。亢：亦作“吭”。咽喉，比喻要害处。捣：用棍棒的一端撞击。★~是兵家的长策，我们靠它取得了一次又一次胜利。

【披肝沥胆】pī gān lì dǎn 将肝胆袒露出来。比喻竭尽忠诚或开诚相见。披：剖露。沥：渗出，显露。★他全身心地投入武术事业，~，为中华武术的传承和发扬作出了突出的贡献。

【披枷带锁】pī jiā dài suǒ 颈上套着木枷，身上带着锁链。指犯人受刑。也比喻精神思想受到严格控制。披：指套在颈上。枷：木制刑具。★封建统治者为了巩固统治，给劳动人民~，钳制人民思想。

【披坚执锐】pī jiān zhí ruì 身穿坚固的铠甲，手握锐利的武器。形容全副武装，投身战斗。披：披戴。坚：指坚固的铠甲。锐：指锋利的兵器。★她~，威风凛凛，显示了巾帼女将的英姿和风采。

【披荆斩棘】pī jīng zhǎn jí 砍除丛生的荆棘。也比喻扫除前进道路上的障碍或克服创业过程中的重重困难。披：拨开，分开。斩：砍。荆、棘：丛生多刺的植物。★老一辈员工为这个厂子的建设~，忘我劳动，作出了很大的贡献。

【披麻带孝】pī má dài xiào 旧俗直系亲长去世，子孙在居丧期间要穿白色的孝衣和麻制的丧服，表示哀悼。披：穿。★在路上我们遇到一队~的人，扶着灵柩痛哭流涕。

【披沙拣金】pī shā jiǎn jīn 排除沙子，选取黄金。比喻精挑细选，去粗取精，去伪存真。披：分开，拨开。★老一辈学者视学术为生命，以厚积薄发、~的态度从事科研工作。

【披头散发】pī tóu sàn fà 头发蓬松散乱地披着。形容十分慌乱、狼狈或懒散的样子。★她~地冲进宿舍，扑到床上放声大哭，大家都不知道发生了什么事。

【披星戴月】pī xīng dài yuè 身披星光，头顶明月。形容早出晚归，辛勤忙碌。也形容起早摸黑，连夜赶路。★那些黄土高原上的农民，一年到头~，在田里耕耘。

【劈两分星】pī liǎng fēn xīng 对一两一钱也要分得清清楚楚。指斤斤计较。劈：分开。星：秤杆上标示斤、两、钱的小点。★你一个男子汉大丈夫，做事怎么这样~的！

【劈头盖脸】pī tóu gài liǎn 正冲着头和脸。形容来势直接而凶猛。劈：正对着，冲着。★他闯进办公室，冲着小王~地骂了一通。

【皮开肉绽】pí kāi ròu zhàn 皮肉都裂开了。形容伤势严重。多指受到毒打。绽：裂开。★周瑜用苦肉计，将黄盖打得~，鲜血迸流，再让黄盖去诈降曹操。

【皮里春秋】pí lǐ chūn qiū 指藏在内心的对人事的褒贬评论。皮：指肚皮。春秋：即春秋时鲁国史书，相传孔子曾删定此书，评论是非，褒贬善恶。此指评判好坏。★他的小说颇有韵味，常有～的讽刺之笔。

【皮之不存，毛将焉附】 pí zhī bù cún，máo jiāng yān fù 皮都没有了，毛长在哪儿呢？比喻事物失去了存在的基础。焉：哪儿，哪里。附：依附。★我们做任何一件工作都不能离开人民群众，～？

【蚍蜉撼树】 pí fú hàn shù 蚂蚁想摇动大树。比喻不自量力。蚍蜉：大蚂蚁。撼：摇动。★周围人纷纷议论：他一个普通村民想状告县委书记，这不是～吗？

【疲惫不堪】 pí bèi bù kān 形容过度疲乏，无法承受。疲惫：极度疲乏。堪：忍受，承受。★繁忙的工作经常让她～，但她必须承受这一切。

【疲于奔命】 pí yú bēn mìng 形容因忙于奔走应付而疲惫不堪。疲：也作"罢"。疲乏。奔命：奉命奔走。★这些年我为了生活～，结果却一无所获。

【匹夫不可夺志】 pǐ fū bù kě duó zhì 即使是平民百姓也不可迫使其改变志向。指意志坚定，不可动摇。匹夫：旧指平民中的男子，后泛指平民百姓。夺志：迫使改变志向。★～，我虽然是个平头百姓，但报国之心永不改变。

【匹夫有责】 pǐ fū yǒu zé 指每个平民百姓都负有责任。匹夫：旧指平民中的男子，后泛指平民百姓。★天下兴亡，～。我们每一个中国人都应该勇敢地站起来，为民族解放而斗争。

【匹夫之勇】 pǐ fū zhī yǒng 指缺乏智谋，只凭个人逞强蛮干的勇气。匹夫：古指平民中之男子，后泛指普通百姓。★经商也要讲究艺术，光靠～是不够的。

【否极泰来】 pǐ jí tài lái 事物发展到了极点，就要转化为它的对立面，"否"就要转化为"泰"。意即坏到了尽头就要转好。否、泰：《周易》中的两个卦名；天地不相交叫"否"，天地相交叫"泰"，"否"象征闭塞失利，"泰"象征通达顺利，"否"和"泰"可以互相转化。★你不要泄气，事物是在变化发展的，要坚信一定会～、柳暗花明的。

【屁滚尿流】 pì gǔn niào liú 多形容极度恐惧慌乱，失去控制。★义和团杀得洋鬼子～，闻风而逃。

【偏安一隅】 piān ān yī yú 偏据一个角落以求得暂时的安逸。旧指帝王在外族侵略或其他势力压迫下，失去原来统治的大片土地，苟安于仅存的部分领土。隅：角落。★南宋朝廷在杭州～，过着苟且偷生的生活。

【偏听偏信】 piān tīng piān xìn 片面听信某一方面的话。★领导干部一定要察纳雅言，切莫～，草率行事。

【翩翩起舞】 piān piān qǐ wǔ 形

容飘逸轻快地跳舞。翩翩：飘逸飞动的样子。★傣族姑娘～，欢迎我们这些远道而来的客人。

【骈拇枝指】 pián mǔ zhī zhǐ 手上拇指旁边又生一指，即一手六指。比喻多余无用的事物。骈拇：脚的大拇指与二拇指相连合成一指。枝指：手的大拇指或小拇指旁边多长出的指头。★他将这篇文章的～删掉，使之简练精彩。

【片甲不留】 piàn jiǎ bù liú 一个士兵也回不去。形容全军覆没。甲：铠甲，借指兵士。★请给我一支兵马前去杀敌，我要把他们打得～！

【片瓦不存】 piàn wǎ bù cún 连一块完整的瓦片也不剩。形容房屋被完全毁坏。★等他赶回家时，房屋～，家园已成废墟。

【片言只字】 piàn yán zhī zì 片断的话，个别的字。指零碎简短的文字材料。也形容语言文字极少。片：少，零星。只：单独的，极少。★留存下来的先秦文献，哪怕是～，也往往很有价值。

【漂泊无依】 piāo bó wú yī 指行踪不定，生活没有依靠和着落。漂泊：行踪不定，没有固定的住所。★这些年来，我四海为家，～。

【漂洋过海】 piāo yáng guò hǎi 从海洋里漂流经过。指远涉重洋。★鲁迅～，来到日本，先是学医，后来弃医从文。

【飘飘欲仙】 piāo piāo yù xiān 飘飘然将要飞升成仙。比喻轻盈飘飞的感觉。也形容超然物外、脱离尘俗的神态。★作文大奖赛中他得了第一名，于是开始～起来。

【飘茵堕溷】 piāo yīn duò hùn 花瓣随风飘落，有的落在茵席上，有的落在厕所里。比喻富贵贫贱取决于偶然的机缘。茵：坐垫。溷：厕所。★人生境遇有它的偶然性，犹如花瓣～，各有不同。

【瓢泼大雨】 piáo pō dà yǔ 像用瓢泼水那样的大雨。形容雨非常大。瓢：剖开葫芦做成的舀水器。★运动会开始没多久，体育场上空便响起隆隆的雷鸣声，随着一道闪电划过，～由天而降。

【漂母之恩】 piǎo mǔ zhī ēn 《史记·淮阴侯列传》记载，韩信年轻时钓于城下，有很多老妇正在水边漂洗衣物，其中一老妇见韩信很饿便送饭给他吃，一连数十日。后韩信成就功业，施以千金报答老妇。后用以指馈食于人的恩惠。★他为报～转徙千里，终于找到了曾经帮助过他的韩大爷。

【贫病交加】 pín bìng jiāo jiā 贫穷和疾病一起压在身上。形容处境十分艰苦。交：同时，一齐。加：施加。★父亲双目失明，～，我不得不退学来支撑这个风雨飘摇的家。

【贫而无谄，富而无骄】 pín ér wú chǎn, fù ér wú jiāo 贫穷

却不巴结奉承，富有却不骄傲自大。谄：巴结，讨好。★做人要有自己的准则，~，否则就要在人生路上摔跤。

【贫富悬殊】pín fù xuán shū 指贫穷与富足相距很远。悬殊：区别很大。★~，地区发展不平衡，依然是我国目前要解决的主要问题之一。

【贫贱之交】pín jiàn zhī jiāo 指贫困时所结交的朋友。★我们是~，不用客气。

【贫无立锥】pín wú lì zhuī 贫穷得连插锥之地都没有。形容极端贫穷。立锥：插立锥尖。★当今社会贫富分化的现象依然存在，有的富可敌国，有的却~。

【品学兼优】pǐn xué jiān yōu 品行、学业两方面都很优秀。兼：同时具有。★她是个~的好学生。

【平安无事】píng ān wú shì 平平安安，没出什么事故。★被抓去打仗的父亲能从战场上~地回来，真是个奇迹。

【平白无故】píng bái wú gù 指毫无根据，无缘无故。平白：凭空。故：原因，缘故。★早上起床，他~地被楼下管理员训斥了一顿，感到很恼火。

【平步青云】píng bù qīng yún 指不费力气就升到很高的地位。平：平地。步：步行，行走。青云：指高空。★他工作不努力，却整日幻想着哪一天能~，当上领导。

【平淡无味】píng dàn wú wèi 平平常常，没有什么滋味。味：滋味，味道。★这篇小说内容~，可读性不强。

【平等互利】píng děng hù lì 指彼此享有同等待遇，对双方都有利。★外交过程中，各国都要坚持~的原则。

【平地青云】píng dì qīng yún 旧时常用以形容科举及第或陡然升官发财。青云：指高空。★由于总督大人是他的干爹，所以他能够~，当上高官。

【平分秋色】píng fēn qiū sè 把秋天的景色平均分配，各得一半。后比喻双方利益均分。★在这次模特大赛上，年仅14岁的新秀与上届冠军~，并列榜首。

【平民百姓】píng mín bǎi xìng 指没有公职的普通群众。★我们这些~只求安安稳稳过日子，并不想升官发财。

【平铺直叙】píng pū zhí xù 形容说话作文按顺序直接叙述下来，少有修饰。也指说话作文平平淡淡，缺少起伏变化。铺：铺陈。★作文讲究起伏生动，切忌~。

【平起平坐】píng qǐ píng zuò 原指地位相同的人，可以一齐站起，一齐坐下。现比喻地位或权力相等。★他觉得自己要是和那些商人~，就太没面子了。

【平时不烧香，急来抱佛脚】 píng shí bù shāo xiāng, jí lái bào fó jiǎo 比喻平时不积极努力做好准备，事到临头才仓促设法应付。★我们要改掉"～"的不良习惯，平时就要抓紧时间学习。

【平头百姓】 píng tóu bǎi xìng 普普通通的老百姓。★你是市长的公子，怎么能和这些～称兄道弟呢？

【平心而论】 píng xīn ér lùn 指平心静气、不掺杂任何感情因素的公正评论。★～，他的这篇硕士论文真的达不到毕业要求。

【平心静气】 píng xīn jìng qì 心境平和，情绪稳定。静：冷静。★回到家里，我～地想了一下，自己工作中确实存在许多不足，必须努力改进。

【平易近人】 píng yì jìn rén 形容态度和蔼可亲，使人容易接近。也形容文字浅显，容易理解。平易：原指道路平坦宽广，后比喻态度和蔼。★一个作者要想写出～的文章，自己必须首先要做一个～的人。

【评头品足】 píng tóu pǐn zú 原指随意评论妇女的容貌。现泛指对人对事说长道短，多方挑剔。评：评论。品：体察好坏、优劣。★他是个喜欢～的人，对什么事情都爱说长论短。

【凭空捏造】 píng kōng niē zào 毫无依据，假造事实。凭：依凭，依据。捏造：假造事实。★这是他～的谎言，我们不能相信。

【凭山负海】 píng shān fù hǎi 依凭山峦，靠近大海。凭、负：依凭，靠着。★这个度假村～，风景迷人。

【萍水相逢】 píng shuǐ xiāng féng 浮萍随水飘动，偶然聚集在一起。比喻素不相识的人偶然相遇。萍：浮萍。★旅途中的～，让他们成了知心朋友。

【萍踪浪迹】 píng zōng làng jì 比喻行踪不定，四处漂泊。萍踪：像水上漂泊的浮萍一样行踪不定。浪迹：到处漂泊，没有固定处所。★他是位地质工作者，已经习惯了～的生活。

【泼妇骂街】 pō fù mà jiē 形容说话或写文章无理谩骂。泼妇：凶狠不讲理的妇女。骂街：当街谩骂，以逞凶斗狠。★文学批评应当客观公正，态度平和，我们不能搞那种～式的评论。

【泼油救火】 pō yóu jiù huǒ 把油洒向火里去救火。比喻使用的方法不当，结果使情况更严重。泼：洒、浇。★他正在气头上，你再去严厉批评他，这不是～吗？

【婆婆妈妈】 pó pó mā mā 形容行动琐细缓慢，言语啰唆或感情脆弱。★别～的，快点走，车子马上就要开了。

【迫不得已】 pò bù dé yǐ 由于情势逼迫，不得不这样。迫：逼迫。已：停止，结束。★无能的清政府～，只能用割地赔款的方式来换取暂时的安宁。

【迫不及待】pò bù jí dài 紧迫得不能再等待。表示十分紧急。迫：紧急。★下课后，他～地把自己知道的情况告诉了老师。

【迫在眉睫】pò zài méi jié 迫近到了眉毛和睫毛。比喻事情已到眼前，十分紧急。迫：迫近。★进一步拓宽市场已经是～，否则，我们的产品就只能在仓库里烂掉。

【破壁飞去】pò bì fēi qù 唐·张彦远《历代名画记·张僧繇》记载，张僧繇曾在金陵安乐寺壁上画四条龙，不点眼珠，说一点眼珠龙就会破壁飞去。后用以比喻人由平凡卑微骤然飞黄腾达。也指人挣脱控制，远走高飞；或物品不翼而飞。破壁：冲破墙壁。★放在密码箱里的存折竟然～，这事甚是蹊跷。

【破除迷信】pò chú mí xìn 本指破除对鬼神、命运等的迷信。现也指破除对人和事物及某种思想、制度的盲目崇拜。★我们要相信科学，～，生病要去医院接受治疗。

【破釜沉舟】pò fǔ chén zhōu 打破饭锅，沉没渡船。《史记·项羽本纪》记载，项羽与秦军交战，过河后打破饭锅，沉没渡船，决一死战。比喻决心战斗到底，不留任何退路。釜：锅。★事已至此，他只好～，将资金全部都投到这个项目中去了。

【破格录用】pò gé lù yòng 打破原有的规格标准任用人才。格：规格，标准。录用：任用。★最近党委出台了一项政策，规定特殊人才不论出身，不论党派，可以～。

【破罐破摔】pò guàn pò shuāi 反正罐子已经破损，就索性胡乱摔打，不加珍惜。比喻人有了缺点、错误或遭受挫折后，自暴自弃，不思进取。★他出狱之后～，最终又犯了法。

【破镜重圆】pò jìng chóng yuán 打破的镜子重又拼合成圆形。唐·孟棨《本事诗·情感》记载，南朝陈代将要灭亡时，驸马徐德言打破一面铜镜，与妻子乐昌公主各执一半，作为以后重见时的凭证，后果然于正月十五日以此为线索使得夫妻重新团聚。后用以比喻夫妻失散或决裂后重又团圆。★在儿子的调解下，离散一年多的夫妻终于～，重归于好。

【破旧立新】pò jiù lì xīn 破除旧的，建立新的。★团员青年应该做～的闯将、扭转世风的先锋。

【破口大骂】pò kǒu dà mà 满口恶语大声地骂人。★看门人还没有来得及开口，那女人已经～起来。

【破烂不堪】pò làn bù kān 破烂得不成样子。不堪：形容程度深。★他家徒四壁，穷得只剩一床～的棉被。

【破门而入】pò mén ér rù 打破门强行进入。形容来势凶猛。★民工～，揪着包工头要去法院打官司。

【破涕为笑】pò tì wéi xiào 一下子止住哭泣，转而笑起来。指转悲为喜。涕：眼泪。★叔叔一句风趣的话，逗得小女孩～。

【破铜烂铁】pò tóng làn tiě 破烂无用的铜器和铁器。泛指各种破旧无用之物。★他把家里的～统统卖给了废品收购站。

【破土而出】pò tǔ ér chū 从地底里冒出来。比喻在多重压力下显露头角。★儿子种下一粒菜籽，几天之后，菜芽～了。

【破绽百出】pò zhàn bǎi chū 比喻漏洞或毛病很多。破绽：裂缝，裂口。百出：层出不穷。★他的话～，我们不能相信。

【破竹建瓴】pò zhú jiàn líng 利刀破竹，迎刃而解；瓶口倒悬，水泻无阻。比喻居高临下，势不可当。破竹：劈竹子。建瓴：倾倒瓶中之水。★这篇政论文章论据充分，论证严密，犹如～，富有气势。

【破竹之势】pò zhú zhī shì 比喻节节胜利、锐不可当的气势。破竹：劈竹子。★我军以～，取得了这次战斗的胜利。

【剖腹藏珠】pōu fù cáng zhū 剖开肚皮来收藏珍珠。比喻为物伤身，舍本求末。也比喻保守技艺独得之秘，不肯示人。★一些领导干部不顾党纪国法，铤而走险，～，最终身败名裂。

【扑朔迷离】pū shuò mí lí 形容事物错综复杂，难以辨别。扑朔：雄兔被提起双耳悬空时四脚乱动的样子。迷离：指雌兔被提起双耳悬空时双眼半闭的样子。★说到埃及，就不能不提及那些～的金字塔。

【铺天盖地】pū tiān gài dì 布满天空，盖遍大地。形容来势迅猛，到处都是。★狂风把沙丘一下子卷上天空，又～地抛洒下来。

【铺张浪费】pū zhāng làng fèi 为了讲究排场而浪费人力物力。铺张：讲排场，摆阔气。★婚宴上的～已经成为一种所谓的时尚，这不能不引发我们的深思。

【菩萨心肠】pú sà xīn cháng 因佛家以慈悲为怀，后用以形容人心地和善。菩萨：佛教指修行到了一定程度能普度众生的神佛。★他虽然脾气有点暴躁，却有一副～。

【蒲柳之姿】pú liǔ zhī zī 像蒲柳树一样的资质。常用于谦称体质衰弱。也用以自谦资质凡庸。蒲柳：水杨，比一般树木凋零得早些，因用以比喻早衰的身体。姿：资质。★我～，实在难以担当这项重任。

【濮上之音】pú shàng zhī yīn 靡靡之音的代称。濮上：指濮水、桑间这个地方。濮水流经卫国，桑间为卫国地名，青年男女常歌舞幽会于其地。★现在所谓的某些流行音乐实质上是～，无甚价值。

【朴实无华】pǔ shí wú huá 形容诗文、言辞或人的穿着等质朴，不事雕琢。朴实：朴素，不浮夸。★那些～的农业专家，终年都在野外工作，风吹雨打，从不叫苦。

【普度众生】pǔ dù zhòng shēng 佛教用语。指普遍超度所有人以至一切生物脱离苦海，到达彼岸。广施法力，使众生普遍得到解脱。众生：众人；也指各种生物。★佛家认为佛能～，使人脱离苦海。

【普天同庆】pǔ tiān tóng qìng 全天下的人都在庆祝。普：普遍，全。天：天下，指全国或全世界。★春节将至，～，家家户户喜气洋洋，张灯结彩。

【普天之下】pǔ tiān zhī xià 全天下。指全中国或全世界。★“五一”国际劳动节，是～所有劳动者的节日。

【曝鳃之鱼】pù sāi zhī yú 晒着腮帮的鱼。比喻处于困境中的人。曝：晒。★我现在就好比是～，急需得到他人的帮助。

Q

【七步之才】qī bù zhī cái《世说新语·文学》记载，魏文帝曹丕令其弟曹植在七步中作诗一首，不成将行大法，曹植应声便为诗曰："煮豆持作羹，漉菽以为汁；萁在釜下燃，豆在釜中泣；本是同根生，相煎何太急！"文帝深有惭色。后用以形容文思敏捷，才华横溢。★这位作家极富文学天赋，有～。

【七长八短】qī cháng bā duǎn 形容长短、高矮不齐。也形容说三道四或七扯八拉。也指人手不足的样子。又指是非好歹。★这架水车是由一些～的竹篙子扎成的，农民用它来浇灌农田。

【七尺之躯】qī chǐ zhī qū 指成年男子的身躯。也借指男子的生命或人格。七尺：古代七尺比今略短。★国难当头，你非但不参加抗日，反而百般阻挠，你不觉得有愧你这～吗？

【七疮八孔】qī chuāng bā kǒng 形容亏空或漏洞很多。★年关将至，本打算将债务全部还清，怎奈这一年收成不好，～的，难以支付。

【七老八十】qī lǎo bā shí 指年纪很大。★你们年轻人前程远大，不像我们这些～的人。

【七零八落】qī líng bā luò 形容零散残缺、不整齐的样子。也形容稀少或残破的样子。★一场暴风雨过后，广场上的标语被淋得～，没一个完整的了。

【七拼八凑】qī pīn bā còu 把零碎的东西勉强凑合起来。★一家人～，终于凑足了我的学费。

【七窍生烟】qī qiào shēng yān 形容愤怒或焦急到了极点。七窍：指眼、耳、口、鼻七孔。★为了还赌债，他偷偷地将家里唯一的一头牛卖了，父亲知道后，气得～。

【七擒七纵】qī qín qī zòng《三国志·蜀书·诸葛亮传》裴松之注引《汉晋春秋》记载，诸葛亮南征孟获时，七次抓住了他，又七次释放了他，终于使孟获心服，不再背叛。后用以比喻善用谋略，征服对方。擒：抓获。纵：释放。★这已经是你的第三次失败了，难道非要我来个～吗？

【七情六欲】qī qíng liù yù 泛指人的种种情感和欲望。七情：指喜、怒、哀、乐、爱、恶、欲。六欲：指生、死、耳、目、口、鼻之欲。★她的文章中包含了人生的～，能让大多数读者产生共鸣。

【七上八下】qī shàng bā xià 形容心神不安，无所适从。也形容零落不齐或纷乱错杂的样子。★同学被抓进了公安局，他心里～的，不知道会不会牵涉到自己。

【七手八脚】qī shǒu bā jiǎo 形容动作忙乱。也形容大家一起行动。★李大妈家的围墙倒了，街坊邻居～地帮着修建。

【七折八扣】qī zhé bā kòu 指以各种名目从总数中扣除。也形容对事情打折扣。折、扣：按成数减少或扣除。★他经常失信，对他的话，我从来都是～的。

【七嘴八舌】qī zuǐ bā shé 形容人多语杂。也形容议论纷纭。★期中考试成绩出来了，同学们在教室里～地议论着。

【妻离子散】qī lí zǐ sàn 指一家人离散各处，不能团聚。★他吸食毒品，不思悔改，最后弄得家破人亡，～。

【妻荣夫贵】qī róng fū guì 因妻子的显赫地位使丈夫也得到显贵。荣：荣耀。贵：显贵。★张师傅的老伴是县政协委员，大概是～的原因吧，张师傅在小镇上也颇受人们尊敬。

【凄风冷雨】qī fēng lěng yǔ 指气候恶劣。也形容处境凄凉悲苦。凄：寒冷。★周围人给予她的无休止的～，将她摧残得奄奄一息。

【凄然泪下】qī rán lèi xià 形容悲伤流泪的样子。凄然：悲伤的样子。★老妈妈讲述完自己的不幸遭遇后，～，泣不成声。

【期期艾艾】qī qī ài ài 形容人说话结结巴巴或吞吞吐吐。期期：西汉人周昌口吃，说话时常重言“期期”。艾艾：三国人邓艾口吃，说话时常重言“艾艾”。★第一次登台，他很紧张，说起话来结结巴巴，～的。

【期颐之寿】qī yí zhī shòu 百年大寿。泛指高寿。期颐：百年。★学校为庆祝黄教授的～，举办了一场专场晚会。

【欺人太甚】qī rén tài shèn 欺负人太过分了。甚：过分。★你别～，人的忍耐是有限度的。

【欺软怕硬】qī ruǎn pà yìng 欺负软弱的，害怕强硬的。★你只会～，真没出息。

【欺上罔下】qī shàng wǎng xià 欺骗上司，蒙蔽同僚和下属。罔：蒙蔽。★他～，谋取私利，最终东窗事发。

【欺世盗名】qī shì dào míng 欺骗世人，窃取名誉。世：世人。名：名誉。★许多学者都希望志同道合者联合起来，恪守学术规范，纯洁学术空气，让～者无容身之地。

【欺世罔俗】qī shì wǎng sú 欺骗世人，破坏习俗。罔：祸害。★历朝历代都有一些人为达到个人目的而制造异端邪说，~。

【漆黑一团】qī hēi yī tuán 形容一片黑暗，没有亮光。也形容什么都不知道。★灯突然熄了，教室里顿时变得~。

【齐头并进】qí tóu bìng jìn 多方面同时进行。也形容共同进步。★旅游与交通应该~、共同发展，这样才能更好地服务于社会。

【齐心协力】qí xīn xié lì 众人一心，合力一致，共同努力。协：共同，合作。★自然灾害并不可怕，只要有党和政府的关心和重视，只要大家~，就一定能够重建美好家园。

【其乐融融】qí lè róng róng 形容十分和睦愉快。其：代词，其中的。融融：和睦快乐的样子。★我们这个集体就像一个大家庭，大家互相关心，互相帮助，~。

【其乐无穷】qí lè wú qióng 其中的乐趣无穷无尽。穷：尽。★跟困难作斗争，~。

【其貌不扬】qí mào bù yáng 指人相貌一般，很普通。不扬：丑陋。★别看他~，做起事来可是一把好手。

【其味无穷】qí wèi wú qióng 形容意味深长，回味无穷。味：意味。穷：尽。★这篇杂文艺术地反映了一种典型的社会现象，耐人琢磨，~。

【奇耻大辱】qí chǐ dà rǔ 指极大的耻辱。奇：少有的，罕见的。★当年英帝国主义凭借其坚船利炮，强行割占我国香港，实行殖民统治并推行英国法制，使中华民族蒙受百年~。

【奇风异俗】qí fēng yì sú 奇异的风俗习惯。奇、异：奇特的，不寻常的。★我们一行来到少数民族聚居区，观赏和体验这里的~。

【奇光异彩】qí guāng yì cǎi 光彩奇异美妙。★晚霞照耀下，各色斑斓的卵石散发着~，煞是绚丽。

【奇花异草】qí huā yì cǎo 奇异的花草。★去年我跟随植物学家李教授到庐山考察，认识了不少~。

【奇货可居】qí huò kě jū 把稀有难得的东西囤积起来，等待高价出售。多比喻依仗某种特长或占有某种人、物作为资本来获取权势钱财。奇货：稀罕的货物。居：囤积。★他仗着有一手烧菜的绝技，以为~，于是漫天要价，结果没有一家饭店肯任用他。

【奇山异水】qí shān yì shuǐ 奇异的山水。★我的家乡在广西桂林，那里有无数的~。

【奇谈怪论】qí tán guài lùn 稀奇古怪、不合情理的言论。★神学统治下的中世纪欧洲，任何人只要提出与神学相悖的观点，都会被斥为~而严加禁止。

【奇文共赏】qí wén gòng shǎng

本指美妙的文章共同欣赏。现多指把荒谬、怪异的文章拿出来供大家识别批判。奇：美妙。★这篇文章很特别，我把它推荐给大家，~。

【奇形怪状】qí xíng guài zhuàng 奇特古怪的形状。★天上的云彩~，像什么的都有。

【奇珍异宝】qí zhēn yì bǎo 奇异罕见的珍宝。★布达拉宫至高无上的地位使得各种~汇聚宫中，蔚为大观。

【奇装异服】qí zhuāng yì fú 与众不同、样式奇特的服装。★节日里，身着~的异国人也纷纷走上街头，和本土人一起狂欢。

【歧路亡羊】qí lù wáng yáng《列子·说符》记载，杨子的邻居丢失了一只羊，考虑到有很多岔路便出动很多人寻找，最后众人还是空手而归，杨子问其故，邻居说岔路上又有岔路，难以寻找。后用以比喻事理曲折复杂，找不到适当的途径而误入歧途。歧路：岔道。亡：丢失。★为了避免~，大家最好尽早互通信息。

【崎岖不平】qí qū bù píng 形容道路或地势高低不平。崎岖：高低不平。★离开高速公路后，前面尽是~的山间小道，车子开始剧烈颠簸起来。

【骐骥过隙】qí jì guò xì 如同骏马飞快地从缝隙间跑过一样。比喻时光易逝。骐骥：骏马。隙：缝隙。★正因为人生如~，所以我们要十分珍惜每一寸光阴。

【骐骥一毛】qí jì yī máo 千里马身上的一根毛。比喻总体中的微小部分。骐骥：骏马。★他家里珍藏着大量的古代字画，这次展出的只是~。

【骑鹤扬州】qí hè yáng zhōu 南朝·梁·殷芸《小说》卷六记载，有几个人谈论自己的志向，一人说愿为扬州刺史，一人说愿多资财，一人说愿骑鹤上天，一人说欲兼三者："腰缠十万贯，骑鹤上扬州。"后用以形容妄想或贪婪。★在市场经济大潮的涌动下，许多人不顾自身实际，妄图~。

【骑虎难下】qí hǔ nán xià 比喻做事遇到困难，但迫于形势又不能中途停止。★由于事先调查研究不够，工程仓促上马，弄得如今~，难以收场。

【骑驴觅驴】qí lǘ mì lǘ 骑着驴找驴。比喻禅理即存于心中却向外寻求。也比喻东西就在身边或手中，却还到处去寻找。★这本书你们资料室就有，干吗~地跑到外地去查。

【骑者善堕】qí zhě shàn duò 惯于骑马的人容易摔伤。比喻擅长某事的人，往往会因为粗心疏忽而遭致失败。善：多；好（hào）。★俗话说，游者善溺，~，越是武艺高强，越要多加小心。

【棋逢对手，将遇良才】qí féng duì shǒu，jiàng yù liáng cái 比喻双方实力不相上下，碰上了真正的对手。逢、遇：碰上。★两位乒乓球高手今天可谓~，打了十几局仍然不分上下。

【琪花瑶草】qí huā yáo cǎo 指仙境中的花草。后也泛指珍奇的花草。琪花：仙境中玉树的花。瑶草：传说中的香草。★她来到一座大花园，满目~，散发着迷人的清香。

【旗鼓相当】qí gǔ xiāng dāng 本指军旗和战鼓相对。后比喻双方实力相当，不相上下。旗、鼓：古代军队中用以发号施令的旗帜和战鼓。当：对着，向着。★赛场上的两位选手~，谁心理素质好，谁临场发挥优，谁就能取得最后的胜利。

【旗开得胜，马到成功】qí kāi dé shèng，mǎ dào chéng gōng 战旗一扬，战马一到，就胜利了。形容战斗非常顺利地取胜。也比喻事情很容易就取得成功。旗：古时军队作战时发号施令的工具。★局长赶到机场来送别，握着队员们的手说："我祝你们~，早日凯旋。"

【旗帜鲜明】qí zhì xiān míng 本指军旗鲜明耀眼，军容严整。现多比喻人观点鲜明，态度明确。★针对近年来沉渣泛起的封建迷信活动，我国科学家~地呼吁大家联合起来反对伪科学活动。

【岂有此理】qǐ yǒu cǐ lǐ 哪里有这种道理？指事情或行为极为荒谬，毫无道理。岂：哪里，怎么。★借了东西不还，找他要还满肚子不高兴，真是~！

【企踵可待】qǐ zhǒng kě dài 踮起脚跟就可等到。比喻很快就要到来。企：踮起脚。踵：脚后跟。★有了富民政策，农民过上好日子便~了。

【杞人忧天】qǐ rén yōu tiān《列子·天瑞》记载，相传杞国有人担心天会塌下来，吃饭睡觉都感到不安。比喻毫无必要的忧虑。杞：周初分封的一个诸侯国，在今河南杞县一带。★宇航员们的担心并非~，严酷的现实表明，哺育着50亿人口的地球，由于生态环境的恶化而变得日益脆弱了。

【起死回生】qǐ sǐ huí shēng 把已死或要死的人救活。形容法术或医术高明。也形容挽救了本无希望的人或事。★他是这个医院最有名的医生，曾使无数的病人~。

【起早贪黑】qǐ zǎo tān hēi 起得早，睡得晚。形容十分辛苦或勤快。★他带领一家人~，在沙地里挖坑种树，希望能将这片沙漠变成绿洲。

【气冲牛斗】qì chōng niú dǒu 形容怒气、冤气或豪气极盛，直冲天际。牛斗：牛，牵牛星。斗，北斗星。泛指天际。★《十面埋伏》这首乐曲，壮怀激烈，~。

【气喘如牛】qì chuǎn rú niú 像牛一样喘气。形容呼吸急促、粗重。★他体质很差，才跑了两圈就开始~了。

【气喘吁吁】qì chuǎn xū xū 张着嘴巴大口喘气。吁吁：张口出气的声音。★严重的高原反应，使我们这些初到西藏的游客们~，步履蹒跚。

【气愤填膺】qì fèn tián yīng 愤恨不平之气充塞胸中。形容气愤之极。膺：胸膛。★想起“华人与狗，不得入内”的那个年代，相信每一个中国人都会~。

【气贯长虹】qì guàn cháng hóng 气势贯穿天上的彩虹。形容气势极大。贯：穿连，贯通。虹：彩虹。★自从有人类以来，人总是在不断与水患作斗争，那种战天斗地的精神~，与日月同辉。

【气急败坏】qì jí bài huài 上气不接下气的样子。形容十分慌张或恼怒。★敌人没有抓到八路军战士，于是~地抢掠起老百姓的财物来。

【气凌霄汉】qì líng xiāo hàn 形容豪迈或愤怒之气极盛，直冲天空。凌：升。霄：天空。汉：银河。★战士们穿林海，跨雪原，~。

【气势磅礴】qì shì páng bó 形容气势雄伟浩大。磅礴：广大无边的样子。★安塞腰鼓是一种独特的民间大型舞蹈艺术形式，它~，独具魅力，展示出西北黄土高原农民朴素而豪放的性格。

【气势汹汹】qì shì xiōng xiōng 形容发怒时凶狠的样子。汹汹：大水流动的声音，比喻声势很大。★妻子在外边受了气，他拿起菜刀~地去找人算账。

【气吞牛斗】qì tūn niú dǒu 气势足以吞没天空。形容气魄很大。牛、斗：牵牛星，北斗星。代指天空。★张飞~，在当阳桥头单枪匹马吓退曹操大军。

【气吞山河】qì tūn shān hé 气势可以吞没高山大河。形容气势盛壮，气魄宏伟。气：气概。★1998年的中国抗洪抢险，向世界展示了一幅~的历史画卷。

【气味相投】qì wèi xiāng tóu 比喻志趣和情调相互投合。今多用作贬义。气味：比喻志趣和情调。投：合，一致。★他俩~，一拍即合，合伙干起了诈骗的勾当。

【气息奄奄】qì xī yǎn yǎn 呼吸极其微弱，几乎快停止了。形容生命垂危。奄奄：呼吸微弱的样子。★伟大的人民军队终于战胜了已经~、日薄西山的帝国主义，取得了革命战争的胜利。

【气象万千】qì xiàng wàn qiān 形容景观多姿多彩，极为壮观。气象：景象。★如果说天空像一幅巨大的画布，那么丰富多姿、~的云彩无疑是这张画布上最具浪漫色彩的景色。

【气象一新】qì xiàng yī xīn 景象完全变成了新的。★近年来，这些青年作家的作品好比一阵清风，使文坛~。

【气焰嚣张】 qì yàn xiāo zhāng 形容气势逼人，猖狂放肆。气焰：比喻威势或声势。嚣张：猖狂，放肆。★这帮地头蛇～，无恶不作，民愤极大。

【气焰熏天】 qì yàn xūn tiān 形容气势极盛。气焰：比喻威势或声势。熏天：像火焰熏蒸天空。★宋代秦桧专擅朝政，排斥异己，～。

【气宇不凡】 qì yǔ bù fán 指人的气质风度不俗。气宇：人的气质风度。★这人～，看起来不像个司机。

【气宇轩昂】 qì yǔ xuān áng 形容人精神昂扬、气度不凡的样子。气宇：气概，风度。轩昂：精神振奋，气度不凡。★身为国际品牌西服代言人，他～，仪表不凡。

【气壮山河】 qì zhuàng shān hé 形容气概像高山大河一样雄伟豪迈。气：气概。壮：宏伟，雄壮。★发生在中国大地上的这场～的抗洪抢险斗争所产生的重大意义和深远影响，将随着时间的推移充分显示出来。

【弃暗投明】 qì àn tóu míng 原为抛弃昏暗弱小的主子，投向贤明的主子。后指离开黑暗，奔向光明。比喻抛弃非正义方面，投奔正义方面。弃：背弃，脱离。投：投奔，投向。★在我地下党的策动下，他终于～，走上了革命的道路。

【弃本逐末】 qì běn zhú mò 原指抛弃农桑业，从事工商活动。也指抛弃根本，追求细枝末节或表面的东西。本：指农业。逐：追求。末：指工商业。★一部分手工业者和农民，～，成为商人。

【弃过图新】 qì guò tú xīn 指抛弃以往过错，重新做人。图：图谋，谋取。★劳动教养期满后，他决心～，好好做人。

【弃旧图新】 qì jiù tú xīn 抛弃旧的，谋求新的。多指改正错误，走向正路。图：图谋，谋取。★对于在工作中犯过错误的同志，我们应该采取规劝态度，使之～。

【弃如敝屣】 qì rú bì xǐ 像扔破鞋子一样把它扔掉。比喻毫不可惜地抛弃。弃：抛弃。敝：破旧。屣：鞋。★对于老祖宗遗留下来的优秀遗产，我们不应～，而要尽可能地予以保护。

【弃如弁髦】 qì rú biàn máo 像扔弁髦一样把它抛弃。比喻毫不可惜地抛弃。弁：古代缁布冠，一种用黑布做的帽子。髦：童子的垂发。弁髦：古贵族子弟行加冠礼，先用缁布冠束好垂发，三次加冠后就去掉黑布帽子，不再用。因用以比喻无用之物。★大嫂～，把一件貂皮大衣施舍给了一个乞丐。

【弃文就武】 qì wén jiù wǔ 放弃文业，从事武事。就：从事。★抗战爆发后，这位教书先生～，参加了抗日部队。

【弃子逐妻】qì zǐ zhú qī 抛弃子女，赶走妻子。多形容穷困潦倒，生活窘迫。弃：抛弃。逐：赶走。★旧社会，有不少人因为生活所迫而～。

【泣不成声】qì bù chéng shēng 抽泣哽咽得发不出声音。形容极其悲痛。泣：无声地哭。★久别重逢，母女俩抱在一起，～。

【契若金兰】qì ruò jīn lán 形容朋友之间的感情极其坚固投合。契：合，投合。金兰：金喻坚，兰喻香，指朋友之间极其友好。★他们是大学的同窗好友，互相帮助，～。

【掐头去尾】qiā tóu qù wěi 去掉前后部分。也比喻除去无用或不重要的部分。★引用别人的文章，不能～，断章取义。

【恰到好处】qià dào hǎo chù 指正好到了最恰当、最合适的地步。恰：正好。★广告宣传要掌握分寸，做到～，过于含蓄或者过于宣扬都会影响最后的效果。

【恰如其分】qià rú qí fèn 形容言行举措等非常适度。恰：恰好。分：分寸。★张老师对你论文的评价可谓～，你要仔细体会。

【千变万化】qiān biàn wàn huà 形容变化无穷。★NBA 赛场～的球技，让人眼花缭乱，目不暇接。

【千差万别】qiān chā wàn bié 形容差别多种多样。★文学作品中～的人物和情节，都是现实生活的反映。

【千差万错】qiān chā wàn cuò 形容差错极多。★他纵有～，也还是您的儿子，您就原谅他吧。

【千愁万恨】qiān chóu wàn hèn 指无数的忧愁怨恨。★画面上的女子倚靠在船窗凭望，双眸似蕴藏着～。

【千疮百孔】qiān chuāng bǎi kǒng 形容缺漏或毛病很多。也形容破坏十分严重。疮：伤口。孔：破洞。★经过多年的战乱，解放初期，中华民族已是～，伤痕累累了。

【千锤百炼】qiān chuí bǎi liàn 比喻对诗文进行反复琢磨和修改。也比喻经过多次锻炼和考验。锤：用锤子打。炼：用火烧炼。★古代诗人为了一个字而反复推敲，～，这种一丝不苟的精神值得我们后人学习。

【千刀万剐】qiān dāo wàn guǎ 古代将犯人一刀一刀凌迟处死的一种酷刑。后多用为对人的诅咒，表示痛恨之极。★他罪大恶极，将他～都不解恨。

【千叮万嘱】qiān dīng wàn zhǔ 指一遍又一遍地反复嘱咐。★执行任务前，连长对小张～，以确保此次任务万无一失。

【千恩万谢】qiān ēn wàn xiè 形容感激不尽的样子。★儿子掉在水里被解放军战士救起，母亲眼含热泪，～。

【千帆竞发】qiān fān jìng fā 无数船只竞相出发。比喻事物生机勃勃地向前发展。竞：竞争。★改革开放以来，我国的民办教育事业似~，蓬勃发展。

【千方百计】qiān fāng bǎi jì 想尽或用尽各种方法和计谋。方：方法。计：计谋，计策。★归国后，他~地寻找失散多年的弟弟。

【千峰百障】qiān fēng bǎi zhàng 形容山重岭叠。障：似屏障的山峰。★极目远眺，~犹如万马奔腾，极富气势。

【千沟万壑】qiān gōu wàn hè 形容沟壑极多或道路不平。壑：深沟。★这一带~，地形复杂，易进难出。

【千古绝唱】qiān gǔ jué chàng 形容古往今来少有的绝妙精品。绝唱：指诗文创作的最高造诣。★《西厢记》描写了张生和崔莺莺的爱情故事，被视为中国爱情剧的~。

【千古奇谈】qiān gǔ qí tán 从来没有的奇特的言论。★什么？人是鱼变的？真是~！

【千古奇闻】qiān gǔ qí wén 古今少有的使人惊奇的见闻。★这种~恐怕只有他这种好生是非的人才能制造出来。

【千古奇冤】qiān gǔ qí yuān 古今少有的冤案。★皖南事变后，周恩来同志奋笔题词道："~，江南一叶；同室操戈，相煎何急！"

【千呼万唤】qiān hū wàn huàn 形容再三呼唤、催请。★歌迷们~，他才含着微笑从后台走了出来。

【千回百折】qiān huí bǎi zhé 形容回环往复或历程曲折。回：道路回旋。折：曲折。★经历了~，他终于获得了成功。

【千家万户】qiān jiā wàn hù 成千上万的人家。★"让科学走进~，用知识造福社会"，是这次科技图书节的宗旨。

【千娇百媚】qiān jiāo bǎi mèi 形容女子容貌姿态极其美丽可爱。娇：姿态妩媚可爱。媚：美好。★她风情万种，~，深得皇上宠爱。

【千斤重担】qiān jīn zhòng dàn 非常沉重的担子。常比喻艰巨的任务或重大的责任。★临危受命，~落在我的肩上，我要加倍努力工作，不辜负组织的信任。

【千金难买】qiān jīn nán mǎi 出再高的价钱也买不来。形容极其贵重或难得。★世上的东西都可以用钱买得，唯有人格~。

【千金市骨】qiān jīn shì gǔ《战国策·燕策一》记载，古代一国王求购千里马，三年而不能得。有一大臣花五百金买回了千里马的骨头，国王大怒，大臣答道："死马尚且用五百金买下，更何况生马呢？我这样做是为了显示您的诚意，千里马不久就会找到的。”后用以比喻以重金招揽人才。市：买。★人才是兴国之本，作为领导干部，要有～的魄力，想方设法招揽人才。

【千金小姐】qiān jīn xiǎo jiě 旧称富贵人家的女儿。今用作对别人女儿的美称。也形容女孩极其娇贵。★她一个～，怎么受得了下地种田这种罪呀！

【千军万马】qiān jūn wàn mǎ 形容兵马众多，声势浩大。★当年率领～奋勇杀敌的将军，如今已是两鬓苍苍了。

【千军易得，一将难求】qiān jūn yì dé, yī jiàng nán qiú 成千的兵士容易得到，一个好的将领却很难寻求。指将才难得。也泛指人才难得。★自古以来，～，像你这样难得的将才肯定会受到重用的。

【千钧一发】qiān jūn yī fà 千钧重物系吊在一根头发上。比喻情况十分危急或紧要。钧：古重量单位，30斤为一钧。★在这～之际，他奋力推开卡在铁轨上的摩托车，使列车顺利通过。

【千里送鹅毛】qiān lǐ sòng é máo 明·徐渭《路史》记载，云南土官缅氏派使者向唐朝进贡天鹅，过沔阳湖，天鹅飞走，掉落一片翎毛。使者将翎毛向皇帝呈上，并作诗曰：“礼轻人意重，千里送鹅毛。”后用以指礼物虽薄而情意深重。★俗话说～，礼轻情意重。虽然只是一件毛衣，却包含了我对你的深深祝福。

【千里迢迢】qiān lǐ tiáo tiáo 形容路途遥远。迢迢：遥远的样子。★父亲～从老家来到广州，为的是看看儿子读书的学校到底是个什么样子。

【千里姻缘一线牵】qiān lǐ yīn yuán yī xiàn qiān 旧时认为夫妻婚配是命中注定的，是月下老人用一根红线牵连而成的。★一个是四处征战的运动员，一个是翱翔蓝天的空姐，～，两人终于走到了一起。

【千里之堤，溃于蚁穴】qiān lǐ zhī dī, kuì yú yǐ xué 千里长的大堤，由于小小的蚂蚁洞而溃决。比喻小问题不注意就会酿成大灾祸。溃：崩溃，溃决。穴：洞。★～，一个小的疏忽，就可能毁掉整个工程，希望大家一定要严把质量关。

【千里之行，始于足下】qiān lǐ zhī xíng, shǐ yú zú xià 千里的行程，是从脚下迈出第一步开始的。比喻任何远大的目标总是从头开始，逐步积累而成。★～。要想成为一名渊博的学者，应当从点滴知识的积累做起。

【千虑一失】qiān lǜ yī shī 多次思虑之中，总会有一点疏失。失：过错，过失。★批评意见的存在，可以使智者免～之忧，使明者更能察己于秋毫，使胜者力戒骄纵之弊。

【千门万户】qiān mén wàn hù

形容宫殿、屋宇广大，门户众多。也指千家万户。★阿房宫规模宏大，宫室连绵，～，富丽堂皇。

【千难万险】 qiān nán wàn xiǎn 形容困难和危险极多。★唐僧师徒四人，历经～，九死一生，最终取回真经。

【千篇一律】 qiān piān yī lǜ 形容许多作品内容相同，格式一样。★作文要有创造性，不能～，人云亦云。

【千奇百怪】 qiān qí bǎi guài 指各种各样稀奇古怪的事物和现象。也形容非常稀奇古怪。★溶洞内的钟乳石～，形态各异，这源自于大自然无穷的造化。

【千秋万代】 qiān qiū wàn dài 指年代极其久远。秋：年。★南水北调工程能够解决北方的缺水问题，促进北方的工农业生产，这是造福～的大工程。

【千人一面】 qiān rén yī miàn 许许多多的人物都是一个面孔。形容文艺创作或戏曲表演公式化、概念化。★文学创作中的人物最忌～，不同的人物要有不同的形象和性格。

【千山万壑】 qiān shān wàn hè 形容山峦连绵，溪谷众多。壑：山谷。★站在白雪皑皑的山口极目远眺，远处的～若隐若现，一片苍茫。

【千山万水】 qiān shān wàn shuǐ 指山水非常多。也形容路途遥远艰险。★我们虽然远隔～，但共同的理想把我们的心紧紧地连在了一起。

【千丝万缕】 qiān sī wàn lǚ 千根丝，万根线。形容丝缕繁多错杂。也形容感情、思绪纷繁或事物间关系错综复杂。缕：线。★生活中的每一个人，都与周围的人或事物有着～的联系。

【千思万想】 qiān sī wàn xiǎng 形容无数次地反复思考。★我～，决定还是冒一次险，去那个神秘的山洞看个究竟。

【千头万绪】 qiān tóu wàn xù 形容事物或感情纷繁复杂，头绪极多。绪：开端，头绪。★这位年轻的母亲，怎么也理不清生活中的～。

【千万买邻】 qiān wàn mǎi lín 《南史·吕僧珍传》记载，吕僧珍德操高尚，才能突出，颇为世人称道。南康太守宋季雅离任后在吕僧珍宅院旁花一千一百万两银子买了一幢房子定居下来。吕僧珍惊叹房价之高，宋季雅则说："买房子只花了一百万两，另外一千万两是用来买你这个好邻居的。"后用以形容选择邻居的重要性和可贵性。★俗话说"～"，一个好的邻居从某种程度上可以带来生活的安宁和事业的兴旺。

【千辛万苦】 qiān xīn wàn kǔ 指无数艰辛和劳苦。也形容极其艰辛劳苦。★她独自一人重走郑和下西洋之路，经历了～。

【千言万语】qiān yán wàn yǔ 形容许许多多的话语。★看着昔日的好友，他有～要说，却又不知道从何说起。

【千载难逢】qiān zǎi nán féng 一千年也难得碰到一次。形容机会极其难得或人事极其少有。载：年。逢：遇到。★中国京剧团到巴黎等地演出，在欧洲被认为是文化界～的盛事。

【千载奇遇】qiān zǎi qí yù 形容极其难得的遭遇。千载：千年。★天赋发展到70分的从古以来少有，发展到100分的恐怕更是～。

【千载一时】qiān zǎi yī shí 千年才有一次机会。形容机会极其难得。千载：千年。★电视台摄制人员跟踪拍摄了中华佛教两千年朝圣之旅，记录了这～的盛事。

【千真万确】qiān zhēn wàn què 形容绝对真实，不容置疑。确：真实，确实。★那位当红的台湾歌星今天来我镇演出，这消息～。

【千姿百态】qiān zī bǎi tài 形容各种各样的姿态，极其丰富多彩。★～的泰山松以其挺拔苍劲的雄姿和悠久深邃的文化积淀，成为泰山风景名胜中的亮点。

【迁客骚人】qiān kè sāo rén 形容被贬谪的官吏和失意的文人。迁客：旧时被贬谪到外地的官吏。骚人：诗人。★名胜古迹黄鹤楼，留下了不少～的诗文名篇。

【迁兰变鲍】qiān lán biàn bào 比喻环境对人潜移默化的影响。迁：迁移，变化。兰：芝兰。比喻高洁美好。鲍：鲍鱼，臭咸鱼。比喻腐朽低俗的事物。★良好的环境对学生的健康成长至关重要，否则，～，后果严重。

【牵肠挂肚】qiān cháng guà dù 形容非常挂念，放心不下。★孩子一个人在外谋生，父母在家里总是～的。

【牵强附会】qiān qiǎng fù huì 生拉硬扯地把不相关或关系甚微的事物凑合在一起。牵强：勉强。附会：把不相关联的事说成有联系，或把没有某种意义的事说成有某种意义。★民间流传的杨家将故事，有许多地方～，不符合历史事实。

【牵一发而动全身】qiān yī fà ér dòng quán shēn 牵一根头发就带动整个身体。比喻变动一个极其微小的部分就会影响全局。★～，比赛日程还不能轻易改动。

【谦谦君子】qiān qiān jūn zǐ 谦逊有礼的人。谦谦：谦逊的样子。★他西装革履，面带微笑，一副～的样子。

【谦虚谨慎】qiān xū jǐn shèn 为人谦逊虚心，处事严谨慎重。谦虚：虚心，不自满。谨慎：慎重小心。★共产党员务必保持～、不骄不躁的作风，全心全意为人民服务。

【前不巴村，后不着店】qián bù bā cūn，hòu bù zháo diàn

行途中，前面看不到村庄，后面挨不着旅店。形容没有人烟的荒凉境地。巴：挨近。着：贴近。★这地方～，我们一定要在天黑以前走出去。

【前不见古人，后不见来者】qián bù jiàn gǔ rén，hòu bù jiàn lái zhě 前代英贤不复可见，后代贤君也来不及见到。表示一种怅惘寂寞的情绪，慨叹自己生不逢时。后也指空前绝后。★～，念天地之悠悠，独怆然而涕下。

【前车之鉴】qián chē zhī jiàn 前面的车子翻了，后面的车子要接受教训。比喻以前人的失败作为鉴戒。鉴：镜子，引申为教训。★历史上的开国之君往往吸取～，有所变革，以缓和社会矛盾。

【前程万里】qián chéng wàn lǐ 形容人前途远大。★刚从学校出来的年轻人～，对自己的未来充满信心。

【前赴后继】qián fù hòu jì 前面的人冲上去了，后面的人紧接上去。形容继续不断，英勇斗争。赴：奔往。继：继续，接着。★消防队员～，奋力扑救，终于将熊熊大火扑灭了。

【前功尽弃】qián gōng jìn qì 过去的功绩或努力全部报废了。弃：丢弃。★我们应继续努力，乘胜追击，否则便～。

【前呼后拥】qián hū hòu yōng 前面有人吆喝开路，后面有人簇拥保护。常用以形容官员外出时的排场和声威。也形容成群结队而来。★这位官员每次外出总是～的，极有派头。

【前倨后恭】qián jù hòu gōng 先前傲慢，后来恭敬。《战国策·秦策一》记载，战国纵横家苏秦数年求官不得，回家后，家人对他十分冷淡。后来他发奋读书，终于得志，途经家乡，嫂子小心走路并伏地跪拜，苏秦问："嫂何前倨而后卑也？"嫂子答："以子位尊而多金也。"后多用以形容人非常势利。倨：傲慢。恭：恭敬。★《范进中举》里的胡屠夫嫌贫爱富，对范进～，从中可以看出封建社会的世态炎凉。

【前怕狼，后怕虎】qián pà láng，hòu pà hǔ 形容顾虑重重，胆小怕事。★年轻人干事业要有一股闯劲，你这样～的，怎么会出成绩呢？

【前仆后继】qián pū hòu jì 前面的人倒下去了，后面的人跟上来。形容不怕牺牲，继续英勇斗争。仆：倒下。继：继续，接着。★无数革命志士～，英勇斗争，换取了今日和平安宁的生活。

【前人栽树，后人乘凉】qián rén zāi shù，hòu rén chéng liáng 比喻前人造福泽及于后人。★三峡工程将给后人创造无穷的财富，是～的跨世纪的大工程。

【前事不忘，后事之师】qián shì bù wàng，hòu shì zhī shī 以

往的经验教训不忘记，可以作为今后行事的借鉴。师：榜样。★～。我希望大家吸取教训，争取胜利。

【前思后想】 qián sī hòu xiǎng 指反复思考。★我在～、权衡利弊之后，决定放弃这次副局长的竞选。

【前所未闻】 qián suǒ wèi wén 从来没有听说过。闻：听见。★他从城里回来，给乡下人带来了许多～的消息。

【前所未有】 qián suǒ wèi yǒu 以前从来没有过的。★由于夏秋两季的枯水，黑龙江出现了～的低水位，致使近百艘船舶被困在黑河以上800千米的江面上。

【前无古人，后无来者】 qián wú gǔ rén，hòu wú lái zhě 原用以慨叹古代圣贤已成过去，后来的圣贤又来不及见到。后表示空前绝后。★这幅油画构思奇特，用笔精妙，可以说是～。

【前言不搭后语】 qián yán bù dā hòu yǔ 前后的话语连不上。形容说话或写文章前后混乱，自相矛盾。搭：联结。★老人思绪纷乱，说话～，显然是受了沉重的打击。

【前仰后合】 qián yǎng hòu hé 形容身体前后晃动得厉害。多形容大笑、醉酒或疲倦时站立不稳、不能自持的样子。★相声晚会的节目非常精彩，我们笑得～，好开心。

【前因后果】 qián yīn hòu guǒ 佛教指先前种什么因，后来就结什么果。现也指事情的起因和结果。★我们必须首先把问题的～弄清楚，然后再想办法解决。

【钱可通神】 qián kě tōng shén 钱可以买通鬼神。形容金钱的魔力巨大，可以买通一切。★过去他总以为～，通过这件事情他深深感到，人与人之间的友情才是最珍贵的。

【潜移默化】 qián yí mò huà 指人的思想、品格、习惯等在生活环境中受熏染而无形中发生了改变。潜、默：暗中，无形。★他对音乐的兴趣是在父亲的～中形成的。

【潜滋暗长】 qián zī àn zhǎng 不知不觉中滋生发展起来。潜：暗中。滋：滋长。★随着对外开放大门的打开，一些不良思想倾向也在不断地～。

【黔驴技穷】 qián lú jì qióng 唐·柳宗元《黔之驴》记载，古时候贵州一带没有驴子，有人从外地运来一头，因为用不着，放在山下。老虎起初非常害怕，老远躲着，后来就靠近它，戏弄它。驴子大怒，扬蹄踢老虎，老虎见驴子本领不过如此，扑上去将其吃掉了。后用以比喻有限的一点本领全用光了。黔：今贵州一带。穷：尽。★敌人～，狼狈而逃。

【浅尝辄止】 qiǎn cháng zhé zhǐ 肤浅地尝试一下就停下来。比喻不肯深入下工夫或不能继续坚持到底。尝：尝试。辄：就。★做任何事情都要深入钻研，决不能～。

【遣词造句】qiǎn cí zào jù 运用词语，构造句子。遣词：运用词语。★要使作文语言形象生动，必须注意～。

【枪林弹雨】qiāng lín dàn yǔ 枪支如林，子弹似雨。形容炮火密集，战斗十分激烈。★他冒着～，从战壕中救出了自己的战友。

【强奸民意】qiáng jiān mín yì 指统治者利用权力将自己的意志强加于人民，还硬说是人民的意愿。★为政者须顺从民心，不能～。

【强将手下无弱兵】qiáng jiàng shǒu xià wú ruò bīng 在英勇善战的将领统率下，没有懦弱无能的士兵。比喻好的领导手下不会有能力差的人。★你王局长的部下做事我哪能不放心呢，～嘛！

【强龙压不过地头蛇】qiáng lóng yā bù guò dì tóu shé 比喻外地人虽然厉害，也斗不过当地的恶势力。地头蛇：指当地强横无赖、欺压人民的人。★～，我们这些外来的生意人还是妥协一下吧。

【强弩之末】qiáng nǔ zhī mò 用弩弓发射的强有力的箭，到了射程的最后。比喻强力已成衰竭之势，力量甚微。弩：古代一种用机械力量射箭的弓。末：尽头。★敌人近日来一败再败，已成～，没有多少抵抗能力了。

【强中更有强中手】qiáng zhōng gèng yǒu qiáng zhōng shǒu 本领高强的人中还有更高强的。比喻人的各种能力永无止境，不能自满。★今天看到你精湛的骑术，我才知道～，要向你多多学习。

【墙倒众人推】qiáng dǎo zhòng rén tuī 比喻人在失势或倒霉时，大家都来责难或攻击他。★～，破鼓乱人捶，他现在的日子真是不好过。

【墙内开花墙外香】qiáng nèi kāi huā qiáng wài xiāng 比喻人才、业绩或事物不为本地或本集体重视，却为外地或外人所看重。★这位学者在本校并不太知名，在外地却名声大振，可以说是～了。

【墙头马上】qiáng tóu mǎ shàng 姑娘从墙头望，骑马路过的小伙正巧看到了她。形容男女青年一见倾心，相互爱慕。★在宋词中，有不少作品是描写～的爱情的。

【强词夺理】qiǎng cí duó lǐ 强扯言辞，将无理说成有理。强：勉强。★分明是你先动手打人，你还～！

【强扭的瓜不甜】qiǎng niǔ de guā bù tián 比喻强人所难，非两相情愿的事情不会美满。★俗话说，～，一相情愿的婚姻不会有什么幸福。

【强人所难】 qiǎng rén suǒ nán 勉强别人做不愿做或难以做到的事。强：勉强。★这件事情我不能告诉你，你别再~了。

【强颜欢笑】 qiǎng yán huān xiào 勉强地在脸上装出欢笑。强颜：勉强作出表情。★知道父亲的病情后，她~，装作没事一样瞒着家人。

【强作解人】 qiǎng zuò jiě rén 指不明其意而妄加解释和议论。表示不懂装懂。解人：指通晓事理、言语或文义的人。★他并不通晓甲骨文，却指手画脚，~。

【敲骨吸髓】 qiāo gǔ xī suǐ 敲碎骨头，吸取骨髓。原为禅宗用语，指为了求道而不惜残害自己的身体。后多比喻残酷地剥削榨取。髓：骨髓。★奴隶主~，肆无忌惮地攫取，激起了奴隶们的愤怒和反抗。

【敲锣打鼓】 qiāo luó dǎ gǔ 一般表示大肆宣传，制造声势。也表示喜庆娱乐的热闹场面。★乡亲们~，迎接我们这些支教的大学生。

【敲门砖】 qiāo mén zhuān 比喻借以谋取名利的初步手段，目的一达到就将之抛弃。★封建时代的文人常把读书当成~，一旦功名到手，书籍也就被束之高阁了。

【敲山震虎】 qiāo shān zhèn hǔ 敲动山林，震动老虎。比喻故意制造某种行动或声势，使对方受到震动或感到惊惧。★他决定使用~的计策，让对方先收敛一下。

【敲诈勒索】 qiāo zhà lè suǒ 用威胁、欺诈手段强行索取财物。勒：强迫。索：索取。★这伙地痞欺行霸市，时常对这里的小摊主进行~。

【乔迁之喜】 qiáo qiān zhī xǐ 称颂人喜迁新居或官职升迁。乔迁：乔，乔木。鸟儿飞离幽谷，迁往高大的树上。★为了祝贺同事的~，我们集体买了一个花篮送到他的新居。

【乔装打扮】 qiáo zhuāng dǎ bàn 指化装改变形象，掩盖本来身份。也比喻利用假象掩盖真相。乔：装假。★公安人员~成小商贩。

【翘首以待】 qiáo shǒu yǐ dài 抬起头来远望等待。形容急切盼望。翘首：抬头而望。★广大球迷对这项赛事~，期盼中国队取得好成绩。

【巧夺天工】 qiǎo duó tiān gōng 人工的巧妙胜过天然的工巧。形容技艺高妙。夺：胜过，超过。天工：自然形成的精巧。★故宫的建筑~，是中国古代宫室的代表之作。

【巧妇难为无米之炊】 qiǎo fù nán wéi wú mǐ zhī chuī 再能干的妇女，没有米也做不成饭。比喻缺乏必要的条件，再能干的人也难以成事。为：做。炊：烧火做饭。★作家必须深入生活，积累丰富的素材，~，没有生活是写不出好作品的。

【巧立名目】qiǎo lì míng mù 挖空心思定出各种名目，以达到某种不正当的目的。名目：事物的名称。★一些学校不顾国家有关部门的三令五申，~向学生乱收费。

【巧取豪夺】qiǎo qǔ háo duó 用欺诈或暴力手段夺取权利或财物。巧取：用欺哄的方法骗取。豪夺：强力夺取。★战争期间，"四大家族"凭借他们的权势~，大发国难财。

【巧言令色】qiǎo yán lìng sè 花言巧语，谄媚悦色，讨好他人。巧言：虚浮不实的话。令色：讨好的脸色。★他最善~，你要提防着点儿。

【巧言如簧】qiǎo yán rú huáng 形容花言巧语，话语悦耳。簧：乐器里发声的薄片。★事实胜于雄辩，任凭你~，也骗不了群众。

【悄然无声】qiǎo rán wú shēng 静悄悄的没有一点声响。悄然：寂静的样子。★雪花~地飘落，大地一片苍茫。

【愀然变色】qiǎo rán biàn sè 形容神色变得严肃，心情很不愉快。愀然：神色严肃或不愉快。★听到丈夫说这样的话，她不禁~，转身就走。

【切齿痛恨】qiè chǐ tòng hèn 形容痛恨之极。切齿：咬紧牙齿，形容非常愤恨。★人们深受各种假冒伪劣商品之害，对之无不~，强烈呼吁主管部门出台一套有效的整治办法。

【切肤之痛】qiè fū zhī tòng 切身感受到的痛苦。切肤：切身，和自身密切相关。★他曾因吸毒坐过牢，对毒品的危害有~，所以积极加入到杜绝毒品的宣传队伍中来了。

【切实可行】qiè shí kě xíng 切合实际，可以实施。★做任何事情，我们都必须先有一个~的规划。

【切中时弊】qiè zhòng shí bì 正好击中当时的弊病。指对当时社会弊端的评议非常中肯。切：切合。弊：弊病。★他的杂文往往能够~，引起读者警醒。

【窃窃私语】qiè qiè sī yǔ 私下轻声细语地说话。窃窃：形容声音细小。★有意见就拿到桌面上来讲，不要在背地里~。

【窃玉偷香】qiè yù tōu xiāng 指男女之间暗中往来。窃玉：指《杨妃外传》记载的唐代杨妃窃宁王玉笛之事。偷香：指《晋书·贾充传》记载的贾充的女儿从家里偷出西域所贡的奇香，私赠情人韩寿之事。★你小子可要检点些，不要净做些~的事。

【挈妇将雏】qiè fù jiāng chú 携带妻子儿女。挈：携。将：搀扶。雏：原指小鸟，引申指幼儿。★踏着落日的余晖，人们不约而同，三三两两，~，来到山脚下乘凉。

【锲而不舍】qiè ér bù shě 一直用刀镂刻下去。比喻坚持不懈，有恒心。锲：用刀刻。舍：停止。★他勤奋好学，有一种～、持之以恒的精神。

【亲操井臼】qīn cāo jǐng jiù 指亲自操持家务。亲：亲自。操：从事。井臼：汲水舂米，泛指家务劳动。★古代的读书人并不像有些人想象的那样四体不勤，五谷不分。许多人除了读书外，还常常～。

【亲密无间】qīn mì wú jiàn 形容十分亲密，没有任何隔阂。间：隔阂，嫌隙。★我和小王自小～，长大后更是无话不说。

【亲如骨肉】qīn rú gǔ ròu 亲密得如同骨和肉一样不能分离。形容情谊极为深厚。★表兄是个孤儿，从小在我家长大，我们俩～。

【亲如手足】qīn rú shǒu zú 形容兄弟之间情谊非常亲密。也形容朋友间情谊深厚，如同兄弟。手足：比喻兄弟。★他们俩相互帮助，～。

【亲疏贵贱】qīn shū guì jiàn 形容各种人际关系或关系地位各不相同的人。★开明的领导任人唯贤，不分～。

【亲痛仇快】qīn tòng chóu kuài 亲人感到痛心，仇人感到高兴。快：高兴。★我们要头脑冷静，分清敌我，不能干～的蠢事。

【亲自出马】qīn zì chū mǎ 比喻重要人物在特殊情况下亲临一线指挥。也指亲自动手去操作。★这点小事您打个招呼就行了，哪里用得着您～。

【芹曝之献】qín pù zhī xiàn 《列子·杨朱》记载，从前有个农夫向乡里豪绅称赞水芹如何好吃，豪绅取来一尝，觉得苦涩难咽。又载，宋国有个农夫穿麻絮过冬，冬去春来，太阳暖烘烘的，农夫十分满足，对妻子说："负日之暄，人莫知者；以献吾君，将有重赏。"后用以形容所进献之言或物微不足道。常用以自谦礼薄或建议价值不大。★礼品箱里有一封信札，说："～，不成敬意，还望笑纳。"

【秦晋之好】qín jìn zhī hǎo 春秋时秦、晋两国常互通婚姻，后因以"秦晋之好"指两姓联姻，门当户对。★他们两家是世交，最近又结为～。

【琴棋书画】qín qí shū huà 弹琴、下棋、写字、绘画。泛指一个人的文化素养或文艺特长。有时也指琴、棋、字、画这四类物品。★她多才多艺，～，无所不通。

【禽兽不如】qín shòu bù rú 连禽兽都不如。比喻人行为极其卑劣。★有些人道德败坏，寡廉鲜耻，所作所为，～。

【勤工俭学】qín gōng jiǎn xué 利用课余时间做工，去谋取学习、生活费用。★他家庭条件很差，靠着~读完了大学。

【勤俭持家】qín jiǎn chí jiā 勤劳节俭地料理家务。持：治理。★我们提倡~，反对铺张浪费。

【勤能补拙】qín néng bǔ zhuō 勤奋能弥补笨拙所造成的不足。补：弥补，补偿。拙：笨拙。★~，许多平凡的人正是靠着勤奋取得了不平凡的成绩。

【勤勤恳恳】qín qín kěn kěn 形容十分热心诚恳。也指全心全意，勤劳踏实。勤勤：恳切至诚。★他工作~，兢兢业业，多次被评为先进。

【勤学好问】qín xué hào wèn 勤奋学习，不懂就问。★小明~，成绩优异，年年都是三好学生。

【勤学苦练】qín xué kǔ liàn 勤奋学习，刻苦训练。★他球艺精湛，战绩优异，这是他长期~的结果。

【勤政爱民】qín zhèng ài mín 勤理政务，爱护百姓。★共产党人应该牢固树立为人民服务的思想，做到~，廉洁奉公。

【擒贼擒王】qín zéi qín wáng 抓贼应先抓贼头领。也比喻解决问题要抓住关键。★~，我们应该先设法把犯罪团伙的头目逮住。

【螓首蛾眉】qín shǒu é méi 形容女子容貌美丽。螓首：螓，蝉的一种，方头广额。比喻女子头形好看。蛾眉：蚕蛾触须细长而弯，比喻女子眉毛好看。★画上这位衣着华丽的女子，~，面带笑容，想必一定是位贵妇人。

【寝不安席】qǐn bù ān xí 睡在席枕上不能入眠。形容心中有事，思虑不安。寝：睡觉。席：枕席，床。★学校重组的那段日子里，作为校长的他常常食不甘味，~。

【沁人心脾】qìn rén xīn pí 指空气、芳香、幽静等给人一种清新舒适的感觉。也形容文艺作品清爽动人。沁：渗入。心脾：心脏和脾脏，比喻内心。★我喜欢在庭院中种一丛芭蕉，欣赏那~的绿和那令人惊异的生命力。

【青出于蓝而胜于蓝】qīng chū yú lán ér shèng yú lán 靛青从蓝草中提炼出来，却比蓝草颜色更深。比喻学生超过老师或后人超过前辈。青：靛青，一种从蓝草中提炼的染料。胜：超过。★学生能够“~”，这是最令老师高兴的事。

【青春年少】qīng chūn nián shào 指正当青年时期，年纪轻轻。★我最怀恋自己的~，那个时候无忧无虑，不知有多快活！

【青灯古佛】qīng dēng gǔ fó 青光荧荧的油灯和古老久远的佛像。形容佛门修行者生活的寂寞。青灯：以植物油为燃料的灯，其光发青，故名。★他接连受到沉重打击，由此看破红尘，遁入空门，整日与~为伴。

【青红皂白】qīng hóng zào bái

比喻事情的始末情由或是非对错。皂：黑色。★法庭重视证据，不会不分~就把罪名扣在某人身上。

【青黄不接】 qīng huáng bù jiē 新粮还没成熟，陈粮已经吃尽，接续不上。也比喻人力、物力、财力或某项事业暂时难以为继的现象。青：指未成熟的庄稼。黄：指已成熟的庄稼。★那个时候不重视教育，致使我国科研队伍严重地~。

【青梅竹马】 qīng méi zhú mǎ 形容男女儿童天真无邪地在一起玩耍。多指男女之间从小亲密无间。青梅：青色的梅子。竹马：小孩当马骑的竹竿。★他俩是邻居，从小就在一起，很合得来，可谓~，两小无猜。

【青梅煮酒】 qīng méi zhǔ jiǔ 梅子成熟季节，边吃青梅边喝热酒的饮宴活动。煮酒：暖酒。★刘备在许昌，曾与曹操~，共论英雄。

【青面獠牙】 qīng miàn liáo yá 形容面貌狰狞凶恶。也形容阴森或怪异的景象。青面：青绿色的面孔。獠牙：嘴唇露出长牙。★他梦见一群~的魔鬼在后面追赶，吓得出了一身冷汗。

【青天白日】 qīng tiān bái rì 形容大好晴天或指大白天。也比喻清清楚楚，显而易见。又比喻清明的政治或社会。★这里的天气变化真快，上午还是~的好天气，下午就噼里啪啦下起了雨。

【青天霹雳】 qīng tiān pī lì 大晴天响起了炸雷。比喻意外发生的令人震惊的事。青天：青蓝的天空，指晴天。霹雳：疾雷。★儿子出车祸身亡的消息犹如~，父亲一下子瘫软在地。

【青云直上】 qīng yún zhí shàng 比喻人极其顺利迅速地升到显要职位。青云：高空。★良好的机遇加上个人不懈的努力，使得他~，只两三年时间就当上了公司的副总经理。

【轻车简从】 qīng chē jiǎn cóng 轻简行装，少带随从。多指官员出外工作时不事铺张。简：少。从：随从。★领导干部下乡，应该~，不要惊扰百姓。

【轻车熟路】 qīng chē shú lù 轻快的车走在熟悉的老路上。比喻对事情熟悉，做起来轻而易举。轻：轻便，轻快。★对于一个有30年教龄的老教师来说，上这样的课，可以说是~。

【轻而易举】 qīng ér yì jǔ 形容不费多大气力，很容易做到。★由于其他参赛选手水平不高，这次乒乓球比赛中他~地获得了冠军。

【轻歌曼舞】 qīng gē màn wǔ 清亮的歌声，美妙的舞蹈。曼：柔美。★联欢会气氛非常活跃，台上~，台下掌声不断。

【轻举妄动】 qīng jǔ wàng dòng 轻率从事，莽撞行动。轻举：轻率行动。妄：胡乱，随意。★对方的反侦察能力很强，要切忌~，以免打草惊蛇。

【轻描淡写】qīng miáo dàn xiě 原指绘画中用淡色轻轻描绘。比喻着墨不多的描写或叙述。也比喻不费力气或对问题不重视。★对于学科建设，他只是~地敷衍了一下，便岔开讲别的事情。

【轻诺寡信】qīng nuò guǎ xìn 轻易答应别人的要求而很少守信用。诺：许诺。寡：少。★你再耐心等等，我相信他不是一个~的人，他一定会来的。

【轻手轻脚】qīng shǒu qīng jiǎo 手脚动作很轻，悄无声息。★妈妈~地来到我床前，帮我盖好被子。

【轻言细语】qīng yán xì yǔ 形容说话声音轻柔，语气温和。★江南女子说话多半~，但也有高声大气的。

【轻徭薄赋】qīng yáo bó fù 减轻劳役，减少赋税。徭：徭役；劳役。赋：赋税。★汉初统治者采取了~的经济政策，使凋敝已久的经济得到了恢复和发展。

【轻于鸿毛】qīng yú hóng máo 比大雁的羽毛还轻。比喻极其轻微或没有任何价值。鸿：大雁。★为人民利益而死，重于泰山；替法西斯卖力而死，~。

【轻重倒置】qīng zhòng dào zhì 把轻与重、主与次的关系弄颠倒了。置：安放。★他学校的课不上而到外面做家教挣钱，这完全是~了。

【轻重缓急】qīng zhòng huǎn jí 指事情轻重、主次、缓办、急办等的各种区别。★我国西部地区发展固然落后，但开发也需要分清~，不能平均用力。

【轻装上阵】qīng zhuāng shàng zhèn 原指古代士兵上阵不披甲戴盔。今借指丢掉思想包袱，轻松投入工作和学习。上阵：上战场作战。★考试前思想不要过分紧张，~，才能考出好成绩。

【倾巢而出】qīng cháo ér chū 比喻全体出动。倾：全部倒出。巢：巢穴。★电影放映队来到小山村，附近几个村子的村民也~，前往观看。

【倾城倾国】qīng chéng qīng guó 原指君主迷恋女色而亡国，后形容女色绝美。倾：倾覆。城：城邑。★据说唐玄宗的贵妃杨玉环是一个~的美人。

【倾盖如故】qīng gài rú gù 形容偶尔相逢，言谈投合，像老朋友一样。倾盖：车上篷盖互相靠在一起。故：指故人，老朋友。★两人~，彻夜长谈，结为兄弟。

【倾家荡产】qīng jiā dàng chǎn 把家产全部丧失殆尽。倾：全部倒出。荡：此指弄光。★许多赌徒执迷不悟，最后落得个~的下场。

【倾筐倒箧】 qīng kuāng dào qiè 将筐子里和箱子里的东西全部倒出。比喻尽其所有。倾：全部倒出。箧：小箱子。★他～，把家里珍藏的所有宝贝都拿给我看。

【倾盆大雨】 qīng pén dà yǔ 形容雨下得很大很急，像用盆往下倒一样。倾：全部倒出。★晚会进行到一半的时候，一场～突然从天而降，观众躲之不急，都淋成个落汤鸡。

【卿卿我我】 qīng qīng wǒ wǒ 形容夫妻相亲相爱，情意缠绵。卿卿：男女之间的昵称。★年轻人应该树立远大的理想，并为之努力奋斗，而不应整日沉迷在～之中。

【清茶淡饭】 qīng chá dàn fàn 形容饮食简陋。★父亲一向～，许多年来一直保持这样的饮食习惯。

【清词丽句】 qīng cí lì jù 清新美丽的词句。词：亦作“辞”。★欣赏汤显祖的戏曲，单是那些～，就让你感到韵味无穷。

【清官难断家务事】 qīng guān nán duàn jiā wù shì 指家庭内部的矛盾纠纷，即使是清正廉明的官员也难以判处。★俗话说，～，你们这是家庭纠纷，我管不了。

【清规戒律】 qīng guī jiè lǜ 僧尼等必须遵守的规则和戒律。后泛指束缚人的烦琐条文和不合理的规章制度。清规：佛教订立的僧尼必须遵守的规则。戒律：佛教或其他宗教信徒必须遵守的生活准则。★我们必须解放思想，在人才选用上打破一些～，真正做到唯才是举。

【清净无为】 qīng jìng wú wéi 道家认为人对天道无能为力，故应清心静神，消极无为，顺应自然。后泛指听其自然，不强为之。无为：顺其自然，不必有所作为。★他一向主张～，很有一种道家的风骨。

【清廉正直】 qīng lián zhèng zhí 指官吏廉洁公正，公正无私。★宋代包公～，铁面无私，是古代清官的典型代表。

【清水出芙蓉】 qīng shuǐ chū fú róng 形容诗文或女性清新秀美。芙蓉：荷花的别称。★他的诗作如～，天然去雕饰，具有很高的艺术价值。

【清水衙门】 qīng shuǐ yá mén 旧指不经手钱财，不能从中捞取油水的官府。现多比喻收入微薄、福利少的机构。衙门：官署。★他常常抱怨自己所在单位是～，没有外快可赚。

【清汤寡水】 qīng tāng guǎ shuǐ 意谓饭菜简单稀淡，没有油水。★他看着一家老小只能喝着～，心里别提有多难受。

【清闲自在】 qīng xián zì zài 清静悠闲，自由自在。★退休以后，他过着一种～的生活——看看报，养养花，喂喂鸟。

【清心寡欲】 qīng xīn guǎ yù 指心地清净，欲念很少。寡：少。★佛教要求教徒们做到～，慈悲为怀。

【清正廉明】 qīng zhèng lián míng 形容为官廉洁公正，不贪污徇私。★他～，是个年轻有为的好干部。

【蜻蜓点水】 qīng tíng diǎn shuǐ 蜻蜓刚一点着水面又飞起来。比喻做事肤浅，不深入。★有些人读书像～一样，这样不会有什么收获。

【情不自禁】 qíng bù zì jìn 感情激动，无法抑制。禁：抑制。★这部电影非常感人，许多观众都～地流下泪来。

【情窦初开】 qíng dòu chū kāi 少年男女内心的情爱开始萌动。情窦：窦，孔穴。男女爱悦之情的心窍。★她正值～的年龄，对自己的未来充满许许多多的幻想。

【情好甚笃】 qíng hǎo shèn dǔ 感情或交情极其深厚。情好：感情，交情。笃：深厚。★他们自幼在同一个学校读书，志趣又非常投合，自然～。

【情景交融】 qíng jǐng jiāo róng 情中有景，景中有情，情景相互渗透融合。★这首诗既有写景，又有抒情，～，意境优美。

【情理难容】 qíng lǐ nán róng 在人情、事理两个方面都难以容忍。容：容忍，原谅。★这两个人玩忽职守，上班溜出去打麻将，致使锅炉爆炸，造成人员伤亡，如不严惩，～。

【情人眼里出西施】 qíng rén yǎn lǐ chū xī shī 指在情人的心目中，被爱的女子总是最漂亮的。西施：春秋时越国美女。后为美人的代称。★～，我觉得自己的妻子最美。

【情深似海】 qíng shēn sì hǎi 情感像大海一样深厚。★他们俩～，是一对恩爱的夫妻。

【情深义重】 qíng shēn yì zhòng 情义深重。重：厚。★兄弟俩～，相互帮助，共渡难关。

【情同骨肉】 qíng tóng gǔ ròu 感情如同至亲一样深厚。骨肉：指父母兄弟、子女等有血缘关系的至亲。★我与小王虽然来自不同城市，却～，关系甚好。

【情同手足】 qíng tóng shǒu zú 感情亲密得如同亲兄弟。情：情谊，交情。手足：比喻兄弟。★他们俩是多年的同学，～，毕业后一起留在上海工作。

【情投意合】 qíng tóu yì hé 感情融洽，心意投合。投、合：相合。★封建社会，即便男女双方～，也须征得父母同意后才能结婚。

【情文并茂】 qíng wén bìng mào 指文章感情丰富，文辞华美。文：文采。茂：丰富精美。★唐代诗人王勃的《滕王阁序》，是一篇~的佳作。

【情意绵绵】 qíng yì mián mián 形容情深意长。绵绵：连续不断的样子。★听着~的歌曲，很容易引发对爱情的遐想。

【情有可原】 qíng yǒu kě yuán 从情理上讲，有可以原谅的地方。★小霞迟到了，但~，因为她不知道从今天起下午的上班时间提前了。

【情真意切】 qíng zhēn yì qiè 情意真挚恳切。切：诚恳。★他的发言~，非常感人。

【晴空万里】 qíng kōng wàn lǐ 形容万里无云的极好天气。★今日~，彩旗飘扬，锣鼓喧天，大家喜迎国际杂技节的开幕。

【晴天霹雳】 qíng tiān pī lì 晴朗的天空打炸雷。比喻事情出乎意料，令人震惊。也比喻巨大的声响。霹雳：炸雷。★父母在国外双双遇害，这消息对于他来说简直是~，他一下子昏厥过去。

【擎天之柱】 qíng tiān zhī zhù 撑托天的柱子。形容山势高耸。也比喻能支撑大局、堪负天下重任的栋梁之才。擎：托；举。★外族入侵，国难当头，国家急需力挽狂澜的~。

【请君入瓮】 qǐng jūn rù wèng 《资治通鉴·唐纪·则天后天授二年》记载，周兴和来俊臣都是武则天信任的酷吏，有人告周兴谋反，武则天派来俊臣审理此案，周兴尚不知情。来俊臣问周兴若囚犯不认罪有何良方，周兴言弄个大瓮，四周点火，让犯人进去。来俊臣如是照做，请周兴入瓮，周兴吓得磕头认罪。后用以比喻用某人整人的方法来整治其人。★警方用~之计，终于让这个罪犯交代了罪行。

【庆父不死，鲁难未已】 qìng fǔ bù sǐ, lǔ nàn wèi yǐ 庆父一天不死，鲁国的灾难就一天不会结束。后比喻制造内乱的祸根不除，国家就不得安宁。庆父：春秋时鲁庄公的庶兄，曾先后杀死庄公的继位者子般和闵公，使鲁国动荡不安。★~，这伙害人虫不除，我们就不会有安定的生活。

【罄竹难书】 qìng zhú nán shū 把竹子用完了也写不完。形容罪行或社会病态极多，写不胜写。罄：尽。竹：此指可供制成竹简写字的竹子。★第二次世界大战期间，法西斯分子的罪行~。

【穷愁潦倒】 qióng chóu liáo dǎo 穷困愁苦，颓唐消沉。潦倒：颓丧，失意。★老先生教了一辈子书，到老依然~，不得不亲自下地干活。

【穷根究底】 qióng gēn jiū dǐ 指彻底弄清事物的根底。穷、究：穷尽。★从事科学研究，要有~的精神和坚忍不拔的意志。

【穷极无聊】 qióng jí wú liáo 形

容生活极其贫困，毫无着落。也形容精神极端空虚，无所寄托。穷极：极其贫困。无聊：生活穷困或精神空虚，无所依托。★他经常在午夜时～地在网上和陌生人聊天，以缓解内心的压力。

【穷年累月】 qióng nián lěi yuè 一年又一年，一月又一月。形容历时极其长久。★农民们～地在地里劳作，过着艰苦的生活。

【穷山恶水】 qióng shān è shuǐ 贫瘠的荒山，湍急的河水。形容自然条件十分恶劣。★他厌恶了故乡的～，但一旦离开，却又十分想念。

【穷奢极欲】 qióng shē jí yù 形容极端奢侈，纵欲无度。穷、极：穷尽。★他痛恨～的贵族式生活，所以少年时就离家出走了。

【穷途末路】 qióng tú mò lù 比喻面临绝境，走投无路。穷途：绝路。★犯罪分子到了～，只好向公安机关自首了。

【穷乡僻壤】 qióng xiāng pì rǎng 指穷困荒凉而又偏僻的地方。★他抛开都市优裕的生活，来到这～教书，为的是圆自己儿时的一个梦。

【穷凶极恶】 qióng xiōng jí è 形容极端凶残恶毒。★见事情败露，～的他拔出尖刀，杀人灭口。

【穷则独善其身，达则兼济天下】 qióng zé dú shàn qí shēn, dá zé jiān jì tiān xià 穷困不得志时，就独自把个人德才修养好；得志做了大官，就同时把天下治理好。穷：指不得志。善：使之善，指修养或治理。达：得志，旧指做大官。★“～”，这是许多封建士大夫的信条，虽然有其历史局限性，但其中也有值得我们学习的地方。

【穷则思变】 qióng zé sī biàn 指人们处于艰难困苦之中就要想办法改变现状。也指事物到了尽头就要发生某种变化。★广大下岗职工～，在政府积极有效的引导下，重新找到了自己的位置。

【穷追不舍】 qióng zhuī bù shě 极力追赶不放弃。穷：极力。★敌人发现我们的行踪后，～，我们巧妙周旋，终于将敌人甩掉。

【穷追猛打】 qióng zhuī měng dǎ 指对败逃的敌军狠命追赶，猛烈打击。穷：彻底，极力。★伪军终于抵挡不住游击队员的～，纷纷投降。

【茕茕孑立，形影相吊】 qióng qióng jié lì, xíng yǐng xiāng diào 孤孤单单，只有自己的身体和影子互相安慰。形容无依无靠，非常孤独。茕茕：孤独的样子。孑：孤单。吊：安慰，怜悯。★他从小失去父母，后来独自来到南方，～，在这座城市生活了近10年。

【琼浆玉液】 qióng jiāng yù yè 指美酒或甘美的饮料。★晚宴非常丰盛，山珍海味、～，应有尽有。

【琼楼玉宇】qióng lóu yù yǔ 用美玉建造的楼台殿宇。旧指神仙居住的地方。也形容华丽精巧的建筑。又形容雪景中的屋宇景象。宇：房屋。★据说仙人住的是~，喝的是琼浆玉液。

【秋风扫落叶】qiū fēng sǎo luò yè 比喻一扫而光，不复存在。★对待来犯之敌，要像~一样残酷无情。

【秋高气爽】qiū gāo qì shuǎng 秋天天空高朗明净，气候凉爽宜人。★十月~，正是外出旅游的大好季节。

【秋毫无犯】qiū háo wú fàn 形容军队纪律严明，不侵犯老百姓丝毫利益。秋毫：鸟兽秋天生长出的细毛。比喻微细的东西。犯：侵犯。★红军所到之处，~，老百姓莫不交口称赞。

【求亲告友】qiú qīn gào yǒu 请求亲戚朋友帮助。告：请求。★家里穷，父亲~地凑了点钱，勉勉强强过了个年。

【求全责备】qiú quán zé bèi 指对人对事苛求完美无缺。求、责：要求。备：完备，齐全。★这事本来就有很大难度，你不要对他太~了。

【求神拜佛】qiú shén bài fó 指烧香礼拜神仙菩萨，祈求保佑赐福的迷信活动。★事已至此，你~也没有用了，还是接受现实吧。

【求田问舍】qiú tián wèn shè 到处谋求买田置屋。形容胸无大志，只知营私。舍：房屋。★有些人有钱之后，只知~，追求享受，不再在事业上费心思。

【求同存异】qiú tóng cún yì 谋求共同点，保留不同之处。★两国关系的好坏关键在于彼此是否能~，真诚相待。

【求贤若渴】qiú xián ruò kě 寻求贤人，就像口渴思饮一样。形容求贤纳才的急切心情。贤：有才德的人。★刘备~，曾三顾茅庐来隆中请贤士诸葛亮出山。

【求之不得】qiú zhī bù dé 求取而得不到。★让他到广州出差，他正~呢。

【求知若渴】qiú zhī ruò kě 探求知识像口渴想喝水一样迫切。知：知识。★同学们~，在知识的海洋里尽情遨游。

【区区小事】qū qū xiǎo shì 微不足道的小事情。区区：小。★~，何劳您老人家操心。

【曲尽其妙】qū jìn qí miào 曲折详尽地将其妙处表现出来。形容表现技巧非常高超。曲：婉曲。★这部作品对主人公的苦难遭遇及成长历程~地进行了描述，并寄予了极大的同情。

【曲尽人情】qū jìn rén qíng 委婉周到地将人之常情或心愿表达出来。曲：婉曲，周到。★文笔细腻，~，是这篇小说较为突出的特点。

【曲径通幽】 qū jìng tōng yōu 小路弯曲，通向深邃幽僻之处。径：小路。幽：幽静隐蔽的地方。★花园里～，别有一番天地。

【曲意逢迎】 qū yì féng yíng 违背自己的本意去奉承迎合别人。曲意：委曲自己而顺从别人。逢迎：迎合，奉承。★发现上级指示有欠妥的地方，要敢于提出意见，不要～。

【屈打成招】 qū dǎ chéng zhāo 严刑拷打硬逼无罪者承认犯罪。屈：冤屈。招：招认。★旧社会，受尽折磨，～的事屡见不鲜。

【屈蠖求伸】 qū huò qiú shēn 尺蠖行进时先屈后伸，屈体是为了伸展。比喻暂时委屈隐退，是为了求得以后的显达。后多用以比喻以退为进的策略。蠖：尺蠖。★他隐居山林，～，为的是积聚力量，东山再起。

【屈膝求和】 qū xī qiú hé 下跪降服，请求和解。屈膝：下跪。★清王朝对列强一味～，造成了近代中国一段屈辱的历史。

【屈指可数】 qū zhǐ kě shǔ 弯曲手指就可数完。形容数量很少。★随着生态环境的不断恶化，国家一级保护动物的种类已经～。

【趋炎附势】 qū yán fù shì 投靠依附有权势的人。含贬义。趋：投靠，奔向。炎：比喻炙人的权势。★他是个～的势利小人，为正人君子所不齿。

【趋之若鹜】 qū zhī ruò wù 像野鸭争食一样奔跑过去。比喻很多人争着趋附。含贬义。趋：奔赴，趋向。鹜：野鸭。★有些人见某事有利可图，便～，一哄而上。

【曲高和寡】 qǔ gāo hè guǎ 曲调越高雅，跟着一起唱的人就越少。原指知音难得。现比喻言论、作品等深奥高雅，不为大众所接受。也指品德高洁，不为一般人所理解。高：高雅。和：跟着唱。寡：少。★这部交响乐虽然著名，但由于～，普通大众中喜欢听的人并不多。

【取长补短】 qǔ cháng bǔ duǎn 吸取别人的长处，以弥补自己的不足。★我们要经常交流学习心得，～，共同进步。

【取而代之】 qǔ ér dài zhī 夺取别人的地位、权力而代替他。现也泛指用甲事物代替乙事物。★手工时代已经慢慢消亡，～的是办公自动化。

【取法乎上，仅得乎中】 qǔ fǎ hū shàng，jǐn dé hū zhōng 取上等的作准则，也只能得到或做到中等。意谓做事的标准要高。法：法则，准则。乎：于。★～，不论做任何事情，我们都要以最好的为标准。

【取精用宏】 qǔ jīng yòng hóng 指享用的东西又多又好。也指从大量材料中选用精华。精：精华。

用：享用。宏：也作“弘”，广博。★他博览群书，所以写起文章来能～，左右逢源。

【取其精华，去其糟粕】 qǔ qí jīng huá，qù qí zāo pò 吸取其中好的东西，扬弃其中坏的无用的东西。精华：事物中最好的部分。糟粕：做酒剩下的渣子。比喻事物中粗劣无用的部分。★对于传统的东西，我们要～，学会有选择地吸收。

【取信于民】 qǔ xìn yú mín 取得老百姓的信任。★政府只有～，才能为人民所拥护。

【取之不尽，用之不竭】 qǔ zhī bù jìn，yòng zhī bù jié 取不尽，用不完。形容极其丰富。竭：尽。★煤、石油、天然气等自然资源并不是～的，我们一定要节约能源，防止能源枯竭。

【去粗取精】 qù cū qǔ jīng 除掉粗糙的东西，留取精华的部分。★毛泽东说，要完全地反映整个的事物，反映事物的本质，反映事物的内部规律性，就必须经过思考作用，将丰富的感性材料加以～、去伪存真、由此及彼、由表及里的改造制作工夫。

【去故就新】 qù gù jiù xīn 指除旧换新。也指离开旧地方到新地方去。去：除掉。故：旧的。就：趋向。★公司重新组建，～，迎来了新的发展机遇。

【去伪存真】 qù wěi cún zhēn 除掉虚假的东西，保留真实的部分。去：除掉。伪：虚假。存：保留。★写调查报告之前，你需要对材料作一番去粗取精、～的工作。

【阒无人声】 qù wú rén shēng 非常寂静，没有一点人声。阒：寂静。★夜晚的小村庄～，只有偶尔几声犬吠。

【权衡轻重】 quán héng qīng zhòng 称量物体的轻和重。比喻衡量事物的主次或得失。权衡：衡量，比较。★这件事你要好好～，不能盲目胡来。

【权倾天下】 quán qīng tiān xià 权势凌驾于天下。形容权势极大。倾：凌驾；压倒。★历朝历代都有宦官干政的现象发生，他们控制皇帝，～。

【权宜之计】 quán yí zhī jì 指暂时应付某种情况而采取的变通办法。权：暂且。宜：合适。计：计策，办法。★这只是～，至于长期规划，我们再好好商议。

【全功尽弃】 quán gōng jìn qì 全部的功绩或努力都白费了。功：功劳，成绩。弃：丢掉。★中外战争史上，不乏在连战告捷之后吃了一个败仗以致～的战例。

【全军覆没】 quán jūn fù mò 全部军队被消灭。比喻彻底失败。覆没：船翻沉，比喻被消灭。★滑铁卢一战，使曾经雄视欧洲的拿破仑～。

【全力以赴】 quán lì yǐ fù 把全部力量都投入进去。赴：参与，投入。★我们一定要～，确保所有在校学生的安全。

【全神贯注】 quán shén guàn zhù 形容思想、注意力高度集中。贯注：集中。★研讨会上，老教授～地听着青年学者的发言，还不时地微笑点头。

【全心全意】 quán xīn quán yì 指一心一意，没有丝毫杂念。★尽管收入不高，但他们依然～地从事着农村教育工作。

【拳不离手，曲不离口】 quán bù lí shǒu，qǔ bù lí kǒu 练武的人经常打拳，唱歌的人经常练曲。比喻学习知识、技能要坚持勤学苦练。拳：拳术。曲：歌曲。★～，要想在国际大赛中获得名次，就必须数年如一日地刻苦训练。

【拳打脚踢】 quán dǎ jiǎo tī 形容打得凶狠、残暴。★他经常对妻子～，这是一种典型的家庭暴力行为。

【犬马之劳】 quǎn mǎ zhī láo 对君主或他人效力的谦辞。指情愿像犬马一样听凭驱使，奔走效劳。犬马：在君主、尊长面前卑称自己。★我愿效～，以协助您成就大事。

【犬牙交错】 quǎn yá jiāo cuò 像狗的牙齿那样上下交错。形容彼此错杂交叉。也形容相互牵制。又形容高低参差不齐。错：交叉，交错。★这一带海岸线，陆地与水域～，形成了许多天然港湾。

【劝百讽一】 quàn bǎi fěng yī 批评了一个，却鼓励了一百个。原指文章意在规劝，但因讲求辞藻、铺张，不仅不能使人警戒，反而客观上起了引诱人学坏的作用。劝：鼓励。讽：用委婉的语言批评。★有许多汉赋作品都是～的，所以并无多大的思想意义。

【缺吃少穿】 quē chī shǎo chuān 衣食困乏。形容生活穷困。★许多贫困地区的孩子，如今依然～。

【却之不恭】 què zhī bù gōng 谢绝馈赠或邀请，就显得不恭敬了。多用为接受馈赠或邀请时的客气话。却：推辞，拒绝。恭：恭敬。★老同学送我一件貂皮大衣，～，只好收下。

【鹊巢鸠居】 què cháo jiū jū 喜鹊的窝让斑鸠占了。本比喻女子出嫁居住夫家。后用来比喻强占别人的房屋、土地或位置等。★他离家两年，回来时发现自己的房子已～，不禁气愤填膺。

【群策群力】 qún cè qún lì 大家共同想办法，一起出力。策：谋划。★我们要～，将这个关系到公司前途的大项目拿下。

【群居终日，言不及义】 qún jū zhōng rì，yán bù jí yì 整天成群地待在一起，言谈不涉及一点正经事。★一些人～，过着浑浑噩噩的寄生生活。

【群龙无首】 qún lóng wú shǒu 比喻一个集体没有领导。首：头，首领。★伪司令刚死，敌人～，我们正好趁这个时机将他们全部歼灭。

【群魔乱舞】qún mó luàn wǔ 比喻众多的坏人肆无忌惮，活动猖狂。★商纣王统治时期，主上昏庸，～，最终被周武王兴兵讨伐灭掉。

【群雄逐鹿】qún xióng zhú lù 比喻各路英雄人物或各方割据势力竞相争夺权势或地位。逐鹿：比喻争夺帝位。★战国时期，～，烽烟并起。

【群蚁附膻】qún yǐ fù shān 一群蚂蚁聚附在腥膻的羊肉上。比喻小人争相逐利。膻：羊肉的气味。★有利可图时，这帮人就露出了～的真面目。

【群英荟萃】qún yīng huì cuì 比喻许多才能出众的人聚集在一起。英：才能超群的人。荟萃：汇集，聚集。★今天的大会可谓～，来的都是全国各地出版界的精英。

R

【燃眉之急】rán méi zhī jí 像火烧眉毛一样紧急。形容情况非常紧急。★部队出动几架运输机，及时将救灾物资空运到灾区，以解决那里的～。

【攘人之美】rǎng rén zhī měi 侵夺他人的好处。攘：侵夺，夺取。★个别所谓的作家抄袭他人的作品，～而毫无羞愧之心。

【饶有风趣】ráo yǒu fēng qù 富有幽默、诙谐的情趣。饶：富裕，丰富。★王老师讲话～，同学们都喜欢听他的课。

【饶有兴味】ráo yǒu xìng wèi 富有兴致趣味。饶：多，丰富。兴味：兴致，趣味。★他～地跟我们讲起了这次出国考察的见闻。

【绕梁之音】rào liáng zhī yīn 《列子·汤问》记载，相传韩娥的歌声婉转悠扬，一次她到齐国去，走到雍门时干粮吃光了，于是卖唱求食。她走之后，还“余音绕梁，三日不绝”。后用以形容婉转动听、回味无穷的美妙歌声。绕梁：环绕房梁。★音乐会上，这位女高音歌唱家的～给我们留下了深刻的印象。

【惹火烧身】rě huǒ shāo shēn 比喻自己招来祸患或自讨苦吃。惹：招引。★他本以为自己做了件好事，没想到～，害得自己赔了一笔钱。

【惹人注目】rě rén zhù mù 形容特别引人注意。惹：招引。注目：视线集中。★舞台上，那个扎着辫子的小姑娘最～。

【惹是生非】rě shì shēng fēi 招惹是非，引起事端。惹：招引。★他最担心儿子在外面～。

【热锅上的蚂蚁】rè guō shàng de mǎ yǐ 比喻非常焦急，坐立不安，无计可施。★突然听说检查团马上就要来了，他急得像～。

【热火朝天】rè huǒ cháo tiān 比喻气氛热烈，情绪高涨。★今年庄稼收成好，农民们正在地里忙得～。

【热泪盈眶】rè lèi yíng kuàng 眼里满含泪水。形容非常激动或悲伤。盈：充满。眶：眼眶。★上海成功获得2010年世界博览会的主办权，在场的工作人员激动得～。

【热泪纵横】rè lèi zòng héng 形容非常激动、泪流满面的样子。★终于回到了阔别已久的故乡，他不由得心潮澎湃，～。

【热气腾腾】 rè qì téng téng 形容热气蒸腾的样子。也形容气氛热烈，情绪高涨。腾腾：热气上升的样子。★回到家中，母亲端上来一盘~的饺子。

【热情洋溢】 rè qíng yáng yì 热烈的感情充分流露出来。洋溢：盛大、充满而流露出来。★在毕业生欢送会上，校长发表了~的讲话，他勉励同学们努力工作，为祖国的社会主义建设多作贡献。

【热血沸腾】 rè xuè fèi téng 形容情绪激昂、高涨。★雅典奥运会上，中国选手刘翔获得110米栏冠军，所有的中国人不禁~。

【人不犯我，我不犯人】 rén bù fàn wǒ, wǒ bù fàn rén 别人不侵犯我，我也不去侵犯别人。犯：侵犯。★一个国家应妥善处理好同邻邦的关系，~，尽量地多交朋友。

【人不可貌相，海水不可斗量】 rén bù kě mào xiàng, hǎi shuǐ bù kě dǒu liáng 比喻考察和评价一个人不能只看表面而加以低估，就像海水那样，不能用斗升去测量。★他看起来像个地道的农民，憨头憨脑，却实实在在是个电影明星，真是~。

【人不为己，天诛地灭】 rén bù wèi jǐ, tiān zhū dì miè 人不为自己私利打算，就会为天地所不容。指一种极端的利己主义观点。诛：杀。★你不要只记得~，在我们的生活中，的的确确有许多毫不利己、专门利人的人。

【人不知，鬼不觉】 rén bù zhī, guǐ bù jué 形容行动非常诡秘，丝毫不为人察觉。★他认为利用中国人的传统节日行贿，会干得~，没想到这么快就败露了。

【人才辈出】 rén cái bèi chū 形容有才学的人不断地大量涌现。辈出：成批地连续出现。★江浙一带人杰地灵，~，经济文化都有很大的发展。

【人才出众】 rén cái chū zhòng 人品、相貌超出众人。★小伙子~，姑娘一见倾心。

【人才济济】 rén cái jǐ jǐ 形容有才能的人很多。济济：众多的样子。★我们研究所~，光国家级专家就有好几位。

【人财两空】 rén cái liǎng kōng 人和财都落了空。★为了将儿子送到国外念书，他们卖了房子才凑够学费，没想到最终却落得个~。

【人稠物穰】 rén chóu wù ráng 人口众多，物产丰盛。多形容繁荣昌盛的景象。稠：稠密。穰：丰盛。★这座城市不仅~，而且清秀亮丽。

【人地生疏】 rén dì shēng shū 形容对所到之地的人、习俗及环境等都不熟悉。生疏：不熟悉，不了解。★高中毕业后，我和同乡一起来到~的广州，开始了打工生活。

【人丁兴旺】rén dīng xīng wàng 指家中人口兴旺。丁：家口，人口。★这个荒芜的小村庄~的时候，多达三千人。

【人定胜天】rén dìng shèng tiān 人的意志和力量一定能战胜自然。天：泛指自然界。★~，大地震后唐山的重建家园就是一个很好的例子。

【人多势众】rén duō shì zhòng 人多势力强大。★他们仗着~，把一个小贩的摊子掀掉，人们纷纷上前指责。

【人多嘴杂】rén duō zuǐ zá 形容在场的人多，七嘴八舌，说什么的都有。★~，这个事情知道的人越少越好。

【人而无信，不知其可】rén ér wú xìn, bù zhī qí kě 人如果不讲信誉，真不知道那怎么可以。指为人要讲信誉。信：信誉，信用。★人与人之间的交往要建立在相互信任的基础之上，须知~。

【人非草木】rén fēi cǎo mù 人不同于草木。表示人有思想感情，容易为外物所打动。★~，孰能无情。只要你有足够的耐心和热情，这个孩子就一定能接受你。

【人非圣贤，孰能无过】rén fēi shèng xián, shú néng wú guò 普通的人不是圣贤，谁能没有过错。表示任何人都不免会有过错。圣贤：圣人和贤人，指才德超群的人。孰：谁，哪一个。★~，犯了错误并不要紧，重要的是能够在发现错误后承认并改正。

【人逢喜事精神爽】rén féng xǐ shì jīng shén shuǎng 人遇到喜庆的事，心情特别舒畅。爽：畅快。★~，考取了博士，他觉得天都格外蓝。

【人浮于事】rén fú yú shì 本指人的能力高于所得的俸禄。后指人员过多，超过工作的需要。即指人多事少。浮：超过。事：本作“食”。指俸禄。★这个公司~，多数人看起来都很悠闲。

【人高马大】rén gāo mǎ dà 比喻人长得高大壮实。★他长得~，是个性情直爽的北方人。

【人各有志】rén gè yǒu zhì 每个人都有各自的志向。指对人的志向不能强求一致。★~，不能强勉，他要去下海经商，就让他去吧。

【人海战术】rén hǎi zhàn shù 不惜伤亡，依靠大量兵力死打硬拼。也泛指利用大量人力去做某事。★未来的战争是现代高科技战争，不再是运用~的冷兵器时代的战争。

【人欢马叫】rén huān mǎ jiào 形容热闹欢腾的场景。★小分队缴获了敌人大量的武器弹药，营地上一片~。

【人迹罕至】rén jì hǎn zhì 人的足迹很少到达。形容地方极为荒凉偏僻。罕：稀少。至：到。★这里地形复杂，~，是一些盗猎分子频繁出没的区域。

【人间地狱】 rén jiān dì yù 比喻极端黑暗悲惨的社会或生活环境。地狱：佛教指人死后灵魂受苦受刑的地方。★喜儿被恶霸地主黄世仁抢去当丫头，陷入了~。

【人间天堂】 rén jiān tiān táng 喻指人世间十分美好的地方。也指幸福美好的生活环境。天堂：宗教所指的神仙或人死后灵魂居住的美好地方。★苏州、杭州富庶美丽，被喻为~。

【人杰地灵】 rén jié dì líng 指杰出的人才出生在具有灵秀之气的好地方。也指英杰到过的地方成为名胜之地。杰：才能出众。灵：灵秀。★苏轼谪居黄州，写下了著名的《前赤壁赋》，黄州因此~，成为鄂东一大景观。

【人尽其才】 rén jìn qí cái 每个人都能充分发挥自己的才能。★现代企业管理最大的特点就在于~，物尽其用，使企业在经营中产出最大效益。

【人困马乏】 rén kùn mǎ fá 人和马都疲乏了。形容疲惫不堪。困、乏：疲倦，疲乏。★野外生存训练队昼夜急行军，到天亮时，队员们已是~了。

【人来客往】 rén lái kè wǎng 形容来来往往的客人很多。也指频繁应酬来往的客人。★这个月家里~，开销很大。

【人来人往】 rén lái rén wǎng 形容来来往往的人很多，接连不断。★上海是个不夜城，午夜过后街上依然~，热闹非凡。

【人老珠黄】 rén lǎo zhū huáng 指妇女年纪大了遭嫌弃，就像年代长了珍珠变黄不值钱一样。也泛指人老了不中用。★如今她虽然已是~，但仍能看出年轻时的风韵。

【人满为患】 rén mǎn wéi huàn 因人太多容纳不下而造成了祸患。患：灾患。★今冬流感势猛，各大医院门诊由于患者数量大幅度上升而~。

【人面兽心】 rén miàn shòu xīn 原形容人不开化，近似禽兽。古人常用以污蔑少数民族。后比喻人品质卑劣，凶残狠毒。★那个人看起来很文雅，想不到如此歹毒，真是个~的家伙。

【人面桃花】 rén miàn táo huā 原指女子的面容与桃花相辉映。唐·孟棨《本事诗·情感》记载，唐代诗人崔护去长安郊外一所庄院探寻去年清明节曾送他水喝的美貌女子，却发现门上了锁，十分惆怅，于是提笔在门上作诗曰："去年今日此门中，人面桃花相映红。人面不知何处去，桃花依旧笑春风。"后用以泛指所爱慕而不能再见的女子。也形容由此而产生的怅惘心情。★还是那条小河，还是那棵老树，却已不见了她熟悉的身影，~的感慨不禁涌上心头。

【人命关天】 rén mìng guān tiān 事情牵涉人的性命，极为重大。关天：关涉到天。比喻关系重大。★这个案件非同小可，～，必须尽快侦破。

【人命危浅，朝不虑夕】 rén mìng wēi qiǎn，zhāo bù lǜ xī 比喻人快要死亡或腐朽的事物即将灭亡。危：危险。浅：指时间短暂。★在这个政局动荡、战争频仍的时代，真的让人感到～。

【人模狗样】 rén mú gǒu yàng 模样像人，举止行为却像狗。多用于嘲讽。★几个鬼子过来了，一个～的汉奸跟在后面。

【人模人样】 rén mú rén yàng 像人的样子。用以讥讽人的态度举止与身份不相称。也用以昵称小孩子有成人的模样。★别看他看上去～的，背后还不知道干过多少龌龊事。

【人弃我取，人取我与】 rén qì wǒ qǔ，rén qǔ wǒ yǔ 人家不要，我拿过来；人家需要，我拿出去。原指商人善于投机，牟取暴利。后也指自己的志趣、见解与众不同。与：给。★范蠡不仅是战国时期的政治家，也是一个大商人，他经商的原则是～。

【人前背后】 rén qián bèi hòu 在人面前和在人背后。即指当面和背后。★他是个招人喜欢的小伙子，～没人不夸奖他。

【人强马壮】 rén qiáng mǎ zhuàng 形容部队战斗力强盛或军容壮盛。★我游击队～，战术灵活，敌人闻风丧胆。

【人琴俱亡】 rén qín jù wáng 人和琴声都没有了。常用作睹物思人、悼念死者之词。俱：全，都。亡：丧失。★他料理完好友的丧事，忍着～的悲痛，返回徐州。

【人情冷暖】 rén qíng lěng nuǎn 指社会上对待人的冷淡或亲热的态度随权势的得失而变化。★他尝遍了～与世态炎凉，深知单靠个人力量是难以实现目标的。

【人情练达】 rén qíng liàn dá 指通晓待人处世的道理或经验。练达：老练，通晓人情世故。★参加此次活动的有～的老人，也有少不更事的青年。

【人情世故】 rén qíng shì gù 指为人处世的经验、道理等。世故：处世经验。★别看小王岁数不大，～却懂得不少。

【人情纸薄】 rén qíng zhǐ bó 形容人与人之间感情淡薄，容易破裂。★他一直认为这个社会～，可最近大伙捐钱捐物帮他渡过难关，使他彻底改变了原来的看法。

【人穷志短】 rén qióng zhì duǎn 人处境窘迫或贫困时，志气也因此变小。★我们虽然家境贫寒，但不应该～，不能随便要别人的东西。

【人去楼空】 rén qù lóu kōng 人

已离去，只剩空楼。常用以表达面对故居对故人无比怀念的惆怅心情。去：离开。★这里曾经留下我们的无数欢乐，而如今～，怎不叫人哀伤？

【人人自危】 rén rén zì wēi 人人都感到自己处境危险而心中不安。★在“文革”中，正常的人际关系遭到破坏，人权遭到践踏，弄得～。

【人山人海】 rén shān rén hǎi 形容聚集的人非常多。★正月十五，文庙里逛花灯的人～。

【人上一百，形形色色】 rén shàng yī bǎi, xíng xíng sè sè 指人多了，难免什么样的人都有。★～，社会上有他这样恬不知耻的人也不足为怪。

【人神共愤】 rén shén gòng fèn 人和神都愤怒了。形容罪恶深重，民愤极大。★第二次世界大战期间，日军所到之处烧杀抢掠，无所不为，其凶恶残暴已达到～的地步。

【人生七十古来稀】 rén shēng qī shí gǔ lái xī 人活七十岁的高龄自古以来不多见。指享高寿不易。稀：少，不多。★常言道，～，而如今随着社会生活水平的提高，活个八九十岁也算不上什么稀奇的了。

【人生如梦】 rén shēng rú mèng 人的一生就像一场梦。形容人生短促，世事无常。★没有正确信念和追求的人总是感叹～，应当及时行乐。

【人生一世，草生一秋】 rén shēng yī shì, cǎo shēng yī qiū 指人活一辈子，当及时行乐，不应虚度此生。一世：一辈子。一秋：犹言一个春秋，意即一年。★～，我们要用有限的生命去创造无限的价值。

【人声鼎沸】 rén shēng dǐng fèi 比喻人声喧闹嘈杂，就像鼎里的水煮开了一样。鼎：古代烹煮食器。沸：沸腾。★四合院里～，还有救护车停在那里，不知发生了什么事。

【人寿年丰】 rén shòu nián fēng 人活得长，年成丰收。形容太平盛世美好安乐的生活。年：指年成。★老百姓希望～，过上安逸富足的生活。

【人同此心，心同此理】 rén tóng cǐ xīn, xīn tóng cǐ lǐ 人们同样有这个心，心里同样有这个理。指人对某些事情有大致相同的看法或感受。★管理从心开始，～，想要领导好别人，先要领导好自己。

【人亡物在】 rén wáng wù zài 人死了，但生前的东西还在。指因见遗物而引起对死者的怀念和感慨。亡：死。★在伯伯的书房里，他生前酷爱的那些书依然整齐地摆放在书架上，如今～，心中增添了无限悲伤。

【人亡政息】 rén wáng zhèng xī 原指为政在于得人，无其人则无其政。后指执政者死了，他所施行的政治措施也会随之废弃。亡：不在。息：停止，废止。★改革家商鞅被车裂，其法也便被废止，正所谓～。

【人往高处走，水往低处流】 rén wǎng gāo chù zǒu，shuǐ wǎng dī chù liú 比喻人应该奋发向上，追求更好的生活环境或更高的奋斗目标。★～，你怎么能安于现状，止步不前呢？

【人微言轻】 rén wēi yán qīng 地位卑微的人，言论主张不被人重视。多用作自谦之词。微：卑微。★还是你去跟校长讲吧，我～，讲话起不了多大作用。

【人为刀俎，我为鱼肉】 rén wéi dāo zǔ，wǒ wéi yú ròu 比喻生杀大权掌握在别人手里，自己处于被宰割的地位。刀俎：切肉用的刀和砧板。★物换星移，沧海桑田，中国已不是过去的中国，～的时代早已一去不复返了！

【人为财死，鸟为食亡】 rén wèi cái sǐ，niǎo wèi shí wáng 人为挣钱而卖命，鸟为寻食而丧身。形容为谋取钱财而丢掉性命。★～，你要接受这历史的教训，不能唯利是图。

【人文荟萃】 rén wén huì cuì 指人才众多，文物汇集。荟萃：聚集。★杭州是著名的历史文化名城，风景秀美，～，吸引了众多的中外游客。

【人无千日好，花无百日红】 rén wú qiān rì hǎo，huā wú bǎi rì hóng 指人的青春短暂易逝，正如花开的时间短促、容易凋谢一样。比喻事物有盛有衰，好景不长。也指友情不能持久。★～，你不要指望你崇拜的歌星永远当红。

【人无完人，金无足赤】 rén wú wán rén，jīn wú zú chì 就像金子没有成色十足的，人也没有十全十美的。完人：十全十美的人。足赤：成色十足的金子。★～，任何人都有这样那样的缺点，犯错误都是难免的。

【人无远虑，必有近忧】 rén wú yuǎn lǜ，bì yǒu jìn yōu 人如果没有深远的谋划和思虑，就一定会有近在眼前的忧患。★～。我们不仅要有短期方案，还要有长远规划。

【人小鬼大】 rén xiǎo guǐ dà 年龄虽小，却很有心计。★这小孩～，机灵着呢。

【人心不古】 rén xīn bù gǔ 世人的心地不如古人淳厚。多用以感叹世风日下。古：指古代社会风尚，旧时认为古风淳厚。★奶奶常常慨叹当今社会～，助人为乐的人越来越少。

【人心不同，各如其面】 rén xīn bù tóng，gè rú qí miàn 就像人的面貌各不相同一样，人的内心世界也各不相同。★～，我们不可贸然相信这个陌生人。

【人心不足蛇吞象】rén xīn bù zú shé tūn xiàng 人心不知满足，就像蛇要吞吃大象一样。比喻人贪得无厌。★他已经得到了那么多钱财，还为这点小利斤斤计较，真是~。

【人心隔肚皮】rén xīn gé dù pí 形容人的心思难以揣测，要真正了解很不容易。★~，你怎么知道他心里现在想的是什么。

【人心涣散】rén xīn huàn sàn 形容人的意志不统一，人心散漫不齐。涣散：散漫，松懈。★几个主力队员一离队，这支球队便~，自行解体了。

【人心惶惶】rén xīn huáng huáng 形容人内心惊恐不安的样子。惶惶：心神不宁的样子。★一场传染病闹得全市上下~，市委及时采取措施安抚民心。

【人心难测，海水难量】rén xīn nán cè, hǎi shuǐ nán liáng 人的内心就像海水一样难以揣度测量。★~，你不能轻易地把这么重要的机密告诉一个并不熟悉的人。

【人心叵测】rén xīn pǒ cè 人心险恶，不可推测。叵：不可。★他是我最好的朋友，却暗地里抢先注册了我发明的专利，真是~啊！

【人心齐，泰山移】rén xīn qí, tài shān yí 只要大家团结成一条心，泰山也可以搬动。形容团结起来力量大。齐：一致。★~，只要我们团结一致，就一定能获得成功。

【人心所向】rén xīn suǒ xiàng 民众一心所向往拥护的。向：归向，向往。★结束战乱、统一全国、发展经济已是~，大势所趋。

【人心向背】rén xīn xiàng bèi 指人民心意的归向或背离，拥护或反对。向：归向。背：背离。★~是决定战争胜负的重要因素之一。

【人言可畏】rén yán kě wèi 指人们散布的流言是很可怕的。人言：指人们的议论，多指流言蜚语。畏：害怕。★虽然~，但只要我们没有错，时间长了流言肯定会不攻自破。

【人仰马翻】rén yǎng mǎ fān 人和马都仰翻在地。形容惨败的狼狈情景。又形容慌乱得不可收拾的样子。★这一仗打得真漂亮，只杀得鬼子~，片甲不留。

【人云亦云】rén yún yì yún 别人怎么说，自己也跟着怎么说。形容没有主见，随声附和。云：说。亦：也。★小李是一位很有头脑的青年，有见识，有想法，从不~。

【人之常情】rén zhī cháng qíng 指一般人所通晓的情理。★父母疼爱孩子，这是~，但不能过分娇纵。

【人之将死，其言也善】 rén zhī jiāng sǐ，qí yán yě shàn 人到临死时，说的话是善意的。常用以形容临终嘱咐之言。★～，老李临终说的话都是为你好。

【人之相知，贵相知心】 rén zhī xiāng zhī，guì xiāng zhī xīn 人们的相互了解，贵在了解内心世界。强调朋友之间要知心。★～，知心的朋友才是最好的朋友。

【仁义道德】 rén yì dào dé 儒家所标榜的道德规范。也泛指旧时所提倡的道德标准。仁义：仁爱，正义。★那些伪君子满嘴～，却一肚子男盗女娼。

【仁义之师】 rén yì zhī shī 指伸张正义、讨伐邪恶的军队。师：军队。★商朝末年，武王率～讨伐商纣，从而建立周朝。

【仁者见仁，智者见智】 rén zhě jiàn rén，zhì zhě jiàn zhì 仁者看见仁的方面，智者看见智的方面。指对同一问题或同一事物，每个人观察的角度不同，见解也不相同。智：也作“知”。★对这件事大家有不同的看法是很正常的，所谓～，关键在于如何解决。

【仁至义尽】 rén zhì yì jìn 原指诚心报答有功于农事的神灵，就是尽了“仁义之道”。后用以表示对人的爱护、帮助或对人的容忍、原谅已到了最大限度。★作为朋友，我们已经做得～了，如果你再不悔改，别怪我们不客气。

【忍耻偷生】 rěn chǐ tōu shēng 忍受耻辱，苟且活下去。★这么多年我～，就是为了能有机会回到自己的祖国。

【忍饥挨饿】 rěn jī ái è 忍受饥饿。形容生活极其穷苦。★爷爷过去给地主家做长工，常常～。

【忍俊不禁】 rěn jùn bù jīn 原指热衷于某事而不能克制自己。后多指忍不住要发笑。忍俊：含笑。不禁：抑制不住。★小周在总经理身后做着滑稽动作，办公室同事～，笑出声来。

【忍气吞声】 rěn qì tūn shēng 强忍怨气，不使发作。★他～，只是为了留在厂里多学点技术。

【忍辱负重】 rěn rǔ fù zhòng 忍受屈辱，担负重任。负：担负。★为了保护这些重要文物，他几十年来～，费了巨大的心血。

【忍辱含垢】 rěn rǔ hán gòu 指忍受耻辱。垢：也作“诟”。耻辱。★为了完成这项任务，他几年来～，经历了无数磨难。

【忍辱偷生】 rěn rǔ tōu shēng 忍受着耻辱，苟且活下去。偷生：苟且求生。★多年来，父亲～，就是为了要等到平反的这一天。

【忍无可忍】 rěn wú kě rěn 忍受到无法容忍的地步。★听到这话，他～，挥手打了他一巴掌。

【认贼作父】 rèn zéi zuò fù 把仇敌当作父亲。比喻卖身投靠敌人。贼：敌人，仇敌。★为了升官发财，他不惜～。

【任劳任怨】 rèn láo rèn yuàn 指能承受劳苦，不计较嫌怨。任：经受。劳：劳苦。怨：埋怨。★祖父一生勤勤恳恳，～，从不计较个人得失。

【任凭风浪起，稳坐钓鱼台】 rèn píng fēng làng qǐ, wěn zuò diào yú tái 比喻不管发生什么事，都从容镇定，若无其事。★公司总经理年纪不大却很老练，有一种～的气魄和风度。

【任其自流】 rèn qí zì liú 原指听任水势漫流，不用人力疏导。后泛指听任其自由发展而不加约束或引导。任：听任，放任。★任何事物的发展都不能～，而应加以适当的管理和约束。

【任其自然】 rèn qí zì rán 任凭人或事物自然而然地发展。任：听任，放任。★有些事情应当～，不能横加干涉，否则事与愿违。

【任人唯亲】 rèn rén wéi qīn 只任用跟自己关系亲密的人。唯：只。★我们坚决反对～，搞家族式小集团的管理模式。

【任人唯贤】 rèn rén wéi xián 任用人才只以贤能为标准，不论亲疏。唯：只。贤：指有才能有德行的人。★只有坚持～的用人原则，才能为企业储备更强大的后续力量。

【任人宰割】 rèn rén zǎi gē 比喻民族、国家或个人掌握不了自己的命运，任凭他人压迫、侵略。任：听任。★面对外族入侵，我们不能坐以待毙，～，而要勇敢抗击。

【任贤使能】 rèn xián shǐ néng 指任用有德行有才干的人。★唐太宗～，广开言路，开创了一段开明的政治。

【任性妄为】 rèn xìng wàng wéi 放纵性情，胡乱行事。任：放纵。妄为：胡乱行事。★他～，连闯大祸，最终受到惩罚。

【任重道远】 rèn zhòng dào yuǎn 负担沉重，路程遥远。比喻既担负着重大的责任，又必须经历长期的艰苦奋斗。任：负担。★青年人～，必须发扬老一辈艰苦创业的优良传统，不断进取。

【任重致远】 rèn zhòng zhì yuǎn 担负重大的任务，达到远大的目标。致：达到。★我国年轻的科技人员和管理人员已经逐渐成长起来，他们～，将在国际竞争中大显身手。

【日薄桑榆】 rì bó sāng yú 比喻人到了垂暮之年。薄：迫近。桑榆：日落时余光在桑榆树间，表示天色已晚。比喻晚年。★我～，垂垂老矣，这项事业就全靠你们年轻人了。

【日薄西山】 rì bó xī shān 太阳靠近西山。表示天色已晚。也比喻人已衰老或事物临近衰亡。薄：迫近。★清王朝～，终于被孙中山领导的辛亥革命推翻。

【日不暇给】 rì bù xiá jǐ 形容事务繁忙，时间不够用。暇：空闲。给：足，够。★爷爷虽已退休在家，却依然笔耕不辍，~。

【日出而作，日入而息】 rì chū ér zuò，rì rù ér xī 太阳出来了就出去劳动，太阳落山了就回家休息。本指上古人的生活方式。后泛指单纯简朴的生活。★小山村的人~，过着平静而单纯的生活。

【日复一日】 rì fù yī rì 过了一天又一天。形容时间不断流逝。复：又。★这个湖泊被慢慢地填埋，~，现在的面积已不及原来的一半。

【日积月累】 rì jī yuè lěi 指长时间不断积累。★我喜欢收集各种杂志，~，已经有了上千种。

【日进不衰】 rì jìn bù shuāi 一天天地增加而不减少。进：增进。衰：减少。★两年多来，她的日语水平~。

【日久见人心】 rì jiǔ jiàn rén xīn 时间长了才看出人心的好坏。★~，才交往这么短的时间，还不能说明他就是一个值得信赖的人。

【日就月将】 rì jiù yuè jiāng 每天有成就，每月有进步。原形容学问不断长进。后也泛指长时间不断地积累。就：成就。将：进步。★两年多来，我的英语水平~，提高很快。

【日理万机】 rì lǐ wàn jī 一天要处理上万件事务。形容工作十分繁忙。理：处理。机：事务。★总理在~的繁忙工作中，依然关心着我们一家人的生活，令我们非常感动。

【日落千丈】 rì luò qiān zhàng 形容景况急剧下降。★这些天由于受中东战争局势的影响，股票指数~。

【日暮途穷】 rì mù tú qióng 天快黑了，路也走到了尽头。比喻计穷力竭或接近灭亡。暮：日落时分。穷：尽。★他们公司因经营不善而至~，最终破产。

【日日夜夜】 rì rì yè yè 每日每夜。形容持续时间很长。★工人们~地生产，为社会创造了巨大的物质财富。

【日上三竿】 rì shàng sān gān 太阳出来已有三根竹竿那么高了。表示时候已经不早了。★一觉醒来，已是~了。

【日甚一日】 rì shèn yī rì 一天比一天加剧。形容程度越来越深。甚：超过。★外界的舆论压力~，使这位陷于无助的小女孩选择了离家出走。

【日思夜想】 rì sī yè xiǎng 日夜都在思念。形容思念深切。★她~远在海外的儿子，以致郁闷成疾，卧床不起。

【日新月异】 rì xīn yuè yì 每天每月都有新的发展变化。形容发展变化得很快。★用“～”来形容上海浦东的发展，丝毫也不夸张。

【日行千里】rì xíng qiān lǐ 一天走一千里的路。形容行进速度很快。★现代化的交通工具，使古人不可想象的～变成了生活的现实。

【日夜兼程】rì yè jiān chéng 不分白天黑夜地拼命赶路。兼程：一天走两天的路。★我从北京出发，～，经过三天的长途跋涉，终于到达了目的地。

【日月蹉跎】rì yuè cuō tuó 指虚度光阴。蹉跎：时间白白过去。★～，不觉老之将至，自己事业上却无甚成就。

【日月如梭】rì yuè rú suō 日月像穿梭似地来回迅速穿过。形容时间过得飞快。梭：织布机上引导纬纱和经纱交织的构件。★光阴似箭，～，转眼又是九月重阳。

【日臻完善】rì zhēn wán shàn 形容事物一天天逐渐趋于完善。臻：至，达到。★经过几年来的不断改进，公司的激励机制和监督机制～。

【日坐愁城】rì zuò chóu chéng 比喻每天都处于愁苦之中。愁城：比喻愁苦的境地。★如今他穷困潦倒，～，全然失去了当年年轻有为的风采。

【戎马倥偬】róng mǎ kǒng zǒng 形容军中事务紧张繁忙。戎马：战马，借指战事。倥偬：急迫，繁忙。★将军～一生，对部队有着深厚的情谊。

【戎马生涯】róng mǎ shēng yá 指从军的生活经历。戎马：战马，借指战争。★几十年的～练就了他钢铁般的意志。

【荣华富贵】róng huá fù guì 旧指兴旺显达，财多势大。荣华：草木开花，比喻兴旺昌盛。★人生的意义在于积极进取，为社会多作贡献，而不是追求～。

【容当后议】róng dāng hòu yì 等以后再计议。容：允许。议：商讨，计议。★至于让哪些人来出席会议，～。

【容光焕发】róng guāng huàn fā 形容人精神饱满振奋。容光：面容的光彩。焕发：光彩外现的样子。★酒宴上，人们不断地给这一对～的新人以祝福。

【熔古铸今】róng gǔ zhù jīn 把古代的东西熔化提炼，创造出新的。熔：熔化。铸：铸造。★北宋黄庭坚的诗～，独创一格。

【融会贯通】róng huì guàn tōng 把各方面的知识或道理融合贯穿起来，从而得到系统透彻的认识。融会：融合。贯通：贯穿前后。★东方西方，古典现代，他广泛吸收，～。

【冗词赘句】rǒng cí zhuì jù 多余无用的词句。冗、赘：多余的，无用的。★审稿时，他删除了文中的～，使语言变得更为简练。

【柔肠寸断】róu cháng cùn duàn 形容因为情爱而万分悲伤哀痛。★她望着心爱的人儿远去的背影，禁不住～，肝胆欲裂。

【柔能克刚】róu néng kè gāng 在特定条件下，柔弱的能够制服刚强的。★她一贯坚持"～"的处世原则，从不锋芒毕露。

【柔情蜜意】róu qíng mì yì 温柔亲密的情意。★她的～使他感受到生活的无穷乐趣。

【柔情似水】róu qíng sì shuǐ 温柔的情意像水一样。形容情意温柔缠绵。★妻子～，对他和家庭充满了无限的爱。

【肉眼凡胎】ròu yǎn fán tāi 指普通的人，不具备超凡的智慧品质。★你～的，怎么能体会其中的妙处呢。

【如出一辙】rú chū yī zhé 好像出自同一个车辙。比喻彼此的言行或情况非常相似。辙：车轮滚压出的痕迹。★他和父亲的遭遇～，都是而立之年突遭破产，接下来是家庭变故。

【如此而已】rú cǐ ér yǐ 就这样罢了。表示别无他法。如此：这样。而已：罢了。★这本书唯一的价值就是资料还比较丰富，～。

【如堕云雾】rú duò yún wù 好像掉进云雾中一样。比喻茫然不得要领或摸不着头脑，辨不清方向。堕：掉，落。★他的这一番话，让大家～，恍惚迷离。

【如法炮制】rú fǎ páo zhì 本指依照成法炮制药剂。比喻照现成的方法行事。炮制：用烘、炒等方法把中药材制成药剂。★一两个产品的宣传成功了，并不意味着所有产品都可以～。

【如虎出柙】rú hǔ chū xiá 比喻强有力的人或群体一旦脱离困境，可以大显身手。柙：兽笼。★复出以后的他～，大刀阔斧地进行制度改革，收到了很好的成效。

【如虎添翼】rú hǔ tiān yì 如同老虎添了翅膀。比喻因增加了某些力量或条件，强者更强，狠者更狠。翼：翅膀。★这些能工巧匠如今又掌握了许多现代科学技术，搞起建筑来可谓～。

【如花似锦】rú huā sì jǐn 像花朵和锦缎一样。形容景象或前程等美好华丽。锦：有彩色花纹的丝织品。★改革开放后，原来贫瘠的家乡建设得～。

【如花似玉】rú huā sì yù 形容容貌像花一样艳丽，像玉一样美好。也形容人正处在青春美好的时期。★她生了四个女儿，个个长得～，又都考上了大学，邻居们都夸她有福气。

【如火如荼】rú huǒ rú tú 原比喻军容壮盛。后用来形容气势蓬勃、场面热烈或情绪激昂。火：红色。荼：茅草的白花。★随着网络建设的不断发展，网络教育已在我国～地发展起来了。

【如获至宝】rú huò zhì bǎo 如同得到最珍贵的宝物。形容因得到意想不到的收获而欣喜万分。至：最。★老教授从旧书摊上买到一部求购多年的古书，真是~。

【如饥似渴】rú jī sì kě 像饿了想吃、渴了想喝一样。形容欲望或要求非常迫切。★她勤奋好学，每天在图书馆~地读书。

【如箭在弦】rú jiàn zài xián 比喻事情到了不得不做的地步。★形势危急，起义~，不得不发，各位做好准备吧。

【如胶似漆】rú jiāo sì qī 如同胶漆黏着一样。形容彼此非常亲密，无法分开。★他们相识才两个月就~，谁也离不开谁了。

【如狼似虎】rú láng sì hǔ 形容人非常勇猛或残暴凶狠。★在旧社会，即使是灾年，官府依然会~地向农民催交租税，根本不顾老百姓的死活。

【如雷贯耳】rú léi guàn ěr 像响雷冲进耳朵。本形容声音大。后比喻人的名声很大，用为对人仰慕已久的敬语。贯：穿过，进入。★《三国演义》中蜀国大将赵云的名字在魏、吴两国早已~。

【如临大敌】rú lín dà dí 像碰上强大的敌人一样。形容气氛或精神十分紧张。临：面对。★少年侦察兵在敌区频繁活动，敌人~，昼夜加强警戒。

【如临深渊，如履薄冰】rú lín shēn yuān，rú lǚ bó bīng 好像站在深潭边缘，好像踩着薄冰。比喻心存戒备，十分小心谨慎。临：面临。渊：深水潭。履：踩，踏。★每年高考填报志愿的时候，家长和学生总是胆战心惊，~。

【如履平地】rú lǚ píng dì 像走在平地上一样。形容涉水登山或在难行的道路上行进顺利轻松。履：踩，踏。★他身体素质很好，上十几层的楼梯~。

【如芒在背】rú máng zài bèi 好像芒刺扎在背上。形容惶恐不安。芒：芒刺。★王强心里有鬼，坐在处长面前，~，很不自在。

【如梦初醒】rú mèng chū xǐng 像是刚从梦中醒来一样。比喻从迷惘或错误中刚刚醒悟过来。★见到前来调查的警察他才~，原来刚才上门推销的两个人是骗子。

【如鸟兽散】rú niǎo shòu sàn 像受惊的鸟兽一样四处飞奔逃散。比喻溃败逃散的情景。★人民解放军横渡长江，国民党军队~。

【如牛负重】rú niú fù zhòng 像牛背负重物一样。比喻负担很沉重。★车队在山中~般地跋涉数天，终于拍摄到了这壮丽的人间奇观。

【如泣如诉】rú qì rú sù 像是在哭泣，又像是在诉说。形容声音（多指乐曲）哀怨悲切。★《琵琶行》中，白居易成功地运用比喻手法，把琵琶声描绘得~，有声有情。

【如日中天】rú rì zhōng tiān 像太阳正处于天空中央。比喻事物正发展到最兴盛的阶段。中：当中。★正当他事业～之时，却不幸患上了绝症。

【如入无人之境】rú rù wú rén zhī jìng 好像到了没有人的地方。形容作战所向披靡。也形容行动十分自由，没有任何阻挠干预。境：地域。★李逵抡着板斧冲入敌阵，英勇无比，～。

【如山压卵】rú shān yā luǎn 比喻以强大的事物对付弱小者。卵：蛋。★美国攻打伊拉克～，很快就占领了首都巴格达。

【如拾地芥】rú shí dì jiè 像从地上拾起小草一样容易。形容轻而易举。地芥：地上小草。★他是前乒乓球世界冠军，跟我们打球简直是～。

【如释重负】rú shì zhòng fù 好像放下了重担。形容繁忙紧张过后一种轻松愉快的感觉。释：放下。★妈妈看了成绩单后，微笑着夸了我一句，我～。

【如数家珍】rú shǔ jiā zhēn 如同清点家中珍宝。形容对所讲事情非常熟悉。数：点数。珍：珍宝。★奶奶一边纺线，一边～地给我们讲着战争年代的故事。

【如闻其声，如见其人】rú wén qí shēng, rú jiàn qí rén 像听到他的声音，看到他本人一样。形容人物刻画极为生动逼真。闻：听见。★这篇文章中的几个人物刻画得都很生动，读来让人感觉～。

【如蚁附膻】rú yǐ fù shān 像蚂蚁趋附腥膻的东西一样。比喻趋附权势或追逐名利的龌龊行为。附：趋附。★他整天跟在有权有势的人身后，～地巴结奉承。

【如意郎君】rú yì láng jūn 指符合自己心意的丈夫。如意：符合心意。郎君：旧时妇女对丈夫的爱称。★在婚姻不自主的封建时代，女子要找一个～很不容易。

【如意算盘】rú yì suàn pán 比喻只从好的一方面着想的打算。如意：符合心意。★父亲的命令使他想借婚礼大赚一笔的～落空了。

【如蝇逐臭】rú yíng zhú chòu 像苍蝇追逐有臭味的东西那样。比喻追逐名利或女色等的龌龊行为。★他～，毫无廉耻，整天与几个不正经的女子混在一起。

【如影随形】rú yǐng suí xíng 如同影子总是跟着形体一样。比喻关系十分密切，不可分离。★这对夫妻感情真好，每天～，让人羡慕。

【如有所失】rú yǒu suǒ shī 好像丢失了什么似的。形容心神不安的样子。★孩子送回老家以后，她整日郁郁寡欢，～。

【如鱼得水】rú yú dé shuǐ 像鱼得到水一样。比喻得到与自己心意相合的人或最适宜的环境。★到这个公司后，小刚～，工作很快就有了起色。

【如鱼饮水，冷暖自知】 rú yú yǐn shuǐ, lěng nuǎn zì zhī 比喻亲身体验过的事物，对它的理解最为深刻。★那段生活给我的酸甜苦辣，～。

【如愿以偿】 rú yuàn yǐ cháng 指愿望终于得到实现。偿：实现。★两个月以后，他终于～，以优异的成绩考取了公务员。

【如醉如痴】 rú zuì rú chī 形容神态失常，不能自制。★他常常捧着一本厚厚的小说，～地读着，完全进入了小说的意境之中。

【如醉如狂】 rú zuì rú kuáng 形容为人或事物所倾倒后的失常神态。★摇滚音乐使她～。

【如坐春风】 rú zuò chūn fēng 像沐浴在春风中。比喻与学识渊博、道德高尚的人相处而受到熏陶。★听朱老先生讲话～，有一种美的享受。

【如坐针毡】 rú zuò zhēn zhān 像坐在插着针的毡子上。形容心神不定，坐卧不安。★从市委传来的消息使他～，他知道自己的事情可能马上要败露了。

【茹古涵今】 rú gǔ hán jīn 形容知识广博，包容古今。茹：含。涵：包容。★老先生～，学识渊博，是历史学界的泰斗。

【茹毛饮血】 rú máo yǐn xuè 指原始人类不知熟食，捕到禽兽就连毛带血生吃。也指古代的一种盟誓仪式。茹：吃。★远古时代人类的生活方式是巢居穴处，～。

【孺子可教】 rú zǐ kě jiào《史记·留侯世家》记载，西汉谋臣张良年轻时曾在下邳桥上遇到一位老者，老者故意把鞋子扔到桥下，命令张良捡上来并给自己穿上，张良如是照做，老人深表赞许，称："孺子可教矣。"后用以称赞年轻人有出息，可以造就。孺子：小孩子。教：教导。★他虽然淘气，却肯动脑、有创见，老师夸奖他～。

【乳臭未干】 rǔ xiù wèi gān 奶腥气还没有褪掉。常用以讥讽人年幼无知。乳臭：奶腥气。★你一个～的毛孩子，竟敢在学术大师面前大放厥词，真不知天高地厚。

【入鲍忘臭】 rù bào wàng chòu 比喻人长期受坏环境影响，就会习以为常。鲍：盐腌的干鱼，气味腥臭。★人能够改造环境，但也容易受环境影响，所谓～就是这个道理。

【入不敷出】 rù bù fū chū 收入的不够支出的。敷：足，够。★他花钱大手大脚，经常弄得～。

【入国问俗】 rù guó wèn sú 进入他国，先要问清该国的风俗。俗：风俗。★下个月去日本出差，我买来几本关于日本风俗的书研读了一番，所谓～。

【入境问禁】 rù jìng wèn jìn 进

入别国国境或到一个新地方时，先要问清那里的禁令，以免触犯。境：边界。禁：禁令。★入国问俗，~，不然就会惹上许多不必要的麻烦和不便。

【入木三分】 rù mù sān fēn 原形容书法笔力遒劲雄健。唐·张怀瓘《书断·王羲之》记载，相传东晋著名书法家王羲之曾奉朝廷之命在祭祀祝版上写了一篇祝文，后由于要更换祝文，皇帝让人将上面的字刮掉重写，工人刮字时发现"笔入木三分"。后也用以比喻人见解深刻。★这篇小说对主人公形象的刻画十分成功，可谓~。

【入情入理】 rù qíng rù lǐ 合乎情理。入：合乎，合于。★即使有不同意见，说话也要~，不要出口伤人。

【入室操戈】 rù shì cāo gē 进入他人屋里，拿起他人武器攻击他人。比喻用对方的论点来反驳对方。操：持，握。戈：古代一种兵器。★辩论赛上，他抓住对方论点的破绽，~，赢得胜利。

【入土为安】 rù tǔ wéi ān 死者被安葬之后，才算得到安宁。★案情水落石出，死者也终于可以~了。

【入吾彀中】 rù wú gòu zhōng 进入我的弓箭射程之内。比喻进入我所设置的牢笼或圈套，受我掌握或控制。彀中：指弓箭能射到的范围，比喻牢笼或圈套。★他这人贪图小便宜，给他点好处，就能让他~。

【入乡随俗】 rù xiāng suí sú 到了一个地方就应当随从那里的风俗习惯。表示要适应新环境。俗：风俗。★她一个南方人初到北京，不习惯北方的饮食，时间久了也只得~。

【阮囊羞涩】 ruǎn náng xiū sè 宋·阴时夫《韵府群玉·阳韵·一钱囊》记载，晋人阮孚性情旷达，喜欢喝酒，一次来到会稽，有人问其腰间所挂黑色皮囊内装何物，阮孚笑曰："但有一钱看囊，恐其羞涩。"后用以形容手头无钱，经济困难。囊：口袋。羞涩：害羞，难为情。★他虽是个才子，但~，常常付不起酒钱。

【软弱可欺】 ruǎn ruò kě qī 因软弱而遭人随便欺侮。★你别看他是个书生，~，惹急了他会跟你玩命。

【软弱无能】 ruǎn ruò wú néng 指性情软弱，没有能耐。★清朝官员腐化堕落，~，以致外国入侵，民怨沸腾。

【软硬兼施】 ruǎn yìng jiān shī 软的和硬的手段一齐施展出来。含贬义。兼施：同时施行。★为了让小王给自己效力，他~，使尽各种手段。

【锐不可当】 ruì bù kě dāng 形容来势猛烈，不可阻挡。锐：锋利。当：抵挡。★人民解放军英勇善战，~，取得节节胜利。

【瑞雪兆丰年】 ruì xuě zhào fēng nián 指大好的冬雪预示着明年是个丰收年。瑞雪：瑞，吉祥。冬雪能保温杀虫，利于农作物生长，故称之为瑞雪。兆：预兆。★好大的一场雪呀！~，来年必会有好收成。

【若即若离】 ruò jí ruò lí 形容人与人之间保持一定距离，既不亲近也不疏远。也形容事物之间又相近又不相近，含混不清。即：靠近。★他对她总是~的，真有点让人看不懂。

【若明若暗】 ruò míng ruò àn 形容不可捉摸或模糊不清。★事态的发展~，这个时候你不要妄下结论。

【若无其事】 ruò wú qí shì 好像没有那么回事。形容不动声色或不放在心上。★小亮把家里的花瓶打碎了，却装出一副~的样子。

【若要人不知，除非己莫为】 ruò yào rén bù zhī，chú fēi jǐ mò wéi 要想让人家不知道，除非自己不去做。多指只要做了坏事，终究是瞒不住的。为：做。★~，无论贪官再怎么表演和隐藏，最终都难逃法律的制裁。

【若隐若现】 ruò yǐn ruò xiàn 形容事物模糊不清，看不真切。也形容事态发展不明朗。★远处有一个小岛~，我们的船加速向前驶去。

【若有若无】 ruò yǒu ruò wú 形容不清晰或难以捉摸肯定。也形容不受重视，不被放在心上。★对于~的历史传说，我们不能作确定的推断。

【若有所失】 ruò yǒu suǒ shī 好像失掉了什么似的。形容心情怅惘。★老同学走后，我心里~。

【若有所思】 ruò yǒu suǒ sī 好像在思考着什么。★公安局长~地自言自语道："问题不会出在我们内部吧？"

【弱不禁风】 ruò bù jīn fēng 弱得经受不起风吹。形容身体极为虚弱。禁：经得住，承受。★她从小经常生病，身体看起来~。

【弱肉强食】 ruò ròu qiáng shí 指动物界弱者被强者吞食。比喻弱者被强者欺凌侵害。★鸦片战争以后的中国，列强横行，~，非常悲惨。

S

【塞翁失马，安知非福】 sài wēng shī mǎ，ān zhī fēi fú《淮南子·人间训》记载，相传古时西北边塞有一老翁丢了马，别人前来安慰，他说："怎么知道这不是福呢?"后来这匹马竟带着一匹好马回来了。后用以比喻祸福转化，坏事可能变成好事。安：哪里。★～，说不定这次失败对你来说是件好事。

【三杯两盏】 sān bēi liǎng zhǎn 形容少量的酒。★老朋友相见，一轮明月，～，几碟小菜，尽叙旧话。

【三步并作两步】 sān bù bìng zuò liǎng bù 形容快步前进的样子。★下班后，他～地往家赶。

【三长两短】 sān cháng liǎng duǎn 指意外的事故或灾祸。也专指死亡。★万一这次采矿你有个什么～，一家老小可怎么办哪。

【三朝元老】 sān cháo yuán lǎo 原指历事三个朝代的重臣。现多比喻几个历史时期都参与其事的人。元老：指资格老、有声望的大臣。★王教授是文学院的～，颇受人们的尊敬。

【三从四德】 sān cóng sì dé 指封建社会束缚妇女的旧礼教。三从：指女子未嫁从父，嫁后从夫，夫死从子。四德：即品德、辞令、仪态、女工。★～是中国封建社会压迫妇女的精神枷锁。

【三寸不烂之舌】 sān cùn bù làn zhī shé 指能言善辩的口才。★战国辩士苏秦凭～，游说六国诸侯缔结合纵盟约共抗强秦。

【三番五次】 sān fān wǔ cì 形容多次，屡次。三、五：概数，言多。番：次，回。★每次开会，主持人都～地宣布要关掉手机，但在会议进行中，总有手机铃声响起。

【三纲五常】 sān gāng wǔ cháng 我国封建社会所提倡的一套伦理道德标准。三纲：指父为子纲、君为臣纲、夫为妻纲。五常：说法不一，通常指仁、义、礼、智、信。★～是维护封建统治的思想工具。

【三个臭皮匠，顶个诸葛亮】 sān gè chòu pí jiàng，dǐng gè zhū gě liàng 比喻人多智慧多，遇事能想出好办法来。顶：抵，相当。诸葛亮：三国时蜀国丞相，传说中把他塑造成智慧的化身。★～，我们几个齐心协力，总会有办法的。

【三更半夜】sān gēng bàn yè 指深夜。三更：指深夜十二点左右。★上中学时，她经常～躲在被子里用手电筒照明看琼瑶的小说。

【三宫六院】sān gōng liù yuàn 旧指后妃所居之地。也泛指帝王的妃嫔。★封建时代的皇帝有～，无数妃嫔，过着奢靡的生活。

【三姑六婆】sān gū liù pó 旧时对几种不同职业身份的妇女的蔑称。也泛指不务正业、爱搬弄是非的妇女。陶宗仪《南村辍耕录·三姑六婆》称："三姑者，尼姑、道姑、卦姑也；六婆者，牙婆、媒婆、师婆、虔婆、药婆、稳婆也。"★在我国农村的某些地区，仍然有一些～在从事封建迷信活动。

【三顾茅庐】sān gù máo lú 比喻诚心诚意地一再拜访或邀请。顾：拜访。茅庐：茅草屋。★刘备～，请诸葛亮出山辅助自己成就帝业。

【三过其门而不入】sān guò qí mén ér bù rù 传说夏禹为了平治洪水，在外13年，多次经过自己家门都没有进去。形容人专心公务，不顾私事。★他是位备受赞誉的好干部，一心为公，～。

【三皇五帝】sān huáng wǔ dì 本指古代传说中的帝王。说法不一，通常称伏羲、燧人、神农为三皇，称黄帝、颛顼、帝喾、唐尧、虞舜为五帝。后泛指上古帝王。★事实上某些大谈复古的人，未必真的喜欢～那个时代。

【三缄其口】sān jiān qí kǒu 在嘴上贴上三道封条。后用以比喻说话谨慎，不轻易开口。也指默不做声。缄：封，闭。★对于这事，他始终～。

【三教九流】sān jiào jiǔ liú 泛指宗教、学术领域的各种流派。也指社会上各行各业的人。三教：指儒教、道教、佛教。九流：指儒家、道家、阴阳家、法家、名家、墨家、纵横家、杂家、农家。★他的经历非常丰富，读研究生时就开始自己办公司，与社会上的～打交道。

【三句话不离本行】sān jù huà bù lí běn háng 指人的言谈总离不开自己的职业范围。行：行业。★你真是～，说来说去，又说到保险业务上来了。

【三令五申】sān lìng wǔ shēn 多次指令，再三告诫。三、五：概数，泛指多。申：陈述，说明。★警方～禁放鞭炮，除夕之夜，市内鞭炮声依然此起彼伏。

【三六九等】sān liù jiǔ děng 很多等级、差别。三六九：形容很多。★人没有高低贵贱之分，只有从事的工作不同，为什么要分～呢？

【三拳两脚】sān quán liǎng jiǎo 形容只来几下踢打，不费力气。★他～，就把这个闹事的流氓制服在地。

【三人成虎】 sān rén chéng hǔ 三人谣传集市上有虎，听者就会相信。比喻流言惑众，使人以假为真。★～，有时人们容易把谣言当成事实。

【三人行必有我师】 sān rén xíng bì yǒu wǒ shī 三个一起行走的人里，一定有一个在某方面可以做我的老师。表示应该虚心向一切有长处的人学习。★～，生活在我们周围的任何人，都有值得我们学习的地方。

【三三两两】 sān sān liǎng liǎng 形容三两成群地聚在一起。也指零零散散，为数不多。★夜已深了，大街上只有～的行人。

【三山五岳】 sān shān wǔ yuè 泛指名山。也泛指各地。岳：高峻的山。★为了找到那几种草药，他孤身一人访遍～。

【三生有幸】 sān shēng yǒu xìng 三生都很幸运。形容非常幸运。三生：佛家语，指前生、今生、来生。幸：幸运。★张先生是国画大师，今日一见，真是～。

【三十而立】 sān shí ér lì 到30岁时能立足于社会。指人在30岁前后有所成就。立：立身，立足。★古人云："～。"而我已人到中年，却仍一事无成。

【三十六计，走为上计】 sān shí liù jì, zǒu wéi shàng jì 指遇到强敌或陷于困境，难以应付，只有一走了事。三十六计：本作三十六策，古代兵书名，成书年代及作者不可考，主要搜集古代钩心斗角、尔虞我诈的一些要诀。全书共三十六计，最后一计名为"走为上"，属败战计中的一计。★俗话说，～，我们还是赶紧离开这里吧。

【三十年河东，三十年河西】 sān shí nián hé dōng, sān shí nián hé xī 30年前的好风水在河东边，30年后又到了河西边。比喻世事变化，盛衰无常。★真是～，原先那么红火的一个厂子，如今却连工人的工资都发不出了。

【三思而行】 sān sī ér xíng 经过反复思考，然后才去做。比喻做事非常谨慎。三：言次数多。思：考虑，思考。★这件事你要～，免得到时候骑虎难下，进退两难。

【三天打鱼，两天晒网】 sān tiān dǎ yú, liǎng tiān shài wǎng 比喻学习或做事断断续续，缺乏恒心。★学英语要有恒心，不能～。

【三头六臂】 sān tóu liù bì 原指佛的法相有三个头，六条臂。后用以比喻神通广大，本领非凡。★他虽是世界冠军，却和平常人一样，并没有～。

【三五成群】 sān wǔ chéng qún 三个、五个地结成一群。★每天，渔民们都会～地出海捕鱼。

【三心二意】 sān xīn èr yì 形容心意不专一或犹豫不决。★既然选择了这样做，就别再～了。

【三言两语】sān yán liǎng yǔ 两三句话。指言语简短。★成功的人物描写，有时尽管只是～一笔带过，却可以收到良好的效果。

【三阳开泰】sān yáng kāi tài 用作祝颂新年开头的吉祥话。三阳：《易》中泰卦，下为三阳，表示阴消阳长，冬去春来。开泰：太平顺达。★冬去春来，～，万象更新。

【三足鼎立】sān zú dǐng lì 像鼎的三只脚一样对立着。比喻三方并立对峙的局势。鼎：古代烹煮用的青铜器物，三足两耳。★如今，我们公司已经可以与本市另外两家有名的大公司～了。

【散兵游勇】sǎn bīng yóu yǒng 指没有指挥官统率的逃散的士兵。也比喻脱离集体、独自行动的人。散：分散。游：不固定的。勇：指士兵。★我们必须要有计划、有组织地开展工作，不能个个都像～。

【丧魂失魄】sàng hún shī pò 形容惊慌或恐惧到了极点。也形容精神恍惚、神志不清的样子。丧：失去。★银行突遭抢劫，几位顾客吓得～。

【丧家之犬】sàng jiā zhī quǎn 无家可归的狗。比喻失去依靠、四处投奔或惊慌失措的人。★一场激战，敌军如～，四处逃窜。

【丧尽天良】sàng jìn tiān liáng 一点良心也没有。形容凶残狠毒到了极点。丧：失去。天良：良心。★人贩子真是～，连自己10岁的女儿也不放过。

【丧权辱国】sàng quán rǔ guó 丧失主权，使国家蒙受耻辱。★清政府软弱无能，与外国侵略者签订了多个～的不平等条约。

【丧心病狂】sàng xīn bìng kuáng 失去理智，像发了疯一样。形容言行昏乱荒谬。也形容人残忍狠毒到了极点。★近年来，～的恐怖分子在世界各地制造了多起爆炸事件。

【搔首弄姿】sāo shǒu nòng zī 形容故作姿态，卖弄风情。搔头：用手挠头。弄：摆弄。★近来一些商场为搞促销，竟让穿着艳丽的女子～招揽顾客。

【骚人墨客】sāo rén mò kè 泛指风雅的文人。骚人：原指《离骚》作者屈原及楚辞体辞赋的作者，后泛指诗人。墨客：指文人。★自古以来，有许多～吟诗作赋，歌咏武汉名胜黄鹤楼。

【扫地出门】sǎo dì chū mén 比喻把全部东西都处理掉。现多指剥夺某人的全部家产，并将其赶出家门。★父亲大动肝火，将做模特的女儿～。

【扫地以尽】sǎo dì yǐ jìn 比喻破坏无遗或丧失干净。多用于文物典章制度或精神风气方面。

★在市场经济大潮的冲击下，有的新闻工作者大搞有偿新闻，使自己的名誉~。

【扫榻以待】 sǎo tà yǐ dài 扫除榻上的尘垢，等待客人来临。形容热诚地迎候客人。榻：矮而狭长的坐卧用具。★今天我们~，迎接这位来自新疆的尊贵的客人。

【色胆包天】 sè dǎn bāo tiān 形容贪好女色而胆大妄为，无所顾忌。★他~，竟对自己朋友的妻子动了邪念。

【色厉内荏】 sè lì nèi rěn 形容外表强硬，内心怯弱。色：神色。厉：严厉。荏：软弱。★别看他表面上张牙舞爪，其实是个~之徒。

【森罗万象】 sēn luó wàn xiàng 指纷然罗列的各种事物或现象。形容极为庞杂丰富。森：繁密，众多。罗：罗列。★《红楼梦》通过对贾、王、史、薛四大家族盛衰荣辱的描写，展示了~的社会生活，囊括了多姿多彩的世俗人情。

【僧多粥少】 sēng duō zhōu shǎo 比喻人多物少，不够分配。僧：和尚。★今年是高校扩招生毕业的第一年，大量本科生涌向就业市场，~，就业难度骤然加大。

【杀风景】 shā fēng jǐng 破坏美好的景致。比喻在欢乐或美妙的场合败坏人的兴致。杀：损坏。★这么美好的景色，他却全然不放在眼里，唠唠叨叨只谈工作，真是~。

【杀富济贫】 shā fù jì pín 指劫取富有之人，将其财产接济给穷人。杀：减少，减损。济：救济。★封建时代许多农民起义，开始都是为了~，发展到后来才建立政权，与朝廷抗衡。

【杀鸡骇猴】 shā jī hài hóu 比喻通过惩罚一个或一些人来警戒其他人。骇：惊吓，震惊。★他这不过是~之举，你用不着太害怕。

【杀鸡取卵】 shā jī qǔ luǎn 比喻只贪图眼前小利而损害了长远利益。卵：蛋。★片面追求经济效益，乱砍滥伐树木的行为，无异于~，必须坚决制止。

【杀气腾腾】 shā qì téng téng 形容杀伐之气很盛。杀气：凶恶的气势。腾腾：气势很盛的样子。★我军将士，一个个威风凛凛，~。

【杀人不见血】 shā rén bù jiàn xiě 形容害人的手段阴险毒辣，不露痕迹。★他手中的那些材料是~的刀，里面提到谁，谁就可能面临灭顶之灾。

【杀人不眨眼】 shā rén bù zhǎ yǎn 形容杀人成性，极端凶狠残忍。★这些歹徒极端残忍，是~的恶魔。

【杀人偿命，欠债还钱】 shā rén cháng mìng，qiàn zhài huán qián 杀了人要抵命，欠了债要还

钱。表示理所当然。★～，这么浅显的道理，你难道还不懂吗？

【杀人放火】shā rén fàng huǒ 指严重扰乱社会的强暴行为。★这群流氓～，无恶不作。

【杀人灭口】shā rén miè kǒu 将人杀死以灭其口供。指杀掉同谋者和知情者以防事情败露。口：口供。★犯罪分子～，给侦破工作带来了相当大的难度。

【杀人如麻】shā rén rú má 杀死的人像乱麻一样多。形容杀人极多，难以数清。★日本侵略者在中国～，犯下了滔天罪行。

【杀人越货】shā rén yuè huò 杀害人命，抢劫财物。指盗匪的行径。越：抢夺。货：财物。★这一带海域有海盗出没，他们经常～，我们必须倍加小心。

【杀身成仁】shā shēn chéng rén 原指牺牲生命以成全仁德。现指为了正义事业或崇高理想而献出生命。成：成全。仁：仁爱，指儒家最高的道德理想。★～，是共产党人的本色。

【杀一儆百】shā yī jǐng bǎi 杀一个人来警戒多数人。也泛指惩处或批评一人以警戒众人。儆：告诫，警戒。★我们要彻底查处走私案件，狠狠打击犯罪分子，～，震慑走私势力。

【杀猪宰羊】shā zhū zǎi yáng 原形容宰杀牲畜，准备祭品求神拜佛。后多形容准备隆重的饮宴。★热情好客的少数民族兄弟～，欢迎我们这些远道而来的客人。

【沙里淘金】shā lǐ táo jīn 从沙子里淘取金子。比喻费力大而成效小。也比喻从大量材料中择取精华。★这种毒素的收集提炼，有如～，其价值也远在黄金之上。

【歃血为盟】shà xuè wéi méng 歃血订立盟约。表示诚心订立并信守盟约。歃血：古代举行盟会时把牲畜的血涂在嘴上，以示诚意。★古人为了达成某种合作，常常～，而今人则是举行谈判，签订协议。

【煞费苦心】shà fèi kǔ xīn 形容费尽心思。煞：很。★对班上几个调皮学生的帮助教育，王老师可谓～。

【煞有介事】shà yǒu jiè shì 好像真有这么一回事。形容装模作样或好像有什么了不起。煞：很。介事：这回事。★他～地描述着昨天晚上的奇遇，可惜我们没有多少兴趣。

【山崩地裂】shān bēng dì liè 山岳崩塌，大地裂陷。形容极其剧烈的震动变化。也形容声响巨大。★所有热爱和平的人们，都不愿看到这个地球再发生～、哀鸿遍野的灾难。

【山重水复】shān chóng shuǐ fù 形容山峦重叠，流水萦回。多形容山水重重阻隔。★这里～，鸟语花香，四季如春。

【山高水长】shān gāo shuǐ cháng 山脉高大，流水深长。指山川阻隔。比喻人的节操高尚，影响深远。也比喻情谊深厚久长。★我们两个家族是世交，情谊～。

【山高水险】shān gāo shuǐ xiǎn 比喻路途十分艰险。★自从忽必烈率领的蒙古大军从一望无际的大草原跃马挥戈，浩浩荡荡进入～的云贵高原以来，云南就成为中国的一个行省。

【山光水色】shān guāng shuǐ sè 山上的风光，水上的景色。泛指优美的山水风光。★看着眼前那没有遭受任何工业废水污染的～，真是一大享受。

【山清水秀】shān qīng shuǐ xiù 形容山水明净秀丽，风景优美。秀：秀丽。★我的家乡在赣南，那里～，民风淳朴。

【山穷水尽】shān qióng shuǐ jìn 山和水都到了尽头，前面无路可走。原指荒僻之地。后比喻陷入绝境。穷：尽。★父母相继去世，我们家～，我只好带着年幼的弟弟四处乞讨为生。

【山水相连】shān shuǐ xiāng lián 彼此的山和水互相连接。指两国或两地的边界相接壤。★中朝两国是～的邻邦。

【山雨欲来风满楼】shān yǔ yù lái fēng mǎn lóu 山雨就要来了，满楼都是呼啸的风。比喻重大事件发生前的紧张情势。★～，我们要积极做好投身革命的准备，为民族解放而奋斗。

【山珍海味】shān zhēn hǎi wèi 泛指各种珍奇难得的美味食品。山珍：山野出产的珍异食品。海味：指各种海产品。★从普通食物到～，它们提供给人类的营养成分主要都是碳水化合物、脂肪、蛋白质三类。

【芟夷大难】shān yí dà nàn 铲除大灾难。芟夷：铲除。★只要我们下定决心～，任何困难都难不倒我们。

【删繁就简】shān fán jiù jiǎn 删除繁冗的部分，力求简明扼要。删：除去。就：接近，趋向。★他将稿件～，去芜存菁，终于达到了刊发的要求。

【姗姗来迟】shān shān lái chí 原形容女子走路缓慢从容的姿态。后多形容人来得很晚。姗姗：行走缓慢从容的样子。★她性子慢，今天酒宴又～，大家都叫嚷着要罚她喝酒。

【煽风点火】shān fēng diǎn huǒ 比喻挑起事端或怂恿、唆使他人起来闹事。煽：也作“扇”。煽动，鼓动。★他是个阴险的家伙，总喜欢躲在背后～，挑拨是非。

【潸然泪下】shān rán lèi xià 形容因情感受触动而泪流不止的样子。潸然：流泪的样子。★一觉醒来，看见白发苍苍的母亲还在灯下为我一针一线地缝补衣裳，我不禁～。

【闪烁其词】 shǎn shuò qí cí 形容说话、写文章遮遮掩掩或吞吞吐吐，含糊不清。闪烁：光线动摇不定，忽明忽暗。★对这个问题，他的回答～，让人摸不着头脑。

【善罢甘休】 shàn bà gān xiū 好好地了结纠纷，心甘情愿地罢休。善、甘：好。★没有达到目的，他自然不肯～。

【善价而沽】 shàn jià ér gū 等有了好价钱再卖出去。原比喻士人怀才等待时机出来做官。后比喻等待有了好的待遇或条件才肯出来做事。善价：高价。沽：卖，出售。★他以为自己刚从海外留学归来，可以～，所以对一般公司的邀请置之不理。

【善解人意】 shàn jiě rén yì 善于体会理解他人的心意或愿望。解：理解，领会。★这条小狗～，很受主人喜欢。

【善男信女】 shàn nán xìn nǚ 指虔诚信奉佛教的男男女女。★一到节假日，一些～就来到佛寺烧香拜佛，祈求平安。

【善始善终】 shàn shǐ shàn zhōng 指事情从开始到结束都很圆满。善：好。★工程马上要结束了，我们一定要～，争取圆满完成。

【缮甲治兵】 shàn jiǎ zhì bīng 修治铠甲和兵器。指战争前的准备工作。缮：修整。甲：铠甲。★我们要休整一段时间，为即将到来的战斗～，养精蓄锐。

【擅离职守】 shàn lí zhí shǒu 擅自离开自己的工作岗位。擅：任意，随便。职守：工作岗位。★市委严格规定，抗洪期间，领导干部凡～者一律开除党籍。

【伤风败俗】 shāng fēng bài sú 指败坏社会风气和礼俗。常用以谴责道德败坏的行径。伤：伤害。败：破坏，败坏。★封建社会，女子自己找婆家被认为是～的事情。

【伤筋动骨】 shāng jīn dòng gǔ 本指身体筋骨受到损伤。后也比喻事物受到重大损害或触犯了根本。★他的公司在这次竞标中～，濒临破产。

【伤天害理】 shāng tiān hài lǐ 丧尽天良，违背情理。形容人做事残暴歹毒。★你做出这等～的事，怎么会得到我的原谅！

【赏罚分明】 shǎng fá fēn míng 该奖赏的就奖赏，该惩罚的就惩罚，清清楚楚，毫不含糊。★这家企业在管理上做得非常出色，分工明确，～。

【赏心乐事】 shǎng xīn lè shì 欢畅的心情和快乐的事情。赏心：心意畅快。★能在今夏看到全球最好的电影，对于本市观众来说无疑是一件～。

【赏心悦目】 shǎng xīn yuè mù 使心情欢畅，使看着愉悦。指美好的事物使人看了心情舒畅。

★他的文章行文流畅，语言华美，读来让人～。

【上不着天，下不着地】 shàng bù zháo tiān，xià bù zháo dì 形容没有着落。也比喻不着边际。着：接触，挨靠。★座谈会上，他的一通发言～，弄得大家莫名其妙。

【上窜下跳】 shàng cuàn xià tiào 形容到处活动，多方串联。多指干坏事。★这一阵子他～，忙得不亦乐乎，就是为了在下月选举中获胜。

【上方宝剑】 shàng fāng bǎo jiàn 皇帝赐予大臣的宝剑，持有者有先斩后奏的权力。后比喻上级的指示或命令。上方：也作“尚方”。掌管制作或储藏御用器物的官署。★他手里有了省长给予的～，改革的决心更大了。

【上梁不正下梁歪】 shàng liáng bù zhèng xià liáng wāi 比喻上面的人思想行为不正派，下面的人也跟着学坏。★中国有句俗话：“～。”儿子不学好，你这个当父亲的应该首先检讨自己。

【上气不接下气】 shàng qì bù jiē xià qì 形容呼吸急促，喘不过气来。★因路上堵车耽误了时间，小明～地跑进教室。

【上山捉虎，下海擒龙】 shàng shān zhuō hǔ，xià hǎi qín lóng 比喻冒着巨大危险去做某项艰难的事。★我的叔叔曾当过侦察兵，是个敢于～的大英雄。

【上无片瓦，下无立锥】 shàng wú piàn wǎ，xià wú lì zhuī 形容极为穷困，无处安身立足。立锥：插锥子的地方。★解放前我们家非常困难，真可以说是～。

【上行下效】 shàng xíng xià xiào 上面的人怎样做，下面的人也学着怎样做。多用于贬义。效：效法，模仿。★父母天天打麻将，～，儿子也沾染上了这样的坏习气。

【上有所好，下必甚焉】 shàng yǒu suǒ hào，xià bì shèn yān 在上位的有什么爱好，下面的人一定喜好得更厉害。意谓领导者的表率作用十分重要。好：爱好。甚：超过，胜过。焉：代词。★～，正因为你这当领导的不喜欢听真话，他们做下属的才不对你讲真话。

【上知天文，下知地理】 shàng zhī tiān wén，xià zhī dì lǐ 形容学识广博，无所不晓。★诸葛亮～，是中国历史上有名的政治家。

【稍胜一筹】 shāo shèng yī chóu 指比较起来稍微强一点。稍：略微。筹：筹码，用竹木等制成的计数工具。★从比赛情况看，红队的实力比蓝队～。

【稍纵即逝】 shāo zòng jí shì 形容发展变化很快，稍微放松一下或不注意就消失了。稍：稍微。纵：松开。逝：消失。★如果你不主动出击，机会～，而且不会再来。

【韶光荏苒】sháo guāng rěn rǎn 美好的时光渐渐过去。韶光：美好的时光。荏苒：推移，渐进。★～，我们这些曾经风华正茂的青年如今都变成了白发苍苍的老人。

【少安毋躁】shǎo ān wú zào 稍微平静一下，不要急躁。多用于劝人保持耐心。少：稍微。毋：不要。★情势越是紧张，越要做到～。

【少见多怪】shǎo jiàn duō guài 因见识狭陋而对所见事物多感奇怪。★这是笔记本电脑，城里人用得多了，真是～！

【少不更事】shào bù gēng shì 年轻没有经过多少事。形容人年纪轻，缺乏阅历和经验。更：经历。★念他～，就请原谅他吧。

【少年老成】shào nián lǎo chéng 人虽年轻，为人处事却老练稳重。老成：老练成熟。★他年纪不大却～，是位可以重点培养的难得人才。

【少壮不努力，老大徒伤悲】shào zhuàng bù nǔ lì，lǎo dà tú shāng bēi 年轻时不发奋努力，到年老时就只有白白地悲伤了。多用以鼓励年轻人及时努力。少壮：年轻力壮。老大：年纪大了。徒：白白地。★我们周围的许多年轻人深深懂得“～”的人生哲理，从中吸取教益，珍惜点滴时光。

【舌敝唇焦】shé bì chún jiāo 舌头破烂，嘴唇干裂。形容非常干渴。也形容费尽口舌。敝：破。焦：干。★班上有些学生自由散漫，老师在课堂上讲得～，他们却在下面充耳不闻。

【舌战群儒】shé zhàn qún rú 原指与众多的儒生、谋士争辩并驳倒对方。后泛指在和众多人的激烈辩论中获胜。儒：儒生，指读书人。★诸葛亮～，最终说服吴主孙权联合刘备共同抗曹。

【蛇蝎心肠】shé xiē xīn cháng 像蛇蝎一样狠毒的心肠。形容心肠十分狠毒。★这个女人虽然外表美丽，温情脉脉，却有一副～。

【舍本逐末】shě běn zhú mò 放弃根本的、主要的，追求枝节的、次要的。原指放弃农业，从事工商业。后比喻轻重主次倒置。舍：放弃。逐：追求。★许多高校学生荒废学业，对社团活动过分热心，这是一种～的行为。

【舍己救人】shě jǐ jiù rén 指不惜牺牲自己的生命去拯救别人。★罗盛教烈士因抢救落水的朝鲜儿童而壮烈牺牲，这种～的国际主义精神，永远值得我们学习。

【舍己为人】shě jǐ wèi rén 牺牲自己的利益来帮助别人。★我们要学习雷锋同志大公无私、～的高贵品质。

【舍近求远】shě jìn qiú yuǎn 舍弃近的，寻求远的。指做事迂回曲折，不走捷径。也指所求不切实际。★我们的国产电器质优价廉，你为什么非要～，托人到国外去买呢？

【舍身求法】 shě shēn qiú fǎ 原指佛教徒不惜舍弃自身，寻求佛法。后泛指为真理而不惜牺牲自己的生命。★每个时代都不乏舍生取义、～的人，这些人是时代的精英、民族的脊梁。

【舍生取义】 shě shēng qǔ yì 为了正义而牺牲自己的生命。生：生命。义：正义。★这些忠烈之士～，为国捐躯，永远值得我们怀念。

【舍生忘死】 shě shēng wàng sǐ 形容不顾危险，把个人生死置之度外。★消防战士～，奋力扑火，挽救了国家财产。

【舍我其谁】 shě wǒ qí shuí 除了我，还能有谁呢？表示只有自己能担当，别人都不能。多形容人清高自负。舍：舍弃。★他总以为任何事情都只有他能干好，大有～的骄气。

【设身处地】 shè shēn chǔ dì 设想自己处在他人的地位或境遇中。表示要替他人着想。设：设想。★你要～地替孩子们想一想，他们工作紧张，压力很大，也有他们的难处。

【涉笔成趣】 shè bǐ chéng qù 一动笔就可以创作出意趣盎然的作品来。形容才思敏捷。涉笔：动笔，下笔。趣：意味，意趣。★他是当代颇有实力的小说作家，才思敏捷，～。

【摄人魂魄】 shè rén hún pò 把人的魂魄勾走。形容极有震慑力或吸引力。摄：摄取。★这部电影情节跌宕起伏，～，扣人心弦，有着很强的艺术感染力。

【申诉无门】 shēn sù wú mén 指没有地方申诉自己的痛苦或冤仇。★他～，只好忍气吞声。

【伸手不见五指】 shēn shǒu bù jiàn wǔ zhǐ 形容毫无光亮，一片漆黑。★屋里没有灯，黑漆漆的，～。

【身败名裂】 shēn bài míng liè 身份地位丧失，名声败坏。身：身份，地位。败：毁坏。裂：破损。★这位曾为国家作出突出贡献的厅级干部，以权谋私，生活腐化，将自己搞得～。

【身不由己】 shēn bù yóu jǐ 指自己支配不了自身的言语行动。由：听从，顺从。★虽说是人在江湖，～，但不应丧失应有的道德尊严。

【身家性命】 shēn jiā xìng mìng 指自身和全家的生命。★公司濒临破产，他孤注一掷，把～都押上了。

【身价百倍】 shēn jià bǎi bèi 形容人或事物的声名、地位大大提高。身价：指人的身份地位。★如今看似平常的许多东西，几百年以后就可能～。

【身经百战】shēn jīng bǎi zhàn 亲身经历过很多次战斗。常比喻人久经磨炼，经验丰富。★他是一位老红军，从军40多年，~。

【身临其境】shēn lín qí jìng 亲身到了那个境地。临：到。★在地震科普教育馆内，人们能够~般地感受到20多年前发生的唐山大地震。

【身强力壮】shēn qiáng lì zhuàng 身体强壮，精力充沛。★东方朔曾给汉武帝写了一篇奏章，用了三千片竹简，是由两名~的武士吃力地抬到宫廷里去的。

【身首异处】shēn shǒu yì chù 身子和脑袋分在不同的地方。指被砍头。首：头。★他最终~，成为朝廷内部争斗的牺牲品。

【身体力行】shēn tǐ lì xíng 指亲自体验，努力实践。身：亲自。体：体验。力：尽力。★法律系的学生要走进现实生活，~地去捍卫正义与尊严。

【身外之物】shēn wài zhī wù 身体以外的东西，多指钱财、名利等。表示无足轻重。★钱财都是~，生不带来，死不带走。

【身无长物】shēn wú cháng wù 身上没有多余的东西。形容人清贫或简朴。长（旧读 zhàng）物：多余的东西。★他是一个安贫乐道的教书先生，陋室里除了书桌、卧具，便~了。

【身先士卒】shēn xiān shì zú 原指将帅在作战中亲自带头，冲在前面。现多比喻领导在工作中起带头或表率作用。士卒：古代在战车上的兵叫"士"，步兵叫"卒"。★军长~，率先冲入敌军阵地，被外国记者传为美谈。

【身陷囹圄】shēn xiàn líng yǔ 指被关在牢狱里。囹圄：牢狱，监狱。★许多革命者~而其志不改，仍然设法为党工作。

【身心交瘁】shēn xīn jiāo cuì 身体和精神都处于疲惫不堪的状态。交：并，一齐。瘁：疲惫，劳累。★为了能尽快使全乡农民脱贫致富，王乡长四处奔波，~，最终病倒。

【身在曹营心在汉】shēn zài cáo yíng xīn zài hàn 原指东汉末年，关羽虽暂时身在曹操帐下，心中却想着刘备。后泛指人在此处，心却向着别处。汉：指汉朝。★近年来，一些大学教授"~"，利用手中的专利技术，在外面开办公司。

【莘莘学子】shēn shēn xué zǐ 泛指众多的读书人。莘莘：众多的样子。★今日的~，就是明天的祖国栋梁。

【深不可测】shēn bù kě cè 深得难以测量。常比喻事物复杂深奥，难以揣度。测：测量。★大海向来是神秘的，使人感到~。

【深仇大恨】shēn chóu dà hèn 形容仇恨十分深重。★她出生在被迫害的贫农家庭，对封建社会怀着～。

【深更半夜】shēn gēng bàn yè 指深夜时分。更：古时一夜分五更。深更：指深夜。★～我听见门响了一声，担心是小偷，赶忙推醒爸爸。

【深居简出】shēn jū jiǎn chū 原指野兽潜藏在深山老林中，很少出来。后指人待在家里，很少出门。简：少。★父亲退休以后，～，整天在家里教孙子写字、画画。

【深明大义】shēn míng dà yì 深切懂得为人处事的大道理。多指人能识大体，顾大局。大义：正义，公理。★他～，顾全大局，向国家捐献出了那些珍贵的文物。

【深谋远虑】shēn móu yuǎn lǜ 谋划周密，考虑长远。★这个项目关系到我们公司的兴衰成败，我们要～，不可急躁冒进。

【深情厚谊】shēn qíng hòu yì 深厚的感情和友谊。★那些救灾物资表达了全国人民对灾区人民的～。

【深入骨髓】shēn rù gǔ suí 形容程度极深。★他对旧社会的仇恨～。

【深入浅出】shēn rù qiǎn chū 指阐述的内容很深刻，措辞表达却浅显易懂。★～地把党的方针政策讲给群众听，对一名领导者来说是最起码的素质，也是最基本的要求。

【深入人心】shēn rù rén xīn 指思想、理论、政策等为人们所接受，深受人们的拥护或赞赏。★辛亥革命推翻了清王朝的反动统治，结束了延续两千多年的封建帝制，使“民主共和”的观念从此～。

【深山老林】shēn shān lǎo lín 指荒远偏僻的山岭、森林。★在方圆几百里的～里，据说有一种叫做“野人”的珍奇动物在出没。

【深山幽谷】shēn shān yōu gǔ 幽深的山野峡谷。幽：深。★许多罕见的野花在～默默地开放，又悄悄地凋谢。

【深思熟虑】shēn sī shú lǜ 深入细致地反复思索考虑。熟：仔细。★他处理问题，事先都要经过～，因此从未出现过差错。

【深恶痛绝】shēn wù tòng jué 形容厌恶痛恨到了极点。恶：厌恶。痛：恨。绝：极，顶点。★对于旧社会，鲁迅先生是～的，所以他拿起笔来不断地作无情的讨伐。

【深信不疑】shēn xìn bù yí 完全相信，毫不怀疑。★过分依赖现代科技会导致人惰性的增强，对这一点我～。

【深宅大院】shēn zhái dà yuàn 指庭院深大宽阔，房屋众多。★他的祖父辈是地主，家境优越，住的是～，穿的是绫罗绸缎。

【神不知，鬼不觉】shén bù zhī, guǐ bù jué 比喻行动隐秘，无人察觉。★深夜，他～地回到家中，取了些衣物等就迅速离开了。

【神采飞扬】shén cǎi fēi yáng

形容人精神焕发，富有风采。神采：精神风采。★胜利的豪情使军长~，显得格外年轻。

【神采奕奕】 shén cǎi yì yì 形容精神饱满，容光焕发。也指艺术作品生动传神。神采：精神风采。奕奕：精神焕发的样子。★第六届党代会开幕，来自全省各地各行业的代表们~地步入会场。

【神出鬼没】 shén chū guǐ mò 原比喻用兵灵活神速，变化莫测。后也泛指变化多端，难以捉摸。出：出现。没：消失。★他是一位优秀的侦察员，在敌占区~，敌人无法掌握他的踪迹。

【神工鬼斧】 shén gōng guǐ fǔ 形容技艺高超精妙，非人力之所能及。★奇险峻秀的华山是大自然~的创造，是大自然赐给人类的一份不可多得的丰厚礼物。

【神乎其神】 shén hū qí shén 形容极其神秘或奇妙。也指故弄玄虚而显得神秘。神：神妙，神秘。乎：语气助词，表示感叹。★一些公司把自己的产品吹得~，以此来吸引消费者购买。

【神魂颠倒】 shén hún diān dǎo 精神恍惚，颠三倒四，失去常态。形容人迷着魔已到失态的程度。★一些中小学生被网上游戏迷得~，有时为了能玩游戏甚至去公开抢劫。

【神机妙算】 shén jī miào suàn 神奇的心智，巧妙的谋划。形容善于洞察情势，策略高明。神机：神奇的心机。算：计划，筹谋。★诸葛亮~，料事如神，是历史上有名的“智多星”。

【神交已久】 shén jiāo yǐ jiǔ 指没见过面，但彼此精神上相通，倾慕已久。神交：精神上的交往。★我们虽然从未谋面，但彼此~。

【神经错乱】 shén jīng cuò luàn 通常指犯精神病。★长期的家庭暴力使她~，最终被送进了精神病院。

【神经过敏】 shén jīng guò mǐn 本指神经系统的感觉机能异常敏锐的症状。现喻指多疑，好大惊小怪。★也许是我~，总觉得刚来的那个人有点问题。

【神经兮兮】 shén jīng xī xī 指神经不正常的样子。★瞧你~的，有什么重要事情吗？

【神秘莫测】 shén mì mò cè 形容非常神秘，让人捉摸不透。测：推测，猜想。★随着科学技术的不断发展，~的大自然也逐渐揭开了她神秘的面纱。

【神气活现】 shén qì huó xiàn 形容自命不凡、得意扬扬的样子。神气：得意或傲慢的样子。活现：逼真地表现出来。★不要那么~的，不就是考了个第一名吗。

【神气十足】 shén qì shí zú 形容十分得意或傲慢的样子。★他在外面~，在家里却低三下四。

【神清气爽】 shén qīng qì shuǎng 形容人头脑清醒，精神爽快。★漫步在美丽的青岛，微风拂过，清新的空气令人～。

【神情恍惚】shén qíng huǎng hū 形容人神志不清，心神不定。神情：精神，思绪。恍惚：不清明，不稳定。★她长期生活在家庭暴力的恐怖之中，已露病态，常常是～，两眼呆滞。

【神色怡然】shén sè yí rán 形容神情愉快平静的样子。神色：神情。怡然：高兴快乐的样子。★村民的生活一年比一年好，小孩们欢蹦乱跳，老人们～。

【神色自若】shén sè zì ruò 形容在危急情况或重大事情面前，神情镇定自然。神色：神情。自若：像平常一样。★敌人已到门口，他还是～，从容安排，最终敌人没有看出任何破绽。

【神通广大】shén tōng guǎng dà 指本领特别大。神通：原为佛教用语，指无所不能的法术。后泛指高明奇妙的本领。★他～，项目经费的申请交给他去完成肯定没有问题。

【审时度势】shěn shí duó shì 仔细地观察、研究现状，估计形势的发展变化。审：仔细考察。时：时势。度：揣度，估计。★我们每一个人都要～，跟上时代前进的步伐。

【甚嚣尘上】shèn xiāo chén shàng 原指军营中人声喧嚣、尘土飞扬的忙乱状态。后形容消息盛传，议论纷纷。现也形容反动势力气焰嚣张。甚：很，极。嚣：喧闹。尘上：尘土上扬。★在20世纪80年代中期，伪科学的宣传大张旗鼓，～。

【慎始慎终】shèn shǐ shèn zhōng 从开始到结束都很小心谨慎。★我们做任何事情都要严肃认真，～。

【慎终如始】shèn zhōng rú shǐ 事情结束时要像开始时那样谨慎。指从头到尾都应小心谨慎。慎：谨慎。终：结束。★党员干部应当～，不能工作一辈子晚节不保。

【升堂入室】shēng táng rù shì 登上厅堂，进入内室。原比喻学习所达到的程度有深有浅。后比喻人在学问或技艺方面达到很高的境界。升：登上。堂：厅堂，古代宫室的前屋。室：内室，古代宫室的后屋。★王教授学识渊博，见解过人，是一位～的著名学者。

【生搬硬套】shēng bān yìng tào 指不从实际出发，生硬地搬用别人的理论、经验、方法等。生：生硬。★外来的经验不能～，要经过改造以适应本地的需要。

【生不逢时】shēng bù féng shí 出生后没有遇上好时候。时：时机，世道。★她满腹才学而～，年纪轻轻就被万恶的旧社会夺去了生命。

【生财有道】shēng cái yǒu dào 开辟财源有门路。道：方法，门路。★这里的农民～，把竹子加工成各种工艺品运往城里销售。

【生动活泼】shēng dòng huó pō 形容富有生气活力，不呆板。★今天下午，李老师给我们上了一堂~的语文课。

【生机勃勃】shēng jī bó bó 形容生命力旺盛，充满活力。生机：生命力，活力。勃勃：旺盛的样子。★古镇有一株几百年的菩提古树，要四五个人才能合抱，满树绿叶葱茏，~。

【生拉硬扯】shēng lā yìng chě 形容用力拉扯，强迫人听从自己。也比喻牵强附会。★你不要~了，这两件事根本没有关系。

【生老病死】shēng lǎo bìng sǐ 指出生、衰老、疾病、死亡。佛教认为是人生所必经的四“苦”。后泛指社会生活中生育、养老、医疗、殡葬之事。★~是人必经的生命周期，谁都不可避免。

【生离死别】shēng lí sǐ bié 活着分离就像死后永别那样。形容很难再见面的悲痛别离。★旧社会，遇上战乱或灾荒年月，穷人被迫卖儿卖女，四处逃荒，尝够了~的滋味。

【生灵涂炭】shēng líng tú tàn 指老百姓处于极端困苦的境地。生灵：指百姓。涂炭：沼泥和炭火。比喻困苦的境地。★军阀混战时期，社会动荡，~，民不聊生。

【生龙活虎】shēng lóng huó hǔ 像龙、虎那样富有活力。比喻矫健有力，充满生气活力。★这些年轻学生，个个~，朝气蓬勃。

【生气勃勃】shēng qì bó bó 形容充满活力，富有朝气。生气：生命力，朝气。勃勃：旺盛的样子。★春天来了，到处呈现出一派~的景象。

【生擒活捉】shēng qín huó zhuō 指把对手活着捉拿过来。擒：捉。★刑侦队员凭借过硬的本领，将犯罪分子~。

【生杀予夺】shēng shā yǔ duó 指对人的生命财产任意处置。生：让人活。杀：让人死。予：给予。夺：剥夺。★奴隶社会，奴隶主对奴隶有着~的权力。

【生生不息】shēng shēng bù xī 指一切事物新陈代谢，永不停息。生生：万物不断滋生。息：停止。★~的大自然，是人类赖以生存和发展的重要环境。

【生死不渝】shēng sǐ bù yú 无论是活着还是死了都不改变。形容对理想信念、友谊盟约等忠贞不移。渝：改变。★影片《梁山伯与祝英台》讲述的是梁祝二人真挚深切、~的爱情故事。

【生死存亡】shēng sǐ cún wáng 生存或者死亡。也比喻事关重大或情势极其危急。★在中华民族~的紧要关头，中国共产党领导全国人民坚持抗战，打败了日本帝国主义。

【生死关头】shēng sǐ guān tóu 指关系到生存或灭亡的关键时刻。★一个人在~，能够保全他人而不顾自己，实在是难能可贵的。

【生死攸关】shēng sǐ yōu guān 关系到生存或死亡。形容事情或情势极为重要关键。攸：所。★遵义会议是中国共产党历史上一个~的转折点。

【生死与共】shēng sǐ yǔ gòng 同生共死。形容友谊或感情极为深厚。★我们肝胆相照，~，是最亲密的战友。

【生死之交】shēng sǐ zhī jiāo 指同生共死的朋友或友谊。★我与他是~，情同骨肉。

【生吞活剥】shēng tūn huó bō 比喻生硬地接受、模仿或搬用他人的理论、方法、经验等。★读古书绝不能~，而要知人论世，借鉴它有益的东西。

【生意盎然】shēng yì àng rán 形容生命力旺盛，富有活力。生意：生命力，活力。盎然：盈溢的样子。★公园里~，一派生机勃勃的样子。

【生于忧患，死于安乐】shēng yú yōu huàn，sǐ yú ān lè 忧患能磨炼人，使人发奋，因而得生；安乐使人沉沦怠惰，因而致死。★越王勾践卧薪尝胆的故事，深刻地揭示了~的真理。

【声东击西】shēng dōng jī xī 表面声张着去攻打东边，实际上却去攻打西边。指军事上给对方制造错觉而出奇制胜的一种策略或方法。也形容言行等变化莫测。声：声张。★游击队灵活作战，~，打得敌人晕头转向。

【声价十倍】shēng jià shí bèi 名誉和地位陡然提高很多倍。声价：名声和地位。★这件球衣一经球星之手，立刻就~了。

【声泪俱下】shēng lèi jù xià 边诉说边流泪。形容十分哀伤悲切。俱：一起。★她~地诉说着自己的不幸遭遇，博得了在场观众的极大同情。

【声名狼藉】shēng míng láng jí 形容名誉极坏。声名：名声，名誉。狼藉：也作“狼籍”。传说狼群垫草而卧，起来时把草踏乱以消灭痕迹。引申指杂乱不堪。★因为偷税漏税，他在商界~。

【声名鹊起】shēng míng què qǐ 形容名声一下子提高了很多。鹊起：像鹊一样惊起。比喻突然崛起。★魏老师这几年创作了许多优秀作品，在美术界~。

【声情并茂】shēng qíng bìng mào 形容演唱、朗诵等音色浑圆优美，感情真挚充沛。茂：美好。★在昨天的晚会上，他~地朗诵了一首莎士比亚的诗。

【声如洪钟】shēng rú hóng zhōng 形容说话声音洪亮。★我们的课外辅导员是一位老红军，虽已年过八十，说话依然~。

【声色俱厉】 shēng sè jù lì 说话的声音和脸色都很严厉。厉：严厉，严肃。★记忆中，爷爷总是一副～的样子。

【声色犬马】 shēng sè quǎn mǎ 形容纵情享乐、荒淫无耻的生活。声色：指歌舞和美色。犬马：指养狗和骑马。★十几年来，这位富家公子一直过着～的生活。

【声势浩大】 shēng shì hào dà 形容声威和气势十分盛大。★新年伊始，边区人民展开了一场～的打击走私的斗争。

【声嘶力竭】 shēng sī lì jié 声音嘶哑，力气用尽。形容人拼命叫喊呼号。嘶：哑。竭：尽。★儿子被土匪掠去，母亲在后面哭得～。

【声威大震】 shēng wēi dà zhèn 名声和威望广泛传扬，使人大为震惊。震：也作"振"。★28岁那年，他被华盛顿大学任命为物理学专业负责人，从此在学术界～。

【绳锯木断，水滴石穿】 shéng jù mù duàn，shuǐ dī shí chuān 绳能锯断木头，水能滴穿石头。比喻力量虽然单薄，但只要坚持不懈，再艰巨的事情也能完成。也比喻小问题日积月累，也会酿成大问题。★～。只要我们持之以恒，就能够完成这项艰巨的任务。

【绳之以法】 shéng zhī yǐ fǎ 用法律进行约束和制裁。绳：制裁，约束。★他不顾国家的三令五申，顶风而上，最终被～。

【省吃俭用】 shěng chī jiǎn yòng 指生活上节约、简朴。★他～，把积攒下来的钱全部用来买书。

【圣人千虑，必有一失】 shèng rén qiān lǜ，bì yǒu yī shī 即使是圣人对问题经过缜密考虑，也还会出现差错。圣人：旧指品格最高尚、智慧最高超的人。★俗话说，～，更何况我们普通老百姓呢！

【圣人无常师】 shèng rén wú cháng shī 圣人没有固定的老师。指无论谁有某种长处，都应该向他学习。圣人：旧指品格最高尚、智慧最高超的人。常：永久的，固定的。★我们要善于从周围的人身上学习他们的长处，所谓～。

【胜败乃兵家常事】 shèng bài nǎi bīng jiā cháng shì 胜利或失败是用兵打仗之人经常遇到的事。兵家：用兵的人。★～，这次失败算不得什么，我们要重整旗鼓，从头再来。

【胜不骄，败不馁】 shèng bù jiāo，bài bù něi 胜利了不骄傲，失败了不气馁。馁：丧气。★我们应当～，再接再厉，勇往直前。

【胜造七级浮屠】 shèng zào qī jí fú tú 比修建七层宝塔的功德还要大。形容功德无量。胜：超过。浮屠：宝塔（埋葬佛骨的地方）。

旧时认为造塔是件积功德的好事。★为广大失学儿童捐资助学，使他们得以重返校园，是件功德无量的大事，~。

【盛极一时】 shèng jí yī shí 在某个时期内特别兴盛。★词这种文学体式，在宋代曾经~。

【盛况空前】 shèng kuàng kōng qián 盛大热烈的状况以前从来没有过。形容场面十分热烈盛大。空前：前所未有。★今天的招聘会~，来自全国的招聘单位达到几千家。

【盛名之下，其实难副】 shèng míng zhī xià，qí shí nán fù 盛大的名气和实际情况并不相称。指名过其实。盛：盛大。副：符合，相称。★这位歌坛新秀被媒体炒作得神乎其神，实际上则是~。

【盛气凌人】 shèng qì líng rén 指骄横傲慢，气势逼人。盛气：骄横傲慢的气势。凌：侵犯，欺侮。★研讨会上，他一副~的样子，让人看了厌烦。

【盛情难却】 shèng qíng nán què 对人非常热情，令人难以拒绝。却：推辞，拒绝。★新来的外教请大家参加她的生日舞会，我们虽然和她不太熟，但~，还是高兴地去了。

【盛衰荣辱】 shèng shuāi róng rǔ 兴盛、衰落、荣耀、屈辱。指人事上的各种变化或不同境遇。★在任何时代，教育对社会的维系与发展都起着重要作用，甚至关系到国家民族的~、生死存亡。

【尸横遍野】 shī héng biàn yě 野外到处都是杂乱横躺的尸体。形容死的人极多。横：杂乱。★他率领部队杀得敌人~，血流成河。

【尸位素餐】 shī wèi sù cān 指空占着职位，不做事而吃白饭。也用于自谦未尽职责。尸位：尸，主管，执掌。占着职位却不做事。素餐：素，空。不劳而食，白吃。★我期盼的是一个简洁高效的政府，而不愿看到政府人浮于事，~。

【失败乃成功之母】 shī bài nǎi chéng gōng zhī mǔ 失败是成功的先导或基础。意谓善于从失败中吸取经验教训才能成功。母：先导。★~，发明家爱迪生的成功就是建立在无数次失败的基础之上的。

【失道寡助】 shī dào guǎ zhù 违背道义就会缺少支持和援助，陷入孤立状态。道：道义。寡：少。★得道多助，~，人民的支持和拥护是党的事业取得成功的重要前提。

【失而复得】 shī ér fù dé 失去后又重新得到。★上个月我把父亲送给我的生日纪念金表丢失了，今天~，不禁喜出望外。

【失魂落魄】 shī hún luò pò 形容因惊慌、恐惧等而精神恍惚、神志不清的样子。★父亲去世后的很长一段时间里，母亲终日～，茶饭不思。

【失之东隅，收之桑榆】shī zhī dōng yú, shōu zhī sāng yú 比喻在某一时候或地方遭受了损失，在另一时候或地方得到补偿。东隅：指日出处；也指早晨。桑榆：落日余光照在桑树、榆树的尖端，指日落处；也指日暮。★这次出门虽然没有赚到钱，却结识了许多商界的朋友，正所谓～。

【失之毫厘，谬以千里】shī zhī háo lí, miù yǐ qiān lǐ 形容极细小的差错，会造成极严重的后果。失：过失，错误。毫厘：也作"豪厘"。极小的长度和重量单位，十丝为一毫，十毫为一厘。谬：差误。★～，建筑设计要特别精细。

【失之交臂】shī zhī jiāo bì 指当面错过或失去好机会。交臂：指擦肩而过。★这是一个千载难逢的好机会，千万不要～。

【失足落水】shī zú luò shuǐ 脚未站稳而掉到水里。也比喻受诱骗而犯下错误。失足：行走时不小心跌倒，比喻失败、堕落。★小男孩～，被一位大学生救起。

【师出无名】shī chū wú míng 出兵打仗没有正当的理由。也比喻做事没有正当理由。师：军队。名：名义，引申为理由。★公司可以进行改革，但不能～，否则可能会遇上很多阻力。

【师出有名】shī chū yǒu míng 出兵打仗有正当理由。也比喻行事有正当的理由。师：军队。名：名义，引申为理由。★我军是正义之师，～，一定能获得胜利。

【师道尊严】shī dào zūn yán 指老师的地位、学术，尊贵而庄严。★为了图一己私利，他连～都不顾了，真是大逆不道。

【师心自用】shī xīn zì yòng 指固执己见，自以为是。师心：以自己的心意为师。自用：凭自己的主观意识行事。★你要多听听别人的意见，不要再～了。

【师直为壮】shī zhí wéi zhuàng 指出兵理由正当，因而斗志旺盛，战斗力强。师：军队，引申为出兵。直：正当，有理。壮：雄壮，强盛。★～，我人民战争必将取得最后的胜利。

【诗礼之家】shī lǐ zhī jiā 旧指世代讲究儒家诗教、礼教的书香人家。诗：指《诗经》。礼：指《周礼》、《仪礼》、《礼记》。★《红楼梦》所描写的贾家，实际上就是所谓的"～"和"百年望族"的封建贵族家庭的代表。

【诗情画意】shī qíng huà yì 形容文艺作品情景交融，优美动人。也形容景色富有诗画一般的美好意境。★这里呈现出一派田园风光，充满～。

【诗以言志】shī yǐ yán zhì 用诗歌来表达作者的思想和志趣。言：

说，表达。志：志趣。★～，从这篇作品中可以明显看出作者的思想情怀。

【诗意盎然】 shī yì àng rán 形容充满了像诗中所表达的那种能给人以美感的意境。盎然：旺盛的样子。★西湖美景～，令人流连忘返。

【诗中有画，画中有诗】 shī zhōng yǒu huà，huà zhōng yǒu shī 形容诗画形象逼真，意境优美。★王维作诗绘画皆工，成就很高，苏东坡称其～。

【十八般武艺】 shí bā bān wǔ yì 原指中国古代刀、枪、剑、戟等18种兵器。后用以泛指传统的各种武器的使用技艺。也比喻各种技能。般：样式，种类。★他有～，是位难得的人才。

【十八层地狱】 shí bā céng dì yù 比喻最黑暗、最苦难的境地。也比喻最低的等级。地狱：指人死后灵魂受煎熬的地方。★妻子、儿子在不到一个月的时间内相继去世，他仿佛一下子掉进了～。

【十恶不赦】 shí è bù shè 形容罪大恶极，不能饶恕。十恶：中国封建王朝规定的十种最严重的罪行，即谋反、谋大逆、谋叛、恶逆、不道、大不敬、不孝、不睦、不义、内乱。赦：赦免，饶恕。★对那些～的犯罪分子，必须依法严惩，绝不能有丝毫的姑息和宽容。

【十里洋场】 shí lǐ yáng chǎng 指从鸦片战争后到解放前的上海。也泛指繁荣的市场。十里：表示面积很大。洋场：指帝国主义曾在我国某些口岸和城市所霸占的租界。★上海被称为～，是中国近代最繁华的城市。

【十面埋伏】 shí miàn mái fú 指四面八方都布下重重埋伏。★敌人中了我们的～，只得乖乖投降。

【十拿九稳】 shí ná jiǔ wěn 形容做事很有把握。★中国跳水队在奥运会上夺取金牌的希望很大，但并非～。

【十年寒窗】 shí nián hán chuāng 指长期埋头苦读。★经过～，他终于科考中第，做了举人。

【十年树木，百年树人】 shí nián shù mù，bǎi nián shù rén 培植树木需要十年，培育人才需要百年。比喻培养人才是长远之计。也指培养人才不容易。树：培植，培育。★培养人才是一个长久的工程，所谓～。

【十全十美】 shí quán shí měi 各方面都很完美。形容完美无缺。★世界上没有～的人，也没有～的事。

【十室九空】 shí shì jiǔ kōng 十户人家就有九户空无所有。形容由于灾祸、战乱、暴政等造成的贫困、流离或死亡的凄凉景象。室：人家。★中原大战结束后，老百姓～。

【十万八千里】 shí wàn bā qiān

lǐ 形容距离很远或差距很大。★这篇作文离题～，我给他判了个零分。

【十万火急】shí wàn huǒ jí 旧时急递文书常用的批语。后用来形容事情极为紧急。★京广线铁轨断裂，情况～，铁路局连夜组织力量抢修。

【十指连心】shí zhǐ lián xīn 十个手指与心相连。十个指头碰伤哪一个都会觉得疼痛刺心。常用以比喻骨肉一体的亲密关系。★～，母亲对自己的每一个儿女都是十分疼爱的。

【十字街头】shí zì jiē tóu 指纵横交叉的热闹街口。★站在～，她不知道该往哪里去。

【十字路口】shí zì lù kǒu 两条路纵横交错的地方。也比喻需要作出抉择的境地。★她正处在人生的～，不知道该作出怎样的抉择。

【石沉大海】shí chén dà hǎi 像石头掉到大海里一样。比喻不见踪影或杳无音信。★他的投稿几乎都～，但这并没有影响他对写作的热爱。

【石破天惊】shí pò tiān jīng 原形容箜篌声音激越，有惊天动地之势。后也泛指诗文、议论或事件等奇异惊人。★小镇掉下一块陨石，此事～，激起层层波澜。

【时不我待】shí bù wǒ dài 时间不等待我们。表示要抓紧时间。★青年人应该抓紧时间学习，～，只有把握住了现在，才能有美好的未来。

【时不再来】shí bù zài lái 指时机错过了就不会再来。意谓办事要抓紧时机。时：时机，时运。★机不可失，～，这个机会你一定要好好把握。

【时乖命蹇】shí guāi mìng jiǎn 指时运不济，处境艰难。时：时机。乖：违背。命：运气。蹇：不顺利。★～，近两年来，他一直四处流亡，毫无所获。

【时过境迁】shí guò jìng qiān 随着时间的推移，境况也随之发生变化。境：境况，境遇。迁：改变。★10 年前这里还是一片贫民区，～，如今已是一条繁华的商业街。

【时来运转】shí lái yùn zhuǎn 时机来了，坏运气也跟着转变为好运气。★40 岁以后，仿佛突然间～，小店的生意一下子红火起来。

【时移俗易】shí yí sú yì 时代变了，社会的风俗习惯也随之变化。移、易：改变，变化。★～，30 年前男女老少都崇尚穿绿色军装，如今人们的衣着却是五彩缤纷的了。

【时隐时现】shí yǐn shí xiàn 有时隐没，有时出现。形容事物忽明忽暗，不明朗。隐：隐没。现：出现。★远处树林间人影～，让人看了心惊胆战。

【时运不济】shí yùn bù jì 指时机和运气都很差。济：帮助，补益。★因～，他的仕途一直非常不顺。

【识时务者为俊杰】shí shí wù zhě wéi jùn jié 能认清当前大事或时代潮流的人才是杰出的人。时务：当时的大事或形势。俊杰：杰出的人物。★～，我看你还是辞职别干了吧。

【识文断字】shí wén duàn zì 指人有一定的文化知识。断：判定。★他念过两年书，～，这事可以交给他办。

【实事求是】shí shì qiú shì 原指真诚地依据事实以探求古书真义。后多表示从实际情况出发正确处理问题。★我们对待任何问题都应该～，既不能隐瞒，也不能夸大。

【实心实意】shí xīn shí yì 指真心真意。★他是～地向你道歉，你就不要再难为他了。

【拾金不昧】shí jīn bù mèi 拾到钱财不隐藏起来据为己有。金：泛指钱财。昧：隐藏。★出租车司机～，把乘客丢的钱包交给了失主。

【拾人牙慧】shí rén yá huì 比喻袭用别人的陈言，没有自己的创见。牙慧：原指言外的理趣，后用以指旧有的观点或说法等。★诗文贵在创新，那些～的文章毫无价值。

【拾遗补阙】shí yí bǔ quē 原指帮助君主纠正过失，补救缺漏。也指补录著述中资料、文辞上的缺漏。遗：遗漏。阙：缺失，过错。★～是文献整理中一项十分细致、颇见功力的工作。

【食不二味，居不重席】shí bù èr wèi，jū bù chóng xí 吃饭不吃两样菜肴，居坐不铺双层垫席。形容生活俭省朴素。二味：两种味道，指有两样菜肴。居：坐。重席：双层垫席。★他虽然很富有，生活却非常简朴，～。

【食不甘味，寝不安席】shí bù gān wèi，qǐn bù ān xí 吃饭没滋味，睡觉不安神。形容心中有事，昼夜焦躁不安。甘味：指美好滋味。寝：睡觉。★群众有困难，他牵肠挂肚，～。

【食不果腹】shí bù guǒ fù 填不饱肚子。表示生活贫困。果腹：吃饱肚子。★战乱时代，老百姓常常～，衣不蔽体，生活困顿。

【食不厌精，脍不厌细】shí bù yàn jīng，kuài bù yàn xì 粮食舂得越精越好，鱼肉切得越细越好。原形容对饮食十分讲究。后也用以比喻学习要精益求精。厌：满足。精：精细。脍：切细的鱼肉。★～，这本书你还要细看。

【食而不化】shí ér bù huà 吃了却消化不了。比喻对所学知识理解得不深不透，不能融会贯通。食：吃。化：消化。★学习任何东西都要做到真正理解，不能～。

【食古不化】shí gǔ bù huà 指机械地学习古代的东西，不能真正理解运用。★他是一个～的人，爱用文言却常常用错。

【食之无味，弃之可惜】shí zhī wú wèi，qì zhī kě xī 吃它没什么滋味，丢弃它又觉得可惜。《三国志·魏书·武帝纪》裴松之注引《九州春秋》记载，东汉末，曹操率军攻打汉中，与刘备相持几月见无机可乘，决定班师回朝。他给军中下达“鸡肋”的口令，主簿杨修听后立即明白了曹操要退兵，人问其故，修曰：“夫鸡肋，弃之如可惜，食之无所得，以比汉中，知王欲还也。”后用以比喻事物价值不大却又不忍丢弃。★这个项目～，公司一时拿不定主意。

【史不绝书】shǐ bù jué shū 史书上不断有记载。意指历史上经常发生这类事情。绝：断绝。书：书写。★中国历史上外戚、宦官乱政之事，～。

【史无前例】shǐ wú qián lì 历史上从来没有过先例。表示前所未有。★这次“非典”病毒的传播速度之快、传播范围之广和危害之大，都是～的。

【矢口抵赖】shǐ kǒu dǐ lài 指在事实面前进行狡辩，一口否定所犯的过失或罪行。矢口：发誓。抵赖：拒不承认事实。★开始审讯时，犯罪嫌疑人对犯罪事实～。

【矢口否认】shǐ kǒu fǒu rèn 指一口咬定，坚决不承认。矢口：发誓。★在法庭上，他～自己参与了贩毒活动。

【矢志不移】shǐ zhì bù yí 发誓立志，决不改变。形容志向坚定，毫不动摇。矢：发誓。移：动摇，改变。★虽然山区条件很差，但他依然～地在教育园地里辛勤耕耘。

【始料不及】shǐ liào bù jí 指开始没有料想到。料：料想，估计。及：到。★这部电影能够在全国范围内受到如此热烈的欢迎，是导演～的。

【始终不懈】shǐ zhōng bù xiè 自始至终都不松懈。懈：放松，怠慢。★一个人不仅要有生活的信念，还要有对这种信念～的追求精神。

【始终不渝】shǐ zhōng bù yú 自始至终都不改变。表示执著或坚定。渝：改变。★无论国际局势如何改变，中国都将～地奉行独立自主的和平外交政策。

【始终如一】shǐ zhōng rú yī 从开始到结束都一样。形容能坚持到底。★他～地坚定自己的共产主义信仰，并为之奋斗不息。

【始作俑者】shǐ zuò yǒng zhě 最初制作俑的人。比喻坏事或恶劣风气的开创者。始：起初。俑：古代用于殉葬的土制或木制人像。★利用现代科技手段进行考场作弊，他是～。

【士别三日，当刮目相看】

shì bié sān rì, dāng guā mù xiāng kàn 士人分别三天，就应当另眼看待。《三国志·吴书·吕蒙传》裴松之注引《江表传》记载，东吴大将吕蒙作战英勇而学识浅薄，孙权劝其读书，吕蒙学问日进，鲁肃惊叹其非当年之“吴下阿蒙”，吕蒙自称：“士别三日，即更刮目相看。”后用以形容分别后进步很快，不能用老眼光看人。士：古时对男子的美称。刮目：擦拭眼睛，表示去掉老眼光。★～。他这次从省城回来，人变得精神了，眼界也开阔了许多。

【世代书香】 shì dài shū xiāng 世代都有读书的习尚。表示世代都是读书人。书香：古人用芸香草防止藏书生蠹。故用以指读书风气。★他家～，传到他这一代却出了个将军。

【世代相传】 shì dài xiāng chuán 指世世代代递相传延。★这些至理名言～，教育了一代又一代人。

【世代簪缨】 shì dài zān yīng 指家中接连几代都有人做大官。簪缨：簪和缨，古代达官贵人的冠饰。★他家～，到他父亲手里，家道逐渐败落。

【世道人心】 shì dào rén xīn 泛指世风和人情。世道：指社会风气。人心：指人的道德观念、心理状态。★当官为政，要对得起～。

【世风日下】 shì fēng rì xià 社会风气一天比一天坏。世风：指社会风气。★老年人看不惯年轻人的许多生活方式，常常感叹～。

【世上无难事，只怕有心人】 shì shàng wú nán shì, zhǐ pà yǒu xīn rén 表示只要下定决心，就没有克服不了的困难。★～，数学家陈景润几十年如一日，刻苦攻关，终于攀登上了世界数学高峰。

【世态炎凉】 shì tài yán liáng 指富贵得势时受人奉承，贫贱失势时遭人冷落的世俗态度。世态：指社会上人对人的态度。炎凉：冷暖，即热情和冷淡。★直到退休以后，他才对～有了深刻的体悟。

【世外桃源】 shì wài táo yuán 东晋文学家陶潜《桃花源记》虚构的一个与世隔绝、生活安乐的美好社会。后用以比喻与外界隔绝的幽静美好之处或幻想中的美好世界。★当今社会没有～，每一个人都应当积极投入改革开放的洪流中去。

【世异时移】 shì yì shí yí 社会变化了，时代不同了。移：改变。★～，当年炙手可热的供销系统，如今已逐渐被人遗忘了。

【市井无赖】 shì jǐng wú lài 泛指社会上游手好闲、品行不端之人。市井：街市。无赖：指放刁撒泼的人。★吴大妈在集市上摆了个冷饮摊，一些～常来找麻烦。

【事半功倍】 shì bàn gōng bèi 形容费力小而收效大。★冬季水稻病虫处于休眠状态，如果抓住这个有利时机进行防治，就可取得~的效果。

【事倍功半】 shì bèi gōng bàn 形容费力大而成效小。★做任何事情都要讲究科学的方法，否则可能~，也可能南辕北辙。

【事必躬亲】 shì bì gōng qīn 凡事一定亲自去做。躬亲：亲自。★马处长工作踏实深入，~，深得群众的拥护。

【事不关己，高高挂起】 shì bù guān jǐ, gāo gāo guà qǐ 事情与自己无关，就把它搁置一边，不去过问。★这是你单位的事情，你怎么能~呢？

【事不过三】 shì bù guò sān 同样事情的发生，不能超过三次。★~，这次交手我们一定要拿下比赛。

【事不宜迟】 shì bù yí chí 事情不可以被拖延。指有事情就应该马上去做。宜：可以，应该。迟：推迟，拖延。★他伤势非常严重，~，赶快送往医院！

【事出无奈】 shì chū wú nài 事情出于无可奈何。指迫不得已，只好这样做。★他卖掉了刚刚买的手提电脑，实在是~。

【事出有因】 shì chū yǒu yīn 事情的发生是有原因的。★他这样做肯定~，我们不应该误解他。

【事到临头】 shì dào lín tóu 事情已落到头上。形容事情紧迫。★~，你怎么又改变主意了。

【事关重大】 shì guān zhòng dà 指事情关系到根本或全局。★这件事~，我们不能有丝毫的大意。

【事过境迁】 shì guò jìng qiān 事情已经过去，境况也改变了。境：境况。迁：改变。★~，原先想把那件事写成小说的念头逐渐打消了。

【事后诸葛亮】 shì hòu zhū gě liàng 比喻事情发生后才出谋划策。也比喻自称有先见之明的人。诸葛亮：三国时蜀汉政治家、军事家，以足智多谋著称。★做事要谋划在先，不要做~。

【事实胜于雄辩】 shì shí shèng yú xióng biàn 事实比强有力的辩论更有说服力。雄辩：强有力的辩论。★~，没有中国共产党就没有新中国是一条颠扑不破的真理！

【事无巨细】 shì wú jù xì 事情无论大小。指大大小小各种事情。★研究所~，所长都要操心。

【事与愿违】 shì yǔ yuàn wéi 事物的客观发展与自己的主观愿望相违背。表示事情不能称心如意。★本指望他用了偏方以后病情能有所好转，哪知~，病情反倒加重了。

【事在人为】 shì zài rén wéi 事情的成败好坏，全在于人是否努力去做。为：做。★～，只要你努力，这项任务一定能胜利完成。

【势不得已】 shì bù dé yǐ 迫于形势，只能如此。★他逼得紧，我把那件事告诉他，实在是～。

【势不可当】 shì bù kě dāng 来势迅猛，无法抵挡。当：阻挡，抵挡。★农民运动就像千军万马，向残余的封建势力猛杀过去，～。

【势不两立】 shì bù liǎng lì 情势上双方不能并存。形容对立双方矛盾极其尖锐。势：形势，情势。立：存在。★“二战”以后，世界格局以社会制度来划分，形成了～、以消灭对方为最终目标的两大敌对阵营。

【势单力薄】 shì dān lì bó 势力单薄，力量微弱。★我们～，不能硬拼，只可智取。

【势均力敌】 shì jūn lì dí 双方势力相当，不分上下。均：也作“钧”。相等。敌：相当。★参加决赛的两个队～，胜负很难预测。

【势如累卵】 shì rú lěi luǎn 形容形势十分危急。累卵：一层层堆积起来的蛋。★～，我们必须立即采取行动。

【势如破竹】 shì rú pò zhú 势头就像用刀劈开竹子一样。比喻形势顺利向前发展，不可阻挡。★起义军～，节节胜利，最终夺取了政权。

【势在必行】 shì zài bì xíng 事态发展的趋势表明一定要这样做。行：做，实行。★现实表明，政府机构改革已是～。

【视而不见，听而不闻】 shì ér bù jiàn, tīng ér bù wén 看什么却看不见，听什么却听不到。原形容“道”的精微，非耳目所能感知。后用以形容不重视，不在意。★这位班主任对后进学生态度冷漠，对他们学习、生活中的诸多问题常常是～。

【视如寇仇】 shì rú kòu chóu 把对方看作盗匪仇敌一样。形容极端仇恨对方。寇仇：仇敌。★原先那么友好的两家公司，如今却为利益之争而彼此～。

【视如土芥】 shì rú tǔ jiè 看作泥土和小草一样轻贱。形容极端鄙视。土芥：泥土和小草。★封建统治者把普通老百姓～，任意欺凌践踏。

【视若路人】 shì ruò lù rén 形容对待亲人、熟人像对待陌生人一样十分冷淡疏远。路人：路上不相识的人。★许多人对门而居不相往来，迎面而过～，这样便很难形成良好的邻里关系。

【视死如归】 shì sǐ rú guī 把死看作回家一样。形容大义凛然，不怕牺牲。★面对敌人的严刑拷打，他坚强不屈，～。

【视为儿戏】 shì wéi ér xì 把事情看成像小孩子闹着玩一样。比喻对待事情不严肃、不认真。★他们都是有血有肉的生命，你怎么能将他们的生死～呢？

【视为畏途】shì wéi wèi tú 看成是危险可怕的道路。也比喻把事情看得极为困难可怕，不敢去做。★她自从第一次爱情受挫后，一直将恋爱～。

【视为知己】shì wéi zhī jǐ 看作是彼此了解、交情很深的朋友。知己：彼此相知，情谊深厚。★他把我～，有什么心里话总是第一个对我说。

【拭目以待】shì mù yǐ dài 擦亮眼睛等待着。形容殷切期望或等待某件事情的实现。拭：擦。★究竟谁能在这次世界杯上夺取冠军？让我们～。

【是非颠倒】shì fēi diān dǎo 硬把对的说成错的，把错的说成对的。★在那个特定的年代，～的事很多，造成了许多冤假错案。

【是非曲直】shì fēi qū zhí 正确与错误，无理和有理。泛指对事物的评断。曲直：指无道理和有道理。★仅凭自己的主观愿望去判断～，容易得出错误的结论。

【是非之地】shì fēi zhī dì 指容易惹麻烦的地方。★我们得赶紧离开这个～，免得引火烧身。

【是可忍，孰不可忍】shì kě rěn，shú bù kě rěn 如果这都可以容忍，还有什么不可以容忍！表示绝对不能容忍。是：这个。孰：什么。★日本侵略者在中国大地上烧杀抢掠，罪恶滔天，～！

【适得其反】shì dé qí fǎn 指结果与期望正好相反。适：正，恰好。★做事情如果太心急，结果往往是～。

【适可而止】shì kě ér zhǐ 到了适当的程度就停止。指不过分，留有余地。★体育锻炼要～，过于剧烈的运动非但对身体没有好处，反而可能造成伤害。

【恃才傲物】shì cái ào wù 仗着自己才高而目空一切。恃：依仗。物：指自己以外的一切众人。★这位年轻人确实有才，但总是～的，让人很难与他相处。

【恃才放旷】shì cái fàng kuàng 仗着自己才高，言行放荡不羁。恃：依仗。放旷：放荡。★杨修～，多次触犯曹操，最终被杀。

【恃强凌弱】shì qiáng líng ruò 倚仗势力强大欺压弱小。恃：倚仗。凌：欺压。★他招揽了一帮人，在深山里安营扎寨，～，打家劫舍，做起了山大王。

【逝者如斯】shì zhě rú sī 时光像流水一样不停地流逝。常用以感叹时光流逝。斯：这。★～，转眼又是一个春秋。

【舐犊之爱】shì dú zhī ài 母牛常舔小牛的毛以示爱意。比喻父母对子女的慈爱之情。也比喻对自己所喜爱之物的珍视。舐：舔。犊：小牛。★他老年得子，时常在众人面前表现出深切的～。

【誓不两立】shì bù liǎng lì 发

誓不与对方并存。形容极端仇恨对方。誓：发誓。★他们是仇家，针锋相对，~。

【收兵回营】 shōu bīng huí yíng 召集正在战斗或值勤的兵士返回军营。后也指停止某项活动或工作，把人员召集回来。★在茂密的原始森林里，队员们无路可走，只好~。

【收回成命】 shōu huí chéng mìng 收回已经发出的命令或撤销已经作出的决定。★我不会同意你这么做的，请你~。

【手不释卷】 shǒu bù shì juàn 手里的书舍不得放下。形容读书勤奋。释：放下。卷：书卷。★小明勤奋好学，总是~。

【手到病除】 shǒu dào bìng chú 本形容医术高明，一着手就治好了病。也比喻工作能力强，能迅速解决问题。★唐代孙思邈医术高明，~，老百姓尊称他为“药王”。

【手到擒来】 shǒu dào qín lái 手一到就把敌人捉拿过来。比喻做事很有把握或毫不费力就能成功。★这件事对他来说简直是~。

【手高眼低】 shǒu gāo yǎn dī 指操作能力强而鉴别能力差。★他是那种~的人，竟然不知道这件文物的重要价值。

【手疾眼快】 shǒu jí yǎn kuài 形容动作机灵，眼光敏捷。疾：快，迅速。★一个小偷正在行窃，民警~，上前逮了个正着。

【手忙脚乱】 shǒu máng jiǎo luàn 形容做事慌张忙乱，没有条理。★老师走了过来，小明~地把小画书塞进抽屉。

【手无寸铁】 shǒu wú cùn tiě 手里没有任何武器。形容赤手空拳。寸：形容短小。铁：指武器。★凶残的敌人将枪口对准了~的学生，开始了他们的血腥镇压。

【手无缚鸡之力】 shǒu wú fù jī zhī lì 两手连捆只鸡的力气都没有。形容人文弱无力。缚：捆绑。★她看起来~，没想到意志这么坚强。

【手舞足蹈】 shǒu wǔ zú dǎo 双手舞起来，双脚跳起来。形容高兴到了极点。蹈：顿足踏地。★新年的钟声敲响了，孩子们高兴得~。

【手下留情】 shǒu xià liú qíng 指做事留有情面，不把事做绝。★对这种十恶不赦的坏蛋，我们决不能~。

【手眼通天】 shǒu yǎn tōng tiān 比喻很有手腕，善于钻营。通天：形容本领极大。★他~，常委会还没开，他竟然知道了提拔干部的名单。

【手足无措】 shǒu zú wú cuò 手和脚不知该放到哪里。形容不知如何是好。措：放。★他不小心打碎了路边一辆汽车的玻璃，一时~，站在那里一动不动。

【手足之情】 shǒu zú zhī qíng 指兄弟姐妹之间亲密深厚的感情。也指朋友之情如同亲兄弟一样深切。手足：比喻兄弟。★念我们有～，这次暂且饶你一回，希望你能改邪归正。

【守财奴】 shǒu cái nú 看守钱财的奴隶。比喻有钱而又非常吝啬的人。★赚钱就是为了消费，虽然不能铺张浪费，但也不能做～。

【守口如瓶】 shǒu kǒu rú píng 守住自己的话，像瓶口被塞紧了那样严实。形容说话极其谨慎或严守秘密。★他向来～，你不要指望从他嘴里得到任何消息。

【守正不阿】 shǒu zhèng bù ē 坚守正道，不肯逢迎屈从。正：正道。阿：屈从，迎合。★包公为官清廉，～，是历史上有名的清官。

【守株待兔】 shǒu zhū dài tù 《韩非子·五蠹》记载，宋国有个农夫看见一只兔子在树桩上撞死了，就捡回家，从此放下农活，天天在树桩边守候，希望再捡到撞死的兔子。后用以比喻心存侥幸，坐等意外收获。也比喻死守狭隘经验，不知变通。株：露出地面的树根。★情况是不断变化的，如果我们一味靠老经验办事，不知变通，那就无异于～，只会遭到挫折和失败。

【首当其冲】 shǒu dāng qí chōng 指最先受到冲击或遭遇灾难。首：最先。当：承受。冲：要冲，交通要道。★秦国讨伐六国，～的便是与秦地相邻的魏国。

【首屈一指】 shǒu qū yī zhǐ 屈指计数时首先弯下大拇指，表示第一。比喻居于首位。★北京大学经过百年积淀，到今天已经拥有了全国～的师资队伍。

【首尾相应】 shǒu wěi xiāng yìng 头和尾互相接应。指作战时军队各部分互相照应支援。也形容诗文结构谨严，前后呼应。应：呼应，接应。★郑和船队～，绵延几十里，浩浩荡荡向前进发。

【寿比南山】 shòu bǐ nán shān 寿命可以同终南山一样长久。多用作祝寿的颂词。南山：秦岭终南山，山岭绵延，山脉极远。★祝愿先生福如东海，～。

【寿终正寝】 shòu zhōng zhèng qǐn 指老年人安然死于家中。也比喻事物自然消亡。寿终：因年老而自然死去。正寝：住房正屋，旧时人死后灵柩一般停放于此。★他没得什么病，90岁那年～。

【受宠若惊】 shòu chǒng ruò jīng 指受到宠爱或优待而感到意外的惊喜。宠：宠爱。惊：震动。★省长亲自上台跟他握手，他有点～。

【受益匪浅】 shòu yì fěi qiǎn 指得到的好处不少。匪：不。★我这次随考察团去非洲考察，～。

【受用不尽】 shòu yòng bù jìn 永远享用不完。多指利益、好处等。受用：享受，得益。★良好的阅读习惯一旦养成，一生将～。

【受之有愧】 shòu zhī yǒu kuì 指接受了礼品或褒奖等而感到惭愧。多用作自谦之辞。★把杰出贡献奖颁发给我，我实在是～。

【受制于人】 shòu zhì yú rén 被别人控制或牵制。制：控制，牵制。★只有国力强大，才不会在国际事务中～。

【授人口实】 shòu rén kǒu shí 留给别人可以利用的借口。授：给予。口实：可以利用的借口。★你要把工作做在前头，这样才不至于～。

【授人以柄】 shòu rén yǐ bǐng 比喻把权力交给别人而受人支配。也比喻给人留下把柄而受人制约。授：给予。柄：剑柄，比喻权柄。★你说话太随便，容易～。

【授业解惑】 shòu yè jiě huò 教授学业，解答疑惑。授：教，传授。惑：疑惑。★老师的职责是～，培养祖国的接班人。

【瘦骨嶙峋】 shòu gǔ lín xún 形容身形非常消瘦的样子。嶙峋：形容消瘦露骨。★王老汉～，穿着一件破烂的长衫。

【书声朗朗】 shū shēng lǎng lǎng 形容读书声音清朗而响亮。★学校里～，学生们正在晨读。

【书香门第】 shū xiāng mén dì 指世代都是读书人的家庭。门第：指整个家庭的社会地位和家庭成员的文化程度等。★他虽出身～，但从小不爱读书，后来索性参了军。

【殊途同归】 shū tú tóng guī 通过不同的道路，到达同一个目的地。比喻采取不同的方法而得到相同的结果。殊：不同。途：路。归：归宿，结局。★他们的研究方法不同，得出的结论却完全一致，真可谓～。

【疏不间亲】 shū bù jiàn qīn 关系疏远的不要参与关系亲近的人之间的事情。疏：疏远的。间：参与。亲：亲近的。★古人云，～。你我都是外人，还是不掺和他们的事为好。

【疏而不漏】 shū ér bù lòu 本指法网虽宽，但无遗漏。后也指简要而不遗漏。疏：稀疏。★法网恢恢，～，犯罪分子最终会受到法律的制裁。

【疏密有致】 shū mì yǒu zhì 形容园林、文章等的布局有疏有密，富有情致。疏：稀疏。密：茂密。致：情趣。★这座园林的布局～，富有韵味。

【疏影横斜】 shū yǐng héng xié 稀疏的枝影横斜在地上。形容梅花的美好姿态。疏影：稀疏枝干的投影。★月光下，～的梅花散发出淡淡的幽香。

【熟读精思】 shú dú jīng sī 反复地阅读，深入细致地思考。精：专一，深入。★读书要～，不可囫囵吞枣，粗枝大叶。

【熟门熟路】 shú mén shú lù 形容非常熟悉了解。★他～的，这事就交给他来做吧。

【熟能生巧】 shú néng shēng qiǎo 熟练后就能找到窍门。★～，电脑使用得多了就能熟练地掌握。

【熟视无睹】 shú shì wú dǔ 经常看到，却像没有看见一样。形容对常见事物漠不关心。熟视：经常看见。睹：看见。★他对公司发生的严重违规现象～，导致公司蒙受了重大的经济损失。

【黍离之悲】 shǔ lí zhī bēi 指对故国的怀念和对国破家亡的悲伤。黍离：《诗经》篇名。★抗战时期，留学海外的王先生一想起祖国，便不免有～。

【蜀犬吠日】 shǔ quǎn fèi rì 四川多雾蔽日，狗见太阳出来就会叫起来。比喻少见多怪。也常指浅薄无知者对自己所不理解的事物妄加诋毁。蜀：今四川地区。吠：狗叫。★有些人一看到新生事物出现，就～般地大呼小叫起来。

【鼠肚鸡肠】 shǔ dù jī cháng 比喻气量狭小。★别看他长得人高马大，却是～，鼠目寸光。

【鼠目寸光】 shǔ mù cùn guāng 比喻眼光短小，见识浅陋。★做人不应该～，而应该胸怀大志。

【鼠窃狗盗】 shǔ qiè gǒu dào 像老鼠和狗一样偷窃。比喻小偷小摸。窃：盗，偷。★为了弄到钱买毒品，他时常干一些～的勾当。

【数不胜数】 shǔ bù shèng shǔ 数都数不完。形容数量很多。胜：尽，完。★在中国近代史上，因追求正义而英勇献身的人层出不穷，～。

【数典忘祖】 shǔ diǎn wàng zǔ 《左传·昭公十五年》记载，春秋时晋国的籍谈出使周朝，他回答周王的问题时没有答好，事后周王讽刺他“数典而忘其祖”，意思是籍谈说起国家的礼制掌故来，把自己祖先的职守都忘掉了。后用以比喻忘本或对本国历史文化的无知。数：数说，列举。典：典籍，也指古代的礼制、历史。★我们应该懂得现代文明与古代文明的承继关系，不能～，对古代历史一无所知。

【数九寒天】 shǔ jiǔ hán tiān 指一年中最寒冷的时期。数九：我国习惯从农历冬至算起，每九天为一“九”，“数九”一般指“三九”和“四九”的天气。★虽然是～，建筑工地上依然是一派热气腾腾的景象。

【数往知来】 shǔ wǎng zhī lái 历数往事，可以推知未来。★研究历史的目的就是为了～，鉴古喻今。

【数一数二】 shǔ yī shǔ èr 不算第一，也算得上第二。形容极为突出。也指依次逐一列说。★他的成绩非常稳定，在班上总是～的。

【束手待毙】shù shǒu dài bì 捆起手来等死。比喻不作努力或抵抗，等待死亡或失败。束手：捆起手来，表示不抵抗。毙：死亡。★面对强敌，我们不能~，而要奋起抗击。

【束手就擒】shù shǒu jiù qín 捆起手来让别人来捉拿。形容毫不抵抗或无法脱身。束手：捆起手来，表示不抵抗。就：接受。擒：捉拿。★犯罪分子遭到了群众的围追堵截，无处藏身，只好~。

【束手束脚】shù shǒu shù jiǎo 形容因胆子小、顾虑多而行为拘谨。束：约束，限制。★你做事怎么老是~的，难道有什么顾虑吗?

【束手无策】shù shǒu wú cè 手像是被捆住了，一点办法都没有。形容遇到问题毫无办法。束：捆，绑。策：计策，办法。★在科技不发达的古代社会，人们面临自然灾害时往往~。

【束之高阁】shù zhī gāo gé 把东西捆起来放在高高的阁楼上。比喻弃置不用。阁：小楼，古人用以藏书之处。★几本大部头的书被我~，一年也翻不了几次。

【述而不作】shù ér bù zuò 指只阐述前人的成说，自己并不加以创新。述：陈述。作：创作。★孔子~，删定六经，为中国文化作出了巨大的贡献。

【树碑立传】shù bēi lì zhuàn 原指把一个人的功勋业绩刻成碑文或写成传记，使其流传久远。现比喻通过某种途径树立个人威望。树：建立。传：传记。★这部电影有着深刻的政治用意，显然是在为哪个领导人~的。

【树大根深】shù dà gēn shēn 比喻基础雄厚，势力强大，不可动摇。★他是最早起家的民营企业家之一，在这座城市~。

【树大招风】shù dà zhāo fēng 比喻目标大了，容易引人注意而惹上麻烦。★他们之所以不敢暴露自己的家底，是因为担心~。

【树倒猢狲散】shù dǎo hú sūn sàn 树倒了，树上的猴子也就散了。比喻核心人物一垮台，依附他的人也随之而散。猢狲：猴子。★旧社会的一些大家族主要依靠其中一个最有权势的人支撑门面，这个人一旦倒台，便如~，家人也只有各奔东西了。

【树高千丈，叶落归根】shù gāo qiān zhàng, yè luò guī gēn 树虽有千丈高，树叶还是要落向树根。多比喻客居异地的人最终要回归故乡。★人们素有~的情结，这是任何力量也无法改变的本性。

【树欲静而风不止】shù yù jìng ér fēng bù zhǐ 树想要静下来，风却不停地吹。常用来比喻事物的客观形势不以人的主观意志为转移。★人们总希望社会安定团结，但~，犯罪分子总在兴风作浪。

【竖子不足与谋】shù zǐ bù zú

yǔ móu 这小子不配同他一起议事。表示对人的鄙视。竖子：对人的蔑称，犹言“小子”。不足：不值得。谋：商量，图谋。★他胸无大志，贪图享受，真是~！

【数以万计】 shù yǐ wàn jì 形容极多。★这个国家遭受了历史上罕见的瘟疫，因病致死的人~。

【双管齐下】 shuāng guǎn qí xià 本指同时用两管笔作画。后比喻两方面同时进行。管：笔。★治理河道，光筑堤还不行，还要经常疏通，~，才能防患于未然。

【双喜临门】 shuāng xǐ lín mén 指两桩喜事同时来到。★他今年既分到住房，又考上博士，可谓~。

【水到渠成】 shuǐ dào qú chéng 水流到的地方，自然形成沟渠。比喻条件成熟，事情自然成功。★你不要太着急，等工作做出了成绩，得到领导的赏识，提干、加薪还不是~的事！

【水滴石穿】 shuǐ dī shí chuān 水不停地滴，最终能将石头滴穿。比喻只要持之以恒，最终定能成功。★绳锯木断，~，只要我们坚持不懈，目标一定能够实现。

【水火不相容】 shuǐ huǒ bù xiāng róng 水和火是对立物，两不相容。比喻相互根本对立，不能相容。★他的做法与人民大众的利益~，我们坚决反对。

【水火无情】 shuǐ huǒ wú qíng 指水火给人造成的灾害凶猛可怕，毫不留情。★常言道，~，我们要时刻加以防范。

【水落石出】 shuǐ luò shí chū 水退落下去，石头就显露出来。本写自然景象。后比喻事情的真相得以完全显露出来。★这件事情终于~了，大家都松了一口气。

【水能载舟，亦能覆舟】 shuǐ néng zài zhōu, yì néng fù zhōu 水能使船航行，也能使船翻沉。古代以水喻民，以舟比君，民心向背决定帝业存亡。后也比喻事物使用得当就有利，使用不当就有害。载：承，浮托。覆：倾覆。★~，政府只有得到人民的拥护才能得以长久立足。

【水乳交融】 shuǐ rǔ jiāo róng 水和乳汁融合在一起。比喻关系十分融洽或结合得非常紧密。交融：互相融合。★传统与现代两种风格，在设计师的手中~。

【水深火热】 shuǐ shēn huǒ rè 像深入水中，越来越深；像掉进火坑，越来越热。比喻处境极端艰难困苦。★“九·一八”事变后，中华民族陷入了~之中。

【水天一色】 shuǐ tiān yī sè 形容水天相接、苍茫辽阔的景象。★洞庭湖波涛万顷，~，景象壮观。

【水泄不通】 shuǐ xiè bù tōng 连水都流不出去。形容十分拥挤或被包围得非常严密。泄：排泄，流出。★这位著名学者来我校作报告，报告厅被同学们围得～。

【水性杨花】 shuǐ xìng yáng huā 比喻女子作风轻浮，用情不专一。★她是个～的轻薄女子，少跟她来往。

【水涨船高】 shuǐ zhǎng chuán gāo 水位上涨，船身也跟着升高。比喻事物随其所凭借基础的提高而提高。涨：提高，升高。★随着社会经济的不断发展，人民的生活水平也跟着～。

【水中捞月】 shuǐ zhōng lāo yuè 比喻徒劳无功，白费力气。★在封建时代，青年男女追求婚姻自由往往如～，不能成功。

【顺理成章】 shùn lǐ chéng zhāng 指写作顺着条理，自成章法。也指说话做事符合情理。理：条理。章：章法。★她参加革命时间长，思想觉悟高，加入中国共产党是～的事。

【顺其自然】 shùn qí zì rán 指顺应事物的自然发展，不勉强从事。★我们做事要～，不能急于求成。

【顺手牵羊】 shùn shǒu qiān yáng 比喻顺势不费大力地做成某事。后多指顺手拿走别人的东西。★小偷～，把柜台上的一台计算器拿走了。

【顺水人情】 shùn shuǐ rén qíng 顺势或乘便给别人的好处。★他做了个～，把这个项目批给了市委书记的小舅子。

【顺水推舟】 shùn shuǐ tuī zhōu 顺着水势推船。比喻顺应情势说话办事。舟：船。★见目的已经达到，他便～，把东西还给了小王。

【顺藤摸瓜】 shùn téng mō guā 顺着瓜藤找瓜。比喻沿着一定线索追根究底。★公安人员～，终于抓获了要犯。

【顺我者昌，逆我者亡】 shùn wǒ zhě chāng, nì wǒ zhě wáng 顺从我的旨意就能昌盛，违逆我的旨意就要灭亡。昌：昌盛。★阎锡山统治山西30多年，～，一手遮天，为所欲为。

【瞬息即逝】 shùn xī jí shì 在很短的时间内就消失了。瞬息：指极短的时间。逝：消逝。★人生的机遇有时是～的，我们一定要好好把握。

【瞬息万变】 shùn xī wàn biàn 形容极短时间内变化极多。瞬息：指极短的时间。★市场信息～，稍有不慎，产品将面临积压的危险。

【说长道短】 shuō cháng dào duǎn 指随意议论别人的好坏是非。★我们不能在背后～，胡乱议论别人。

【说三道四】 shuō sān dào sì 指胡乱评说议论。也指批评，指摘。★香港事务纯属中国内政，任何国家对此～和妄加评论都是不合适的。

【说一不二】 shuō yī bù èr 说怎样就一定怎样。形容说话算数，说到做到。★我大哥～，是个非常重信义的人。

【硕果仅存】 shuò guǒ jǐn cún 唯一存留的大果子。比喻留存下来的稀少而珍贵的物或人。硕：大。★一位西方著名汉学家曾指出，人类四大古文明中迄今～的只有中华文明。

【硕果累累】 shuò guǒ léi léi 比喻取得的成果大而多。硕果：大的果实。比喻巨大的成绩。累累：接连成串。★我市的五年经济建设～，人民生活得到了很大的改善。

【司空见惯】 sī kōng jiàn guàn 原指司空看惯了奢华绮靡的场面。后指常见某事，不足为奇。司空：古代中央政府掌管工程的官员。★大鱼吃小鱼，小鱼吃虾米，在无政府控制的自由经济贸易中，这是～的现象。

【司马昭之心，路人皆知】 sī mǎ zhāo zhī xīn, lù rén jiē zhī 司马昭心里想什么，连路人都明白。后用以指人的野心、阴谋十分明显，人所共知。司马昭：三国魏权臣，魏帝曹髦在位时任大将军，专朝政，怀篡位之心。路人：道路之人。★反革命分子阴谋政变，～，我们决不会让他们得逞。

【丝丝入扣】 sī sī rù kòu 织布时，每条经线都要从筘中通过。比喻做得非常精确细致。扣：同“筘”。织布机上的主要机件之一，织布时纬纱穿入经纱层后，依靠筘的推压使经纬交织构成织物。★他做工作～，井井有条，几乎没有什么漏洞。

【私心杂念】 sī xīn zá niàn 指为个人或小集团打算的各种念头。★共产党人应该抛弃各种～，全心全意为人民服务。

【思前想后】 sī qián xiǎng hòu 指前前后后地反复思考。★他～，觉得还是不去赴宴的好。

【思如泉涌】 sī rú quán yǒng 才思像喷涌而出的泉水。形容才思丰富敏捷。★他～，下笔有神，不一会就写好一篇绝妙的散文。

【思贤若渴】 sī xián ruò kě 像口渴急于喝水一样，急欲求得贤能之人。形容爱慕、访求贤才的心情十分迫切。★刘备～，为请诸葛亮出山而三顾茅庐。

【思绪万千】 sī xù wàn qiān 形容思虑复杂多端。思绪：思想的头绪。★望着已经风雨飘摇的老屋，他～，泪如泉涌。

【斯文扫地】 sī wén sǎo dì 形容文化或文人不受尊重，或文人不顾名节，自甘堕落。斯文：指文化或文人。扫地：指名誉、体面等丧失干净。★一篇发自内心宣扬“金钱万能”的文章，使这位一向清高的读书人～。

【死不改悔】 sǐ bù gǎi huǐ 到死也不悔悟改正。形容对错误或罪行不肯悔改，顽固到底。★如果你要在错误的道路上一意孤行、~，必将受到法律的制裁。

【死不瞑目】 sǐ bù míng mù 死了也不合上眼。形容死不甘心。瞑目：闭上眼睛。★如果不将贩毒集团的成员全部抓获，他~。

【死得其所】 sǐ dé qí suǒ 指死得有意义，有价值。得其所：得到合适的处所。★这位年轻的大学生为救落水儿童而英勇献身，他~，重于泰山。

【死而后已】 sǐ ér hòu yǐ 到死才停止。形容为某项事业奋斗不息，直至死亡。已：停止。★我决心全心全意为人民工作，鞠躬尽瘁，~。

【死灰复燃】 sǐ huī fù rán 燃烧后留下的灰烬又燃着了。原比喻失势的人重新得势。现比喻已经消亡或停息的事物又重新活动起来。含贬义。★我们应大力加强精神文明建设，决不能让早已消失的一些社会丑恶现象~。

【死里逃生】 sǐ lǐ táo shēng 指从极危险的绝境中逃出而保全了性命。★在这次事故中，六名船员~，安全回到了祖国。

【死马当活马医】 sǐ mǎ dāng huó mǎ yī 比喻在绝望的情况下尽力挽救，寄希望于万一。★他的病情非常严重，事到如今，我们也只好~了。

【死皮赖脸】 sǐ pí lài liǎn 形容厚着脸皮，一味纠缠。★他一个大小伙子，经常~地找 80 岁的奶奶要钱。

【死气沉沉】 sǐ qì chén chén 形容气氛单调沉闷。也形容意志消沉，缺乏活力。★这个小镇~，从早到晚感受不到一点生机。

【死去活来】 sǐ qù huó lái 昏迷过去又苏醒过来。形容极度哀伤、痛苦或惊恐。★伯伯躺在病床上，被病痛折磨得~。

【死生有命，富贵在天】 sǐ shēng yǒu mìng, fù guì zài tiān 死生听凭命运，富贵由天安排。这是一种宿命论的观点。★有些人认为~，任何主观努力都是徒劳。

【死无对证】 sǐ wú duì zhèng 当事人或知情人已经死去，因而无法核对实情。★知情人意外地死于车祸，因~，本来已经快要了结的案件一下子又陷入了迷惘。

【死无葬身之地】 sǐ wú zàng shēn zhī dì 死了也没有埋葬的地方。形容人死的结局很惨。★你这个狗汉奸，害国害民，作恶多端，必将~。

【死心塌地】 sǐ xīn tā dì 形容疑虑消除，心里踏实。也形容主意已定，决不改变。★所有的幻想都破灭了，现在你们应该~地学习了吧！

【死有余辜】 sǐ yǒu yú gū 即使处以死刑也抵消不了他的罪恶。形容罪恶极大，难以饶恕。辜：

罪行，罪恶。★秦桧卖国求荣，残害忠良，~。

【死于非命】sǐ yú fēi mìng 指死于意外的灾祸。非命：非正常死亡。★作恶多端的暴徒逃跑时坠楼，最终~。

【四大皆空】sì dà jiē kōng 佛教用语，指宇宙间的一切，包括人身体在内，都是虚幻的。一般用来表示尘念俱消，无所牵挂。四大：印度古代哲学认为地、水、火、风是构成一切物质的元素，佛教称之为“四大”。★他觉得~，于是出家当了和尚。

【四分五裂】sì fēn wǔ liè 形容某一整体分散而不统一。也形容支离破碎，不完整。★军阀割据，连年混战，把整个中国搞得~。

【四海为家】sì hǎi wéi jiā 原指帝王占有天下，统治全国。后指生活漂泊或志在四方，到处可以为家。★作为新时代的青年，应该胸怀天下，~。

【四面八方】sì miàn bā fāng 泛指周围各地或各个方面。★小李庄来了马戏团，~的群众都赶来观看。

【四面出击】sì miàn chū jī 同时向各个方面进攻或推进。常形容工作全面展开，没有重点。★我们在工作上要分清轻重缓急，不能~，平均用力。

【四面楚歌】sì miàn chǔ gē 《史记·项羽本纪》记载，西汉初年，刘邦、项羽争夺天下。垓下一战，项羽惨败，几乎兵尽粮绝，汉军围之数重。夜间，刘邦让士兵在楚军四周唱起楚地歌曲，项羽听后十分惊恐，以为汉军已把楚地全部占领。后用以比喻四面受敌，处于孤立危难的境地。★被紧紧围困在这一地区的数万敌军，~，成了瓮中之鳖。

【四面受敌】sì miàn shòu dí 指各个方面都面临敌人的攻击或威胁。也比喻承受各方面的压力与威胁，处境艰难。★他现在~，处境非常艰难。

【四平八稳】sì píng bā wěn 形容十分平实稳重或稳定可靠。也指做事只求不出差错，不求进取创新。★他做事一向~，这事交给他你可以放心。

【四体不勤，五谷不分】sì tǐ bù qín, wǔ gǔ bù fēn 形容人脱离劳动，缺乏起码的农业知识。四体：指四肢。五谷：古时指稻、黍、稷、麦、菽，后泛指粮食作物。★现在有一些读书人~，缺乏必要的劳动锻炼和基本的农业常识。

【四通八达】sì tōng bā dá 四面八方都有道路可通。形容交通十分便利。也形容各方面都畅通无阻，左右逢源。达：畅通。★这个省份，高速公路~，交通非常便利。

【似曾相识】sì céng xiāng shí 好像曾经见过。指对眼前的人或物感觉好像见过，但印象不够真切。★这位演员～，我却怎么也记不起他的名字。

【似懂非懂】sì dǒng fēi dǒng 好像是懂了，又好像没有懂。指对问题或事物，理解掌握得不够深入透彻。★我们在学习上遇到问题一定要弄懂弄透，不能囫囵吞枣，～。

【似是而非】sì shì ér fēi 原指表面上像是某事物，实际上却不是。后多用以指好像是对的，其实是错的。是：正确。非：错误。★他总是说一些～的话，我们必须认真分辨，小心上他的当。

【似水流年】sì shuǐ liú nián 形容光阴流逝得很快。流年：流动易逝的年华、光阴。★岁月无情，～，一晃我大学毕业已有10年。

【肆无忌惮】sì wú jì dàn 指任意妄为，毫无畏忌。肆：放肆。忌惮：顾忌和惧怕。★邪教组织～地在网上传播各种反政府言论。

【耸人听闻】sǒng rén tīng wén 使人听后感到震惊。多指故意夸大或捏造事实，使听者震惊。耸：使惊动。★数年后，沿海的一些城市将会因水位的升高而被淹没，这绝非～。

【送君千里，终有一别】sòng jūn qiān lǐ, zhōng yǒu yī bié 元明熟语。送行临分手时的惜别劝慰之辞。君：对人的敬称。★～。我们就此道别，后会有期。

【送往迎来】sòng wǎng yíng lái 送走要去的人，迎接前来的人。指人事中的应酬接待。★出名后，他整日忙于～，再也不能静下心来做学问了。

【搜索枯肠】sōu suǒ kū cháng 竭力思索诗文语句。形容创作时构思的艰苦。枯肠：比喻文思枯竭。★创作贵在有丰富的生活体验，光靠～是写不出什么好作品来的。

【俗不可耐】sú bù kě nài 庸俗得让人受不了。形容非常庸俗。俗：庸俗。耐：忍受。★某些现代服装，非但没有彰显个性，反而给人一种～的感觉。

【夙兴夜寐】sù xīng yè mèi 起早睡晚，形容十分勤劳。夙：早。兴：起来。寐：睡。★为了完成这项科研任务，他们几个人在老师的带领下，～，整整辛苦了五个月。

【夙夜匪懈】sù yè fěi xiè 形容日夜辛劳，勤奋不懈。夙夜：早晚。匪：不。懈：懈怠。★全校教职员工～，终于在此次本科教学评估中取得了优秀的成绩。

【肃然起敬】sù rán qǐ jìng 指流露出十分恭敬、钦佩的神情。肃然：恭敬的样子。起：产生。★他们把闲散的时间用于社会公益劳动中，实在令人～。

【素不相识】sù bù xiāng shí 向来都不认识。素：向来。★他与我～，却给予了我无私的帮助。

【素车白马】sù chē bái mǎ 指治丧所用的车马。古时祈祷、投降时也用。素车：古代用白土涂饰的车，一说是未经雕漆的车。★送葬人群哀哀而泣，～缓缓而行。

【素昧平生】sù mèi píng shēng 指从来都不相识。素：平素。昧：暗，不了解。平生：平素，以来。★一位偏僻农村的孩子患上了白血病，许多～的人都向他伸出了援助之手。

【速战速决】sù zhàn sù jué 迅速地进行战斗，迅速地结束战斗，取得胜利。也比喻在短时间内迅速解决问题。决：解决。★这场战斗他们本想～，没想到遇到了对方的坚决抵抗。

【溯本求源】sù běn qiú yuán 追寻根本，探求起源。比喻寻求事物的根源。溯：追寻。本：指事物的根本。源：源头，起源。★研究问题应该～，弄清问题的来龙去脉、前因后果。

【酸甜苦辣】suān tián kǔ là 各种味道。形容复杂的生活感受。★在美国生活的3年时间里，他几乎尝遍了生活的～。

【虽死犹生】suī sǐ yóu shēng 虽然已死去，仍然像活着时一样。指死得有价值、有意义而无所遗憾。★雷锋同志～，雷锋精神永放光芒。

【随波逐流】suí bō zhú liú 随着波浪起伏，跟着流水漂流。比喻四处奔波不定或没有主见，随大流。逐：追逐。★他没有主见，～，成不了什么气候。

【随风转舵】suí fēng zhuǎn duò 随着风向转换舵的方向。比喻说话做事顺着情势的变化而变化。多含贬义。★俄国作家契诃夫的小说《变色龙》，描述了警官奥楚蔑洛夫欺下媚上、～的丑恶嘴脸。

【随机应变】suí jī yìng biàn 随着具体情况的变化，灵活应付。机：时机。★他善于～，是位得力的助手。

【随声附和】suí shēng fù hè 别人说什么就跟着说什么。形容没有主见，只知盲从。附和：追随应和别人。★对别人的意见，我们应该仔细考虑，既不能置之不理，也不能～。

【随时随地】suí shí suí dì 指在任何一个时间，任何一个地点。★在日常生活中，我们～都可以学到知识。

【随心所欲】suí xīn suǒ yù 随着自己的心意，想要怎样就怎样。随：任凭。欲：想要。★他手中那把刻刀笔，可以～地雕刻各种人物形象。

【随遇而安】suí yù ér ān 无论处在什么样的环境中都能安然自适。指能适应各种环境。遇：境遇。安：满足安适。★父亲经历坎坷，到了中年以后，恬淡自然，~。

【岁月如流】 suì yuè rú liú 形容时光像流水一样飞逝。流：流水。★~，一转眼，我们分别已有8年。

【损兵折将】 sǔn bīng zhé jiàng 兵士和将领都有损失。形容作战失败，伤亡严重。折：损失。★在那场空前的战斗中，敌军~，伤亡惨重。

【损公肥私】 sǔn gōng féi sī 损害公家的利益来使个人获利。肥：使富足。★这家伙~，经常把集体的东西往自己家里拿。

【损人利己】 sǔn rén lì jǐ 损害他人的利益而给自己带来好处。★我们要以助人为乐为荣，以~为耻。

【缩手缩脚】 suō shǒu suō jiǎo 四肢舒展不开的样子。也形容做事顾虑多，不敢放手去做。★关键时刻，你不应该~，顾虑重重。

【缩头缩脑】 suō tóu suō nǎo 形容畏缩胆小的样子。★发生了这么严重的流血事件，学校当局却~，不肯出面。

【所见所闻】 suǒ jiàn suǒ wén 指眼睛见到的、耳朵听到的各种人和事物。★回到城里，我把在乡下的~写成杂感，投给了报社。

【所向披靡】 suǒ xiàng pī mǐ 比喻力量所到之处，一切障碍全被扫除。多指部队的战斗力强。所向：指风吹到的地方。披靡：草木随风倒伏。比喻溃败。★我军~，势不可当，很快就把敌人打得溃不成军。

【所向无敌】 suǒ xiàng wú dí 指所到之处，没有人能抵挡得住。形容力量强大，锐不可当。敌：抵挡。★叶挺独立团纵横驰骋，~。

【索然无味】 suǒ rán wú wèi 一点意味和兴趣也没有。索然：没兴致的样子。★这篇文章语言贫乏，~，不值得一读。

T

【他山之石，可以攻玉】tā shān zhī shí，kě yǐ gōng yù 别的山上的石头，可以用来琢磨玉器。原比喻可用异国的贤才辅佐本国。后常比喻借助外力克服弱点，弥补不足。他山：别的山。攻：治理，琢磨。★~，日本在“二战”后经济得到了飞速发展，其经验很值得我们学习。

【踏破铁鞋】tà pò tiě xié 形容花费很大力气去寻找。★这位科研人员~，到处寻找藏羚羊的踪迹。

【骀背鹤发】tái bèi hè fà 形容高寿。骀背：鲐背，老寿，高寿。鹤发：白发。★王师傅~，精神矍铄，一见我们进屋，便招呼我们坐下。

【太公钓鱼，愿者上钩】tài gōng diào yú，yuàn zhě shàng gōu 《武王伐纣平话》记载，姜太公曾在渭水河岸以直钩钓鱼，离水面三尺，不用鱼饵，且自言自语道：“负命者上钩来!”后用以比喻心甘情愿上圈套。太公：姜尚，字子牙，西周初年帮助武王伐纣的功臣。★我是~，没必要多做什么宣传工作。

【太平盛世】tài píng shèng shì 指政治安定清明、社会繁荣昌盛的时代。★唐玄宗开元年间，是历史上少有的~。

【泰然处之】tài rán chǔ zhī 形容对待困难或危急情况心情安定，态度从容。也形容安然自得，毫不在乎。泰然：心绪安宁的样子。处：对待。★无论遇到什么危急情况，他都能~，镇定如常。

【泰然自若】tài rán zì ruò 形容在情况紧急或处境不利时，态度镇静，毫不慌乱。泰然：安定的样子。自若：像平常一样。★他处境危险而~，巧妙地与对方周旋。

【泰山北斗】tài shān běi dǒu 比喻德高望重或卓有成就而为人敬仰的人物。泰山：五岳之首，位于山东泰安境内，古人把它当作高山的代表。北斗：星空中能指示方向的北斗七星。★鲁迅先生是现代文学史上的~，受到一代又一代人的尊敬。

【泰山压顶】tài shān yā dǐng 比喻十分沉重的压力或打击。泰山：五岳之首，位于山东泰安境内。顶：头顶。★现在的他，仿佛遭~，背负着沉重的压力。

【泰山压卵】tài shān yā luǎn

泰山压在鸡蛋上。比喻强大的力量压向脆弱的事物，处于绝对优势。卵：鸡蛋。★我军气势如虹，似～，敌人不堪一击。

【贪财好色】 tān cái hào sè 贪图钱财，喜好美色。★这位官员～，最终自食恶果，进了监狱。

【贪大求全】 tān dà qiú quán 贪规模大而齐全。指不考虑实际力量和可能，一味追求大而全的做法。全：齐全。★由于他～，结果产品缺乏特色，没有形成品牌，在市场竞争中处于劣势。

【贪得无厌】 tān dé wú yàn 指贪心很重，永不满足。厌：满足。★他追求享受，～，在任期间贪污受贿达几千万元。

【贪而无信】 tān ér wú xìn 贪婪而又不守信用。★像他这种～的人，最终会遭到人们的唾弃。

【贪夫徇财】 tān fū xùn cái 贪财的人为了财物而丢掉性命。贪夫：贪婪之人。徇：同"殉"。为维护或追求某种东西而丧生。★～，这位贪官终因贪污数额巨大而被枪决。

【贪官污吏】 tān guān wū lì 指贪赃受贿、枉法害民的官吏。★老百姓最恨的就是那些～。

【贪利忘义】 tān lì wàng yì 贪图财利，忘却道义。★抗战时期，有些商号～，表面上冻结日货，暗地里却与日商勾结。

【贪墨不法】 tān mò bù fǎ 贪图财利，违犯法令。墨：贪污，不廉洁。贪墨：贪财好贿。★有个别领导干部不思为民谋福利，却大搞权钱交易，～，最终落得身败名裂的下场。

【贪如饕餮】 tān rú tāo tiè 比喻贪婪凶恶的人。饕餮：传说中一种贪食的恶兽。★封建官僚～，以百姓为鱼肉，百姓生活困苦不堪。

【贪生怕死】 tān shēng pà sǐ 贪恋生存，害怕死亡。★共产党人在危急时刻不能～，应该挺身而出。

【贪天之功】 tān tiān zhī gōng 贪图上天的功劳，把它说成是自己的力量。多比喻把别人或集体的功劳算到自己头上。★这个问题是大家共同努力才解决的，你怎么能～，化为己有呢?

【贪图口腹】 tān tú kǒu fù 指讲求吃喝。口腹：口和腹，借指饮食。★我们不能为了～而把野生动物都吃光了。

【贪赃枉法】 tān zāng wǎng fǎ 贪求不义之财，歪曲或破坏法纪。赃：不义之财。枉：歪曲。★秦王朝严于吏治，对～的官吏一律重罚，决不饶恕。

【昙花一现】 tán huā yī xiàn 原比喻事物难得出现。后多比喻人或事物一出现就很快消逝。昙花：佛经中指优昙钵花，花白色，开放时间很短。★这位选手在体坛上只是～，拿了一次冠军后便销声匿迹了。

【谈何容易】tán hé róng yì 本指向君王进言困难。后指事情做起来并不像嘴上说的那么容易。★要想在中国这样一个乒乓球大国出类拔萃，~！

【谈虎色变】tán hǔ sè biàn 被虎咬伤过的人一提到老虎就脸色大变。后比喻一提到曾受其害的事情，心情就紧张起来。色：脸色。★隋朝初年，突厥人常常骚扰边疆百姓，边疆居民提到突厥无不~。

【谈天说地】tán tiān shuō dì 形容漫无边际地闲谈。★夜已经深了，几位猎人还围坐在篝火旁~。

【谈笑风生】tán xiào fēng shēng 形容有说有笑，活泼风趣。★在众多记者的镜头面前，他依然从容自如，~。

【谈笑自若】tán xiào zì ruò 形容在紧张或危险的情况下，有说有笑，不改常态。自若：和平常一样。★大敌当前，他却能~，指挥若定。

【弹冠相庆】tán guān xiāng qìng 原指志同道合的朋友做了官，自己也为将得到引荐而庆幸。后比喻即将做官，相互庆贺。也泛指互相庆贺。弹冠：弹去帽子上的尘土。借指准备做官。★王明做了董事长，原先的几个弟兄~。

【弹指之间】tán zhǐ zhī jiān 比喻极短的时间。弹指：一弹指的省略语，按佛经说法，二十捻为一瞬，二十瞬为一弹指。★~，他便从一个不谙世事的毛头小伙成长为当地有名的企业家。

【忐忑不安】tǎn tè bù ān 形容心神不安宁。忐忑：心神不定。★班主任要找我谈话，我怀着~的心情走进他的办公室。

【坦然自若】tǎn rán zì ruò 形容态度镇静如常。坦然：安定，平静。自若：一如既往，镇静自如。★只要你不做亏心事，便可以~地面对人生。

【袒裼裸裎】tǎn xī luǒ chéng 形容粗野无礼，轻慢不敬。也比喻不文雅。又比喻无所束缚和牵挂。袒裼：脱去上衣，露出身体。裸、裎：裸体，一丝不挂。★几个出租车司机在一家酒店喝得酩酊大醉，~，胡言乱语。

【袒胸露背】tǎn xiōng lù bèi 裸露出前胸和后背。袒：裸露。★学校明文规定，在校学生在着装方面不准~。

【叹为观止】tàn wéi guān zhǐ 赞叹所见事物尽善尽美，好到了极点。叹：赞叹。观止：看到这里便已足够了。★八月的钱塘江大潮，汹涌澎湃，气势磅礴，观潮者无不~。

【探本穷源】tàn běn qióng yuán 探求事物的根本和源头。本：根本。穷：穷尽。★搞科学研究，应该~，对事物的全部阶段进行考察，而不能只截取其中一段，不管其余。

【探骊得珠】 tàn lí dé zhū 原指冒着生命危险潜入深渊，摸到黑龙，在其下巴底下取出宝珠。后比喻行文深得题旨或能切中要害。骊：黑龙。★这篇文章行文流畅，立论正确，意旨深远，可谓匠心独运，~。

【探囊取物】 tàn náng qǔ wù 就像伸手从口袋里拿东西一样。比喻事情轻而易举就可办到。囊：口袋。★诸葛亮七擒孟获，犹如~，不费吹灰之力。

【探奇览胜】 tàn qí lǎn shèng 指游览、探访风景优美的名胜之地。探：探访。览：游览。胜：指优美的山水。★他准备利用假期~，游历祖国的大好河山。

【探头探脑】 tàn tóu tàn nǎo 不断探头看。形容鬼鬼祟祟窥探的样子。探：头或上身向前伸出。★这些天，她总感觉到有人在自己家门口~的。

【探幽索隐】 tàn yōu suǒ yǐn 探索隐微幽深的事理。幽：幽深。索：求取。隐：隐微。★他这些年潜心钻研《易经》，~，写出了两部专著。

【堂而皇之】 táng ér huáng zhī 形容正大庄严或大模大样。也形容很有气派。堂皇：本作“堂隍”。官署的大堂，引申为雄伟正大。★他的地下诊所在这里~地开了3年，竟然没有遭到查处，真不可思议。

【堂堂正正】 táng táng zhèng zhèng 形容军队阵容强大齐整。也形容光明正大。又形容身材威武，仪表出众。堂堂：盛大的样子。正正：整齐的样子。★我们要~做人，认认真真做事。

【糖衣炮弹】 táng yī pào dàn 用糖衣裹着的炮弹。比喻引诱、腐蚀人的手段。糖衣：涂在外面的一层糖薄膜。★领导干部要加强党性修养，自觉抵制~的侵袭。

【螳臂当车】 táng bì dāng chē 螳螂举起臂膀想要阻挡车子前进。比喻不自量力。螳臂：螳螂的前脚。当：阻挡。★任何企图分裂中国的举动，都不过是~，不自量力。

【螳螂捕蝉，黄雀在后】 táng láng bǔ chán, huáng què zài hòu 螳螂捕捉知了，却不知背后有黄雀要啄自己。比喻只顾贪图眼前利益，不知有后患。★做事要前思后想考虑周全，当心~。

【滔滔不绝】 tāo tāo bù jué 像流水那样永不断绝。多形容话多而流畅。滔滔：水势盛大，滚滚而流的样子。★小王旅游归来，~地向父母讲述他的旅途见闻。

【滔天大罪】 tāo tiān dà zuì 形容罪恶极大。滔天：漫天。★抗日战争时期，日本军国主义对中国人民犯下了~，这是任何人也掩盖和抹杀不了的事实。

【韬光晦迹】 tāo guāng huì jì 隐

藏才能和踪迹，不露锋芒。韬：隐藏。晦：隐藏。★这些年他～，修养身心，等待东山再起。

【饕口馋舌】 tāo kǒu chán shé 比喻很贪吃。饕：贪婪。★剥削阶级都是～之徒。

【逃之夭夭】 táo zhī yāo yāo 原形容桃叶十分茂盛。后因“桃”与“逃”谐音而诙谐地指逃走。夭夭：茂盛。★日本鬼子的大炮一来，守城的国民党官兵就～了。

【桃红柳绿】 táo hóng liǔ lǜ 桃花红，柳叶绿。形容绚丽多彩的春天景象。★四月的杭州，～，景色宜人。

【桃李不言，下自成蹊】 táo lǐ bù yán，xià zì chéng xī 桃树、李树不会说话，凭着花和果实，自能吸引人们在树下走出一条路。比喻只要真心实意，自然能感动人，为人敬仰。蹊：小路。★～，她出色的工作业绩终于赢得了领导的赏识。

【桃李满天下】 táo lǐ mǎn tiān xià 比喻培育的人才很多，遍布天下。桃李：桃树和李树，多比喻培育的人才。★林老师执教 40 年了，如今已是～。

【桃李争妍】 táo lǐ zhēng yán 桃花和李花竞相开放。形容美丽的春色。★春天到了，果园里～，煞是热闹。

【陶然自得】 táo rán zì dé 快意欢畅的样子。陶然：欢畅的样子。自得：自己感到得意或舒适。★今天终于可以回老家看看了，一路上，他～地听着音乐。

【陶朱猗顿】 táo zhū yī dùn 指巨富之家。陶朱：即范蠡，春秋末年越国大夫，辅助越王勾践破吴之后，弃官到陶地（今山东定陶西北）经商而成巨富，号陶朱公。猗顿：春秋时鲁国人，在猗氏（今山西临猗南）经营盐及畜牧而致富。★我们都是普通百姓，虽然没有～之富，但生活安定，心情舒畅。

【讨价还价】 tǎo jià huán jià 买卖双方协商、争议价格。也比喻进行谈判或接受任务时提出种种条件，计较利害得失。讨：索取。★经过一番～，我终于买下了这件衬衣。

【讨逆除暴】 tǎo nì chú bào 指征伐剪除忤逆不驯的残暴势力。讨：讨伐，征讨。逆：忤逆。除：剪除。★李将军率领军队～，南征北战，立下了赫赫战功。

【特立独行】 tè lì dú xíng 形容志行高洁，不同时俗。特：独，这里指突出不凡。★他才华横溢，志行高洁，～。

【腾蛟起凤】 téng jiāo qǐ fèng 像蛟龙腾空跃起，像凤凰振翅高飞。比喻才华横溢，意气风发。★几位文学新秀犹如～，在当代文坛非常引人注目。

【腾云驾雾】 téng yún jià wù 神话传说中指乘云雾在空中飞行。

也形容晕头转向，神情恍惚或迅速奔驰。★听了同事的几句夸奖，他心里美滋滋的，仿佛～一般。

【梯山航海】tī shān háng hǎi 翻越山岭，渡过海洋。形容长途跋涉，历经险阻。也指行踪之遥，地域之广。梯山：架设绳梯攀登险山。★唐僧一行～，历经磨难，终于取得真经。

【提纲挈领】tí gāng qiè lǐng 提起渔网的总绳，拎起衣服的领子。比喻抓住要领。纲：渔网的总绳。挈：提，举。领：衣领。★主持人～地把会议议题交代了一下，便开始分组讨论。

【提心吊胆】tí xīn diào dǎn 心和胆好像悬空没有着落。形容恐惧担忧，安不下心来。★每到考试的时候，他总是～的，生怕自己不及格。

【啼笑皆非】tí xiào jiē fēi 哭也不是，笑也不是。形容既令人难受又令人发笑的行为。★在一次关于雷锋的问卷调查中，我们看到了一些令人～的答案。

【醍醐灌顶】tí hú guàn dǐng 多比喻灌输智慧，使人彻悟。也比喻使人感到清凉舒适或对某个事理豁然开朗。醍醐：从牛奶中提取的精华。佛经中比喻最高的佛法。灌顶：佛教仪式，弟子入门时须经本师用醍醐或水浇灌顶。★我相信，大多数读者都会在本书的阅读过程中有一种～、恍然大悟的收获和喜悦。

【体大思精】tǐ dà sī jīng 规模宏大，思虑精密。多指大部头著作或巨大规划。★《史记》是中国历史上一部～、流芳百世的巨著，是中国文化史上一颗大放异彩的明珠。

【体贴入微】tǐ tiē rù wēi 关心照顾得十分细致周到。体贴：细心体察，关怀照顾。入微：很细小的地方都照顾到了。★我们要认真负责、～地做好老干部的安置工作。

【体无完肤】tǐ wú wán fū 全身没有一块完好的皮肤。形容遍体是伤。也比喻被批驳责骂得一无是处。★他摆事实，讲道理，揭穿对方谎言，将对方的荒谬论点驳斥得～。

【倜傥不羁】tì tǎng bù jī 豪爽洒脱，不受约束。倜傥：豪爽洒脱。羁：约束、拘束。★几十年过去了，他那横溢的才华、～的个性，还是那么突出。

【倜傥不群】tì tǎng bù qún 豪爽洒脱，不同凡俗。倜傥：豪爽洒脱。不群：不平凡，高出同辈。★他在建筑业很有声望，他的建筑设计～。

【涕泗滂沱】tì sì pāng tuó 形容哭得非常厉害。涕：眼泪。泗：鼻涕。滂沱：原指雨大，此处指眼泪鼻涕很多。★最要好的朋友在车祸中去世了，他悲从中来，～。

【替古人担忧】tì gǔ rén dān

yōu 为古人所遭遇的困难险阻担心发愁。比喻不必要的担忧。★我们应该面对现实，把工作做好，而不要～，无端生出许多无益的烦恼。

【替天行道】 tì tiān xíng dào 代替上天主持公道。天：旧时认为天是自然界的主宰者。★梁山好汉树起～的大旗，进行了轰轰烈烈的武装斗争。

【天崩地坼】 tiān bēng dì chè 天崩塌，地裂开。喻指帝王之死。也比喻重大事变、灾害或巨大声响。崩：崩塌。坼：裂开。★忽然～，一声巨响，堤岸决口了，洪水铺天盖地倾泻下来。

【天崩地裂】 tiān bēng dì liè 天崩塌，地裂开。形容声响剧烈。也比喻重大事件、灾害或巨大声响。崩：崩塌。★刹那间，～，原本安静的小村庄被地震毁得面目全非。

【天兵天将】 tiān bīng tiān jiàng 传说中指天上玉皇大帝的军队和将领。也比喻本领高强的人。★犯罪分子正在得意，却不知～已经把他们包围了。

【天长地久】 tiān cháng dì jiǔ 原指天地永久存在。后泛指时间久长。也形容永恒不变。★我们的友谊～，万古长青。

【天长日久】 tiān cháng rì jiǔ 指时间长，日子久。★他俩在一个车间干活，～，成了要好的朋友。

【天从人愿】 tiān cóng rén yuàn 形容事情恰恰合乎人的心愿。从：顺从。★今年～，农民喜获丰收。

【天打雷劈】 tiān dǎ léi pī 被雷电打死。常用作发誓或诅咒的话。★他冲着我大声发誓，以后再敢这样，～！

【天道酬勤】 tiān dào chóu qín 上天一定会酬报勤奋的人。指勤奋的人必定会有所成就。天道：天理。酬：酬报。★～，在经历了多次失败后，这个勤奋的年轻人终于攻克了这道技术难关。

【天地良心】 tiān dì liáng xīn 指人的自然天性和纯良之心。★做人做事要讲～，不能任意胡来。

【天翻地覆】 tiān fān dì fù 形容变化极其巨大。也形容闹得非常厉害。覆：翻过来。★改革开放后，中国农村发生了～的变化。

【天方夜谭】 tiān fāng yè tán 《天方夜谭》是阿拉伯民间故事集《一千零一夜》的旧译名，其书用一个聪明的姑娘每夜给残暴的波斯王讲一个故事的方式串连而成。后用以形容荒诞无稽、不足凭信的言论。天方：我国古代对中东一带阿拉伯国家的称呼。谭：同“谈”。★你这是从哪儿听来的，真是～！

【天府之国】 tiān fǔ zhī guó 形容土地肥沃、物产丰富的地方。后用作四川省的美称。天府：天然的府库。国：区域，地区。

★四川物产丰富，人杰地灵，自古就有“～”的美誉。

【天高地厚】tiān gāo dì hòu 本指天地高远辽阔。也比喻感情、恩德深厚。又借指极普遍极明显的事理。亦用以形容事物的艰巨复杂。★在这些专家面前大放厥词，你真不知道～！

【天高地迥】tiān gāo dì jiǒng 指天地极其高远辽阔。迥：遥远。★这位国画大师晚年的作品，写意气象万千，境界～。

【天高气爽】tiān gāo qì shuǎng 天空高远，气候清爽。★今天～，学校组织同学到野外秋游。

【天高皇帝远】tiān gāo huáng dì yuǎn 比喻地处偏远，国家权力达不到，政令无从贯彻。★他自以为～，没有谁能管得着，大搞走私活动。

【天各一方】tiān gè yī fāng 形容相距极其遥远。★抗战初期，她同丈夫失散了，从此两人～，直到解放后才重新团聚。

【天公不作美】tiān gōng bù zuò měi 老天不成全好事。天：老天爷。旧时认为能主宰世界。作美：成全好事。★真是～，我们刚到半山腰，突然下起了大雨。

【天寒地冻】tiān hán dì dòng 天气寒冷，地面结冰。形容极其严寒。★在一个～的夜晚，卖火柴的小女孩冻死在街头。

【天花乱坠】tiān huā luàn zhuì 天上的花纷纷落下来。南朝·梁·慧皎《高僧传》记载，梁武帝时，有一个名叫云光的法师善于讲经说道。有一次他讲经感动了天帝，天上的花像雨一样洒落下来。后用以比喻说话、作文浮夸动听，虚妄迷人。坠：落下来。★你别听他说得～，实际上根本没这回事。

【天荒地老】tiān huāng dì lǎo 形容历时极其久远。★为了你，我可以等到～。

【天昏地暗】tiān hūn dì àn 形容天色昏暗，大地无光。比喻政治腐败，社会黑暗。也形容某种事物达到极其厉害的程度。★秋收时，农民们每天忙得～。

【天假良缘】tiān jiǎ liáng yuán 老天赐予的好机会。假：借。良缘：好机会。★我们能够在此相会，可谓～。

【天经地义】tiān jīng dì yì 指无可怀疑、不容改变的普遍法则或道理。经：常规，原则。义：正理。★按劳取酬，多劳多得，这是～的事情，到哪里都讲得通。

【天籁自鸣】tiān lài zì míng 比喻诗歌出自天然，或歌声的自然流露。天籁：自然界的声响，如风声、鸟声、流水声等。用以比喻诗文天然浑成。★《诗经》三百篇是西周到春秋间的民歌，语言自然，感情淳朴，可谓～。

【天理难容】tiān lǐ nán róng 罪恶深重，为天理所不容。★他作恶多端，罪行滔天，~。

【天理昭彰】tiān lǐ zhāo zhāng 意谓上天主持的公理，善恶报应清清楚楚。昭彰：清楚，显著。★~，这个作恶多端的家伙，终于被绳之以法，百姓无不拍手称快。

【天伦之乐】tiān lún zhī lè 指家人亲密团聚的乐趣。天伦：兄先弟后，天然伦次，故称兄弟为天伦。后泛指父子、夫妻、兄弟等为天伦。★退休后，他每天在家里教孙女读书，享受~。

【天罗地网】tiān luó dì wǎng 比喻上下四方严密包围。罗、网：分别指捕鸟和捕鱼的网。★公安机关已经布下了~，犯罪分子是逃不掉的。

【天马行空】tiān mǎ xíng kōng 天马奔驰在太空。比喻才情纵横，气势豪放，任意驰骋。天马：汉朝得自西域大宛的良马，意即神马。★他的画意境高远，如~。

【天南地北】tiān nán dì běi 形容相距很远。也形容谈话漫无边际。又泛指地方或方向。★工人们休息时聚到一块，~，无所不谈。

【天壤之别】tiān rǎng zhī bié 形容极大的差别。天壤：天上和地下。★现在的生活与20年前相比可以说有了~。

【天上地下，唯我独尊】tiān shàng dì xià，wéi wǒ dú zūn 佛家用语，原是推崇释迦牟尼最为崇高伟大的意思。后形容目空一切，狂妄自大。唯：只有。尊：尊贵。★~，你也太狂妄了吧！

【天生丽质】tiān shēng lì zhì 天生的秀丽姿质。形容女子容貌秀丽脱俗。丽质：秀丽的资质。★这姑娘~，气质不俗，挺适合做模特的。

【天时地利】tiān shí dì lì 自然气候条件和地形地理条件都很有利。表示占有各种有利条件。★主队占尽~，想必能获胜。

【天随人愿】tiān suí rén yuàn 形容事情的发展恰随人们的愿望。随：随顺，顺从。★他一直希望在有生之年能回到自己的祖国，但愿~。

【天外有天】tiān wài yǒu tiān 比喻一个境界之外更有无穷无尽的境界，多用来表示学问、技艺、本领等没有止境。★人外有人，~，你千万不要骄傲自满。

【天网恢恢，疏而不漏】tiān wǎng huī huī，shū ér bù lòu 天道的网又宽又大，看起来似乎稀疏，但绝不漏失一个坏人。意谓作恶者终究逃不脱法律的制裁。天网：天道的网，后比喻国法。恢恢：宽广的样子。疏：稀疏。漏：遗漏。★~，犯罪分子终究不能逃脱法律的制裁。

【天无绝人之路】tiān wú jué rén zhī lù 老天不会断绝人的生路。指人面临绝望的困境时，能出乎意料地找到出路。★～，我们不能丧失信心。

【天下本无事，庸人自扰之】tiān xià běn wú shì, yōng rén zì rǎo zhī 指天下本来太平无事，而平庸的人却招惹事情自找麻烦。庸人：平庸的人。自扰：自己扰乱自己。★这件事局长并没有责怪你，你干吗那么紧张兮兮的，真是～！

【天下第一】tiān xià dì yī 普天之下首屈一指，没有谁能比得上。★人要学会谦虚，不要做出点成绩就以为自己是～。

【天下独步】tiān xià dú bù 形容超群出众，在世上独一无二。独步：独一无二。★他的枪法非常出众，可以说是～。

【天下为公】tiān xià wéi gōng 原指不把国家政权当作世袭私产。后指一种理想的政治或社会。★孙中山被誉为"国父"，他提出了"～"的美好政治理想。

【天下无难事，只怕有心人】tiān xià wú nán shì, zhǐ pà yǒu xīn rén 意谓在有心人面前，没有克服不了的困难。有心人：指有某种志愿，肯用功的人。★～，只要你勤奋学习，成绩一定会提高的。

【天下兴亡，匹夫有责】tiān xià xīng wáng, pǐ fū yǒu zé 国家兴亡的大事，每个普通人都有责任。天下：指国家。匹夫：旧指平民百姓。★～，在这民族危亡之际，我们每个人都应该尽自己的一份力。

【天旋地转】tiān xuán dì zhuàn 比喻局势发生巨大变化。也指天地的运行。又形容眩晕时的感觉。★她用力挤出车厢，突然一阵～，身子不稳，差点跌倒。

【天涯海角】tiān yá hǎi jiǎo 指非常遥远的地方。也形容彼此相隔很远。★就是走遍～，我也要把你找回来。

【天摇地动】tiān yáo dì dòng 使天地摇晃震动。形容声势、力量或声响极大。★人们一阵阵地高声喊着，直喊得～。

【天衣无缝】tiān yī wú fèng 天仙的衣服没有针缝。后形容诗文浑然天成，没有补缀的痕迹。也比喻事物周密完善，没有破绽。★这篇小说构思严密，结构完整，情节的展开合情合理，可以说是～。

【天有不测风云，人有旦夕祸福】tiān yǒu bù cè fēng yún, rén yǒu dàn xī huò fú 形容灾祸像天气一样变幻莫测，难以预料。测：预测。祸福：偏义复词，单指灾祸。旦夕：早晚。★～，他昨天还在给学生上课，今天就因车祸而命丧黄泉。

【天渊之别】tiān yuān zhī bié 形容差别悬殊。渊：深潭，深池。★他俩是小学时候的同学，如今的境遇却是～。

【天灾人祸】 tiān zāi rén huò 指自然的和人为的灾祸。泛指各种灾祸。有时候也比喻嫁祸于人的人。天：自然的。★中国人民战胜了一切～，走上了独立富强的道路。

【天造地设】 tiān zào dì shè 天地作出的安排。指自然形成并且合乎理想。也形容自然而然，极为恰当。★这里物产丰富，山清水秀，四季如春，是个～的好地方。

【天真烂漫】 tiān zhēn làn màn 多形容青少年纯真可爱。也形容诗文、书画等自然真切，不做作。天真：心地单纯，性情直率。烂漫：坦率自然，毫不做作。★看着教室里那些～的孩子，她觉得自己也年轻了不少。

【天知地知】 tiān zhī dì zhī 指事情明明白白摆在那里，谁都知道。也指只有天知地知，事情极为机密。★这件事情～，你知我知，千万不能告诉其他人。

【天诛地灭】 tiān zhū dì miè 形容罪孽深重，为天地所不容。诛：杀。灭：灭绝。★我们几个人中间，若有人背信弃义，必将～。

【天作之合】 tiān zuò zhī hé 上天所赐的匹配。常用来称颂婚姻美满。也形容不期而遇或自然结合的朋友和友情。合：配，匹配。★小王和小李郎才女貌，结为夫妻，真乃～。

【添油加醋】 tiān yóu jiā cù 比喻在叙述或转述某事时，任意增添情节，歪曲真相。★我做错了事，哥哥又在一旁～，所以爸爸狠狠地批评了我一顿。

【添枝加叶】 tiān zhī jiā yè 比喻叙述事情或转述谈话时故意夸张渲染，加上一些原本没有的内容。★反映情况要实事求是，不能～，随意夸大。

【添砖加瓦】 tiān zhuān jiā wǎ 增添一块砖，一片瓦。比喻尽微薄之力，做一点贡献。★我们每一个公民都应该为社会主义建设～，作出应有的贡献。

【恬不知耻】 tián bù zhī chǐ 干了坏事还安然自得，不觉耻辱。恬：安然。★他考试作弊被当场抓获，还～地说今天运气真不好。

【恬淡无为】 tián dàn wú wéi 清静淡泊，顺乎自然，不刻意追求。淡：亦作“澹”。★作为人民的公仆，工作上应积极有为，生活上应～。

【甜言蜜语】 tián yán mì yǔ 甜蜜动听的言语。★他用～俘获了小丽的芳心。

【挑肥拣瘦】 tiāo féi jiǎn shòu 比喻从个人利益出发，对工作或事物反复挑选。挑、拣：选择。★只要调整好心态，不～，大学毕业生找份工作还是很容易的。

【挑三拣四】 tiāo sān jiǎn sì 指挑来选去。挑、拣：选择。★你

应该从一份基础工作做起，不要总是～的。

【条分缕析】tiáo fēn lǚ xī 形容分析得细密而有条理。缕：线。★王教授的课深入浅出，～，妙趣横生，很受同学们欢迎。

【调朱弄粉】tiáo zhū nòng fěn 指女子调弄脂粉，化妆打扮。也比喻诗文粉饰辞藻，华丽香艳。朱、粉：女子的化妆品。★作家应该深入生活，多写一些反映人民群众喜怒哀乐的作品，而不应限于吟风咏月，～。

【挑拨离间】tiǎo bō lí jiàn 搬弄是非，使人不和。挑拨：拨弄是非，引起纠纷。离间：使互相猜疑。★反动派～，妄图破坏爱国学生运动。

【跳进黄河洗不清】tiào jìn huáng hé xǐ bù qīng 即使跳进黄河也清洗不掉。比喻嫌疑无论如何也解释不清楚。★他们两个都这么说，我真的是～了。

【跳梁小丑】tiào liáng xiǎo chǒu 形容没有什么能耐只会乱蹿乱跳的捣乱分子。跳梁：也作“跳踉”。蹦蹦跳跳。小丑：小人之类。★这个人靠诬陷好人飞黄腾达，扮演了一个极不光彩的～的角色。

【铁板一块】tiě bǎn yī kuài 形容内部关系紧密牢固，无法分化。★反动派并非～，我们是有机会打入其内部的。

【铁面无私】tiě miàn wú sī 形容办事严明公正，不徇私情。★他～，从不为一己之利而徇私枉法。

【铁石心肠】tiě shí xīn cháng 心肠像铁和石头那样坚硬。形容意志坚定，不为感情所动。★清官对待老百姓是菩萨心肠，对待贪官污吏却是～。

【铁树开花】tiě shù kāi huā 铁树开了花。比喻事情极为罕见或难以实现。铁树：也叫苏铁、凤尾松或凤尾蕉，常绿乔木，不常开花。★要我跟你分手，除非是～。

【铁证如山】tiě zhèng rú shān 形容证据确凿，像山一样不可推倒。铁证：比喻确凿的证据。★日军侵华历史～，任何想抹杀那一段历史的行为都是徒劳的。

【听见风就是雨】tīng jiàn fēng jiù shì yǔ 比喻听到一声半响就立即加以附和，并竭力渲染。★我去泰国度假是没影的事，你怎么～，这么快就让全科室都知道了。

【听其言而观其行】tīng qí yán ér guān qí xíng 听了他的话，还要观察他的行动，看是否言行一致。★看待一个人，不能光看他怎么说，而且要看他怎么做，所谓～。

【听其自然】tīng qí zì rán 任凭自然发展，不加人力干涉。听：

任凭。★要经常给庄稼除草、施肥，不能～。

【听天由命】tīng tiān yóu mìng 听凭天意的安排。听：听凭，任凭。★这事～吧，我们已经尽了最大努力。

【听之任之】tīng zhī rèn zhī 听凭他，任随他。即不闻不问，任其自然。听、任：听凭，任凭。★公司出现这么严重的质量问题，领导却～，这是对消费者极端不负责任的表现。

【亭亭玉立】tíng tíng yù lì 形容女子修长秀媚或花木挺拔秀丽。亭亭：高高耸立的样子。★几年不见，小红已经长成个～的大姑娘了。

【停滞不前】tíng zhì bù qián 停止下来，不继续前进。滞：停止，逗留。★我们要再接再厉，革命事业不能～。

【挺身而出】tǐng shēn ér chū 形容勇敢地站出来面对危难或承担责任。挺身：挺直身躯，勇敢刚毅的样子。★一个素不相识的老师傅～，用自己的身体保护住被歹徒追杀的小姑娘。

【铤而走险】tǐng ér zǒu xiǎn 指无路可走而被迫采取冒险行动。铤：快跑的样子。走险：向险处跑。★为了把自己的儿子送往美国读书，他～，多次参与贩毒。

【通风报信】tōng fēng bào xìn 暗中通报消息。风、信：消息。★这位执法人员为犯罪分子～，给侦破工作带来了极大的难度。

【通力合作】tōng lì hé zuò 原指井田制下奴隶们共同劳作。后指大家不分彼此，一起出力去做。通力：全力，共同出力。★我们要团结一致，～，争取早日完成既定目标。

【通情达理】tōng qíng dá lǐ 指说话做事合乎常情，很明白道理。通、达：明白，晓畅。★他们都是～的人，不会故意刁难你的。

【通俗易懂】tōng sú yì dǒng 适合一般水平，容易被大家理解和接受。★对于一本计算机基础教材来说，～是最基本的要求。

【通宵达旦】tōng xiāo dá dàn 经过一夜直到天明。通宵：整夜。达：到。旦：天明。★在上海，许多酒吧都是～营业的。

【通行无阻】tōng xíng wú zǔ 通行顺畅，毫无阻滞。多指事情进行得很顺利。通：畅通。阻：阻滞，阻碍。★本市为鼓励招商引资而推出优惠政策，规定在办理证照上，只要符合政策，就路路绿灯，～。

【同病相怜】tóng bìng xiāng lián 比喻有同样不幸的遭遇而互相同情。怜：怜惜，同情。★我们俩都在高考中失败，可以说是～了。

【同仇敌忾】tóng chóu dí kài 怀着共同的仇恨对抗敌人。同仇：

共同对付仇敌。敌：对抗。忾：这里指愤恨的人。★全体将士～，英勇作战，将敌军打得大败。

【同窗之情】 tóng chuāng zhī qíng 同学之间的情谊。同窗：同学。★我们从小在一块长大，后来又有3年的～。

【同床异梦】 tóng chuáng yì mèng 同睡一张床，各做各的梦。比喻共同相处而各有各的打算。异：不同。★这对夫妻～多年了，只是为了孩子才一直没有离婚。

【同恶相济】 tóng è xiāng jì 共同作恶的人互相救助。济：救助。★公贿是典型的～行为，坑的是国家、集体，肥的是少数蛀虫。

【同恶相求】 tóng è xiāng qiú 原指国人共同憎恨楚灵王的心情就像买卖人求利一样深切。后指共同作恶的人互相勾结。恶：原指讨厌、憎恨，后指坏人。★这帮人～，作恶多端，老百姓对之深恶痛绝。

【同甘共苦】 tóng gān gòng kǔ 指同享幸福，共度患难。甘：甜。★我和小张～，互相扶持，结下了深厚的友谊。

【同归于尽】 tóng guī yú jìn 一同死亡或毁灭。尽：完结，灭亡。★在紧要关头，他为了保护战友，拉响手榴弹和敌人～了。

【同流合污】 tóng liú hé wū 指思想言行与恶劣的风气、污浊的世道混同。意谓从俗浮沉，与世俯仰。又指伙同坏人一起干坏事。流：流俗。污：污浊，肮脏。★她不能容忍丈夫与那些贪官～，所以坚决要求离婚。

【同美相妒】 tóng měi xiāng dù 同样漂亮的人相互妒忌。也比喻有同样才能的人或同行难以相处。妒：嫉妒。★他们两个都是电机行业的骨干，同在一个单位却关系紧张，这大概是～的原因吧。

【同日而语】 tóng rì ér yǔ 把两件事或两种情况拿到一起来谈论。即相提并论。★贫困地区的发展速度，与发达地区仍然不可～。

【同生共死】 tóng shēng gòng sǐ 形容一起出生入死，共度患难，情谊极深。★两位老人是～的战友，结下了深厚的友谊。

【同声相应，同气相求】 tóng shēng xiāng yìng, tóng qì xiāng qiú 原指同类事物相互感应。也比喻情趣气质相同而互相投合。应：应和，共鸣。求：寻求。★他们两个你吹我，我捧你，～。

【同室操戈】 tóng shì cāo gē 自家人动起刀枪。比喻兄弟争吵或内部争斗。同室：同处一室。操：拿起。戈：古代一种兵器。★兄弟两个为经济利益之争而～，自相残杀。

【同心同德】 tóng xīn tóng dé 思想认识一致，行动一条心。心、德：思想，心智。★在中国工作的部分外国朋友与中国人民～，共同抗击“非典”。

【同心协力】 tóng xīn xié lì 思虑一致，共同努力。协：共同。★我们应该～，共同改善我们的生活环境。

【同舟共济】 tóng zhōu gòng jì 同坐一条船渡过河去。比喻同心协力，共渡难关。济：渡，过河。★全厂职工～，超额完成了今年的工作任务。

【彤云密布】 tóng yún mì bù 阴云布满天空。彤云：阴云。★我们到展览馆不久，突然～，不久纷纷扬扬飘起雪花来。

【铜筋铁骨】 tóng jīn tiě gǔ 筋骨像铜打铁铸的一般。形容身体强壮或意志坚强。★这人生得一副～，走起路来雄赳赳气昂昂的，显出一种阳刚之美。

【铜墙铁壁】 tóng qiáng tiě bì 用铜、铁铸造的墙壁。比喻极其牢固，不可摧毁的事物。★我军防御工事如～，敌人插翅也难飞过去。

【童山濯濯】 tóng shān zhuó zhuó 草木不生的山光秃秃的。童：山上不长草木。濯濯：光秃秃的样子。★由于乱砍滥伐，原先的满目苍翠如今变得～。

【童叟无欺】 tóng sǒu wú qī 对小孩和老人都不欺骗。形容做生意诚实公平，重信誉。童：小孩。叟：老头。★李大妈下岗后，在居委会的帮助下开了一个小店，由于服务周到，～，因此生意十分红火。

【童心未泯】 tóng xīn wèi mǐn 年岁虽大但仍有童真之心。童心：儿童天真淳朴之心。泯：泯灭。★老太太虽然已年过八十，但～，经常和小朋友们做各种游戏。

【童言无忌】 tóng yán wú jì 旧日习俗，逢年过节或办喜事时很讲禁忌，但小孩无知，往往会说些不吉利的话。为圆此情，即认为小孩说了什么不吉利的话也无碍。★他还是个孩子，～，请您不要放在心上。

【统筹兼顾】 tǒng chóu jiān gù 统一筹划，兼顾各个方面。★要～，洪涝兼治，全面做好沿江流域防洪规划工作。

【痛不欲生】 tòng bù yù shēng 悲痛或痛苦得不想活下去了。★丈夫出了车祸，她简直～。

【痛定思痛】 tòng dìng sī tòng 悲痛的心情平定过后再回想当时痛苦的情景。有令人感慨深思之意。定：平静，安定。★经历了那场灾难，人们～，决心一定要保护好山体植被。

【痛改前非】 tòng gǎi qián fēi 彻底改正以前的错误。痛：狠，彻底。非：错误。★那些失足青年，只要～，重新做人，仍然会得到社会的信任。

【痛哭流涕】 tòng kū liú tì 形容极其悲痛伤心。涕：眼泪。★小英听说妈妈因为自己离家出走大病了一场，不禁愧悔交加，~。

【痛快淋漓】 tòng kuài lín lí 形容尽情尽兴，极其畅快。也形容说话、作文酣畅详尽。淋漓：充盛；酣畅。★上午我和几个老朋友打了一场篮球，真是~。

【痛入骨髓】 tòng rù gǔ suǐ 表示疼痛或伤心到了极点。★看到妈妈犯病时~的样子，我心里十分难过。

【痛下针砭】 tòng xià zhēn biān 古代以金属针和石针治病的方法。比喻深刻而中肯地指出错误或弊病，以便改正。痛：狠。砭：古代治病用的石针。★对这种社会恶习我们应该~，决不能姑息迁就。

【痛心疾首】 tòng xīn jí shǒu 形容伤心痛恨到了极点。疾首：头痛。★东三省沦陷之时，举国上下无不~，对日军的侵略行径义愤填膺。

【偷工减料】 tōu gōng jiǎn liào 不讲质量规格，暗中削减工时、工序和用料。也比喻做事图简省，敷衍马虎。★有些建筑公司不讲职业道德，不执行建筑标准，~，中饱私囊，建了许多“豆腐渣”工程。

【偷鸡摸狗】 tōu jī mō gǒu 指小偷小摸或暗中苟合的不正当男女关系。★他看起来像个衣冠楚楚的正人君子，暗地里却净干些~的勾当。

【偷梁换柱】 tōu liáng huàn zhù 比喻要手段瞒人耳目，暗中改变事物的内容或性质。★在一些建材超市，店主~、以次充好的行为，让消费者防不胜防。

【偷天换日】 tōu tiān huàn rì 比喻玩弄手法，暗中改变事物的真相，以欺骗别人。★他们几个人沆瀣一气，玩弄手法，~，致使国有资产遭受重大损失。

【偷偷摸摸】 tōu tōu mō mō 形容做事瞒着别人，不敢让人知道。★我们做事要光明正大，不要~。

【偷营劫寨】 tōu yíng jié zhài 暗中袭击对方营垒。也指打家劫舍，抢人财物。营：军营，营垒。寨：驻军之地。★做了山大王后，他常干些~的事。

【头昏眼花】 tóu hūn yǎn huā 头发晕，眼发花。花：眼睛模糊迷乱。★奶奶上了年纪，身体一天不如一天，经常~。

【头角峥嵘】 tóu jiǎo zhēng róng 形容青少年才华出众，气概不凡。也形容引人注目的事物。又指动物头角高耸。头角：比喻青年的气概或才华。峥嵘：卓越，不平凡。也指高峻的样子。★参加这次比赛的有老当益壮的老人，有~的青年，也有稚气未脱的儿童。

【头面人物】 tóu miàn rén wù 经常出头露面且有较大势力和声望的人物。★他是这个镇上的~，在群众中有很大的影响。

【头破血流】 tóu pò xuè liú 形容

伤势严重。也比喻失败惨重。★他不听劝阻，一意孤行，最后在事实面前碰得~。

【头疼脑热】tóu téng nǎo rè 头疼发烧。借指小病小灾。★孩子有个~的不用太慌张，也没必要总往医院跑。

【头童齿豁】tóu tóng chǐ huō 头上秃顶，口中齿落。形容衰老的样子。也用以指代老者。童：秃。豁：缺损。★刘爷爷~，儿孙满堂，是一位和蔼的老人。

【头痛灸头，脚痛灸脚】tóu tòng jiǔ tóu，jiǎo tòng jiǔ jiǎo 指只针对具体疼痛部位进行治疗，不管其他。也比喻只顾眼前，就事论事，不从根本上解决问题。灸：中医疗法之一，以艾炷或艾条烧灼或熏熨人体穴位。★社会弊端应当根治，不能仅仅~。

【头头是道】tóu tóu shì dào 原为佛家语，指道无处不在。后形容说话作文条理清楚，道理充足。有时用作贬义。★他性情稳重，说话办事~，这个任务交给他靠得住。

【头晕眼花】tóu yūn yǎn huā 头发晕，眼发花。也形容惊愕或迷惑。晕：昏眩。★走出会议室，他感到~，只好在走廊里坐了一会儿。

【头重脚轻】tóu zhòng jiǎo qīng 头昏脑涨，脚软无力。多形容因醉酒或犯病时身体摇摇晃晃的样子。也比喻基础不牢或各部分不协调。★这篇文章开头比较精彩，中间部分也不错，只是结尾过于仓促，给人一种虎头蛇尾、~的感觉。

【投笔从戎】tóu bǐ cóng róng《后汉书·班超传》记载，东汉班超年轻时家中贫困，靠为官府抄书为生。当时北方匈奴经常骚扰边境，人民生活不得安宁。班超很有感慨，扔笔长叹道，大丈夫应该到边疆为国立功，哪能一辈子和笔砚打交道呢！后用以指文人从军。投：丢掷。从戎：参军。★战争爆发后，内地许多文人~，血洒疆场。

【投鞭断流】tóu biān duàn liú 把马鞭全部丢进江里，能把流水截断。《晋书·苻坚载记》记载，东晋时，前秦王苻坚刚愎自用，不听大臣劝阻，南下攻打晋朝，还狂妄地说："以吾之众旅，投鞭于江，足断其流。"结果大败而还。后用以形容人马众多，兵力强大。投：扔，丢。★国民党自以为兵力强大，能够~，结果被解放军打败。

【投瓜报玉】tóu guā bào yù 比喻受人之物微薄，回赠之礼丰厚。投：赠送。报：回报。★对别人的馈赠，张先生总是~。

【投机倒把】tóu jī dǎo bǎ 指看准时机行情，转手倒卖，以获取暴利的非法行为。投机：利用时机谋取私利。倒把：利用物价涨落，买进卖出取利。★社会主义初期，一些～分子兴风作浪，哄抬物价，最终遭到了严厉的打击。

【投机取巧】tóu jī qǔ qiǎo 利用时机和巧妙手段谋取个人私利。也指做事耍小聪明，好走捷径，不扎实。★他做事总喜欢～，从不愿下苦功。

【投机钻营】tóu jī zuān yíng 指利用时机，巴结奉承，以谋取私利。投机：利用时机钻空子。钻营：巴结有权有势者以谋取私利。★他善于～，一心想往上爬。

【投井下石】tóu jǐng xià shí 对掉到井里的人，不但不救，反而向井里抛石头。比喻不救人于困境，反而加以陷害或打击。投：仆倒，跌落。★那家伙卑鄙无耻，手辣心毒，尽干些～的亏心事。

【投袂而起】tóu mèi ér qǐ 衣袖一甩站起来。形容决心已定，奋起立即行动。也形容愤激的样子。投袂：挥袖。★工人们听说厂长要把厂子卖掉，个个义愤填膺，～，前去论理。

【投其所好】tóu qí suǒ hào 迎合他人的喜好。投：迎合。好：爱好。★为拿到项目，他～，给局长送去了几幅名家字画。

【投亲靠友】tóu qīn kào yǒu 指前去投靠亲友，以求得到帮助。★妻子去世后，他生活困顿，到处～。

【投石问路】tóu shí wèn lù 投块石头，试探有无反应。比喻进行试探。★美国国务卿基辛格博士先来中国～，之后便是举世瞩目的尼克松总统访华。

【投鼠忌器】tóu shǔ jì qì 要砸老鼠，又怕砸坏了它旁边的器物。比喻想动手打击坏人或干某事又有所顾虑。投：扔，掷，砸。忌：顾虑，担心。★犯罪嫌疑人是局长的小舅子，刑警队长～，左右为难。

【投桃报李】tóu táo bào lǐ 他送给我桃子，我拿李子作报答。比喻一方有所赠予，另一方有所报答。投：赠送。报：回报，回赠。★他们两个～，一来二往，关系逐渐亲密起来。

【投杼之疑】tóu zhù zhī yí《战国策·秦策二》记载，先后有两人对曾参的母亲说曾参杀了人，其母不信，仍安然织布，当第三个人再说确有此事时，其母信以为真。后用以比喻谣言经多次传布后让人产生疑虑，动摇了原有的信念。杼：织布的梭子。★听的闲话多了，难免会产生～。

【突飞猛进】tū fēi měng jìn 形容事业、学问等进展非常迅速。★近几年来，新疆地区的公路建设～，交通状况有了明显改善。

【突然袭击】tū rán xí jī 乘对方毫无防备时出其不意地进攻或制造难题。★厂长来车间搞了个～，让我们非常难堪。

【突如其来】tū rú qí lái 突然出现或发生。突如：突然。★一场

~的灾难改变了整个家庭的命运。

【图财害命】 tú cái hài mìng 为了谋取钱财而害人性命。图：图谋，谋取。★鲁迅先生说过，妨害别人休息无异于~。

【图谋不轨】 tú móu bù guǐ 常用以指谋划违法、叛逆等行为。图谋：筹谋策划。不轨：指越出常规和法度。★这伙人暗地勾结，~，很快就被我公安机关识破了。

【图穷匕见】 tú qióng bǐ xiàn《战国策·燕策三》记载，战国时，燕太子丹请来勇士荆轲刺杀秦王。荆轲带着降将樊於期的人头和燕国督亢地图来到秦国。荆轲献上地图，秦王展开，最后突然露出一把匕首。荆轲迅速抓起刺向秦王，然而未能成功。后用以比喻事情发展到最后露出真相或本意。穷：尽。见：同"现"，露出。★凶残的敌人~，向共产党人发起了进攻。

【荼毒生灵】 tú dú shēng líng 指残害人民。荼毒：毒害，残害。生灵：百姓。★封建统治者常常为了所谓的文治武功而发动战争，~。

【徒费唇舌】 tú fèi chún shé 白白地浪费言辞。表示说了也无用。徒：白白地。费：浪费。唇舌：比喻言辞。★他这人顽固不化，你和他讲道理，是~。

【徒劳无功】 tú láo wú gōng 白费气力，没有成效。徒：白白地。功：功效，成就。★他试图说服班主任组织全班同学春游，结果~。

【徒劳无益】 tú láo wú yì 白费气力，毫无用处。徒：白白地。★用"填鸭式"的方式给孩子灌输知识，往往都~，甚至适得其反。

【徒有虚名】 tú yǒu xū míng 空有一个好名声。表示名实不符。★现在社会上有些认证~，许多证书甚至花钱就可以买到。

【徒子徒孙】 tú zǐ tú sūn 同一个祖师传下来的弟子。也泛指信徒或党羽。多含贬义。★今天是老教授的八十大寿，~挤满一屋。

【涂脂抹粉】 tú zhī mǒ fěn 涂上胭脂搽上粉。指妇女修饰打扮。也比喻对事物加以粉饰、美化。含贬义。★日本教科书歪曲史实，为日本殖民统治和侵略暴行~。

【屠龙之技】 tú lóng zhī jì《庄子·列御寇》记载，相传战国时有一个名叫朱泙漫的人学到一手高妙的杀龙技术，因世上根本无龙，故其技术始终无法应用。后用以比喻高超却不切实用的本领。屠：宰杀。★我们要学一点实实在在的东西，不能整天想入非非，学那些所谓的~。

【屠门大嚼】 tú mén dà jué 在肉铺前想象肉味的鲜美就使劲咀嚼。形容羡慕又得不到，凭空想聊以自慰。屠门：卖肉的铺子。★有些人不想通过自己的劳动获得想要的东西，而是整日~，聊以自慰。

【土崩瓦解】tǔ bēng wǎ jiě 像土崩塌、瓦碎裂一般。比喻彻底崩溃，无法收拾。★武昌起义爆发后，各地纷纷响应，内忧外患的清王朝终于～了。

【土豪劣绅】tǔ háo liè shēn 泛指旧社会农村中横行霸道、作恶多端的恶势力。土豪：独霸一方的恶霸。劣绅：罪恶昭彰的地主和退职官僚。★宗法封建性的～，不法地主阶级，是几千年专制政治的基础。

【土瘠民贫】tǔ jí mín pín 土地瘠薄，人民贫困。★改革开放以后，这个原先～的小镇也脱贫致富了。

【土阶茅茨】tǔ jiē máo cí 用土块垒的台阶，用茅草盖的屋。形容居室简陋。茨：茅草盖的屋顶。★古代帝王尧、舜等居～，而一心为公。

【土龙刍狗】tǔ lóng chú gǒu 泥塑的龙，草扎的狗。比喻徒有其名，其实不副。刍：草。★他虽然是这个大家族的族长，但说话并不管用，不过是个～。

【土木形骸】tǔ mù xíng hái 形体像土木的本色。喻指人的本来面目，未加任何修饰。也指人的形体粗俗。又形容行动迟钝，呆头呆脑或愚昧无知。★他们长期生活在封闭的村庄，几乎与世隔绝，犹如～，愚钝呆板。

【土牛木马】tǔ niú mù mǎ 泥土制的牛，木头作的马。比喻有其名无其实，不实用。也比喻像土牛木马一样木然不知情理。★他们虽然在董事会任职，但只是～，并不掌握实权。

【土生土长】tǔ shēng tǔ zhǎng 在本地或本国生长。土：本地的或本国的。★道教是中国～的宗教，具有中华民族古代宗教意识的特点。

【土头土脑】tǔ tóu tǔ nǎo 形容思想愚钝，行为举止不合时宜。★你别看他～的，鬼点子可多着呢。

【吐故纳新】tǔ gù nà xīn 道家修炼的一种运气过程，吐出体内浊气，吸纳新鲜空气。现多比喻扬弃陈旧的，吸收新鲜的。纳：接纳，接受。★这支队伍经过整顿，～，变得更加强大了。

【兔葵燕麦】tù kuí yàn mài 形容杂草丛生的荒凉景象。也形容粗劣的食物。兔葵：多年生草本植物。燕麦：一年生禾本植物。★外婆一生勤俭节约，生活艰辛，吃的是～，穿的是粗布麻衣。

【兔起鹘落】tù qǐ hú luò 兔子刚蹿起来，鹘已猛扑上去。比喻绘画、写作时下笔迅捷准确，善于抓住感受，捕捉形象。也比喻瞬间出现，极易变化或消逝的思想、情况、时机等。鹘：打猎用的猛禽。★他是当代著名画家，作画时～，一挥而就。

【兔丝燕麦，南箕北斗】tù

sī yàn mài, nán jī běi dǒu 兔丝有丝之名而不可以织，燕麦有麦之名而不可以食，箕星有箕之名、北斗有斗之名皆不可以用。比喻有其名无其实。兔丝：菟丝子，寄生蔓草，茎细长。燕麦：一种野生麦，一般用作牲口的精饲料。箕：星名，共四星，联起来似簸箕。斗：星名，共七星，连起来似古代盛酒的斗。★她与丈夫虽然是法律上的夫妻，却如～，有名无实。

【兔死狗烹】 tù sǐ gǒu pēng 兔子被捕杀后，猎狗就被煮着吃掉。比喻事情办成后，就把曾有贡献的人杀掉或踢开。烹：煮。★统治阶级为巩固权位，～是他们惯用的伎俩。

【兔死狐悲，物伤其类】 tù sǐ hú bēi, wù shāng qí lèi 比喻为同类的死亡或不幸而感到悲伤。★看到伪军被我军击溃，这伙地主武装不免有～之感。

【兔走乌飞】 tù zǒu wū fēi 古代神话传说太阳中有金色三足乌，月亮中有玉兔。玉兔飞跑，金乌飞逝。形容时间迅速流逝，光阴似箭。也比喻四处逃窜。走：跑。★～，光阴似箭，转眼又是一年。

【抟沙作饭】 tuán shā zuò fàn 弄一些沙来想做成饭。比喻白费气力，毫无用处。抟：聚集。★与他这样食言而肥的人谈诚信，简直是～，白费力气。

【推波助澜】 tuī bō zhù lán 推动水波，助长大浪。比喻助长声势，扩大事态。多用于贬义。澜：大波浪。★他趁着学生上书的机会，散播谣言，～，企图扩大事态。

【推陈出新】 tuī chén chū xīn 排除旧的，创建新的。多指批判地继承旧的，创造出新的。推：排除，除去。陈：陈旧的。★《杨家将》一剧，～，古为今用，是进行爱国主义教育的很好教材。

【推诚相见】 tuī chéng xiāng jiàn 拿出真心实意与人相处。推诚：以诚意待人。★同事之间最重要的就是～，这样才能做到团结协作，和睦相处。

【推崇备至】 tuī chóng bèi zhì 形容极其推重赞许。推崇：十分推重。备至：犹言至极。★年轻一辈对朱先生的人品和学问～。

【推而广之】 tuī ér guǎng zhī 扩大事物类属范围或事理应用范围。广：扩大。★我们应该将这种果树的种植经验在全县范围内～。

【推己及人】 tuī jǐ jí rén 以自己的心推想到别人。指设身处地替别人着想。★～，你们不应该这样对待这些穷困潦倒的农民。

【推己及物】 tuī jǐ jí wù 由自己推想到别人。物：指他人。★做任何事情都应该～，只有这样，才能获得理解和支持。

【推三阻四】 tuī sān zǔ sì 以各种借口推托拒绝。推：推托，推诿。阻：阻挠。★他不是那种～的人，他说办不到看来的确有困难。

【推贤让能】tuī xián ràng néng 推举贤人，让位于能者。推：推荐。让：谦让。★～是每一位领导干部所应该具备的高尚品格。

【推心置腹】tuī xīn zhì fù 把真心交给对方。常用以形容真诚待人。★他们～地交换了意见，终于消除了误会。

【颓垣败壁】tuí yuán bài bì 墙壁毁坏倒塌。形容残破的景象。颓垣：倒塌的墙。败：毁坏。★这里原来是地主的宅院，如今却是～，杂草丛生。

【退避三舍】tuì bì sān shè 主动退让九十里。《左传·僖公二十三年》记载，晋公子重耳逃亡到楚国，楚王用酒食款待他，并问他将来怎样报答，重耳说，如果晋楚交战，我将"辟君三舍"。后用以比喻退让，避免接触。舍：古时行军以三十里为一舍。★为化解矛盾，他常常～，不与对方正面交锋。

【蜕化变质】tuì huà biàn zhì 比喻好人腐化堕落而变坏。蜕化：虫类脱皮。比喻变质，变坏。★这个曾经上进的青年误入歧途，逐渐～，最终因违法乱纪，受到了法律的制裁。

【吞声饮气】tūn shēng yǐn qì 勉强忍着气愤不做声。饮：忍。★她没有文化，胆子又小，受人欺侮时往往～。

【吞吞吐吐】tūn tūn tǔ tǔ 形容有所顾虑，有话不敢直说。也形容说话含混不清。★我们都不是外人，你有什么话尽管直说，用不着～的。

【吞云吐雾】tūn yún tǔ wù 原指道家不食五谷，修炼养气或神物吐纳云霞雾气。后多用以讥讽吸鸦片或吸烟。★小强躲开父母，一个人跑到花园里～起来。

【吞舟之鱼】tūn zhōu zhī yú 能把船吞下的大鱼。比喻志大脱俗的贤人。也比喻江湖大盗或其他罪大恶极的坏人。★他是一条～，我们千万不能放过他。

【囤积居奇】tún jī jū qí 集聚积存货物，等待时机高价出售，以牟取暴利。囤积：把货物聚集起来。居：储藏。奇：稀罕的东西。★一些不法奸商大发国难财，～，牟取暴利。

【托物言志】tuō wù yán zhì 假借某种事物来说明自己的情志思想。是一种艺术表现手法。托：借。★于谦《石灰吟》一诗，～，借咏石灰来表达自己的高尚情操。

【拖儿带女】tuō ér dài nǚ 拖带着儿女。多形容旅途的辛劳或生活的艰难。★这些年老陈～，东奔西跑，靠打零工养家糊口。

【拖泥带水】tuō ní dài shuǐ 指雨路难行，拖带泥水。比喻做事不干净利落。也比喻语言不简洁。

又形容牵扯纠缠或牵扯纠缠的麻烦事。★他是一个干练的人，做事从来不～。

【脱缰之马】 tuō jiāng zhī mǎ 挣脱了约束的人或失去控制的事物。缰：拴马的缰绳。★抗战末期，物价如～，全国人民怨声载道。

【脱口而出】 tuō kǒu ér chū 不假思索，随口说出。★他说话总是～，从来不经过深思熟虑。

【脱胎换骨】 tuō tāi huàn gǔ 原为道家说法，认为修道者得道，就能脱去凡胎凡骨而换为仙胎仙骨。现比喻通过教育改造，彻底改变立场观点。也指在效法前人的基础上而能创新。又比喻重新做人。★3 年的改造使他～，成为一个对社会有用的人。

【脱颖而出】 tuō yǐng ér chū 《史记·平原君虞卿列传》记载，战国时，秦国攻打赵国，赵国公子平原君前往楚国去搬救兵，门客毛遂主动请求跟随前往。平原君认为有能之人如锥处囊中，其尖立现，而三年以来毛遂一直默默无闻，必是无能之辈，毛遂称若早将其放入囊中，早就“颖脱而出”了。后用以比喻突然显露出惊人的才能。颖：物体末端的尖锐部分。★她靠着出色的技术从众多选手中～，夺得这次大赛的冠军。

【拓落不羁】 tuò luò bù jī 性情放荡，不受约束。拓落：放荡旷达。羁：约束。★他的作品情感奔放，～，有着强烈的艺术感染力。

【拓土开疆】 tuò tǔ kāi jiāng 扩大领土，开辟疆域。★唐王朝国力强盛，～，是当时世界上极为强大的国度。

【唾面自干】 tuò miàn zì gān 别人往脸上吐唾沫也不擦，让它自己干。形容受到侮辱极度容忍，毫无不满的表示。唾：吐唾沫。★忍耐本是美德，但如果常常～，这种美德就变成了懦弱。

【唾手可得】 tuò shǒu kě dé 形容很容易得到。唾手：往手上吐唾沫、准备动手的样子。★美好的生活不是～的，它必须靠刻苦拼搏才能得到。

W

【挖空心思】 wā kōng xīn sī 形容费尽心机，绞尽脑汁。多用于贬义。★他~地想算计别人，没想到最终被别人算计。

【蛙鸣蝉噪】 wā míng chán zào 青蛙、知了叫声嘈杂。后比喻庸俗低劣的文章或言论。噪：虫鸟喧叫。★敌人利用报刊、电台等舆论工具大肆攻击我党，但这些~无法动摇人民对党的拥护和信任。

【歪打正着】 wāi dǎ zhèng zháo 比喻方法本来不恰当，却意外地得到令人满意的结果。★他~，把我们苦苦寻找的信件拿了回来。

【歪风邪气】 wāi fēng xié qì 不良的习惯和风气。风、气：风气，习气。★我们应该坚决抵制~的产生和蔓延。

【歪门邪道】 wāi mén xié dào 比喻不正当的门路或方法。★竞争是激烈的，但必须在平等、合法的原则下进行，绝不能靠搞~来达到目的。

【歪歪斜斜】 wāi wāi xié xié 歪斜不正。★他只有小学文化，字写得~。

【外方内圆】 wài fāng nèi yuán 形容人外表正直，内心阴柔。方：有棱角，刚直。圆：无棱角，圆滑。★此人~，老谋深算，好耍政治手腕。

【外刚内柔】 wài gāng nèi róu 外表刚强，内心柔弱。也指地方势力强大，中央朝廷软弱。★她是个~的人，别看她批评人不留情面，却有一副菩萨心肠。

【外举不避仇，内举不避子】 wài jǔ bù bì chóu，nèi jǔ bù bì zǐ 举荐外面的人，不回避自己的仇人；举荐身边的人，不回避自己的儿子。《左传·襄公三年》记载，春秋时，晋国大夫祁黄羊年老退职，晋悼公要他荐举贤良。祁黄羊推荐仇人解狐做了南阳县令，又推荐自己儿子在朝中做了军尉。后用以形容秉公持正，一视同仁。★在用人方面，古人尚且能够做到~，何况我们共产党人?

【外强中干】 wài qiáng zhōng gān 本指战马外表强壮而实际空虚无力。后比喻外表强盛而内里空虚。干：空虚无力。★我们公司是~，外人总觉得很好，其实离破产的日子已经不远了。

【外柔内刚】 wài róu nèi gāng

外表柔弱而内心刚强。★她是位~的女子，经受了这么大的打击，竟然能勇敢地从生活中站起来。

【外圆内方】 wài yuán nèi fāng 外表随和，内心却有定见。圆：无棱角为圆，指圆通。方：有棱角为方，指严正。★他温文尔雅，和蔼可亲，但~，处事果断。

【剜肉补疮】 wān ròu bǔ chuāng 挖下自己的肉填补疮口。比喻用有害的方法救一时之急，不考虑后果。剜：用刀挖。★引进外资进行技术改造本来是好事，如果因此丧失了企业的自主权，则无异于~。

【丸泥封关】 wán ní fēng guān 用一粒泥丸就能封住函谷关。比喻地势极其险要，不需用多少力量就能守住。丸泥：一粒泥丸。★井冈山具有~之险，易守难攻，是发展革命力量的理想之地。

【纨袴子弟】 wán kù zǐ dì 指浪荡浮华的富家子弟。纨袴：细绢裤子，古代为贵族子弟所穿。也借指富贵人家子弟。★一些~整日吃喝玩乐，不务正业，是社会的寄生虫。

【完璧归赵】 wán bì guī zhào 《史记·廉颇蔺相如列传》记载，战国时，赵国得到名贵的楚国和氏璧，秦昭王恃强声称要用十五座城交换，蔺相如奉命前往，见秦王并无诚意，又将和氏璧完好地送回赵国。后用以指把东西完整无缺地归还原主。完：完整，完好。璧：圆形扁平而中心有孔的玉器。★从省图书馆借来的善本古籍昨天已经~。

【完美无缺】 wán měi wú quē 完备美好，没有缺点。缺：缺点。★任何作品或多或少都有瑕疵，世界上从没有~的作品。

【完美无瑕】 wán měi wú xiá 十全十美，没有缺点。瑕：玉上的斑点。★生活并不是~的，如果我们太苛求完美，就始终感觉不到生活的幸福。

【玩法徇私】 wán fǎ xùn sī 指为官者无视法纪，作弊谋取私利。玩：玩弄，不遵守。徇：曲从。★领导干部~，必然葬送自己的前途。

【玩忽职守】 wán hū zhí shǒu 指对本职工作不尽职尽责，敷衍了事。玩忽：不严肃认真地对待。★国家工作人员不可利用职务之便谋取私利，不可~，给国家造成损失。

【玩火自焚】 wán huǒ zì fén 玩弄火的人结果被火烧死。比喻冒险干害人的事，结果受害的还是自己。焚：烧。★~，这是你应有的下场。

【玩弄于股掌之上】 wán nòng yú gǔ zhǎng zhī shàng 指把人操纵在手里任意摆布。玩：玩弄。股：大腿。掌：手掌。★他在这次外事活动中被人~，丧失原则立场，与外商签订了有辱民族尊严的条款。

【玩日废时】 wán rì fèi shí 指浪费或延误时间。★做事情~，其实是在浪费生命。

【玩世不恭】 wán shì bù gōng 对待社会生活采取嘲弄或轻率的消极态度。玩世：以不严肃的态度对待社会生活。恭：严肃。★经历了这次挫折，他不再奋进，而是变得~了。

【玩物丧志】 wán wù sàng zhì 沉迷于所喜好的事物而消磨了志气。有时也指死读书而不明时务，不切实际。玩：玩赏。丧：失。★每个人都可以有自己的业余爱好，但若因此而影响工作，不思进取，那就是~了。

【顽固不化】 wán gù bù huà 指思想保守固执，不知变通。也指坚决不认错或悔改。★对于那些~的反革命分子，应该将其彻底消灭。

【宛然在目】 wǎn rán zài mù 好像就在眼前。宛然：仿佛。★父亲已经去世两年了，而往日的生活情景却~。

【晚节不保】 wǎn jié bù bǎo 指人晚年失足，没有把节操坚持到底。节：气节，操守。保：保持。★为了帮儿子掩盖罪行，这位副市长~，触犯了法律。

【晚节不终】 wǎn jié bù zhōng 指人晚年失足，没有把节操保持始终。节：气节，操守。★作为一位革命老人，~是最大的耻辱。

【婉若游龙】 wǎn ruò yóu lóng 形容女子体态婀娜或舞姿优美。也形容人的德行高深弘通。婉：蜿蜒，回旋。游龙：游戏的蛟龙。★舞蹈演员体态婀娜，~。

【婉言谢绝】 wǎn yán xiè jué 用委婉的言辞推托掉。婉：委婉。谢绝：推辞。★她~了朋友的好意，坚持孤身一人到外地谋生。

【万般皆下品，唯有读书高】 wàn bān jiē xià pǐn, wéi yǒu dú shū gāo 各种行业都是低贱的，只有读书才是高贵的。指各行各业都没有通过读书做官高贵。万般：指各行各业。品：等第。★很多老人封建观念根深蒂固，到现在仍然认为~。

【万变不离其宗】 wàn biàn bù lí qí zōng 不管形式上怎样变化多端，本质或目的始终不变。宗：主旨，宗旨。★无论社会形态如何更替，~，都是社会生产力决定生产关系。

【万不得已】 wàn bù dé yǐ 指实在没有办法，才不得不这样做。万：万万，绝对。不得已：无可奈何。★不到~，我是不会让你出面的。

【万夫不当之勇】 wàn fū bù dāng zhī yǒng 万人也无法抵挡的勇力。形容异常勇猛。当：抵挡。★张飞是《三国演义》里的一员大将，有~。

【万古不变】 wàn gǔ bù biàn 永

远都不改变。万古：永远，万世。★人民创造历史，这是～的真理。

【万古长存】wàn gǔ cháng cún 永远存留下去。万古：永远，万世。★人民英雄的浩然气节，～。

【万古长青】wàn gǔ cháng qīng 永远像春天的草木一样青枝绿叶。比喻永远美好而不衰退消失。★在中国古代文学史上，唐诗和宋词～，永远散发着无穷的魅力。

【万古流芳】wàn gǔ liú fāng 美名永远流传。万古：永远，万世。芳：芳香，喻指好的名声或德行。★革命先烈永垂不朽，～。

【万贯家财】wàn guàn jiā cái 形容非常富有。贯：古时的铜钱有眼，用绳索串起来，每一千文为一贯。★我既没有～，也没有权势地位，只是一个普通工人。

【万家灯火】wàn jiā dēng huǒ 形容夜晚灯火通明的景象。★看远处～，思乡的情绪越来越浓。

【万箭穿心】wàn jiàn chuān xīn 仿佛万支箭一起射集于心头。形容极度悲伤或痛苦。穿：穿过，穿透。★听到儿子因车祸而丧生的噩耗，她犹如～。

【万劫不复】wàn jié bù fù 永远不能再生或恢复。劫：佛家称世界从生成到毁灭的一个过程为一劫。万劫：万世、永远。复：再生。★这些古建筑要是被毁掉，将是～的损失。

【万籁俱寂】wàn lài jù jì 一点声音也没有。形容周围环境非常安静。籁：从孔穴里发出的声响。万籁：泛指自然界发出的各种声响。俱：全，都。寂：寂静。★夜晚的小山村～，使人产生无限的遐想。

【万里长空】wàn lǐ cháng kōng 指无边无际的天空。★在祖国西部的～，常年活跃着一支英雄的运输航空兵部队，他们被誉为“高原雄鹰”。

【万里长征】wàn lǐ cháng zhēng 指路途遥远的行军。也特指1934—1936年中国工农红军由江西转战陕北的二万五千里长征。又比喻为完成伟大的事业而进行的长期艰苦奋斗。征：远行。★我们的胜利只是～走完了第一步，还需要加倍努力。

【万马奔腾】wàn mǎ bēn téng 无数匹马一起奔跑。也形容声势盛大，气魄雄伟，情势猛烈。★在三峡，我们看到了～的壮观景象。

【万马齐喑】wàn mǎ qí yīn 众马都沉寂无声。比喻众人不敢说话的沉闷局面。喑：缄默，不作声。★“文革”期间，文艺界～，诗歌遭受了五四运动以来从未有过的厄运。

【万民涂炭】wàn mín tú tàn 万众犹如陷入泥沼、坠入火海一样。形容民众陷入极为困苦的境遇。涂炭：烂泥和炭火，比喻非常困苦的境地。★在军阀割据的时代，国家衰惫，～。

【万年之后】 wàn nián zhī hòu 指死亡以后。万年：死的委婉说法。★奶奶～，我们遵从她的遗嘱，把骨灰带回了江西老家。

【万念俱灰】 wàn niàn jù huī 一切想法或念头都破灭了。形容受到打击或挫折后，极端失望消沉。俱：全，都。灰：破灭。★妻子去世以后，他～，失去了生活的信心。

【万念俱寂】 wàn niàn jù jì 一切欲念都消失了。念：念头，想法。俱：都。寂：寂静。★受到这样的打击，她～，竟削发为尼，出家去了。

【万顷碧波】 wàn qǐng bì bō 形容水域广阔清绿。顷：面积单位。百亩为一顷。★新建的度假村坐落在～的东湖之畔，环境优美。

【万全之策】 wàn quán zhī cè 极其周密稳妥的计策或办法。万全：万无一失，绝对周密。策：计策。★我们必须在想出一个～之后再行动，否则后果不堪设想。

【万人空巷】 wàn rén kōng xiàng 大家都从家里出来聚向一处，使街巷都空了。形容盛大集会或新奇事物把所有的人都吸引出来的盛况。★这一夜，上海～，人们聚集在外滩，以多姿多彩的方式迎接新千年的到来。

【万世不拔】 wàn shì bù bá 指永远不动摇。拔：动摇。★马克思主义是符合社会历史发展规律的～的真理。

【万世师表】 wàn shì shī biǎo 永远值得尊崇、学习的榜样。师表：表率，榜样。★孔子学而不厌，诲人不倦，被尊为～。

【万世无疆】 wàn shì wú jiāng 形容年代永久无限。疆：边际，止境。★历代统治阶级都希望自己的统治能够～，但这往往只是一种美好的愿望。

【万事大吉】 wàn shì dà jí 一切事情都很吉利。也指一切都很圆满顺利，再没有什么问题。吉：吉利，顺利。★历史上从来没有过一种革命在取得胜利以后就可以～，高枕无忧。

【万事亨通】 wàn shì hēng tōng 一切事情都很顺利。亨通：顺利。★这些年他时来运转，～，不仅发了财，还做了官。

【万事皆空】 wàn shì jiē kōng 万事万物都是空虚的，不存在的。形容极其虚无消极。★经过这次变故，他的思想发生了根本的变化，认为～，世界只是虚幻的影像。

【万事俱备，只欠东风】 wàn shì jù bèi, zhǐ qiàn dōng fēng 原指三国时周瑜计划火攻曹操，一切准备就绪，只等东南风一刮起，就点火进攻。后比喻一切都已准备就绪，只差最后一个重要条件。★～，只要命令一到，我们将马上实施计划。

【万事俱休】wàn shì jù xiū 一切都完结了。形容悲观失望，不再想有所作为。也指什么事都没有。俱：都，全。休：停止。★你千万不要在这个时候去找局长，否则~。

【万事如意】wàn shì rú yì 指事事顺当，称心合意。如意：符合心意。★祝愿全体老干部、老领导新年快乐，~。

【万寿无疆】wàn shòu wú jiāng 万年长寿，没有止境。常用作祝人长寿之辞。万寿：万年长寿。疆：界限。★祝我们亲爱的母亲，我们伟大的社会主义祖国~。

【万水千山】wàn shuǐ qiān shān 很多的山和水。形容路途遥远险阻。★虽然我们相隔~，但我们的心却紧紧相连。

【万死不辞】wàn sǐ bù cí 死一万次也不推辞。形容甘愿冒死效力。辞：推辞，推脱。★为了人民的解放和民族的振兴，每一个共产党人都应该把生死置之度外，抛头颅，洒热血，~。

【万头攒动】wàn tóu cuán dòng 许多人聚集在一起争看。万头：指代很多人。攒：聚拢。★时间虽然还早，但街上看花灯的人却已经是~。

【万无一失】wàn wú yī shī 形容绝对不会出差错，完全有把握。失：失误，差错。★为了确保实验~，技术人员正在连夜进行反复检测。

【万象更新】wàn xiàng gēng xīn 一切景象都焕然一新。象：景象。更：更换，改变。★改革开放以来，~，人民群众的积极性空前高涨。

【万应灵药】wàn yìng líng yào 能医治各种疾病的灵丹妙药。比喻能解决所有问题的办法。一般带有讽刺或诙谐意味。★我们不能把马克思主义当作教条，不能把它当作解决一切具体问题的~。

【万丈高楼平地起】wàn zhàng gāo lóu píng dì qǐ 比喻做任何事情都必须从基础做起。★~，我们必须让孩子打好基础，将来才能成才。

【万众一心】wàn zhòng yī xīn 千万人同一条心。形容思想一致，紧密团结。★只要我们~，艰苦奋斗，就一定能实现四个现代化。

【万紫千红】wàn zǐ qiān hóng 形容春天百花争艳的绚丽景象。也比喻事物丰富多彩或景象繁荣兴旺。★春天到了，这座现代化城市生机盎然，~。

【汪洋大海】wāng yáng dà hǎi 浩瀚无边的大海。也比喻范围广阔，声势浩大。又比喻极其丰富繁多。汪洋：水势浩大宽广的样子。★动员了全国的老百姓，就造成了陷敌于灭顶之灾的~。

【汪洋浩博】wāng yáng hào bó 形容学识渊博或文辞富赡，气势浑厚雄健。浩博：广博繁多。★《孟子》中的文章，气势充沛，~。

【汪洋恣肆】wāng yáng zì sì 形容文章、言论或书法等潇洒豪放，气势浑厚雄健。恣肆：放纵无忌。★庄子的文章如风行水上，自然成文，~，仪态万方。

【亡国灭种】wáng guó miè zhǒng 国家被灭亡，种族被灭绝。★日本帝国主义侵略中国的目的就是要使中国~。

【亡戟得矛】wáng jǐ dé máo 丢失了戟，得到了矛。比喻有得有失或得失相当。亡：丢失。戟、矛：古代兵器。★人生的得失难以算计，往往是~，所以应该抱着积极乐观的态度面对人生，不要因为一时的“失”而消极悲观。

【亡命之徒】wáng mìng zhī tú 原指脱离户籍、改名换姓、逃亡在外的人。后也指不顾性命、犯法作恶的人。★这个罪恶累累的~企图逃往国外，在机场大厅被我公安人员抓获。

【亡羊补牢】wáng yáng bǔ láo 羊丢了，赶紧修补羊圈。比喻出了差错，及时补救。亡：丢失。牢：关牲口的圈。★公司运营出了问题，你也不要过于自责，及时补救就是了，所谓~，为时未晚。

【王顾左右而言他】wáng gù zuǒ yòu ér yán tā 本指齐宣王左右张望，把话题扯开。后泛指扯开话题，回避难以答复的问题。王：此处指齐宣王。他：其他，别的。★小王~，没有正面回答我的问题。

【王子犯法，庶民同罪】wáng zǐ fàn fǎ，shù mín tóng zuì 皇帝或王侯的儿子犯了法，也和老百姓处以同样的罪刑。形容王法面前，人人平等。庶民：平民，百姓。★~，难道县长的儿子杀了人就不用偿命？

【网开一面】wǎng kāi yī miàn 把捕捉禽兽的网打开一面。原比喻宽厚仁慈。后多比喻宽大处置罪人或敌人。★他四处找关系，希望那些过去的老朋友能~，从轻发落他的儿子。

【枉尺直寻】wǎng chǐ zhí xún 弯曲只一尺，伸直则为八尺。比喻小处受些损失或委屈，以求获得较大的利益。寻：古代长度单位，八尺为一寻，亦说七尺为一寻。★很多年轻人涉世之初斤斤计较，殊不知~也是为人处世的一种技巧。

【枉法营私】wǎng fǎ yíng sī 曲解或破坏法律，以谋取私利。枉：歪曲，违反。营：谋求。★他因揭露前任厂长的~行为而深得人心。

【枉费唇舌】wǎng fèi chún shé 白白说了许多话却没什么收效。枉：枉然，白白地。★他这人很固执，无论怎么给他讲道理都是~。

【枉费工夫】wǎng fèi gōng fū

空费时间，徒劳无获。枉：枉然，白白地。★做任何事情都要看它是否有意义，不要~。

【枉费心机】 wǎng fèi xīn jī 白费心思。枉：枉然，白白地。心机：心思，计谋。★每次出差，他总想得点小利，可结果都是~。

【往者不可谏，来者犹可追】 wǎng zhě bù kě jiàn，lái zhě yóu kě zhuī 过去的已不能挽回，未来的还可以补救。谏：规劝，使改正错误。★~，我们应该抓住机遇，迎难而上，为把我国建设成为繁荣富强的社会主义现代化国家而努力奋斗。

【惘然若失】 wǎng rán ruò shī 心中惆怅不乐，像丢失了什么东西似的。惘然：惆怅失意的样子。★她走了，去了大洋彼岸的另外一个国家，我心里空空的，有一种~的感觉。

【妄下雌黄】 wàng xià cí huáng 指妄发议论，乱加窜改。妄：胡乱地。雌黄：古人抄校书籍时涂改文字用的颜料。此指涂改，评论。★你不了解事实真相，就不要在那里人云亦云，~。

【妄自菲薄】 wàng zì fěi bó 过分地看轻自己。妄：胡乱地，超出常规地。菲薄：轻视。★在国际交往中，我们既不能夜郎自大，也不能~。

【妄自尊大】 wàng zì zūn dà 狂妄地自高自大。妄：狂妄。★一个人不管有多么崇高的地位和多么杰出的成就，都不能~，否则只会落得个遭人唾弃的下场。

【忘恩负义】 wàng ēn fù yì 忘记别人对自己的恩德，做出对不起别人的事。负：背弃。★老王对我有救命之恩，我不能做~的事。

【忘乎所以】 wàng hū suǒ yǐ 形容因过度兴奋或骄傲自满而忘记了一切。所以：由来，依据。★取得一点成绩，他就~起来。

【忘年之交】 wàng nián zhī jiāo 不拘年龄辈分的差别而结交的朋友。★老李长我20岁，我与他可以算是~了。

【望尘而拜】 wàng chén ér bài 古代迎送时望着车驾扬起的灰尘叩拜。形容奴颜谄媚或毕恭毕敬的神态。★听说局长率领的检查团马上就到了，镇长~，赶快前去迎接。

【望尘莫及】 wàng chén mò jí 指望着前面人马奔跑扬起的尘土而追赶不上。也比喻远远落在后面。常用作谦词，表示自己与他人相差很远。莫：不。及：追赶上。★你的文笔轻盈活泼，我~。

【望穿秋水】 wàng chuān qiū shuǐ 把眼睛都看穿了。形容盼望急切。秋水：比喻眼睛。★一年年过去了，她~，仍不见丈夫归来。

【望而却步】 wàng ér què bù 一望见就吓得后退。形容遇到困难或强手就畏缩不前。却：退缩。

★她气质高雅，谈吐不凡，令其他选手～。

【望而生畏】 wàng ér shēng wèi 一望见就觉得畏惧。畏：恐惧害怕。★他总是板着一副面孔，令人～。

【望风而逃】 wàng fēng ér táo 远远望见对方就逃跑了。风：风声，指声势。★那些土豪劣绅在战时不是～，便是摇身一变，成为汉奸。

【望风而降】 wàng fēng ér xiáng 只看到敌军一点踪影便投降了。形容军队毫无斗志。风：风势，踪影。降：投降。★敌军～，已经彻底丧失了战斗力。

【望风披靡】 wàng fēng pī mǐ 形容军队无斗志，一遇强敌便溃败。披靡：草木随风倒伏的样子。★我军所到之处，敌人～，人民欢声雷动。

【望梅止渴】 wàng méi zhǐ kě 《世说新语·假谲》记载，曹操率队行军，一时没有找到水源，士兵们口渴难耐，队伍行进缓慢。曹操骗士兵说，前面有一大片梅林，梅子又酸又甜。士兵们听了，流出口水，不再喊渴。后用以比喻借空想来安慰自己。★要想提高生活水平，必须首先发展生产，否则只能是画饼充饥，～。

【望其项背】 wàng qí xiàng bèi 望见别人的后颈和背脊。形容赶得上或达得到。项：颈的后部。★先生是国学大师，学问贯通古今，我们这些后生小子不能～。

【望文生义】 wàng wén shēng yì 指不推求词句的准确含义，只从字面作出似是而非的解释。文：文字，指字面。★我们读书，一定要弄懂语词的真正意思，切忌～。

【望眼欲穿】 wàng yǎn yù chuān 眼睛都要望穿了。形容殷切盼望。欲：将要。★她～，天天盼着在外当兵的儿子归来。

【望洋兴叹】 wàng yáng xīng tàn 原指面对伟大的事物而感叹自己的渺小。现多形容力量不足或条件不备而感到无可奈何。望洋：举目远视的样子。★高耸入云的雪山横亘在面前，骆驼队～，只好返回吴家堡。

【望子成龙】 wàng zǐ chéng lóng 盼望子女成为超群出众的人才。龙：比喻高贵的人物。★有些家长～心切，给孩子上各种补习班，严重影响了少年儿童身心的健康发展。

【危机四伏】 wēi jī sì fú 处处都隐藏着危险的祸根。伏：隐藏。★上亿亩农作物受旱，数百座城市供水紧张，无数泉眼枯竭，我国水资源～。

【危急存亡】 wēi jí cún wáng 情势极其危急，关系到生死存亡。★在这～的关头，难道我们还不应该团结协作、一致对外吗？

【危如累卵】 wēi rú lěi luǎn 危

险得像堆起来的蛋一样，随时都会倒下来打碎。比喻处境危险之至。累：层层增加。★这家公司负债太多，已经到了~的地步，随时都可能倒闭。

【危言耸听】wēi yán sǒng tīng 指故作惊人之语，惊骇听者。危言：夸张、惊人之语。耸听：使听者震惊和害怕。★世界水源污染的严重性并非~，如果不及时治理，后果不堪设想。

【危在旦夕】wēi zài dàn xī 形容危险就在眼前。旦夕：早晚，指很短的时间。★他流血过多，~，需要立即送往医院抢救。

【威风凛凛】wēi fēng lǐn lǐn 气概威严逼人，令人敬畏。凛凛：严肃，令人敬畏的样子。★他穿着崭新的军装，一副~的样子。

【威风扫地】wēi fēng sǎo dì 形容声势和气派丧失殆尽。威风：使人敬畏的声势或气派。扫地：比喻破坏无遗。★她在外语职称考试中作弊，被学校通报批评，~。

【威武不屈】wēi wǔ bù qū 不为权势或武力的胁迫而屈服。指人有骨气，性情刚直。屈：屈服。★《红岩》这部小说，展示了共产党员面对敌人的淫威~的革命精神。

【威胁利诱】wēi xié lì yòu 用强力逼迫，用名利引诱。形容软硬兼施以使对方顺从。利：利益，好处。诱：引诱，诱惑。★只要我们相信自己所从事的是正义的事业，就不会害怕任何~。

【威信扫地】wēi xìn sǎo dì 威望和信誉完全丧失。扫地：比喻除尽，丢光。★假文凭的事情败露了，这位领导顿时~。

【威震天下】wēi zhèn tiān xià 威势或威望震动天下。★中国历史上~的一代天骄成吉思汗，就长眠在鄂尔多斯中部伊金霍洛旗的甘德尔草原上。

【偎干就湿】wēi gān jiù shī 意谓孩子尿床，母亲让孩子睡干处，自己睡湿处。形容母亲抚育子女的辛苦殷勤。偎干：让出干燥的地方。就湿：靠近湿处。★她一想到对自己~的母亲，就禁不住热泪盈眶。

【微不足道】wēi bù zú dào 渺小得不值一提。道：说。★与浩瀚的宇宙相比，人类显得多么~啊！

【微乎其微】wēi hū qí wēi 形容非常少或非常小。★爆炸事件过去十多天了，在纽约世贸大厦的废墟中找到生还者的机会已经是~了。

【巍然屹立】wēi rán yì lì 比喻像高山一样耸立，坚定不可动摇。巍然：高大雄伟的样子。屹立：山势高耸直立。★壮丽的黄鹤楼，~于武汉蛇山之上。

【韦编三绝】wéi biān sān jué 本指孔子晚年反复研读《周易》，以致编联竹简的皮绳多次断绝。

后用以形容勤奋读书，刻苦治学。韦：熟牛皮。古时用竹简写书，用熟牛皮绳把竹简编联起来，称“韦编”。三绝：多次断绝。★他饱读诗书，~，是一位著名的学者。

【为恶不悛】wéi è bù quān 继续作恶，不思悔改。悛：悔改。★这帮人与黑社会组织相勾结，~，广大群众恨之入骨。

【为非作歹】wéi fēi zuò dǎi 做各种坏事。为：做。非、歹：指坏事。★社会上有极少数人目无法纪，~，严重扰乱了正常的社会秩序。

【为富不仁】wéi fù bù rén 原指要发财致富便不讲仁爱。后指富人贪财好利，心狠手毒，不顾他人死活。仁：仁爱。★地主、资本家欺压百姓，~。

【为期不远】wéi qī bù yuǎn 离预定的期限不会很久。指不要很长时间。★照这样发展下去，我们村实现小康目标已是~了。

【为人处世】wéi rén chǔ shì 指做人和待人接物。★我们不仅要教给学生文化科学知识，还要教给学生如何~。

【为人师表】wéi rén shī biǎo 成为人们学习的榜样。今多指教师。师表：学习的楷模。★一名教师要真正做到~，不但要在业务上精通，更要在言行上做学生的表率。

【为所欲为】wéi suǒ yù wéi 本指做自己想做的事。后指想干什么就干什么。所欲为：想要做的。★他是个浪荡公子，~，无恶不作。

【违法乱纪】wéi fǎ luàn jì 违反法令，破坏纪律。★党员干部决不可~。

【违时绝俗】wéi shí jué sú 违背世俗常情，与众不同。绝俗：超越世俗。★一个人要有独特的个性和志趣，但如果强调过分而致~，则不可取。

【围魏救赵】wéi wèi jiù zhào 指袭击来犯之敌的后方，迫使敌人撤回的作战方法。《史记·孙子吴起列传》记载，公元前353年，魏国围攻赵国都城邯郸，赵向齐求救。齐将田忌、孙膑率兵直攻魏都大梁，迫使魏军撤退。★王军长运用~之计，一举攻下这个南方重镇。

【唯才是举】wéi cái shì jǔ 只要是有才能的人就能受到举荐任用。“唯……是……”为古汉语宾语前置的一种固定格式。唯：只有。是：助词，位于宾语和动词谓语之间。举：举荐。★曹操~，使众多贤才聚集在他的周围。

【唯利是图】wéi lì shì tú 指一心求利，别的什么也不顾。图：贪图。★一些商家~，竟然把工业用盐当作食盐来出售。

【唯命是从】wéi mìng shì cóng 让做什么就做什么，绝对服从。命：命令。从：顺从，听从。★孩子一天天长大，慢慢有了自己的思想，也不再对父母~了。

【唯我独尊】wéi wǒ dú zūn 只有我一个是尊贵的。原为佛教推崇释迦牟尼的用语。后形容人极端狂妄自大。唯：只有。尊：尊贵。★他~，从不接受别人的意见。

【惟妙惟肖】wéi miào wéi xiào 形容描写或模仿得非常精妙逼真。惟：也作“唯”、“维”。语助词。肖：相似。★他的口技~，听众仿佛真的到了鸟语林。

【帷薄不修】wéi bó bù xiū 古代对个人生活淫乱的婉称。帷薄：围幔和帘子，都是用来障隔内外的。修：整饬。★据历史记载，有些皇后、皇妃不仅干预朝政，而且~。

【尾大不掉】wěi dà bù diào 尾巴太大，不易摆动。比喻下属势力过大，难以驾驭调遣。也比喻事物轻重失宜，难以处理。掉：摆动。★他担心藩镇势力太大，~，于是设法削弱了他们的权力。

【尾生之信】wěi shēng zhī xìn 指坚守信约，忠诚不渝。尾生：古代传说中因坚守信约而淹死的人。信：诚实不欺，遵守诺言。★他有~，是个绝对靠得住的人。

【委决不下】wěi jué bù xià 迟疑而难以作出决定。委决：决定。★对这件棘手的事，秘书小王感到~，不知如何是好。

【委靡不振】wěi mǐ bù zhèn 形容意志消沉，精神不振。委靡：颓丧。振：振作。★一个地方基础差并不可怕，怕的是我们的干部被困难所吓倒，~，无所作为。

【委曲求全】wěi qū qiú quán 曲意迁就，以求保全。委曲：屈从。★在原则问题上，必须据理力争，决不能~。

【委曲详尽】wěi qū xiáng jìn 指事情的原委非常详细周到。委曲：委婉详细。★作品叙事~，情节曲折动人，非常耐读。

【委罪于人】wěi zuì yú rén 把罪责推卸给别人。委：推卸。★这个人心术不正，自己干了坏事却~。

【娓娓动听】wěi wěi dòng tīng 形容话说得婉转生动，使人爱听。娓娓：谈论不倦的样子。★现代作家巴金善于在~的叙述和真挚朴实的描写中，倾泻自己的感情，作品往往具有一种感人至深的艺术力量。

【娓娓而谈】wěi wěi ér tán 形容连续不断地谈论。娓娓：谈论不倦的样子。★她在教师节座谈会上~，令领导和同事大为赞赏。

【唯唯诺诺】wěi wěi nuò nuò 形容赶忙连声答应，一味顺从的情状。★他~的样子，让人看了生厌。

【为国捐躯】wèi guó juān qū 为国家献出生命。捐：献出。★战士们~，换来了今日我们的幸福生活。

【为虎作伥】wèi hǔ zuò chāng 唐·裴铏《传奇·马拯》记载，有一个人被老虎吃掉后化为伥鬼，做老虎的帮凶，常引诱人来给老虎吃。后用以比喻帮助恶人干坏事。★在日军侵华期间，有些人~，做了汉奸。

【为民除害】wèi mín chú hài 替老百姓清除祸害。★鲁提辖~，将为非作歹的镇关西活活打死。

【为民请命】wèi mín qǐng mìng 替老百姓请求解除其痛苦，保全其性命。★我们从古以来，就有埋头苦干的人，有拼命硬干的人，有~的人，有舍身求法的人。

【为人捉刀】wèi rén zhuō dāo 指代人作文章。★这些年来，他为了养家糊口，难免~，挣点辛苦钱。

【为人作嫁】wèi rén zuò jià 原指贫家织女无钱置办嫁妆，只能为别人缝制嫁衣。后比喻为别人忙碌辛苦。★他觉得这是~的事，对自己并无多大好处，因此没干多长时间就辞职了。

【为渊驱鱼，为丛驱雀】wèi yuān qū yú, wèi cóng qū què 把鱼赶到深潭里，把鸟赶到密林中。比喻统治者施行暴政，致使民众投向他国。也比喻不善团结人，把人赶向对立的一方。为：给。★在对敌斗争中，我们要善于团结一切可以团结的人，切不可~。

【为之侧目】wèi zhī cè mù 形容十分惹人注目。之：代词。侧目：斜目而视。★他在会上大放厥词，唾沫横飞，旁若无人，人人~。

【未卜先知】wèi bǔ xiān zhī 没有占卜就事先知道了。形容有预见性。卜：占卜，古人用以预测吉凶的方法。★信口胡扯，而偏能一语道破，天下~的预言家都是这样的。

【未尝不可】wèi cháng bù kě 不是不可以的。未尝：用于否定词前，构成双重否定，使肯定的语气表达得较委婉。★你说的那个方案也~，问题是我们要选择一个更省钱更有效的方案。

【未可厚非】wèi kě hòu fēi 不可过分责难或非议。表示虽有缺点，但可以谅解。厚：过分。非：非议，责难。★她家里生活比较困难，利用业余时间做份兼职，补贴家用，~。

【未窥全豹】wèi kuī quán bào 没有看到事物的全部。窥：从小孔或缝隙里看。全豹：比喻事物的全部。★这件事你只是略知一二，~，不要随便发表意见。

【未老先衰】wèi lǎo xiān shuāi 年纪不大就显得衰老了。衰：衰老。★这些中年科学家一心扑在工作中，因长期营养不良、缺乏锻炼而~。

【未能免俗】wèi néng miǎn sú 没能摆脱一般习俗或俗情。★今天是大年初一，按照乡间习俗，凡是男子，无论老少，都要祭拜天神，我也~，跟着大伙到村庙里烧香去了。

【未雨绸缪】wèi yǔ chóu móu 下雨前把房屋修缮好。比喻事先做好准备。绸缪：缠缚，引申为修缮。★今年汛期可能提前，我们应该~，尽早做好防汛的准备工作。

【味同嚼蜡】wèi tóng jiáo là 比喻没味道，没意思。多指诗文或说话枯燥无味。★这位老教师的课呆板枯燥，学生们听了都觉得~。

【畏敌如虎】wèi dí rú hǔ 害怕敌人就像害怕老虎一样。形容对敌人十分畏惧。★南宋是中国历史上一个积贫积弱、~、苟延残喘的朝代。

【畏首畏尾】wèi shǒu wèi wěi 怕前怕后。形容懦弱胆小、疑虑重重的样子。★勇敢尝试而后失败，远胜于~，原地踏步。

【畏缩不前】wèi suō bù qián 畏惧胆怯，不敢前进。★在困难面前我们不能~，而应迎难而上。

【畏罪潜逃】wèi zuì qián táo 因害怕被判罪而偷偷逃走。潜逃：偷偷逃跑。★犯罪嫌疑人在~途中遇车祸身亡。

【蔚然成风】wèi rán chéng fēng 形容事情逐渐发展，广为盛行，形成一种社会风气。蔚然：草木茂盛的样子，引申为兴盛。风：风气。★阳台养花在城市里已~，这对于改善居住环境、美化生活是有益处的。

【蔚然可观】wèi rán kě guān 指知识广博，文采华美，给人一种美的观感。也指事物发展达到了很高的程度或很大的规模。蔚然：文采华美，盛壮。★这部小说虽然出自年轻人之手，但结构谨严，人物丰满，情节曲折，~。

【蔚为大观】wèi wéi dà guān 丰富多彩，形成盛大壮观的景象。蔚：荟萃，聚集。大观：盛大的景象。★中国古典小说汗牛充栋，~，其中许多作品历代流传，受到广大人民群众的喜爱。

【温故知新】wēn gù zhī xīn 温习旧的知识，可以获得新的理解和体会。也指回顾历史，可以认识现在。温：温习。故：旧的。★增长知识不光是一味吸收新营养，还要懂得~的道理。

【温柔敦厚】wēn róu dūn hòu 指心性温和柔顺，诚恳宽厚。★封建统治阶级强调诗歌要有~的特点，这实际上是要消除诗歌的人民性、战斗性，使诗歌变成为他们服务的工具。

【温文尔雅】wēn wén ěr yǎ 态度温和，举止文雅。有时指做事慢条斯理，少魄力。温文：温和而有礼貌。尔雅：文雅。★他~，从来不会疾言厉色。

【文不对题】wén bù duì tí 文章

内容跟题目不相关。也指谈话、发言偏离了主题。★这篇文章～，怎么能获奖呢？

【文房四宝】wén fáng sì bǎo 指笔、墨、纸、砚四种文具。★～是中国独具特色的书写工具。

【文风不动】wén fēng bù dòng 形容一点儿也不动。文风：极轻微的风。★王强长得很强壮，拿身子撞他，他也～。

【文过饰非】wén guò shì fēi 掩饰自己的过错。文、饰：掩饰。过：过失。非：错误。★出了问题，他总是拿一大套理论来～。

【文理不通】wén lǐ bù tōng 多指文章语法和逻辑上有毛病，不通顺。文：指词句。理：指内容。★这些文章虽然出自大学生之手，但内容贫乏，～，可见加强大学生语文修养势在必行。

【文人墨客】wén rén mò kè 泛指有文才、有学问的人。★历代～都喜欢纵情山水，吟诗作文。

【文人相轻】wén rén xiāng qīng 文人之间彼此轻视，相互看不起。轻：轻视，看不起。★孤芳自赏，～，是知识分子常犯的毛病。

【文如其人】wén rú qí rén 指文章的风格与作者的思想性格一致。★我国自古就有将文品与人品联系起来的传统，所谓“～”就是明证。

【文山会海】wén shān huì hǎi 形容公文成山，会议如海。★许多官员长年忙碌于～，很少接触基层和群众，久而久之形成了官僚主义。

【文思敏捷】wén sī mǐn jié 形容写文章的思路迅捷流畅。★她从小受到家庭环境的熏陶，博览群书，～，下笔成章。

【文韬武略】wén tāo wǔ lüè 指用兵的谋略。也泛指政治、军事上的谋略。韬、略：古代兵书《六韬》、《三略》。后人多称计谋为“韬略”。★唐太宗精通～，马上能打天下，马下能治国家。

【文武双全】wén wǔ shuāng quán 既有文才，又有武艺。双全：两者兼备。★《三国演义》里的蜀将姜维是位～、智勇皆备的人物。

【文武之道，一张一弛】wén wǔ zhī dào, yī zhāng yī chí 相传周文王、周武王治理国家像使用弓弩一样，松紧结合。比喻治国宽严相济。也比喻工作、生活劳逸结合，合理安排。文武：指周文王、周武王，古代的贤君。张：拉紧弓弦，指紧张。弛：弦松下来，指放松。★～，学习之余参加一些文体活动，可以放松心情，增加乐趣，有助于提高学习效率。

【文质彬彬】wén zhì bīn bīn 原形容人既有文采，又很质朴。后多指人举止文雅，神态从容。也指文学作品内容与形式的和谐统一。文：文采。质：本质。彬彬：

协调配合。★他看上去~的，没想到还是位短跑名将。

【文治武功】wén zhì wǔ gōng 指文化教育和军事方面的业绩。★清朝乾隆皇帝在位60年，国力强盛，~都很突出。

【闻风而动】wén fēng ér dòng 一听到风声就立即响应或行动。风：风声，消息。★成功的商家最擅长~，以抢占市场先机。

【闻风而逃】wén fēng ér táo 一听到风声就立刻逃跑。闻：听到。风：风声，消息。★我军所到之处，敌军~。

【闻风而至】wén fēng ér zhì 一听到风声就赶来。★云南丽江古城被广泛报道后，海内外游客~。

【闻风丧胆】wén fēng sàng dǎn 一听到风声就吓破了胆。形容惊恐之极。★英勇机智的刑侦大队长屡建奇功，让犯罪分子~。

【闻过则喜】wén guò zé xǐ 听到别人指出自己的错误就感到高兴。指虚心接受批评。过：过错。★周总理~，具有无比宽广的胸襟。

【闻鸡起舞】wén jī qǐ wǔ《晋书·祖逖传》记载，西晋末年的祖逖与刘琨是好友，常常互相勉励，听到鸡叫便一块起床舞剑，后来均成就功业。后用以形容立志成就大业，奋发自励。★新时代的青年，应该立~之志，报效祖国。

【闻所未闻，见所未见】wén suǒ wèi wén，jiàn suǒ wèi jiàn 听到从未听到的，见到从未见到的。形容所见所闻非常稀罕。★这种树竟然长出形状像辫子的果实，真是~。

【闻一知十】wén yī zhī shí 听到一件事就能推知十件事。形容禀性聪明，善于类推。★这孩子天性聪明，~，是个值得重点培养的好苗子。

【刎颈之交】wěn jǐng zhī jiāo《史记·廉颇蔺相如列传》记载，战国时期赵国文臣蔺相如屡次退让，躲避武将廉颇的挑衅，并以其大度感化了廉颇，廉颇为自己的褊狭鲁莽向蔺相如负荆请罪，二人结为“刎颈之交”。后用以指同生死共患难的交情或朋友。刎颈：用刀剑割脖子。交：交情，友谊。★经过这次事件之后，他们俩消除前嫌，结为~。

【稳操胜券】wěn cāo shèng quàn 比喻有充分的把握取胜。胜券：取胜的凭据，引申指获胜的把握。★这次比赛，实力明显高出一筹的他~。

【稳稳当当】wěn wěn dāng dāng 非常安稳。也形容顺利，有把握。★他走进屋来，找了一个右边的位子~地坐下。

【稳扎稳打】wěn zhā wěn dǎ 本指步步为营，采取稳妥的方法打击敌人。也形容有步骤、有把握地进行工作。扎：扎营。★~，一步一个脚印，这是张先生行事的一贯作风。

【稳坐钓鱼台】wěn zuò diào yú tái 比喻非常镇静，有把握。★他~，关注着事态的发展。

【问长问短】wèn cháng wèn duǎn 指问这问那，非常关心。★导师非常热心，每次一见到我就~的。

【问鼎轻重】wèn dǐng qīng zhòng 指妄图夺取天下。鼎：指夏禹所铸的九鼎，代表九州，是国家权力的象征，为夏、商、周三代传国之宝。★袁世凯早就有做皇帝的野心，只不过迫于各方舆论和革命发展的形势而不敢轻易~。

【问鼎中原】wèn dǐng zhōng yuán 比喻有夺取政权的野心。鼎：指夏禹所铸的九鼎，代表九州，是国家权力的象征，为夏、商、周三代传国之宝。中原：黄河中下游地区，代指疆域领土。★战国时期，诸侯兼并战争日益扩大，目的就是~。

【问寒问暖】wèn hán wèn nuǎn 形容非常关心体贴。★慰问团来到村民家中，~，了解他们的生产和生活情况。

【问心无愧】wèn xīn wú kuì 自己问自己，觉得没有什么可羞愧的地方。★我们凭良心做事，即使被误解，也~。

【问心有愧】wèn xīn yǒu kuì 自己问自己，心中感到不安。指做了对不起别人的事。★他觉得~，于是不好意思地低下了头。

【问罪之师】wèn zuì zhī shī 讨伐犯罪者的军队。比喻前来严厉责问的人。问罪：宣布罪行，进行讨伐。师：军队。★公司出了问题，经理大兴~，对所有员工一个个数落。

【瓮声瓮气】wèng shēng wèng qì 形容声音低沉重浊。★门外一个声音~地问："家里有人吗？"

【瓮牖绳枢】wèng yǒu shéng shū 用破瓮口做窗户，用绳系门做轴。形容居所简陋，家境贫寒。牖：窗。枢：门的转轴。★他们吃的是粗茶淡饭，穿的是粗布衣裳，住的是~。

【瓮中之鳖】wèng zhōng zhī biē 比喻已被控制、无法逃脱的人。瓮：一种口大腹大的坛子。鳖：甲鱼。★左右两面是悬崖峭壁，后面有追击的武警战士，罪犯已成~，只好束手就擒。

【瓮中捉鳖，手到拿来】wèng zhōng zhuō biē, shǒu dào ná lái 比喻捕捉对象已在掌握之中，伸手可得。瓮：一种口大腹大的坛子。鳖：甲鱼。★人民解放军已经将敌军层层包围，消灭他们就如同~。

【我行我素】wǒ xíng wǒ sù 指不管别人怎样，按照自己平素的做法行事。行：行事。素：平素，向来。★不管别人怎么说，他依然～。

【卧床不起】 wò chuáng bù qǐ 躺在床上，不能起身。形容病情很严重。★父亲常年～，母亲身体羸弱，一家人的日子过得极为艰难。

【卧狼当道】 wò láng dāng dào 当路躺着恶狼。比喻前途凶险。★部长再三叮咛前去敌占区开展工作的同志："～，你们要多加小心。"

【卧榻之侧，岂容他人鼾睡】 wò tà zhī cè, qǐ róng tā rén hān shuì 在自己的床旁，怎能容许别人呼呼大睡。比喻自己的势力范围或利益不允许别人侵占。榻：床。鼾：亦作"酣"。★～！绝对不允许别的公司来分享我们的利润。

【卧薪尝胆】 wò xīn cháng dǎn 《史记·越王勾践世家》记载，春秋时，越国被吴国打败，越王勾践忍辱负重，在柴草上睡觉，饭前先尝尝苦胆，立志报仇。后用以比喻刻苦自励，发愤图强。薪：柴草。尝：品尝。胆：苦胆。★大家只有同心同德，～，励精图治，才能摆脱目前的危机。

【卧雪吞毡】 wò xuě tūn zhān 原指汉朝苏武被匈奴幽禁，睡在雪地里，吞食毛毡，仍坚贞不屈。后用以比喻坚贞的民族气节。★我们要有卧薪尝胆的精神、～的气节。

【握手言欢】 wò shǒu yán huān 握手谈笑。形容亲切、友好。多指重归于好。★在团支部书记的帮助下，他们之间消除了误会，两个好朋友终于～。

【乌合之众】 wū hé zhī zhòng 指像乌鸦一样随聚随散、无组织无纪律的人群。乌合：像乌鸦一样暂时聚在一起。★反动派是～，这决定了他们最终要被消灭。

【乌鸟私情】 wū niǎo sī qíng 传说老乌哺育雏乌，雏乌长大后衔食反哺老乌，故称乌鸦为慈乌。比喻子女对父母长辈侍养的孝心。乌鸟：指乌鸦。★～，他打算把老母亲接到城里，让其安度晚年。

【乌七八糟】 wū qī bā zāo 形容十分杂乱或龌龊。★因为没有人管教，他经常看一些～的小说。

【乌烟瘴气】 wū yān zhàng qì 比喻人品很坏，不干正事。也形容秩序混乱、风气败坏或社会黑暗。乌：乌黑。瘴气：山林中一种湿热致病的毒气。★这个房间里物件杂乱，～，一片狼藉。

【乌有先生】 wū yǒu xiān shēng 汉代文学家司马相如在《子虚赋》中虚构的人物。后指实际并不存在的人物。★前一阵子闹得沸沸扬扬的"蒙山人"，实际上是一位～。

【污泥浊水】 wū ní zhuó shuǐ 污秽的泥，浑浊的水。比喻衰败、腐朽或反动的东西。★我们要扫荡一切隐藏在人性深处的～，让我们的心灵净化纯洁。

【呜呼哀哉】wū hū āi zāi 表示哀痛的感叹语，常用于祭文中。也借指死亡或终结。有时含有诙谐或讽刺意味。呜呼：感叹词。哉：语气词。★这种禁锢性灵的教育方式，终于～了！

【无边无际】wú biān wú jì 没有边际或尽头。形容范围极其广大。际：边际。★他们在～的大海上漂泊了三天，终于迫近了一座小岛。

【无病呻吟】wú bìng shēn yín 没有病却发出呻吟声。常比喻文艺作品矫揉造作，缺乏真情实感。呻吟：病痛时哼哼的声音。★一些无聊文人常常～，写些风花雪月的诗词。

【无病自灸】wú bìng zì jiǔ 没有病却用火艾烧灼自己的穴位。比喻自寻苦恼。灸：中医的一种治病方法，用艾叶等制成艾炷或艾卷，按穴位烧灼。★她是个多愁善感的女孩，常常～，自寻烦恼。

【无耻之尤】wú chǐ zhī yóu 无耻之中最突出的。形容极端无耻。尤：突出。★一些人妄图分裂中国，甘当霸权主义者的马前卒，他们是中华民族历史上的～。

【无出其右】wú chū qí yòu 没有能超过他的。右：古代以右为上。★他是一位事业非常成功的商人，同龄人中～。

【无从下手】wú cóng xià shǒu 形容事情头绪杂乱，无法着手处理。无从：没有门径或理不出头绪。★面对越来越复杂的案情，公安干警一时～。

【无的放矢】wú dì fàng shǐ 没有目标地放箭。比喻言行没有明确目标，脱离实际，不看对象。的：靶心。矢：箭。★对学生进行思想教育，我们要先了解学生的思想实际，有针对性地解决问题，避免～。

【无地自容】wú dì zì róng 没有地方可以藏身。形容极其惶恐或羞愧。容：容纳，容身。★老师几句发自肺腑的话让他羞愧难当，～。

【无动于衷】wú dòng yú zhōng 内心一点也没有被触动。指对使人感动或应该关注的事情漠不关心。衷：内心。★那场战争中，许多革命志士献出了自己的生命，他却是铁石心肠，～。

【无独有偶】wú dú yǒu ǒu 不只这一个，还有另一个可以与之配对。独：单个。偶：两个，成双。★～，在我们居住的小镇上，也有这样一个过目不忘的人。

【无恶不作】wú è bù zuò 没有什么坏事不做。形容做尽坏事。恶：坏事。★他是个有名的恶少，坑蒙拐骗，～。

【无法无天】wú fǎ wú tiān 形容不顾法纪天理，胡作非为。法：

法纪。天：天理。★一些地痞流氓~，专门敲诈外来务工人员。

【无风不起浪】wú fēng bù qǐ làng 比喻没有无缘无故发生的事情。★~，这件事情的发生一定另有原因。

【无根之木，无源之水】wú gēn zhī mù，wú yuán zhī shuǐ 比喻没有基础或根据的事物。★任何一种文化都有它生长发展的条件和土壤，世上没有~。

【无功受禄】wú gōng shòu lù 没有功劳或付出劳动，而得到俸禄或报酬。禄：古代官吏的薪俸。★科长推辞说："~，这让我很不安，还是把奖金发给别的同志吧。"

【无关大局】wú guān dà jú 对全局没有关系或影响。关：关涉。★这事~，你不必花太多精力去做。

【无关大体】wú guān dà tǐ 对整体没有关系或影响。关：关涉。★这样做虽然~，但如果开了这个先例，以后的工作就不好开展了。

【无关宏旨】wú guān hóng zhǐ 不涉及主要的宗旨、内容。表示无关紧要或意义不大。宏旨：大的宗旨。★这些~的事情，你交给秘书小王去处理好了。

【无关紧要】wú guān jǐn yào 不关系到要紧的。即没什么关系，不重要。紧要：急切的，重要的。★有的同学认为写错别字~，其实却是至关重要。

【无关痛痒】wú guān tòng yǎng 指不涉及切身利益。关：关系。痛痒：比喻切身相关的事情。★领导干部绝不能把群众的利益看作是~的小事情。

【无稽之谈】wú jī zhī tán 没有根据、无从考查的言谈。稽：考查。★他说的那些话纯属~，你千万不要相信。

【无计可施】wú jì kě shī 想不出任何计策或办法来对付。指一点办法也没有。计：计谋，办法。施：施展。★该想的办法都想了，处于困境中的他已经~。

【无济于事】wú jì yú shì 对事情没有补益或帮助。济：救助，补益。★居民楼前边的水管坏了，居民多次反映，仍~。

【无家可归】wú jiā kě guī 没有家可以回。表示境遇悲惨。★她把那只~的小狗抱回家中，自己喂养起来。

【无价之宝】wú jià zhī bǎo 无法估量价值的宝物。形容极其稀奇珍贵的东西。★党的优良传统是我们的~，要一代一代传下去。

【无坚不摧】wú jiān bù cuī 没有什么坚固的东西不被攻破。形容力量非常强大。也比喻能战胜任何困难。摧：摧毁，攻破。★只要全体人民紧密地团结在一起，我们就能~，无往不胜。

【无精打采】 wú jīng dǎ cǎi 指打不起精神或不高兴的样子。★他吸上毒品以后，每天～的，什么事情都懒得做。

【无拘无束】 wú jū wú shù 没有任何约束，自由自在。拘：限制。束：捆住。★国庆节期间，她独自跑到乡下，过了几天～的生活。

【无可比拟】 wú kě bǐ nǐ 没有什么可以与之相比。比拟：相比较。★我们的产品具有同类产品～的质量优势。

【无可非议】 wú kě fēi yì 没有什么可以指责批评的。非议：批评，指责。★学习中有不懂的问题本来～，但不能不懂装懂，强不知以为知。

【无可厚非】 wú kě hòu fēi 没有什么可以过分指责的。厚：重，过分。非：责备，指责。★辞去公职下海经商是他的正当权利，其他人～。

【无可救药】 wú kě jiù yào 病重得不能用药救活。比喻人或事糟糕到了无法挽救的地步。★他刚被释放又去抢劫，真的是～了。

【无可名状】 wú kě míng zhuàng 没法用言语形容和表达。名状：说出事物的状态。★看了那封信后，他心里产生了一种～的恐惧。

【无可奈何】 wú kě nài hé 不得已，没有办法。奈何：如何，怎样。★父亲～，只好将家里唯一的一头耕牛卖了供我读书。

【无可无不可】 wú kě wú bù kě 没有什么可以的，也没有什么不可以的。指不拘己见或无论怎样都行。★在他看来，世上的事情都是～。

【无可争辩】 wú kě zhēng biàn 没有什么可以争辩的。表示确定无疑。★对于那些～的事实，我们就用不着再花时间去谈论了。

【无可置疑】 wú kě zhì yí 没有什么可以怀疑的。置疑：怀疑。★这个计划的可行性是～的，我们必须遵照执行。

【无孔不入】 wú kǒng bù rù 没有空子不钻。比喻利用一切机会、场合进行活动。多含贬义。★在现代商业社会，广告宣传～。

【无理取闹】 wú lǐ qǔ nào 毫无道理地故意吵闹捣乱。★法庭是个严肃的地方，可以据理力争，却不能～。

【无立锥之地】 wú lì zhuī zhī dì 没有插锥子的地方。形容连极小的一点地方也没有，十分贫穷。★几个儿子瓜分了他的财产，年迈的老人～，只能在候车室里过冬。

【无论如何】 wú lùn rú hé 不管怎样。表示不管条件怎样变化，事情的结果都不会改变。★～，这次考试总算结束了。

【无米之炊】 wú mǐ zhī chuī 比喻因缺乏必要的条件而无能为力的事情。★要在沙漠上造出绿洲，没有技术和资金，就如同～。

【无冕之王】wú miǎn zhī wáng 没有王冠的帝王。指在某一领域内具有特殊权力、才能和地位的人。冕：旧指帝王的礼帽。★新闻记者被认为是～，在社会上扮演着特殊的角色。

【无名孽火】wú míng niè huǒ 说不出的怒火。指极大的怒气。名：名目。★她这几天心里总是窝着一团～，见了谁都要发脾气。

【无名鼠辈】wú míng shǔ bèi 指不出名的渺小人物。带有一种蔑视的口吻。★在历史上，他只算得上一个～。

【无名小卒】wú míng xiǎo zú 不出名的小兵。比喻没有名气、不值得重视的人员。小卒：小兵。★他只是一个～，却用自己的青春和热血谱写了一曲壮丽的英雄赞歌。

【无名英雄】wú míng yīng xióng 指姓名不为人所知，而在事业上作出突出贡献的人。★有许许多多的～，为人民的解放事业献出了自己宝贵的生命。

【无能为力】wú néng wéi lì 没有能力或力量达不到。★有些孩子在学校里不努力学习，家长感到～。

【无奇不有】wú qí bù yǒu 指什么稀奇古怪的事情都有。★大千世界，～，鱼儿竟然也会唱歌。

【无牵无挂】wú qiān wú guà 指没有牵挂和拖累。★李大爷一辈子孤身一人，～。

【无巧不成书】wú qiǎo bù chéng shū 没有巧合的情节或细节，就不能构成长篇的讲说故事。比喻事情非常巧合。书：指评书，说书艺人讲说的长篇故事。★真是～，坐在谈判桌上的对手竟然是自己的大学同学。

【无亲无故】wú qīn wú gù 既无亲戚，又无熟人朋友。形容十分孤单。亲：亲人。故：老朋友。★在这个陌生的城市里，她～，十分孤单。

【无情无义】wú qíng wú yì 没有一点情义。义：情义。★他～，狠心地抛弃了正在患病的妻子。

【无穷无尽】wú qióng wú jìn 没有止境，没有尽头。穷、尽：完。★知识是～的，需要人努力不懈地学习。

【无人问津】wú rén wèn jīn 没有人来打听渡口。比喻没有人来探索、尝试或过问。津：渡口。★有些书虽然风靡一时，但经不起时间的考验，不久就～了。

【无伤大体】wú shāng dà tǐ 对事物的全局或主要方面没有妨害或影响。伤：妨害。大体：指事物的主要方面。★这个字写得有点歪，在整幅作品中却～。

【无伤大雅】wú shāng dà yǎ 对主要方面没有妨害。雅：正。★这篇论文写得不错，虽然有个别观点值得商榷，但～。

【无声无息】wú shēng wú xī 没有任何动静。形容沉寂不为人知。也形容没有什么作为和影响。声：声音。息：气息。★她就像是一片树叶，～地来到这个世界，又～地离去。

【无声无臭】wú shēng wú xiù 没有声音，没有气味。原指天道难以被人感知和认识。后比喻默默无闻或没有影响。臭：气味。★他小时候被称为神童，长大后却变得平庸，最终～地离开人世。

【无师自通】wú shī zì tōng 没有老师的传授，靠自己思考而弄通。★小孙女弹钢琴～，很有天赋，将来必有成就。

【无时无刻】wú shí wú kè 时时刻刻。表示永远，不间断。★在国外的日子，他～不在思念着自己的祖国。

【无事不登三宝殿】wú shì bù dēng sān bǎo diàn 比喻没有事不会找上门来。指登门大多有事相求。三宝殿：泛指佛殿。★～，你有什么事情就直说吧。

【无事生非】wú shì shēng fēi 无缘无故地捣乱闹事，故意制造纷争。★她最喜欢～，厂里的人见了她都躲得远远的。

【无所不包】wú suǒ bù bāo 没有什么不被包括在其中的。形容包含的东西非常丰富，应有尽有。★这个时期的文学创作取材非常广泛，举凡政治、军事、经济、社会、家庭等各个方面都有涉猎，可谓～。

【无所不备】wú suǒ bù bèi 指什么都具备。★现代化的宾馆里，各种服务设施配套齐全，～。

【无所不能】wú suǒ bù néng 没有什么不会做的。★她在艺术上很有天赋，琴棋书画，吹拉弹唱，～。

【无所不通】wú suǒ bù tōng 没有不通达或通晓的。★他学贯中西，文学、史学、哲学、宗教，～。

【无所不为】wú suǒ bù wéi 没有什么事不干。多用于贬义。为：做。★为了挣钱，他～，最终触犯了法律。

【无所不用其极】wú suǒ bù yòng qí jí 原指无处不用尽心力。现多指做坏事时任何手段都使得出来。★为了顺利进行走私活动，这伙人杀人、放火、绑架、行贿，～。

【无所不在】wú suǒ bù zài 到处都存在。★庄子认为，“道”是～，无时不在的客观精神。

【无所不知】wú suǒ bù zhī 没有不知道的。★他知识广博，天文、地理～。

【无所措手足】wú suǒ cuò shǒu zú 不知道手脚该放在哪儿。形容不知该怎么办才好。措：安置，安放。★小青是个很腼腆的小姑娘，见了陌生人，往往紧张得～。

【无所顾忌】wú suǒ gù jì 没有什么可顾虑的。指胆大妄为。顾忌：顾虑。★他以为父亲是市长，自己就可以～地干坏事，没想到父亲会大义灭亲。

【无所忌惮】wú suǒ jì dàn 对什么都不畏惧。比喻毫无顾忌，胆大妄为。忌惮：畏惧。★这家伙仗着背后有人支持，更加～起来。

【无所适从】wú suǒ shì cóng 不知依从谁才好，不知怎么办才好。适：往，到。从：跟从。★对于这件事，班子成员意见不统一，下属感到～。

【无所事事】wú suǒ shì shì 闲着什么事也不干。事事：做事。★辖区里的几个待业青年整天～地在街上游荡。

【无所畏惧】wú suǒ wèi jù 没有什么可惧怕的。形容勇敢坚定。畏惧：害怕。★面对极大的工作挑战，她～，冲在最前面。

【无所作为】wú suǒ zuò wéi 没能或不打算做出什么成绩。指安于现状，不求进取。★胸无大志的人，他的一生注定是庸庸碌碌、～的。

【无头公案】wú tóu gōng àn 指无线索可查的案件。★由于有关部门的严重失职，这个重大的盗窃案件现在成了～。

【无头无尾】wú tóu wú wěi 没有开头，也没有结尾。指毫无线索或无缘无故，不知其意。★做事要有始有终，不能～。

【无往不胜】wú wǎng bù shèng 无论到什么地方，没有不胜利的。往：去，到。★中国共产党是～的人民政党，中国人民解放军是～的人民军队。

【无妄之灾】wú wàng zhī zāi 意外的灾祸。无妄：意外。★这一场～，令她几乎丧失了生活下去的勇气。

【无微不至】wú wēi bù zhì 没有一处细微的地方不考虑到。形容关怀、照顾得非常细微周到。微：细微之处。至：到。★父亲去世后，伯伯给了他～的关怀。

【无为而治】wú wéi ér zhì 原指古代道家的政治主张：顺应自然，不刻意有所作为而天下得到治理。又指沿袭前代制度，不加增损。也指古代儒家的一种政治主张：任人唯贤，以德化人，不重刑罚，使天下达到治理。★汉文帝一心致力于用仁德感化臣民，～，因此天下富足，礼义兴盛。

【无隙可乘】wú xì kě chéng 没有空子可钻，没有机会可利用。隙：裂缝，空子。乘：趁，利用。★我们应当加强工厂的管理，健全各种规章制度，使不法分子～。

【无暇顾及】wú xiá gù jí 没有时间顾及得到。暇：闲暇。★他们都忙于工作，长年在外，～孩子的生活和学习。

【无瑕可击】wú xiá kě jī 没有一点缺陷可以被攻击。瑕：玉上的斑痕，比喻缺点、过失。★他们在各个方面都做得很好，几乎～。

【无限风光】wú xiàn fēng guāng 谓景象极美好。无限：无穷。风光：风景，景色。★暮色苍茫看劲松，乱云飞渡仍从容。天生一个仙人洞，～在险峰。

【无懈可击】wú xiè kě jī 原指军事防守严密。后也泛指事物完备缜密，没什么可挑剔攻击的地方。懈：破绽，漏洞。★他们的整个计划～，看来这次是志在必得了。

【无依无靠】wú yī wú kào 没有依靠。形容孤苦伶仃。★他用自己在外面打工挣的钱开了一家小型的养老院，专门照顾那些～的老人。

【无以复加】wú yǐ fù jiā 无法再增加。形容已达到顶点。复：又，再。★有的地区对森林资源的破坏程度已经到了～的地步。

【无影无踪】wú yǐng wú zōng 一点影子和踪迹也没有。形容消失得干干净净或不知去向。★当我追到胡同口时，小偷已跑得～。

【无忧无虑】wú yōu wú lǜ 没有任何忧虑。★工作以后，他时常想念那～的大学生活。

【无与伦比】wú yǔ lún bǐ 没有什么能够比得上的。多用于褒义。伦比：类比。★人类以其～的智慧，创造了许多奇迹。

【无缘无故】wú yuán wú gù 没有任何原因或理由。缘、故：原因。★世界上没有～的爱，也没有～的恨。

【无征不信】wú zhēng bù xìn 没有验证或证据便不可相信。征：验证。信：确实。★清代考据学以“～、孤证不立”作为学术规范。

【无中生有】wú zhōng shēng yǒu 原为道家对事物有与无的朴素辩证看法，认为有与无可以转化。后指本无其事，凭空捏造。★为了达到某种个人目的，他～，陷害好人。

【无足轻重】wú zú qīng zhòng 指无关紧要，不值得重视。★不能因为标点符号不是文字，本身没有具体的含义，就把它看得～。

【毋庸讳言】wú yōng huì yán 可以直说，用不着隐讳。毋庸：无须，不用。讳：隐讳。★～，中国目前的经济发展水平与发达国家之间还存在着不小的差距。

【毋庸置疑】wú yōng zhì yí 用不着怀疑。形容非常明确肯定。毋庸：无须，不用。★新中国成立以来，社会主义建设取得了世人瞩目的成就，这是～的事实。

【毋庸置议】wú yōng zhì yì 无须讨论。表明事实或道理已经很清楚了。毋庸：不用。置议：讨论。★这件事情孰是孰非已经非常清楚，~。

【毋庸赘述】wú yōng zhuì shù 不用啰唆地陈述。赘：多余的，无用的。★这篇文章的优点大家都非常清楚，~，这里仅就它的不足之处谈谈我的看法。

【吴带当风】wú dài dāng fēng 原指唐代画家吴道子善画佛像，所画衣带如风吹飘拂。后用以形容绘画技巧高妙，风致飘逸。★此画神韵高妙，如~。

【吴牛喘月】wú niú chuǎn yuè 吴地炎热，水牛见到月亮以为是太阳，就不停地喘气。比喻因疑心似某物而恐惧。也形容天气酷热。吴：古吴国。★那是条皮绳，不是蛇，瞧你吓的，真如~。

【吴下阿蒙】wú xià ā méng 《三国志·吴书·吕蒙传》裴松之注引《江表传》记载，吴将吕蒙年轻时不爱读书，听了孙权的劝告才努力学习，后鲁肃称赞他说："吾谓大弟但有武略耳，至于今者，学识英博，非复吴下阿蒙。"后用以指学识粗浅的人。吴下：今长江下游南岸一带。★作为领导干部，要多学习马列主义，多学习文化知识，只有这样，才不至于做~。

【梧鼠之技】wú shǔ zhī jì 比喻技能虽多而不专精。梧鼠：据说它有五种技能，但都不专精：能飞不能上屋，能爬不能到树顶，能游不能越沟渠，能打洞不能掩身，能走不能先人。★有些人什么都感兴趣，什么都学一点，好像什么都通，实际不过是~。

【五彩缤纷】wǔ cǎi bīn fēn 形容颜色繁多鲜艳。缤纷：错杂繁复的样子。★花圃里的各种鲜花~，应有尽有。

【五大三粗】wǔ dà sān cū 形容膀圆腰粗，身材壮实有力。★因为要干体力活，谢家雇的几个保姆都是~的乡下妇女。

【五毒俱全】wǔ dú jù quán 什么坏事都干。形容无恶不作。五毒：指蝎、蛇、蜈蚣、壁虎、蟾蜍五种动物。★有些人不守法律，不讲道德，~，坏事做尽。

【五短身材】wǔ duǎn shēn cái 形容身材矮小。五短：指四肢、身躯都短小。★他其貌不扬，~，却有惊人的智慧和毅力。

【五谷丰登】wǔ gǔ fēng dēng 指粮食丰收。五谷：泛指粮食作物。丰登：丰收。★今年是个丰收年，风调雨顺，~。

【五光十色】wǔ guāng shí sè 形容色彩鲜艳，花样繁多。★他们发现船上有一只箱子，里面装满了~的宝石。

【五行八作】wǔ háng bā zuō 泛指各行各业。行：行业。作：作坊，手工工场。★参加这次联谊活动的都是~的优秀代表。

【五湖四海】wǔ hú sì hǎi 泛指全国各地。有时也泛指世界各地。

五湖：说法不一，泛指分布于我国各地的几个大湖。四海：古代认为中国四面为海所环绕。★神秘的西藏吸引了来自~的游客。

【五花八门】 wǔ huā bā mén 古代两种变化繁复的阵势。后比喻花样繁多或变化多端。五花：五行阵。八门：八门阵。★小商品市场的商品~。

【五花大绑】 wǔ huā dà bǎng 捆绑人的一种方式，用绳索套住脖子并绕到背后反捆两臂。★这个小偷被村民~，送到派出所。

【五雷轰顶】 wǔ léi hōng dǐng 指遭到雷击。也形容震惊的样子。★奶奶去世的消息对于她来说，无异于~。

【五内如焚】 wǔ nèi rú fén 形容内心极其焦急或烦愁。五内：五脏。焚：烧。★听到母亲病重的消息，她~，急忙赶回家中。

【五十步笑百步】 wǔ shí bù xiào bǎi bù 逃跑五十步的人讥笑逃跑百步的人。比喻问题的性质相同，只是程度不同而已。★不要~了，你虽然比我高几分，不也是落榜了吗？

【五体投地】 wǔ tǐ tóu dì 双肘、双膝和额头一起着地。原是古印度最恭敬的一种礼仪，佛教沿用。也泛指跪拜。又比喻钦佩崇敬到了极点。五体：头和四肢。投地：着地。★他娴熟而超群的表演让在场的每一位观众都佩服得~。

【五味俱全】 wǔ wèi jù quán 形容调味齐全适宜。也喻指人生经历或情感体验丰富。五味：酸、甜、苦、辣、咸的合称。★当了模特以后她才发现，这一行业也是酸甜苦辣，~。

【五颜六色】 wǔ yán liù sè 形容颜色多种多样。★夜晚，~的灯光将城市装扮得格外美丽。

【五音不全】 wǔ yīn bù quán 指不擅长唱歌。五音：古代五声音阶中的五个音级，即宫、商、角、徵、羽。★他虽然~，却很喜欢唱歌。

【五脏六腑】 wǔ zàng liù fǔ 人体内脏器官的总称。也喻指事物的内部情况。五脏：中医把心、肝、脾、肺、肾称为五脏。六腑：中医把胆、胃、大肠、小肠、膀胱和三焦称为六腑。★那海天茫茫、空明澄碧的景色，真可以把你的~都洗得干干净净。

【舞文弄墨】 wǔ wén nòng mò 原指歪曲法律条文。后指玩弄文字技巧，耍笔杆子。★他除了会~以外，其他什么都不知道，所以不足以担当重任。

【兀兀穷年】 wù wù qióng nián 一年到头勤勉不止。兀兀：勤勉的样子。穷：穷尽。★这位读书人孜孜矻矻，~，劳碌一生。

【兀兀陶陶】 wù wù táo táo 形容醉酒的样子。兀兀：昏昏沉沉的样子。陶陶：醉酒的样子。★他整天~，无所事事。

【物阜民康】wù fù mín kāng 物产丰富，人民安康。阜：多，丰富。★这里山清水秀，四季分明，自古是~的好地方。

【物各有主】wù gè yǒu zhǔ 指东西各有各的所属者。★天地之间，~，不是自己的东西，一丝一毫也不要贪取。

【物归原主】wù guī yuán zhǔ 把东西归还原来的主人。归：归还。★这尊著名的雕塑三年前被盗，后经多方查找，终于~。

【物华天宝】wù huá tiān bǎo 谓物产华美，有如天降之宝。★中国有五千年的文明史，人杰地灵，~。

【物换星移】wù huàn xīng yí 景物改变，星辰位置移动。形容时序变迁。★时光流逝，~，转眼又是中秋。

【物极必反】wù jí bì fǎn 事物发展到极点，就会向相反方面转化。极：极端，顶点。★~，让他去猖狂吧，他离垮台的日子不远了。

【物尽其用】wù jìn qí yòng 让各种事物都充分发挥作用。尽：全部，指充分发挥。用：用处。★一个公司如果能够做到人尽其才，~，那么这个公司就会真正兴旺发达起来。

【物竞天择】wù jìng tiān zé 19世纪英国生物学家达尔文进化论学说的重要观点，认为万物相互竞争，通过自然选择，适应环境者保存下来。后用以说明人类社会生活或历史现象。竞：竞争。天择：自然选择。★~，适者生存是自然界的一般规律，人类社会也是如此。

【物伤其类】wù shāng qí lèi 因同类遭受不幸而感到悲伤。★黑社会老大被抓了，原先他手下的几个喽啰不禁伤心落泪，正所谓兔死狐悲，~。

【物是人非】wù shì rén fēi 景物还跟过去一样，人事却大不相同了。常用作怀旧之辞。★回到故乡，老屋虽在，却~，心中徒增几许悲凉。

【物以类聚】wù yǐ lèi jù 同类的事物或人聚集在一起。★~，人以群分，这两个赌徒一见面就打得火热。

【物以稀为贵】wù yǐ xī wéi guì 东西稀少便变得贵重。★~，这东西在北方不值钱，运到南方就大不一样了。

【误国殃民】wù guó yāng mín 贻误国家，祸害人民。殃：使受祸害。★秦桧是宋朝时候~的大奸臣。

【误尽苍生】wù jìn cāng shēng 贻误了天下的老百姓。误：贻误，妨害。苍生：老百姓。★用药不在价之贵贱，若以价值而定好丑，真是~。

【误人子弟】 wù rén zǐ dì 耽误了人家的子弟。指教师不称职或失职而使学生受损。误：耽误。★老师要不断学习新知识充实自己，以免～。

【误入歧途】 wù rù qí tú 指由于受迷惑而走上错误的道路。歧途：岔路，邪路。★对刚步入社会的青年人要给予正确的引导，否则他们难免会～。

【雾里看花】 wù lǐ kàn huā 原比喻老眼昏花看不真切。后泛指景象朦胧，难以看清。★这篇文章对事物的描写太笼统，我们读起来就像～，不甚明确。

X

【夕阳西下】xī yáng xī xià 指傍晚日落的景象。也比喻迟暮之年或事物走向衰落。★~，晚霞满天，田里耕作的人们开始陆陆续续回家。

【西风残照】xī fēng cán zhào 形容秋天傍晚的衰飒景象。比喻事物的衰落。残照：指落日的余晖。★这座古城在~中仍然顽强地透露出它的生机。

【西风落叶】xī fēng luò yè 形容秋天的景象。多比喻事物已趋衰落。★封建势力如~，逐渐淡出历史舞台。

【西施捧心】xī shī pěng xīn 形容女子的病态美。西施：春秋时越国美女，也称西子。捧心：两手抱着胸口，表示病态。★《红楼梦》里所描写的林黛玉，有一种~的病态美。

【息事宁人】xī shì níng rén 原指不生事扰民。后多指平息事端，使人安宁。息：平息，止息。宁：安宁。★处理这件事，应该把原则放在第一位，不能一味~。

【息息相关】xī xī xiāng guān 一呼一吸相互关联。形容关系或联系极为密切。息：气息。★中国与亚洲许多国家的命运~。

【悉心竭虑】xī xīn jié lǜ 用尽心智，全心全意。悉：全，尽。竭：尽，用尽。★她~地为老百姓办事，从不索取任何回报。

【惜老怜贫】xī lǎo lián pín 爱护老人，怜悯穷人。★张先生~，广结善缘，为老百姓做了不少好事。

【惜墨如金】xī mò rú jīn 吝惜笔墨像吝惜金子一样。形容绘画、作文的态度极其严谨，不轻易落笔。惜：吝惜。★老舍写作《茶馆》~，全剧台词之精妙，几乎增加一个字也嫌多余。

【稀奇古怪】xī qí gǔ guài 形容稀少、奇特，使人诧异。稀：也作“希”。★他不爱学习，但对一些~的东西很感兴趣。

【稀世之宝】xī shì zhī bǎo 世上极其少见的珍宝。稀世：世上稀有。★中国的很多民间工艺品在许多外国人眼里被看作~。

【稀世之才】xī shì zhī cái 世上少有的杰出人才。★他小小年纪便熟读诗书，而且在文学创作上有非凡的悟性，真是~！

【溪壑无厌】xī hè wú yàn 山间的大沟、深谷没有能填满的时候。

比喻贪欲难以满足。溪壑：山间的溪谷、沟壑。厌：满足。★贪官们的共同特征就是~，最终被贪欲所毁。

【熙熙攘攘】 xī xī rǎng rǎng 形容人来人往，十分热闹。熙熙：和乐的样子。攘攘：纷乱的样子。★上海的南京路总是~，非常繁华。

【嬉皮笑脸】 xī pí xiào liǎn 形容嘻嘻哈哈，不庄重或不严肃的样子。★在正式的场合要庄重，不能~。

【嬉笑怒骂，皆成文章】 xī xiào nù mà, jiē chéng wén zhāng 形容善于不拘一格地抒发情感，写成好的作品。嬉笑：嘲笑讥讽。怒骂：怒斥责骂。★鲁迅先生的杂文泼辣尖锐，~。

【习惯成自然】 xí guàn chéng zì rán 长期习惯了，就变成很自然、很正常的事。★第一次上台演讲，紧张是难免的，慢慢就会好了，~嘛!

【习以为常】 xí yǐ wéi cháng 长期习惯了，就以为是极平常的事。★周末补课，同学们已经~了，所以也就懒得抱怨。

【席不暇暖】 xí bù xiá nuǎn 形容奔走匆忙，连多坐一会儿的时间都没有。席：坐席，古人铺设在地上的座物。暇：闲暇。★孔子奔走天下，~，目的就是要宣传他的“仁政”思想。

【席地而坐】 xí dì ér zuò 古人铺席于地，坐在上面。后指随意坐在地上。★中午休息时间，我和几个同事一起在公司大楼后面的一块草坪上打羽毛球，累了就~。

【席卷天下】 xí juǎn tiān xià 把天下像卷席子一样全部卷进去。形容吞并各地。★勇猛无敌的蒙古骑兵在成吉思汗的率领下，所向披靡，势不可挡，纵横八方，~，奠定了帝国的基业。

【袭故蹈常】 xí gù dǎo cháng 按照旧例或常规办事。袭：因袭。故：成规旧例。蹈：踩，引申为遵循。常：常规。★社会的进步在于变革创新，而不是~。

【洗耳恭听】 xǐ ěr gōng tīng 形容恭恭敬敬地认真倾听。★你有什么意见只管说，我~。

【洗手不干】 xǐ shǒu bù gàn 指原来常做的事不合意或不正当，决心抛弃不再干。★经过多方教育，这个惯盗终于决定~了。

【洗手奉职】 xǐ shǒu fèng zhí 指廉洁奉公，忠于职守。洗手：比喻清白廉洁。★虽然遭遇了几番迫害，但他依然~，立志将所有的贪污腐化分子都揪出来。

【洗心涤虑】 xǐ xīn dí lǜ 洗涤心胸，排除杂念。指彻底改变思想。涤：清除。★对犯罪分子的改造不能仅仅停留在处罚上，重要的是使他们~，重新做人。

【洗心革面】xǐ xīn gé miàn 比喻彻底悔改。革：改变。★在政府的帮助下，他～，开了一家小店，自食其力。

【徙宅忘妻】xǐ zhái wàng qī 搬家时忘了带走妻子。比喻办事轻重倒置，荒唐可笑。徙宅：搬家。★我们办事情要分清主要矛盾和次要矛盾，不要～，本末倒置。

【喜不自胜】xǐ bù zì shèng 喜欢得自己都禁受不了。形容欢喜到了极点。胜：承受，禁得起。★重点大学录取通知书的到来，令全家人～。

【喜出望外】xǐ chū wàng wài 指得到希望之外的收获而感到特别高兴。望外：希望或意料之外。★失散40多年的叔叔意外地从海外归来，80多岁的奶奶～。

【喜从天降】xǐ cóng tiān jiàng 喜事从天上降下来。指意想不到的喜事突然出现。★他买的彩票中了个一等奖，真是～。

【喜怒哀乐】xǐ nù āi lè 喜悦，恼怒，悲哀，快乐。泛指人的各种感情。★她是个很单纯的姑娘，～全写在脸上。

【喜怒不形于色】xǐ nù bù xíng yú sè 高兴和愤怒都不表现在脸色上。形容人沉着有涵养，感情不外露。形：显露，表现。★他对人总是彬彬有礼，态度温和，～。

【喜怒无常】xǐ nù wú cháng 忽而高兴，忽而恼怒，变化不定。指性情多变，难以捉摸。常：一定。★她这一阵子～，好像是受了什么刺激。

【喜气洋洋】xǐ qì yáng yáng 形容充满喜悦的神色。洋洋：得意欢乐的样子。★今天是爷爷的八十大寿，全家人～。

【喜上眉梢】xǐ shàng méi shāo 高兴的神情从眉眼间都表现出来了。形容非常高兴。眉梢：眉尖。★今年玉米大丰收，村民们个个～。

【喜闻乐见】xǐ wén lè jiàn 喜欢听，乐意看。指很受欢迎。★洋八股必须废除，空洞抽象的调头必须少唱，教条主义必须休息，而代之以新鲜活泼的、为中国老百姓所～的中国作风和中国气派。

【喜笑颜开】xǐ xiào yán kāi 形容十分高兴，满面笑容。颜：面容。开：舒展。★今天是“六一”儿童节，小朋友们个个～，欢度自己的节日。

【喜新厌旧】xǐ xīn yàn jiù 喜欢新的，厌弃旧的。多指爱情不专一，也指对事物的好恶态度不同。★他～，考上博士研究生不久，就把原来的女朋友抛弃了。

【喜形于色】xǐ xíng yú sè 高兴的心情在脸上表现出来。形容抑制不住内心的喜悦。形：显露，表现。色：脸色。★听说妈妈要带自己去海南旅游，惠惠～，马上打电话把这个消息告诉了自己的好友。

【细大不捐】xì dà bù juān 小的大的都不舍弃。表示兼收并蓄，毫不遗漏。捐：抛弃。★这个贪官胃口真大，十万八万不嫌多，一千两千不嫌少，真是~。

【细嚼慢咽】xì jiáo màn yàn 把东西嚼得很烂才咽下去。有时也形容吃得慢而少。又比喻仔细品味领悟。★吃东西要~，狼吞虎咽有害健康。

【细皮嫩肉】xì pí nèn ròu 形容皮肤保养得好，细腻白嫩。★你看她~的，哪像个干农活的样！

【细水长流】xì shuǐ cháng liú 比喻一点一滴地积累，长期坚持不断。也比喻节约使用财物或人力，保持长期不短缺。★有钱不能一下子花光，要~。

【细针密缕】xì zhēn mì lǚ 指针线活做得十分细致。也比喻思考、写作或处理事情严密精细。缕：线。★她做任何事情都是~，一丝不苟，很受领导器重。

【细枝末节】xì zhī mò jié 细小的枝杈，微末的关节。比喻事情或问题的细小而无关紧要的部分。★干大事的人，不能过分拘泥于~。

【虾兵蟹将】xiā bīng xiè jiàng 神话故事中龙王的兵将。多用以比喻大大小小的喽啰。★匪首被擒，手下的~急忙四散逃命。

【瞎子摸鱼】xiā zi mō yú 比喻没有调查研究，盲目行事。也指对知识、道理没有真正弄懂。★“~”，粗枝大叶，满足于一知半解，这种极坏的作风，完全违背了马克思列宁主义的基本精神。

【狭路相逢】xiá lù xiāng féng 原指窄路相遇，无法退避。后比喻仇人相见，难以相容。★在这次学术研讨会上，他们两人~，又开始了新一轮的论争。

【遐方绝域】xiá fāng jué yù 指极其偏远的地方。遐：远。方：边界。绝：僻远，极远的。域：境界。★古代交通不便，通讯困难，一旦从军，守卫在~，便很难与亲人联系。

【瑕不掩瑜】xiá bù yǎn yú 玉上的斑点掩盖不了美玉的光彩。比喻缺点掩盖不住优点，即优点是主要的。瑕：玉上的斑点。掩：遮掩。瑜：玉的光泽。★这部作品尽管还存在某些不足之处，但~，它仍不失为一部好作品。

【瑕瑜互见】xiá yú hù jiàn 玉的斑点和玉的光彩互有所见。比喻有优点也有缺点。瑕：玉上的斑点，比喻缺点。瑜：玉的光泽，比喻优点。★这部小说~，优点和缺点都很明显。

【霞光万道】xiá guāng wàn dào 形容日出日落时霞光散射的美丽景象。也形容珍宝放出的耀眼光辉。★傍晚时分，~，把半边天空映得通红。

【下笔成章】xià bǐ chéng zhāng

提笔一挥就写成了文章。形容才思敏捷。★他具有文学天赋，八岁时即能～。

【下笔千言，离题万里】 xià bǐ qiān yán, lí tí wàn lǐ 一动笔就写出很长的文章，但离主题很远。千言：虚指，言篇幅之长。★作文切不可忽视审题，以免～。

【下不为例】 xià bù wéi lì 下一次不能以此为例。表示只能通融或宽恕这一次。下：指下一次。★共产党员要克服侥幸心理，不搞～。

【下车伊始】 xià chē yī shǐ 指新官刚刚上任。也指刚到一地。下车：指新官到任。伊：文言助词，无实义。始：开始。★有的领导干部～就大发议论，提意见，这不是一种严肃的工作态度。

【下里巴人】 xià lǐ bā rén 泛指通俗普及的文艺作品。《下里》、《巴人》：战国时楚国流行的民间歌曲。下里：乡里。巴：古国名，地处今川东鄂西一带。★不要认为流行音乐就是～，其中好多作品都有很高的艺术品位。

【下情上达】 xià qíng shàng dá 把下面的情况转达到上面去。达：转达。★人大代表是政治生活中～的一个重要桥梁。

【仙风道骨】 xiān fēng dào gǔ 仙人的风度，得道人的气质。形容神采风度飘逸不凡。★他仪表不凡，看起来好像有一种～。

【仙山楼阁】 xiān shān lóu gé 指幻想中的神仙住处。也比喻虚无缥缈的美妙境界。★传说神仙都住在～，过着自由自在的生活。

【仙姿佚貌】 xiān zī yì mào 形容女子姿容秀丽。佚：美，指美女。★选美大赛上，佳丽云集，一个个～，倾国倾城。

【先睹为快】 xiān dǔ wéi kuài 以能够先看到为快乐。形容急于想看到期盼已久的事物。睹：看见。快：快乐。★她的书出版后反响很好，人们争先恐后地购买，以求～。

【先发制人】 xiān fā zhì rén 原指先动手来控制对方。后指先主动进攻，打败对方。发：发动。制：制服，控制。★我军～，发起猛攻，把敌人打了个措手不及。

【先公后私】 xiān gōng hòu sī 表示把公事置于私事之上。★他是一位有着很高素养的干部，干什么事都是～。

【先见之明】 xiān jiàn zhī míng 预见事物发展的眼力。即预见性。明：指眼力。★具有正确预测战局变化的～，是一位优秀指挥员必备的素质。

【先来后到】 xiān lái hòu dào 指按照来到的先后确定次序。★购票应该有个～，你怎么可以插队呢？

【先礼后兵】 xiān lǐ hòu bīng 先以礼貌对待，后用强力对待。礼：

礼节，礼貌。兵：武力。★在营救人质的战斗中，为了确保人质的生命安全，公安人员往往采取~的措施。

【先人后己】 xiān rén hòu jǐ 先为别人着想，然后才想到自己。★在工作中，共产党员要以身作则，~。

【先入为主】 xiān rù wéi zhǔ 指以先听到或见到的为主，对其他的则不易再接受。表示对事物的看法先有了成见或偏见。★以~的印象看待学生，是教学工作的大忌。

【先声夺人】 xiān shēng duó rén 指先造成声势使对方士气受挫。声：声势，声威。★比赛一开始，中国队采取攻势，~，连连得分。

【先天不足】 xiān tiān bù zú 指生下来的体质就不够强健。也比喻事物据以形成的条件不充分，基础不牢固。先天：指在母体中就形成的。不足：不够强健。★亚洲球员的身体条件与欧美队员相比，有点~，不过依靠后天的刻苦训练可以弥补。

【先天下之忧而忧，后天下之乐而乐】 xiān tiān xià zhī yōu ér yōu, hòu tiān xià zhī lè ér lè 在天下人担忧之前担忧，在天下人安乐之后安乐。表示对国家忧患、人民疾苦的关心。常用以形容伟大政治家的抱负和胸怀。★青年学子要做一个有理想有抱负的人，要具有~的思想境界。

【先吾着鞭】 xiān wú zhuó biān 《世说新语·赏誉》刘孝标注引《晋阳秋》记载，晋代刘琨与好友祖逖都有恢复中原的大志，刘琨听到祖逖已渡江北上，曰："吾枕戈待旦，志枭逆虏，常恐祖生先吾著鞭耳。"后用以比喻别人比自己先行一步。先吾：先于吾，即在我之前。着鞭：上马挥鞭。★业务员小李~，一连签了几个合同，这让我感到了工作的压力。

【先小人，后君子】 xiān xiǎo rén, hòu jūn zǐ 指先把难听的话说在前头或将利害得失先说清楚，然后再讲情谊。★公司合作是好事，不过我们还是~，先签订协议，把双方的责、权、利规定清楚。

【先斩后奏】 xiān zhǎn hòu zòu 先把人杀了，然后再向上报奏。后比喻先做成某事，然后再向上级或有关部门报告。斩：杀头。奏：臣子对皇帝报告。★对于重大问题，应当事先请示，不能~。

【先知先觉】 xiān zhī xiān jué 比所有的人先认识，先觉悟。常指对哲理或社会政治问题最先有系统认识、深刻理解的人。★历代的革命者往往都具有~的敏锐的政治嗅觉。

【纤毫不爽】 xiān háo bù shuǎng 比喻正确无误，没有丝毫差错。纤毫：细微的毫毛。爽：差错。★她主管财务工作以来，各项开支和收入清清楚楚，~。

【纤悉无遗】 xiān xī wú yí 形容全部包揽进来，丝毫没有遗漏。纤悉：细微详尽。★这部全集将这位名诗人的作品全部搜集，~。

【鲜血淋漓】 xiān xuè lín lí 形容鲜血直流。淋漓：形容湿淋淋往下滴的样子。★小汪在那次群殴事件中被打得~，惨不忍睹。

【鲜艳夺目】 xiān yàn duó mù 形容色彩鲜明，美丽耀眼。★孩子们系着~的红领巾，排着队去科普馆参观。

【闲情逸致】 xián qíng yì zhì 安闲的心情和超逸的兴致。逸：超逸，安逸。致：兴致。★父亲原来是个画家，后来改行做生意，每天忙于应酬，再也没有~来画画了。

【闲言碎语】 xián yán suì yǔ 与正事无关的话或没有根据的话。★对于那些诋毁自己的~，她向来不放在心上。

【闲云野鹤】 xián yún yě hè 自由自在、无拘无束的云和鹤。比喻没有事务牵挂，行动自由的人。多指闲散安逸不受尘事羁绊的隐士、道士等。★在紧张忙碌的现代生活中，想做个~几乎是不现实的事。

【贤妻良母】 xián qī liáng mǔ 对丈夫来说是贤惠的妻子，对子女来说是善良的母亲。贤：贤惠。良：善良。★她是个地地道道的~，将家庭打理得井井有条。

【弦外之音】 xián wài zhī yīn 原指琴弦的余音所蕴涵的意思。后多比喻说话或诗文中的言外之意。★父亲虽然没有直说，但他的~就是要我读师范而不要去学医。

【咸与维新】 xián yǔ wéi xīn 大家都来参加革新。常用作号召弃旧图新之语。咸：皆，都。与：参与。维：语助词。新：更新，革新。★在这新旧体制的交替过程中，我们不能做旧制度的维护者，而应该~，积极推进新制度的建立和巩固。

【衔石填海】 xián shí tián hǎi 比喻矢志不移，努力不懈。也比喻徒劳无益。★精卫~的精神，永远值得我们学习。

【衔冤负屈】 xián yuān fù qū 指蒙受冤屈。衔：含，接受。负：背负，遭受。★《水浒传》中的一百单八将多是~，无处申诉，被逼上梁山的。

【嫌贫爱富】 xián pín ài fù 嫌弃穷人，喜欢富人。指以贫富为标准待人。嫌：嫌弃，厌恶。★小芳，只要男友品行好、有才干就行了，干吗那么~的！

【显而易见】 xiǎn ér yì jiàn 非常明显，很容易看清楚。★从科学的角度来看，酒精对身体的害处是~的。

【显山露水】 xiǎn shān lù shuǐ 比喻显露才华。★他才华出众，却处世低调，从来不~。

【险象环生】xiǎn xiàng huán shēng 危险接连不断地发生。形容情况十分危急。环生：一个接一个地发生。★河堤~，我们必须严防死守。

【现身说法】xiàn shēn shuō fǎ 原为佛教用语，指佛力广大，能随对象不同而显出各种身形来宣讲佛法。现指以亲身经历和体会说明道理或劝导别人。★她~，用自己的亲身经历来说明家庭暴力的危害。

【陷身囹圄】xiàn shēn líng yǔ 指被作为罪犯关入牢狱而失去行动自由。囹圄：牢狱。★方志敏烈士~，在十分险恶的条件下写出了著名的《可爱的中国》。

【相安无事】xiāng ān wú shì 指彼此和平相处，没有什么争执或干扰。相：互相，彼此。安：安定，安稳。★令人不可思议的是，有些食肉动物之间总能~，互不侵犯。

【相差无几】xiāng chā wú jǐ 相差没有多少。★从外表上看，他俩的年纪~。

【相持不下】xiāng chí bù xià 指力量相当的双方坚决对抗，谁也不让谁或谁也压不倒谁。持：对抗。★他俩你争我吵，~，组长赶紧过来打圆场。

【相得甚欢】xiāng dé shèn huān 形容双方融洽相处，非常欢乐。相得：互相投合。★刘备是明君，孔明是贤臣，两人~，在历史上留下不少佳话。

【相得无间】xiāng dé wú jiàn 形容相互之间处得很融洽。间：隔阂。★他们两个是好朋友，从小到大都在一起，亲如兄弟，~。

【相得益彰】xiāng dé yì zhāng 指两者密切配合，相互衬托，各自的作用和长处表现得更加显著。益：更加。彰：显著。★著名的古琴在著名的琴师手里，当然是~了。

【相反相成】xiāng fǎn xiāng chéng 互相对立而又互相促成。★矛盾的两个方面互为条件，~，是永恒不变的规律。

【相辅而行】xiāng fǔ ér xíng 互相协助或互相起配合作用。★革命的破坏与革命的建设，如人之两足、鸟之双翼一般，是~的。

【相辅相成】xiāng fǔ xiāng chéng 指事物相互联系，相互制约，相互依存。辅：帮助。★对于治理国家而言，法治与德治从来都是~的。

【相顾失色】xiāng gù shī sè 互相观看而脸上变了颜色。形容几个人同时感到惊慌恐惧。★海上突然刮起了大风，波浪滔天，几个人不禁~。

【相煎何急】xiāng jiān hé jí 比喻兄弟骨肉相残。也指内部一方对另一方的迫害。《世说新语·文学》记载，魏文帝曹丕曾令自己的亲兄弟曹植七步之内作诗，不成者即行大法，植应声便为诗曰："煮豆持作羹，漉菽以为汁，萁在釜下燃，豆在釜中泣。本是同根生，相煎何太急！"★都是亲兄弟，何必寸步不让，~！

【相见恨晚】xiāng jiàn hèn wǎn 为相识太晚而感遗憾。表示与人初交即情投意合的心情。恨：遗憾。★两人初见，彻夜长谈，都感~。

【相敬如宾】xiāng jìng rú bīn 多形容夫妻间互相尊敬，像对待宾客那样有礼。★这对小夫妻感情和睦，~，很让人羡慕。

【相亲相爱】xiāng qīn xiāng ài 指彼此感情深厚，关系亲密。★我们是~的一家人，有福共享，有难同当。

【相濡以沫】xiāng rú yǐ mò 原指离开水的鱼互相吐沫沾湿，以求得暂时的生存。比喻在困境中以微薄的力量相互救助。濡：沾湿，使湿润。沫：唾沫。★这部电视剧描写了三个穷孩子~的人生经历，感人至深，令人难忘。

【相生相克】xiāng shēng xiāng kè 指金、木、水、火、土五种物质互相生发又互相克制的一种说法。相生：指木生火，火生土，土生金，金生水，水生木。相克：指水克火，火克金，金克木，木克土，土克水。★自然界的各种生物间，常有一种非常奇妙的~的联系。

【相视而笑】xiāng shì ér xiào 相互看着，发出会心的笑。形容彼此心意相通。★再见面时，两人~，尽弃前嫌。

【相提并论】xiāng tí bìng lùn 指把不同性质或情况的事物并列在一起加以评论。★这两者之间相差甚远，怎么能~呢？

【相习成风】xiāng xí chéng fēng 都习惯于某种做法，而成为一种风气。★江苏太仓有着丰厚的文化底蕴，乡民对戏曲、书画的爱好~。

【相形见绌】xiāng xíng jiàn chù 相比之下，显出一方非常逊色。相形：互相比较。绌：缺陷，不足。★在干燥的沙漠里，仙人掌能茁壮成长，它顽强的生命力使得普通植物~。

【相依为命】xiāng yī wéi mìng 互相依靠着生存下去。依：依持，依靠。★父亲去世后，我和年迈的奶奶~。

【相映成趣】xiāng yìng chéng qù 互相映衬对应，显得饶有情趣。映：映衬。趣：情趣。★小雁塔坐落在西安市城南，与东南方五里之外的大雁塔~。

【香车宝马】xiāng chē bǎo mǎ 艳丽的车，名贵的马。多为富贵人家妇女所乘。★她成名之后，~接踵而来。

【香饵之下，必有死鱼】xiāng ěr zhī xià, bì yǒu sǐ yú 游鱼必为贪吃香饵而死。比喻利诱之下必有人上钩。★～；重赏之下，必有勇夫。

【香消玉殒】xiāng xiāo yù yǔn 指年轻貌美的女子死亡。香、玉：指代年轻女子。殒：死亡。★香港歌星梅艳芳因病离世，一代歌后～。

【降龙伏虎】xiáng lóng fú hǔ 使恶龙归降，使猛虎驯服。形容法力高超或力量强大。降、伏：使驯服，使屈服。★革命者要有改天换地、～的英雄气概。

【响彻云霄】xiǎng chè yún xiāo 形容声音高昂响亮，激荡天空。彻：贯透。云霄：天际，极高的天空。★中国女排在奥运会上大获全胜，姑娘们欢快的歌声～。

【响遏行云】xiǎng è xíng yún 声音响彻云霄，以致阻止住飘动的云彩。形容歌声高亢嘹亮或歌唱技巧高超。遏：阻止。★一首～的《嫂子颂》把晚会的热烈气氛推向了高潮。

【想当然】xiǎng dāng rán 想来应该是这样。指凭主观推测，并无什么根据。★评判一件事情不能靠～，而应该有确切的事实依据。

【想方设法】xiǎng fāng shè fǎ 想尽各种方法。设：设想。★学校～拓宽信息渠道，为毕业生就业提供便利条件。

【想入非非】xiǎng rù fēi fēi 指想得离奇玄妙，或胡思乱想入了迷。非非：佛家用语。指非一般认识力所能达到的玄虚境界。★他不去脚踏实地地干点工作，而是整天待在家里～。

【向阳花木】xiàng yáng huā mù 向阳的花木光照条件较好，能促进它的生长发育。比喻因条件近便而获得利益或照顾。★他在县长手下干了多年，这次招标自然会先考虑他，所谓～易为春。

【向隅而泣】xiàng yú ér qì 面向墙角哭泣。形容因孤独、绝望而十分悲伤。隅：墙角。泣：抽泣，小声哭。★昏黄的灯光下，一位老妇～。

【项庄舞剑，意在沛公】xiàng zhuāng wǔ jiàn，yì zài pèi gōng《史记·项羽本纪》记载，项羽与刘邦在鸿门饮宴，范增指使项庄在席间舞剑助兴，企图乘机杀刘邦。刘邦的谋臣张良见事情紧急，对骖乘樊哙说："今者项庄拔剑舞，其意常在沛公也。"后用以比喻打着正当的幌子，实则另有用心。项庄：项羽部下的武将。沛公：刘邦。★这次他们邀请你去开会，是～，你可要千万小心。

【相机行事】xiàng jī xíng shì 观察时机，灵活办事。相：察看。机：时机。★目前形势比较复杂，你要随机应变，～，不可乱来。

【相貌堂堂】xiàng mào táng táng 形容长相端正，身材魁梧。★别看有些人～，内心却很龌龊，净干些损人利己的事。

【象牙之塔】xiàng yá zhī tǎ 指企图脱离社会现实，主张为艺术而艺术的文艺家的小天地。原是19世纪20年代法国文艺批评家圣佩韦批评同时代的消极浪漫主义诗人维尼的用语。后比喻脱离实际的知识分子的小天地。★知识分子要融入社会，不能整日把自己关在~里走不出。

【枭首示众】xiāo shǒu shì zhòng 旧时酷刑。把人头砍下高高挂起，使众人都看到。枭：斩首并悬挂。★这位英勇的起义领袖，被官府捉住，~。

【骁勇善战】xiāo yǒng shàn zhàn 矫健勇猛，善于作战。多形容战将或士兵勇猛出色。骁勇：矫健勇猛。★战国廉颇是一位~的猛将，为赵国的安定立下了汗马功劳。

【逍遥法外】xiāo yáo fǎ wài 指犯罪者没有受到法律制裁，仍然自由自在。逍遥：安闲自在，无拘无束。★我们决不能让犯罪分子~，要尽快将其捉拿归案。

【逍遥自在】xiāo yáo zì zài 形容无拘无束，悠闲自在。★如今她论文答辩也通过了，工作也找到了，真是~。

【消愁解闷】xiāo chóu jiě mèn 消除忧愁，排解郁闷。★爷爷刚退休时有点不适应，整天在家借烟酒~。

【萧然物外】xiāo rán wù wài 悠闲自得地超脱于尘世之外。萧然：潇洒悠闲的样子。物外：世外。★人总是生活在一定的社会圈子里，不可能做到~。

【硝烟弹雨】xiāo yān dàn yǔ 硝烟浓密，子弹如雨。形容紧张、激烈的战斗场面。硝：硝石，指火药。弹：子弹。★他是从~中走过来的，所以特别珍惜现在的和平幸福生活。

【硝烟弥漫】xiāo yān mí màn 指战场上炮火的烟雾充塞空间。★他和战友们在~的战场上建立了兄弟般的情谊。

【销魂夺魄】xiāo hún duó pò 形容受到吸引、刺激而使心神、情绪失去控制。魂、魄：指依附于人体的灵魂。★文学语言的运用奥妙无穷，有时候泼墨如雨会收到强烈的艺术效果，而有时候惜墨如金同样可以产生~的艺术魅力。

【销声匿迹】xiāo shēng nì jì 不声不响，不露形迹。形容藏匿起来或不公开出现。销：消失。匿：隐藏。★冬天来临，北雁南飞，活跃在田间草际的昆虫也都~了。

【小不忍则乱大谋】xiǎo bù rěn zé luàn dà móu 在小问题上不忍耐，就会打乱全局。忍：容忍，让步。大谋：大的计划或决策。★常言道，~，我劝你这事还是忍了吧。

【小材大用】xiǎo cái dà yòng 以小才担当大事。指用人不当。

有时也用作自谦之辞。★组织部门用人要人尽其才，既不能大材小用，也不能～。

【小惩大诫】xiǎo chéng dà jiè 责罚小过错，以警诫人不犯大的过失。惩：惩罚。戒：警戒。★学校给他处分，是为了～，使他警醒。

【小道消息】xiǎo dào xiāo xī 指不经正式途径传播的消息。★这都是些～，你千万不要相信。

【小肚鸡肠】xiǎo dù jī cháng 比喻气量狭小，斤斤计较。★你尽管放心，他绝对不是个～的人。

【小恩小惠】xiǎo ēn xiǎo huì 为了笼络人心而给的小利益。★为了升官发财，他经常以一些～来收买人心。

【小家碧玉】xiǎo jiā bì yù 指小户人家的美貌少女。碧玉：宋汝南王妾名。★表姐比我大两岁，是那种典型的～。

【小家子气】xiǎo jiā zi qì 指气派小，不大方。小家子：指出身低微的人。★你这个百万富翁只捐一百块钱，也太～了吧。

【小康之家】xiǎo kāng zhī jiā 指经济较为宽裕的人家。★旧社会的～，也没有达到我们今天的一般生活水平。

【小鸟依人】xiǎo niǎo yī rén 像小鸟依偎着人一样。比喻温顺可爱。依：依偎，依恋。★她身材匀称，清纯美丽，撒起娇来如～，很是可爱。

【小巧玲珑】xiǎo qiǎo líng lóng 形容形体小而灵巧精致。玲珑：灵巧精致的样子。★这款照相机～，性能也不错。

【小人得志】xiǎo rén dé zhì 指人格卑下的人取得了权势或占了上风。★你别～，过不了多久你就会垮台的。

【小试锋芒】xiǎo shì fēng máng 比喻稍稍显示一下才能。锋芒：刀剑等兵器的尖端，借指才干、本领。★在昨天的预赛中，她只是～，要到正式比赛才会大显身手。

【小试牛刀】xiǎo shì niú dāo 稍微用一用宰牛的刀。比喻有大才的人在小事务上试一下身手。★在今天的乒乓球比赛中，中国乒乓球队～，六位选手都顺利地晋级男女单打十六强。

【小题大做】xiǎo tí dà zuò 明清时代科举考试的习惯用语。文科考八股文，以“四书”文句命题的称为“小题”，以“五经”文句命题的称为“大题”。用做“五经”文的章法来做“四书”文的便称为“小题大做”。后用以比喻把小事加以渲染夸大，当作大事处理。★预防传染病要特别注意手的清洁，这是一个不争的事实，绝非～。

【小往大来】xiǎo wǎng dà lái 本指人事的消长。指阴暗面逐渐消逝，光明面逐渐增长。后也指以小本获大利。★很多人以请客作为手段，达到～的目的。

【小巫见大巫】 xiǎo wū jiàn dà wū 小巫遇见大巫，觉得自己的法术不如大巫高明。比喻相形之下，优劣高下相差很远。巫：旧时以祈神为职业的人。★我这点收入算不了什么，和我们老总相比，那是～。

【小心谨慎】 xiǎo xīn jǐn shèn 形容说话做事处处留心，从不大意。★旅游购物一定要～，防止上当受骗。

【小心翼翼】 xiǎo xīn yì yì 形容十分恭谨，唯恐出错。翼翼：恭敬谨慎的样子。★他～地跟在老板身后，生怕做错什么。

【晓行夜宿】 xiǎo xíng yè sù 天亮起程，夜晚投宿。指旅途的辛苦。晓：天刚亮。★我们～，经过半个月的艰苦跋涉，终于到达了目的地。

【晓以大义】 xiǎo yǐ dà yì 把大道理对人讲清楚。晓：使明白。★公安人员讲明政策，～，终于使犯罪分子主动投案。

【笑而不答】 xiào ér bù dá 只是微笑着，不作正面回答。★我问他为什么没有把我喜爱的那本书带来，他～。

【笑里藏刀】 xiào lǐ cáng dāo 形容人外貌和善而内心阴险毒辣。★这个人～，心肠狠毒，跟他打交道可要小心着点。

【笑面虎】 xiào miàn hǔ 比喻脸上带笑而心地狠毒的人。★他是个～，别看他平时满脸堆笑，其实阴险着呢。

【笑容可掬】 xiào róng kě jū 形容满面含笑，和蔼可亲的样子。掬：用两手捧。★他待人接物总是彬彬有礼，～。

【笑容满面】 xiào róng mǎn miàn 满脸洋溢着笑容。形容十分欣喜。★刘老师～地走进教室，同学们知道肯定有好事告诉大家。

【笑逐颜开】 xiào zhú yán kāi 笑得脸部都舒展开了。形容十分高兴。逐：追随。颜：面容。★刚才还愁眉苦脸的父亲，听见这激动人心的消息，也不禁～。

【啸聚山林】 xiào jù shān lín 旧指聚合起来盘踞山中做强盗。也指被压迫群众在山野聚众起义。啸聚：互相呼唤聚合起来。★在过去的动乱年代，许多人因为受压迫受剥削而～，劫富济贫。

【邪不干正】 xié bù gān zhèng 邪气压不倒正气。邪：邪气，指不正派的人或作风。干：犯。★你别害怕，要相信～的真理，我们总有一天会胜利的。

【斜风细雨】 xié fēng xì yǔ 微风夹着毛毛雨的天气。★这个周末，我们在～中游览了美丽的西湖。

【携手并肩】 xié shǒu bìng jiān 手拉着手，肩靠着肩。形容行动一致，亲密合作。携手：手拉手。

★我们要发扬优良传统，~，同舟共济，精诚合作，共创辉煌。

【泄漏天机】xiè lòu tiān jī 泄漏重要机密。天机：神秘不可知的天意，借指很秘密的事。★这件事情千万要保密，切不可~。

【卸磨杀驴】xiè mò shā lǘ 把拉完磨的驴卸下来杀掉。比喻忘恩负义，把曾经为自己出过力的人一脚踢开。★他惯于过河拆桥，~，最后弄得众叛亲离，死无葬身之地。

【谢天谢地】xiè tiān xiè dì 感谢天地神明。古人认为祥瑞是由上天神灵安排的，因此常常烧香上供表示虔诚感激。现表示问题终于解决，愿望终于实现的庆幸心情。★~，我们终于在大雨来临之前走出了山林。

【邂逅相遇】xiè hòu xiāng yù 指碰巧遇见。邂逅：没有相约而遇到。★我们在一个完全陌生的国度~，彼此兴奋不已。

【心安理得】xīn ān lǐ dé 自认为合情合理，心里坦然踏实。★能够回报祖国，我自己觉得~，这是我人生的乐趣。

【心比天高】xīn bǐ tiān gāo 形容心地高傲或所想远远超过现实。★你不要总是~，要踏踏实实地从基础工作做起。

【心不在焉】xīn bù zài yān 心思不在这里。形容用心不专，思想不集中。焉：此，这里。★老王最近专注于世界杯足球赛，对其他事情都~。

【心潮澎湃】xīn cháo péng pài 形容心情十分激动，不能平静。澎湃：波涛翻腾的样子。★在人类历史的长河中，中华人民共和国的57年只是短短的一瞬，但抚今追昔，我们却~，浮想联翩。

【心驰神往】xīn chí shén wǎng 心神向往。形容极其仰慕、思念的情状。驰：向往。★无边无际的太空，是个令人~的美妙世界。

【心慈面软】xīn cí miàn ruǎn 指心地和善，很重情面，容易同情和迁就他人。★母亲是个~的人，常常经不住别人的三两句好话，便慷慨解囊。

【心存芥蒂】xīn cún jiè dì 指心里有怨恨或不愉快的情绪。芥蒂：本指细小的梗塞物，后比喻心里的不满或不快。★不要为了一点小事就~，这样对大家的学习和生活会有不良影响。

【心荡神摇】xīn dàng shén yáo 形容神魂颠倒，不能自持的样子。★这首歌缠绵悱恻，令人~。

【心烦意乱】xīn fán yì luàn 心情烦躁，思绪杂乱。★孩子的哭声搅得她~，手里的活也干不下去了。

【心服口服】xīn fú kǒu fú 从口头到内心都完全信服。服：信服、服气。★只有充分摆事实，讲道理，才能令人~。

【心腹爪牙】xīn fù zhǎo yá 指亲信党羽。★他的~遍布各地，充当耳目、打手，心狠手辣，无恶不作。

【心腹之患】xīn fù zhī huàn 体内要害部位的疾病。比喻隐藏在内部的严重祸患。心腹：比喻内部或要害部位。患：祸患。★洪水灾害一直是长江沿岸地区经济和社会发展的~，1998年的教训尤为深刻。

【心甘情愿】xīn gān qíng yuàn 没有丝毫的勉强，内心非常愿意。甘：甘愿。★他~地放弃了现在的优越生活，开始了艰难的第二次创业。

【心高气傲】xīn gāo qì ào 指要强好胜而自命不凡。★她从小就~的，做任何事都想超过别人。

【心狠手辣】xīn hěn shǒu là 心肠凶狠，手段毒辣。★这个贩毒集团的头子~，手上有好几条人命。

【心花怒放】xīn huā nù fàng 心里乐开了花。形容非常兴奋喜悦。怒放：盛开。★昨天中国队掀起了一个夺金高潮，代表团的成员个个~。

【心怀鬼胎】xīn huái guǐ tāi 指心中隐藏着见不得人的念头或事情。鬼胎：比喻不可告人的念头。★那个收旧家具的人~，很可能是个间谍，大家要提高警惕。

【心怀叵测】xīn huái pǒ cè 居心险恶，不可推测。叵：不可。★这个人~，不可不防。

【心慌意乱】xīn huāng yì luàn 心里惊慌失措，乱了主意。★考试马上就要结束了，却还有两个大题没做，他一时~，眼睛盯着试卷发愣。

【心灰意冷】xīn huī yì lěng 灰心丧气，意志消沉。★他看上去~，一点精神也没有，似乎已经走投无路了。

【心急如焚】xīn jí rú fén 心里急得像火烧。形容心情十分焦急。焚：火烧。★他~，只觉得火车开得太慢。

【心旌摇曳】xīn jīng yáo yè 形容心神飘忽不定，不能自持。心旌：指心神。摇曳：摆动。★这么多如花似玉的女子从他面前走过，他不禁~起来。

【心惊胆战】xīn jīng dǎn zhàn 形容内心非常害怕恐惧。战：也作"颤"。发抖。★我们一行五人过安徽天柱山的"百步云梯"时，一个个~，生怕一不小心掉下去。

【心惊肉跳】xīn jīng ròu tiào 形容心神惊恐不安。★这是一部让人看了~的惊险影片。

【心口不一】xīn kǒu bù yī 心里想的跟嘴里说的不一致。形容为人虚伪。★这个女人~，很可能是个骗子。

【心口如一】xīn kǒu rú yī 心里想的跟嘴里说的一致。形容为人诚实、直爽。★做人要老实，应该~，不能心口不一。

【心宽体胖】xīn kuān tǐ pán 本指胸襟开阔坦荡，身体安适舒泰。后指心情开朗或无所用心，则身体肥胖壮实。胖：原意为安适舒泰，后指肥胖。★生活的优裕和工作的顺心使他变得~起来。

【心旷神怡】xīn kuàng shén yí 心境开阔，精神愉快。旷：开朗。怡：畅快。★登上黄鹤楼，远眺烟波浩渺的江水，使人感到神清气爽，~。

【心力交瘁】xīn lì jiāo cuì 形容精神和体力都劳累不堪。瘁：过度疲劳。★我们的老校长~，终于病倒在床上。

【心灵手巧】xīn líng shǒu qiǎo 心思灵敏，手艺精巧。★她热爱劳动，~，是个美丽大方的好姑娘。

【心领神会】xīn lǐng shén huì 指领会很深。也指不需明言而心里已经领悟。★我们之间通常只需一个眼神或一个动作，就能让对方~。

【心乱如麻】xīn luàn rú má 心里乱得像一团麻。形容心绪非常纷乱。★伯伯去世后，我万分悲痛，~。

【心满意足】xīn mǎn yì zú 心里感到十分满足。★能够到现场来观看这场演唱会，我已经~了，至于有没有座位，这并不重要。

【心明眼亮】xīn míng yǎn liàng 心里清楚，眼睛明亮。指能够敏锐辨别是非真假。★政府的一举一动，老百姓都是~的。

【心平气和】xīn píng qì hé 心情平静，态度温和。★不管我们做错了什么事，奶奶总是~地帮助我们改正。

【心如刀割】xīn rú dāo gē 形容心里极其痛苦难过。★看着自己的同志被敌人抓走，他~。

【心如刀绞】xīn rú dāo jiǎo 形容内心极其痛苦难过。绞：搅。★弟弟被打得遍体鳞伤，哥哥~。

【心如木石】xīn rú mù shí 心像树木石头一样。比喻心无感知，没有欲念。★她~，只知逆来顺受，从未想去反抗。

【心如铁石】xīn rú tiě shí 心像铁石一样坚硬。形容意志极其坚定。★这番话说得沉痛哀切，听者就算是~也不禁为之动容。

【心如止水】xīn rú zhǐ shuǐ 形容心绪平静，不受外物影响。止水：静止无波的水。★丰富的人生经历使她变得理智冷静，~。

【心神不定】xīn shén bù dìng 心绪神思不安定。★谣言越传越广，众说纷纭，弄得大家~。

【心神恍惚】xīn shén huǎng hū 形容心绪混乱，精神不集中。恍惚：心思不定，神志不清。★经受了那次打击以后，她常常~。

【心事重重】xīn shì chóng chóng

形容烦心的事很多，心绪不宁。★前天她还是有说有笑，昨天突然就变得~起来，不知道发生了什么事。

【心术不正】xīn shù bù zhèng 指居心不良。心术：居心。★这家伙~，不是个正经的生意人。

【心无二用】xīn wú èr yòng 一心不能同时用在两件事上。指注意力只能集中于一点。★要想取得好成绩，就应该~，努力学习。

【心细如发】xīn xì rú fà 形容心思十分细密，或用意极其精微。★老同学~，把我们照顾得细致周到。

【心心相印】xīn xīn xiāng yìn 本为佛教用语，指传授佛法不借助于文字，而以心互相印证。后多指彼此思想感情完全投合。★他们夫妻俩真可称得上是情投意合，~。

【心绪不宁】xīn xù bù níng 形容心情杂乱，起伏不定。宁：宁静，平静。★她被这些琐碎之事扰得~，完全不能安下心来写文章。

【心血来潮】xīn xuè lái cháo 旧指所谓神仙心里突然为某种预兆所动。后多比喻心里忽然产生某种念头。来潮：潮水上涨。★做事情要有周密的计划，不能凭一时的~想干什么就干什么。

【心仪已久】xīn yí yǐ jiǔ 内心向往已经很久。仪：倾心，向往。★妻子对那件旗袍~，这个周末，我终于给她买了回来。

【心有灵犀】xīn yǒu líng xī 因犀牛角上有白纹直通角的两头而比喻彼此心领神会，心意相通。灵犀：犀牛，传说是灵异之兽。★他们两个情投意合，~，最终结为良缘。

【心有余而力不足】xīn yǒu yú ér lì bù zú 心里很想去做，但是力量不够。★我很想完成那部回忆录，可是体力精力的衰退，使我常感~。

【心有余悸】xīn yǒu yú jì 指危险虽已过去，但心里还留有惊惧。悸：因害怕而心跳。★对于刚刚平息的洪水，人们依然~。

【心猿意马】xīn yuán yì mǎ 佛教用语。思想、欲念像猿猴腾跳，像马匹奔跑。形容心思、欲念散乱，难以控制。★学习要集中精力，专心致志，~是不会出好成绩的。

【心悦诚服】xīn yuè chéng fú 从心眼里真诚信服。★他逻辑严密的论辩，纯正流利的英语，让西方外交官~。

【心照不宣】xīn zhào bù xuān 彼此心里明白，不必明说出来。照：知道，明白。宣：公开说明。★这件事我们~，用不着再多说什么了。

【心直口快】xīn zhí kǒu kuài 性情爽直，有话就说。★早就听说教练是个～的人，今日一见，果不其然。

【心中无数】xīn zhōng wú shù 指心里不了解具体实际情况，或对事情的处理没有把握。★一切事情开头的时候总是难免～的，在做的过程中就会慢慢有数了。

【心中有数】xīn zhōng yǒu shù 指心里对具体实际情况已经掌握，或对事情的处理已有准备。即心里有底。★只有深入群众，摸清情况，做到了～，才能有的放矢地开展工作。

【心醉魂迷】xīn zuì hún mí 形容内心极为倾倒仰慕。醉：沉迷。★他是个有名的偶像派歌星，许多少女都对他～。

【欣然自得】xīn rán zì dé 心情舒畅、自觉得意的样子。欣然：高兴的样子。★做人不能取得了一点点成绩便～，遇到一点点挫折便心灰意懒。

【欣喜若狂】xīn xǐ ruò kuáng 形容高兴到了极点。欣喜：欢欣喜悦。狂：发狂。★北京成功获得2008年奥运会主办权，人们奔走相告，～。

【欣欣向荣】xīn xīn xiàng róng 形容植物生长茂盛。也比喻精神奋发昂扬或事业兴旺发达。欣欣：草木旺盛的样子。荣：草木茂盛。★我们伟大的社会主义祖国繁荣昌盛，～。

【新陈代谢】xīn chén dài xiè 本指生物体不断以新物质代替旧物质的过程。也比喻新事物不断产生发展以代替逐渐衰亡的旧事物。陈：旧的。代：代替，更换。谢：凋谢，衰落。★～是宇宙间普遍的永远不可抵抗的规律。

【新仇旧恨】xīn chóu jiù hèn 指新近的和旧有的历次仇恨。也指先后与自己结仇的人。★这些天他的心情非常坏，常常通宵失眠，～一起涌上心头。

【新来乍到】xīn lái zhà dào 刚刚来到或刚来不久。乍：刚刚。★我～，什么也不懂，请大家多多关照。

【新人新事】xīn rén xīn shì 指具有新的道德品质的人和体现新的社会风尚的事。今也泛指刚出现的带有新闻意味的人和事。★新社会人民当家作主后，各种～如雨后春笋般不断涌现。

【新亭对泣】xīn tíng duì qì《世说新语·言语》记载，西晋末年，诸侯叛乱，外族入侵，王室许多大臣纷纷南游避乱。一日相聚新亭，相视对泣。后用以比喻思念故国而又无可奈何的感伤。新亭：古地名，故址在今南京市南郊。★在国家遭受侵略之际，我们不能只是～，而要奋起抗击。

【新硎初试】xīn xíng chū shì 初次使用刚磨好的刀。比喻初露锋芒。硎：磨刀石。新硎：刚磨出的刀刃。★他这次出来与日本高手对弈，只是～。

【薪尽火传】xīn jìn huǒ chuán 柴虽烧完，火种却留传下来。比喻思想体系、学问或技艺等相传不绝。薪：木柴。★我们的国学研究～，后继有人。

【信而有征】xìn ér yǒu zhēng 确实可信，有凭有据。信：真实，可信。征：验证，证据。★说话做事必须要～，否则便不会被人信任。

【信口雌黄】xìn kǒu cí huáng 《晋书·王衍传》记载，晋人王衍学问广博，每日以清谈老庄为事，谈论中稍有不合义理之处，便随时改动，时人称之为“口中雌黄”。后形容毫无根据地乱发议论，胡说八道。信口：随口说话。雌黄：古时用作涂抹错字的颜料，后指任意窜改。★校勘工作需要有严谨的态度，不能指鹿为马，～。

【信口开河】xìn kǒu kāi hé 没有任何根据，随口乱说一气。★他喝了点酒一高兴，不免又～，大吹一气。

【信马由缰】xìn mǎ yóu jiāng 骑在马上，随意而行。比喻漫无目的地随意溜达。也比喻生活放荡不羁。信：随便，听凭。由：听任。★有的人说话、写文章往往～，结果连自己都不知所云。

【信赏必罚】xìn shǎng bì fá 有功者必赏，有罪者必罚。指赏罚严明。信：确实，实在。★公司管理上要做到～，只有这样才能提高员工的工作积极性。

【信誓旦旦】xìn shì dàn dàn 指誓言十分恳切真诚。信誓：真挚的誓言。旦旦：诚恳的样子。★恋爱时，他对她总是甜言蜜语，～的。

【信手拈来】xìn shǒu niān lái 随手便可拿来。原指应用自如，毫不费力。后多形容创作时能熟练地运用各种材料。信手：随手。拈：用指头捏取。★朱先生学识渊博，运用古代典故能～。

【信以为真】xìn yǐ wéi zhēn 相信是真的。指把假的当成是真的。★小李涉世不深，对老板所说的一切都～，谁知老板是在利用他。

【兴风作浪】xīng fēng zuò làng 刮起大风，掀起波浪。迷信指妖魔鬼怪施用邪术掀起风浪。常用以比喻制造事端，煽动挑拨别人捣乱。兴：作，兴起。★形势稍微松缓一点，这伙不法分子又在～了。

【兴利除弊】xīng lì chú bì 兴办有利之事，革除社会弊端。★进行政治体制改革，就是要～，建设有中国特色的社会主义民主政治。

【兴师动众】xīng shī dòng zhòng 原指出动大批兵力。后多指发动很多的人。兴、动：发动。师：军队。★他每次外出检查工作，都是轻车简从，从不～。

【兴师问罪】xīng shī wèn zuì 起

兵讨伐有罪者。也指召集人去严厉责问。问罪：宣布对方的罪状而加以讨伐，后引申为严厉责问。★对方只是言语上不太礼貌，我们大可不必～，把事态扩大。

【兴旺发达】 xīng wàng fā dá 兴盛繁荣，蓬勃发展。★社会生产力的发展，必然会带来经济的繁荣和各项事业的～。

【兴妖作怪】 xīng yāo zuò guài 迷信说法指妖魔鬼怪作祟，祸害于人。也比喻进行捣乱破坏。★这件事造成如此严重的后果，完全是由于他在背后～。

【星火燎原】 xīng huǒ liáo yuán 一点火星，能够延烧大片原野。比喻小乱子可以发展成大祸害。也比喻起初力量虽很微小，但会迅速发展扩大。燎：燃烧。★这个地区的小商品生产以～之势迅速发展，极大地带动了当地经济的发展。

【星罗棋布】 xīng luó qí bù 如群星罗列，像棋子分布。形容繁多而密集。罗：罗列。布：分布。★月球表面是～的环形山，它们大多数是陨石撞击而形成的。

【星星点点】 xīng xīng diǎn diǎn 形容少而零碎。★夜已经深了，居民楼上的灯光～。

【惺惺相惜】 xīng xīng xiāng xī 指才能、性格、品行相同的人互相爱重、同情。惺惺：聪明机灵的人。惜：爱惜，重视。★他俩都是落魄的读书人，今日一见，大有～之感。

【腥风血雨】 xīng fēng xuè yǔ 充满腥气的风，混合鲜血的雨。比喻残酷的战乱和屠杀或极其险恶的局势。★“四·一二”反革命大屠杀以后，上海街头到处弥漫着～。

【行将就木】 xíng jiāng jiù mù 指临近死亡。行将：即将。就木：进入棺材。★他年近九十，已～。

【行若狗彘】 xíng ruò gǒu zhì 行为卑鄙无耻，像狗像猪。若：像。彘：猪。★这个～的坏蛋，最终被枪决了。

【行若无事】 xíng ruò wú shì 表现得好像没有事一样。形容镇定自若、泰然处之或听其自然。★打伤人以后，他～地走在街上，好像什么事情也没发生过。

【行色匆匆】 xíng sè cōng cōng 匆匆忙忙出行的样子。行色：有关出行的种种准备活动。★夜幕下，街上走过几个行人，～，往南去了。

【行尸走肉】 xíng shī zǒu ròu 走动着的尸体，没有灵魂的一团肉。比喻不学无术、精神空虚、糊里糊涂混日子的人。★人活着要讲求奉献，不能庸庸碌碌，充当～。

【行随事迁】 xíng suí shì qiān 指行动要随着情况的变化而变化。迁：变易。★此一时，彼一时，～，当年我们是这样做的，并不表明今后也会这样做。

【行险侥幸】 xíng xiǎn jiǎo xìng 冒险行事以求得意外的成功。行险：冒险。侥幸：偶然获得成功或意外免遭不幸。★这项工程耗资巨大，关乎全局，必须详细论证，慎重行事，切不可～。

【行有余力】 xíng yǒu yú lì 指处理好正常事务后，还有多余的精力。★这位科学家～的时候，就会去参加一些公益活动，呼吁人们增强环保意识。

【行云流水】 xíng yún liú shuǐ 像飘动的云和流动的水。常用以形容文艺作品洒脱飘逸，毫无拘滞之态。★他文字功底深厚，思路清晰，作文似～，洒脱自然。

【行之有效】 xíng zhī yǒu xiào 指某种办法或措施实行起来确有成效。★构建一个～的服务体系，将大大提升企业产品的形象。

【行踪无定】 xíng zōng wú dìng 指四处来往出没，没有固定处所。行踪：行动的踪迹。★他就像一个～的游侠，想找到他可不那么容易。

【形单影只】 xíng dān yǐng zhī 孤零零一个人。形容孤独无伴。只：单，独。★刚到北京的我～，感到了从未有过的无助。

【形迹可疑】 xíng jì kě yí 神情举止令人怀疑。形迹：举动和神色。★那个男子～，保卫处要特别注意。

【形容枯槁】 xíng róng kū gǎo 指形体容貌消瘦不堪。槁：干枯。★长期的操劳使她身体羸弱，～，完全变了一个样子。

【形神兼备】 xíng shén jiān bèi 形态和神情都具备了。比喻神情和形态都表现得充分圆满。★佛窟里的各种雕像～，栩栩如生，吸引了不少中外游客。

【形势逼人】 xíng shì bī rén 形势发展极快，迫使人更加努力奋进。★～，我们必须全力以赴，加快改革步伐。

【形势喜人】 xíng shì xǐ rén 形势很好，令人欣喜。★今年农村改革已经全面展开，得到了广大农民的热烈拥护，～。

【形销骨立】 xíng xiāo gǔ lì 肌体消瘦，仿佛只是一副骨头架子立在那里。形容十分瘦瘠。销：久病枯瘦。★看他～的样子，真让人担心。

【形形色色】 xíng xíng sè sè 原指生出这种形状和颜色。后指种类繁多，各式各样。★他和～的人交往，却始终保持着自己的本色。

【形影不离】 xíng yǐng bù lí 像身体和影子那样紧紧相随，密不可分。形容彼此关系非常亲密。★我们是好朋友，从小到大～。

【形影相吊】 xíng yǐng xiāng diào 只有身体和影子互相安慰。形容孤单寂寞，无依无靠。相：互相。吊：慰问。★这么多年，他独守着那间老屋，~。

【形诸笔墨】xíng zhū bǐ mò 用笔墨把它表现出来。形：表现，描写。诸："之""于"的合音。★她将儿童的天真无邪~，每每成为绝妙文章。

【兴高采烈】xìng gāo cǎi liè 原指诗文旨趣高远，文采浓烈。后形容人兴致很高，情绪饱满。采：原指旨趣，后指兴致。★周末，我们全家人~地游览了东湖。

【兴味索然】xìng wèi suǒ rán 一点兴趣也没有。兴味：兴趣，趣味。索然：毫无兴趣的样子。★这篇文章内容空洞，语言贫乏，读来让人觉得~。

【兴致勃勃】xìng zhì bó bó 形容兴趣浓烈，情绪高昂。勃勃：旺盛的样子。★昨天，市民们~地观看了首次西部摄影展。

【杏雨梨云】xìng yǔ lí yún 杏花如雨，梨花似云。形容春天美丽的景色。★春天来了，池塘边、公园里、山坡上，~，五彩缤纷。

【幸灾乐祸】xìng zāi lè huò 对别人遭受灾难非但不同情，反而高兴。幸：庆幸，高兴。★我的脚扭了，你不安慰我，还~，真不像话！

【性命攸关】xìng mìng yōu guān 关系到人的生命。形容事关重大，紧要急迫。攸：所。★这件事~，万万马虎不得。

【姓甚名谁】xìng shèn míng shuí 用于询问打听人的姓名。甚：什么。★请问这位姑娘~，家住何处？

【凶多吉少】xiōng duō jí shǎo 凶险多，吉利少。★渔民们风雨夜出海打鱼总是~。

【凶年饥岁】xiōng nián jī suì 指灾荒年份。凶：饥荒。饥：灾荒。★父辈经历过~，挖过草根，吃过树皮。

【凶神恶煞】xiōng shén è shà 迷信说法指凶恶的神灵。后多形容凶恶的人。煞：凶神。★几个彪形大汉~一般，踢开门，往里就闯。

【凶相毕露】xiōng xiàng bì lù 凶恶的面目完全暴露出来。凶相：凶恶的面孔。毕：尽，完全。露：暴露，显露。★见诡计被识破，他~，对一群孩子下了毒手。

【汹涌澎湃】xiōng yǒng péng pài 形容声势浩大，不可阻挡。也形容感情强烈奔放，不可抑制。汹涌：波涛翻腾上涌的样子。澎湃：形容波涛互相撞击。★南方的革命浪潮，一天天~起来了。

【胸怀大志】xiōng huái dà zhì 抱有远大的志向。怀：心里存有。★青少年学生应该~，努力学习科学文化知识，将来为祖国的腾飞贡献力量。

【胸怀磊落】xiōng huái lěi luò 指人襟怀坦荡，正大光明。★共产党人应该~，无私利，无偏见。

【胸无城府】xiōng wú chéng fǔ 比喻胸怀坦荡，没有心机。城府：比喻待人处事的心机。★他性情豪爽，~，大家都愿与他交朋友。

【胸无点墨】xiōng wú diǎn mò 形容没有文化或文化水平很低。墨：墨水，比喻学问。★他~，但在战场上却是一位优秀的指挥官。

【胸无宿物】xiōng wú sù wù 形容为人坦率，不抱成见。也形容心里藏不住话。宿物：隔夜存放的东西，比喻成见。★他严于律己，宽以待人，~，光明磊落，令人钦佩仰慕。

【胸有成竹】xiōng yǒu chéng zhú 原指画竹时心中早已有了现成的竹子形象。比喻做事前已有成熟的计划。成：现成的。★写文章前，应该先拟好提纲，做到~才能写好。

【胸中块垒】xiōng zhōng kuài lěi 指胸中郁结的不平之气。块垒：比喻郁积在心中的气愤或愁闷。★他人生经历复杂曲折，~难以平复，但他并没有消沉下去。

【胸中有数】xiōng zhōng yǒu shù 指对情况和问题有基本的了解，处理事情有一定的把握。★这事你一定要做到~，千万不可任意胡来。

【雄才大略】xióng cái dà lüè 杰出的才能，高超的谋略。★汉武帝刘彻是汉代最具~的一位皇帝。

【雄赳赳，气昂昂】xióng jiū jiū，qì áng áng 形容雄健威武，意气昂扬。赳赳：健壮威武的样子。昂昂：慷慨激昂的样子。★志愿军战士~，跨过鸭绿江，为保家卫国而与朝鲜人民并肩作战。

【雄心勃勃】xióng xīn bó bó 形容理想抱负非常远大。勃勃：旺盛的样子。★董事长~，计划在欧洲设立分公司，建成一个颇具实力的跨国集团。

【雄心壮志】xióng xīn zhuàng zhì 宏伟的抱负，远大的理想。★没有~的人，自然不会取得杰出的成就。

【雄姿英发】xióng zī yīng fā 形容人雄俊威武，精神饱满，神采飞扬。★诸葛亮智慧过人，多谋善断，~，谈笑之间决胜千里。

【熊罴之师】xióng pí zhī shī 喻指英勇善战的军队。罴：熊的一种。熊罴：猛兽，喻指勇猛的勇士。师：军队。★秦国既有雄厚的经济基础，又有一支~，所以能够横行天下，扫灭六国。

【熊心豹胆】xióng xīn bào dǎn 形容胆量极大。★你真是吃了~，居然敢假传圣旨！

【熊熊烈火】xióng xióng liè huǒ 形容火势旺盛而猛烈。熊熊：形容火势旺盛。★等消防队员赶到时，火势已经蔓延，~腾空而上，夹杂着啪啪的爆裂声。

【休戚相关】xiū qī xiāng guān

彼此之间的忧喜祸福紧密关联。形容关系密切，利害一致。休：吉庆，欢乐。戚：忧愁，悲哀。★我们两家公司～，需要联合起来，共同发展。

【休戚与共】 xiū qī yǔ gòng 彼此间的忧喜祸福都共同承担。形容关系密切，同甘共苦。★共产党与民主党派肝胆相照、～，共同推进我国社会主义事业的发展。

【休养生息】 xiū yǎng shēng xī 指大动乱之后安定秩序，减轻负担，发展生产，以恢复元气。休养：休息保养。生息：繁殖人口。★任何一个朝代，在它建立之初都实行～政策，繁殖人口，发展生产。

【修心养性】 xiū xīn yǎng xìng 本为道家语，指修养诚心和本性，不使受到污染和损害。后也泛指精神品德的修养。★人们可以通过读书学习来～。

【羞恶之心，人皆有之】 xiū wù zhī xīn，rén jiē yǒu zhī 指做了错事、坏事而感到羞耻、惭愧的心情，人人都是有的。羞、恶：羞耻。★～，你做了这样的亏心事，难道不脸红吗?

【秀才造反，三年不成】 xiù cái zào fǎn，sān nián bù chéng 旧指知识分子不满现状，有所抗争，但软弱胆小，摇摆不定，所以做不成大事。★～，让他们闹去吧，不用害怕。

【秀色可餐】 xiù sè kě cān 形容女子容貌非常美丽。有时也指山林、花木非常幽美。秀色：美丽的容貌。可餐：可以当饭吃。★小河两岸桃红柳绿，芳草如茵，真是～，令人流连忘返。

【秀外惠中】 xiù wài huì zhōng 指容貌秀美，资质聪明。惠：通“慧”。聪明。★她～，善良聪明，大家都很喜欢她。

【袖手旁观】 xiù shǒu páng guān 形容置身事外，不参与，不过问。袖手：把手笼在袖子里。★国难当头，任何一个中国人都不应该～。

【绣花枕头】 xiù huā zhěn tóu 比喻包装讲究而质量不佳的产品。也比喻徒有外表而并无真才实学的人。★有些产品不讲究质量，只注重包装，只是～而已。

【虚度年华】 xū dù nián huá 白白地度过时光。年华：时光，年岁。★年轻一代应该珍惜光阴，奋发学习，不能～。

【虚怀若谷】 xū huái ruò gǔ 谦虚的胸怀像山谷一样宽广。形容非常虚心。★自古成大事的英雄，都是有雄才伟略，～，从谏如流的。

【虚晃一枪】 xū huǎng yī qiāng 表面上做出一种样子，以掩盖其真实意图。即用假象迷惑对方。★我军只是～，接着继续向北方挺进。

【虚情假意】 xū qíng jiǎ yì 故意

做作的热情与亲近。★他满腔热情地帮助我们，没有丝毫的～。

【虚位以待】xū wèi yǐ dài 空着座位或职位，留待他人就座或就职。虚：空着。★许多民营企业～，面向全国招聘中高级职位。

【虚无缥缈】xū wú piāo miǎo 形容虚幻渺茫，不可捉摸。虚无：虚幻不实。缥缈：隐隐约约，若有若无的样子。★空气看起来是～的，但气压的威力却大得惊人。

【虚虚实实】xū xū shí shí 假假真真，以假乱真。指军事上迷惑对方的策略。也指文艺作品中虚写、实写并用，耐人寻味的表现手法。★社会是复杂的，很多事情～，要善于透过现象看本质，不要被假象所迷惑。

【虚有其表】xū yǒu qí biǎo 空有好看的外表，实际上却不行。表：外表。★这位民间艺人有真才实学，并非～。

【虚与委蛇】xū yǔ wēi yí 原指没有任何心机，顺随事物的变化而变化。后指假意相待，敷衍应付。委蛇：敷衍。★我跟他们不过是～，哪里是要与他们交朋友！

【虚张声势】xū zhāng shēng shì 故意张扬声势，借以迷惑对方。张：张扬，铺张。★军事家都懂得～，起兵四十万，号称八十万，意在壮己声威，令敌胆寒。

【嘘寒问暖】xū hán wèn nuǎn 形容对人热情，体贴关心。嘘寒：呵出热气使受寒的人暖和。★他们挨家挨户，～，送上党和政府的亲切关怀和良好祝愿。

【嘘欷不已】xū xī bù yǐ 抽抽噎噎地不断哭泣。嘘欷：哽咽，抽噎。已：止。★谢老师因为劳累过度而英年早逝，许多人听到这个噩耗，都～。

【徐娘半老】xú niáng bàn lǎo 指有风韵的妇女已到或已过中年。徐娘：指梁元帝妃徐氏。★她年轻时是有名的美人，如今虽～，却风韵犹存。

【栩栩如生】xǔ xǔ rú shēng 形容生动逼真，像活的一样。栩栩：生动活泼的样子。★敦煌莫高窟壁画艺术形象～，是我国古代艺术匠师辛勤劳动的成果，闪耀着劳动人民智慧的光辉。

【旭日东升】xù rì dōng shēng 早晨的太阳刚刚从东方升起。形容朝气蓬勃，充满活力。也比喻艰苦的岁月已过去，美好的日子刚到来。★～，万缕金光照耀着江中翻涌的波涛，好一幅壮丽的景象。

【絮絮叨叨】xù xù dāo dāo 形容说话烦琐唠叨。★王大妈整天～，总不放心她在外工作的几个儿女。

【轩然大波】xuān rán dà bō 原指高高涌起的巨大波涛。后常比喻大的纠纷或风潮。轩然：高高涌起的样子。★局长被“双规”的消息一经传出，立刻在局里引起了～。

【喧宾夺主】 xuān bīn duó zhǔ 客人的喧嚷压过了主人的声音。比喻外来的、次要的占据了支配地位，压倒了本来的、主要的。喧：声音大而嘈杂。★这篇文章风景描写过多，削弱了主题，读来有~之感。

【喧嚣一时】 xuān xiāo yī shí 形容在社会上引起短时的轰动。喧嚣：叫嚣，喧嚷。★他的所谓发明创造在某些专家的错误推介下曾经~。

【玄妙莫测】 xuán miào mò cè 神奇精妙，无法猜度。玄妙：深奥精妙。★星相~，引起了人们的无限遐想。

【玄之又玄】 xuán zhī yòu xuán 原为道家语，指道的微妙无形。后泛指言论道理深奥难解。玄：玄妙。★没有一定的哲学基础，你是不会体会出其中~的奥妙来的。

【悬鹑百结】 xuán chún bǎi jié 形容衣服破敝不堪。悬鹑：鹌鹑秃尾，毛色灰暗，好像披着的破衣，因以之比拟衣服破烂。★这位私塾先生虽然满腹经纶，但生活贫困，常常~，衣不蔽体。

【悬而未决】 xuán ér wèi jué 一直搁置着，未得到解决。悬：挂起来，搁置。★这部影片下月正式开机，女主角的人选却至今~。

【悬梁刺股】 xuán liáng cì gǔ 形容学习勤奋刻苦。悬梁：《太平御览》记载，汉人孙敬好学，从早到晚不停歇，困倦欲睡，就用绳子把头发系在房梁上。刺股：《战国策·秦策一》记载，战国人苏秦刻苦问学，读书欲睡时，就用锥子刺自己的大腿。★我们应该学习古人~的学习精神，刻苦读书，报效祖国。

【悬崖勒马】 xuán yá lè mǎ 到了陡峭的崖边，赶紧收缰勒住马。比喻已到危险边缘，必须及时醒悟回头。★你这样发展下去非常危险，必须~，痛改前非。

【悬崖峭壁】 xuán yá qiào bì 险峻陡峭的山崖石壁。★从南口往北，过居庸关到八达岭，一路上都是高山深涧，~。

【烜赫一时】 xuǎn hè yī shí 名气、威势在一个时期内很显盛。烜赫：声威盛大的样子。★700年前，这座城市曾经是欧亚大陆~的政治、经济中心。

【癣疥之疾】 xuǎn jiè zhī jí 比喻危害不大、易于处理的问题。癣、疥：两种皮肤病。★问题没那么严重，只是~，不必担心。

【泫然流涕】 xuàn rán liú tì 指泪珠扑簌下落。泫然：流泪的样子。涕：泪。★赖以生存的渔船被水冲走了，渔夫~。

【炫异争奇】 xuàn yì zhēng qí 竞相炫耀新颖奇异。炫：夸耀。★各种各样的花儿开满了山野，~，增添了春的热烈。

【绚丽多彩】xuàn lì duō cǎi 形容绚烂艳丽，丰富多彩。绚：色彩灿烂，有文采。★那些古老的壁画～，观赏者常常不由自主地惊叹它的魅力。

【削铁如泥】xuē tiě rú ní 砍削铁块就像削泥巴一样。形容刀剑等异常锋利。★这把青铜剑锋利无比，～。

【削足适履】xuē zú shì lǚ 把脚削小，使它适合鞋子的尺寸。比喻不合理地迁就现成条件，愚蠢地生搬硬套。适：适应。履：鞋子。★如果我们将外来经验一模一样地照抄来用，而不作适当的变更，势必会～，不切实用。

【学而不厌，诲人不倦】xué ér bù yàn，huì rén bù juàn 努力学习而不满足，教诲别人而不厌倦。厌：满足。诲：教导。★李老师～，几十年如一日，辛勤耕耘在教育园地里，深受学生的爱戴和尊敬。

【学而优则仕】xué ér yōu zé shì 原指学习了还有余力，就去做官。后指学习成绩优秀，就去做官。优：有余力。★～并非是唯一的选择，因为有时反倒浪费了许多人的才华。

【学非所用，用非所学】xué fēi suǒ yòng，yòng fēi suǒ xué 所学的不是所用的，所用的不是所学的。★大学毕业生工作时往往会遇到～的情况，这在很大程度上造成了人才的浪费。

【学富五车】xué fù wǔ chē 形容读书很多，学识渊博。富：丰富。五车：指五车书，言其多。★他～，才高八斗，同辈之中被推为才子。

【学贯中西】xué guàn zhōng xī 指学问贯通中国和西方的各种知识。贯：贯通。★顾毓琇是我国现代杰出的科学家、教育家，他文理兼通，～。

【学海无涯】xué hǎi wú yá 学问的海洋没有边际。指对知识的学习和研究，永远没有完结的时候。涯：边际，终极。★～，老师在教学过程中也要不断学习，充实自己。

【学无常师】xué wú cháng shī 求学没有固定的老师。意谓凡有学问和长处的人都是老师。常：永恒的，固定不变的。★～，我们要持谦虚谨慎的态度，向一切有知识有经验的人学习。

【学以致用】xué yǐ zhì yòng 为了实际应用而学习或学习要应用于实际。致用：得到应用。★我们不能为读书而读书，应该做到～，学用结合。

【雪上加霜】xuě shàng jiā shuāng 比喻已遭受灾祸或不幸，又遇上新的打击。★沿岸树木被大面积砍伐，使闽江生态遭受重创，而非法采沙又使闽江～。

【雪中送炭】xuě zhōng sòng tàn 大雪天给人送炭取暖。比喻在别人困难或急需时及时给予帮助。★再就业援助行动对于众多的下岗职工来说无异于～。

【血海深仇】xuè hǎi shēn chóu 比喻因亲人被杀而引起的深仇大恨。血海：形容杀人流血很多。★父母兄弟都死在敌人手里，这～我永志不忘。

【血口喷人】xuè kǒu pēn rén 比喻用恶毒的语言诬蔑或辱骂他人。★你～，事实根本不是这样！

【血流成河】xuè liú chéng hé 流出的血汇成了河。形容死伤的人非常多。★战火所到之处，生灵涂炭，～。

【血流漂杵】xuè liú piāo lǔ 血流成河，把挡箭的盾牌都漂起来了。形容杀死的人非常多。杵：通“橹”，大盾。★这一战非常惨烈，双方死伤都很大，尸积如山，～。

【血流如注】xuè liú rú zhù 比喻血流得又多又急。注：喷射。★他的左肩中了敌人的一颗子弹，顿时～。

【血气方刚】xuè qì fāng gāng 形容人精力正充沛，性情正刚烈。血气：指精力。方：正。刚：刚强，旺盛。★军营里的这些小伙子，个个～，斗志昂扬。

【血染沙场】xuè rǎn shā chǎng 鲜血染红了战场。指在战场上牺牲。沙场：战场。★他认为既然自己是一名军人，就应该～，为国捐躯。

【血肉横飞】xuè ròu héng fēi 形容死伤者血肉四溅的情状。★随着一声巨响，在场的四个工人顿时～。

【血肉模糊】xuè ròu mó hú 血流肉烂，无法辨认器官、肢体。形容死伤时的惨状。★几个孩子在后山上发现了一具尸体，已经是～了。

【血肉相连】xuè ròu xiāng lián 像血和肉一样连在一起。比喻关系密切，不可分割。★党和人民群众休戚与共，永远～。

【血债累累】xuè zhài lěi lěi 形容残害人命极多，罪孽深重。累累：很多。★对于这样一个～的杀人凶手，群众怎么可能饶恕他呢？

【寻根究底】xún gēn jiū dǐ 寻找事情发生的根源。形容学习知识、了解情况非常深入。究：查究，追究。底：底细。★李时珍～、敢于尝试的精神值得我们学习。

【寻花问柳】xún huā wèn liǔ 指游赏风景。也比喻狎妓。★官场失意后，他一蹶不振，常常去～，吃喝玩乐。

【寻欢作乐】xún huān zuò lè 指追求低级趣味，放纵享乐。★有些暴发户在腰缠万贯之后，便开始醉生梦死，～。

【寻死觅活】xún sǐ mì huó 形容因绝望而打算自尽。也形容以死来吓唬人。★不就是和丈夫吵个架吗，干吗那样～的！

【寻章摘句】xún zhāng zhāi jù 指读书时只搜寻、摘录文章中好的词句，不求深入理解全文要义。也指写作时抄袭、套用前人的章法、语句。又含有惨淡苦吟、刻意求新的意思。章：章节。摘：摘录。★读书要注重从总体上把握大意，不能仅局限于～。

【循规蹈矩】xún guī dǎo jǔ 比喻一切举动都遵守法度规则，不越分寸。循：遵循，遵照。规：圆规。蹈：履行。矩：角尺。★封建时代科举制度的目的是要束缚知识分子的思想，使他们～，安于现状。

【循环往复】xún huán wǎng fù 指事物周而复始地来回运动、变化。★一年四季，春夏秋冬，～，以至无穷。

【循序渐进】xún xù jiàn jìn 指依照一定的程序或步骤逐渐发展。循：依照，顺着。序：步骤，程序。★学习应遵循～的原则，要先学好基础知识，不能急于求成。

【循循善诱】xún xún shàn yòu 善于有步骤地进行引导。循循：有次序的样子。★教师教育学生应该因势利导，～。

【训练有素】xùn liàn yǒu sù 指坚持严格训练，功夫很深。素：平素，一向。★这是一支～的队伍，足以担此重任。

【迅雷不及掩耳】xùn léi bù jí yǎn ěr 雷声来得迅猛，使人来不及捂住耳朵。比喻突然袭来，使人来不及防备。迅：急，快。★我军以～之势向敌人发起了猛攻。

【徇情枉法】xùn qíng wǎng fǎ 指为了照顾私情而违犯法纪。徇：屈从。枉：歪曲，违背。★我们不允许任何人～，包庇坏人，损害人民的利益。

【徇私舞弊】xùn sī wǔ bì 为了照顾私人关系而弄虚作假，违法乱纪。徇：屈从。私：私情。舞弊：用欺骗的方式做违法乱纪的事。★司法工作人员如果在执法过程中～，情节严重的，将追究其法律责任。

Y

【压轴戏】 yā zhóu xì 本指演出的戏曲节目中排在倒数第二的一出戏。也指把某一出戏排作一次戏曲演出中的倒数第二个节目。后也泛指放在最后的最精彩的项目。压：压倒，超过。轴：大轴，原名胄子，即武戏，因其能吸引观众，折子戏演出常常放在最后。★把这个节目作为这台晚会的～是再恰当不过的了。

【鸦雀无声】 yā què wú shēng 本指没有鸟雀的叫声。后形容静悄悄的，没有一点声息。又形容缄口不言，默不作声。★领导一出现，刚才还十分喧闹的会场顿时变得～了。

【牙牙学语】 yá yá xué yǔ 形容婴儿学着说话。牙牙：象声词，模拟婴儿学说话的声音。★为了尽快投入到工作中去，她把～的孩子送回了老家。

【睚眦必报】 yá zì bì bào 连瞪他一眼的小怨小恨也要报复。形容气量极其狭小。睚眦：瞪眼怒视，引申为极小的怨怼。报：报复。★这人气量狭小，～，因此没有人愿意跟他交朋友。

【哑巴吃黄连，有苦说不出】 yǎ bā chī huáng lián, yǒu kǔ shuō bù chū 哑巴吃了黄连，嘴里很苦却说不出来。比喻有苦难言。黄连：多年生草本植物，根茎味苦，可入药。★这么多年，我忍气吞声，～，可又有谁理解我呢？

【哑口无言】 yǎ kǒu wú yán 比喻无话可说或沉默不语。哑口：像哑巴一样说不出话来。★在这档节目中，嘉宾常被现场观众问得～。

【哑然失笑】 yǎ rán shī xiào 禁不住笑出声来。哑然：形容笑声。失笑：止不住笑起来。★听了这话，二人互相对视，～。

【雅俗共赏】 yǎ sú gòng shǎng 指不论文化水平高低都能够欣赏。雅俗：旧时把文化水平高的人和文化水平低的人分别称为“雅士”和“俗人”。★《射雕英雄传》是金庸小说中最脍炙人口的，其情节曲折，人物生动，是一部～的成功作品。

【揠苗助长】 yà miáo zhù zhǎng 《孟子·公孙丑上》记载，古时候有个宋国人，总嫌自家禾苗长得太慢，于是跑到地里一棵一棵往上拔高了一截。他疲惫地回到家中对家里人说：“今天累死我了，我帮禾苗长高了。”儿子跑到地里一看，禾苗全枯死了。后用以比喻违反事物发展规律，急于求成，反而坏事。揠：拔。★做任何事情都要遵循事物的客观规律，不可～，否则结果会适得其反。

【烟波浩渺】yān bō hào miǎo 水波渺茫，一望无边。形容为烟雾笼罩的水面广阔悠远。烟波：水波浩渺，远看如烟雾笼罩。浩渺：广阔无边。★洞庭湖水域广阔，～，一望无际。

【烟消云散】yān xiāo yún sàn 像云烟一样消散。比喻事物消失净尽。★班长的到来，使小霞的不愉快一下子～了。

【湮灭无闻】yān miè wú wén 指名声、事迹等遭到埋没，不为人知。湮灭：埋没消灭。★在漫长的历史长河中，许多优秀的民间文学作品都～了。

【嫣然一笑】yān rán yī xiào 形容女子笑态美好可爱。嫣然：笑得很美的样子。★她拿起书包，冲他～，转身走出了图书馆。

【延年益寿】yán nián yì shòu 延长年龄，增加寿命。延：延长。益：增加。★保持良好的心态，可以使人身心健康，～。

【严惩不贷】yán chéng bù dài 严厉惩办或处罚，决不宽恕。惩：处罚。贷：宽容，饶恕。★对于那些偷税漏税的不法分子，政府应该重加追究，～。

【严师畏友】yán shī wèi yǒu 指严格督促自己上进、令人敬畏的老师和朋友。严：严厉，严格。畏：敬服。★张先生是我的～，没有他的提携和帮助，就没有我今天的成就。

【严丝合缝】yán sī hé fèng 形容非常严密，没有丝毫缝隙。严：严密。丝：微小的计量单位，十丝为一毫。★埃及金字塔上的巨石之间～，令人称奇。

【严于律己】yán yú lǜ jǐ 严格要求自己。律：约束。★作为一位领导，必须做到公道正派，～。

【严阵以待】yán zhèn yǐ dài 摆好严整的阵势，等待来犯之敌。严：严整。阵：阵容，阵势。★我边防军民～，随时准备歼灭一切来犯之敌。

【言必信，行必果】yán bì xìn，xíng bì guǒ 原指固执己见，盲目相信自己的言行。后转为褒义，形容人说话信实，行动坚决。信：信实。果：坚决。★男子汉大丈夫，说话做事应该做到～。

【言不尽意】yán bù jìn yì 所说的话不能完全表达心中的意思。后也用于书信结尾，表示话虽说完但意犹未尽。意：心意，想法。★虽然我们已经聊了一个晚上，但仍然觉得～。

【言不由衷】yán bù yóu zhōng 说的话不是出自内心。表示心口不一。由：从。衷：亦作“中”。内心。★迫于压力，老杨无奈，只好说了些～的话。

【言传身教】yán chuán shēn jiào 一方面用言语传授讲解，一方面在行动上以身作则。指言语行动起到模范作用。★老厂长的~，使车间的小伙子们都深深地懂得了安全生产的重要性。

【言多必失】yán duō bì shī 话说多了，一定会出现差错。失：出差错，犯过失。★在公共场合，说话要谨慎，以免~。

【言而无信】yán ér wú xìn 说话不讲信用。★他是个卑鄙小人，说话~，做事出尔反尔。

【言而有信】yán ér yǒu xìn 指说话守信用。★他是个~的人，值得我们信赖。

【言归于好】yán guī yú hǎo 指彼此又重新和好。言：文言中用于句首的助词，无实义。★在班长的调解下，两位同学尽弃前嫌，从此~。

【言归正传】yán guī zhèng zhuàn 把话头转到正题上来。评书、旧小说中常用的套语。正传：指本题。★下面我还是~，谈一下这个项目的具体实施计划。

【言过其实】yán guò qí shí 说话夸张，不符合实际情况。过：超过。实：实际。★他做事的特点是~，不可委以重任。

【言简意赅】yán jiǎn yì gāi 语言简练，意思完备。形容言谈、文章简明扼要。赅：完备。★新上任的院长讲话很有水平，主题突出，~。

【言近旨远】yán jìn zhǐ yuǎn 语言浅近而含意深远。旨：意义，意图。★汉语成语是一种独特的词汇形式，具有~、画龙点睛的特点。

【言清行浊】yán qīng xíng zhuó 言辞清白，行为龌龊。形容人言行不一，说好话，干坏事。★他虽然精明，但~，品质恶劣。

【言人人殊】yán rén rén shū 每个人的说法各不相同。指对同一问题各人的见解都不一样。殊：不同。★关于老子的生活年代，学者~，尚无定论。

【言谈举止】yán tán jǔ zhǐ 指谈吐和举动。★在接待外宾的时候，我们要特别注意自己的~。

【言听计从】yán tīng jì cóng 说的话，出的主意，都听从照办。形容对某人十分信任。听：听从，接受。计：计谋，主意。从：依顺。★大凡做父母的总喜欢孩子对自己~，觉得这样才有被尊重的满足感和幸福感。

【言外之意】yán wài zhī yì 指说话或行文中没有明说但能让人觉察出来的意思。★他一再强调近来工作太忙，~是不想参加这次同学聚会。

【言无粉饰】yán wú fěn shì 形容话语直白朴素，不华丽虚伪。★这篇小说描写了一位农村姑娘养殖致富的奋斗经历，~，有着浓郁的生活气息。

【言下之意】 yán xià zhī yì 指言辞中所包含的意思。★老刘这么说，~是他目前生活很困难，没有能力捐款救灾。

【言行不一】 yán xíng bù yī 说的和做的不一致。★他是个~的人，千万别相信他说的话。

【言行一致】 yán xíng yī zhì 说的和做的一个样。★董事长向来~，是个令大家信服的好领导。

【言犹在耳】 yán yóu zài ěr 说的话好像还在耳边回响。指话刚说过不久或对别人说过的话记忆犹新。犹：好像，如同。★老教授虽然已经离开我们很久了，但我们总感觉到他的教导~。

【言约旨远】 yán yuē zhǐ yuǎn 言辞简明，意义深远。约：简明，简要。旨：意思，意义。★《老子》一书约五千言，~，是中华文化元典之一。

【言者无罪，闻者足戒】 yán zhě wú zuì, wén zhě zú jiè 进谏或说话的人没有罪过，听话的人应当从中得到警戒。闻：听。足：足以，值得。戒：警惕。★~。我们这次会议就是要发扬批评与自我批评的好传统，进一步提高认识，统一思想。

【言者谆谆，听者藐藐】 yán zhě zhūn zhūn, tīng zhě miǎo miǎo 教诲的人恳切不倦，听的人却毫不在意。谆谆：恳切不倦的样子。藐藐：漫不经心的样子。★政治学习如果只是流于形式，就容易~，收不到预期的效果。

【言之成理】 yán zhī chéng lǐ 话讲得合乎道理。★这篇文章~，持之有故，解决了一些问题。

【言之无物】 yán zhī wú wù 指言论或文章空洞，没有实际内容。物：内容。★作文提倡短小精悍，切忌拖沓冗长，~。

【言之有物】 yán zhī yǒu wù 指言辞或文章有实在内容。物：内容。★演讲、报告一定要情感真挚，~。

【言之凿凿】 yán zhī záo záo 指话说得非常确实。凿凿：确确实实。★商贩~，把假货说成真的，专门欺骗不识货的外地人。

【沿波讨源】 yán bō tǎo yuán 顺着水流寻找水源。原比喻作文时由次要到主要，最后点明题旨。后也比喻根据线索寻找事物根源。沿：顺着。讨：找寻。★研究社会问题，应该~，找出它的根源。

【炎黄子孙】 yán huáng zǐ sūn 泛指中华民族的后代。炎黄：指炎帝神农氏和黄帝轩辕氏，他们代表中华民族的祖先。★我们都是~，应该为中华民族的振兴奉献青春。

【研精覃思】 yán jīng tán sī 仔细研究，深入思考。精：精细，精心。覃：深。★著名科学家爱因斯坦~，创立了著名的“相对论”。

【颜筋柳骨】yán jīn liǔ gǔ 颜真卿和柳公权是唐代著名书法家，颜字浑厚刚劲，柳字挺拔秀媚，世称颜筋柳骨。泛指书法极佳或具备颜、柳的笔力风格。★这位书法家功底颇为深厚，作品有～之风。

【颜色憔悴】yán sè qiáo cuì 形容人脸色枯暗，没有神采。颜色：脸色。憔悴：委靡困顿的样子。★那次大病之后，她变得～，身体十分虚弱了。

【奄奄一息】yǎn yǎn yī xī 只剩下一点气。形容生命垂危。也比喻某种事物即将灭亡。奄奄：气息微弱的样子。息：气息。★当救援人员把这名工人从矿井里拉出来的时候，他已经～了。

【掩耳盗铃】yǎn ěr dào líng 《吕氏春秋·自知》记载，相传古时候有人想偷一口大钟，钟太大无法背走，他就拿起铁锥打算把钟砸碎。铁锥落下去，钟“咣咣”地响起来，偷钟人害怕别人听到会把钟抢走，于是慌忙捂上了自己的耳朵。后用以比喻愚蠢自欺的掩饰行为。掩：遮盖。铃：原作“钟”。★不管侵略者如何为自己的罪行辩解，都不过是～的拙劣伎俩而已。

【掩人耳目】yǎn rén ěr mù 遮掩别人的耳朵和眼睛。比喻用假象蒙蔽欺骗别人。掩：遮蔽。★贩毒人员为了～，装作是做买卖的生意人。

【眼高手低】yǎn gāo shǒu dī 眼界高而能力低。★有些大学毕业生～，给自己定的目标过高，从而错失了一些就业机会。

【眼观鼻，鼻观心】yǎn guān bí, bí guān xīn 眼睛看着鼻子，鼻子看着心。形容因害羞、惭愧等而低头的样子。也形容聚精会神、全神贯注的样子。★女孩有点害羞，红着脸，～地答应了一声就离开了。

【眼观六路，耳听八方】yǎn guān liù lù, ěr tīng bā fāng 形容机警灵敏，能及时察看和了解周围各种复杂情况及其变化。六路：指上、下、前、后、左、右。八方：指东、南、西、北、东南、东北、西南、西北八个方位。★他是个出色的侦察员，能够～。

【眼光如豆】yǎn guāng rú dòu 眼光像豆子那样小。比喻目光狭小，没有见识。★王老汉～，不让自己的孩子去上学读书。

【眼花缭乱】yǎn huā liáo luàn 看到纷繁复杂或光彩耀眼的事物而感到迷乱。也形容受到某种刺激或震动后神情迷乱的样子。缭：纷乱。★商店陈列的新年贺卡色彩缤纷，让人～。

【眼疾手快】yǎn jí shǒu kuài 眼光敏锐，动作迅速。形容做事机警敏捷。疾：快，急速。★眼看孩子就要被车撞倒，一路人～，一把将孩子推开。

【偃旗息鼓】yǎn qí xī gǔ 放倒军旗，停击战鼓。指军队隐蔽目标，不暴露行踪。也指军队停止战斗。又比喻收敛声势或停止某种行动。偃：放倒。息：停止。★前一阵子闹得沸沸扬扬的所谓人体艺术展，现在终于～了。

【偃武修文】yǎn wǔ xiū wén 停止武备，提倡文教。旧时用以形容国家和平、社会安定的景象。偃：停止。修：修明，提倡。★每个朝代在立国之初都～，与民休息，发展生产。

【艳丽夺目】yàn lì duó mù 姿色秀美，惹人注目。★花园中，那丛红牡丹特别地～。

【雁过拔毛】yàn guò bá máo 大雁从高空飞过时，能拔下它的毛来。形容武艺高强，具有特殊本领。后多比喻手段苛刻，不放过任何机会捞取好处。★由于销售的中间环节太多，每个环节都要～，使得药品价格高得惊人。

【雁行鱼贯】yàn háng yú guàn 比喻人多车多而有秩序。雁行：雁群飞行时排成的行列。鱼贯：像游鱼一样一个挨一个地连贯着。★街上车水马龙，如～，紧张而有秩序。

【燕瘦环肥】yàn shòu huán féi 形容女子体态不同而各擅其美。也比喻艺术作品风格不同而各有所长。燕瘦：指汉成帝皇后赵飞燕身材苗条轻盈。环肥：指唐玄宗贵妃杨玉环体态丰腴美丽。★这次展出的书法作品风格多样，～，各呈异彩。

【泱泱大国】yāng yāng dà guó 形容气势宏大的国家。泱泱：气势宏大。★中华民族是拥有五千年文明的～。

【扬长避短】yáng cháng bì duǎn 发挥长处或优点，避开短处或缺点。扬：发扬。避：避开。★工作中要注意发挥优势，～。

【扬长而去】yáng cháng ér qù 形容大模大样地径自离去。扬长：大模大样的样子。★他把辞职报告往总经理桌子上一扔，转身～。

【扬眉吐气】yáng méi tǔ qì 扬起眉头，吐出胸中郁闷之气。形容摆脱压抑后精神舒畅的样子。★解放后，劳动人民～，当家做了主人。

【扬汤止沸】yáng tāng zhǐ fèi 将开水舀出再倒回，以制止水的沸腾。比喻治标不治本，不能从根本上解决问题。扬：扬起。此指舀出来又倒回去。汤：热水，开水。沸：沸腾。★要想治好病，就得找出病根，否则只能是～，于事无补。

【扬扬自得】yáng yáng zì dé 形容十分得意的样子。《晏子春秋·内篇杂上》记载，春秋时，晏婴为齐相，地位十分尊贵。由于是为国相驾车，他的车夫每次驾车外出时，“意气扬扬，甚自得也”。扬扬：也作“洋洋”。★作品发表后，小汪～，人前人后总是一副不可一世的样子。

【羊肠鸟道】 yáng cháng niǎo dào 形容狭窄而曲折的小路。多指山路。★通往村庄的是一条曲曲折折的～。

【羊毛出在羊身上】 yáng máo chū zài yáng shēn shàng 比喻为别人办事时的一切花费，归根到底还是由别人来支付。★商场搞买一送一活动，但～，你是不会从商家那里赚到便宜的。

【羊质虎皮】 yáng zhì hǔ pí 本来是羊，却披上虎皮。原指羊虽披上虎皮，但怯弱的本性并无改变。后比喻外强中干或徒有其表。质：本性，本质。★我们的对手～，并不可怕。

【阳春白雪】 yáng chūn bái xuě 战国时楚国高雅的歌曲名。后泛指高雅的文艺作品。★交响乐好比是～，是一门高雅的艺术。

【阳奉阴违】 yáng fèng yīn wéi 表面上遵从，暗地里违背，不去执行。阳：指表面上。阴：指暗地里。★他～，两面三刀，同事们都对他恨之入骨。

【阳关大道】 yáng guān dà dào 原指古代经过阳关去西域的大道。后泛指宽阔平坦的交通大道。也比喻有光明前途的道路。阳关：古代关名，在今甘肃敦煌县西南。★你干吗放着～不走，非做些鸡鸣狗盗的事呢?

【洋为中用】 yáng wéi zhōng yòng 指吸收引进外国有益的东西，为中国所借鉴和利用。洋：外国的，外来的。中：指中国。★徐悲鸿的作品熔古今中外技法于一炉，显示出高超的艺术技巧，是古为今用、～的典范。

【洋洋大观】 yáng yáng dà guān 形容数量大，种类多，非常可观。洋洋：盛大、众多的样子。大观：丰富多彩。★中国古典小说～，最著名的有《三国演义》、《水浒传》、《西游记》、《红楼梦》等。

【洋洋得意】 yáng yáng dé yì 形容十分得意的样子。★小林在军事操练课上无人能比，不禁～起来。

【洋洋洒洒】 yáng yáng sǎ sǎ 形容文章或谈话丰富流畅，连绵不断。也形容才思充沛，写作顺畅。洋洋：盛大、众多的样子。洒洒：连绵不断的样子。★他的文章～三万余言，颇富气势。

【洋洋万言】 yáng yáng wàn yán 形容文章写得很长。洋洋：盛大、众多的样子。万言：虚指很多。★这次我下乡体验生活，回来后写了一篇～的调查报告。

【仰人鼻息】 yǎng rén bí xī 比喻依赖他人生活，看别人眼色行事。仰：依赖，依靠。鼻息：指鼻孔中的气息。★人要自力更生，不能总是在～中生活。

【仰天长啸】 yǎng tiān cháng xiào 抬头朝天高声呼叫。形容情绪高昂、意气风发的样子。也形容为排遣郁闷而仰头呼叫的情态。啸：撮口作声。引申为呼叫。★这群意气风发的青年登高远眺，指点江山，~。

【养兵千日，用兵一时】yǎng bīng qiān rì，yòng bīng yī shí 长期训养军队，以备一时战事之需。也泛指平日积蓄训养，到关键时刻派上用场。千日：表示时间长。★从某种意义上讲，高考对于莘莘学子而言，就是~。

【养虎遗患】yǎng hǔ yí huàn 喂养老虎，会留下祸患。比喻纵容、庇护敌人，给自己留下祸患。遗：留下。★唐玄宗重用安禄山，~，终于酿成“安史之乱”。

【养家糊口】yǎng jiā hú kǒu 指养活一家老小，勉强维持生计。糊口：勉强维持生活。★龙师傅带着残疾的儿子推着小车走街串巷，靠给人修锁~，生活极为清贫。

【养精蓄锐】yǎng jīng xù ruì 保养精神，积蓄锐气。泛指积蓄力量。蓄：积蓄。锐：锐气。★经过近一年的~，部队的战斗力大大加强。

【养老送终】yǎng lǎo sòng zhōng 指子女奉养父母到年老，并为他们办理丧事。★作为子女，有义务为自己的父母~。

【养生之道】yǎng shēng zhī dào 指能够保养生命、得以长寿的方法。养生：保养身体。道：方法。★俗话说：“饭后走一走，活到九十九。”这是一种~。

【养痈遗患】yǎng yōng yí huàn 长了毒疮却不医治，结果留下祸害。比喻姑息、纵容坏人坏事，最终自受其害。痈：一种毒疮。遗：留下。★孩子犯了错误，做父母的如果等闲视之，甚至为其遮掩，就无异于~。

【养尊处优】yǎng zūn chǔ yōu 处于尊贵的地位，过着优裕的生活。处：处于。★他长期过着~的生活，从来不知道清贫的滋味。

【怏怏不乐】yàng yàng bù lè 形容心中郁闷，很不高兴的样子。怏怏：形容不满意的神情。★失去了一次出国考察的机会，她很长一段时间都~。

【妖魔鬼怪】yāo mó guǐ guài 各种妖怪和魔鬼。比喻形形色色的坏人和恶势力。★我们要团结一致，同那些害人的~作英勇的斗争。

【妖言惑众】yāo yán huò zhòng 用荒诞离奇的鬼话欺骗、迷惑群众。妖言：荒诞不经的邪说。惑：使迷惑。★他~，目的是想利用封建迷信骗钱害人。

【邀功求赏】yāo gōng qiú shǎng 谋求功劳和奖赏。邀：谋求。★某些领导干部为了向上级部门~，大搞虚假的政绩工程。

【腰缠万贯】yāo chán wàn guàn 腰里捆着万贯钱财。形容极其富有。贯：古代铜钱用绳穿，一千个为一贯。★有些人～，生活优裕，精神上却一贫如洗。

【摇摆不定】 yáo bǎi bù dìng 比喻人的态度、立场等游移不定。摇摆：向相反方向来回移动或变动。★她的立场～，受到了上级党委的严厉批评。

【摇笔即来】 yáo bǐ jí lái 拿笔写作，文章很快就写出来了。形容人才思敏捷，一挥而就。摇笔：动笔，拿起笔。即：就，便。★由于平时积累很深，他写起文章来能够做到才思泉涌，～。

【摇唇鼓舌】 yáo chún gǔ shé 形容凭着口才挑拨、煽动或进行游说。★战国时期许多谋臣策士周游列国，～，谋取功名富贵。

【摇旗呐喊】 yáo qí nà hǎn 古时作战，一部分兵卒摇动旗子大声喊杀，以助长声威。也比喻替别人助长声势。呐喊：大声喊叫助威。★妇女们无缘参加龙舟赛，却又不甘落后，就自愿组成"拉拉队"，为参赛选手～。

【摇身一变】 yáo shēn yī biàn 古典神怪小说中，神通广大的人物或妖怪把身子一晃就可以变成别的形体。今多形容人或事物忽然改变了身份或面目。多用于贬义。★他本来是大陆的一个小老板，没过几年，～成了华侨，回到大陆投资办厂。

【摇头摆尾】 yáo tóu bǎi wěi 形容悠然自得或得意轻狂的样子。也形容低三下四的丑态。★他不学无术，常常跟在上司后面～，活像一条哈巴狗。

【摇头晃脑】 yáo tóu huàng nǎo 脑袋摇来晃去。形容讲话或吟诵的姿态。也形容悠然自得或自以为是的样子。★爷爷背古文总是像唱歌，～，哼得有滋有味。

【摇尾乞怜】 yáo wěi qǐ lián 本指狗摇着尾巴向主人讨求欢喜与怜爱。比喻用谄媚的姿态向别人讨求欢心怜悯。乞：讨求。怜：怜悯，怜爱。★这个小官在权贵面前～，奴才相十足。

【摇摇欲坠】 yáo yáo yù zhuì 摇摇晃晃，将要落下或倒下的样子。多比喻地位极不稳固，即将垮台或崩溃。摇摇：动摇不稳的样子。坠：落。★敌人的政权已经～，我们的胜利马上就要到来了！

【遥相呼应】 yáo xiāng hū yìng 指远远地互相照应配合。呼应：互相联系或照应。★两位学者～，频频发表文章将这一课题的研究推向深入。

【遥遥领先】 yáo yáo lǐng xiān 指远远地超过同类，处于最前的位置。遥遥：形容距离远。领先：超过同类，处于最前列。★我国的水稻栽培技术在世界上～。

【遥遥无期】 yáo yáo wú qī 指距离达到目的或实现愿望的时间还很远。遥遥：形容时间长久。期：期限。★虽然图纸已经设计好了，但资金未能到位，开工～。

【遥遥相对】yáo yáo xiāng duì 形容人、物或事在两处远远地彼此相向或互相对应、对立。遥遥：形容距离远。相对：彼此相向或相互对立。★出楼向南，得一亭，叫做听涛亭，与荷池边的观瀑亭～。

【杳如黄鹤】yǎo rú huáng hè 比喻一去之后再无踪影或毫无音信。杳：消失，不见踪影。★朋友一去，～，再也听不到他的消息。

【杳无音信】yǎo wú yīn xìn 没有任何消息。形容音讯断绝。杳：无影无声。音信：消息，回信。★在那次海难中失踪的三名渔民，至今仍～。

【杳无踪迹】yǎo wú zōng jì 一点踪迹都没有。指不见行踪，不知去向。杳无：了无，绝无。★这件古董前年遗失，四处访查，至今仍～。

【咬定牙关】yǎo dìng yá guān 形容尽最大努力克服困难或忍受痛苦，决不畏缩示弱。牙关：指上颌和下颌之间的关节。★面对自然灾害，我们要～，排除万难，夺取抗灾的胜利。

【咬文嚼字】yǎo wén jiáo zì 形容过分地斟酌字句。也用以讽刺人死抠字句或卖弄学识。★读书不要固执，不要～，而要前后贯通，明晓大意。

【咬牙切齿】yǎo yá qiè chǐ 表示极端愤怒或痛恨。切齿：咬紧牙齿。★父母在那次交通事故中受伤，他恨那个肇事司机恨得～。

【窈窕淑女】yǎo tiǎo shū nǚ 形容文静而美丽的女子。窈窕：娴静的样子。淑：和善，美好。★她个子高挑，文静美丽，是个典型的～。

【乐山乐水】yào shān yào shuǐ 有人喜好山，有人喜好水。比喻人各有所好。乐：喜好。★你喜爱竹，我喜爱兰，～，不能强求。

【要害之地】yào hài zhī dì 比喻地位重要或形势险要之地。要害：比喻重要的部分或军事上重要的地点。★武汉地处华中腹地，是中国交通的～。

【要死要活】yào sǐ yào huó 寻死觅活。形容人闹得很凶。★不就是这么点小事吗，还～的干什么！

【要言不烦】yào yán bù fán 指说话、行文简明扼要，不烦琐。要：切要，简要。烦：烦琐。★经理的报告～，对公司目前的运营情况作了简明的分析。

【药到病除】yào dào bìng chú 药一服下病就好了。形容用药效果非常好。也比喻整治事物弊端的措施十分奏效。除：清除，排除。★内科主任王教授经验丰富，医术高超，往往能～。

【药石之言】yào shí zhī yán 比喻规劝别人改正过失的良言。药石：治病用的药剂和砭石。★～往往不太顺耳，但对听者大有益处。

【耀武扬威】 yào wǔ yáng wēi 炫耀武力，显示威风。★他仗着父母是高级干部，在单位～，不可一世。

【野人献芹】 yě rén xiàn qín《列子·杨朱》记载，有一位农夫平时爱吃水芹，以为是最好的美味，于是向富人极力推荐，富人拿过来一尝，顿觉口涩难受。后用以比喻所献菲薄或建议浅陋。常用作自谦之词。野人：村野之人，农夫。芹：水芹，水边生的一种野菜。★我所提的建议仅仅是～，请多批评。

【野生野长】 yě shēng yě zhǎng 生物在野外自然生长而非经人工驯养或培植。也比喻人的成长环境放纵自由，少受管束。★这些都是～的青菜，过去穷人常用来填肚子，现在富人却用来调口味。

【野叟献曝】 yě sǒu xiàn pù《列子·杨朱》记载，宋国有一位农夫家里很穷，只能穿粗麻衣服过冬。开春下地干活，太阳晒在身上暖烘烘的，农夫十分满足，以为这是天下最大的享受，便跟妻子说要把这种方法献给君王，并期待着君王的重赏。后用以比喻见识鄙陋或地位低微的人提出的浅陋建议。多作自谦之词。野叟：乡村老头。曝：晒。★这些建议也许是～，浅陋可笑，期待各位领导和专家不吝批评指教。

【野无遗贤】 yě wú yí xián 民间没有遗漏未用的贤能人才。形容人才受到极大重视。野：朝廷之外，民间。遗：漏掉。贤：指贤能的人才。★齐桓公是历史上卓越的政治家，他将管仲、隰朋等笼络在一起，造成境内～、人尽其才的昌盛局面，终于成就霸业。

【野心勃勃】 yě xīn bó bó 形容野心很大。野心：对领土、权力或名利的一种非分占有的欲望。勃勃：旺盛、强烈的样子。★纳粹头子希特勒～，妄图征服全世界。

【业精于勤】 yè jīng yú qín 学问或事业的精深来自勤奋用功。业：学业，事业。精：精通，精深。勤：勤奋。★你既然明白～的道理，为什么还不勤奋努力呢？

【叶公好龙】 yè gōng hào lóng 汉·刘向《新序·杂事》记载，春秋楚国有个叶公，特别喜爱龙，家里到处都描摹、刻画着龙的图样。真龙知道后来到他家，从窗外把头探进来，叶公一见，吓得魂不附体地逃走了。后用以比喻表面上爱好某物而实际不然，甚至在真正面对时反而害怕。叶公：春秋时楚国贵族，名子高，封于叶地（今河南叶县）。叶：旧读shè。好：喜好。★嘴里天天说“唤起民众”，民众起来了又害怕得要死，这和～有什么两样？

【叶落归根】 yè luò guī gēn 树

叶老枯总是回落到根旁。原为佛家语，比喻万事万物总有一定的归宿。后多比喻客居异乡的人终究要回归本土。★那些在海外生活的老华侨，最大的心愿就是～。

【叶落知秋】 yè luò zhī qiū 看到树叶坠落，便知道秋天到来。比喻根据某些细微的迹象，可以推知整个形势的发展趋向。★聪明睿智之士能够～，洞见时局的发展。

【夜不闭户】 yè bù bì hù 夜间睡觉不用闩门。形容社会秩序良好，民风淳朴。闭：关。户：门。★这个地区社会治安良好，～，路不拾遗。

【夜不能寐】 yè bù néng mèi 因有心事或身体不适等原因，夜间不能入睡。寐：入睡，睡着。★母亲辛勤操劳，常常～，这几年又添了不少白发。

【夜长梦多】 yè cháng mèng duō 比喻时间拖长了，事情可能会发生不利的变化。★我们必须尽快把这件事处理好，免得～。

【夜郎自大】 yè láng zì dà《史记·西南夷列传》记载，汉代西南各国中，夜郎国（今贵州西部）算是最大的，但面积都不过相当于汉朝的一个县。夜郎国王曾问汉朝使臣："汉朝和我们相比哪一个大？"后用以比喻妄自尊大。★清政府～，不肯学习外国的先进技术，所以上演了遭瓜分豆剖的悲剧。

【夜深人静】 yè shēn rén jìng 夜深了，人都安静下来了。形容深夜非常寂静。★已是～了，妈妈还在灯下为我缝补衣裳。

【夜以继日】 yè yǐ jì rì 用晚上时间补续白天时间的不足。形容日夜不停地从事某事。继：接续。★为了完成这部著作，他～地伏案工作。

【一败涂地】 yī bài tú dì 原指一旦失败就会肝脑涂地。后用以形容彻底破败或失败，不可收拾。涂：涂抹。★这场战役，敌人全军覆没，～。

【一板三眼】 yī bǎn sān yǎn 奏乐、唱曲时，每小节中最强的拍子（击板）叫板；次强拍和弱拍（用鼓签敲按拍）叫眼。二拍子的叫一板一眼，四拍子的叫一板三眼。后借以比喻言行或文章有条不紊，合乎规矩要求。板、眼：民族音乐和戏曲中的节拍。★小虎子虽然只有8岁，但说话～，俨然是个大人。

【一瓣心香】 yī bàn xīn xiāng 一片虔诚信仰之心。常用于对仙佛神灵或所师承敬仰的人而言。香：佛教用语，指心中虔诚，就如同焚香一样能感通佛道。★我举笔成文，写下点滴回忆，～，聊以悼念我的恩师。

【一饱眼福】 yī bǎo yǎn fú 形容看到了不易看到的珍奇美好的事物。福：看到珍奇或美好事物的福分。★在这次牡丹节上，那些珍奇名贵的牡丹让中外宾客～。

【一本万利】 yī běn wàn lì 指用极少的资本赚得巨大的利润。本：资本，本钱。利：利润。★这种生意～，值得大力推广。

【一本正经】 yī běn zhèng jīng 原指一部正规的经典。后多用以形容端庄严肃、郑重其事的样子。有时含有讽刺意味。正经：正派。★小明刚才还在打闹，看到老师进来，马上表现出一副～的样子。

【一笔勾销】 yī bǐ gōu xiāo 用笔在账簿或书面材料上勾画一下，表示账目已清或事情已结。多比喻全部取消。销：消除。★这件事就到此为止，我们之间的账从此～。

【一笔抹杀】 yī bǐ mǒ shā 画上一笔，全部抹掉。比喻轻率地把成绩、优点等全部否定。杀：削弱，消除。★对于传统文化，我们应该批判地接受，绝对不能～。

【一碧万顷】 yī bì wàn qǐng 形容水面、天空等青绿无际。碧：青绿色。顷：田地一百亩为一顷。★洞庭湖春和景明，波澜不惊，上下天光，～。

【一臂之力】 yī bì zhī lì 一只胳膊的力量。比喻其中的一部分力量或不大的力量。常用以表示从旁给予帮助。臂：胳膊。★他的公司眼看支撑不下去了，我们应该助他～，帮助他渡过难关。

【一表人才】 yī biǎo rén cái 形容人相貌英俊，风度潇洒。★新来的外语老师，长得～，课也上得很生动，我们都很喜欢他。

【一表堂堂】 yī biǎo táng táng 形容人仪表庄重大方。堂堂：形容容貌壮伟。★她的男朋友长得～，待人也很诚恳，深得岳父岳母的喜爱。

【一波三折】 yī bō sān zhé 本指书法笔势曲折多变。后也形容文章结构跌宕起伏。又比喻事情曲折多变。波：书法中的捺。折：书法中转换笔锋的方向。★这场官司经过～，终于有了结果。

【一波未平，一波又起】 yī bō wèi píng，yī bō yòu qǐ 一个波浪还未停息，另一个波浪又起来了。原比喻诗文写得波澜起伏，富有气势。后也比喻事情波折多，一个问题尚未解决，另一个问题又出现了。★原来的事情还没了结，没想到又冒出许多新麻烦，真是～。

【一步登天】 yī bù dēng tiān 比喻一下子达到极高的境界或程度。旧时多比喻突然得志或发迹。登：上，升。★任何一项发明创造都是刻苦钻研、反复实验的结果，想～是不可能的。

【一不做，二不休】 yī bù zuò，èr bù xiū 意思是不做则已，要做就做到底。休：停止。★他～，索性把钱全买了股票。

【一草一木】 yī cǎo yī mù 一根草，一棵树。比喻细小或平常的东西。★自然环境是人类最好的朋友，我们对于身边的～都应该珍惜爱护。

【一唱一和】yī chàng yī hè 原指两人情感相通而彼此唱和。后比喻互相配合，互相呼应。和：应和，跟着别人唱。★舞台上，他俩～，配合十分默契。

【一尘不染】yī chén bù rǎn 佛家把色、声、香、味、触、法叫做“六尘”，把眼、耳、鼻、舌、身、意称为“六根”，并认为六根不被六尘所玷污，叫做“六尘不染”或“六根清净”，亦称“一尘不染”。原指佛教徒修行要排除物欲，保持身心纯净。后用以形容非常洁净或不沾染一点坏习气。★战士们身居闹市而～，始终保持着人民解放军的传统本色。

【一成不变】yī chéng bù biàn 原指刑法一经制定就不可改变。后泛指墨守成规或固定不变。成：形成。★任何事物在其发展过程中都不是～的，好和坏在一定的条件下可以相互转换。

【一筹莫展】yī chóu mò zhǎn 一根算筹也摆布不开。比喻一点计策也施展不出，一点办法也拿不出来。筹：计数用的筹码，引申为计策。展：展开，引申为施展。★眼看着桃子都烂在了树上，他却～，没有销路。

【一触即发】yī chù jí fā 一碰就立即发作。比喻事态已发展到十分紧张的程度，一有诱因就会马上爆发。触：碰。即：就。★这两个国家之间气氛相当紧张，大有～，兵戎相见之势。

【一触即溃】yī chù jí kuì 一碰就崩溃。形容战斗力极弱，很容易被打垮。溃：崩溃，垮台。★这支军队是一群乌合之众，～，不值一打。

【一锤定音】yī chuí dìng yīn 本指制造铜锣时最后一锤决定锣的音色。后借以比喻凭一个动作或一句话作出最后决定。锤：也作“槌”。★经过一番讨论，检察长～，确定了下一步的调查计划。

【一蹴而就】yī cù ér jiù 踏一步便到达了。形容非常容易取得成功。蹴：踏。就：成功。★革命不可能～，而需要经过艰难曲折的奋斗历程。

【一寸光阴一寸金】yī cùn guāng yīn yī cùn jīn 比喻时间像黄金一样宝贵。一寸光阴：指日影移动一寸，形容时间很短。★俗话说，～，我们要抓住现在的大好时光，努力学习，打好基础，将来为社会作贡献。

【一代风流】yī dài fēng liú 指开创新风、极富影响、为当代所景仰的人物。风流：本指举止潇洒，富有才华；也泛指有功绩而又富有文采。★在没有硝烟的战场上，他们凭借自己的聪明才智和勤奋努力，演绎出了新的～。

【一代楷模】yī dài kǎi mó 指为一个时代人们学习的榜样。楷模：

模范，榜样。★雷锋是～，他的精神将永垂不朽。

【一代宗师】yī dài zōng shī 指在思想学问或技艺上为一个时代所尊崇而可奉为楷模的巨匠。★著名语言学家吕叔湘是我国语言学界的～。

【一刀两断】yī dāo liǎng duàn 比喻坚决地断绝关系。也比喻做事干脆，有决断。★他决定痛改前非，和过去那些狐朋狗友～，重新做人。

【一得之功】yī dé zhī gōng 指一点微小的成绩。★开发区的总体规划总算完成了，倘有～，应该归于大家，我只是负了个总责而已。

【一得之见】yī dé zhī jiàn 指一点肤浅的见解。用作谦词。一得：一点收获。★在这篇文章中，我提出了自己的～，请大家批评指正。

【一而再，再而三】yī ér zài，zài ér sān 形容反复多次。再：第二次。★在他～的请求下，老师终于给了他一次机会。

【一发而不可收】yī fā ér bù kě shōu 事情一经发生便难以制止。形容对发生的情况难以控制。一发：一经发动，一经开始。收：结束，聚拢。★第一篇文章发表后，他～，每年都有十几篇文章见诸报端。

【一帆风顺】yī fān fēng shùn 本指船挂帆顺风行驶，非常顺利。后多比喻非常顺当，没有阻碍或波折。★从小到大，我的人生道路～，没有经历过一点坎坷。

【一反常态】yī fǎn cháng tài 指态度或表现变得跟平常完全相反。反：相反，不同。常态：往常的态度或表现。★小芳这几天～，见了我总是爱理不理的。

【一分为二】yī fēn wéi èr 原指事物一个分为两个。后用作哲学术语，指任何事物都包含着两个相互对立的方面，它们既统一又斗争，并在一定条件下各自向其相反的方向转化。★我们看问题应该～，不能片面狭隘。

【一夫当关，万夫莫开】yī fū dāng guān，wàn fū mò kāi 一人把守关隘，一万个人也攻不进来。形容地势非常险要，易守难攻。一、万：都是约数，“一”表示少，“万”表示多。当：占着，把着。★这里地势险要，～。

【一概而论】yī gài ér lùn 用同一的标准来论断或对待。指对事物不作区分，混同起来一样看待。概：量粮食刮平升、斗的器具。一概：同一标准。★对历史人物的评价不能～，而要作具体分析。

【一干二净】yī gān èr jìng 形容干净整洁或一点儿不剩。★读初中时学的一点英语，早就忘得～了。

【一鼓作气】yī gǔ zuò qì 原指战斗开始时，擂第一通战鼓激励士气。后用以比喻趁劲头足时一下子把事情完成。鼓：擂战鼓。作：振作。气：勇气。★刚完成了初步计划，他决定～，将整个策划方案都拿出来。

【一官半职】 yī guān bàn zhí 一个或半个官职。泛指一般官职。★大学毕业后，他进入市政府工作，希望以后能谋个～。

【一哄而起】 yī hòng ér qǐ 一下子就跟着行动起来。哄：喧嚷，吵闹。★在村干部的煽动下，村民们～，拿着农具到县里，将县委大院团团围住。

【一哄而散】 yī hòng ér sàn 形容群聚的人在一片喧嚷声中一下子散去。哄：喧嚷，吵闹。★主持人宣布休息，大家～，就像下了课的小学生。

【一呼百应】 yī hū bǎi yìng 一声呼唤，很多人应诺。也形容号召力很强，一个人发出号召，很多人立即响应。应：响应。★陈胜、吴广揭竿起义，～，队伍很快就发展到了几千人。

【一挥而就】 yī huī ér jiù 一动笔就完成了。形容思路敏捷，书画或写作熟练迅速。就：完成。★他～，写成一篇精彩的演讲稿。

【一己之见】 yī jǐ zhī jiàn 指仅代表一个人的见解或主张。常用作谦词。一己：自己一人，个人。见：见识，见解。★这些想法只是我的～，请大家批评指正。

【一技之长】 yī jì zhī cháng 指具有某种技术或技艺特长。技：技能，本领。长：专长，特长。★失业人员要想尽快实现再就业，关键是要自觉提高自身素质，积极参加再就业培训，掌握～。

【一家之言】 yī jiā zhī yán 指有独特见解、自成体系的学术论著。也泛指一个学派或个人的理论、说法。★他是一位很有成就的学者，在学术史研究方面成～。

【一见倾心】 yī jiàn qīng xīn 一见面就产生倾慕之情。倾心：仰慕，爱慕。★两人～，不到一年便步入了婚姻的殿堂。

【一见如故】 yī jiàn rú gù 初次见面就很投合，像见到老朋友一样。故：老朋友。★在这座偏僻的城市，两人～，整整谈了一夜。

【一见钟情】 yī jiàn zhōng qíng 指男女一见面就产生了爱情。也泛指对人或事物一看见就产生了感情。钟情：情爱专注。★他俩～，很快便坠入了爱河。

【一箭双雕】 yī jiàn shuāng diāo 原形容射箭技术高明，一箭能射中两只雕。后比喻一举两得。雕：老雕，一种凶猛的鸟。★这件事办好了，可以达到～的目的。

【一介书生】 yī jiè shū shēng 一个小小的书生。一介：一个，用作谦词，表示藐小、微贱。书生：旧称尚未做官的读书人。★我只是～，对这样的政治问题确实无力解决。

【一举成名】 yī jǔ chéng míng 原指士子一旦科举及第就天下闻名。后泛指一下子就出了名。一举：一次应试。★在这次体育比赛中，平时默默无闻的他勇夺冠军，~。

【一举两得】 yī jǔ liǎng dé 指做一件事情得到两方面的好处。举：举动，行动。得：收获，好处。★荒山造林，一来可以防止水土流失，二来可以增加农民收入，可谓~。

【一举一动】 yī jǔ yī dòng 指每一个动作和行为。★公众人物的~都受到大家的关注，所以应特别谨慎。

【一蹶不振】 yī jué bù zhèn 比喻遭受一次挫折就再也振作不起来。蹶：跌倒，引申为失败，挫折。振：振作，奋起。★犯了错误不能~，而应该吸取教训，继续前进。

【一决雌雄】 yī jué cí xióng 指通过战斗或比赛决定胜负、高低。决：决定。雌雄：比喻胜败、高低。★上次失利他耿耿于怀，打算找个合适的机会跟对手~。

【一刻千金】 yī kè qiān jīn 一刻光阴，价值千金。形容时间极其宝贵。一刻：指短暂的时间。★时间对于任何人来说都是非常宝贵的，古人认为~，鲁迅认为时间就是生命。

【一孔之见】 yī kǒng zhī jiàn 从一个小窟窿里所能看到的。比喻狭隘片面的见解。孔：小洞，窟窿。★这只能说是~，怎么能当作定论呢？

【一口咬定】 yī kǒu yǎo dìng 一口咬住不放。比喻坚持一个说法，决不改口。★法庭上，犯罪嫌疑人~人不是他杀的。

【一匡天下】 yī kuāng tiān xià 指纠正混乱局面，使天下得以安定。匡：纠正。★管仲辅佐齐桓公“九合诸侯，~”，使齐国成为春秋诸侯霸主。

【一来二去】 yī lái èr qù 指互相接触、交往后渐渐出现某种情况。★两人开始是工作上的接触，~，成了非常要好的朋友。

【一览无余】 yī lǎn wú yú 指全都看得清清楚楚，没有剩余。形容眼前境界开阔，一切景物都能看得到。也形容事物简单明晰，一下子就能看清楚。又形容诗文、绘画等平淡单调，没有意味。览：看。余：剩余。★登上山顶远眺，山脚下的村庄、农田~。

【一劳永逸】 yī láo yǒng yì 辛苦一次把事情办好，以后就不再费劲了。劳：辛苦，辛劳。逸：安逸。★人需要不断努力，世界上没有~的事情。

【一力承当】 yī lì chéng dāng 竭力把责任担负起来或独力担当责任。一力：竭力；独力。承当：

担当。★你们都没有错，这件事情就由我~吧。

【一了百了】yī liǎo bǎi liǎo 关键的事情一解决，其余的全都跟着了结。了：结束，解决。★他以为将证据毁灭了就~，没想到最终还是被送进了监狱。

【一鳞半爪】yī lín bàn zhǎo 原指龙在云中东露一鳞，西露半爪，使人难以识其全貌。后比喻事物的一小部分或零星片断。★关于这个问题的有关资料，在先秦典籍里也许能够找到~。

【一路货色】yī lù huò sè 本指同一类货物。现多比喻同类人或同类事物。一路：同一类。货色：货物。★我原以为你比他们好一些呢，原来也是~。

【一路平安】yī lù píng ān 在整个行程中都顺利安全。常用作送行时祝愿的话。★她在爸爸开的出租车上挂了一个平安符，希望爸爸每次出车都能~。

【一路顺风】yī lù shùn fēng 指旅途顺利，办事顺当。常用作对出门人的祝词。★祝你此次美国之行~。

【一落千丈】yī luò qiān zhàng 原指琴声由高陡然降低。后常用以形容景况、地位、声誉等急剧下降。★严重的通货膨胀使得这个国家的国民经济~。

【一马当先】yī mǎ dāng xiān 跃马冲在最前边。比喻领先，带头。★连长~，率先冲向敌阵。

【一马平川】yī mǎ píng chuān 可以纵马疾驰的平地。形容地势平坦宽阔。也比喻事情办得十分顺当，毫无阻碍。平川：平地，平原。★辽阔的内蒙古草原~，无边无际。

【一脉单传】yī mài dān chuán 指一个血脉中前后相传，几代都只有一个儿子。一脉：血统前后相传的一系。★老乔家几代都是~。

【一脉相承】yī mài xiāng chéng 由一个血统或派系承接流传下来。也指延续不断。一脉：指一个血统或一个派系。承：继续，接续。★“三个代表”重要思想是与马列主义、毛泽东思想、邓小平理论~的，既是对它们的坚持和继承，也是对它们的发展和创新。

【一脉相通】yī mài xiāng tōng 比喻事物间彼此关联，好像血脉相通一样。★尽管世间事物千变万化，但~，只要抓住关键，便可左右逢源。

【一毛不拔】yī máo bù bá 一根毫毛也不肯拔下来。本指战国哲学家杨朱的极端为我主义。后形容极端自私吝啬。★这些富翁平日挥霍无度，极尽奢华，对于公益事业却是~。

【一门心思】yī mén xīn sī 形容心思专一，一心一意。★我现在是~准备考研，对于其他的事都不太放在心上。

【一面之词】yī miàn zhī cí 指争执双方中一方说的话。一面：一个方面。词：也作“辞”。★我们要把事情调查清楚，绝对不能仅凭～来判断是非。

【一面之交】yī miàn zhī jiāo 见过一面的交情。指仅仅认识，并无深交。一面：一次会面。交：交情。★我和他只是～，彼此印象并不深刻。

【一鸣惊人】yī míng jīng rén 一叫就使人震惊。比喻平素没有什么特殊表现，一下子做出了惊人之举。★有志于文学创作的青年，最好先从练习短篇开始，不要希望～，很快就能写出几十万字的长篇巨著。

【一命呜呼】yī mìng wū hū 指死亡。常含幽默讽刺意味。★袁世凯刚当了皇帝80多天，就在全国人民的唾骂声中～了。

【一模一样】yī mú yī yàng 一个模样。指完全相同。★这两件物品看上去～，让人很难辨出真伪。

【一目了然】yī mù liǎo rán 一眼就看得清清楚楚。目：看。了然：明白。★她的账目做得非常清晰，让人看了～。

【一目十行】yī mù shí háng 形容阅读速度极快。十行：十行文字，表示行数多。★读书要认认真真，不能～，囫囵吞枣。

【一年半载】yī nián bàn zǎi 一年或半年。指不太长的一段时间。也表示时间不确定，意谓多则一年，少则半年。载：年。★他在外地工作，～才回一次家。

【一年到头】yī nián dào tóu 从年头到年末。指整年。★为了还清债务，她～忙忙碌碌。

【一年一度】yī nián yī dù 一年一次。度：次。★～的牡丹节开幕了，四方宾客云集河南洛阳。

【一年之计在于春】yī nián zhī jì zài yú chūn 一年的谋划关键在春天。多指一年的工作在年初就要抓紧。计：计划，打算。★～，我们要趁着这美好的春光抓紧工作。

【一念之差】yī niàn zhī chā 一个念头的差错。常指因此而引起的严重后果。差：差错。★有时候错误就在～，因此人要时时刻刻严格要求自己。

【一诺千金】yī nuò qiān jīn 一个许诺，价值千金。形容说话算数，极有信用。诺：应允，许诺。★企业只有对消费者～，才能坚守住诚信之本。

【一拍即合】yī pāi jí hé 一打拍子就合乎乐曲的节奏。比喻双方很容易取得一致。合：符合。★当他把想法告诉弟弟的时候，两人～，开始行动起来。

【一派胡言】yī pài hú yán 指一些没有根据或道理的话。一派：一阵，一片。胡言：胡话。★有人说中国必须全盘西化，这简直是~。

【一盘散沙】 yī pán sǎn shā 比喻分散的、不团结的状态。★作为一个单位，应该加强凝聚力，不能是~。

【一片汪洋】 yī piàn wāng yáng 形容水面辽阔，水势浩大。汪洋：形容水势浩大的样子。★1998 年的特大洪灾中，这个城市曾经是~。

【一贫如洗】 yī pín rú xǐ 穷得像被水冲洗过一样。形容十分贫穷，一无所有。★他们家~，别说上学读书，就连一日三餐也是吃了上顿没下顿。

【一曝十寒】 yī pù shí hán 原指晒一天，冻十天，植物便不能生长。后多比喻做事缺少恒心，时而用功，时而懈怠。曝：也作“暴”。晒。★学习要持之以恒，有耐心，不能~。

【一气呵成】 yī qì hē chéng 呵一口气，一次成功。形容诗文、绘画等连贯紧凑，气势流畅。也形容不间断、不松懈地迅速完成某项工作。呵：呼气，哈气。★这幅书法作品章法严谨，~，艺术性很高。

【一钱不值】 yī qián bù zhí 形容没有一点价值。★老赵怎么也没有想到他的“杰作”竟被批评得~。

【一腔热血】 yī qiāng rè xuè 人的周身流动着的血液。比喻胸中怀着为正义而献身的热情。一腔：满腹，满胸。★青年学子怀着~，随时准备报效祖国。

【一窍不通】 yī qiào bù tōng 比喻一点儿也不懂。窍：孔，窟窿。这里指心窍。★我对电脑~，是个外行。

【一清二白】 yī qīng èr bái 指清清楚楚，明明白白。也指清白纯洁，没有污点。★做人要~，做事要踏踏实实。

【一清二楚】 yī qīng èr chǔ 形容非常清楚、明白。★关于这类题目的解答方法，老师在课堂上讲得~。

【一穷二白】 yī qióng èr bái 形容贫穷落后，基础差，底子薄。穷：指工农业生产不发达。白：指文化科学水平不高。★20 世纪 50 年代，广西各族人民在党的领导下，用勤劳的双手在这片~的土地上，建起了自己美好的家园。

【一丘之貉】 yī qiū zhī hé 同一个山丘上的貉。比喻同一类坏人。丘：小土山。貉：一种形状像狐狸的野兽。★经历了多次失败后，孙中山先生终于认识到，不管是西南军阀还是北洋军阀，实际都是~。

【一去不复返】 yī qù bù fù fǎn 一去就不再回来。复：再，又。返：回来。★中国正日益发展成为世界政治、经济大国，曾经被帝国主义凌辱的时代已经~了。

【一人得道，鸡犬升天】 yī rén dé dào，jī quǎn shēng tiān《神仙传·刘安》记载，汉淮南王刘安好道，修炼成仙，临去时，剩下的丹药撒在庭院里，鸡和狗吃了也一同升入仙界。后用以比喻一人做官得势，跟他有点关系的人也跟着沾光。★他当了乡长后，亲戚朋友都被安排了工作，可谓～。

【一日不见，如隔三秋】 yī rì bù jiàn，rú gé sān qiū 一天没看见，就好像过了三年。形容思念十分殷切。有时也形容事物进展十分缓慢。三秋：三个秋天，指三年。★他出差半月，女友对他的思念真是～。

【一日千里】 yī rì qiān lǐ 一天跑一千里路。原形容马跑得极快。也形容才识出众，前程远大。又形容进步或发展极为迅速。★当今社会，信息技术的发展～。

【一日为师，终身为父】 yī rì wéi shī，zhōng shēn wéi fù 旧时尊师的口号。指对教过自己哪怕只有一天的老师，也要一辈子当作父亲看待。终身：一生，一辈子。★中国有着尊师重道的传统，所谓～。

【一如既往】 yī rú jì wǎng 完全像从前一样。表示没有任何改变。一：全，都。既往：已往，从前。★无论成功还是失败，父母总是～地支持我。

【一扫而光】 yī sǎo ér guāng 一下子被扫除得干干净净。形容全部清除、消灭或消失。★蝗虫铺天盖地而来，所到之处，庄稼被～。

【一身是胆】 yī shēn shì dǎn 浑身都是胆。形容非常胆大勇敢。一身：浑身。★《林海雪原》里所描写的战斗英雄们，个个～。

【一失足成千古恨】 yī shī zú chéng qiān gǔ hèn 比喻一旦堕落或犯了严重错误，就会成为终身憾事。失足：指行路失脚跌倒，比喻犯严重错误。千古：长远的年代。恨：遗憾。★古人云：“～。”我们应该牢记古训，谨慎行事。

【一石二鸟】 yī shí èr niǎo 一块石头击中两只鸟。比喻做一件事得到两方面的好处。★她这一计果然高妙，可谓～。

【一事无成】 yī shì wú chéng 一件事也没有做成。指毫无成就。★毕业十多年了，他～，因此羞于与同学们联系。

【一视同仁】 yī shì tóng rén 原指以博大仁爱之心，一例对待所有的人及禽兽。后指不分亲疏厚薄，同样看待。仁：仁爱。★老师对待学生，应该公平公正，～。

【一手遮天】 yī shǒu zhē tiān 比喻仗势弄权，欺上瞒下，独揽大权。★慈禧太后～，朝中事务无论大小，全由她说了算。

【一丝不苟】 yī sī bù gǒu 一点也不马虎。形容做事认真细致。苟：苟且，马虎。★王老师虽然身体不好，但对待工作依然认真仔细，~。

【一丝不挂】yī sī bù guà 佛教用语。本指钓竿不系丝线。比喻没有任何尘俗的牵累。后形容赤身裸体。也形容不加装饰，显露全部真相。★夏天，孩子们~地在村南小河里游泳嬉戏。

【一丝一毫】yī sī yī háo 形容极其微小的数量。丝、毫：微小的计量单位，十丝为一毫。★荣誉的取得并没有让我们产生~的松懈，反而使我们更加努力地工作。

【一塌糊涂】yī tā hú tú 形容混乱或糟糕到了极点。★这几天他心情不好，经常把画室搞得~。

【一潭死水】yī tán sǐ shuǐ 一池子死水。比喻毫无生气或隔绝停滞的沉闷局面。潭：深水坑。★改革开放以前，许多企业就像~，一点儿活力也没有。

【一通百通】yī tōng bǎi tōng 指主要事情弄明白了，其他事情也就容易通晓了。★许多事都是~的，关键是要把主要环节掌握好。

【一统天下】yī tǒng tiān xià 原指统一全国。现多指部分人执掌权势的独立王国。★刘邦~，做了汉朝的开国君主。

【一吐为快】yī tǔ wéi kuài 一下子全说出来才感到畅快。吐：倾吐。快：痛快，畅快。★他积郁在胸中多年的话，今天终于可以~了。

【一团和气】yī tuán hé qì 指一团祥和之气。形容态度和蔼可亲。也指温暖、融洽的气息或气氛。现多指无原则地与人和气相处。★他对谁都是~，从不得罪任何人。

【一网打尽】yī wǎng dǎ jìn 比喻全部抓获或消灭。★根据可靠情报，公安局严密部署，准备将犯罪分子~。

【一往情深】yī wǎng qíng shēn 指对人或事物一心向往且感情深厚。一往：一直，始终。★离开西藏将近 50 年的父亲，对西藏依然~。

【一往无前】yī wǎng wú qián 形容不顾任何阻挡，奋勇向前。★在改革开放的道路上我们~，从一个辉煌走向另一个辉煌。

【一望无际】yī wàng wú jì 一眼望不到边。形容十分辽阔。际：边际。★火车在华北平原上飞驰，窗外是~的原野。

【一苇可航】yī wěi kě háng 一只小船就可以通行过去。指水面不宽，容易渡过。也比喻很容易达到某种目的。一苇：一捆芦苇，后指代小船。航：行船，指渡水。★原来的长江天堑，如今竟能~。

【一文不名】yī wén bù míng 形容极其贫困。文：钱一枚为一文。名：占有。★她凭着自己的勤劳和智慧，从一位~的打工妹变成如今拥有百万资产的大老板。

【一问三不知】yī wèn sān bù zhī 指对所问的事情漠不关心，一点也不知道。三不知：指对事情的开头、中间和结尾都不知晓。★他从事检察工作多年，但问起业务上的事来却是～。

【一无是处】yī wú shì chù 一点对的地方也没有。也指没有一点长处。是：对，正确。★我们不能因为他犯过错误，就把他说得～。

【一无所成】yī wú suǒ chéng 一点成就也没有。成：成绩，成就。★他已过而立之年，却仍～。

【一无所得】yī wú suǒ dé 什么也没有得到。指毫无收获。★今天上午在图书馆查了半天资料，可是～。

【一无所失】yī wú suǒ shī 一点损失也没有，或什么也没有丢失。失：损失，丢失。★在这次改制中，他们公司～。

【一无所有】yī wú suǒ yǒu 什么也没有。形容空荡荡的或非常贫穷。★母亲去世后，他将两间土屋卖了还债，从此～。

【一无所知】yī wú suǒ zhī 什么也不知道。也指失去知觉，什么也不记得了。★父亲很少关心他，对他的所作所为～。

【一五一十】yī wǔ yī shí 指以五为单位清点数目。也比喻从头到尾，原原本本。五、十：都是成数。★在父母的一再追问下，他才将事情的经过～地说了出来。

【一物降一物】yī wù xiáng yī wù 指某一事物专门降服另一事物。也指某种事物专门有另一种事物来制伏。降：降服，制伏。★世界上万事万物都有互相制约的方面，往往是～。

【一席之地】yī xí zhī dì 铺一张坐席的地方。比喻极小的一块地方或位置。★他靠着不懈的努力，在这个陌生的城市占据了～。

【一线生机】yī xiàn shēng jī 指很小的生存或发展的机会。一线：形容极其细微。生机：生存的机会。★儿子是她所有的希望，只要有～，砸锅卖铁也要让他恢复健康。

【一相情愿】yī xiāng qíng yuàn 只是单方面的意愿。也指不考虑客观实际的主观愿望。一相：单方面。★婚姻是两个人的事情，不能仅靠～。

【一笑了之】yī xiào liǎo zhī 笑一笑就算了事。表示不加重视。了：了结，完结。★有人劝他利用手中权力为自己谋点私利，他总是～。

【一笑置之】yī xiào zhì zhī 笑一笑就把它放在一边。多表示不以为然。置：放置，搁。★生活中有许多事情大可～，不必当真。

【一泻千里】yī xiè qiān lǐ 原指江河湍急，奔腾直下。也形容文笔流畅，气势奔放。又形容事物变化发展迅速。泻：水向下直流。★李白的诗气势奔放，~。

【一心二用】yī xīn èr yòng 把心思同时用在两件事上。表示不专心致志。★做事情必须全身心地投入，不可~。

【一心一意】yī xīn yī yì 指心思或意念专一。一：专一。★高考失败后，她~学画画，成为当地小有名气的画家。

【一言不发】yī yán bù fā 一句话也不说。发：表达。★老赵独自坐在一旁，~，闷着头抽烟，一副心事重重的样子。

【一言既出，驷马难追】yī yán jì chū, sì mǎ nán zhuī 一句话说出口，四匹马拉的车也追不上。形容话一经说出口便无法收回，一定要算数。既：已经。驷：古代指同驾一车的四匹马。★大丈夫~。我说话算数，绝不抵赖。

【一言九鼎】yī yán jiǔ dǐng 一句话重于九鼎。《史记·平原君虞卿列传》记载，战国时，秦国攻打赵国，毛遂自愿与平原君赴楚求救，他机智果敢地说服了楚王，平原君因此称赞他说："毛先生一至楚，而使赵重于九鼎大吕。"后用以形容说话极有分量。九鼎：古代传说夏禹铸九鼎，象征九州，夏、商、周三代均奉为传国之宝。★赵爷爷是村里最有威望的人，~，大家都信服他。

【一言难尽】yī yán nán jìn 一句话难以叙述详尽。★分别后的情况~，我们还是先找个地方坐下来慢慢聊聊吧。

【一言为定】yī yán wéi dìng 一句话说定，决不再更改。表示说话算数。定：确定，决定。★今天咱们~，后天上午10点在校门口集合，不见不散。

【一叶障目，不见泰山】yī yè zhàng mù, bù jiàn tài shān 比喻为局部或暂时的现象所蒙蔽，看不到事物的全貌、主流或本质。障：遮蔽。泰山：五岳之首，在山东省境内。★看事物不能光看现象，而要探究出事物的本质，不然，~。

【一叶知秋】yī yè zhī qiū 看见一片落叶就知道秋天要来临了。比喻从某些细微迹象，可以推知整个形势的发展趋向。★洞悉事物发展规律的智者，往往能够做到~。

【一衣带水】yī yī dài shuǐ 像一条衣带那样并不宽阔的水面。原指长江水面狭窄。后泛指两地仅隔一水，互相邻近。★台湾与大陆~，是中国不可分割的领土。

【一意孤行】yī yì gū xíng 原意为谢绝别人的请托，按照己意处理案件。后用以形容不听任何劝告，固执己见行事。★他不听劝阻，~，坚持开井挖煤，结果葬送了70多条工人的性命。

【一饮而尽】yī yǐn ér jìn 一口就喝完了。形容喝得爽快干脆。尽：完。★同学聚会上，他豪情满怀，端起一大杯酒～。

【一应俱全】yī yīng jù quán 什么都有了，十分齐全。一应：一切，所有。俱全：齐全完备。★街对面的超市里，日用百货～。

【一拥而入】yī yōng ér rù 形容众人一下子挤了进来。拥：挤。★上午 8:30，超市开始营业，在门口等候多时的顾客们～。

【一语道破】yī yǔ dào pò 指一句话就把内容或真相说穿说透了。道：说。破：揭穿。★民警～骗子的阴谋，将骗子带回派出所。

【一语破的】yī yǔ pò dì 一句话就说到了关键地方。的：箭靶的中心。比喻关键、要害。★回答问题时，观点要明确，说话要～，切忌拖泥带水。

【一语双关】yī yǔ shuāng guān 一句话包含两个意思，即表面上一个意思，而暗含另一个意思。★你难道还听不出来吗？他这是～，是要我们给他更多的报酬。

【一张一弛】yī zhāng yī chí 比喻工作的紧松、生活的劳逸适当调节，合理安排。也喻指施政管理上的松严相济。张：拉紧弓弦。弛：放松弓弦。★工作要讲究～，劳逸结合，只有这样才能发挥最大效益。

【一着不慎，满盘皆输】yī zhāo bù shèn，mǎn pán jiē shū 原指下棋时走错关键性的一步而导致全局输掉。比喻对有关全局的关键性问题处理不当，就会招致整个失败。一着：本指下棋落一子，喻指行事的一个步骤。慎：谨慎，慎重。★～，对这个计划，我们必须慎之又慎。

【一朝一夕】yī zhāo yī xī 一个早晨或一个晚上。指短时间内。朝：早晨。夕：傍晚或夜晚。★良好的习惯不是～就能养成的，它需要一个长期的培养过程。

【一针见血】yī zhēn jiàn xiě 一针就能扎出血来。比喻言辞直截简明，切中要害。★鲁迅抨击社会时弊，往往～，入木三分。

【一针一线】yī zhēn yī xiàn 一根针，一根线。比喻极其细微的东西。★革命军人决不能损害群众利益，哪怕是～也不能拿。

【一枕黄粱】yī zhěn huáng liáng 唐·沈既济《枕中记》记载，卢生在邯郸旅店中遇见道士吕翁，自叹穷困。道士借给他一个枕头，要他枕着睡觉。卢生入睡后，在梦中享尽荣华富贵，一觉醒来，店家的小米饭还没煮熟。后用以比喻好事成空或虚幻的梦想。枕：枕头。黄粱：小米。★有些人没有坚定的信念，没有崇高的理想，认为人生虚无，只是～而已。

【一枝独秀】yī zhī dú xiù 指人或事物的优点特别突出。独秀：特别突出，超群出众。★在文艺汇演上，她的舞蹈《飞天》～，获得了唯一的一等奖。

【一知半解】yī zhī bàn jiě 知道得不全面，理解得不透彻。★他看的书很多，但大都是～，未能深入领会。

【一纸空文】yī zhǐ kōng wén 一张空头文书。指只是写在纸面上而不能兑现的契约、条约、法律等。★规章制度制定了就要切实执行，否则就成了～。

【一掷千金】yī zhì qiān jīn 原指赌徒下注数目惊人。后多泛指任意挥霍。掷：扔，投。千金：形容许多钱。★有的人为了讲排场，摆阔气，动辄～，这种不良风气必须严厉杜绝。

【一字不苟】yī zì bù gǒu 一个字也不随便。形容行文时字斟句酌，反复锤炼。苟：随便，马虎。★爷爷是个老秀才，作文～，看不惯我们青年人乱用文字的现象。

【一字千金】yī zì qiān jīn 一个字价值千金。形容诗文价值极高或文词极其精妙。也形容书法作品极为珍贵。★鲁迅先生的杂文，语言凝练，含意精深，可谓～。

【衣不蔽体】yī bù bì tǐ 衣服太破烂，遮不住身体。形容生活极端贫苦。蔽：遮。★这里的农民～，食不果腹，异常艰难地度日。

【衣不解带】yī bù jiě dài 不脱衣就睡下了。多形容辛劳地侍奉病人。带：衣带。★父亲病重的那段日子里，兄弟俩～，轮流照料，困了就伏在床沿上打个盹。

【衣冠楚楚】yī guān chǔ chǔ 形容穿戴整齐漂亮。冠：帽子。楚楚：鲜明整洁的样子。★这个人看上去～，没想到是个骗子。

【衣冠禽兽】yī guān qín shòu 穿衣戴帽的畜生。比喻道德败坏，行为卑劣，像禽兽一样的人。★谁也没有想到，这个看上去文质彬彬的医生竟然是个～。

【衣锦还乡】yī jǐn huán xiāng 穿着锦绣衣裳回到故乡。也指显达富贵后还乡，含有炫耀之意。衣（旧读 yì）：穿。锦：有彩色花纹的丝织品。★他喜欢这种～的感受，在乡亲们面前吹嘘着自己的发家史。

【衣衫褴褛】yī shān lán lǚ 形容衣服破烂不堪。褴褛：衣服破烂。★一个下雪的冬日，一个～的乞丐在我家屋檐下躲避风雪。

【衣食父母】yī shí fù mǔ 供给吃穿的父母。指得以仰赖生存的人。★农民是我们的～，我们必须尊重他们。

【衣食住行】yī shí zhù xíng 穿衣，吃饭，住宿，行路。泛指人生活的基本需要。★我们只有先满足了～的需要，才能满足更高境界的精神需求。

【依法炮制】yī fǎ páo zhì 本指按照老办法制中药。后比喻按照已有的样子去做。炮制：用中草药原料制成药物的过程。★新产品刚一上市，就会有人～，大肆仿冒。

【依然故我】 yī rán gù wǒ 仍旧是从前的我。多指自己的境况等没有变化。故我：旧日的我。★工作20多年了，我～，没有太多变化。

【依然如故】 yī rán rú gù 依旧像从前一样。形容人或事物的情况没有变化。故：旧。★阔别了10多年的那个小县城，～，一切似乎都没有太大改变。

【依山傍水】 yī shān bàng shuǐ 指建筑物坐落在山水之间。傍：靠近，临近。★江南的一些民居，～，很有风情。

【依样画葫芦】 yī yàng huà hú lú 照着葫芦的样子画葫芦。比喻照现成的样子模仿，没有创新。依：按照。★对别人的先进经验，应当领会其精神实质，创造性地借鉴，不能一味～。

【依依不舍】 yī yī bù shě 形容十分留恋，舍不得离开。依依：留恋的样子。舍：离开。★一个月的军训结束了，我们～地离开了那些曾经和我们朝夕相处的教官。

【依依惜别】 yī yī xī bié 形容分别之际难舍难分。依依：留恋的样子。惜别：舍不得离别。★战争结束，朝鲜人民怀着～的深情送中国志愿军回国。

【仪表堂堂】 yí biǎo táng táng 形容人的容貌举止庄严大方。仪表：人的外表。堂堂：形容容貌庄严大方。★照片上的青年军官～，让人看了不免产生爱慕之情。

【仪态万方】 yí tài wàn fāng 形容容貌姿态美丽多姿。也形容文章内容丰富，形式多样。仪态：仪容姿态。万方：多方面，多种多样。★作品中的女性形象～，典雅淳厚，给读者留下了深刻的印象。

【怡然自得】 yí rán zì dé 形容安适愉快而又自觉满足的神情。怡然：喜悦快乐的样子。自得：自己感到得意或舒适。★在中国历史上，有许多文人墨客远离官场，找一个幽静的地方，～地过着隐士生活。

【贻害无穷】 yí hài wú qióng 留下的祸害没有穷尽。形容后果极为严重。贻：也作“遗”，遗留，留下。穷：尽。★乱砍乱伐，破坏森林，已造成严重的水土流失，如果再不制止将～。

【贻人口实】 yí rén kǒu shí 指给人以利用的借口或给人当作话柄。贻：留下。口实：假托的理由，可以利用的借口。★处理问题要讲究策略，不可意气用事，以免～。

【贻笑大方】 yí xiào dà fāng 指让内行人或有见识者笑话。贻笑：让人笑话。大方：原指懂得大道理的人，后泛指见多识广或有专长的人。★他的作品中出现了很多不该有的硬伤，真是～。

【移步换形】yí bù huàn xíng 随着脚步的移动，地形、地貌等也有所改变。泛指事物、景致等丰富复杂，变化繁多。★庐山千姿百态，~，变化多端。

【移东补西】yí dōng bǔ xī 用一方的人或物补另一方的不足或空缺。也比喻临时应付，只作权宜之计。★检查团马上来到，他们~，总算可以应付一下。

【移风易俗】yí fēng yì sú 改变旧的风气和不良习俗。移：改变。易：变换。★我们要破除迷信，~，提倡科学。

【移花接木】yí huā jiē mù 把这种花木的枝条嫁接在另一种花木上。比喻暗中使用手段，更换人或事物。接：嫁接。★他们在海关采用~的手段，让一个小姑娘帮他们把毒品带入境内。

【移山倒海】yí shān dǎo hǎi 移动山岳，倒翻大海。常用以形容神仙法术神妙高超。也形容人类征服自然、改造自然的巨大力量和雄伟气魄。★三峡工程的宏伟规划反映了我国人民~、改造自然的英雄气概和巨大力量。

【遗臭万年】yí chòu wàn nián 坏名声永远流传。遗臭：死后留下坏名声。万年：极言时间久远。★民族英雄岳飞流芳百世，卖国奸臣秦桧~。

【遗恨千古】yí hèn qiān gǔ 形容留下久远的遗憾。恨：遗憾，不满意。千古：长远的年代。★岳飞由于被奸臣和昏君所误，终因没能消灭金兵而~。

【遗老遗少】yí lǎo yí shào 指改朝换代后仍留恋前朝的人。也泛指陈腐、守旧的人。遗老：指前朝的旧臣。遗少：指留恋前朝、思想陈腐的年轻人。★民国时期，一些清政府的~们妄图复辟他们的封建王朝。

【遗文轶事】yí wén yì shì 指前人散逸的诗文和流传下来且鲜为人知的事迹。遗文：前人留下的诗文，多指未收入作者文集的著作。轶事：亦作“逸事”，流传在外而未经官书或史书记载的事迹。★在前人的笔记小说里有许多鲜为人知的~，把它整理出来，编纂成册，是件很有意义的工作。

【颐神养性】yí shén yǎng xìng 指保养精神，陶冶性情。颐：休养，保养。★退休之后，他在家养花养草，~。

【颐指气使】yí zhǐ qì shǐ 不说话而用面部表情来指挥别人。多形容有权势者傲慢的神气。也指艺术创作中随意支配，运用自如。颐：面颊，腮。指、使：指使，指挥。★自从她当上局长之后，对待下属越发~了。

【疑惑不解】yí huò bù jiě 形容对问题或事物怀疑、迷惑，认识不清。疑惑：心里不明白，困惑。解：了解，明白。★面对这两种截然不同的评价，她感到有点~。

【疑神疑鬼】yí shén yí guǐ 形容疑心很重，毫无根据地胡猜乱想。★夫妻之间要相互信任，不要～，无端猜忌。

【疑则勿用，用则勿疑】yí zé wù yòng，yòng zé wù yí 怀疑就不要任用，任用就不要怀疑。表示用人应充分信任，大胆放手。疑：怀疑。用：任用。★～，既然你决定起用他们，就应该放手让他们去干。

【以诚相见】yǐ chéng xiāng jiàn 指真心实意地对待。诚：真诚。相见：彼此会面，引申为对待。★朋友之间要～，不可虚情假意。

【以辞害意】yǐ cí hài yì 指因拘泥于词句而误会或曲解文章的原意。也指由于只注意语言文字的华丽而损害了文章内容的表达。辞：言词，语句。害：损害，伤害。意：意思，内容。★词语运用要根据所表达思想内容的需要，切不可～。

【以此类推】yǐ cǐ lèi tuī 根据这一事物的道理，推导出其他类似事物的道理。★本超市部分商品实行优惠，买两样优惠 10 元，买三样优惠 20 元，～。

【以德报怨】yǐ dé bào yuàn 拿恩惠来酬答怨恨。指把恩惠施予跟自己有仇的人。怨：仇怨。★要真正做到～，是需要宽广的胸襟的。

【以毒攻毒】yǐ dú gōng dú 本义指用毒药治疗毒疮等疾病。后用以比喻用狠毒的手段来制服狠毒的人。也比喻用不良事物本身的特点、弊病反对不良事物。攻：治。★在某些时候，用嫉妒去治骄傲，是～的好办法。

【以讹传讹】yǐ é chuán é 把错误的东西辗转传开去，越传越错。讹：错误。★本书在再版过程中，改正了一些文字上的错误，以免～。

【以攻为守】yǐ gōng wéi shǒu 指用主动进攻作为一种防御的手段。攻：进攻。守：防守，防御。★我军～，取得了这次保卫战的胜利。

【以古为鉴】yǐ gǔ wéi jiàn 指把古代的兴衰成败作为鉴戒。鉴：可以引为借鉴或教训的事。★希望大家在观看展览的同时，能够～，勿忘国耻，更加热爱我们的祖国。

【以观后效】yǐ guān hòu xiào 指对犯错误或犯法的人从宽处理后进行观察，看其是否有改正的表现。后效：以后的效果。★由于考试舞弊，小魏被学校给予记过处分，～。

【以管窥豹】yǐ guǎn kuī bào 从竹管中看豹子，只能看到极少的斑纹。比喻目光狭隘，见识片面。窥：从小孔或缝隙里看。★在这个问题上，他只是～，并没有获得全面的认识。

【以管窥天】yǐ guǎn kuī tiān 从

竹管的小孔看天空。比喻见识片面、狭隘。管：竹管。窥：从小孔或缝隙里观看。★倘若不先建立一些基本观念，而仅就个别案例作分析，难免会~，得出错误的片面结论。

【以己度人】 yǐ jǐ duó rén 用自己的想法去猜度别人。度：猜度，推测。★上次吵嘴的事我早就忘光了，你别~，认为我至今还耿耿于怀。

【以假乱真】 yǐ jiǎ luàn zhēn 指把假的混在真的里面，使真假不分。★他模仿颜真卿的字形神兼备，甚至达到了~的程度。

【以简御繁】 yǐ jiǎn yù fán 用简便的方法来应付繁杂的事物。御：驾驭，治理。★老子主张无为而治，从某种意义上讲这是一种~的治国方略。

【以进为退】 yǐ jìn wéi tuì 指军事上以表面进攻的形式达到实际退却的目的。★在这次战斗中，我军~，有效地保存了实力。

【以儆效尤】 yǐ jǐng xiào yóu 指对一个坏人或一件坏事作出严肃惩处，来警告那些学做坏事的人。儆：告诫，警戒。效：仿效。尤：过错。★在查处党员违纪案件中，对严重违纪者应该开除党籍，对触犯法律者应该移交司法机关依法惩处，~。

【以蠡测海】 yǐ lí cè hǎi 用瓢来测量大海。比喻见识短浅。蠡：瓢。★我这只是以管窥豹，~，还望专家多多批评。

【以礼相待】 yǐ lǐ xiāng dài 用应有的礼节或礼貌的态度对待人。礼：礼节，礼貌。★对民主党派人士，我们应~，以诚相见。

【以理服人】 yǐ lǐ fú rén 用道理使人信服。★批评同志应该~，不能乱扣帽子，更不要采用粗暴的态度。

【以邻为壑】 yǐ lín wéi hè 把邻国当作排泄洪水的大水沟。后比喻把自己的困难、灾祸推给别人。壑：沟，谷。★他~，把垃圾倒在了别人门前。

【以卵击石】 yǐ luǎn jī shí 拿蛋去碰石头。比喻不自量力，自取灭亡。★侵略者胆敢来进犯，只能是~，自取灭亡。

【以貌取人】 yǐ mào qǔ rén 只凭外表形象来衡量、判断人的品质和才能或决定对待的态度。★你不要~，别看他其貌不扬，他可是我们学校有名的才子。

【以偏概全】 yǐ piān gài quán 根据片面或局部的情况来推论整体。偏：不全面。概：总括，推论。★在认识问题时~，往往会得出片面的结论。

【以其昏昏，使人昭昭】 yǐ qí hūn hūn，shǐ rén zhāo zhāo 指自己还是稀里糊涂，却要教导别人，想使别人明白。昏昏：糊涂。昭昭：明白。★我们党的各级领导干部，不能长期安于当外行，不能~，要钻进去，逐渐成为内行。

【以其人之道，还治其人之身】 yǐ qí rén zhī dào, huán zhì qí rén zhī shēn 把他对付别人的那一套又拿过来对付他自己。其：代词，他。道：方法。治：对付。★我来了个~，让他这次也扑了个空。

【以强凌弱】 yǐ qiáng líng ruò 仗恃自己强大而欺侮弱小者。凌：欺侮，侵犯。★所有国家在国际社会上一律平等，决不允许~。

【以勤补拙】 yǐ qín bǔ zhuō 用勤奋来弥补能力上的不足。拙：笨，不灵巧。★在学习上要提倡~，光靠小聪明是不会有真才实学的。

【以人为鉴】 yǐ rén wéi jiàn 用别人作镜子。比喻用别人的经验教训作为自己的借鉴。鉴：镜子。★唐太宗~，不记旧恨，察纳雅言。

【以柔克刚】 yǐ róu kè gāng 指以温和的性情或柔和的办法来制伏刚强者。克：战胜，制伏。★他来了个~，以静制动，让对方有脾气也没地方发。

【以少胜多】 yǐ shǎo shèng duō 用少数胜过多数。★官渡之战、赤壁之战都是中国古代历史上著名的~的战例。

【以身报国】 yǐ shēn bào guó 用生命来报效国家。指为国献身。身：身体，性命。报：报答，报效。★许多年轻战士奔赴抗日前线，最终~。

【以身试法】 yǐ shēn shì fǎ 指用自己的行为去尝试法律的威力。表示明知法律的规定却还要去做触犯法律的事。身：亲身。试：尝试。★为满足妻子日益膨胀的物欲，他不惜利用职务之便参与贩毒，~，结果锒铛入狱。

【以身殉国】 yǐ shēn xùn guó 为了国家而牺牲生命。殉：为了某种目的而死。★公元前278年农历五月初五，伟大的爱国诗人屈原不忍见楚国日益衰败，抱石自沉于岳阳境内的汨罗江，~。

【以身作则】 yǐ shēn zuò zé 用自己的实际行动作出表率。则：准则，榜样。★班干部要~，带头完成这次实习任务。

【以售其奸】 yǐ shòu qí jiān 用来推行他的奸计。售：推销，卖出。奸：奸诈，奸计。★一些心怀鬼胎的人凭着他的三寸不烂之舌，花言巧语，~。

【以汤止沸】 yǐ tāng zhǐ fèi 把开水倒进沸水里去制止水的沸腾。比喻解决问题的方法不对，不但无济于事，反而有害。汤：开水。沸：沸腾。★你的这种做法无异于~，不能解决根本问题。

【以退为进】 yǐ tuì wéi jìn 原意为以谦逊退让取得德行的进步。后多指采取退却的方式，求得战略上的进攻。★我方实力尚不够强大，必须~，等待时机。

【以为口实】yǐ wéi kǒu shí 原意指作为谈话的资料。后指作为指责或攻击的把柄。口实：假托的理由，可以利用的借口。★相当一些错误的翻译理论与实践全都发端于“信达雅说”，或是借“信达雅说”～的。

【以文害辞】yǐ wén hài cí 指因拘泥于文字的解释而误解整个语句的意义。文：文字。害：妨碍。★他的知识水平有限，却总爱咬文嚼字，所以经常弄出些～的事来。

【以文会友】yǐ wén huì yǒu 通过诗文、学术来聚会或结交朋友。会：会见，结交。★他～，与文化圈的人有极广泛的联系。

【以小见大】yǐ xiǎo jiàn dà 从小的地方看出大的方面，或从小事上看出大道理。★本片选取了主人公工作和生活中的几个小故事，～，反映了主人公高尚的思想品质。

【以小人之心，度君子之腹】yǐ xiǎo rén zhī xīn，duó jūn zǐ zhī fù 用小人卑劣的想法去揣测道德高尚的人的心思。小人：旧指道德低下的人，与“君子”相对。度：推测，猜测。★他一向是个胸怀宽广的人，我们切不可～。

【以眼还眼，以牙还牙】yǐ yǎn huán yǎn，yǐ yá huán yá 比喻用对方使用的手段来还击对方。指针锋相对地进行斗争。★对那些作恶者，应该～，不能一味宽容。

【以一当十】yǐ yī dāng shí 用一个抵挡十个。形容英勇善战。当：抵挡。★我军派出一个连的精兵强将，～，终于突破重围。

【以逸待劳】yǐ yì dài láo 多指作战时采取守势，养精蓄锐，等敌方疲惫后再行出击。逸：安闲。劳：疲劳。★游击队采用避实就虚、～的战术，取得了反“围剿”的重大胜利。

【以怨报德】yǐ yuàn bào dé 拿仇怨来回报恩德。怨：仇恨。德：恩德。★我们全心全意地帮助他，没想到他却～，反过来伤害我们。

【以子之矛，攻子之盾】yǐ zǐ zhī máo，gōng zǐ zhī dùn 用您的矛，戳穿您的盾。比喻用对方的观点、论据等来反驳对方。攻：攻击，攻打。子：对人的尊称，多指男子，相当于“您”。★这位辩手反应敏捷，最善于～。

【倚财仗势】yǐ cái zhàng shì 指倚仗自己有钱有势。倚、仗：凭借，依靠。势：权势。★《红楼梦》里的薛蟠～，打死了人却扬长而去。

【倚老卖老】yǐ lǎo mài lǎo 仗着年纪大，卖弄老资格。倚：仗，靠。★见说不过大家，老王开始～，大谈自己对学校的贡献。

【倚门傍户】yǐ mén bàng hù 比喻依赖他人，不能自立。也形容没有主见，一味依附别人。倚、傍：靠着。门、户：门户，派别。★这篇文章根本没有自己的见解，完全是~，照葫芦画瓢。

【义不容辞】 yì bù róng cí 道义上不允许推辞。义：道义。容：容许。辞：推辞。★全力拯救和保护各种珍稀动物，是我们每个人~的责任。

【义愤填膺】 yì fèn tián yīng 指胸中充满了义愤。义愤：对违反正义的事所产生的愤怒。填：充满。膺：胸。★侵华日军对中国人民犯下的滔天罪行，令人~。

【义无反顾】 yì wú fǎn gù 指为了正义而勇往直前，毫不犹豫。反顾：回头看。★抗战爆发，他~地参军上了前线。

【义正词严】 yì zhèng cí yán 形容说话或写文章道理正确正当，措辞严正有力。义：道理。正：正当，正确。词：也作“辞”，措辞。严：严肃，严厉。★对于这些恶意的诽谤，我外交部发言人~地进行了驳斥。

【艺不压身】 yì bù yā shēn 技艺不会增加身体的负担。意指技艺越多、本领越大就越好。艺：技能，本领。★~，我们演艺人员应该尽可能多地学习一些艺术技能。

【艺高人胆大】 yì gāo rén dǎn dà 指人的技艺高超，做事胆量就大。艺：技能，本领。★~，在比赛的关键时刻，他做出了一个难度系数最大的动作，征服了裁判，获得了冠军。

【忆苦思甜】 yì kǔ sī tián 指回忆旧生活的痛苦，体会新生活的甜美，从而提高思想觉悟。忆：回想，回忆。思：怀念，体会。★每到过年，爷爷总会~，说我们这一代生在了好时候。

【议论纷纷】 yì lùn fēn fēn 形容很多人议论的情景。纷纷：众多，杂乱。★单位张榜公布分房名单，人们聚在榜下~。

【亦步亦趋】 yì bù yì qū 别人慢走就慢走，别人快走就快走。原比喻紧紧效法追随。后多用以比喻自己没有主见，处处模仿、追随别人。亦：也。步：行走。趋：快走。★我提倡学生们跟我争论，不喜欢学生~地跟着老师。

【异端邪说】 yì duān xié shuō 指非正统、不正派的学说或思想言论。异端：指不符合正统思想的主张或教义。邪说：指不正派的学说。★哥白尼的学说曾一度被训斥为~。

【异乎寻常】 yì hū xún cháng 跟平常情况不同。乎：于。寻常：平常，平时。★这位球星有着~的足球天赋，是一位难得的奇才。

【异军突起】 yì jūn tū qǐ 指另一种与众不同的事物或派别突然出现。异军：另一支军队。突起：突然兴起。★许多家底雄厚、资本殷实的大公司在外企的排挤下纷纷破产关闭，而这家公司却~，后来居上。

【异口同声】yì kǒu tóng shēng 从不同的嘴里说出同样的话。形容众人说法或见解完全一致。★团支部书记提议下个星期去森林公园游玩，全班同学～地表示赞同。

【异曲同工】yì qǔ tóng gōng 不同的曲子演奏得同样的好。比喻做法不同却收到同样的效果。也比喻不同人的文章或言论同样精彩。★这两部作品在取材和表现手法上有～之妙。

【异想天开】yì xiǎng tiān kāi 形容想法离奇而不合实际。异想：奇特的想法。天开：天裂，指不可能有的事。★他平时不认真学习，却想到年终拿到一等奖学金，真是～。

【屹然不动】yì rán bù dòng 形容坚定不可动摇。屹然：稳固挺立的样子。★有人打算用10万美元买通海关关长，而他却～。

【抑郁不平】yì yù bù píng 指愤懑不满。抑郁：忧愤烦闷。★鲁迅小说的忧愤深切，郁达夫小说的～，风格迥异，却同样传达了时代的呼声，震撼了读者的心灵。

【抑郁寡欢】yì yù guǎ huān 心情忧郁烦闷，很少欢乐。寡：少。★她本来就性格内向，加上又遇到家庭变故，这使她在很长一段时间内都～。

【抑扬顿挫】yì yáng dùn cuò 高低起伏和停顿转折。形容诗文、音乐、声音、书法等的格调、气势富于变化，节奏鲜明。抑：降低。扬：升高。顿：停顿。挫：转折。★朗读课文要注意～，避免语调呆板。

【易如反掌】yì rú fǎn zhǎng 容易得像翻一下手掌。比喻极其容易。易：容易。反掌：翻手。★重出江湖的乔丹雄风不减当年，灌篮依然～。

【意气飞扬】yì qì fēi yáng 形容精神振奋，意志昂扬的样子。★“神舟五号”发射成功，世界震惊，举国欢腾，全国人民～。

【意气风发】yì qì fēng fā 形容精神振奋，气概豪迈。意气：指精神和气概。★新中国成立后，全国人民～，以饱满的热情投入到建设祖国的洪流中去。

【意气扬扬】yì qì yáng yáng 形容自负得意或气度昂扬的样子。意气：意态，气概。扬扬：得意的样子。★在奥林匹克数学竞赛中获了奖，他就～，谁也瞧不起了。

【意气用事】yì qì yòng shì 指只凭个人的感情来对待、处理事情。意气：情绪。★这是关系到国家法律的大事，千万不要～。

【意味深长】yì wèi shēn cháng 形容含意深远，韵味悠长。意味：含蓄的意义、旨趣。★很多寓言都包含着丰富的人生哲理，～。

【意犹未尽】yì yóu wèi jìn 指意

思尚未完全表达出来；或指还没有完全尽兴。意：意思，意兴。犹：还。★看完影片，观众~，迟迟不愿起身离座。

【意在言外】yì zài yán wài 真意在言辞之外。表示言辞含蓄，不直接说出，却可体会出来。★古诗词讲究含蓄，往往~，读者要悉心揣摩才能理解和领会。

【溢美之辞】yì měi zhī cí 指吹嘘或过分夸奖的话。溢美：过分赞美。★这些并非~，而是实事求是的评判。

【溢于言表】yì yú yán biǎo 指某种意愿、感情通过言谈、文字充分流露出来。溢：流露。表：外表。★当他得知自己的学生夺得全国大赛冠军时，喜悦之情~。

【毅然决然】yì rán jué rán 形容坚定果断，毫不犹豫动摇。毅然：坚定的样子。决然：果断的样子。★1955 年，为了打破帝国主义对新中国的重重封锁，周恩来总理不顾个人安危，~地率领中国政府代表团飞赴印尼参加在万隆举行的亚非会议。

【熠熠生辉】yì yì shēng huī 形容光彩闪耀的样子。熠熠：光耀，鲜明。辉：光彩，光辉。★在阳光的照耀下，这栋美丽的建筑~。

【因材施教】yīn cái shī jiào 针对受教育者能力、性格、志趣等具体情况，采用不同的教育方法。因：依照，依据。材：才能，素质。施：实行。★培养学生要~，否则便不能收到良好的教育效果。

【因地制宜】yīn dì zhì yí 根据不同地区的具体情况制定相应的措施。因：根据。制：制定。宜：适当。★该村借助有利的地理位置和得天独厚的自然条件，~地进行各种花木的培育与繁殖。

【因果报应】yīn guǒ bào yìng 佛教语，认为今生种什么因，来生结什么果，善因得善果，恶因得恶果。★他作恶多端，最终死于非命，这是~。

【因祸得福】yīn huò dé fú 祸害本是坏事，但由于某种原因，反而使人得福。★聋子也有~的时候，凡是不愿或不便回答的问题一概可以不动声色地置之不理。

【因陋就简】yīn lòu jiù jiǎn 因袭简陋的状况，不求改进。后多指利用原有的简陋条件，按节约的原则办事。因：沿袭。陋、简：简陋。就：将就。★村民们~，把原来的破庙改造成一所小学。

【因人而异】yīn rén ér yì 根据对象的不同而采取不同的办法或措施。异：不同。★做思想工作要~，不能搞千篇一律。

【因时制宜】yīn shí zhì yí 根据不同的时间或时期，灵活采取与之相应的措施。制：规定，制定。宜：合宜，适宜。★法制建设要~，与时俱进。

【因事制宜】yīn shì zhì yí 根据不同的事情制定相应的处理办

法。★农村工作要坚持～的原则，具体问题具体对待，不能搞一刀切。

【因势利导】yīn shì lì dǎo 顺着事物发展的趋势，向好的方面引导。因：顺着。势：趋势，趋向。利导：向顺利的方面引导。★对青少年的教育，应当根据他们的特点～，使他们健康地成长。

【因小失大】yīn xiǎo shī dà 因为贪图小利而丢失大的利益；或指因小事疏忽而误了大事。★他为了一点蝇头小利而自毁大好前程，实在有点～。

【因循守旧】yīn xún shǒu jiù 按照老一套办事，不求革新。★很大一部分人～，这是农村改革过程中的最大阻力。

【因噎废食】yīn yē fèi shí 因为吃饭噎住了，就连饭也不敢吃了。比喻因为受到一点挫折就怕再出问题而索性停止不干。噎：食物塞住喉咙。废：停止。★如果因为民工犯罪率高就不让民工进城务工，那就无异于～。

【阴差阳错】yīn chā yáng cuò 阴阳家术语，指阴与阳互相错乱。比喻黑白颠倒，人伦混乱，道德失常。后多比喻由于偶然因素而造成的差错或误会。差、错：错乱，差错。★由于填报志愿时笔误，我～地被南方的一所大学录取了。

【阴魂不散】yīn hún bù sàn 比喻坏人坏事虽已消失，但其恶劣影响却仍然存在。阴魂：迷信说法，指人死后的魂灵。★20 世纪 90 年代的德国，一股“反犹”思潮沉渣泛起，法西斯纳粹势力～。

【阴谋诡计】yīn móu guǐ jì 暗中策划，施展狡诈的计谋。也指机密而狡诈的计谋。阴谋：暗中策划，暗中做坏事的计谋。诡计：狡诈的计策。★他识破了敌人的～，巧妙脱身离开了会场。

【阴阳怪气】yīn yáng guài qì 形容神情、举止、言论等玄虚做作，诡谲多变。★他说话～，很不讨人喜欢。

【阴云密布】yīn yún mì bù 乌云密集，遮天蔽日。形容天气非常恶劣。也比喻形势十分险恶。阴云：阴天时的云。密布：分布得很稠密。★国民党统治时期，～，人民生活在恐怖之中。

【音容宛在】yīn róng wǎn zài 那个人的声音、容貌仿佛还在眼前。形容对离去的人不能忘怀。宛：好像。★母亲虽然去世已经多年，但～。

【音容笑貌】yīn róng xiào mào 指人的声音、容貌和神态。常用作怀念之词。★总理离开我们已经很多年了，但他的～至今仍留在我们脑海里。

【氤氤氲氲】yīn yīn yūn yūn 形容烟云或气味浓盛的样子。★大殿里闻得一阵～，非烟非雾，是扑鼻的炉香。

【吟风弄月】yín fēng nòng yuè 指以风花雪月为题材的思想贫乏的作品。也指代吟诗或作诗。吟：歌咏，吟咏。弄：玩赏。★宫廷文人大多～，无病呻吟，所作诗词内容空乏。

【寅吃卯粮】yín chī mǎo liáng 寅年吃了卯年的粮。比喻入不敷出，预先挪用、借支。寅、卯：地支的第三、四位。★我们村连年水灾，常常～，生活非常困难。

【淫词艳曲】yín cí yàn qǔ 指淫秽浮艳的词曲。淫：淫秽。艳：浮艳，香艳。★在中国古代，封建卫道士往往把《诗经》中许多淳朴的爱情诗篇看作～。

【引而不发】yǐn ér bù fā 拉开弓，搭上箭，却不射出去。原意指善于引导和启发。也比喻做好准备，待机行事；或故作姿态，虚张声势。引：拉弓。发：射箭。★他～，给对方造成了一种无形的压力。

【引吭高歌】yǐn háng gāo gē 放开嗓子，高声歌唱。引吭：放开喉咙。★国庆期间，全国各界群众满怀豪情，～，共同祝愿伟大的祖国繁荣昌盛。

【引火烧身】yǐn huǒ shāo shēn 把火招引过来烧自己。比喻自招灾祸，自讨苦吃。也比喻主动暴露自己的缺点或错误，争取大家的批评帮助。★他原以为将目标引到别人身上对自己有利，没想到～，暴露了自己。

【引经据典】yǐn jīng jù diǎn 指引用经典著作中的语句或故事作为自己谈话或论证的依据。引：引用，援引。经、典：经典，权威性著作。据：依据。★～，能够增强论证的说服力和权威性。

【引咎辞职】yǐn jiù cí zhí 把过失归于自身并请求解除自己的职务。引咎：把过失归到自己身上。★领导干部因个人决策失误或工作过错，造成重大损失的，应当～。

【引狼入室】yǐn láng rù shì 引狼进入室内。比喻把坏人坏事引入内部。★明朝末年，吴三桂为争夺爱妾陈圆圆，以为明帝复仇为名，出关向满清借兵，结果～，导致明朝灭亡。

【引领而望】yǐn lǐng ér wàng 伸长脖子张望。形容盼望的心情非常迫切。引领：伸长脖子。★母亲总是站在村口～，希望离家多年的儿子能够突然间出现在面前。

【引人入胜】yǐn rén rù shèng 吸引人进入美妙的境地。常指风景或文章等非常美妙。引：吸引。胜：胜地，胜境。★哈尔滨冰灯节上，那些晶莹剔透的冰雕在各色彩灯的装扮下，瑰丽多姿，～。

【引人注目】yǐn rén zhù mù 引起人们的注意或重视。注目：集中目光看，引申为注意，重视。★他两米一零的个头，走在人群中非常～。

【引以为戒】yǐn yǐ wéi jiè 把以往的错误、失败作为教训。戒：警告，劝告。★交通事故酿下的都是血的惨案，我们应该~，严格遵守交通规则。

【引以为荣】yǐn yǐ wéi róng 把它看作是一种光荣。荣：光荣。★儿子每次考试成绩都是全校第一，父亲常~。

【饮恨而终】yǐn hèn ér zhōng 指抱恨含冤而死。饮恨：抱恨含冤。终：死亡。★李老汉被地主恶霸毒打，~。

【饮恨吞声】yǐn hèn tūn shēng 咽下怨恨，忍住哭声。形容心中存有恨事而不敢或不愿公开表露。★旧社会，他给地主家当长工，过着挨打受骂、~的生活。

【饮食起居】yǐn shí qǐ jū 指人的一切日常生活。★无论~、生产劳动、工作学习等等，几乎全靠手的动作来进行。

【饮水思源】yǐn shuǐ sī yuán 喝水的时候想到水的来源。比喻人不忘本。源：源头，本源。★~，他把在国际比赛中获得的第一枚奖牌送给了他的启蒙教练。

【饮鸩止渴】yǐn zhèn zhǐ kě 喝毒酒解渴。比喻只图眼前应急，不顾严重后果。鸩：传说中的毒鸟，这里指用其羽毛泡成的毒酒。★以破坏资源为代价来发展旅游事业，是一种~的行为。

【隐恶扬善】yǐn è yáng shàn 不谈别人的坏处，只称扬别人的好处。隐：隐讳，隐蔽。扬：宣扬，表扬。★从某种意义上讲，中国的史书多数~，是在替帝王将相们树碑立传。

【隐姓埋名】yǐn xìng mái míng 隐瞒自己的真实姓名。常借指隐藏自己的行迹。隐、埋：隐藏，隐没。★他畏罪潜逃，到了外地，~，做起了生意。

【隐约其辞】yǐn yuē qí cí 形容说话语言不明确，躲躲闪闪，吞吞吐吐。隐约：不明显，不清楚。辞：也作“词”。★会上，他的发言~，显然有些话不便直说。

【应有尽有】yīng yǒu jìn yǒu 应该有的全都有了。形容非常齐全。★网络超市中商品~，人们足不出户便可以买到自己想要的东西。

【英明果断】yīng míng guǒ duàn 形容卓越明智，做事果决，不犹豫。英明：卓越而明智。果断：有决断，不犹豫。★周恩来总理处事~，在国际上享有崇高的威望。

【英雄所见略同】yīng xióng suǒ jiàn lüè tóng 英雄人物的见解大致相同。《三国志·蜀书·庞统传》裴松之注引《江表传》记载，蜀主刘备从庞统处证实周瑜曾暗中献计，要孙权留下他之事属实后感叹道：“天下智谋之士所见略同耳。时孔明谏孤莫行，其意独笃，亦虑此也。”后常用以赞美双方见解相同。略：大概。★~，我也想到这一点了。

【英雄无用武之地】yīng xióng wú yòng wǔ zhī dì 比喻有才能的人没有施展的地方或机会。用武：使用武力。比喻施展本领。★在改革开放的大环境下，是人才，就不愁~。

【英姿勃勃】yīng zī bó bó 形容英俊而富有朝气的样子。英姿：英俊勇武的姿态。勃勃：旺盛的样子。★阅兵式上，三军将士个个~，富有朝气。

【英姿飒爽】yīng zī sà shuǎng 形容姿态英武、豪迈矫健的样子。英姿：英俊勇武的姿态。飒爽：豪迈而矫健。★年轻的军人们列着方队，迈着整齐的步伐，~。

【莺歌燕舞】yīng gē yàn wǔ 黄莺歌唱，燕子飞舞。形容春意盎然，充满生机。也比喻大好形势。★久有凌云志，重上井冈山。千里来寻故地，旧貌变新颜。到处~，更有潺潺流水，高路入云端。

【鹦鹉学舌】yīng wǔ xué shé 鹦鹉学人说话。比喻人云亦云，机械模仿。★作文最忌~，步人后尘，而要有自己的特色和风格。

【迎刃而解】yíng rèn ér jiě 把竹子劈开口，下面的一段竹子一碰到刀刃就破开了。比喻主要问题解决了，其他有关的问题就可以很容易地得到解决。迎：对着，向着。解：分解，破开。★这个案件，只要找到目击证人，所有的问题就可以~。

【迎头赶上】yíng tóu gǎn shàng 指迅速地向着最前头、最先进的目标追赶上去。★我国的科学技术发展已经取得了很高的成就，但还需要快马加鞭，~。

【迎头痛击】yíng tóu tòng jī 指当头给以狠狠的打击。★对于那些威胁到人民生命安全的假药生产商，我们要~，绝不姑息。

【迎新送旧】yíng xīn sòng jiù 迎接新的，送走旧的。原指人事的更迭。旧时也用以形容妓女生涯。★这位女子被逼无奈，~，沦落风尘。

【营私舞弊】yíng sī wǔ bì 为谋求私利而玩弄欺骗手段，做违法乱纪的事。营：谋求。舞弊：用欺骗手段弄虚作假。★他利用手中权力~，严重违反了党纪国法，必须从严惩处。

【蝇头小利】yíng tóu xiǎo lì 比喻极微小的利润。蝇头：苍蝇的头。比喻微小。★他是个贪婪而狭隘的商人，眼中只盯着那些~。

【郢书燕说】yǐng shū yān shuō 郢地来的书信，燕相自作解说。《韩非子·外储说左上》记载，楚国郢都有人给燕相写信，因光线暗，便对身边人说"举烛"，并随手将此二字写入信中。燕相收到信后高兴地说："举烛者，尚明也；尚明也者，举贤而任之。"告诉燕王，燕王大悦，燕国因此大治。后用以比喻穿凿附会，任意曲解。郢：春秋战国时楚国都城，今湖北江陵。燕：春秋战国时诸侯国，今河北北部和辽宁南部。★原意根本不是这样，你真有点~了。

【影影绰绰】yǐng yǐng chuò chuò 形容模糊不清，隐隐约约。影影：模糊不清的样子。绰绰：隐隐约约的样子。★在昏暗的街灯的照射下，远处的人影~，看不真切。

【应答如流】yìng dá rú liú 答话如流水。形容答话敏捷流利。★在复试过程中，面对导师咄咄逼人的问题，他毫不慌乱，~。

【应付自如】yìng fù zì rú 形容处事从容自如，毫不费力。应付：对待或处置。自如：从容，不费力。★他虚心学习，进步很快，分配到单位后不久，对一般的日常工作就能~了。

【应接不暇】yìng jiē bù xiá 没有空闲应付。形容美景众多，看不过来。也形容人或事物纷繁，应付不过来。应接：接待，应付。暇：空闲。★走进广州的花市，只见姹紫嫣红，群芳斗艳，令人眼花缭乱，~。

【应运而生】yìng yùn ér shēng 原指顺应天命而降生。后多指顺应客观形势、时代潮流而出现。运：指气数，命运。★美国的自助餐厅，规模有大有小，但都清洁整齐，是匆忙的社会~的产物。

【硬着头皮】yìng zhē tóu pí 形容不得已而去做自己不愿意做的事情。★小菊从不喝酒，但盛情难却，只好~端起酒杯。

【拥兵自固】yōng bīng zì gù 掌握军队，巩固自己的地位或地盘。拥：拥有。★军阀想的不是解民于倒悬，而是~，争夺地盘，扩大势力。

【拥彗救火】yōng huì jiù huǒ 拿着扫帚去救火。比喻做事方法不当，结果适得其反。拥：持，拿。彗：扫帚。★做思想工作，首先要摸清对方的脾性，否则可能会导致~，适得其反。

【拥军优属】yōng jūn yōu shǔ 拥护军队，优待军属。拥：拥护。优：优待。★当地政府~，当地驻军拥政爱民。

【拥政爱民】yōng zhèng ài mín 军队拥护政府，爱护百姓。★~是部队搞好军民关系的重要方针。

【庸人自扰】yōng rén zì rǎo 指本来无事而徒自烦扰。庸人：庸俗之人。自扰：自寻烦扰。★这件事情本来跟他一点关系也没有，他却终日惶恐不安，真是~。

【庸庸碌碌】yōng yōng lù lù 形容才识平庸，无所作为。庸庸：平平庸庸。碌碌：平庸，没有特殊能力。★我不愿意~地度过一生，我要到祖国的西部去实现自己的人生价值。

【雍容典雅】yōng róng diǎn yǎ 形容诗文题旨舒缓温和，文辞平正雅丽。也形容建筑物风格等高雅华贵。雍容：温和大方。典雅：文辞典正高雅。★坐落在广场右侧的博物馆设计风格～，陈列的珍品更是琳琅满目。

【雍容华贵】 yōng róng huá guì 形容仪态大方文雅，服饰高贵华丽。多形容贵族妇女的姿容服饰。雍容：端庄大方，从容不迫的样子。华贵：华丽珍贵。★登台的是一位蜚声中外的歌唱家，她穿着黑色晚礼服，在灯光的闪烁下显得格外～。

【饔飧不济】 yōng sūn bù jì 吃了早饭没晚饭。形容生活非常贫困。饔飧：早饭和晚饭。不济：接济不上。★曹雪芹虽然出身贵族，但家道早已破落，常常生活在～的困顿中。

【永垂不朽】 yǒng chuí bù xiǔ 永久流传后世，不会磨灭。永：永久。垂：流传。朽：腐烂，磨灭。★那些为中国革命献身的人民英雄们，浩气长存，～。

【永垂青史】 yǒng chuí qīng shǐ 永远在史籍中流传下去。青史：古代以竹简记事，故称史籍为“青史”。★革命先辈的历史功绩定将～。

【永世难忘】 yǒng shì nán wàng 指一辈子也难以忘怀。表示永远铭记。永世：终生，一辈子。★那年冬天，是钟大叔冒着严寒把我从水里救上来的，他的救命之恩，我～。

【永无止境】 yǒng wú zhǐ jìng 永远没有尽头。止境：终点，尽头。★学习是～的，我们不能有丝毫的满足。

【永志不忘】 yǒng zhì bù wàng 永远铭记，不会忘怀。志：记，记住。★孔繁森同志的奉献精神，西藏人民～。

【勇冠三军】 yǒng guàn sān jūn 勇敢居全军第一。形容异常勇猛。冠：位居第一。三军：古代军队分中、上、下或中、左、右三军，这里是军队的统称。★杨排长～，屡立战功。

【勇往直前】 yǒng wǎng zhí qián 勇敢地一直向前奋进。★在困难面前～的人，才能最终到达胜利的彼岸。

【用兵如神】 yòng bīng rú shén 调兵遣将如同神人。形容极善于指挥作战。用兵：指挥军队作战。★诸葛亮～，指挥若定，屡建奇功。

【用尽心机】 yòng jìn xīn jī 用尽了心思、计谋。心机：心思，计谋。★为了得到那个市政建设项目，他不惜牺牲朋友的利益，可谓～。

【用心良苦】 yòng xīn liáng kǔ 指费了很多心思。用心：使用心力，费力。良：很。★父亲将自己心爱的铜烟袋卖了，给正在上高三的女儿买营养品，真是～。

【优孟衣冠】 yōu mèng yī guān 《史记·滑稽列传》记载，春秋时楚国著名宫廷艺人优孟常以谈笑讽谏楚庄王。楚相孙叔敖死后，其子穷困，靠打柴为生。优孟穿衣戴帽扮成孙叔敖的样子，庄王以为孙叔敖复生，想用他为相国。优孟趁机讽谏，才使孙叔敖之子得到封地。后用以泛指人善于扮相作戏。也比喻一味模仿，力求形似。★诗文力求创新，要有自己的风格，不能只是～，一味模仿他人。

【优柔寡断】 yōu róu guǎ duàn 指临事犹豫，不果断。优柔：迟疑不决。寡：少。断：决断。★小亮从小就缺少主见，做事～，不像个男孩子。

【优胜劣汰】 yōu shèng liè tài 本指生物在进化过程中，优良的得以生存发展，低劣的终以失败而被淘汰。后也用以说明人类社会的竞争现象。★面对日益激烈的社会竞争环境，我们必须不断壮大自己的实力。～，这是不可改变的规律。

【优游岁月】 yōu yóu suì yuè 悠闲自得地过日子。优游：悠闲自得。岁月：年月，泛指时光。★村民们虽然并不富裕，但～，和睦安宁，过得倒也自在。

【优游恬淡】 yōu yóu tián dàn 形容悠闲自得，淡泊名利。恬淡：淡泊。★小村的人们日出而作，日入而息，与世无争，～。

【忧国忧民】 yōu guó yōu mín 忧虑国家命运和人民疾苦。★历朝历代都有许多～的知识分子。

【忧心忡忡】 yōu xīn chōng chōng 形容忧虑不安。忧心：忧虑的心情。忡忡：忧愁不安的样子。★这些天，姑妈为表哥上大学的事～。

【忧心如焚】 yōu xīn rú fén 心里忧愁得像火烧一样。形容内心十分焦虑不安。焚：烧。★女儿因病被送进医院，正在执勤的他～。

【悠然神往】 yōu rán shén wǎng 形容心神好像要飞到某个很远的地方。悠然：很远的样子。神往：心神向往。★陶渊明的《桃花源记》里描述了一个让人～的地方。

【悠然自得】 yōu rán zì dé 形容安闲舒适，自我得意或满足的样子。悠然：闲适的样子。★爷爷～地蹲在菜地边，欣赏着他亲手栽培的绿油油的菜苗。

【由表及里】 yóu biǎo jí lǐ 从表面到内部。指看待问题、处理事情时既要看清现象，又要认识到本质。表：外表，表面。及：达到。里：里面，内部。★看待事物要～，只停留在表面现象上会影响到对事物的判断。

【由近及远】 yóu jìn jí yuǎn 从近处到远处。表示范围逐渐扩大。★故乡慢慢地向身后退去，～，最后从视野中消失了。

【由来已久】 yóu lái yǐ jiǔ 从发生到现在已有很长时间了。由来：

从发生到现在。★我的这个想法~，并不是现在才突发奇想。

【由浅入深】yóu qiǎn rù shēn 从浅显到深奥。★教学要循序渐进，~，由易到难，否则学生难以接受。

【犹豫不决】yóu yù bù jué 指拿不定主意。犹豫：迟疑。决：决断。★关键时候千万不能~，否则你将失去一个很好的机会。

【油腔滑调】yóu qiāng huá diào 形容说话或行文油滑轻浮，不实在。★失业后，他像变了个人似的，整日~，不务正业。

【油然而生】yóu rán ér shēng 指某种情感自然而然地产生出来。油然：自然而然。★站在烈士纪念碑前，我们对英雄的敬慕之情~。

【油嘴滑舌】yóu zuǐ huá shé 形容说话或行文油滑轻浮。★他这人一天到晚~，嘴里一句真话也没有。

【游目骋怀】yóu mù chěng huái 形容纵览景色，舒展情怀。游目：放眼远望。骋怀：开畅胸怀。★我们结伴纵马来到郊外，~，极为惬意。

【游人如织】yóu rén rú zhī 形容游人极多，来往穿梭不断。织：织布、织绸等，引申为穿梭般往来交叉。★中秋节前后，杭州西子湖畔~。

【游刃有余】yóu rèn yǒu yú 原指肢解牛体时能对准骨节之间的空隙下刀，刀刃运行于空隙之间大有回旋的余地。《庄子·养生主》记载，有一个厨师，宰牛的技术非常熟练，他对牛的骨骼构造摸得十分清楚，以至刀子可以在牛骨缝里灵活移动，还觉得大有余地。后用以比喻技巧熟练高超，做事轻而易举，遇到问题应付自如。游刃：运行刀刃。有余：有余地。★他是个聪明肯学的青年，能力很强，工作~，领导都很喜欢他。

【游山玩水】yóu shān wán shuǐ 游览、观赏山水风景。★一般说来，文人士大夫都喜欢~。

【游手好闲】yóu shǒu hào xián 终日游荡闲逛，不务正业。游手：闲散放荡，不务正业。好闲：喜好安逸。★哥哥整天和一些不三不四的人在一起，养成了~的习性。

【有板有眼】yǒu bǎn yǒu yǎn 指曲调唱腔合乎节拍。也比喻说话做事有条理，有节奏，不紊乱。板、眼：戏曲音乐的节拍。★这位世界有名的赛车手，练起中国功夫来也是~。

【有备无患】yǒu bèi wú huàn 事先有所准备，就可以免除祸患。备：准备。患：祸患。★外出旅游的时候，最好带上一些常用药品，~。

【有胆有识】yǒu dǎn yǒu shí 有胆量，有见识。★此人~，将来必成大器。

【有的放矢】yǒu dì fàng shǐ 对准靶子射箭。比喻言语行动目标明确，有针对性。的：箭靶。矢：箭。★我们出国进行商务考察要~，不能只是出去逛一圈。

【有感而发】yǒu gǎn ér fā 指有所感触而抒发言论。★写文章要~，不能为文造情。

【有机可乘】yǒu jī kě chéng 有机会可以利用，有空子可钻。乘：趁，凭借。★他见公司没人，~，就从经理电脑中复制了这次竞标的所有文件。

【有口皆碑】yǒu kǒu jiē bēi 所有的人都一致称颂。碑：记功的石碑，引申为颂赞。★市委书记虽然上任不到两年，他的廉洁和简朴却~。

【有口难言】yǒu kǒu nán yán 有嘴却难以说出来。指有话不便说或不敢说。言：说。★你是烈士遗孤，生活上有什么困难只管向学校反映，不要觉得~。

【有口无心】yǒu kǒu wú xīn 嘴上什么都说，心里却没什么。表示心直口快。也指说话时心不在焉。★辰辰说话一向~，你别放在心上。

【有来无回】yǒu lái wú huí 只要来了就没有回去的。多用以指某种势力被彻底消灭。★敌人胆敢入侵，我们定会让他们~。

【有棱有角】yǒu léng yǒu jiǎo 指为人处世有锋芒，不轻易宽恕别人。也比喻表情严峻。棱角：物体的边角或尖角，比喻人显露出来的锋芒。★他~，很有男子汉气概。

【有利可图】yǒu lì kě tú 可以从中谋取利益或好处。图：图谋，谋取。★她见~，便将那些廉价商品全部买了下来。

【有名无实】yǒu míng wú shí 空有名声或名义而无实际内容。名：名声，名义。实：实际。★由于在会议上公开顶撞领导，他被安排到下属企业一个~的位置上工作。

【有目共睹】yǒu mù gòng dǔ 人人都看得见。形容极其明显。睹：看见。★20年来，郝老师为学校所作的贡献~，被评为“优秀教师”可以说是实至名归。

【有气无力】yǒu qì wú lì 形容气力衰弱，精神疲惫，无精打采的样子。★这段时间单位工作很忙，他每次下班回家总是一副~的样子。

【有钱能使鬼推磨】yǒu qián néng shǐ guǐ tuī mò 有了金钱就可以让鬼来推磨。形容金钱万能。★不要以为~，在我这里是行不通的。

【有情有义】yǒu qíng yǒu yì 形容人重感情，讲仁义。★他~，知恩必报，每年过年都会送来一些物品表示感谢。

【有求必应】yǒu qiú bì yìng 只要有人请求就一定答应。★他有一副菩萨心肠，对任何人都～，尽心尽力。

【有色眼镜】yǒu sè yǎn jìng 比喻妨碍得出正确看法的成见或偏见。★你不要老是戴着～看人，如今的他已经不是当年的他了。

【有伤风化】yǒu shāng fēng huà 有损于风俗教化。伤：妨碍，损害。风化：风俗教化。★在许多人看来，公共场合的打情骂俏，是一种～的行为。

【有生力量】yǒu shēng lì liàng 本指军队中的兵员和马匹。后泛指军队。也泛指有朝气、有干劲、充满活力的力量。★这次战斗，我们要智取，不能强攻，要尽力保存我们的～。

【有生之年】yǒu shēng zhī nián 指人还活在世上的岁月。★张教授希望在自己的～，能为国家培养更多的人才。

【有声有色】yǒu shēng yǒu sè 既有声音，又有色彩。形容叙述、描绘或表演精彩生动。也指既有声誉，又很出色。又形容人的处事、举动等出色，令人称道。★在班主任的带领下，二班的班级活动搞得～。

【有识之士】yǒu shí zhī shì 指有见识有头脑的人。识：见识，知识。★他希望能得到～的增援，把这所希望小学继续办下去。

【有始无终】yǒu shǐ wú zhōng 有开头没有结尾。形容做事半途而废，不能坚持到底。★这个孩子最大的毛病就是做事虎头蛇尾，～。

【有始有终】yǒu shǐ yǒu zhōng 形容做事有恒心，能够坚持到底。★做任何事情都要～，不要半途而废。

【有恃无恐】yǒu shì wú kǒng 因有所依恃而无所畏惧或顾忌。恃：仗恃，依靠。恐：害怕。★虽然调查组的矛头已经指向了他，但有市委书记撑腰，他依然胡作非为，真是～。

【有损无益】yǒu sǔn wú yì 只有害处没有益处。损：损害。益：好处。★吸食毒品～，青少年一定要坚决抵制。

【有条不紊】yǒu tiáo bù wěn 有条理，有秩序，一点也不乱。条：条理，秩序。紊：乱。★他是个非常严谨的人，做事从来都是踏实稳重，～的。

【有条有理】yǒu tiáo yǒu lǐ 形容层次分明，清楚有序。★小明说话思路清晰，～，将来肯定会有出息。

【有头无尾】yǒu tóu wú wěi 有开头没有结尾。形容做事有始无终，不能坚持到底。也形容事物零碎，不完整。★你要好好改改你的毛病，做事不要总是这么～的。

【有头有脸】yǒu tóu yǒu liǎn 指有身份，有脸面；有名誉，有威信。★今天来这里赴宴的，都是镇上~的人。

【有头有尾】yǒu tóu yǒu wěi 既有开头，又有结尾。比喻连贯而完整。也形容做事有始有终。★做事要~，说话要有条有理。

【有隙可乘】yǒu xì kě chéng 指有空子可钻。隙：空隙，裂缝。乘：利用，凭借。★邻居家正闹矛盾，她见~，便添油加醋，挑拨了一番。

【有血有肉】yǒu xuè yǒu ròu 形容文艺作品的形象真实生动，内容充实具体。★在这部作品中，主人公的形象生动感人，~。

【有言在先】yǒu yán zài xiān 已经把话说在前头。指事先已经声明或打过招呼。★我们~，假如出了事故，你要负全部责任。

【有眼不识泰山】yǒu yǎn bù shí tài shān 长着眼睛却辨识不出泰山。比喻浅陋无知，认不出地位高或本领大的人。多用作客套话。泰山：在山东泰安县境，我国五岳之首。★您就是著名学者唐先生，我真是~，失敬，失敬！

【有眼无珠】yǒu yǎn wú zhū 比喻没有识别事物的能力。珠：指眼珠。★我~，没想到这件铜器原来还是稀世珍宝。

【有勇无谋】yǒu yǒng wú móu 只有勇气，没有智谋。形容做事莽撞蛮干，不讲策略。★打仗必须讲究策略，不能光靠猛冲猛打，~是不能战胜敌人的。

【有则改之，无则加勉】yǒu zé gǎi zhī，wú zé jiā miǎn 有错误就将其改正，没有就加以自勉。勉：勉励。★我们要虚心接受别人的批评与意见，~。

【有增无减】yǒu zēng wú jiǎn 只有增多，没有减少。指数量不断增长或程度不断加深。★2005年，中国高校毕业生比去年净增58万人。虽然增幅有所回落，但压力~，就业工作任务仍相当繁重。

【有朝一日】yǒu zhāo yī rì 将来有一天。朝：日，天。★只要肯下工夫，~你定会得到社会的认可的。

【有志不在年高】yǒu zhì bù zài nián gāo 有志气不在于年龄大。指只要有志气，年轻也能有优异的表现。★~，我看这帮孩子一定能完成这项任务。

【有志者事竟成】yǒu zhì zhě shì jìng chéng 只要有志气，事情终会成功。竟：最后，终于。★~，经过10年的努力，他终于攻克了这个科技难关。

【诱敌深入】yòu dí shēn rù 指诱引敌人进入自己的防御地带加以围歼。★敌后游击队采用~的作战方针，消灭了大批敌人。

【囿于成见】yòu yú chéng jiàn

拘泥于故有的看法而不改变。囿：拘泥，限于。成见：固定不变的看法。★有些人～，认为旧的东西就是封建的东西，其实不然。

【迂回曲折】 yū huí qū zhé 形容道路弯曲环绕。也指事物的发展经历波折反复。迂回：回旋，环绕。★我们公司的发展经历了一条～的道路。

【迂阔之论】 yū kuò zhī lùn 指迂腐夸大、不合实际的言论。迂：迂腐。阔：夸张。★有人认为对敌作战只要武器先进就能取胜，这只是书生的～。

【于事无补】 yú shì wú bǔ 对事情没有什么好处。补：补益。★事情发展到这一步，无论我们怎样努力，都已经～了。

【于心何忍】 yú xīn hé rěn 心里怎么能忍下去呢？用反问语气表示不忍心，表示对受害者的同情。★让这么小的一个孩子承受如此巨大的压力，你～！

【于心有愧】 yú xīn yǒu kuì 指内心感到惭愧。★看着老百姓受穷，我们这些父母官～啊。

【余音袅袅】 yú yīn niǎo niǎo 形容乐声或歌声绵延不绝。也比喻诗文韵味无穷。袅袅：声音绵长不绝。★音乐会已经结束了，然而现场的观众仍然感觉到耳际～。

【余音绕梁】 yú yīn rào liáng 《列子·汤问》记载，有个叫韩娥的女子，从韩国到齐国去，路上断了粮，就靠唱歌求食，听的人都觉得她的歌声很美，唱完后，余音还在屋梁间萦绕，很多天都不断绝。后用以形容歌声或乐声婉转悠扬，给人留下难忘的印象。也比喻诗文意味深长，耐人寻味。绕梁：环绕屋梁。★好的音乐作品渗透力极强，能让人感觉～，三日不绝。

【余勇可贾】 yú yǒng kě gǔ 意谓还有未用尽的勇力可以使出来。表示气概豪迈，斗志不懈。余勇：没有用尽的勇力。贾：卖。★老王酷爱游山玩水，如今虽上了年纪，步履不健，但依然～。

【鱼贯而入】 yú guàn ér rù 像游鱼般一个接一个地进入。★图书馆大门一开，同学们～。

【鱼龙混杂】 yú lóng hùn zá 鱼和龙混在一起。比喻好的和坏的混杂在一起。混杂：混合掺杂。★当革命浪潮席卷而来的时候，难免泥沙俱下，～，因此要随时注意革命队伍的纯洁性。

【鱼米之乡】 yú mǐ zhī xiāng 盛产鱼类和稻米的地方。★我的家乡是～，那里风景秀丽，人民生活富裕。

【鱼目混珠】 yú mù hùn zhū 把鱼眼睛混杂在珍珠中。比喻以假乱真，以次充好。★他试图～，结果被食品检查人员逮了个正着。

【鱼肉百姓】 yú ròu bǎi xìng 把老百姓当成鱼肉一样任意宰割。指任意欺凌、残害良民。鱼肉：

以为鱼肉，比喻欺凌、残害。★封建时代许多官吏~，残害人民。

【鱼水之欢】yú shuǐ zhī huān 比喻夫妻欢爱或君臣相得。欢：交好，融洽。★刘备得孔明，乃享~。

【鱼死网破】yú sǐ wǎng pò 比喻斗争双方一同毁灭。★犯罪分子铤而走险，想来个~，结果被我公安人员生擒活捉。

【愚不可及】yú bù kě jí 原指善于装傻，别人都赶不上。后指极其愚蠢。愚：愚笨。及：赶上。★他真是个~的道士，为了几块银元就将珍贵的敦煌文物卖给了外国人。

【愚公移山】yú gōng yí shān 《列子·汤问》记载，北山有个年近九十的愚公，为了搬掉挡在家门口的太行、王屋二山，每天挖山不止。河曲智叟笑他愚蠢，愚公回答说："我死后还有儿子，儿子死后还有孙子，子子孙孙没有穷尽，而山不会增高，终有一天会挖平的。"后用以比喻知难而进，做事有坚定不移的精神和毅力。★我们要发扬~的精神，克服一切困难，改变我们村子的落后面貌。

【愚昧无知】yú mèi wú zhī 愚蠢糊涂，不通事理。昧：昏，糊涂。★时至今日，倘若还不能从根本上认识到办好教育对一个国家和民族的重大意义，那实在太~了。

【愚者千虑，必有一得】yú zhě qiān lǜ, bì yǒu yī dé 即使是愚笨之人，多次考虑中也总有一点可取之处。多用于自谦。虑：思考，考虑。得：收获。★~，我的这些建议或许对工厂改革有一定的参考意义。

【与狐谋皮】yǔ hú móu pí 跟狐狸商量取下它的皮来。比喻所商量的事要对方牺牲切身利益，绝不可能成功。谋：谋划，商量。★要他出资赞助，无异于~，你干脆死了这条心吧。

【与虎添翼】yǔ hǔ tiān yì 给老虎添上翅膀。比喻助长强者或坏人的势力。翼：翅膀。★你放走这位优秀的技术员，让他到实力强大的蓝德公司去，这不是~吗？

【与民同乐】yǔ mín tóng lè 跟百姓一同享乐。★作为领导干部，不仅要~，还要与民共苦。

【与民休息】yǔ mín xiū xī 指给予百姓休养生息的机会。与：给予。休息：休养生息。★在制定政策时，要多考虑老百姓的利益，要~，宽简行事。

【与人方便，自己方便】yǔ rén fāng biàn, zì jǐ fāng biàn 给别人以方便，自己也会得到方便。★~，这事我就帮你一把吧。

【与人为善】yǔ rén wéi shàn 原指支持、帮助人学好。现多指善意与人相处。为：偕同。★发现别人有缺点错误，不应该听之任之，也不应揪住不放，而要以～的态度，帮助他改正。

【与日俱增】 yǔ rì jù zēng 随着时间的推移而不断增长。★哥哥在前线一直没有消息，父亲心中的愁闷～。

【与生俱来】 yǔ shēng jù lái 和生命一起具备的；天生具有的。俱：一起。★人的智慧主要靠后天的勤奋学习和努力实践得来，而不是～的。

【与时俱进】 yǔ shí jù jìn 指随时随地都要以当时的历史条件为转移。★坚持解放思想、实事求是的思想路线，弘扬～的精神，是党在长期执政条件下保持先进性和创造力的决定性因素。

【与世长辞】 yǔ shì cháng cí 同人世永远告别了。原指远离人间过隐逸生活。后指人死去。辞：告别。★回到故乡才知道，我的小学老师已于5年前～了。

【与世无争】 yǔ shì wú zhēng 与世人没有利害冲突。指不慕名利、超然物外的处世态度。争：争执，竞争。★他是个从上海来的知识分子，一辈子～，心甘情愿留在新疆工作。

【与众不同】 yǔ zhòng bù tóng 指跟普通的不一样。表示人或事物突出，有特色。★我们班刚来了一位新疆的学生，她的穿着打扮和生活习惯都～。

【羽化成仙】 yǔ huà chéng xiān 指飞升成仙。也比喻潇洒脱俗。★秦始皇相信方士们能给他求得灵丹妙药，服用之后便会～。

【羽毛丰满】 yǔ máo fēng mǎn 羽毛长齐。比喻力量已经充实壮大。丰满：充足。★如今的他～，自己在外边开了一家公司。

【雨过天晴】 yǔ guò tiān qíng 雨后天气放晴。也比喻情况由坏变好。★～，天空东南方出现了一道美丽的彩虹。

【雨后春笋】 yǔ hòu chūn sǔn 春天雨后冒出的竹笋。比喻新生事物大量涌现，蓬勃发展。★近10年来，私有企业就像～般迅速发展。

【语惊四座】 yǔ jīng sì zuò 说出的话使在座的人都很震惊。形容说话与众不同，很有分量。四座：在座的人。★研讨会上，小李貌不惊人，却～。

【语无伦次】 yǔ wú lún cì 形容说话、作文颠三倒四，没有条理。伦次：条理。★他喝得大醉，走路歪斜，～。

【语焉不详】 yǔ yān bù xiáng 说得不详细。焉：文言助词。★关于这位外国官员来华到底何事，报纸上～。

【语重心长】 yǔ zhòng xīn cháng 言辞郑重恳切，情意深长。★老首长～地叮嘱我们，要珍惜当前来之不易的幸福生活。

【玉不琢，不成器】yù bù zhuó, bù chéng qì 玉石不经过雕刻加工，不能成为器物。比喻人不经过教育培养，不能成为有用的人才。琢：雕刻。★俗话说，～，任何人要想成才，都需要经过不断的锤炼。

【玉成其事】yù chéng qí shì 指成全某事。多指男女婚姻。玉成：帮助使之成功。★为了～，我们三番五次做双方家长的工作，终于使这对情侣结成眷属。

【玉粒桂薪】yù lì guì xīn 米如玉，薪如桂。极言生活费用之昂贵。★京都～，很大一部分人都生活得相当艰难。

【玉石俱焚】yù shí jù fén 美玉和石头一起焚毁。比喻好的坏的一同毁灭。俱：一起。焚：烧。★我们要采取行动了，赶快让队长从洞里撤出来，免得～。

【玉树临风】yù shù lín fēng 像玉树迎风而立。形容人或事物秀美多姿，卓越不凡。玉树：传说中的仙树。临风：迎风，当风。★新娘亭亭玉立，新郎～，真是天生的一对。

【郁郁葱葱】yù yù cōng cōng 形容草木苍翠茂盛。也比喻气象旺盛美好。葱葱：苍翠茂盛的样子。★武汉大学坐落在～的珞珈山麓，碧波荡漾的东湖之滨。

【郁郁寡欢】yù yù guǎ huān 心中愁闷，很少欢乐。郁郁：心中苦闷。寡：少。★在同学们的印象中，她一直～，很少露出笑容。

【浴血奋战】yù xuè fèn zhàn 浑身是血，还在奋力战斗。形容顽强地拼死战斗。浴血：满身是血。★广大人民在中国共产党的领导下，经过8年的～，终于取得了抗日战争的伟大胜利。

【欲罢不能】yù bà bù néng 想停止也止不住。指受事物吸引或形势促使而无法停止。罢：停止。★她刚开始上网的时候，只是为了消磨时间，谁知时间久了便～，完全沉迷其中，不能自拔。

【欲盖弥彰】yù gài mí zhāng 想掩盖反而暴露得更加明显。弥：更加。彰：明显。★你试图替自己申辩，结果却～，让别人抓住了更多的把柄。

【欲壑难填】yù hè nán tián 欲望像山谷一样难以填平。形容贪心极重，难以满足。壑：山谷。★～，我们一个小小的公司，怎么经得起市长公子的几番折腾呢?

【欲加之罪，何患无辞】yù jiā zhī zuì, hé huàn wú cí 想给人加上罪名，何愁找不到借口。患：担心，忧虑。辞：理由，借口。★～，你有权有势，想把我置于死地还不是很容易的事?

【欲擒故纵】yù qín gù zòng 为了要捉住他，却故意先放开他。比喻为了进一步地控制，故意先放松一步。擒：捉拿。纵：放。★为了引出这个集团的头号人物，我公安人员～，故意将两名已经抓获的犯罪分子放了回去。

【欲速则不达】yù sù zé bù dá 过于性急图快，反而达不到预期目的。达：达到目的。★从事科研工作要先打好基础，不能过于心急，否则～。

【欲言又止】yù yán yòu zhǐ 想说话又止住不说。★她刚才在会上～，似乎有什么难言之隐。

【遇难成祥】yù nàn chéng xiáng 遇到危难而能化为吉祥。难：灾难，危难。祥：吉祥。★愿你此行诸事如意，～。

【御用文人】yù yòng wén rén 指为反动统治者利用而做其帮凶的文人。御用：帝王所用。★封建时代的许多～，所做的只是为统治阶级歌功颂德。

【鹬蚌相争，渔人得利】yù bàng xiāng zhēng，yú rén dé lì 鹬和蚌相互争执，捕鱼的人从中得到好处。比喻双方相持不下，结果两败俱伤，第三者趁机得利。鹬：一种长嘴的水鸟。相争：双方坚持对立，互不相让。★～，这两家公司的价格战打得正酣，另一家公司却在坐收渔利。

【誉满天下】yù mǎn tiān xià 形容美好的名声天下皆知。誉：美名，荣誉。★随着“神舟五号”的发射成功，杨利伟作为我国第一位进入太空的航天员而～。

【鬻妻卖子】yù qī mài zǐ 卖掉妻子和孩子。用以指百姓生活极端艰难无助。★富人花天酒地，穷人～，这就是旧社会的阶级对比。

【冤家对头】yuān jiā duì tóu 指矛盾或仇恨很深的人。★他们两家是～，从不往来。

【冤家路窄】yuān jiā lù zhǎi 指仇人或不愿碰见的人偏偏碰见，无可回避。★真是～，我们在这里又见面了。

【冤家宜解不宜结】yuān jiā yí jiě bù yí jié 指有仇的双方最好是解除旧仇，不要纠缠不放继续结仇。宜：应当。解：解除。结：指结仇，结怨。★人们常说，～，你俩还是和解吧。

【冤假错案】yuān jiǎ cuò àn 冤案、假案和错案的合称。★“文革”时期，产生了大量的～，致使许多革命老前辈蒙受冤屈。

【冤冤相报】yuān yuān xiāng bào 佛家语，指冤仇终会有报应。也泛指仇人之间相互报复。★这两个寨子世代相仇，～，争斗一直未停止过。

【原封不动】yuán fēng bù dòng 指保持原来的样子，一点也未加变动。原封：没有开封。★他在街上拾到一个钱包，在警察的帮助下，～地还给了失主。

【原形毕露】yuán xíng bì lù 本来面目完全暴露出来。毕：全部。★事情被揭穿，他～，对知情者下了毒手。

【原原本本】yuán yuán běn běn 原指探究事物的本源。现也指事情自始至终的全过程或全部情况。原原：探究源头。本本：追求根本。★老师要求学生～地把课文复述一遍。

【圆凿方枘】yuán záo fāng ruì 圆的榫眼与方的榫头。比喻两者格格不入，不相投合。凿：榫眼，卯眼。枘：榫头。★让这个学中文的来从事财会工作，无异于～。

【援古证今】yuán gǔ zhèng jīn 援引古事古义以论证今事。★这篇文章观点鲜明，～，论据充分，很有说服力。

【缘木求鱼】yuán mù qiú yú 爬到树上找鱼。比喻方向或方法不对头，终不能达到目的。缘：沿着。木：树木。★要从自私的基础上去寻求人生的快乐，那就无异于～，是永远也达不到的。

【源头活水】yuán tóu huó shuǐ 来自发源地而经常流动的水。比喻事物发展的动力和源泉。★社会生活是作家进行创作的～。

【源源不断】yuán yuán bù duàn 形容连续不断。源源：连续不断的样子。★各地的救灾物资～地运往灾区。

【源远流长】yuán yuǎn liú cháng 源头远，流程长。比喻事物的历史悠久。★万里长江～，是我国第一大河。

【远隔重洋】yuǎn gé chóng yáng 指远在海外，距离家乡遥远。重：层，多。★儿子～，在美国工作，想见一面很不容易。

【远见卓识】yuǎn jiàn zhuó shí 远大的目光，卓越的见识。卓：高超，卓越。★他是一个具有～的人，在房地产开发中获得了巨大的成功。

【远亲不如近邻】yuǎn qīn bù rú jìn lín 远方的亲戚，不如紧挨着的邻居。元明时熟语。意谓近邻可以应急帮忙。★～，这些日子多亏邻居们帮忙。

【远水不解近渴】yuǎn shuǐ bù jiě jìn kě 远处的水解救不了眼前的口渴。比喻长远的计划、安排等解决不了现实的问题。★他认为～，所以让儿子辍学回家帮着做买卖，以早日实现他发家致富的梦想。

【远水不救近火】yuǎn shuǐ bù jiù jìn huǒ 远处的水救不了近处的火。比喻缓慢的解决办法不能满足急迫的需要。★～，光等别人支援不行，我们必须马上采取行动，尽量减少受灾面积。

【远在天边，近在眼前】yuǎn zài tiān biān, jìn zài yǎn qián 指要找寻的人或事物就在面前，而故意用反语加以衬托。★不用急，～，你要找的人眼前就站着一个！

【远走高飞】yuǎn zǒu gāo fēi

远远地离开，到别的地方。多指逃离困境，到别处去寻找出路。★她盼着有一天能够～，离开那个贫穷落后的村庄。

【怨气冲天】 yuàn qì chōng tiān 形容怨恨的情绪非常强烈。冲天：冲向天空。比喻情绪高涨而猛烈。★这家造纸厂排放的污水对环境污染严重，附近居民～。

【怨声载道】 yuàn shēng zài dào 怨恨之声充满道路。形容民愤极大。载：充满。★为了争夺地盘，各地军阀连年混战，民众～。

【怨天尤人】 yuàn tiān yóu rén 抱怨上天，埋怨他人。指对不如意的事一味归咎于客观原因。尤：怨恨。★虽然实验多次遭到失败，但他不灰心丧气，也不～，仍然坚持不懈地做下去，终于获得了成功。

【约定俗成】 yuē dìng sú chéng 指某种事物的名称或事情的做法得到社会的承认而固定下来，为大家所习用和遵守。★语言是一种～的产物，任何民族的语言都是这样。

【约法三章】 yuē fǎ sān zhāng 原指共同议定三条法律。《史记·高祖本纪》记载，刘邦率军攻入秦都咸阳，听取张良的建议不取秦宫财物，还军灞上，并召集诸县父老豪杰说："与父老约，法三章耳，杀人者死，伤人及盗抵罪。"后用以泛指订立必须遵守的规章条款。约：协商，议定。★因儿子总在外边惹事，父亲和他～。

【月黑风高】 yuè hēi fēng gāo 指没有月光、风力很大的夜晚。常指窃贼作案的天气或恶劣的天气。★在一个～的夜晚，一伙强盗潜入宅院，偷走了许多财物。

【月落乌啼】 yuè luò wū tí 月亮落下，乌鸦啼叫。指天色快亮的时候。★～霜满天，江枫渔火对愁眠。姑苏城外寒山寺，夜半钟声到客船。

【月落星沉】 yuè luò xīng chén 月亮落山了，星星隐没了。指天要亮的时候。★我睁开双眼，看看窗外，已是～了。

【月满则亏】 yuè mǎn zé kuī 月亮到了最圆的时候就开始亏缺。比喻事物发展到极端就会向相反的方面转化。★水满则溢，～，这是事物自然之理。

【月明星稀】 yuè míng xīng xī 月光明亮，星星稀少。★今夜～，他俩在村口小河边互诉衷肠。

【月色溶溶】 yuè sè róng róng 形容月光洁净的样子。溶溶：明净洁白的样子。★在～、柳丝拂拂的池塘旁边倾听一支优美动人的小夜曲时，情不自禁地激起一种洋溢着诗情画意的恬静而又近乎陶醉的感情。

【月下老人】 yuè xià lǎo rén 神话传说中主管人间婚姻的神。唐·李复言《续幽怪录·订婚店》

记载，韦固路过宋城，见月光下一老人倚囊翻书，上前询问，才知是婚姻簿子。又问囊中何物，老人说是赤绳，暗系在男女双方的脚上，能使他们成为夫妇，永不分离。后用以指称媒人。★如果你俩真的有情有义，我愿意做一回～，为你们撮合。

【跃马扬鞭】 yuè mǎ yáng biān 挥动鞭子，策马奔驰。形容飞快前进。★张飞～，冲入敌阵，展开激烈的厮杀。

【跃然纸上】 yuè rán zhǐ shàng 活生生地呈现在纸上。形容描写刻画得非常逼真生动。跃然：生动逼真地呈现出来。★作者通过生动细致的文字描述，使一个女英雄的形象～。

【跃跃欲试】 yuè yuè yù shì 形容急切地想试一试。跃跃：急切期待的样子。★新乒乓球桌买回来了，同学们一个个～。

【越俎代庖】 yuè zǔ dài páo 原指祭祀时主祭的人或赞礼的人越过礼器代替厨师办理宴席。后比喻越权办事或包办代替。越：跨过，越过。俎：古代祭祀时陈列牛羊等祭品的礼器。庖：厨师。★政府部门抓好宏观调控即可，不要～，应把有关权力下放给企业，让企业能够真正地独立自主经营。

【粤犬吠雪】 yuè quǎn fèi xuě 粤地少雪，狗见后因惊奇而吠叫。比喻少见多怪。粤：古地名，相当于今广东、广西一带。★如今使用笔记本电脑已是极为平常的事了，你不要～。

【晕头转向】 yūn tóu zhuàn xiàng 头脑发昏，辨不清方向。常形容被搞得糊里糊涂，不知怎么回事。★公司最近事务特多，她经常忙得～。

【晕晕糊糊】 yūn yūn hú hú 形容头脑昏乱糊涂，不清醒。★你怎么什么事都～的，这样下去会毁了自己的！

【云谲波诡】 yún jué bō guǐ 原形容房屋构造奇异巧妙，像云彩和波浪那样千姿百态。谲：变化多端。诡：奇异。★这一带的民居造型奇妙，～，气势不凡。

【云开见日】 yún kāi jiàn rì 云雾散开，看到了太阳。比喻黑暗过去，光明到来。也比喻疑窦或误会消除。★边区解放了，老百姓～，终于当家做了主人。

【云消雾散】 yún xiāo wù sàn 笼罩天空的浓雾、阴云消散了。比喻事物消失净尽或怨愤、疑虑得以消除。消：亦作“销”。★王科长的一席话使我的疑虑顿时～。

【云蒸霞蔚】 yún zhēng xiá wèi 云气升腾，彩霞聚集。形容气象繁盛绚丽。也形容事物蓬勃兴起，蔚为大观。蒸：兴起。蔚：聚集。★中国的民办教育发展迅速，～，势头良好。

【芸芸众生】 yún yún zhòng

shēng 原为佛教语，指一切有生命的东西。后用以指一大群普普通通的人。芸芸：众多的样子。众生：梵语指一切生物。★这位艺术家此前一直埋没在～之中，没有出人头地的机会。

【运筹帷幄】 yùn chóu wéi wò 在军帐中谋划军机。也泛指善于筹划指挥。帷幄：古代军队中的帐幕。★解放战争时期，毛主席～，成功地指挥了三大战役。

【运交华盖】 yùn jiāo huá gài 旧时迷信以为人的命运犯了华盖星，运气就不好。华盖：古星名，属紫微垣。★这些年我～，日子过得非常狼狈。

【运斤成风】 yùn jīn chéng fēng 抡起斧子，快速如风。《庄子·徐无鬼》记载，楚国郢人在鼻尖抹了一层白粉，让一个名叫石的巧匠用斧子把粉削去，匠石运斤成风，削掉白粉，郢人的鼻子却毫无损伤。后用以比喻手法纯熟，技术精妙。运：抡动。斤：斧子。★这些能工巧匠，个个身怀绝技，～。

【运用自如】 yùn yòng zì rú 形容运用得非常熟练自然，一点也不费力。★书本上的知识要反复消化，才能达到～的地步。

Z

【咂嘴弄舌】zā zuǐ nòng shé 吧嗒嘴唇，摆弄舌头，发出声音。形容贪馋、欣羡或自得的神态。★看见别人吃烧烤，小明~，馋得直流口水。

【杂乱无章】zá luàn wú zhāng 又多又乱，没有条理。章：条理。★码头上湿漉漉的，物品胡乱堆放在一起，显得~。

【杂七杂八】zá qī zá bā 形容把许多事物胡乱夹杂在一起。★行政事务细小琐碎，~，却来不得半点懈怠和马虎。

【杂然相许】zá rán xiāng xǔ 形容纷纷表示赞同。杂然：纷杂的样子。许：赞同。★乡政府召开群众会议，征求关于退耕还林政策的意见，群众代表~。

【杂沓而至】zá tà ér zhì 形容从各方纷纷而来。杂沓：众多而杂乱的样子。★这座古寺经过翻修，面目焕然一新，四方游客~。

【砸锅卖铁】zá guō mài tiě 把锅砸成废铁卖掉。比喻想方设法，尽其所有。★哪怕是~，我也要供女儿上大学。

【灾难深重】zāi nàn shēn zhòng 形容灾难极其严重。★"文革"十年是~的十年，在这十年当中，国家经济几乎到了崩溃的边缘。

【宰相肚里好撑船】zǎi xiàng dù lǐ hǎo chēng chuán 指做宰相的人心胸宽广，极有涵养。也比喻人有度量，能容忍、原谅别人。宰相：辅佐君主掌管国事的最高官员。★~，这事你就原谅他吧。

【再接再厉】zài jiē zài lì 原指公鸡相斗，每次交锋都先把嘴磨快。后比喻继续奋斗，毫不松懈。接：接触，交锋。厉：磨砺，引申为奋勉。★我们要~，使我们的事业更上一层楼。

【再三再四】zài sān zài sì 指反复，多次。★上级有关部门曾经~地强调向农民征购公粮不能打白条，可有些地方就是不听。

【再生父母】zài shēng fù mǔ 给了自己第二次生命的人，指救命恩人或对自己有大恩大德的人。★王教授是我的~，我要努力工作，好好报答他。

【再衰三竭】zài shuāi sān jié 指士兵的锐气到第二次冲锋时就开始衰退，到第三次就消耗尽了。也指力量一再消耗，渐趋衰竭。再：第二次。竭：尽。★在短短的几年时间里，疯牛病曾使英国的牛畜产业～。

【再造之恩】 zài zào zhī ēn 指极大的恩德。再造：再生。★他对我有～，我一辈子都不能忘记他。

【再作冯妇】 zài zuò féng fù 再做一次打虎的冯妇。《孟子·尽心下》记载，晋国冯妇是个打虎能手，后来做了士人，不再打虎了。一次到野外，看见许多人追一只虎又不敢靠近，冯妇捋起袖子，走下车来，准备打虎。后用以比喻重操旧业。★王院长退休多年后～，在一家民营医院做了主刀医生。

【在此一举】 zài cǐ yī jǔ 指事情的成败就决定于这一次的行动。在：在于，决定于。举：举动，行动。★成败～，我们要慎之又慎。

【在劫难逃】 zài jié nán táo 旧指命中注定要遭受的天灾人祸，无法逃脱。现也借指不可避免的难以逃脱的灾难。劫：佛教指大灾难，认为世界有成、住、坏、空四个时期，到了坏劫，出现风、水、火三灾，世界归于毁灭。人们因此把天灾人祸借称“劫”或“劫数”。★公安机关已布下了天罗地网，犯罪分子定然～。

【在所不辞】 zài suǒ bù cí 没有推辞，完全接受。在：处于，属于。辞：推辞。★为了使这项工作能够圆满完成，我就是赴汤蹈火也～。

【在所不惜】 zài suǒ bù xī 指决不吝惜。惜：顾惜，吝惜。★家长为了孩子将来有出息，往往是倾家荡产也～。

【在所难免】 zài suǒ nán miǎn 指难以避免。★路途遥远，道路颠簸，物品出现点破损也是～。

【在天之灵】 zài tiān zhī líng 迷信指人死后升了天的灵魂。现多用于对死者的悼念，以示诚敬。★小王希望能用自己出色的工作业绩来告慰父亲的～。

【载歌载舞】 zài gē zài wǔ 又唱歌，又跳舞。形容尽情欢乐。载：助词。★各族人民～，共同庆祝中华人民共和国成立55周年。

【载誉而归】 zài yù ér guī 指获得荣誉后归来。载：装载。★我国体育代表团在雅典奥运会上获得了32块金牌，～。

【赞不绝口】 zàn bù jué kǒu 不住口地称赞。绝口：住口。★前来旅游的外国朋友对中国长城雄伟壮丽的风光～。

【赞叹不已】 zàn tàn bù yǐ 称赞不止。已：停止。★10岁的孩子能写出这样一笔功底深厚的好字，评委们一个个～。

【臧谷亡羊】 zāng gǔ wáng yáng 牧羊小童丢掉了羊。《庄子·骈拇》记载，臧与谷二人牧羊，臧挟策读书，谷博塞游戏，结果二人俱亡其羊。后用以比喻不专心从事本业，以致造成损失。臧：

奴隶。谷：小孩。亡：丢失。★我们做任何事情都要全心全意，专心致志，否则～，悔之晚矣。

【臧否人物】 zāng pǐ rén wù 指对人物进行褒贬评议。臧否：褒贬，评论。★魏晋时期一些所谓的名士喜欢高谈阔论，～，针砭时弊。

【糟糠之妻】 zāo kāng zhī qī 贫困时共食糟糠的妻子。指与自己共同艰苦度日的妻子。★他是个重情义的人，虽然已经从原来的穷光蛋当上了大老板，但仍与自己的～相亲相爱。

【凿壁偷光】 záo bì tōu guāng 原指西汉匡衡少时家贫，凿穿墙壁借邻居的灯光读书。后用以形容勤学苦读。★我们应该学习古人～、悬梁刺股的精神，珍惜光阴，刻苦读书。

【早出晚归】 zǎo chū wǎn guī 清早出门，很晚回家。★在我的印象中，父亲总是忙忙碌碌，～。

【早知今日，悔不当初】 zǎo zhī jīn rì, huǐ bù dāng chū 早知有今天这样的结果，后悔当初不该那样做。意谓做事没有预见，以致自食恶果而追悔莫及。★他在监狱里深刻地反省自己，深深地感到～。

【澡雪精神】 zǎo xuě jīng shén 涤除意念中庸俗的东西，使之清洁纯正。澡雪：洗涤。★在这个物欲横流的世俗社会，人只有不断地～，才能保持一种纯洁的品质。

【造谣惑众】 zào yáo huò zhòng 制造谣言，迷惑众人。★我们要提高警惕，防止坏人～。

【造谣中伤】 zào yáo zhòng shāng 制造谣言，攻击陷害他人。中伤：攻击，陷害。★只要我们掌握了真理，赢得了群众的信任，就不怕任何的～。

【责无旁贷】 zé wú páng dài 自身负有的责任，不能向别人推卸。责：责任。贷：推卸。★公司出现这样的事故，你们当领导的～。

【择木而栖】 zé mù ér qī 鸟儿选择树木筑巢栖息。比喻选择投靠贤明的主人。栖：栖息。★良禽～，良臣择主而事。

【择善而从】 zé shàn ér cóng 选择好的而遵从学习。从：效法，学习。★任何问题的解决方案都不止一个，重要的是权衡利弊，～。

【贼喊捉贼】 zéi hǎn zhuō zéi 做贼的人喊捉贼。比喻干了坏事企图逃脱罪责，故意混淆视听，转移目标。★小偷为了顺利脱身，经常上演～的把戏。

【贼眉鼠眼】 zéi méi shǔ yǎn 形容神情鬼鬼祟祟。也指人相貌丑陋。★新来的护工看起来～的，总让人有点不放心。

【贼头贼脑】 zéi tóu zéi nǎo 形容举动鬼鬼祟祟。★那个收旧家具的小青年拉着破板车在小区里

~地转了一个上午，不知道究竟想干什么。

【曾母投杼】zēng mǔ tóu zhù 《战国策·秦策二》记载，有一个与曾参同族同名的人杀了人，前两个人告知曾母"曾参杀人"时，曾母不信，依旧织布；等第三个人再这样说时，曾母信以为真，投杼逾墙而走。后用以比喻谣言及讹传能以假乱真。杼：机杼。★作为领导干部，兼听则明，偏听则暗，谗言听多了，即使是对自己非常信任的人也难免会有~之疑。

【乍暖还寒】zhà nuǎn hái hán 刚刚变暖，还有些寒意。多形容春秋季节天气冷。乍：刚。★我们来到这座江南小城时，正是~的初春季节。

【乍雨乍晴】zhà yǔ zhà qíng 一会儿下雨，一会儿又天晴。形容天气多变。也比喻局势或人的心情变化多端。乍：忽然。★她的情绪往往~，变幻莫测。

【债台高筑】zhài tái gāo zhù 原指战国时周赧王因债主逼债，躲在宫内高台上。后用以形容欠债很多。债：欠别人的钱财。★近10年来，他先后将四个儿女都培养成了研究生，也因此而~。

【沾亲带故】zhān qīn dài gù 多少带点亲戚、朋友关系。亲：亲戚。故：老朋友。★小镇上的人家大都是~的，平时相处得非常和睦。

【沾沾自喜】zhān zhān zì xǐ 形容自以为很好而颇为得意。沾沾：自得的样子。★因为一点成绩就~的人，是成不了大事的。

【瞻前顾后】zhān qián gù hòu 看看前面，又看看后面。形容做事或考虑问题谨慎周到。也形容顾虑过多，犹豫再三。瞻：向前看。顾：回头看。★做事要坚决果敢，不能总是这么患得患失、~的。

【斩草除根】zhǎn cǎo chú gēn 割草连同根一齐除掉。比喻除祸要去祸根，不留后患。也用以比喻彻底除掉。斩：砍。★对反动势力必须~，彻底击垮。

【斩钉截铁】zhǎn dīng jié tiě 形容说话做事坚决果断，毫不犹豫。★局长~地说，这次行动一定要把犯罪分子全部抓获。

【斩将搴旗】zhǎn jiàng qiān qí 斩杀敌军将领，拔下敌军战旗。形容作战勇猛，战功很大。搴：拔取。★这位读书人希望自己也能在战场上~，建立功勋。

【斩尽杀绝】zhǎn jìn shā jué 全部杀光杀绝。比喻铲除干净。也比喻办事不留余地。★他做事一向是~，从来不给自己留后路。

【斩木揭竿】zhǎn mù jiē gān 砍来树木当兵器，举起竹竿当旗帜。原指陈胜、吴广起义抗秦。后泛指农民发动起义。斩：砍伐。揭：举。★哪里有压迫，哪里就有反抗，历代农民~的史实就印证了这个真理。

【展翅高飞】 zhǎn chì gāo fēi 张开翅膀，高高飞翔。比喻充分发挥才能，施展抱负。★我们这一代年轻人遇到了改革开放的好时代，可以～，去实现自己的远大理想和宏伟抱负。

【崭露头角】 zhǎn lù tóu jiǎo 比喻突出地显示出超群的才能或重要的作用。崭：高峻，高出。头角：比喻青年的气概或才华。★在这次国际大赛中，他初次～，顺利闯入了决赛。

【辗转反侧】 zhǎn zhuǎn fǎn cè 形容有心事，躺在床上翻来覆去不能入睡。辗转：身体翻来覆去。★实验失败了，这一夜，他～，怎么也睡不着。

【战天斗地】 zhàn tiān dòu dì 与天地作斗争。形容征服自然、改造自然的雄伟气魄。★广大劳动人民～，全力抗旱，获得了粮食的丰收。

【战无不胜，攻无不克】 zhàn wú bù shèng, gōng wú bù kè 每次战斗没有不获胜的，每次进攻没有攻不破的。形容军队强大，所向无敌。克：战胜，攻破。★只有深深扎根于人民之中，才能获得无穷的智慧和力量，才能～。

【战战兢兢】 zhàn zhàn jīng jīng 形容心怀畏惧而小心谨慎的样子。也形容因极端害怕或寒冷而战栗的样子。战战：恐惧发抖貌。兢兢：小心谨慎貌。★在灾难面前～，束手无策，是懦夫和无能的表现。

【张灯结彩】 zhāng dēng jié cǎi 形容喜庆热闹的场面。张：悬挂。结：系。彩：彩绸等装饰物。★农历新年，小镇上家家户户～，喜迎新春。

【张公吃酒李公醉】 zhāng gōng chī jiǔ lǐ gōng zuì 原指武则天时张易之兄弟当权，李唐王室大权旁落，民间谣言传有“张公吃酒李公醉”之语。后比喻一方得到实惠，另一方徒有虚名。也指代人受过。★～，李氏集团公司现在真正当权的不是李家人，而是李家的女婿曲某。

【张冠李戴】 zhāng guān lǐ dài 把姓张的帽子戴在姓李的头上。比喻弄错了对象或事实。★爷爷年岁大了，讲故事时经常～。

【张皇失措】 zhāng huáng shī cuò 惊恐慌乱，不知如何是好。张皇：惊慌，慌乱。失措：失去常态。★事前没有任何思想准备，突然出现问题就难免～。

【张口结舌】 zhāng kǒu jié shé 张着嘴说不出话来。形容因理屈或害怕而窘迫语塞的神态。结舌：舌头不能动，像打了结。★公安人员拿出几件物证，犯罪嫌疑人见状～，终于交代了罪行。

【张眉努眼】 zhāng méi nǔ yǎn 扬起眉毛，瞪着眼睛。形容人作态时的一种表情。努眼：犹言怒目。★父亲冲我～，可我装作没看见。

【张牙舞爪】 zhāng yá wǔ zhǎo 形容野兽凶猛的样子。也形容人猖狂凶恶的样子。又形容边谈笑边手舞足蹈的样子。★别看敌人现在~的，他们的末日快要到来了。

【獐头鼠目】 zhāng tóu shǔ mù 獐头小而尖，鼠目圆而小。形容人贫贱穷酸。也形容人相貌丑陋猥琐，心术不正。獐：一种像鹿的野兽。★他~的，走进屋来四处张望。

【彰善瘅恶】 zhāng shàn dàn è 表扬善的，憎恨恶的。彰：表扬。瘅：憎恶。★包公~，除暴安良，是传诵千古的“青天大老爷”。

【长他人志气，灭自己威风】 zhǎng tā rén zhì qì，miè zì jǐ wēi fēng 指助长别人的声势，轻视自己的力量。★敌人只是虚张声势，你不用那么紧张，别~。

【长幼有序】 zhǎng yòu yǒu xù 指老少之间有大小尊卑的次序。长幼：老少。序：顺序，次序。★在这个四世同堂的大家庭里，~，和睦相处。

【掌上明珠】 zhǎng shàng míng zhū 原比喻钟爱的女子。后多指极受父母疼爱的儿女，特别是女儿。★她是父母的~，从小娇生惯养，特别任性。

【仗势欺人】 zhàng shì qī rén 依仗权势欺压别人。仗：倚仗。★当奴才的有一个共性，就是喜欢~。

【仗义疏财】 zhàng yì shū cái 主持正义，乐于以钱财帮助人。仗义：主持正义，讲义气。疏：分散。★梅兰芳先生不仅演艺精湛，而且~，所以深孚众望。

【仗义执言】 zhàng yì zhí yán 主持正义，敢于说公道话。仗义：主持正义。执言：说应该说的话。★他为人正直，遇到不平的事情，能够~。

【招兵买马】 zhāo bīng mǎi mǎ 招募士兵，购买战马。指组织武装，扩充力量。★这个地方官暗中~，扩充势力，欲与朝廷争夺天下。

【招蜂引蝶】 zhāo fēng yǐn dié 比喻挑逗、引诱异性。★他整日~，过着醉生梦死的生活。

【招魂扬幡】 zhāo hún yáng fān 指挂幡招回死者的魂灵。也比喻为旧事物复活摇旗呐喊。幡：一种窄长的旗子。★清朝的遗老遗少们不甘失去权势、地位、富贵，常常为封建帝制~，妄图东山再起。

【招亡纳叛】 zhāo wáng nà pàn 招收、接纳逃亡叛变的人。指扩充势力。★汉高祖经营之初，~，集聚力量。

【招贤纳士】 zhāo xián nà shì 招募、接纳贤明有才的人。指广泛吸纳有用人才。★公司~，用优惠政策吸引了一批高学历的人才。

【招降纳叛】 zhāo xiáng nà pàn 招收、接纳敌方归降和叛变过来的人。★他们采用封官许愿、～等手段，收买拉拢一帮人，结成死党，暗中进行破坏活动。

【招摇过市】 zhāo yáo guò shì 大摇大摆地在大街上走过。比喻故意在众人面前炫耀自己，以引起别人的注意。招摇：炫耀，张扬。★这位时髦女郎穿着奇装异服，～。

【招摇撞骗】 zhāo yáo zhuàng piàn 假借某种名义，到处炫耀并伺机行骗。招摇：炫耀，张扬。★他造了十几张假身份证，到处～，这一次终于露出了马脚。

【招之即来，挥之即去】 zhāo zhī jí lái, huī zhī jí qù 一招呼就来，一挥手就去。形容任意吩咐人。后也用以指纪律整肃严明，能迅速对命令作出反应。挥：挥手。★他控制着一批人，对他们～，没有人敢不服从他的命令。

【昭然若揭】 zhāo rán ruò jiē 原指明显得像高举着日月一样。后形容真相全被揭露，明白无疑。昭然：明显的样子。揭：高举。★邪教组织法轮功祸国殃民的反动本质现已～。

【朝不保夕】 zhāo bù bǎo xī 早晨难保晚上平安无事。形容情况危急，处境艰险。朝：早晨。夕：傍晚。★解放前，许多地区的农民生活困苦，～。

【朝不谋夕】 zhāo bù móu xī 早晨不能为晚上的事预作打算。形容情势危急或处境窘迫，只能顾及眼前。谋：谋划，打算。★魏晋时期，社会动荡不安，富贵贫贱变幻无常，人们～，社会上流行着及时行乐的思潮。

【朝发夕至】 zhāo fā xī zhì 早晨出发，傍晚就到达。形容路程不远或交通便利。夕：傍晚。★火车提速以后，从武汉到北京～，比原来方便多了。

【朝令夕改】 zhāo lìng xī gǎi 早晨下达的政令，晚上又改变了。形容政令无常，让人无所适从。★政策应当有相对的稳定性，～会损伤人的积极性。

【朝气蓬勃】 zhāo qì péng bó 形容精神振奋，生气勃勃，勇于进取。朝气：早晨的气象。蓬勃：旺盛的样子。★这个领导班子～，富有活力，一定可以大有作为。

【朝秦暮楚】 zhāo qín mù chǔ 秦、楚是战国时代的两个大国，相互对立。当时山东诸国及游说之士见风使舵，时而事秦，时而事楚。比喻反复无常。也形容行踪不定。★他整天～的，谁知道现在又投靠了谁。

【朝三暮四】 zhāo sān mù sì 《庄子·齐物论》记载，有个耍猴子的人拿橡实喂猴子，起初说早上三个，晚上四个，猴子一听都急了；后又说早上四个，晚上三个，猴子都高兴起来。原指只颠倒数目，不变实质的一种愚弄手段。后用以比喻在感情上或其他方面反复无常或变化多端。有时也用作数目之多的概称。★无论干什么事情，只要认准了，就要坚持不懈地干下去，不要~，浅尝辄止。

【朝生暮死】 zhāo shēng mù sǐ 早晨出生，晚上就死掉了。形容生命极其短暂。★任何一部文学作品，只要不是~的东西，总会让一些人喜欢，让另一些人讨厌。

【朝思暮想】 zhāo sī mù xiǎng 从早到晚都在思索、想念。形容思念殷切或用尽心思。★加入中国共产党，这是我长期以来~的愿望。

【朝闻夕死】 zhāo wén xī sǐ 早晨闻知了真理，就是晚上死去都可以。形容追求知识、真理或某种信仰的心情非常急切。★作为科学工作者，要有为探索真理而~的精神。

【朝夕相处】 zhāo xī xiāng chǔ 从早到晚都在一起。表示生活在一起，关系密切。★在上海生活的那两年，我与小陈~。

【朝云暮雨】 zhāo yún mù yǔ 早晨是云，晚上是雨。原指神女的早晚变化。后喻指男女欢爱。也用以形容早晚烟雨迷蒙的景象。★梅雨季节，~的西湖更加迷人。

【朝朝寒食，夜夜元宵】 zhāo zhāo hán shí, yè yè yuán xiāo 整日整夜都像过节一样。形容经常沉醉于奢华或欢乐的生活之中。寒食：节令名，清明前一天。元宵：阴历正月十五为上元节，这天夜晚叫“元宵”。★富贵人家~，贫穷人家却食不果腹，两者形成鲜明的对比。

【朝朝暮暮】 zhāo zhāo mù mù 从早到晚，日日夜夜。★两情若是久长时，又岂在~。

【照本宣科】 zhào běn xuān kē 原指道士念经，照经书原原本本宣读。现比喻不能灵活运用，死板地照书本或现成文稿宣读。宣科：念诵。★他讲课总是~，学生意见很大。

【照猫画虎】 zhào māo huà hǔ 照猫的样子来画老虎。比喻仅从形式上照样子模仿。★书画艺术讲究神韵，切忌~。

【照章办事】 zhào zhāng bàn shì 指严格地按照各种规章制度办事。章：规章。★政府工作人员必须严格遵守有关规定，~，不得以权谋私，徇私枉法。

【遮人耳目】 zhē rén ěr mù 指遮住人们的视听，使人不知真相。★为了~，他让自己的弟弟暂时离开了公司。

【遮天蔽日】 zhē tiān bì rì 把天和太阳都遮挡住了。形容事物体积庞大、数量众多或气势盛大。★蝗虫~，一下子把庄稼吃了个精光。

【折冲千里】zhé chōng qiān lǐ 指在远离战场千里的朝堂上制敌取胜。多指以外交谈判战胜远方之敌。冲：冲车，古代战车的一种。折冲：使敌人的冲车后撤，意谓退敌取胜。★韩信英勇善战，~，为西汉的建立立下了汗马功劳。

【折冲御侮】zhé chōng yù wǔ 挫败敌军，抵御外来侵扰。折冲：指退敌取胜。御侮：抵御外侮。★戚继光是明朝抗倭名将，~，功不可没。

【折戟沉沙】zhé jǐ chén shā 折断了的戟沉埋在泥沙里。多指历史上激烈争战的遗迹。戟：古兵器。★这个地方曾经是项羽、刘邦垓下之战的战场，如今~，当年的厮杀已变得非常遥远和模糊。

【折节读书】zhé jié dú shū 指改变平素志行，读书向学。折：弯，转。节：志节，操守。★他年少时生活放荡不羁，后来~，成为一名著名的学者。

【折节下士】zhé jié xià shì 指降低和委曲自己，推重有才能的人。折节：屈己下人。下士：屈己而重人。★校长~，让许多有才学的年轻人充分发挥特长。

【针锋相对】zhēn fēng xiāng duì 针尖对针尖。比喻双方观点、策略、利益等尖锐对立。也比喻对对方的论点或行动进行反击。又比喻双方对等，不相上下。针锋：针尖。★论坛上，两种意见~，谁也没能说服谁。

【珍禽异兽】zhēn qín yì shòu 珍贵、奇异的飞禽走兽。★海南岛的热带森林中栖息着一些不大为人所知的~。

【真才实学】zhēn cái shí xué 真实的才能与学问。★对于有~的人，我们应该破除那些条条框框，直接录用。

【真金不镀】zhēn jīn bù dù 真正的金子不需镀金。比喻有真才实学的人，不需要装点门面。★~，是人才，到哪里都不用包装，都会有人赏识和重用的。

【真金不怕火炼】zhēn jīn bù pà huǒ liàn 真金不怕在烈火中烧炼。比喻坚强或正直的人能够经得起考验。炼：烧。★~，越是在艰苦的环境中，越能锻炼人。

【真凭实据】zhēn píng shí jù 真实确凿的凭据。★我们已经掌握了日本军国主义分子使用细菌武器的大量~。

【真枪实弹】zhēn qiāng shí dàn 真实的枪支、弹药。比喻切实的行动或真实的才学。★这一次他们公司拿出了~，看来是动真格的了。

【真情实感】zhēn qíng shí gǎn 真实的情意和感受。★这篇文章写的是真人真事，有~，非常感人。

【真伪莫辨】zhēn wěi mò biàn 真的假的分辨不清。伪：假的。

★他总是喜欢假话真说，真话假说，让人～。

【真相毕露】 zhēn xiàng bì lù 形容真面目或真实情况完全暴露出来。毕：完全。★在铁证面前，犯罪分子～，对其犯罪事实供认不讳。

【真相大白】 zhēn xiàng dà bái 事情的真实情况彻底弄清楚了。★经过各方面的共同努力，持续了两年多的大案终于～了。

【真心实意】 zhēn xīn shí yì 真诚的心意。表示没有丝毫的虚伪。★各级领导干部必须～地接受群众监督，而不是做做样子，走走过场。

【真知灼见】 zhēn zhī zhuó jiàn 指正确透辟的认识和见解。灼：明亮，透彻。★鲁迅先生在平日言行中所表露出来的～，给青年学生留下了深刻的印象。

【枕戈待旦】 zhěn gē dài dàn 头枕兵器，等待天亮。形容杀敌报国心切，一刻也不放松警惕。戈：古代兵器。旦：天亮。★战士们～，同仇敌忾，只等一声命令，立刻发起总攻。

【振臂一呼】 zhèn bì yī hū 挥动胳膊，一声高呼。形容极力号召。★明朝末年，官场腐败，民不聊生，只要有人起来～，就会有成千上万的人跟着造反。

【振奋人心】 zhèn fèn rén xīn 使人精神振作奋发。★今晚的演唱会弘扬了主旋律，体现了民族特色，是一场～的晚会。

【振聋发聩】 zhèn lóng fā kuì 指发出的声音很大，使耳聋的人也能够听到。比喻对人的影响或启发很大，即使糊涂麻木的人也会清醒过来。振：振动。发：开启。聩：耳聋。★鲁迅先生的小说《呐喊》～，使许多人从昏聩中清醒过来。

【振振有词】 zhèn zhèn yǒu cí 形容自以为理由充分而大发议论。振振：理直气壮的样子。词：也作“辞”。★他明明理亏，却还～地为自己辩护。

【震耳欲聋】 zhèn ěr yù lóng 耳朵都快要被震聋了。形容声音很大很响。★随着一声～的爆炸声，大楼轰然倒下。

【震古铄今】 zhèn gǔ shuò jīn 形容事业伟大或功绩卓著，震撼历史，光照当世。震：震动。铄：亦作“烁”，光亮闪耀。★改革开放以来，中国人民所取得的成就受世人瞩目，～。

【震天动地】 zhèn tiān dòng dì 震动了天地。形容力量或声势极大。也形容声音极其响亮。★突然刮起了一阵～的狂风，顿时飞沙走石，天昏地暗。

【争长论短】 zhēng cháng lùn duǎn 争论谁是谁非，谁高谁低。长短：这里指是非。★她只安心做自己的事，从不和别人～。

【争分夺秒】zhēng fēn duó miǎo 形容时间抓得很紧，不放过一分一秒。★青年学子要～，努力学习，迎接新世纪的挑战。

【争风吃醋】zhēng fēng chī cù 多比喻为了争夺同一异性的感情而相互嫉妒，争占上风。★她心胸狭窄，最爱～。

【争名夺利】zhēng míng duó lì 争夺名誉和利益。★为了～，他不惜出卖了自己的家人和朋友。

【争奇斗胜】zhēng qí dòu shèng 互相争比奇特，看谁更胜一筹。奇：奇异特殊。★海滨公园内，热带的奇花异草～。

【争奇斗艳】zhēng qí dòu yàn 形容百花竞放，十分艳丽。也比喻陈设或服饰十分讲究，竞相比美。艳：鲜艳。★博览会上，来自国内外的上千种手工艺品～，令人眼花缭乱。

【争奇斗异】zhēng qí dòu yì 互相争比，看谁奇异独特。★各路高手云集，都拿出自己的绝活，～，令人大开眼界。

【争强好胜】zhēng qiáng hào shèng 形容非常要强，处处都想胜过他人。★他性格倔强，处处～。

【争权夺利】zhēng quán duó lì 争夺权力和利益。★领导干部应当一心为公，不允许拉帮结派，～。

【争先恐后】zhēng xiān kǒng hòu 争着向前，唯恐落后。形容奋勇争先、热烈紧张的场面。★义务献血车开进了学校，同学们～地排队等待献血。

【征敛无度】zhēng liǎn wú dù 指统治者向人民无限度地征收钱粮财物。征：取。敛：收，聚。度：限度。★历代封建统治者为了满足他们骄奢淫逸的生活，～，敲骨吸髓，从未放松过对老百姓的剥削和压榨。

【峥嵘岁月】zhēng róng suì yuè 指不平凡的岁月。峥嵘：山势高峻的样子，引申为不平凡。★为了母亲的微笑，为了大地的丰收，～，何惧风流。

【症结所在】zhēng jié suǒ zài 指问题的关键所在。症结：中医指腹腔内结块的病，比喻事情弄坏或不能解决的关键。★事实表明，经济的长期低迷不振是就业市场不景气的～。

【铮铮铁骨】zhēng zhēng tiě gǔ 比喻人刚正不阿、坚强不屈的气节。铮铮：象声词，形容金属撞击发出的响亮声音。★无数的革命者有着～，即使遭受酷刑也绝不向敌人屈服。

【蒸蒸日上】zhēng zhēng rì shàng 形容生活、事业等一天天向上发展。蒸蒸：兴盛貌。★近几年来，农村群众文化事业～，文艺创作硕果累累。

【拯溺扶危】zhěng nì fú wēi 拯救、扶助危急状态的人或局面。拯：拯救。溺：落水者，此指处于危难状态的人。扶：扶助。★国际社会应该更多地～，关心和帮助那些贫穷国家发展生产。

【整顿乾坤】zhěng dùn qián kūn 指治理天下，使混乱的局面转变为安定正常。整顿：使紊乱变为整齐。乾坤：天地。★当前最重要的工作是拨乱反正，～，尽快地恢复和发展生产。

【整装待发】zhěng zhuāng dài fā 整理行装，等待出发。★听说大兴安岭火灾区需要援助，驻地部队立刻～。

【正本清源】zhèng běn qīng yuán 端正根本，清理源头。比喻从根本上加以整顿清理，彻底解决问题。★我们要注意端正认识，在思想上～。

【正大光明】zhèng dà guāng míng 形容言行正当坦白。★中国政府在国际事务中的立场是～的。

【正儿八经】zhèng ér bā jīng 形容严肃认真的样子。也指正经或真正。★你看他～的样子，他说的这件事可能是真的。

【正襟危坐】zhèng jīn wēi zuò 整理好衣服，端端正正地坐着。形容恭敬严肃的样子。襟：衣襟。危：端正。★会议室里，同志们一个个～，在听领导作报告。

【正经八百】zhèng jīng bā bǎi 形容严肃认真的样子。也指真正的、名副其实的。★他可是～的高干子弟，他父亲曾经是我们省的副省长。

【正气凛然】zhèng qì lǐn rán 气节刚正威严而无所畏惧的样子。凛然：严峻不可侵犯的样子。★苏武、岳飞、文天祥等都是～的民族英雄。

【正人君子】zhèng rén jūn zǐ 指品行端正、道德高尚的人。也用以讽刺假装正经的伪善者。★我可是个～，这种乌七八糟的事找不到我的头上。

【正言厉色】zhèng yán lì sè 话语严正，态度严肃。正：严正。厉：严肃，严厉。色：表情。★校长过去是名军人，一向～，不苟言笑。

【正直无私】zhèng zhí wú sī 形容为人处事公正耿直而无私心。★他是一位～的好干部，为了人民的利益可以付出一切。

【正中下怀】zhèng zhòng xià huái 正好投合自己的心意。下：在下，谦指自己。怀：心愿，心意。★我们担心他们不敢应战，没想到他们来了，真是～。

【郑人买履】zhèng rén mǎi lǚ 《韩非子·外储说左上》记载，有一个郑国人上街买鞋，先量好底样，到了集市发现没把底样带来，于是又返回家中去取，等再回来时，集市已经散了。有人问他为何不用脚试试鞋子的大小，他回答说："宁信度，无自信也。"后用以比喻不相信客观实际，只相信刻板的教条。履：鞋。★你这样只相信书本，不结合实际地做事，和～有什么区别呢？

【郑重其事】zhèng zhòng qí shì 指对事情的态度严肃认真。郑重：严肃认真。★马上要出发了，小明～地交给我一个包裹，我打开一看，里面是一件毛衣。

【政简刑清】zhèng jiǎn xíng qīng 政治措施简洁，刑狱决断清明。简：简洁。清：清明。★西汉文帝、景帝时期，社会稳定，～，百姓安居乐业，被后世称作"文景之治"。

【政通人和】zhèng tōng rén hé 政事通畅顺利，人民安居和乐。★唐太宗贞观年间，～，百废俱兴。

【之乎者也】zhī hū zhě yě 四字都是文言虚词。多用以讥讽说话、写文章咬文嚼字，卖弄斯文。★我是个大老粗，你跟我说话别老是～的。

【支离破碎】zhī lí pò suì 形容事物零碎散乱，不成整体。支离：琐碎杂乱。★因为吸毒，好端端的一个家让他弄得～。

【支吾其词】zhī wú qí cí 指用含混的言语来搪塞应付。支吾：说话含糊躲闪。★回答老师的问题要简单明了，不要～。

【支支吾吾】zhī zhī wú wú 形容说话吞吞吐吐，含含糊糊。★她说话～，估计背后有什么隐情。

【只言片语】zhī yán piàn yǔ 简短、零碎的词句或话语。★古代典籍中的～，往往也具有十分重要的史料价值。

【只字不提】zhī zì bù tí 一个字也不提及。表示隐瞒事实或对应有的功绩、价值予以否定或抹杀。★在求职过程中，他对自己曾坐过牢的历史～，唯恐别人看不起他。

【芝艾俱焚】zhī ài jù fén 将灵芝和艾草全都烧掉。比喻好坏、贵贱一同被毁。芝：灵芝，瑞草。艾：艾草，叶有香气，可入药。★在封建时代，有些青年男女为了争取爱情婚姻的幸福而与封建势力～，付出了生命的代价。

【芝兰玉树】zhī lán yù shù 比喻优秀的子弟。芝、兰：两种香草。玉树：美丽的树。★赵家世代书香门第，子弟个个成才，犹如～，满院生香。

【枝繁叶茂】zhī fán yè mào 树枝繁密，树叶茂盛。常比喻子孙满堂。★这个大家庭～，儿孙都在全国各地工作。

【枝节横生】zhī jié héng shēng 比喻意外地由某事岔出一些别的事情来。枝节：植物的枝和节，比喻解决问题的过程中发生的麻烦。横生：意外地发生。★为了防止～，我们做了周密的安排。

【枝叶扶疏】zhī yè fú shū 形容树木枝叶繁茂，高下纷披。也比喻宗支繁衍或学术兴旺。又比喻详尽缜密。扶疏：繁茂纷披的样子。★儒家在战国时期就是显学，此后不断发扬光大，~，是中国传统文化的主干。

【知恩报恩】 zhī ēn bào ēn 知道别人对自己有恩就要报答。表示通晓人情世故。★这虽是件小事，却可以反映出他~的诚心。

【知法犯法】 zhī fǎ fàn fǎ 懂得法律，却做犯法的事。★他~，利用手中权力给熟人开了后门。

【知根知底】 zhī gēn zhī dǐ 知道根源和底细。指对人或事了解得非常清楚。★我对他~，他绝对不会做出这种不近情理的事。

【知过必改】 zhī guò bì gǎi 知道有过错就一定改正。过：过失，错误。★犯了错误不要紧，~就是好同志。

【知己知彼】 zhī jǐ zhī bǐ 对自己和对方的情况都很了解。彼：别人，对方。★合作之前，应先摸清楚对方的情况，做到~，这样才能立于不败之地。

【知难而进】 zhī nán ér jìn 明知有困难，仍要努力前进。★科学工作者要~，只有不断进取，才能攻克难关。

【知难而退】 zhī nán ér tuì 原指军事上要灵活机动，知道不可能取胜就退下来。后泛指见到困难就退缩下来。★如果爱迪生~，那么他就可能连一项发明都没有。

【知其然而不知其所以然】 zhī qí rán ér bù zhī qí suǒ yǐ rán 知道是这样，但不知道为什么是这样。表示只知事物的表面现象，却不知其本质及产生的原因。然：这样，如此。★学习知识要真正透彻理解，不能仅满足于~。

【知人善任】 zhī rén shàn rèn 指对人的了解客观全面，并且善于使用人才。知人：认识人，了解人。善：善于。任：使用。★他从事人事工作近30年，是一位~的好领导。

【知人知面不知心】 zhī rén zhī miàn bù zhī xīn 只能了解一个人的外表，而不能洞见他的内心。表示人心险恶难测。★他看上去很和善，却干出这样残忍的事来，真是~哪！

【知书达理】 zhī shū dá lǐ 通晓诗书，明白道理。形容有文化，有教养。达：通晓，明白。理：道理，事理。★她~，是位很有教养的好姑娘。

【知无不言，言无不尽】 zhī wú bù yán, yán wú bù jìn 凡是自己知道的，就没有不说出来的；凡是说出来的，就毫无保留。★教授对学生提出的问题，从来都是~，因此赢得了同学们的尊敬。

【知遇之恩】 zhī yù zhī ēn 指得到赏识或重用的恩德。知遇：得到赏识或重用。★中国知识分子特别看重~，他们遵循的是“士为知己者死”的人生信条。

【知之为知之，不知为不知】zhī zhī wéi zhī zhī，bù zhī wéi bù zhī 知道就说知道，不知道就说不知道。指实事求是的诚实态度。★一名优秀的教师，应该坦然地面对学生的问题，～，只有这样，才能成为学生的良师益友。

【知足常乐】zhī zú cháng lè 自知满足，内心就会永远感到快乐。★她是一个～的人，很少有发愁的时候。

【执法不阿】zhí fǎ bù ē 形容执法公正，不献媚迎合。阿：偏袒，迎合。★法官要做到～，清正廉明，只有这样才能够维护法律的尊严，保护人民的合法权益。

【执法如山】zhí fǎ rú shān 比喻执行法律、法令十分坚决，不可动摇。如山：像山一样岿然不动。★他～，是一位真正替人民做主的好法官。

【执迷不悟】zhí mí bù wù 形容坚持错误而不觉悟。执：坚持。迷：迷惑，糊涂。★他在金钱的旋涡中越陷越深，～，最终触犯了法律。

【执意不从】zhí yì bù cóng 坚持自己的意见，不肯依从。★丈夫要去买一台新电视机，妻子～。

【直截了当】zhí jié liǎo dàng 形容言语、行动干脆爽快，不绕弯子。直截：径直。了当：爽快。★他是个直肠子，说话～，从来不会拐弯抹角。

【直来直去】zhí lái zhí qù 形容说话、做事坦率磊落，不绕圈子。★叔叔说话向来～，因此也得罪了不少人。

【直入云霄】zhí rù yún xiāo 一直冲入云天。多形容歌声嘹亮高亢。云霄：极高的天空。★少先队员们唱着少先队队歌，嘹亮的歌声～。

【直抒胸臆】zhí shū xiōng yì 直率地把心里的话或想法都表达出来。抒：抒发，表达。胸臆：心里的话或想法。★他的文章～，与他直率的性情恰相吻合。

【直言不讳】zhí yán bù huì 形容说话直率，毫不隐讳。讳：顾忌，隐讳。★大家都不是外人，今天我就～地说了。

【直言极谏】zhí yán jí jiàn 指敢于说直话，竭力规劝。极：竭力，尽力。谏：直言规劝。★每个朝代都有耿直的大臣冒着杀头的危险向皇帝～。

【止谈风月】zhǐ tán fēng yuè 只谈风月一类无关紧要的话。用以表示莫谈国事或劝止不合时宜的言谈。止：也作“只”。★在思想钳制的年代，许多文人为避祸患，终日～，不言国事。

【只此一家，别无分店】zhǐ cǐ yī jiā，bié wú fēn diàn 旧时商店招牌上用以招揽顾客的用语。后泛指垄断或唯我独尊。★科学研究讲的是百花齐放，万紫千红才是春，不能助长那种～的学霸作风。

【只见树木，不见森林】 zhǐ jiàn shù mù, bù jiàn sēn lín 比喻只看到局部，看不到整体或全局。★看待问题要客观全面，不能～。

【只可意会，不可言传】 zhǐ kě yì huì, bù kě yán chuán 只能心领神会，无法用言语表达。意会：不经直接说明而了解。★这首词语言优美，富有意境，其妙处～。

【只许州官放火，不许百姓点灯】 zhǐ xǔ zhōu guān fàng huǒ, bù xǔ bǎi xìng diǎn dēng 宋·陆游《老学庵笔记》卷五记载，北宋仁宗时，州官田登残暴专横，禁止人们说话作文用“登”字，甚至连与“登”谐音的字也要避讳。因为“灯”与“登”谐音，所以州人只得把“灯”改成“火”。正月十五闹花灯，州衙贴出告示说：“本州依例放火三日。”后用以比喻当权者可以任意胡为，而老百姓的正当言行却要受到无理限制。也泛指自己可以为所欲为，却要硬性限制他人。州官：古代一州的长官。★真是～，这样的话你说得，我们就说不得？

【只要功夫深，铁杵磨成针】 zhǐ yào gōng fū shēn, tiě chǔ mó chéng zhēn 比喻只要肯下苦功，再难的事也能办成。杵：舂米或捣物用的棒槌。★～，做学问也好，搞技术革新也好，都要肯下工夫才行。

【只争朝夕】 zhǐ zhēng zhāo xī 努力争取在短暂的时间内，以实现某种目标。朝夕：早上和晚上，表示时间短暂。★我们要以～的精神去对待我们的工作和学习。

【只知其一，不知其二】 zhǐ zhī qí yī, bù zhī qí èr 只知道一个方面，而不知道另一方面。形容对事物的了解不全面。★你～，这件事情可没有你想象的那么简单。

【纸上谈兵】 zhǐ shàng tán bīng 《史记·廉颇蔺相如列传》记载，战国时赵国名将赵奢的儿子赵括，青年时学习兵法，谈起兵法来头头是道。后来代替廉颇为将，在与秦国长平一战中，只知根据兵书行事，不能灵活运用，终为秦军射死，赵军40万人被俘。后用以比喻只会空谈理论，不能结合实际解决问题。兵：军事，指用兵策略。★他只会～，没有实践经验，不能委以重任。

【纸醉金迷】 zhǐ zuì jīn mí 形容使人沉迷的奢华富丽的环境。也形容豪华奢靡的享乐生活。★有些暴发户在有钱之后不思进取，过着～的生活。

【指点江山】 zhǐ diǎn jiāng shān 对江山进行指画评说。江山：江河和山岭，指代国家。★青年人血气方刚，朝气蓬勃，～，激扬文字，对未来充满无限遐想。

【指东打西】 zhǐ dōng dǎ xī 指的是东方，打的却是西方。谓虚虚实实，变化莫测。常用以形容作战艺术或武艺高妙。★他武艺高强，变幻莫测，~，无往不胜。

【指腹为婚】 zhǐ fù wéi hūn 指父母给尚在腹中的胎儿订下婚约。★到现在，这个地区仍然遗留着~的旧俗。

【指古摘今】 zhǐ gǔ zhāi jīn 指摘古今，即借用古今事例说明问题。形容广征博引，批评议论。指、摘：指摘，批评挑错。★这篇论文材料丰富，论证严密，~，言之成理。

【指画口授】 zhǐ huà kǒu shòu 指授课时详尽地讲解指点。指画：指点比画。口授：口头传授。★张先生亲自拟定提纲，对我~，说明编纂体例和编纂内容。

【指挥若定】 zhǐ huī ruò dìng 指挥很有把握，好像胜利已成定局。形容指挥调度从容镇定，稳操胜券。若：好像。定：定局。★在这次战斗中，王团长~，将敌军打得大败。

【指鹿为马】 zhǐ lù wéi mǎ《史记·秦始皇本纪》记载，秦二世时，丞相赵高阴谋篡夺皇位，为了试探群臣的态度，他指着献给秦二世的鹿，硬说是马。左右大臣，有的说是鹿，有的说是马，有的没有说话，后来赵高把说是鹿的人全都杀害了。后用以比喻故意颠倒黑白，混淆是非。★他在任的时候，滥用职权，~，造成许多冤假错案。

【指名道姓】 zhǐ míng dào xìng 公开点明某人姓氏名字。常指对人公开批评或攻击。★班会上，班主任虽然没有~，但大家都知道批评的是谁。

【指日成功】 zhǐ rì chéng gōng 谓不用多久就可成功。指日：不日，为期不远。★有上级主管部门的支持，有全体职工的努力，我公司开发的新产品投放市场~。

【指日可待】 zhǐ rì kě dài 谓很快就可以实现。指日：不日，为期不远。★只要全体村民齐心协力把我们的村办企业搞好，小康生活的目标~。

【指桑骂槐】 zhǐ sāng mà huái 指着桑树骂槐树。比喻表面骂这个，实际是在骂那个。★她是个心胸狭窄的女人，经常为了一点小事就在大院里~。

【指手画脚】 zhǐ shǒu huà jiǎo 说话时手脚比比画画。多形容说话放肆或得意的样子。也形容高高在上，乱发号施令或妄加批评。★他不懂企业经营，却经常对所管辖的企业~。

【指天画地】 zhǐ tiān huà dì 用手指天指地。形容直率地陈述自己的意见，毫无顾忌。也形容说话放肆，目中无人。★他是个很自负的人，与人交谈时每每~，旁若无人。

【指雁为羹】zhǐ yàn wéi gēng 指着天上飞的雁想做肉汤。比喻想法不切实际。羹：肉汤。★有的人平时不思进取，却总想成就大事业，发大财，这无异于～。

【咫尺千里】zhǐ chǐ qiān lǐ 比喻距离虽近，却如同相隔千里。也形容能在短小的篇幅内画出辽阔的景物或表现出深远的意境。咫：古代长度单位，周制八寸为一咫，合现在市尺六寸二分二厘。★毕业之后，我们留在了同一个城市，但因为大家工作都很忙，～，这几年从没有见过面。

【咫尺天涯】zhǐ chǐ tiān yá 比喻距离虽然很近，但很难相见，就像在遥远的天边一样。★我们的关系开始疏远，虽然我们在同一间办公室上班，却有～之感。

【咫尺之功】zhǐ chǐ zhī gōng 指微小的功劳。咫尺：周制八寸为咫，十寸为尺，比喻微小。★单位管理者要切实做到赏罚分明，对那些即使仅有～的人也不能有丝毫的忽略和怠慢。

【咫尺之书】zhǐ chǐ zhī shū 古代书信用的简牍长不盈尺，故称书信为“咫尺之书”。咫尺：周制八寸为咫，十寸为尺。书：书信。★在古代，交通不便，通讯落后，游子求学求官，往往与亲人一别几载，因而～作为唯一的联络方式，显得特别珍贵。

【趾高气扬】zhǐ gāo qì yáng 高高举步，神气十足。形容骄傲自满，得意忘形。趾：脚。★他刚当上了局长，就～起来，在群众面前摆起了官架子。

【至高无上】zhì gāo wú shàng 高于一切，再没有超过它的了。至：最，极。★法律是～的，不允许任何人去玷辱和践踏。

【至理名言】zhì lǐ míng yán 最正确的道理，最精辟的言论。★“一寸光阴一寸金，寸金难买寸光阴”是一句流传已久的～。

【至善至美】zhì shàn zhì měi 最完善，最美好。至：最，极。★在他的全部作品中，这一件是～的。

【至死不悟】zhì sǐ bù wù 一直到死还不醒悟。悟：醒悟。★犯罪分子心肠狠毒，作恶多端，～。

【至纤至悉】zhì xiān zhì xī 极为细微详尽。纤：细微。悉：详尽。★这篇文章对人物内心世界的描写可谓～。

【志大才疏】zhì dà cái shū 志向很大而才能不足。疏：粗疏，浅薄。★他给人的感觉是浮躁，～，将来难成大事。

【志士仁人】zhì shì rén rén 指有宏伟志向和高尚道德的人。★20世纪初，许多～投身革命，探索救国救民的道路。

【志同道合】zhì tóng dào hé 指彼此志趣一致，意见相合。道：道路，也指信仰。★我们是～的朋友，不会因为别人的挑拨而反目成仇。

【志在必得】 zhì zài bì dé 立下志向，一定要获得。形容想要得到的决心或信心极大。★这次冠军争夺战，我们队～。

【志在千里】 zhì zài qiān lǐ 立志在千里之外。形容志向远大。★他～，决心毕业以后到农村的广阔天地中去实现自己的抱负。

【志在四方】 zhì zài sì fāng 立志于天下四方。形容志向远大。四方：指天下。★好男儿～，你不应整日待在家中无所事事。

【质而不野】 zhì ér bù yě 质朴而不至于粗野。常用以形容文章的语言风格。质：质朴。野：粗野。★仔细品味赵树理的作品，其文风～，雅俗共赏。

【质难问疑】 zhì nàn wèn yí 提出疑难问题，向人请教或互相讨论。质：询问。★做学生的要～，做老师的要授业解惑。

【炙手可热】 zhì shǒu kě rè 手一接触就热得烫人。比喻气焰炽盛，权势显赫。炙：烘烤。★在这次政治运动中，他成了一位～的人物。

【治标治本】 zhì biāo zhì běn 既治表面，也治根本。形容彻底根治。标：事物的枝节或表面。本：根本。★思想工作要从深处细处做起，否则便不能达到～的目的。

【治病救人】 zhì bìng jiù rén 本指医生为人治病，救死扶伤。也比喻善意地帮助别人改正缺点和错误。★党员要本着～的原则，多关心周围那些有缺点、犯错误的同志，并帮助他们改正。

【治国安邦】 zhì guó ān bāng 指治理、安定国家。邦：国。★～的大政方针已定，关键在于贯彻落实。

【治国安民】 zhì guó ān mín 治理国家，安定人民。★他是一位有着～之才的伟大政治家。

【栉比鳞次】 zhì bǐ lín cì 像梳子齿和鱼鳞一样密密而整齐地排列着。多用以形容房屋等密集。栉：梳子和篦子一类梳发用具。比：排列。★这条街道行人熙熙攘攘，商店～，很是热闹。

【栉风沐雨】 zhì fēng mù yǔ 风梳发，雨洗头。形容奔波在外，历尽风吹雨淋的劳苦。栉：梳头。沐：洗头。★这些～、披星戴月的建设者们，他们的足迹已经遍布了整个中国。

【秩序井然】 zhì xù jǐng rán 形容条理分明，很有秩序。井然：整齐有序的样子。★经过整顿和治理的物品贸易市场，变得～了。

【掷地有声】 zhì dì yǒu shēng 形容说话豪迈有力，很有分量。★外交部长在记者招待会上的讲话，义正辞严，～。

【智勇双全】 zhì yǒng shuāng quán 既有智谋，又很勇敢。★他身经百战，～，立下了赫赫战功。

【智者千虑，必有一失】 zhì zhě qiān lǜ，bì yǒu yī shī 聪明人千次谋划，总会有一次失误。表示要博采众议，不要迷信个人意见。★古人云，～。这次计划失败，你也不要太放在心上。

【置若罔闻】 zhì ruò wǎng wén 放到一边，好像没有听见一样。形容毫不关心或不予理会。置：放置。若：好像。罔：没有。★少数同志对上级的严正申明～，我行我素，这是严重的自由主义的表现。

【置身世外】 zhì shēn shì wài 把自身放在人世间之外。表示不问世事。世：世间，人世。★人都是社会的人，是不可能真正做到～的。

【置身事外】 zhì shēn shì wài 把自己放在事情之外。表示对事情不闻不问，毫不关心。★公司出了这么大的事，作为主要管理者，你怎么能～呢？

【置之不理】 zhì zhī bù lǐ 放在一边，不加理睬。置：搁置。理：理睬。★有些营业员服务态度很差，对顾客的询问～。

【置之度外】 zhì zhī dù wài 把它放在自己的考虑之外。表示不放在心上，不予理睬。置：放，搁。度：忖度，考虑。★为了减少损失，消防队员奋力扑火，而将自己的安危～。

【置之死地而后生】 zhì zhī sǐ dì ér hòu shēng 把人放在临近死亡的境地，才能激发他拼死决战以求得生存。★在雅典奥运会上，中国女排～，靠的就是拼搏精神和为国争光的信念。

【中饱私囊】 zhōng bǎo sī náng 利用经手财物的机会从中贪污以自肥。中饱：中间得利。私囊：私人腰包。★他从政的目的不是为国家和人民造福，而是要～。

【中立不倚】 zhōng lì bù yǐ 中正独立，不偏向任何一方。中立：正直。倚：偏斜。★他公正廉洁，～，是一位业务素质高的好法官。

【中流砥柱】 zhōng liú dǐ zhù 比喻英勇坚强的人，能在艰难的环境中担当重任，支撑危局。也比喻在动荡不安的环境中能起支撑作用的力量。中流：河流中间。砥柱：山名，在河南三门峡东北黄河中流，因屹立于急流中，形如柱，故名。★中国共产党领导的抗日根据地和抗日武装力量，是中华民族抗日的～。

【中西合璧】 zhōng xī hé bì 比喻中国的和外国的精华配合映衬，十分得宜。合璧：圆形有孔的玉叫璧，半圆形的玉叫半璧，两个半璧合成一个圆形的璧叫合璧。★学校的办公楼，是一座～的三层建筑。

【中庸之道】 zhōng yōng zhī dào 本为儒家主张，即待人处世应采取不偏不倚、无过无不及的折中持平态度。后用来泛指折中调和、平庸保守、甘居中游等消极处世态度。中：折中。庸：平常。道：主张，学说。★在这个问题上，他来了个～，既不反对，也不赞成。

【中原逐鹿】zhōng yuán zhú lù 比喻群雄争夺天下。中原：古代指我国中部地区。逐：追逐。鹿：指猎取的对象，比喻政权。★春秋战国时期，各诸侯国为了～，纷纷实行改革，提高国力。

【忠臣烈士】zhōng chén liè shì 忠义刚烈，有气节有抱负的臣子、士人。烈士：有气节有壮志的人。★自古以来，无数～为了国家和民族的利益投躯身死。

【忠肝义胆】zhōng gān yì dǎn 形容十分忠诚而有正义。忠：忠诚。义：正义。★大将关羽出生入死，对蜀主刘备～。

【忠贯日月】zhōng guàn rì yuè 忠诚之心上贯日月。形容极其忠诚。贯：通。★自古以来，许多志士仁人～，气贯长虹。

【忠厚老实】zhōng hòu lǎo shí 忠诚厚道，很守本分。★他学习勤奋，～，老师同学都很喜欢他。

【忠君爱国】zhōng jūn ài guó 对国君忠诚，对国家热爱。★宋朝时候的杨家将，是中国历史上～的典范。

【忠心耿耿】zhōng xīn gěng gěng 形容非常忠实诚信。耿耿：正直忠诚的样子。★周恩来同志对党的事业～，鞠躬尽瘁，死而后已。

【忠言逆耳】zhōng yán nì ěr 直言相劝的话听起来往往不顺耳。逆耳：不顺耳，不中听。★良药苦口利于病，～利于行。

【忠于职守】zhōng yú zhí shǒu 忠诚地对待本职工作，一丝不苟。职守：工作岗位。★每一位工作人员都要～，做好本职工作。

【忠贞不二】zhōng zhēn bù èr 忠诚坚贞，不生二心。忠贞：忠诚而坚定不移。不二：专一，一心一意。★他对中国的革命事业～，虽历经艰辛，但仍矢志不渝。

【忠贞不渝】zhōng zhēn bù yú 忠诚坚定，永不变心。贞：坚定，有操守。渝：改变。★汉代苏武出使匈奴，身陷胡地十余年，爱国之心～。

【终老牖下】zhōng lǎo yǒu xià 老死在家里。表示一生默默无闻，无所作为。终老：直到老死。牖下：窗下，指家里。★他生不逢时，英雄无用武之地，因而一生默默无闻，～。

【终南捷径】zhōng nán jié jìng 《新唐书·卢藏用传》记载，唐代卢藏用曾经隐居在京城长安附近的终南山，借此得到很大的名声而做了大官。后用以比喻谋取官职或名利的捷径。也比喻达到某种目的的方便门径。终南：终南山，在陕西西安市西南。捷径：直捷近便的道路。★少数利欲熏心的人，把入党看作是升官发财的～。

【终身大事】 zhōng shēn dà shì 关系一生的大事情。多指男女婚姻之事。★结婚是～，你怎么这样草率就作出了决定呢?

【终养天年】 zhōng yǎng tiān nián 指赡养老人，为其养老送终。养：供养，赡养。天年：人的自然寿命。★我把父母从农村接到城里，好让他们～。

【钟灵毓秀】 zhōng líng yù xiù 指美好的自然环境孕育优秀的人才。钟：积聚，集中。灵：灵秀之气。毓：养育，孕育。★江西的婺源，是个山清水秀、～的好地方。

【钟鸣鼎食】 zhōng míng dǐng shí 吃饭时击钟奏乐，摆列着盛食物的鼎。形容富贵人家豪华排场的生活。钟：乐器。鼎：古代烹煮用的食器。★贾宝玉生于～之家，长于温柔富贵之乡。

【踵事增华】 zhǒng shì zēng huá 指继续做前人所做的事，并使之更加美好完善。踵：追随，继续。华：光彩。★汉代司马相如～，将“赋”这种文体发展到了极致。

【众寡悬殊】 zhòng guǎ xuán shū 形容力量差别很大。众：多。寡：少。悬殊：相差很远。★敌军强大，～，我们只能巧妙周旋，不能正面硬拼。

【众口交赞】 zhòng kǒu jiāo zàn 众人交口称赞。★她照顾孤寡老人20年，乡亲们～。

【众口难调】 zhòng kǒu nán tiáo 吃饭的人很多，很难适合每个人的口味。比喻为人做事很难让所有的人都满意，或很难将众人的意见协调一致。调：调和，调理。★面对不同层次的消费者，生产商时常觉得～。

【众口铄金】 zhòng kǒu shuò jīn 众人异口同声就足以使金属熔化。比喻舆论的力量强大。也比喻人多口杂，足以混淆是非真伪。铄：熔化。★一次次的造谣毁谤，有时真的会把一个人毁掉，所谓～，积毁销骨。

【众口一词】 zhòng kǒu yī cí 许多人说的都是一样的话。指意见、看法一致。★同学们～，都说这事不是小明干的。

【众目睽睽】 zhòng mù kuí kuí 众人都睁大眼睛注视着。睽睽：睁大眼睛注视的样子。★这个男子竟敢在～之下调戏妇女，真是胆大包天。

【众目昭彰】 zhòng mù zhāo zhāng 大家的眼睛看得很清楚。昭彰：显著，明显。★～，他做的这些伤天害理的事情是无法掩盖的。

【众怒难犯】 zhòng nù nán fàn 众人的愤怒不可触犯。指不能违背多数人的意愿。犯：触犯。★～，乡长见村民们情绪激昂，吓得退回了办公室。

【众叛亲离】zhòng pàn qīn lí 众人反对，亲信背离。形容极不得人心，完全陷于孤立。叛：背叛。离：离开。★他滥用职权，怙恶不悛，以致人怨神怒，~。

【众人拾柴火焰高】zhòng rén shí chái huǒ yàn gāo 比喻大家一齐出力，就容易把事情办成。★~，只一会儿工夫，刚才还十分凌乱的画室，已经被几十名同学收拾得整整齐齐了。

【众矢之的】zhòng shǐ zhī dì 许多箭射击的靶心。比喻众人共同攻击的目标。矢：箭。的：靶心。★由于哥白尼的学说触怒了不可侵犯的神权，一时间他成了~。

【众说纷纭】zhòng shuō fēn yún 各种各样的说法，纷杂不一。众说：各种各样的说法。纷纭：多而杂乱。★这部古代典籍究竟成于谁手，研究者争论多年，~，莫衷一是。

【众所周知】zhòng suǒ zhōu zhī 大家都知道。周：普遍，全。★地球面临着前所未有的灾难，这是~的事情，然而，面对自然环境的污染，人们却没有真正地觉醒。

【众望所归】zhòng wàng suǒ guī 众人的信任、希望归向某人。多指某人得到大家的信赖，希望他担任某项工作。望：希望。归：归附，趋向。★推选他当文学院院长，可以说是~。

【众星拱辰】zhòng xīng gǒng chén 群星环绕着北极星。比喻许多东西围绕一个中心，或许多人拥戴一个很有威望的人。拱：环绕，环抱。辰：北辰，北极星。★孔子弟子尊崇孔子，犹如~。

【众星捧月】zhòng xīng pěng yuè 群星拥托着月亮。比喻许多东西共同围绕着一个中心，或许多人共同拥戴一个有威望的人。★奥运会冠军回到家乡，众乡亲~般簇拥着他。

【众志成城】zhòng zhì chéng chéng 大家同心协力，就像城墙一样牢固。比喻同心协力，形成强大的力量，就能取得胜利。城：城墙。★我们团结起来，~，没有任何困难可以阻挡我们。

【种瓜得瓜，种豆得豆】zhòng guā dé guā, zhòng dòu dé dòu 种什么，就收获什么。原为佛教语，表示造什么因，就得什么果。后泛用以比喻做什么样的事，就得到什么样的结果。★~，平时努力学习，就会考出好成绩。

【重利盘剥】zhòng lì pán bō 用高利贷的方式进行残酷剥削。盘剥：指利上加利的剥削。★他违反国家金融政策，个人放贷，~。

【重赏之下，必有勇夫】zhòng shǎng zhī xià, bì yǒu yǒng fū 在优厚的赏赐之下，一定有勇于去做的人。★~，有这么厚重的奖金，这事肯定会有人去很好地完成。

【重义轻生】zhòng yì qīng

shēng 指看重道义而轻视生命。轻：轻视。★他把名誉看得很重，是那种～的人。

【重于泰山】zhòng yú tài shān 比泰山还重。比喻意义非常重大。泰山：在山东省中部，为五岳之首。★为人民利益而死，～；为个人利益而死，轻如鸿毛。

【周而复始】zhōu ér fù shǐ 比喻循环往复，运转不停。周：循环。复始：重新开始。★地球绕着太阳～地旋转，形成了春夏秋冬四季。

【周急济贫】zhōu jí jì pín 对有急难和贫困的人给以物质上的帮助。周：周济。济：帮助，接济。★政府不应该仅仅停留在对贫困人员的～上，更应该给予政策倾斜，帮助他们勤劳致富。

【周郎顾曲】zhōu láng gù qǔ 原指周瑜精于音乐，能听出演奏中出现的错误。后借指能够欣赏音乐。周郎：三国时吴国军事家周瑜。顾：回看。曲：乐曲。★她受过良好的家庭教育，既可写诗作画，又能～。

【肘腋之患】zhǒu yè zhī huàn 比喻极近的地方。指发生在身边的祸患。肘腋：胳膊肘和胳肢窝。★～不除，让人心头难安。

【昼伏夜行】zhòu fú yè xíng 白天隐蔽，夜间行走。伏：隐藏，隐蔽。★为了逃避特务的追捕，他们～，历尽千辛万苦，来到延安。

【昼锦荣归】zhòu jǐn róng guī 穿着锦绣华贵的衣服回归故里。比喻做官后还乡归里荣耀无比。昼锦：古人称富贵还乡为“衣锦昼行”，省作“昼锦”。★古代的读书人都希望自己能做上高官，～。

【昼夜兼程】zhòu yè jiān chéng 白天和夜晚都在不停地赶路。兼程：一天走两天的路，以加倍的速度赶路。★车队～，终于将救灾物资及时送到了灾区。

【朱门酒肉臭，路有冻死骨】zhū mén jiǔ ròu chòu，lù yǒu dòng sǐ gǔ 富贵人家酒肉吃不完，任其腐臭；贫苦人民天冷无以御寒，路边冻死。指封建统治集团生活极端奢侈浪费，而下层人民境遇悲惨可怜。常用以形容贫富悬殊的不合理社会现象。朱门：红漆的大门，指贵族官僚府第。★～，这是封建时代一个突出的社会现象。

【珠光宝气】zhū guāng bǎo qì 珍珠宝石光彩耀眼。形容装饰或陈设十分华丽富贵。★这位贵妇人仪表不凡，满身～。

【珠联璧合】zhū lián bì hé 珍珠联成串，美玉合成双。比喻日月五星像合在一起的珍珠宝璧。也比喻美好的人才或事物聚集在一起，交相映衬。璧：平圆形中心有孔的玉。★美妙的歌声加上行云流水般的钢琴伴奏，如～，使现场的观众获得了极大的艺术享受。

【珠圆玉润】zhū yuán yù rùn 像珍珠那样圆润，像美玉那样光滑。用以形容歌声、文辞或书法等婉转流畅。也形容皮肤光润。润：润滑，光滑。★艺术大师骆玉笙的京韵大鼓唱得~，令人回味无穷。

【诸如此类】zhū rú cǐ lèi 很多与此相类似的。诸如：举例用语，表示不止一例。★犯罪分子的作案方式多样，绑架、抢劫、杀人、放火，~，不一而足。

【蛛丝马迹】zhū sī mǎ jì 蜘蛛的细丝，马蹄的痕迹。比喻隐约可寻的线索或痕迹。★在案件侦破过程中，对任何一点儿~都不能放过。

【蛛网尘封】zhū wǎng chén fēng 结满了蛛网，被尘土所封盖。形容房屋长期无人打扫、居住或器物长期无人使用。★《聊斋志异》里讲述的许多鬼狐故事，大都发生在~的古老宅院中。

【竹篮打水】zhú lán dǎ shuǐ 比喻毫无实效的举动。★这次行动非常不利，本想人赃俱获，结果却是~一场空。

【竹篱茅舍】zhú lí máo shè 竹子做的篱笆，茅草盖的房子。形容农村的住房或田园风光。也形容隐士的简陋居处。舍：房屋。★这里~，池塘菜畦，炊烟袅袅，一派恬静自然的田园风光。

【竹罄南山】zhú qìng nán shān 比喻罪恶极多，即使砍光终南山上的竹子做竹筒，也书写不完。罄：尽，用尽。南山：指终南山，属秦岭山脉，今陕西省西安市西南。★这个犯罪团伙罪恶累累，~。

【逐字逐句】zhú zì zhú jù 一字一字、一句一句地。逐：依次，一个挨着一个。★这篇文言文非常难懂，语文老师~地给我们讲解。

【主观臆断】zhǔ guān yì duàn 指不依据客观实际，只凭臆想对事物作出判断。臆断：凭臆测来推断。★判断要以事实为依据，不能凭~轻易下结论。

【助桀为虐】zhù jié wéi nüè 比喻帮助坏人干坏事。桀：夏朝末代的暴君。虐：残暴。★有的司法干部被犯罪分子拉拢收买，~，成了犯罪分子的保护伞。

【助人为乐】zhù rén wéi lè 以帮助他人为自己的快乐。★他在日常生活中一贯与人为善，~。

【著书立说】zhù shū lì shuō 著书写文章，创立自己的学说。★著名作家巴金晚年还在辛勤笔耕，~，呼吁作家说真话。

【著有成效】zhù yǒu chéng xiào 形容成绩或效果很显著。著：明显，突出。★我们学校的后勤社会化改革进行得~，被当作典型在全省推广。

【著作等身】zhù zuò děng shēn

把著作摞起来，同自己的身体一般高。形容著述极丰。★杨先生学识渊博，~，是位有名的历史学家。

【铸成大错】zhù chéng dà cuò 铸造成一把大锉刀。借指造成重大错误。铸：铸造，把金属熔化后倒入沙型或模子里制成器物。错：锉刀，这里做双关语，借指错误。★我们处理问题要保持冷静的头脑，切不可因一时冲动而~。

【抓耳挠腮】zhuā ěr náo sāi 又抓耳朵又抓腮。形容高兴得不知如何是好。也形容由于焦急、忙乱而无计可施的样子。挠：抓。★眼看工程不能按期完成，项目负责人急得~，长吁短叹。

【抓破脸皮】zhuā pò liǎn pí 比喻撕破脸面公开争吵或对抗。★为了山后面的那块菜地，他们两家~，大打出手。

【专横跋扈】zhuān hèng bá hù 形容专断横行，蛮不讲理。专横：专断强横，任意妄为。跋扈：蛮横，霸道。★他~惯了，听不进半点反对意见。

【专精覃思】zhuān jīng tán sī 精心钻研，深入思考。覃：深入地。★王教授在天文学方面~，有着很高的造诣。

【专权擅势】zhuān quán shàn shì 独自把揽权势。专、擅：独占，独揽。★唐朝宰相杨国忠~，妒贤嫉能，做了很多坏事。

【专心致志】zhuān xīn zhì zhì 聚精会神，一心一意。致：尽，竭尽。志：意志。★课堂上，同学们在~地听老师讲课。

【转败为功】zhuǎn bài wéi gōng 由失败转为成功。转：转变。功：成功。★中国青年队下半场连进两球，很快便~。

【转悲为喜】zhuǎn bēi wéi xǐ 由悲伤转为欢喜。★我送给她一个漂亮的风筝，刚才还在哭闹的小姑娘不禁~。

【转祸为福】zhuǎn huò wéi fú 指灾祸转为福气，坏事变成好事。★小李~，因为这次意外受伤而结交了许多知心的朋友。

【转瞬即逝】zhuǎn shùn jí shì 转眼就消失了。形容事物消逝极快。转瞬：转眼间。★我们还没来得及好好品味，四年的大学生活已经~了。

【转弯抹角】zhuǎn wān mò jiǎo 形容道路曲折或沿着曲折的道路走。也比喻说话做事绕弯子，不直爽。抹角：紧挨着犄角儿绕过。★老师提出问题，你应该直接作答，不要~。

【转危为安】zhuǎn wēi wéi ān 形容局势或病情等从危急转为平安。危：危急，危险。安：平安。★刘邦在秦末农民起义中几经磨难，终于~，反败为胜，夺取天下，开创了西汉基业。

【转战千里】zhuǎn zhàn qiān lǐ

在广大区域里辗转作战。★为了寻找矿藏，他们～，几乎踏遍了整个中国。

【庄周梦蝶】zhuāng zhōu mèng dié 庄周梦见自己变成了一只蝴蝶。比喻人生虚幻无常。庄周：庄子，战国时著名思想家，道家学派的代表人物。★人生常有～的虚幻，我们要直面现实，脚踏实地地做事。

【装点门面】zhuāng diǎn mén miàn 比喻只把外表装饰得很漂亮。装点：装饰点缀。门面：原指商店当街用以营业的地方，现用以比喻外观、外表。★攻读博士学位不能只是为了～，而要真正学到知识，使自己的科研水平再上新台阶。

【装疯卖傻】zhuāng fēng mài shǎ 故意装出疯疯癫癫、傻里傻气的样子。★在那场政治动乱中，他通过～才得以保全性命。

【装聋作哑】zhuāng lóng zuò yǎ 装作耳聋口哑。形容不闻不问，故意置身事外。★党员干部对于社会上的不良现象不能～。

【装模作样】zhuāng mú zuò yàng 指故意做出某种姿态给人看。★小明想借故请假不上学，就～地捂着肚子说疼得厉害。

【装腔作势】zhuāng qiāng zuò shì 形容故意装出一种腔调，摆出一种姿态。腔：腔调。势：姿势。★每次开会，他都～地大发一通议论，却不能解决任何问题。

【装怯作勇】zhuāng qiè zuò yǒng 指内心本来怯懦，却故意装出勇敢的样子。怯：胆小，害怕。★到了打靶场，面对真枪实弹，她心里直发慌，其他学员都迅速到位，她也只好～地趴到自己的位置上。

【装神弄鬼】zhuāng shén nòng guǐ 原指巫师降神的骗人法术。后多比喻故弄玄虚借以骗人。★你别跟我～的，这件事情我什么都知道！

【壮志凌云】zhuàng zhì líng yún 形容志向非常远大。壮志：宏大的志向。凌云：直上云霄。★少年足球队～，他们肩负着中国足球的未来。

【壮志未酬】zhuàng zhì wèi chóu 远大的志向没有实现。酬：实现。★抗金名将岳飞～，被奸臣秦桧设计害死。

【追本溯源】zhuī běn sù yuán 追寻树木的根本，追索水的源头。比喻探寻事物的根源。本：树根。溯：逆水而行，引申为追寻。★做学问就应该～，多问几个为什么。

【追根究底】zhuī gēn jiū dǐ 追究根源和底细。★局长开始对这件事情～，这让小王感到很害怕。

【追悔莫及】zhuī huǐ mò jí 后悔已经来不及了。追悔：追溯以往，感到后悔。★因为我的失误而使全队痛失冠军奖杯，事后想来，我～。

【惴惴不安】zhuì zhuì bù ān 形容因为害怕或担心而心神不宁。惴惴：忧愁、恐惧的样子。★登上飞机时，我心里一直～，生怕会出什么意外。

【谆谆告诫】zhūn zhūn gào jiè 恳切耐心地教导、劝诫。谆谆：恳切教导的样子。诫：也作“戒”。★叶圣陶先生～我们，“为人生，为生活，为交际”是语文教学的根本宗旨。

【捉襟见肘】zhuō jīn jiàn zhǒu 整理一下衣襟，就露出了胳膊肘。形容衣服破烂，生活窘困。也比喻顾此失彼，应付不过来。捉襟：整理衣襟。见：露出。★老严家生活贫困，常常～，经常需要亲友的接济。

【捉摸不定】zhuō mō bù dìng 形容变化无常，无法猜测预料。捉摸：猜测。★昨天下雨，今日大雾，天气突然变得～起来。

【卓尔不群】zhuó ěr bù qún 形容优秀卓越，超出寻常。卓尔：高高直立的样子。不群：不同于一般。★他小时候并非是一个～的孩子，而是靠后天的勤奋努力才取得了巨大的成功。

【卓绝千古】zhuó jué qiān gǔ 形容超过一切，自古以来无人能比。卓绝：程度达到极点，超过一切。★李白的诗作内容丰富，大气磅礴，～。

【卓荦不羁】zhuó luò bù jī 比喻才识卓异不凡，性格豪放不羁。卓荦：超绝出众。羁：束缚，限制。★阮籍、嵇康性格～，不为当时的统治者所容。

【卓有成效】zhuó yǒu chéng xiào 形容成绩、效果非常突出显著。卓：卓越，突出。★由于防范工作做得～，江堤没有出现任何险情。

【斫轮老手】zhuó lún lǎo shǒu 砍木制造车轮的老工匠。比喻经验丰富、技能高超的人。斫：用刀斧砍、削。★建这么高的塔，需要大批的～。

【着手成春】zhuó shǒu chéng chūn 一动手接触，事物就随之成为春天的景象。形容诗文或书画创作挥笔即成，且笔法高妙，风格清新。也用以称赞医道高超，能手到病除。着：接触，挨上。★沈从文的小说大多描写湘西的风土人情，娓娓道来，～，风格清新自然。

【着意栽花花不发，无心插柳柳成荫】zhuó yì zāi huā huā bù fā, wú xīn chā liǔ liǔ chéng yīn 比喻一心想得到的没能得到，不用心的却取得了意外的收获。着意：用心。发：开花。★～，我随便买的一张彩票，没想到中了大奖。

【擢发难数】zhuó fà nán shǔ 拔下头发来数也难以数清。形容罪行极多，无法计数。擢：拔。发：头发。★丧尽天良的日本侵略者在中国犯下的滔天罪行，真是～。

【孜孜不倦】zī zī bù juàn 勤勉而不知疲倦。孜孜：勤勉的样子。★法国昆虫学家法布尔凭着对昆虫浓厚的兴趣和～的研究精神，完成了名著《昆虫记》。

【孜孜矻矻】zī zī kū kū 形容勤奋不懈的样子。孜孜：勤勉的样子。矻矻：辛勤的样子。★老师们～，兀兀穷年，培养了一批又一批的学生。

【孜孜以求】zī zī yǐ qiú 勤奋不懈地追求。孜孜：勤勉的样子。★加入中国共产党，是我一生～的夙愿。

【姿态横生】zī tài héng shēng 形容各种神情体态层出不穷。姿态：体态，模样。横生：层出不穷地表露。★这幅书法作品构思巧妙，运笔千变万化，～。

【锱铢必较】zī zhū bì jiào 像锱、铢那样小的分量都要计较。比喻对待事情十分认真，绝不马虎。也形容过分看重钱财，非常刻薄悭吝。锱、铢：均为古代很小的重量单位，这里指极小的数量。较：计较。★巴尔扎克笔下的老葛朗台，是一个～的吝啬鬼。

【龇牙咧嘴】zī yá liě zuǐ 嘴角向两边伸展。露出牙齿，咧着嘴巴。形容凶狠或疼痛难忍的样子。龇：露着牙齿。★蜜蜂蜇了他一下，疼得他～。

【子虚乌有】zǐ xū wū yǒu 汉代司马相如作《子虚赋》，虚构子虚、乌有、无是公三人互相答问。后用以称实际上并不存在的人或事物。★这些都是～的事，不要相信，更不要瞎传。

【子曰诗云】zǐ yuē shī yún 指儒家经典。也指读书人引经据典的迂腐习气。子：指儒家创始人孔子，其言论为历来儒家必须遵奉的信条。曰、云：说。诗：指《诗经》，我国最早的诗歌总集，为儒家经典之一。★他是个前清的老秀才，整日满口～。

【自暴自弃】zì bào zì qì 自己损害自己，自己鄙弃自己。形容自甘废弃或堕落，不求上进。暴：糟蹋，损害。弃：鄙弃。★犯了错误要勇于改正，不能～。

【自不量力】zì bù liàng lì 不能正确估量自己的能力，对自己估计太高。★这么大的事情你想一个人去干，也太～了吧！

【自惭形秽】zì cán xíng huì 原指因自己的容貌风度不如别人而感到惭愧。后用以泛指自愧不如别人。惭：惭愧。秽：丑陋，肮脏。★不要因为你穿着朴素而～，要知道朴素也是一种美。

【自成一家】zì chéng yī jiā 指在学术或技艺上有独到的风格和见解，自成体系或流派。★清代“扬州八怪”之一的郑板桥，书画融众家之长而又～。

【自出机杼】zì chū jī zhù 比喻诗文、书画创作等别出心裁，独创新意。机杼：织机和梭子，比喻诗文、书画的组织和构思。★他的作品~，颇具特色。

【自出心裁】zì chū xīn cái 出于自己内心的判断和考虑。指富有独创性。心裁：心中的设计筹划。★设计者~，在这座园林中巧妙地安置了一条小溪。

【自吹自擂】zì chuī zì léi 自己吹喇叭，自己击鼓。比喻自己吹捧自己。擂：击，捶。★要从根本上提高产品的质量，不能光靠做广告~来扩大销路。

【自得其乐】zì dé qí lè 自己享受到其中的快乐。多形容自我满足和惬意。★人的~有助于健康，有益于提高生命的质量。

【自甘堕落】zì gān duò luò 自己甘愿堕落。表示不可救药。堕落：思想行为等往坏里变。★她遭遇了重大的人生挫折，从此便心灰意冷，~了。

【自甘落后】zì gān luò hòu 自己心甘情愿落后。★有些青年人学习不思进取，~。

【自高自大】zì gāo zì dà 自以为了不起，瞧不起别人。★他们~，在骨子里瞧不起外乡人。

【自告奋勇】zì gào fèn yǒng 积极主动地要求承担。告：要求，请求。奋勇：鼓起勇气。★王强~地向老师提出请求，愿意利用课余时间照顾那位孤寡老人。

【自顾不暇】zì gù bù xiá 连顾及自己的时间都没有。表示无力顾及别人。顾：注意，照管。暇：空闲。★他整日被那些琐事缠得无法脱身，已是~了，哪里还有精力照顾孩子们？

【自坏长城】zì huài cháng chéng 比喻自己损害自己赖以生存的力量。长城：喻指可资倚重的人。★我们公司决定把这项先进技术转让给另一家公司，一些明智人士心里都明白，这无异于~。

【自给自足】zì jǐ zì zú 依靠自己的生产来满足自己的需要。给：供给。★中国的封建社会，主要是一种~的自然经济。

【自矜功伐】zì jīn gōng fá 因有功劳而骄傲自满，夸耀自己。矜：夸耀。功伐：功劳，功勋。★这位大将~，结果被君主设法处死。

【自掘坟墓】zì jué fén mù 自己给自己挖掘坟墓。比喻自己为自己的灭亡准备条件。★犯罪分子作恶多端，不思悔改，这无异于~。

【自觉自愿】zì jué zì yuàn 自己认识到应该这样而心甘情愿去做。★全班同学都~地把自己的零花钱捐献给希望工程。

【自愧不如】zì kuì bù rú 自己认为不如别人而感到惭愧。愧：惭愧。不如：不及，比不上。★她的二胡拉得非常出色，接近专业水平，我～。

【自力更生】zì lì gēng shēng 依靠自己的力量把事情办好。自力：依靠自己的力量。更生：重新获得新生，比喻重新振兴起来。★在社区的帮助下，一些下岗失业人员～，开始了第二次创业。

【自立门户】zì lì mén hù 自己创立一个派别。门户：派别，家庭。★当年的师兄弟，如今已是～，教武授徒。

【自鸣得意】zì míng dé yì 自己表示很得意。形容扬扬自得的神情。鸣：表达，表示。★我们决不能因为听到几句赞扬的话就～，现在离我们的既定目标还远着呢。

【自命不凡】zì mìng bù fán 自以为了不起，不平凡。自命：自许，自认为。★他有点～，总觉得别人的文章不叫文章。

【自欺欺人】zì qī qī rén 自己欺骗自己，也欺骗别人。★他们经常用公款请客吃饭，还美其名曰“搞好公共关系”，这不是～吗?

【自强不息】zì qiáng bù xī 自己奋发向上，不懈怠，不停息。息：停止。★他凭着～的精神，战胜了一个又一个困难，最后终于获得成功。

【自轻自贱】zì qīng zì jiàn 自己轻视、贬低自己。表示自己看不起自己。轻、贱：轻视。★我们既不能自高自大，也不能～，要客观地认识自己。

【自取其咎】zì qǔ qí jiù 自己给自己招致祸害或麻烦。取：招致。咎：罪过，祸害。★由于不听大伙的劝告，他犯下这样的错误完全是～。

【自取其辱】zì qǔ qí rǔ 自己导致自己遭受侮辱。取：招致。★他干了丢人的事，是不会到朋友那里去～的。

【自然而然】zì rán ér rán 自然发展，非经外力干预而成为这个样子。然：这样，如此。★我与小王由于经历相似，脾气投合，～就成了好朋友。

【自生自灭】zì shēng zì miè 自然地生长，又自然地灭亡。指不经人力干预，听其自然。★学校对于这一学科的发展，应当大力扶持，而不能任其～。

【自食其果】zì shí qí guǒ 自己造成的恶果由自己承担。指做了坏事，结果害了自己。也指自作自受。果：后果，恶果。★不法商人梦想靠走私来发财，到头来只落得个锒铛入狱的下场，可谓～。

【自食其力】zì shí qí lì 依靠自己的劳动来养活自己。★她不愿过一种坐享其成、养尊处优的生活，而想做一名～的普通劳动者。

【自食其言】zì shí qí yán 指不讲信用，说话不算数。★说好半年交货就必须兑现，我们不能～，损害公司的形象。

【自始至终】zì shǐ zhì zhōng 从开始到结束。★这件事情～我都在参与，所以比较了解情况。

【自视甚高】zì shì shèn gāo 自己觉得自己很了不起。自视：自己认为自己。★她～，说话做事总是一副自以为是的样子。

【自私自利】zì sī zì lì 形容只谋求个人的利益，丝毫不顾其他。★他是一个～的人，有好处时从来不会想到别人。

【自讨苦吃】zì tǎo kǔ chī 自己给自己寻找痛苦或麻烦。讨：招惹。★他饮酒过量，在医院折腾了半天，真是～。

【自讨没趣】zì tǎo méi qù 自己招惹难堪、丢面子。讨：招惹。★孔二嫂喋喋不休地数落个没完，见大家都不理她，～地走了。

【自投罗网】zì tóu luó wǎng 原指鸟兽等钻进人所布下的罗网。比喻自己投入他人预先设下的圈套，或进入危及自己的某种境地。投：进入。罗网：捕鸟兽或鱼类的网。★稽查大队已经做好了严密部署，只等那些毒贩～。

【自我解嘲】zì wǒ jiě cháo 受到嘲笑时，自己用言行加以掩饰或辩解。★小刚骑车掉进了水坑，爬上来后～地说："里面真凉快！"

【自我陶醉】zì wǒ táo zuì 形容盲目地沉醉于自我欣赏之中。陶醉：沉浸在某种境界或情绪之中。★当我们取得一点小小的进步时，千万不能～，而要戒骄戒躁，争取更大的成绩。

【自相残杀】zì xiāng cán shā 指内部互相杀害。残杀：杀害。★大敌当前，我们不能～，而应当团结起来一致对外。

【自相践踏】zì xiāng jiàn tà 自己的人相互踩踏。多形容军队溃败时各自仓皇逃命的狼狈情景。也比喻内部互相摧残。践踏：踩，比喻摧残。★在这场战斗中，敌人～，死伤无数。

【自相惊扰】zì xiāng jīng rǎo 自己惊动扰乱自己。★我们要一切行动听从指挥，不可～。

【自相矛盾】zì xiāng máo dùn 《韩非子·难一》记载，战国时有一个楚国人在集市上卖长矛和盾牌。他先是夸耀自己的盾牌非常坚固，什么东西都穿不透；接着又夸耀自己的长矛锋利无比，什么东西都能戳穿。有人说："用你的矛戳你的盾看看怎样？"卖兵器的人无言以对。后用以比喻言行前后自相抵触。★这篇论文前后～，经不住推敲。

【自信不疑】zì xìn bù yí 充满自信，一点都不怀疑。疑：怀疑。★对于自己的工作能力，她～。

【自行其是】zì xíng qí shì 按自己认为是正确的去做。形容思想固执，不愿听取别人的意见。是：正确。★小马是个相当固执的人，做任何事情都～。

【自寻短见】zì xún duǎn jiàn 自己认为无法活下去而寻死。短见：本指见识短浅，后引申为自杀。★有些人承受力差，遇到一点挫折便想不开而～。

【自言自语】zì yán zì yǔ 自己跟自己说话。★老王～："这事就这么办!"

【自以为是】zì yǐ wéi shì 自己认为自己是正确的。是：正确。★你要虚心听取群众的意见，不要～。

【自由泛滥】zì yóu fàn làn 比喻错误或反动的思想言行不受限制地到处扩散。★我们不能让金钱至上、及时行乐的颓废思想在现代社会～。

【自由放任】zì yóu fàng rèn 指不受拘束地听其自然发展。放任：听其自然。★她过去～惯了，很难一下子适应办公室按部就班的工作。

【自由散漫】zì yóu sǎn màn 形容无组织无纪律。散漫：松松垮垮，随随便便。★老师强调，学生要遵守校规校纪，不能～。

【自由自在】zì yóu zì zài 形容毫无拘束，安闲舒适。★鱼儿～地在水中漫游，鸟儿～地在天空飞翔，这是何等美好的自然风光啊!

【自有公论】zì yǒu gōng lùn 指事情的是非曲直公众自然会有评论。公论：公众的评论。★这件事情孰是孰非，～。

【自圆其说】zì yuán qí shuō 使自己的说法周全圆满而无漏洞。圆：圆满，周全。★他的观点乍听起来似乎还能～，可仔细推敲一下，就会发现漏洞百出。

【自怨自艾】zì yuàn zì yì 原指悔恨自己的错误，自己改正。后多偏指悔恨。怨：悔恨。艾：治理，改正。★一个人做错了事情，整日～是毫无益处的，关键是要找到改正错误的方法，避免下次再犯。

【自知之明】zì zhī zhī míng 指能够客观地认识、评价自己。知：知道，明了。明：明察事物的能力。★虽然我们同一年大学毕业，但我的工作能力远远比不上他，这一点我是有～的。

【自作聪明】zì zuò cōng míng 自以为聪明而轻率逞能。★你不要～了，还是乖乖地到老师那里承认错误吧。

【自作多情】zì zuò duō qíng 自己单方面地表现出很有感情的样子。★小王，你别～，人家小芳对你根本没有意思!

【自作自受】zì zuò zì shòu 自己做错了事情，由自己来承受其后果。受：承受。★落得现在这个下场，是他～，与别人没有关系。

【字里行间】zì lǐ háng jiān 文章的字句中间。指文章中表达、流露出的思想感情。★这篇文章的～，透露出作者对祖国大好河山的无比热爱。

【字斟句酌】zì zhēn jù zhuó 对每一字、每一句都仔细考虑、推敲。形容写作或说话的态度认真，措辞严谨。斟、酌：考虑，推敲。★文章要～，不能随便应付。

【字字珠玑】zì zì zhū jī 形容诗文语言精美，每个字都像珠玑一样珍贵。珠：圆的珍珠。玑：不圆的珍珠。★钱钟书的名著《围城》风趣幽默，富有哲理，可谓～，精妙绝伦。

【恣情纵欲】zì qíng zòng yù 尽情地放纵自己的欲望。恣、纵：放纵。★他有钱之后，便大肆挥霍，～，过着糜烂的生活。

【恣行无忌】zì xíng wú jì 指任意胡作非为，毫无顾忌。恣：任意，放纵。忌：顾忌，畏惧。★春秋战国时代，诸侯霸主～，对弱小国家任意践踏。

【恣意妄为】zì yì wàng wéi 肆意地胡作非为。恣意：放纵，肆意。妄为：胡作非为。★由于缺乏监督，村委会成员～，集体贪污公款，触犯了法律。

【总而言之】zǒng ér yán zhī 总括起来说。总之。★～，我们必须坚定不移地坚持改革开放政策，提高综合国力。

【纵横捭阖】zòng héng bǎi hé 原指战国策士以其政治主张和策略游说诸侯时的方法。后用以表示在政治上、外交上施展策略，运用分化或联合的手段。也形容言论放纵，不受拘束。纵横："合纵连横"。战国时，七国争霸，秦国最强。以苏秦为首的人主张南北六国联合对付西方秦国的策略，叫合纵；以张仪为首的人主张秦国与六国个别结盟，各个击破的策略，叫连横。捭阖：开合。★周恩来是个外交天才，在外交舞台上～，为提升中国在国际上的地位作出了伟大贡献。

【纵横驰骋】zòng héng chí chěng 形容任意奔驰，无所阻挡。也用以比喻才情奔放或无拘无束地尽情发挥。纵横：指四方各地。驰骋：奔跑。★英勇的人民解放军在战场上～，所向无敌。

【纵横交错】zòng héng jiāo cuò 横一条、竖一条地互相交叉在一起。形容事物或情况交叉错杂，非常复杂。纵横：竖和横。交错：交叉，错杂。★江南水乡，河流水渠～，农田灌溉十分便利。

【纵横天下】zòng héng tiān xià 到处奔驰无阻。比喻所向无敌。纵横：奔驰无阻。★巴西国家足球队曾经～，所向披靡，在世界上享有很高的声誉。

【纵虎归山】zòng hǔ guī shān 把老虎放回山去。比喻放走强劲的对手，自留祸根。纵：释放。★这个人属于贩毒集团的高层人员，手中掌握着毒品销售网络，我们切不可～。

【走马观花】zǒu mǎ guān huā 骑在奔跑的马上看花。原形容得意、愉快的心情。现用以比喻粗略地观察事物。走马：骑着马跑。★了解基层情况，不能蜻蜓点水、~似地走走过场，而要深入细致地做好调查工作。

【走马上任】zǒu mǎ shàng rèn 指官员到职。走马：骑着马跑。★经过严格的考核筛选，她正式~，成为该地区首位女大学生村官。

【走南闯北】zǒu nán chuǎng běi 南北奔走闯荡。形容到过很多地方，见多识广。闯：闯荡。★老赵一生~，社会阅历非常丰富。

【走投无路】zǒu tóu wú lù 无路可走，无处可奔。比喻处境极端困窘，找不到任何出路。投：投奔。★这家公司已经~，只好宣告破产。

【走为上计】zǒu wéi shàng jì 指遇到强敌或陷于困境时，回避走开是最好的办法。走：离开。计：计策。★三十六计，~。寡不敌众，我们还是逃命要紧。

【足不出户】zú bù chū hù 脚不跨出大门。指闭门自守。★网上购物可以让你~就能买到自己想要的商品。

【足智多谋】zú zhì duō móu 智慧丰富，计谋很多。形容善于料事和谋划。足：多，足够。★《水浒传》中的吴用是一位~的军师，人称"智多星"。

【钻冰取火】zuān bīng qǔ huǒ 比喻做事背谬，劳而无获。★随着科学技术的发展，水上栽培早已不是过去人们所认为的~的事了。

【钻牛角尖】zuān niú jiǎo jiān 比喻费力钻研无法解决或者毫无意义的问题。★他很用功，但思路很受局限，总喜欢~。

【钻天打洞】zuān tiān dǎ dòng 比喻极力钻营，无孔不入。★为了能让女儿进电视台工作，一向严于律己的组织部长也开始~地找关系了。

【钻心刺骨】zuān xīn cì gǔ 钻入心里，刺进骨头。形容痛苦难忍或刺激很深。★他光着脚不小心踩在钉子上，只觉得一阵~的痛。

【嘴甜心苦】zuǐ tián xīn kǔ 口头上说得好听而心地狠毒。★她这人~，什么坏事都干得出来。

【罪不容诛】zuì bù róng zhū 处以死刑都不足以抵偿其罪行。形容罪大极恶，死有余辜。诛：杀死，判处死刑。★明朝宦官魏忠贤残害忠良，作恶多端，~。

【罪大恶极】zuì dà è jí 罪恶严重到了极点。★他是个~的战争罪犯，应该受到国际军事法庭的审判。

【罪恶滔天】zuì è tāo tiān 形容

罪恶极大。滔天：弥漫天际。★日本侵略者杀害了无数无辜的中国老百姓，~。

【罪恶昭著】 zuì è zhāo zhù 罪恶十分明显，尽人皆知。昭著：明显。★他是个~的历史罪人，他的后代也因此感到很不光彩。

【罪该万死】 zuì gāi wàn sǐ 罪恶大到该处死一万次。形容罪恶极大。该：应当，应该。★这帮家伙杀人放火，无恶不作，真是~。

【罪魁祸首】 zuì kuí huò shǒu 指作恶犯罪的首要分子。魁：首领。★希特勒是发动第二次世界大战的~。

【罪莫大焉】 zuì mò dà yān 没有比这一罪恶更大的了。焉：代词，相当"于之"。★司法机关如果没有保护好人民群众的生命安全，则~。

【罪孽深重】 zuì niè shēn zhòng 形容罪恶极重。孽：罪恶，罪过。★他自知~，向公安局报案之后便服毒自杀了。

【罪有应得】 zuì yǒu yīng dé 犯罪者受到了应有的惩罚。★杀人犯在逃跑过程中坠楼身亡，可以说是~。

【罪在不赦】 zuì zài bù shè 谓罪行极重，不能赦免。赦：赦免。★这个流氓无赖夺人妻子，占人房产，~。

【罪责难逃】 zuì zé nán táo 罪责无法逃避。指犯罪后难以逃避责任，一定会受到惩罚。★他是此次交通事故的肇事者，证据确凿，~。

【醉生梦死】 zuì shēng mèng sǐ 像喝醉酒和做梦那样糊里糊涂地混日子。★抗战八年，广大民众陷入水深火热之中，而在重庆的一些达官贵人却依然过着~的生活。

【醉翁之意不在酒】 zuì wēng zhī yì bù zài jiǔ 醉翁的本意不在酒上。比喻本意不在此而在彼。也比喻别有用心。★~，他此次来京绝对不是旅游。

【醉眼朦胧】 zuì yǎn méng lóng 形容醉酒后两眼迷迷糊糊的样子。朦胧：模糊，不清楚。★从酒店出来，他~地开车回家，在路上被交警连车带人一起扣留了。

【尊卑有序】 zūn bēi yǒu xù 指尊卑之间有严格的顺序。尊：地位或辈分高，与"卑"相对。序：顺序，次序。★在封建大家族中，~，年轻人稍有不慎就会触犯家规，遭受惩罚。

【尊师重道】 zūn shī zhòng dào 指尊敬师长，重视老师的教诲。道：主张、思想或学说。★~是中华民族的传统美德。

【左顾右盼】 zuǒ gù yòu pàn 左边看看，右边瞧瞧。形容对周围事物打量或察看的样子。也形容犹豫不定的样子。顾、盼：看。★下边有些同志担心现时政策不稳，因此执行起来畏首畏尾，～。

【左邻右舍】zuǒ lín yòu shè 指周围邻居。邻、舍：邻舍，邻居。★我们搬家的时候，～都来帮忙。

【左思右想】zuǒ sī yòu xiǎng 形容反复思考。★他～，最后还是决定亲自去山上看一看。

【左右逢源】zuǒ yòu féng yuán 处处都可以遇到源头。比喻做事得心应手，圆满顺遂。逢：遇到。源：源头。★如果知识丰富，材料充足，善于表达，写起文章来就能～，得心应手。

【左右开弓】zuǒ yòu kāi gōng 左手右手都能射箭。也比喻两只手交替或同时做某一动作。开弓：指射箭。★刑警小王～，把两个试图逃窜的歹徒打倒在地。

【左右为难】zuǒ yòu wéi nán 形容不管怎么做都有难处。★夹在母亲和妻子中间，面对她们的矛盾，我是～。

【作壁上观】zuò bì shàng guān 在营垒上观看别人交战。比喻置身事外，采取旁观态度。壁：营垒。★这里的老百姓生活穷困潦倒，部分乡镇干部却～，毫不关心。

【作恶多端】zuò è duō duān 做的坏事很多。端：方面，种类。★凶手～，受到了法律的严厉制裁。

【作法自毙】zuò fǎ zì bì 自己立法，结果使自己受害。比喻自作自受。法：法令。毙：因病、伤而倒下，引申为死。★秦国的商鞅～，最后落得一个车裂分尸的下场。

【作嫁衣裳】zuò jià yī shang 比喻替他人劳动，自己一无所得。★从某种意义上讲，从事古籍整理工作是在为他人～。

【作奸犯科】zuò jiān fàn kē 为非作歹，触犯法纪。作奸：干坏事。犯：触犯。科：条文，法纪。★有些青少年～，家庭环境是一个重要的因素。

【作茧自缚】zuò jiǎn zì fù 蚕吐丝作茧，将自己缠裹在里面。比喻自己束缚自己，或自己使自己受困。缚：捆绑。★轻松一点，别～了，事情没你想象的那么严重。

【作威作福】zuò wēi zuò fú 原指统治者独揽权威，专行赏罚。后用以形容滥用权势，横行无忌。威：刑罚。福：奖赏。★吴三桂仗着天高皇帝远，在云南一带～，妄图篡位夺权。

【坐不安席】zuò bù ān xí 不能安稳地坐着。形容心神焦躁不宁的情状。安：安稳。席：坐席，座位。★这些天，父亲一直为大哥工作的事～。

【坐吃山空】zuò chī shān kōng 指光消费而不生产，即使财物堆积如山，也会被消耗光。★兄弟俩～，不到两年，就把祖上留下的百万家产败了个精光。

【坐地分赃】zuò dì fēn zāng 不亲自作案而坐等分取赃物。赃：赃物。★在这个犯罪团伙中，老大老二幕后指挥，~，其他成员出去偷盗。

【坐而论道】zuò ér lùn dào 旧指大臣陪侍帝王谋划政事。也指坐下来谈论事理。★他是个只配~的文臣，不是个可以征战沙场的武将。

【坐怀不乱】zuò huái bù luàn 《荀子·大略》记载，传说春秋时鲁国柳下惠夜宿城门，遇到一位无家可归的女子，怕其受冻，让其坐在自己怀中。人们听说后，无一人怀疑他有非礼行为。后用以形容男子在两性道德方面情操高尚，作风正派。★他是一位可以~的正人君子，你别诬蔑好人。

【坐井观天】zuò jǐng guān tiān 坐在井底看天。比喻眼界狭小，见识不广。★青年人要想担负起建设社会主义祖国的历史使命，就要有远大的目光，不能闭目塞听，~。

【坐冷板凳】zuò lěng bǎn dèng 形容教书或做学问的清苦生涯。也比喻受冷淡，遭冷遇。★从事中国传统文化研究，需要有一种耐得住寂寞、~的精神。

【坐立不安】zuò lì bù ān 坐着站着都不安宁。形容忧虑烦躁，心绪不宁。★放学这么久了，女儿还没有回家，母亲在家~。

【坐山观虎斗】zuò shān guān hǔ dòu 比喻在一旁观看别人争斗，等到两败俱伤时从中渔利。★出于对个人利益的考虑，他在此次竞标中采取了~的态度。

【坐失良机】zuò shī liáng jī 指白白地失去好机会。良机：好机会。★公司要抓紧时间将这种产品迅速投产，否则会~。

【坐视不救】zuò shì bù jiù 袖手旁观，不去救助陷入危急或困境的人。坐视：坐着看，指对该管的事故意不管或漠不关心。救：救援，救助。★对于遭受伤害的人，我们要伸出援助之手，不能冷眼旁观，~。

【坐收渔利】zuò shōu yú lì 比喻利用他人之间的矛盾而使自己毫不费力地获利。渔利：指乘机谋取不正当的利益。★我们两家不能再斗下去了，否则就会让别有企图者~。

【坐卧不安】zuò wò bù ān 形容心烦意乱、焦躁不安的样子。卧：躺。★通缉令发出之后，犯罪分子~，最后终于投案自首。

【坐享其成】zuò xiǎng qí chéng 自己不劳动而安享别人的成果。★你应该到社会上闯荡闯荡，靠自己的双手养活自己，不能老是待在家里~。

【坐以待毙】zuò yǐ dài bì 坐着等死或等待失败。指遇到困难或危险时，不去积极主动地想办法克服或消除。待：等待。毙：死。★在这样一个困难时期，我们要积极自救，不能～。

【座无虚席】zuò wú xū xí 没有空着的座位。形容到场的人很多。座：座位。虚：空。席：座位。★杨教授的演讲非常精彩，会场～，连走廊上都挤满了学生。

【做贼心虚】zuò zéi xīn xū 比喻做了坏事怕人觉察而心神不安。虚：空虚，发慌。★毒贩～，一直低着头不敢正眼看例行检查的边防战士。

词目笔画索引

一画

一人得道，鸡犬升天　429
一刀两断　423
一力承当　425
一了百了　426
一干二净　423
一寸光阴一寸金　422
一口咬定　425
一门心思　426
一己之见　424
一马平川　426
一马当先　426
一夫当关，万夫莫开　423
一无所失　431
一无所有　431
一无所成　431
一无所知　431
一无所得　431
一无是处　431
一五一十　431
一不做，二不休　421
一日千里　429
一日不见，如隔三秋　429
一日为师，终身为父　429
一见如故　424
一见钟情　424
一见倾心　424
一毛不拔　426
一气呵成　428
一手遮天　429
一片汪洋　428
一反常态　423
一介书生　424
一分为二　423
一文不名　430
一心一意　432
一心二用　432
一孔之见　425
一去不复返　428
一本万利　421
一本正经　421
一石二鸟　429
一目十行　427
一目了然　427
一叶知秋　432
一叶障目，不见泰山　432
一失足成千古恨　429
一丘之貉　428
一代风流　422
一代宗师　423
一代楷模　422
一发而不可收　423
一丝一毫　430
一丝不苟　429
一丝不挂　430
一而再，再而三　423
一匡天下　425
一成不变　422
一扫而光　429
一尘不染　422
一吐为快　430
一团和气　430
一帆风顺　423
一网打尽　430
一年一度　427
一年之计在于春　427
一年半载　427
一年到头　427
一问三不知　431
一衣带水　432
一决雌雄　425
一字千金　434
一字不苟　434
一如既往　429
一苇可航　430
一劳永逸　425

一来二去 425
一技之长 424
一步登天 421
一针一线 433
一针见血 433
一身是胆 429
一饮而尽 432
一言九鼎 432
一言不发 432
一言为定 432
一言既出，驷马难追 432
一言难尽 432
一应俱全 433
一穷二白 428
一张一弛 433
一纸空文 434
一表人才 421
一表堂堂 421
一枝独秀 433
一板三眼 420
一枕黄粱 433
一事无成 429
一拍即合 427
一拥而入 433
一呼百应 424
一鸣惊人 427
一败涂地 420
一知半解 434
一物降一物 431
一往无前 430
一往情深 430
一命呜呼 427
一念之差 427
一贫如洗 428
一饱眼福 420
一刻千金 425
一泻千里 431
一波三折 421
一波未平，一波又起 421
一官半职 424
一视同仁 429
一线生机 431
一草一木 421
一相情愿 431
一面之交 427
一面之词 427
一挥而就 424
一览无余 425
一哄而起 424
一哄而散 424
一脉单传 426
一脉相承 426
一脉相通 426
一派胡言 427
一举一动 425
一举成名 425
一举两得 425
一语双关 433
一语破的 433
一语道破 433
一统天下 430
一钱不值 428
一笔勾销 421
一笔抹杀 421
一笑了之 431
一笑置之 431
一席之地 431
一家之言 424
一窍不通 428
一诺千金 427
一通百通 430
一掷千金 434
一唱一和 422
一得之见 423
一得之功 423
一盘散沙 428
一望无际 430
一着不慎，满盘皆输 433
一清二白 428
一清二楚 428
一落千丈 426
一朝一夕 433
一腔热血 428
一塌糊涂 430
一鼓作气 423
一概而论 423
一路平安 426
一路货色 426
一路顺风 426
一锤定音 422
一筹莫展 422
一触即发 422
一触即溃 422
一意孤行 432
一碧万顷 421
一模一样 427

一箭双雕　424
一潭死水　430
一臂之力　421
一曝十寒　428
一蹶不振　425
一蹴而就　422
一瓣心香　420
一鳞半爪　426

二画

二人同心，其利断金　90
二者不可得兼　90
二者必居其一　90
二话不说　90
十八层地狱　307
十八般武艺　307
十万八千里　307
十万火急　308
十年树木，百年树人　307
十年寒窗　307
十全十美　307
十字路口　308
十字街头　308
十里洋场　307
十面埋伏　307
十指连心　308
十室九空　307
十恶不赦　307
十拿九稳　307
丁是丁，卯是卯　79
七上八下　240
七手八脚　240
七长八短　239
七尺之躯　239
七老八十　239
七折八扣　240
七步之才　239
七拼八凑　239
七疮八孔　239
七窍生烟　239
七情六欲　239
七零八落　239
七擒七纵　239
七嘴八舌　240
八仙过海，各显神通　7
八面玲珑　7
人丁兴旺　271
人人自危　274
人才出众　270
人才济济　270
人才辈出　270
人上一百，形形色色　274
人山人海　274
人亡物在　274
人亡政息　274
人之相知，贵相知心　277
人之将死，其言也善　277
人之常情　276
人小鬼大　275
人无千日好，花无百日红　275
人无远虑，必有近忧　275
人无完人，金无足赤　275
人云亦云　276
人不为己，天诛地灭　270
人不可貌相，海水不可斗量　270
人不犯我，我不犯人　270
人不知，鬼不觉　270
人文荟萃　275
人为刀俎，我为鱼肉　275
人为财死，鸟为食亡　275
人心不古　275
人心不同，各如其面　275
人心不足蛇吞象　276
人心叵测　276
人心向背　276
人心齐，泰山移　276
人心所向　276
人心涣散　276
人心难测，海水难量　276
人心惶惶　276
人心隔肚皮　276
人去楼空　273
人生一世，草生

一秋 274
人生七十古来稀 274
人生如梦 274
人老珠黄 272
人地生疏 270
人而无信，不知其可 271
人同此心，心同此理 274
人仰马翻 276
人各有志 271
人多势众 271
人多嘴杂 271
人尽其才 272
人欢马叫 271
人寿年丰 274
人声鼎沸 274
人来人往 272
人来客往 272
人困马乏 272
人财两空 270
人言可畏 276
人弃我取，人取我与 273
人间天堂 272
人间地狱 272
人穷志短 273
人杰地灵 272
人非圣贤，孰能无过 271
人非草木 271
人往高处走，水往低处流 275
人命危浅，朝不虑夕 273
人命关天 273
人定胜天 271
人面桃花 272
人面兽心 272
人迹罕至 271
人前背后 273
人神共愤 274
人逢喜事精神爽 271
人高马大 271
人海战术 271
人浮于事 271
人情世故 273
人情冷暖 273
人情纸薄 273
人情练达 273
人琴俱亡 273
人强马壮 273
人稠物穰 270
人微言轻 275
人满为患 272
人模人样 273
人模狗样 273
入土为安 285
入乡随俗 285
入木三分 285
入不敷出 284
入吾彀中 285
入国问俗 284
入室操戈 285
入情入理 285
入鲍忘臭 284
入境问禁 284
儿女情长 89
几次三番 159
九九归一 176
九牛一毛 176
九牛二虎之力 176
九死一生 176
九泉之下 176
九霄云外 176
刁钻古怪 78
了如指掌 198
了然于心 198
刀山火海 73
刀光剑影 73
刀枪入库，马放南山 73
刀耕火种 73
力不从心 194
力不胜任 195
力扛九鼎 195
力争上游 195
力所能及 195
力挽狂澜 195
力排众议 195

三画

〔一一〕

三十六计，走为上计 289
三十而立 289
三十年河东，三十年河西 289

三人成虎 289
三人行必有我师 289
三三两两 289
三寸不烂之舌 287
三山五岳 289
三个臭皮匠，顶个诸葛亮 287
三天打鱼，两天晒网 289
三五成群 289
三长两短 287
三从四德 287
三六九等 288
三心二意 289
三生有幸 289
三令五申 288
三句话不离本行 288
三头六臂 289
三过其门而不入 288
三阳开泰 290
三更半夜 288
三步并作两步 287
三足鼎立 290
三言两语 290
三纲五常 287
三杯两盏 287
三姑六婆 288
三思而行 289
三皇五帝 288
三宫六院 288
三顾茅庐 288
三拳两脚 288
三教九流 288
三朝元老 287
三番五次 287
三缄其口 288
干云蔽日 111
干净利落 110
于心有愧 455
于心何忍 455
于事无补 455

〔一丨〕

工欲善其事，必先利其器 117
士别三日，当刮目相看 310
土木形骸 347
土牛木马 347
土龙刍狗 347
土生土长 347
土头土脑 347
土阶茅茨 347
土崩瓦解 347
土豪劣绅 347
土瘠民贫 347
下不为例 384
下车伊始 384
下里巴人 384
下笔千言，离题万里 384
下笔成章 383
下情上达 384

〔一丿〕

大刀阔斧 63
大大咧咧 63
大千世界 66
大义灭亲 68
大义凛然 68
大开杀戒 65
大开眼界 66
大手大脚 67
大气磅礴 66
大公无私 64
大风大浪 64
大方之家 64
大书特书 67
大巧若拙 66
大功告成 64
大可不必 66
大打出手 63
大失所望 67
大白于天下 62
大发议论 64
大发雷霆 64
大发慈悲 64
大动干戈 64
大吉大利 65
大权独揽 66
大权旁落 67
大有人在 69
大有文章 69
大有作为 69
大有起色 68
大有裨益 68
大匠运斤 65
大同小异 68
大吃一惊 63

大名鼎鼎 66
大杀风景 67
大兴土木 68
大江东去 65
大字不识 69
大红大紫 65
大声疾呼 67
大材小用 63
大步流星 63
大吹大擂 63
大彻大悟 63
大言不惭 68
大快人心 66
大张旗鼓 69
大雨滂沱 69
大势已去 67
大势所趋，人心所向 67
大鱼吃小鱼 69
大饱眼福 63
大放厥词 64
大政方针 69
大相径庭 68
大是大非 67
大显身手 68
大显神通 68
大庭广众 67
大逆不道 66
大举进攻 65
大费周折 64
大起大落 66
大获全胜 65
大敌当前 64
大海捞针 64
大家风范 65
大家闺秀 65
大展宏图 69
大展经纶 69
大难不死 66
大赦天下 67
大梦初醒 66
大做文章 69
大得人心 63
大惊小怪 65
大惊失色 65
大祸临头 65
大喜过望 68
大惑不解 65
大厦将倾 67
大雅之堂 68
大喊大叫 65
大智大勇 69
大智若愚 69
大街小巷 65
大摇大摆 68
大腹便便 64
大慈大悲 63
大模大样 66
大醇小疵 63
大题小做 67
大操大办 63
大器晚成 66
万人空巷 355
万丈高楼平地起 356
万马齐喑 354
万马奔腾 354
万夫不当之勇 353
万无一失 356
万不得已 353
万水千山 356
万世无疆 355
万世不拔 355
万世师表 355
万古不变 353
万古长存 354
万古长青 354
万古流芳 354
万头攒动 356
万民涂炭 354
万死不辞 356
万年之后 355
万全之策 355
万众一心 356
万寿无疆 356
万劫不复 354
万里长征 354
万里长空 354
万应灵药 356
万事大吉 355
万事如意 356
万事亨通 355
万事皆空 355
万事俱休 356
万事俱备，只欠东风 355
万念俱灰 355
万念俱寂 355
万变不离其宗 353
万顷碧波 355

万贯家财 354
万般皆下品，唯有读书高 353
万家灯火 354
万象更新 356
万紫千红 356
万箭穿心 354
万籁俱寂 354
兀兀穷年 377
兀兀陶陶 377

〔一乛〕

与人方便，自己方便 456
与人为善 456
与日俱增 457
与世无争 457
与世长辞 457
与生俱来 457
与民同乐 456
与民休息 456
与众不同 457
与时俱进 457
与虎添翼 456
与狐谋皮 456
才子佳人 38
才华横溢 38
才高八斗 38
才疏学浅 38
才貌双全 38
寸土必争 61
寸步不让 60
寸步不离 60
寸步难行 60
寸草不生 61
寸草不留 61

〔丨一〕

上山捉虎，下海擒龙 295
上无片瓦，下无立锥 295
上不着天，下不着地 295
上气不接下气 295
上方宝剑 295
上有所好，下必甚焉 295
上行下效 295
上知天文，下知地理 295
上梁不正下梁歪 295
上窜下跳 295

〔丨乛〕

口干舌燥 185
口口声声 185
口头禅 185
口角生风 185
口若悬河 185
口齿伶俐 185
口诛笔伐 185
口是心非 185
口说无凭 185
口蜜腹剑 185
巾帼英雄 169
山水相连 293
山光水色 293
山穷水尽 293
山雨欲来风满楼 293
山珍海味 293
山重水复 292
山高水长 293
山高水险 293
山崩地裂 292
山清水秀 293

〔丿一〕

千人一面 249
千刀万剐 246
千万买邻 249
千山万水 249
千山万壑 249
千门万户 248
千斤重担 247
千方百计 247
千古奇闻 247
千古奇冤 247
千古奇谈 247
千古绝唱 247
千叮万嘱 246
千头万绪 249
千丝万缕 249
千帆竞发 247
千回百折 247
千军万马 248
千军易得，一将难求 248
千里之行，始于

足下 248
千里之堤，溃于蚁穴 248
千里迢迢 248
千里送鹅毛 248
千里姻缘一线牵 248
千言万语 250
千辛万苦 249
千沟万壑 247
千奇百怪 249
千呼万唤 247
千金小姐 248
千金市骨 247
千金难买 247
千变万化 246
千思万想 249
千钧一发 248
千秋万代 249
千疮百孔 246
千差万别 246
千差万错 246
千姿百态 250
千娇百媚 247
千载一时 250
千载奇遇 250
千载难逢 250
千真万确 250
千虑一失 248
千恩万谢 246
千峰百障 247
千家万户 247
千难万险 249
千锤百炼 246
千愁万恨 246
千篇一律 249

〔丿丨〕

川流不息 55
川壅必溃 55

〔丿乛〕

久而久之 176
久负盛名 177
久旱逢甘雨 177
久别重逢 176
久闻大名 177
久病成医 176
丸泥封关 352
夕阳西下 380
凡夫俗子 92
及时行乐 156

〔丶一〕

广开言路 126
广见洽闻 126
广种薄收 127
亡羊补牢 357
亡国灭种 357
亡命之徒 357
亡戟得矛 357

〔丶丨〕

门户之见 209
门外汉 210
门当户对 209
门庭冷落 210
门庭若市 210

〔丶丿〕

义无反顾 441
义不容辞 441
义正词严 441
义愤填膺 441

〔丶乛〕

之乎者也 476

〔乛一〕

尸位素餐 305
尸横遍野 305

〔乛丿〕

女子无才便是德 225
飞文染翰 96
飞扬跋扈 96
飞针走线 96
飞沙走石 96
飞黄腾达 96
飞鸿踏雪 96
飞禽走兽 96
飞蛾投火 96
飞檐走壁 96

〔乛丶〕

习以为常 381
习惯成自然 381
小人得志 391
小不忍则乱大谋 390
小心谨慎 392

小心翼翼 392
小巧玲珑 391
小鸟依人 391
小材大用 390
小巫见大巫 392
小肚鸡肠 391
小往大来 391
小试牛刀 391
小试锋芒 391
小恩小惠 391
小家子气 391
小家碧玉 391
小康之家 391
小惩大诫 391
小道消息 391
小题大做 391

〔乛乛〕

马马虎虎 205
马不停蹄 205
马到成功 205
马革裹尸 205
子曰诗云 492
子虚乌有 492
孑然一身 167

四画

〔一一〕

丰功伟绩 100
丰年稔岁 100
丰衣足食 100
丰神异彩 100
丰富多彩 100
王子犯法，庶民同罪 357
王顾左右而言他 357
开门见山 181
开门揖盗 181
开天辟地 181
开怀畅饮 181
开卷有益 181
开宗明义 181
开诚布公 181
开诚相见 181
开路先锋 181
开源节流 181
井井有条 175
井水不犯河水 175
井底之蛙 175
井底捞月 175
井然有序 175
天上地下，唯我独尊 336
天下无难事，只怕有心人 337
天下为公 337
天下本无事，庸人自扰之 337
天下兴亡，匹夫有责 337
天下独步 337
天下第一 337
天马行空 336
天无绝人之路 336
天长日久 334
天长地久 334
天从人愿 334
天公不作美 335
天方夜谭 334
天打雷劈 334
天生丽质 336
天外有天 336
天地良心 334
天有不测风云，人有旦夕祸福 337
天网恢恢，疏而不漏 336
天伦之乐 336
天各一方 335
天衣无缝 337
天花乱坠 335
天时地利 336
天兵天将 334
天作之合 338
天灾人祸 338
天罗地网 336
天知地知 338
天昏地暗 335
天府之国 334
天诛地灭 338
天经地义 335
天荒地老 335
天南地北 336
天真烂漫 338
天造地设 338
天高气爽 335
天高地迥 335
天高地厚 335

天高皇帝远 335
天理昭彰 336
天理难容 335
天崩地坼 334
天崩地裂 334
天假良缘 335
天旋地转 337
天涯海角 337
天渊之别 337
天随人愿 336
天道酬勤 334
天寒地冻 335
天摇地动 337
天翻地覆 334
天籁自鸣 335
天壤之别 336
夫妻反目 105
夫贵妻荣 105
夫唱妇随 105
无人问津 372
无与伦比 375
无中生有 375
无从下手 369
无风不起浪 370
无为而治 374
无计可施 370
无以复加 375
无孔不入 371
无巧不成书 372
无功受禄 370
无可无不可 371
无可比拟 371
无可名状 371
无可争辩 371
无可奈何 371
无可非议 371
无可厚非 371
无可救药 371
无可置疑 371
无出其右 369
无立锥之地 371
无头无尾 374
无头公案 374
无边无际 369
无动于衷 369
无地自容 369
无师自通 373
无伤大体 372
无伤大雅 372
无价之宝 370
无名小卒 372
无名英雄 372
无名鼠辈 372
无名孽火 372
无妄之灾 374
无关大体 370
无关大局 370
无关宏旨 370
无关紧要 370
无关痛痒 370
无米之炊 371
无论如何 371
无声无臭 373
无声无息 373
无坚不摧 370
无时无刻 373
无足轻重 375
无忧无虑 375
无穷无尽 372
无事不登三宝殿 373
无事生非 373
无奇不有 372
无拘无束 371
无依无靠 375
无的放矢 369
无征不信 375
无往不胜 374
无所不为 373
无所不用其极 373
无所不包 373
无所不在 373
无所不备 373
无所不知 373
无所不通 373
无所不能 373
无所作为 374
无所忌惮 374
无所事事 374
无所畏惧 374
无所适从 374
无所顾忌 374
无所措手足 373
无法无天 369
无限风光 375
无牵无挂 372
无独有偶 369
无亲无故 372
无济于事 370
无耻之尤 369

无恶不作 369
无根之木，无源之水 370
无病自灸 369
无病呻吟 369
无家可归 370
无能为力 372
无理取闹 371
无冕之王 372
无情无义 372
无隙可乘 374
无瑕可击 375
无暇顾及 374
无微不至 374
无缘无故 375
无精打采 371
无影无踪 375
无稽之谈 370
无懈可击 375
韦编三绝 360
云开见日 462
云消雾散 462
云蒸霞蔚 462
云谲波诡 462
专心致志 489
专权擅势 489
专精覃思 489
专横跋扈 489

〔一丨〕

艺不压身 441
艺高人胆大 441
木已成舟 217
五十步笑百步 377
五大三粗 376
五内如焚 377
五光十色 376
五行八作 376
五花八门 377
五花大绑 377
五体投地 377
五谷丰登 376
五味俱全 377
五毒俱全 376
五音不全 377
五脏六腑 377
五彩缤纷 376
五短身材 376
五湖四海 376
五雷轰顶 377
五颜六色 377
支支吾吾 476
支吾其词 476
支离破碎 476

〔一丿〕

不一而足 34
不二法门 25
不入虎穴，焉得虎子 32
不了了之 30
不三不四 32
不干不净 25
不义之财 34
不见天日 27
不见经传 27
不见棺材不落泪 27
不毛之地 30
不分彼此 25
不乏其人 25
不计其数 27
不以一眚掩大德 34
不以人废言 34
不以为然 34
不以为意 34
不以规矩，不成方圆 34
不刊之论 28
不甘示弱 26
不甘后人 26
不甘寂寞 26
不可一世 29
不可开交 28
不可同日而语 29
不可名状 28
不可收拾 29
不可告人 28
不可估量 28
不可言传 29
不可限量 29
不可终日 29
不可战胜 29
不可思议 29
不可胜数 29
不可捉摸 29
不可造次 29
不可理喻 28
不可救药 28
不可偏废 29

不可逾越 29
不可磨灭 28
不可辩驳 28
不平则鸣 31
不打不相识 24
不打自招 24
不由分说 35
不由自主 35
不出所料 24
不失时机 32
不白之冤 24
不务正业 33
不主故常 36
不动声色 25
不共戴天 26
不厌其详 34
不厌其烦 34
不在其位，不谋其政 35
不在话下 35
不成气候 24
不成体统 24
不同凡响 33
不伦不类 30
不自量力 36
不合时宜 26
不负众望 25
不亦乐乎 34
不关痛痒 26
不欢而散 26
不约而同 35
不远千里 35
不攻自破 26
不声不响 32
不劳而食 30
不劳而获 30
不折不扣 35
不求有功，但求无过 31
不求甚解 31
不肖子孙 33
不足与谋 36
不足为奇 36
不足为凭 36
不足挂齿 36
不近人情 27
不言而喻 34
不识大体 32
不识好歹 32
不识时务 32
不识庐山真面目 32
不识抬举 32
不苟言笑 26
不拘一格 27
不拘小节 27
不择手段 35
不到黄河心不死 25
不明不白 30
不鸣则已，一鸣惊人 30
不败之地 24
不知不觉 35
不知好歹 35
不知所云 36
不知所措 36
不知轻重 35
不知高低 35
不知深浅 35
不卑不亢 24
不舍昼夜 32
不服水土 25
不怕一万，就怕万一 31
不学无术 34
不法古，不修今 25
不治之症 36
不屈不挠 31
不经一事，不长一智 27
不经世故 27
不相上下 33
不省人事 33
不修边幅 33
不胜其烦 32
不胜枚举 32
不胫而走 27
不闻不问 33
不费吹灰之力 25
不骄不躁 27
不绝于耳 27
不耻下问 24
不速之客 33
不辱使命 31
不破不立 31
不留余地 30
不容分说 31
不容置疑 31
不祥之兆 33
不屑一顾 33

不能自已 31
不能自拔 31
不虚此行 33
不偏不倚 31
不假思索 27
不得人心 25
不得而知 25
不得要领 25
不惜工本 33
不着边际 36
不谋而合 30
不敢苟同 26
不堪一击 28
不堪入目 28
不堪回首 28
不堪设想 28
不期而遇 31
不遗余力 34
不稂不莠 30
不痛不痒 33
不慌不忙 26
不寒而栗 26
不登大雅之堂 25
不尴不尬 26
不置可否 36
不辞而别 24
不辞劳苦 24
不塞不流，不止不行 32
不蔓不枝 30
不管三七二十一 26
不翼而飞 35
不露声色 30
不露锋芒 30
犬马之劳 267
犬牙交错 267
太公钓鱼，愿者上钩 328
太平盛世 328
区区小事 264
历历可数 195
历历在目 195
历尽沧桑 195
匹夫之勇 232
匹夫不可夺志 232
匹夫有责 232

〔一乛〕

车水马龙 45
车载斗量 45
牙牙学语 409
比上不足，比下有余 17
比比皆是 17
比肩继踵 17
比翼双飞 17
比翼连枝 17
互为因果 144
互相标榜 144
互相推诿 144
互通有无 144
切中时弊 255
切齿痛恨 255
切肤之痛 255
切实可行 255

〔丨一〕

止谈风月 478

〔丨丶〕

少不更事 296
少见多怪 296
少年老成 296
少壮不努力，老大徒伤悲 296
少安毋躁 296

〔丨乛〕

日上三竿 279
日久见人心 279
日不暇给 279
日日夜夜 279
日月如梭 280
日月蹉跎 280
日出而作，日入而息 279
日行千里 280
日进不衰 279
日坐愁城 280
日夜兼程 280
日甚一日 279
日思夜想 279
日复一日 279
日积月累 279
日理万机 279
日落千丈 279
日就月将 279
日新月异 279

日暮途穷 279
日薄西山 278
日薄桑榆 278
日臻完善 280
中立不倚 483
中西合璧 483
中饱私囊 483
中原逐鹿 484
中流砥柱 483
中庸之道 483
内外交困 221
内忧外患 221
内柔外刚 221
见义勇为 163
见风使舵 163
见机行事 163
见死不救 163
见多识广 163
见异思迁 163
见利忘义 163
见贤思齐 163
见钱眼开 163
见微知著 163
见缝插针 163

〔丿一〕

牛头不对马嘴 224
牛郎织女 224
牛鬼蛇神 224
手下留情 315
手无寸铁 315
手无缚鸡之力 315
手不释卷 315
手忙脚乱 315
手足之情 316
手足无措 315
手到病除 315
手到擒来 315
手高眼低 315
手疾眼快 315
手眼通天 315
手舞足蹈 315
毛手毛脚 208
毛骨悚然 208
毛遂自荐 208
气壮山河 245
气冲牛斗 243
气宇不凡 245
气宇轩昂 245
气吞山河 244
气吞牛斗 244
气势汹汹 244
气势磅礴 244
气味相投 244
气贯长虹 244
气急败坏 244
气息奄奄 244
气凌霄汉 244
气象一新 244
气象万千 244
气喘吁吁 244
气喘如牛 243
气愤填膺 244
气焰熏天 245
气焰嚣张 245
升堂入室 301
长他人志气，灭自己威风 469
长幼有序 469
长此以往 44
长吁短叹 45
长年累月 44
长江后浪推前浪 44
长驱直入 44
长命百岁 44
长途跋涉 44
长袖善舞，多钱善贾 44
长歌当哭 44
长篇大论 44
长篇累牍 44

〔丿丨〕

仁义之师 277
仁义道德 277
仁至义尽 277
仁者见仁，智者见智 277
片瓦不存 233
片甲不留 233
片言只字 233
化干戈为玉帛 145
化为乌有 145
化为泡影 145
化险为夷 146
化零为整 145
化腐朽为神奇 145
化整为零 146

〔丿丿〕

斤斤计较 169
反戈一击 93
反目成仇 93
反其道而行之 93
反败为胜 93
反复无常 93
反客为主 93
反唇相讥 93
反裘负薪 93
反腐倡廉 93

〔丿丶〕

从天而降 59
从长计议 59
从容不迫 59
从善如流 59
今夕何夕 169
今生今世 169
今非昔比 169
今朝有酒今朝醉 169
今愁古恨 169
凶年饥岁 401
凶多吉少 401
凶相毕露 401
凶神恶煞 401
分工合作 98
分门别类 98
分斤掰两 98
分文不取 98
分文不值 99
分外妖娆 100
分身无术 98
分星擘两 99
分秒必争 98
分庭抗礼 98
分崩离析 98
分毫析厘 98
分道扬镳 98
父母官 107
父债子还 107
父慈子孝 107
公之于众 118
公正廉明 118
公平交易 117
公而忘私 117
公报私仇 117
公事公办 117
仓促从事 40
仓皇不定 40
仓皇失措 40

〔丿乛〕

月下老人 461
月色溶溶 461
月明星稀 461
月落乌啼 461
月落星沉 461
月黑风高 461
月满则亏 461
风土人情 102
风马牛不相及 102
风云人物 103
风云际会 103
风云变幻 103
风月无边 103
风风火火 101
风风雨雨 101
风平浪静 102
风尘仆仆 101
风光旖旎 101
风华正茂 101
风行一时 103
风行天下 103
风驰电掣 101
风声鹤唳 102
风花雪月 101
风吹日晒 101
风吹草动 101
风吹浪打 101
风言风语 103
风雨同舟 103
风雨交加 103
风雨飘摇 103
风和日暖 101
风卷残云 101
风度翩翩 101
风姿绰约 103
风起云涌 102
风烛残年 103
风流人物 102
风流才子 102
风流倜傥 102
风流韵事 102
风调雨顺 102
风清弊绝 102
风餐露宿 101
风靡一时 102

乌七八糟 368
乌乌私情 368
乌有先生 368
乌合之众 368
乌烟瘴气 368
凤毛麟角 105
凤凰来仪 104

〔丶一〕

六亲不认 201
六神无主 201
文人相轻 365
文人墨客 365
文山会海 365
文不对题 364
文风不动 365
文过饰非 365
文如其人 365
文武之道，一张一弛 365
文武双全 365
文质彬彬 365
文治武功 366
文房四宝 365
文思敏捷 365
文理不通 365
文韬武略 365
方寸大乱 94
方寸之木，高于岑楼 94
方寸之地 94
方寸不乱 94
方外之人 95
方兴未艾 95
方枘圆凿 94
方便之门 94

〔丶丿〕

为人处世 361
为人师表 361
为人作嫁 363
为人捉刀 363
为之侧目 363
为民除害 363
为民请命 363
为非作歹 361
为虎作伥 363
为国捐躯 362
为所欲为 361
为恶不悛 361
为渊驱鱼，为丛驱雀 363
为期不远 361
为富不仁 361

〔丶丶〕

斗升之水 81
斗志昂扬 81
斗折蛇行 81
斗转星移 81
忆苦思甜 441
火上浇油 153
火中取栗 153
火树银花 153
火冒三丈 152
火烧火燎 153
火烧眉毛 153
火眼金睛 153

〔丶乛〕

计日而待 159
认贼作父 277
冗词赘句 280
心力交瘁 395
心口不一 394
心口如一 394
心无二用 396
心不在焉 393
心比天高 393
心中无数 397
心中有数 397
心心相印 396
心甘情愿 394
心术不正 396
心平气和 395
心仪已久 396
心有余而力不足 396
心有余悸 396
心有灵犀 396
心存芥蒂 393
心灰意冷 394
心血来潮 396
心安理得 393
心如刀绞 395
心如刀割 395
心如木石 395
心如止水 395
心如铁石 395
心驰神往 393

心花怒放 394
心旷神怡 395
心乱如麻 395
心怀叵测 394
心怀鬼胎 394
心灵手巧 395
心事重重 395
心直口快 396
心明眼亮 395
心服口服 393
心细如发 396
心荡神摇 393
心狠手辣 394
心急如焚 394
心神不定 395
心神恍惚 395
心高气傲 394
心悦诚服 396
心烦意乱 393
心宽体胖 395
心领神会 395
心旌摇曳 394
心惊肉跳 394
心惊胆战 394
心绪不宁 396
心慌意乱 394
心照不宣 396
心腹之患 394
心腹爪牙 394
心猿意马 396
心慈面软 393
心满意足 395
心醉魂迷 397
心潮澎湃 393

〔乛一〕

尺寸之功 50
尺有所短，寸有所长 50
引人入胜 445
引人注目 445
引火烧身 445
引以为戒 446
引以为荣 446
引而不发 445
引吭高歌 445
引咎辞职 445
引经据典 445
引狼入室 445
引领而望 445

〔乛丿〕

丑态百出 52

〔乛丶〕

以一当十 440
以人为鉴 439
以己度人 438
以小人之心，度君子之腹 440
以小见大 440
以子之矛，攻子之盾 440
以少胜多 439
以文会友 440
以文害辞 440
以为口实 440
以古为鉴 437
以礼相待 438
以此类推 437
以汤止沸 439
以讹传讹 437
以观后效 437
以进为退 438
以攻为守 437
以身报国 439
以身作则 439
以身试法 439
以身殉国 439
以邻为壑 438
以卵击石 438
以其人之道，还治其人之身 439
以其昏昏，使人昭昭 438
以诚相见 437
以毒攻毒 437
以怨报德 440
以退为进 439
以柔克刚 439
以理服人 438
以眼还眼，以牙还牙 440
以售其奸 439
以偏概全 438
以假乱真 438
以逸待劳 440
以强凌弱 439
以勤补拙 439

以辞害意　437
以简御繁　438
以管窥天　437
以管窥豹　437
以儆效尤　438
以貌取人　438
以德报怨　437
以蠡测海　438
劝百讽一　267
双喜临门　320
双管齐下　320

〔乛乛〕

书声朗朗　317
书香门第　317
孔武有力　185
毋庸讳言　375
毋庸置议　375
毋庸置疑　375
毋庸赘述　376
水天一色　320
水中捞月　321
水火无情　320
水火不相容　320
水到渠成　320
水乳交融　320
水性杨花　321
水泄不通　320
水涨船高　321
水能载舟，亦能覆舟　320
水深火热　320
水落石出　320
水滴石穿　320

五画

〔一一〕

玉不琢，不成器　458
玉石俱焚　458
玉成其事　458
玉树临风　458
玉粒桂薪　458
未卜先知　363
未可厚非　363
未老先衰　363
未雨绸缪　364
未尝不可　363
未能免俗　363
未窥全豹　363
击中要害　155

〔一丨〕

巧立名目　255
巧夺天工　254
巧妇难为无米之炊　254
巧言令色　255
巧言如簧　255
巧取豪夺　255
正人君子　475
正儿八经　475
正大光明　475
正中下怀　475
正气凛然　475
正本清源　475
正言厉色　475
正直无私　475
正经八百　475
正襟危坐　475
功亏一篑　118
功夫不负苦心人　118
功成名就　118
功到自然成　118
功败垂成　118
功垂竹帛　118
功德无量　118
去伪存真　266
去故就新　266
去粗取精　266
甘苦与共　111
甘居人后　111
甘拜下风　111
世上无难事，只怕有心人　311
世风日下　311
世代书香　311
世代相传　311
世代簪缨　311
世外桃源　311
世异时移　311
世态炎凉　311
世道人心　311
古今中外　121
古为今用　121
古色古香　121
古往今来　121
古道热肠　121
节节胜利　167

节外生枝 167
节衣缩食 167
节哀顺变 167
本乡本土 16
本末倒置 16
本来面目 16
本性难移 16
可见一斑 183
可有可无 183
可乘之机 183
可望而不可即 183
可想而知 183
可歌可泣 183

〔一丿〕

左右开弓 500
左右为难 500
左右逢源 500
左邻右舍 500
左思右想 500
左顾右盼 499
厉行节约 195
厉兵秣马 195
石沉大海 308
石破天惊 308
布衣之交 36
布衣蔬食 36
龙飞凤舞 201
龙马精神 201
龙争虎斗 201
龙蛇飞动 201
龙腾虎跃 201
龙潭虎穴 201

〔一丶〕

平分秋色 234
平心而论 235
平心静气 235
平白无故 234
平头百姓 235
平民百姓 234
平地青云 234
平安无事 234
平步青云 234
平时不烧香，急来抱佛脚 235
平易近人 235
平起平坐 234
平淡无味 234
平铺直叙 234
平等互利 234
灭顶之灾 213
灭绝人性 213

〔一乛〕

打击报复 62
打成一片 62
打抱不平 62
打草惊蛇 62
打退堂鼓 62
打破沙锅问到底 62
打破常规 62
打家劫舍 62
扑朔迷离 237
东山再起 80
东张西望 81
东奔西走 79
东拉西扯 80
东拼西凑 80
东施效颦 80
东倒西歪 80
东郭先生 80
东涂西抹 80
东隅已逝，桑榆非晚 80
东道主 80
东窗事发 79
东摇西摆 80

〔丨丨〕

业精于勤 419
旧病复发 177
旧调重弹 177

〔丨丿〕

归心似箭 127
归根结底 127

〔丨乛〕

目无法纪 218
目不识丁 218
目不转睛 218
目不斜视 218
目不暇接 218
目中无人 218
目光如豆 218
目光炯炯 218
目空一切 218
目瞪口呆 218

申诉无门 297
叶公好龙 419
叶落归根 419
叶落知秋 420
号啕大哭 133
由来已久 450
由近及远 450
由表及里 450
由浅入深 451
只见树木，不见森林 479
只可意会，不可言传 479
只此一家，别无分店 478
只争朝夕 479
只字不提 476
只许州官放火，不许百姓点灯 479
只言片语 476
只知其一，不知其二 479
只要功夫深，铁杵磨成针 479
史无前例 310
史不绝书 310
叱咤风云 50
叫苦不迭 166
叫苦连天 166
另当别论 200
另起炉灶 200
另请高明 200
另眼看待 200
另辟蹊径 200
叹为观止 330
凹凸不平 5
四大皆空 324
四分五裂 324
四平八稳 324
四体不勤，五谷不分 324
四面八方 324
四面出击 324
四面受敌 324
四面楚歌 324
四海为家 324
四通八达 324

〔丿一〕

生于忧患，死于安乐 303
生不逢时 301
生气勃勃 302
生龙活虎 302
生生不息 302
生动活泼 302
生老病死 302
生机勃勃 302
生死与共 303
生死之交 303
生死不渝 302
生死存亡 302
生死关头 303
生死攸关 303
生杀予夺 302
生吞活剥 303
生财有道 301
生灵涂炭 302
生拉硬扯 302
生离死别 302
生搬硬套 301
生意盎然 303
生擒活捉 302
矢口否认 310
矢口抵赖 310
矢志不移 310
失之东隅，收之桑榆 306
失之交臂 306
失之毫厘，谬以千里 306
失而复得 305
失足落水 306
失败乃成功之母 305
失道寡助 305
失魂落魄 305
乍雨乍晴 467
乍暖还寒 467

〔丿丨〕

仗义执言 469
仗义疏财 469
仗势欺人 469
付之一炬 107
付诸东流 107
代人捉刀 70
代不乏人 70
代代相传 70
仙山楼阁 384

仙风道骨 384
仙姿佚貌 384
仪表堂堂 435
仪态万方 435
白日升天 8
白日做梦 8
白手起家 8
白头偕老 8
白发苍苍 8
白发苍颜 8
白衣苍狗 8
白纸黑字 8
白驹过隙 8
白虹贯日 8
白首穷经 8
白璧微瑕 7
他山之石，可以攻玉 328

〔丿丿〕

瓜田李下 123
瓜剖豆分 123
瓜熟蒂落 123

〔丿丶〕

令人发指 200
令人作呕 200
令人神往 200

〔丿乛〕

用心良苦 449
用尽心机 449
用兵如神 449
乐山乐水 418
乐不可支 192
乐不思蜀 192
乐以忘忧 193
乐在其中 193
乐而忘返 192
乐此不疲 192
乐极生悲 192
乐善好施 192
犯上作乱 94
犯而不校 94
犯颜极谏 94
外方内圆 351
外刚内柔 351
外举不避仇，内举不避子 351
外柔内刚 351
外圆内方 352
外强中干 351
处心积虑 54
处安思危 54
冬日可爱 81
鸟尽弓藏，兔死狗烹 223
鸟枪换炮 223
鸟语花香 223
包罗万象 13
包藏祸心 13
饥不择食 155
饥肠辘辘 155
饥寒交迫 155
尔虞我诈 89

〔丶一〕

主观臆断 488
市井无赖 311
立功赎罪 195
立足之地 196
立身处世 195
立竿见影 195
立锥之地 196
玄之又玄 405
玄妙莫测 405

〔丶丨〕

闪烁其词 294

〔丶丶〕

兰摧玉折 189
半斤八两 12
半生不熟 12
半身不遂 12
半夜三更 12
半信半疑 12
半途而废 12
半推半就 12
半路出家 12
半壁江山 12
头头是道 344
头角峥嵘 343
头昏眼花 343
头面人物 343
头重脚轻 344
头破血流 343
头晕眼花 344

头疼脑热 344
头痛灸头，脚痛灸脚 344
头童齿豁 344
宁为玉碎，不为瓦全 224
宁死不屈 224
宁缺毋滥 223

〔丶乛〕

讨价还价 332
讨逆除暴 332
礼义廉耻 194
礼贤下士 194
礼尚往来 194
训练有素 408
议论纷纷 441
记忆犹新 159
必由之路 17
永无止境 449
永世难忘 449
永志不忘 449
永垂不朽 449
永垂青史 449

〔乛一〕

司马昭之心，路人皆知 322
司空见惯 322
民不聊生 213
民以食为天 213
民生凋敝 213
民怨沸腾 213
民殷国富 213
民脂民膏 213
民康物阜 213

〔乛丨〕

出人头地 53
出人意料 53
出口成章 53
出口伤人 53
出手不凡 53
出水芙蓉 53
出生入死 53
出乎意料 53
出尔反尔 52
出头之日 54
出头露面 53
出言不逊 54
出没无常 53
出其不意 53
出奇制胜 53
出类拔萃 53
出神入化 53
出淤泥而不染 54
出谋划策 53

〔乛丿〕

奴颜婢膝 224
奴颜媚骨 224
皮之不存，毛将焉附 232
皮开肉绽 231
皮里春秋 231
发人深省 91
发人深思 91
发号施令 91
发扬光大 91
发扬蹈厉 91
发轫之始 91
发财致富 91
发愤忘食 91
发愤图强 91

〔乛丶〕

圣人千虑，必有一失 304
圣人无常师 304
对牛弹琴 85
对症下药 85
对酒当歌 85
对答如流 85
对簿公堂 85

〔乛乛〕

纠缠不清 176
丝丝入扣 322

六画

〔一一〕

匡俗济世 187
戎马生涯 280
戎马倥偬 280
动人心弦 81
动若脱兔 81
动荡不安 81
迂回曲折 455

迂阔之论 455

〔一丨〕

吉凶未卜 157
吉光片羽 157
吉祥如意 157
老大无成 191
老马识途 191
老气横秋 192
老生常谈 192
老成持重 191
老当益壮 191
老奸巨猾 191
老态龙钟 192
老实巴交 192
老羞成怒 192
老调重弹 191
老谋深算 192
老街旧邻 191
老鼠过街 192
老骥伏枥，志在千里 191
地大物博 76
地久天长 77
地广人稀 77
地主之谊 77
地动山摇 77
地利人和 77
地瘠民贫 77
耳目一新 89
耳目喉舌 89
耳边风 89
耳顺之年 90
耳闻不如目见 90
耳闻目睹 90
耳根清静 89
耳提面命 90
耳聪目明 89
耳熟能详 90
耳濡目染 90
芒刺在背 207
芝艾俱焚 476
芝兰玉树 476
朴实无华 238
机不可失，时不再来 155
机关算尽 155
权宜之计 266
权倾天下 266
权衡轻重 266
亘古不变 117
亘古未有 117
亘古未闻 117
再三再四 464
再生父母 464
再作冯妇 465
再造之恩 465
再衰三竭 464
再接再厉 464
西风残照 380
西风落叶 380
西施捧心 380

〔一丿〕

压轴戏 409
在天之灵 465
在此一举 465
在劫难逃 465
在所不惜 465
在所不辞 465
在所难免 465
百万雄师 11
百川归海 9
百无聊赖 11
百不一存 8
百尺竿头 9
百孔千疮 10
百发百中 9
百年大计 10
百年不遇 10
百年好合 10
百年树人 10
百花争妍 10
百花齐放 9
百折不挠 11
百步穿杨 9
百里挑一 10
百足之虫，死而不僵 11
百身莫赎 10
百依百顺 11
百废待兴 9
百废俱兴 9
百战百胜 11
百思不解 10
百闻不如一见 11
百炼成钢 10
百家争鸣 10
百读不厌 9

百啭流莺 11
百舸争流 9
百感交集 9
百辞莫辩 9
百弊丛生 8
百端待举 9
有口无心 452
有口皆碑 452
有口难言 452
有气无力 452
有目共睹 452
有生之年 453
有生力量 453
有头无尾 453
有头有尾 454
有头有脸 454
有机可乘 452
有则改之，无则加勉 454
有血有肉 454
有伤风化 453
有色眼镜 453
有名无实 452
有志不在年高 454
有志者事竟成 454
有声有色 453
有来无回 452
有求必应 453
有利可图 452
有条不紊 453
有条有理 453
有言在先 454
有识之士 453
有板有眼 451
有的放矢 452
有备无患 451
有始无终 453
有始有终 453
有胆有识 451
有恃无恐 453
有勇无谋 454
有损无益 453
有钱能使鬼推磨 452
有眼无珠 454
有眼不识泰山 454
有情有义 452
有朝一日 454
有棱有角 452
有隙可乘 454
有感而发 452
有增无减 454
而立之年 89
匠心独运 165
夸大其词 186
夸夸其谈 186
夺胎换骨 87
夺眶而出 87
灰飞烟灭 149
灰心丧气 149
达官贵人 62
死于非命 324
死马当活马医 323
死无对证 323
死无葬身之地 323
死不改悔 322
死不瞑目 323
死气沉沉 323
死心塌地 323
死去活来 323
死生有命，富贵在天 323
死皮赖脸 323
死有余辜 323
死而后已 323
死灰复燃 323
死里逃生 323
死得其所 323
成人之美 47
成千上万 47
成也萧何，败也萧何 47
成则为王，败则为寇 47
成年累月 47
成事不足，败事有余 47
成家立业 47
成群结队 47

〔一丶〕

夹道欢迎 159

〔一乛〕

扣人心弦 185
扣盘扪烛 185
托物言志 349
执法不阿 478
执法如山 478
执迷不悟 478

执意不从 478
扪心自问 210
扪虱而谈 210
扫地以尽 290
扫地出门 290
扫榻以待 291
扬长而去 414
扬长避短 414
扬扬自得 414
扬汤止沸 414
扬眉吐气 414
毕恭毕敬 17
至死不悟 481
至纤至悉 481
至高无上 481
至理名言 481
至善至美 481
邪不干正 392
过五关，斩六将 129
过从甚密 129
过目不忘 129
过目成诵 129
过江之鲫 129
过犹不及 129
过河拆桥 129
过河卒子 129
过眼烟云 129
过街老鼠 129

〔丨一〕

此一时，彼一时 59
此地无银三百两 59
此起彼伏 59

〔丨丿〕

师心自用 306
师出无名 306
师出有名 306
师直为壮 306
师道尊严 306

〔丨丶〕

尖酸刻薄 161
尖嘴猴腮 161
光天化日 126
光可鉴人 126
光芒万丈 126
光阴似箭 126
光阴荏苒 126
光阴虚度 126
光明正大 126
光明磊落 126
光怪陆离 126
光宗耀祖 126
光前裕后 126
光彩夺目 125
光辉灿烂 126
当一天和尚撞一天钟 72
当之无愧 72
当仁不让 72
当世无双 72
当务之急 72
当机立断 72
当局者迷，旁观者清 72
当家做主 72
当断不断，反受其乱 72

〔丨乛〕

早出晚归 466
早知今日，悔不当初 466
吐故纳新 347
曲尽人情 264
曲尽其妙 264
曲径通幽 265
曲高和寡 265
曲意逢迎 265
同日而语 341
同仇敌忾 340
同心协力 342
同心同德 341
同甘共苦 341
同归于尽 341
同生共死 341
同舟共济 342
同声相应，同气相求 341
同床异梦 341
同美相妒 341
同室操戈 341
同恶相求 341
同恶相济 341
同病相怜 340
同流合污 341
同窗之情 341
吊古伤今 78

吊民伐罪 78
吊死抚伤 78
吃一堑，长一智 49
吃力不讨好 49
吃里爬外 49
吃苦在前，享受在后 49
吃苦耐劳 49
吃穿用度 49
吃喝嫖赌 49
因人而异 443
因小失大 444
因地制宜 443
因材施教 443
因时制宜 443
因事制宜 443
因势利导 444
因果报应 443
因陋就简 443
因祸得福 443
因循守旧 444
因噎废食 444
回天之力 150
回天无力 150
回心转意 150
回光返照 150
回味无穷 150
屹然不动 442
岌岌可危 157
岁月如流 327
岂有此理 243
刚正不阿 112
刚柔相济 112
刚愎自用 112
网开一面 357
肉眼凡胎 281

〔丿一〕

年头岁尾 223
年幼无知 223
年轻力壮 223
年深日久 223
年逾古稀 223
年富力强 223
朱门酒肉臭，路有冻死骨 487
先人后己 385
先入为主 385
先小人，后君子 385
先天下之忧而忧，后天下之乐而乐 385
先天不足 385
先见之明 384
先公后私 384
先礼后兵 384
先发制人 384
先声夺人 385
先吾着鞭 385
先来后到 384
先斩后奏 385
先知先觉 385
先睹为快 384
丢人现眼 79
丢三落四 79
丢盔卸甲 79
舌战群儒 296
舌敝唇焦 296
竹篮打水 488
竹篱茅舍 488
竹罄南山 488
迁兰变鲍 250
迁客骚人 250
乔迁之喜 254
乔装打扮 254

〔丿丨〕

传为美谈 56
传宗接代 56
传经送宝 56
传道解惑 56
休养生息 403
休戚与共 403
休戚相关 402
优孟衣冠 449
优胜劣汰 450
优柔寡断 450
优游岁月 450
优游恬淡 450
延年益寿 410
任人宰割 278
任人唯贤 278
任人唯亲 278
任劳任怨 278
任其自流 278
任其自然 278
任贤使能 278
任凭风浪起，稳坐钓鱼台 278

任性妄为 278
任重致远 278
任重道远 278
伤天害理 294
伤风败俗 294
伤筋动骨 294
价值连城 161
价廉物美 161
华而不实 145
仰人鼻息 415
仰天长啸 415
自力更生 494
自不量力 492
自以为是 496
自甘堕落 493
自甘落后 493
自由自在 496
自由泛滥 496
自由放任 496
自由散漫 496
自生自灭 494
自立门户 494
自讨没趣 495
自讨苦吃 495
自出心裁 493
自出机杼 493
自有公论 496
自成一家 492
自行其是 495
自寻短见 496
自坏长城 493
自投罗网 495
自吹自擂 493
自告奋勇 493
自私自利 495
自我陶醉 495
自我解嘲 495
自作自受 496
自作多情 496
自作聪明 496
自言自语 496
自取其咎 494
自取其辱 494
自鸣得意 494
自知之明 496
自命不凡 494
自视甚高 495
自始至终 495
自相矛盾 495
自相残杀 495
自相惊扰 495
自相践踏 495
自轻自贱 494
自信不疑 495
自食其力 494
自食其言 494
自食其果 494
自怨自艾 496
自觉自愿 493
自矜功伐 493
自给自足 493
自顾不暇 493
自圆其说 496
自高自大 493
自掘坟墓 493
自得其乐 493
自惭形秽 492
自欺欺人 494
自然而然 494
自愧不如 493
自强不息 494
自暴自弃 492
血口喷人 407
血气方刚 407
血肉相连 407
血肉模糊 407
血肉横飞 407
血染沙场 407
血债累累 407
血海深仇 407
血流成河 407
血流如注 407
血流漂杵 407
向阳花木 389
向隅而泣 389
似水流年 325
似是而非 325
似曾相识 324
似懂非懂 325

〔丿丿〕

后生可畏 141
后发制人 140
后会有期 141
后来居上 141
后院起火 141
后起之秀 141
后顾之忧 140
后悔莫及 141

后继无人　141
后继有人　141
后患无穷　141
行之有效　400
行尸走肉　399
行云流水　400
行有余力　400
行伍出身　133
行行出状元　133
行色匆匆　399
行若无事　399
行若狗彘　399
行将就木　399
行险侥幸　400
行随事迁　399
行踪无定　400

〔丿丶〕

全力以赴　266
全心全意　267
全功尽弃　266
全军覆没　266
全神贯注　267
合而为一　136
合情合理　136
杀一儆百　292
杀人不见血　291
杀人不眨眼　291
杀人灭口　292
杀人如麻　292
杀人放火　292
杀人偿命，欠债还钱　291
杀人越货　292
杀气腾腾　291
杀风景　291
杀身成仁　292
杀鸡取卵　291
杀鸡骇猴　291
杀猪宰羊　292
杀富济贫　291
企踵可待　243
众人拾柴火焰高　486
众口一词　485
众口交赞　485
众口铄金　485
众口难调　485
众目昭彰　485
众目睽睽　485
众矢之的　486
众志成城　486
众所周知　486
众星拱辰　486
众星捧月　486
众叛亲离　486
众说纷纭　486
众怒难犯　485
众望所归　486
众寡悬殊　485

〔丿乛〕

夙兴夜寐　325
夙夜匪懈　325
危机四伏　359
危在旦夕　360
危如累卵　359
危言耸听　360
危急存亡　359
杂七杂八　464
杂乱无章　464
杂沓而至　464
杂然相许　464
旭日东升　404
负荆请罪　107
负重致远　108
负债累累　107
负隅顽抗　107
负薪救火　107
刎颈之交　366
各人自扫门前雪，莫管他人瓦上霜　116
各个击破　116
各不相让　115
各式各样　116
各有千秋　116
各有所长　116
各执一词　116
各自为政　116
各行其是　116
各色人等　116
各尽所能　116
各抒己见　116
各奔前程　115
各持己见　115
各显身手　116
各得其所　115
各就各位　116
名山大川　214

名门闺秀 214
名门望族 214
名不副实 213
名不虚传 213
名正言顺 214
名存实亡 214
名列前茅 214
名利双收 214
名垂青史 214
名胜古迹 214
名副其实 214
名落孙山 214
名满天下 214
名噪一时 214
多才多艺 86
多此一举 86
多行不义必自毙 86
多多少少 86
多多益善 86
多如牛毛 86
多快好省 86
多灾多难 86
多事之秋 86
多谋善断 86
多愁善感 86
多嘴多舌 87
争长论短 473
争分夺秒 474
争风吃醋 474
争权夺利 474
争先恐后 474
争名夺利 474
争奇斗异 474
争奇斗胜 474
争奇斗艳 447
争强好胜 474
色厉内荏 291
色胆包天 291

〔丶一〕

庄周梦蝶 490
庆父不死，鲁难未已 262
齐心协力 241
齐头并进 241
交口称誉 165
交头接耳 165
交相辉映 165
亦步亦趋 441
衣不解带 434
衣不蔽体 434
衣衫褴褛 434
衣食父母 434
衣食住行 434
衣冠禽兽 434
衣冠楚楚 434
衣锦还乡 434
亥豕之误 131
充耳不闻 51
妄下雌黄 358
妄自菲薄 358
妄自尊大 358

〔丶丨〕

闭口不言 18
闭口不谈 18
闭门却扫 18
闭门思过 18
闭门造车 18
闭月羞花 18
闭目塞听 18
闭关自守 18
闭关锁国 17
问长问短 367
问心无愧 367
问心有愧 367
问鼎中原 367
问鼎轻重 367
问寒问暖 367
问罪之师 367

〔丶丶〕

羊毛出在羊身上 415
羊肠鸟道 415
羊质虎皮 415
并行不悖 22
并驾齐驱 22
关门大吉 124
关门闭户 124
壮志未酬 490
壮志凌云 490
忙忙碌碌 207
忙里偷闲 207
冲锋陷阵 51
灯火辉煌 75
灯火阑珊 75
灯红酒绿 75
决一雌雄 180
决胜千里 180

冰天雪地　21
冰冻三尺，非一日之寒　21
冰消冻解　21
冰雪聪明　21
冰清玉洁　21
汗马功劳　133
汗牛充栋　133
汗如雨下　133
汗流浃背　132
污泥浊水　368
江山如画　164
江山易改，禀性难移　164
江心补漏　164
江河日下　164
江郎才尽　164
江湖骗子　164
兴风作浪　398
兴师动众　398
兴师问罪　398
兴利除弊　398
兴妖作怪　399
兴旺发达　399
兴味索然　401
兴致勃勃　401
兴高采烈　401
守口如瓶　316
守正不阿　316
守财奴　316
守株待兔　316
字字珠玑　497
字里行间　496
字斟句酌　497
安于现状　4
安土重迁　4
安之若素　4
安不忘危　3
安内攘外　3
安分守己　3
安民告示　3
安邦定国　2
安危相易，祸福相生　4
安如泰山　3
安如磐石　3
安步当车　3
安身之地　4
安身立命　3
安贫乐道　3
安居乐业　3
安家落户　3
安营扎寨　4
安常习故　3
安然无恙　3

〔丶乛〕

军令如山　180
论功行赏　203
讽一劝百　104
设身处地　297

〔乛一〕

寻死觅活　407
寻欢作乐　407
寻花问柳　407
寻根究底　407
寻章摘句　408
迅雷不及掩耳　408
尽人事，听天命　172
尽力而为　172
尽心竭力　172
尽如人意　172
尽忠报国　172
尽善尽美　172
异口同声　442
异乎寻常　441
异曲同工　442
异军突起　441
异想天开　442
异端邪说　441

〔乛丨〕

阮囊羞涩　285
阳关大道　415
阳奉阴违　415
阳春白雪　415
收回成命　315
收兵回营　315
阴云密布　444
阴阳怪气　444
阴谋诡计　444
阴魂不散　444
阴错阳差　444
防不胜防　95
防民之口，甚于防川　95
防患未然　95
防微杜渐　95

〔乛丿〕

如入无人之境 283
如山压卵 283
如日中天 283
如牛负重 282
如火如荼 281
如鸟兽散 282
如饥似渴 282
如出一辙 281
如芒在背 282
如有所失 283
如此而已 281
如花似玉 281
如花似锦 281
如坐针毡 284
如坐春风 284
如虎出柙 281
如虎添翼 281
如鱼饮水，冷暖自知 284
如鱼得水 283
如法炮制 281
如泣如诉 282
如拾地芥 283
如临大敌 282
如临深渊，如履薄冰 282
如蚁附膻 283
如闻其声，如见其人 283
如获至宝 282
如胶似漆 282
如狼似虎 282
如梦初醒 282
如堕云雾 281
如释重负 283
如雷贯耳 282
如意郎君 283
如意算盘 283
如数家珍 283
如愿以偿 284
如蝇逐臭 283
如醉如狂 284
如醉如痴 284
如影随形 283
如箭在弦 282
如履平地 282
妇人之见 108
妇人之仁 108
妇孺皆知 108
好大喜功 135
好为人师 135
好吃懒做 135
好自为之 134
好问则裕 135
好好先生 134
好言好语 134
好事之徒 135
好事不出门，恶事传千里 134
好事多磨 134
好勇斗狠 135
好恶殊方 135
好高骛远 135
好梦难圆 134
好逸恶劳 135
好谋善断 135
好景不长 134

〔乛丶〕

羽毛丰满 457
羽化成仙 457
欢天喜地 147
欢声雷动 147
欢呼雀跃 147
欢欣鼓舞 147
欢喜若狂 147
欢聚一堂 147
欢蹦乱跳 147
买卖公平 205
买椟还珠 205

〔乛乛〕

红光满面 139
红杏出墙 139
红袖添香 139
红颜薄命 139
红装素裹 140
纤悉无遗 386
纤毫不爽 385
纨袴子弟 352
约法三章 461
约定俗成 461
驰名中外 50

七画

〔一一〕

寿比南山 316

寿终正寝 316
弄巧成拙 224
弄虚作假 224
弄假成真 224
形形色色 400
形势喜人 400
形势逼人 400
形单影只 400
形迹可疑 400
形神兼备 400
形诸笔墨 401
形销骨立 400
形影不离 400
形影相吊 400
进退两难 172
进退维谷 172
戒备森严 169
戒骄戒躁 169
吞云吐雾 349
吞舟之鱼 349
吞吞吐吐 349
吞声饮气 349
远见卓识 460
远水不救近火 460
远水不解近渴 460
远在天边，近在眼前 460
远走高飞 460
远亲不如近邻 460
远隔重洋 460
违时绝俗 361
违法乱纪 361
运斤成风 463
运用自如 463
运交华盖 463
运筹帷幄 463

〔一丨〕

走马上任 498
走马观花 498
走为上计 498
走投无路 498
走南闯北 498
攻无不克，战无不胜 118
攻其不备，出其不意 118
坎坷不平 181
赤子之心 51
赤手空拳 51
赤地千里 50
赤身裸体 51
赤胆忠心 50
赤膊上阵 50
赤壁鏖兵 50
志士仁人 481
志大才疏 481
志在千里 482
志在四方 482
志在必得 482
志同道合 481
声东击西 303
声价十倍 303
声名狼藉 303
声名鹊起 303
声色犬马 304
声色俱厉 304
声如洪钟 303
声势浩大 304
声泪俱下 303
声威大震 304
声情并茂 303
声嘶力竭 304
却之不恭 267
劫后余生 167
劫富济贫 167
劫数难逃 167
芙蓉出水 105
邯郸学步 131
芸芸众生 462
花天酒地 145
花团锦簇 145
花好月圆 144
花红柳绿 144
花里胡哨 144
花言巧语 145
花枝招展 145
花前月下 144
花样翻新 145
花拳绣腿 144
花容月貌 144
花街柳巷 144
芹曝之献 256
苍生涂炭 40
苍白无力 40
苍松翠竹 40
苍蝇附骥 40
苍翠欲滴 40
苍颜白发 40

芰荑大难 293
芳草萋萋 95
严于律己 410
严丝合缝 410
严师畏友 410
严阵以待 410
严惩不贷 410
劳民伤财 191
劳而无功 190
劳苦功高 190
劳逸不均 191
劳逸结合 191
劳燕分飞 191
克己奉公 183
克敌制胜 183
克勤克俭 183
杜门却扫 84
杜渐防萌 84
杏雨梨云 401
极目远眺 157
杞人忧天 243
李代桃僵 194
更上一层楼 117
更无长物 117
束之高阁 319
束手无策 319
束手束脚 319
束手待毙 319
束手就擒 319
豆蔻年华 82
两小无猜 197
两手空空 197
两全其美 197
两国相争，不斩来使 197
两败俱伤 197
两相情愿 197
两面三刀 197
两袖清风 197
两脚书橱 197

〔一丿〕

励精图治 196
否极泰来 232

〔一丶〕

来之不易 189
来日方长 189
来龙去脉 189
来者不拒 189
来势汹汹 189
来往如梭 189

〔一乛〕

扶老携幼 105
扶危济困 106
扶摇直上 106
抚今追昔 106
抟沙作饭 348
扼腕长叹 88
批亢捣虚 230
拒人于千里之外 179
拒之门外 179
折节下士 472
折节读书 472
折冲千里 472
折冲御侮 472
折戟沉沙 472
抓耳挠腮 489
抓破脸皮 489
抑扬顿挫 442
抑郁不平 442
抑郁寡欢 442
抛头颅，洒热血 229
抛头露面 229
抛砖引玉 229
投井下石 345
投石问路 345
投瓜报玉 344
投机取巧 345
投机钻营 345
投机倒把 344
投其所好 345
投杼之疑 345
投亲靠友 345
投袂而起 345
投桃报李 345
投笔从戎 344
投鼠忌器 345
投鞭断流 344
护身符 144
扭扭捏捏 224
扭转乾坤 224
把酒临风 7
报仇雪恨 13
轩然大波 404
连绵不断 196
连篇累牍 196
求之不得 264

求田问舍 264
求同存异 264
求全责备 264
求贤若渴 264
求知若渴 264
求亲告友 264
求神拜佛 264

〔丨一〕

忐忑不安 330
步人后尘 37
步步为营 37
步步高升 36
步调一致 37
步履如飞 37
步履维艰 37
步履蹒跚 37

〔丨丨〕

坚不可摧 161
坚贞不屈 162
坚贞不渝 162
坚如磐石 162
坚忍不拔 161
坚定不移 161
坚持不懈 161
坚强不屈 161
坚壁清野 161

〔丨乛〕

旱涝保收 133
时不再来 308
时不我待 308
时过境迁 308
时运不济 309
时来运转 308
时乖命蹇 308
时移俗易 308
时隐时现 308
吴下阿蒙 376
吴牛喘月 376
吴带当风 376
助人为乐 488
助桀为虐 488
里应外合 194
里通外国 194
呆头呆脑 70
呆若木鸡 69
吠形吠声 97
呕心沥血 226
旷日持久 187
旷世奇才 187
围魏救赵 361
足不出户 498
足智多谋 498
男儿有泪不轻弹 219
男女授受不亲 219
男耕女织 219
男盗女娼 219
男尊女卑 219
困兽犹斗 188
串通一气 56
听之任之 340
听天由命 340
听见风就是雨 339
听其自然 339
听其言而观其行 339
吟风弄月 445
吹牛拍马 56
吹毛求疵 56
吹拉弹唱 56
呜呼哀哉 369
囤积居奇 349
别开生面 20
别无长物 20
别出心裁 20
别出机杼 20
别有天地 21
别有风味 21
别有用心 21
别有洞天 21
别具一格 20
别具匠心 20
别树一帜 20
财迷心窍 38
囫囵吞枣 142

〔丿一〕

针锋相对 472
告老还乡 114
告贷无门 114
乱七八糟 203
乱臣贼子 203
乱点鸳鸯 203
利令智昏 196
利欲熏心 196
秀才造反，三年不成 403
秀外慧中 403

秀色可餐 403
私心杂念 322
我行我素 367
每况愈下 209

〔丿丨〕

兵不厌诈 21
兵不血刃 21
兵戎相见 22
兵来将挡，水来土掩 22
兵连祸结 22
兵荒马乱 22
兵临城下 22
兵贵神速 22
兵强马壮 22
兵微将寡 22
兵精粮足 22
体大思精 333
体无完肤 333
体贴入微 333
何去何从 136
何乐而不为 136
何至于此 136
何足挂齿 136
何罪之有 136
伸手不见五指 297
作奸犯科 500
作法自毙 500
作茧自缚 500
作威作福 500
作恶多端 500
作嫁衣裳 500
作壁上观 500
伯乐相马 23
伯仲之间 23
伶牙俐齿 199
低三下四 76
低声下气 76
低眉顺眼 76
你死我活 222
身无长物 298
身不由己 297
身心交瘁 298
身外之物 298
身在曹营心在汉 298
身先士卒 298
身价百倍 297
身体力行 298
身败名裂 297
身经百战 298
身临其境 298
身首异处 298
身家性命 297
身陷囹圄 298
身强力壮 298
佛面贴金 105
佛是金装，人是衣装 105

〔丿丿〕

近水楼台先得月 172
近在咫尺 172
近朱者赤，近墨者黑 173
彻头彻尾 45
彻夜不眠 46
返老还童 93
返璞归真 93

〔丿丶〕

余音绕梁 455
余音袅袅 455
余勇可贾 455
坐山观虎斗 501
坐井观天 501
坐不安席 500
坐以待毙 501
坐失良机 501
坐立不安 501
坐地分赃 501
坐而论道 501
坐吃山空 500
坐收渔利 501
坐怀不乱 501
坐冷板凳 501
坐卧不安 501
坐享其成 501
坐视不救 501
含血喷疮 132
含辛茹苦 132
含沙射影 132
含英咀华 132
含苞欲放 131
含饴弄孙 132
含笑九泉 132
含冤负屈 132
含情脉脉 132
含糊不清 132

含糊其辞 132

〔丿乛〕

肝肠寸断 111
肝胆过人 111
肝胆相照 111
肝胆欲碎 111
肝脑涂地 111
肘腋之患 487
免开尊口 211
狂风暴雨 187
狂妄自大 187
狂轰滥炸 187
犹豫不决 451
删繁就简 293
条分缕析 339
彤云密布 342
刨根问底 229
迎刃而解 447
迎头赶上 447
迎头痛击 447
迎新送旧 447
饮水思源 446
饮食起居 446
饮恨而终 446
饮恨吞声 446
饮鸩止渴 446

〔丶一〕

言人人殊 411
言下之意 412
言之无物 412
言之有物 412
言之成理 412
言之凿凿 412
言无粉饰 411
言不由衷 410
言不尽意 410
言归于好 411
言归正传 411
言外之意 411
言必信，行必果 410
言而无信 411
言而有信 411
言过其实 411
言传身教 411
言行一致 412
言行不一 412
言多必失 411
言约旨远 412
言听计从 411
言近旨远 411
言犹在耳 412
言者无罪，闻者足戒 412
言者谆谆，听者藐藐 412
言谈举止 411
言清行浊 411
言简意赅 411
应付自如 448
应有尽有 446
应运而生 448
应接不暇 448
应答如流 448
弃子逐妻 246
弃文就武 245
弃本逐末 245
弃旧图新 245
弃过图新 245
弃如弁髦 245
弃如敝屣 245
弃暗投明 245
忘乎所以 358
忘年之交 358
忘恩负义 358

〔丶丨〕

闲云野鹤 386
闲言碎语 386
闲情逸致 386
闷闷不乐 210

〔丶丶〕

判若两人 228
判若鸿沟 228
冷言冷语 193
冷冷清清 193
冷若冰霜 193
冷眼旁观 193
冷暖自知 193
冷酷无情 193
冷嘲热讽 193
灿若繁星 39
汪洋大海 356
汪洋恣肆 357
汪洋浩博 356
沙里淘金 292
泛泛之交 94

泛泛而谈 94
泛滥成灾 94
汹涌澎湃 401
沧海一粟 40
沧海桑田 40
沧海遗珠 40
沧海横流 40
没头没脑 209
没精打采 209
沆瀣一气 133
沉郁顿挫 46
沉鱼落雁 46
沉迷不悟 46
沉渣泛起 46
沉默寡言 46
沁人心脾 257
怀才不遇 146
怀文抱质 147
怀古伤今 146
怀恨在心 146
怀真抱素 147
怀瑾握瑜 147
忧心如焚 450
忧心忡忡 450
忧国忧民 450
怅然若失 45
怆然涕下 56
快刀斩乱麻 186
快马加鞭 187
忸怩作态 224
完美无缺 352
完美无瑕 352
完璧归赵 352
宏才大略 140
宏图大志 140
牢不可破 191
灾难深重 464
穷山恶水 263
穷乡僻壤 263
穷凶极恶 263
穷则思变 263
穷则独善其身，
达则兼济天下 263
穷年累月 263
穷极无聊 262
穷追不舍 263
穷追猛打 263
穷根究底 262
穷途末路 263
穷奢极欲 263
穷愁潦倒 262

〔丶乛〕

良心发现 196
良师益友 196
良辰美景 196
良药苦口 196
良药苦口利于病，
忠言逆耳利于行 197
良莠不分 197
良莠不齐 197
评头品足 235
初生牛犊不怕虎 54
初出茅庐 54
初来乍到 54
初露锋芒 54
识文断字 309
识时务者为俊杰 309
词不达意 58

〔乛一〕

君子之交 180
灵丹妙药 199
灵机一动 199
即景生情 157
层出不穷 42
层层叠叠 42
层峦叠嶂 42
屁滚尿流 232
尾大不掉 362
尾生之信 362
迟疑不决 50
局促不安 178
改天换地 110
改头换面 110
改过自新 110
改邪归正 110
改名换姓 110
改弦更张 110
改换门庭 110
改朝换代 110
张口结舌 468
张牙舞爪 469
张公吃酒李公醉 468
张灯结彩 468
张皇失措 468
张冠李戴 468
张眉努眼 468

〔乛丨〕

阿谀奉承 88
陈词滥调 46
陈陈相因 46
陈规陋习 46
陈腐不堪 46
附庸风雅 108
附赘悬疣 108

〔乛丿〕

妙不可言 212
妙手回春 213
妙手偶得 213
妙语连珠 213
妙趣横生 213
妖言惑众 416
妖魔鬼怪 416
妒贤嫉能 84
忍无可忍 277
忍气吞声 277
忍饥挨饿 277
忍俊不禁 277
忍耻偷生 277
忍辱负重 277
忍辱含垢 277
忍辱偷生 277

〔乛丶〕

鸡飞蛋打 155
鸡犬不宁 156
鸡犬不闻 156
鸡犬不留 155
鸡犬升天 156
鸡犬相闻 156
鸡毛蒜皮 155
鸡鸣狗盗 155
鸡蛋里挑骨头 155

〔乛乛〕

纲举目张 112
纲常名教 112
纵虎归山 497
纵横天下 497
纵横交错 497
纵横驰骋 497
纵横捭阖 497
纷至沓来 99
纷纷扬扬 99
纷纷扰扰 99
纸上谈兵 479
纸醉金迷 479
孜孜不倦 492
孜孜以求 492
孜孜矻矻 492

八画

〔一一〕

奉公守法 105
奉为圭臬 105
奉若神明 105
玩日废时 353
玩火自焚 352
玩世不恭 353
玩弄于股掌之上 352
玩物丧志 353
玩忽职守 352
玩法徇私 352
青天白日 258
青天霹雳 258
青云直上 258
青出于蓝而胜于蓝 257
青灯古佛 257
青红皂白 257
青春年少 257
青面獠牙 258
青黄不接 258
青梅竹马 258
青梅煮酒 258
责无旁贷 466
现身说法 387
表里如一 20

〔一丨〕

坦然自若 330
幸灾乐祸 401
其乐无穷 241
其乐融融 241
其味无穷 241
其貌不扬 241
取之不尽，用之不竭 266
取长补短 265
取而代之 265
取其精华，去其糟粕 266

取法乎上，仅得乎中 265
取信于民 266
取精用宏 265
苦口婆心 186
苦不堪言 186
苦中作乐 186
苦心孤诣 186
苦心经营 186
苦尽甘来 186
苦海无边，回头是岸 186
若无其事 286
若有若无 286
若有所失 286
若有所思 286
若即若离 286
若明若暗 286
若要人不知，除非己莫为 286
若隐若现 286
荐贤举能 163
苛政猛于虎 182
苛捐杂税 182
英明果断 446
英姿勃勃 447
英姿飒爽 447
英雄无用武之地 447
英雄所见略同 446
苟且偷生 119
苟且偷安 119
苟延残喘 119
苟全性命 119
茕茕孑立，形影相吊 263
直入云霄 478
直来直去 478
直抒胸臆 478
直言不讳 478
直言极谏 478
直截了当 478
茅茨土阶 208
茅塞顿开 208
枉尺直寻 357
枉法营私 357
枉费工夫 357
枉费心机 358
枉费唇舌 357
林林总总 198
枝节横生 476
枝叶扶疏 476
枝繁叶茂 476
杯弓蛇影 14
杯水车薪 15
杯盘狼藉 14
杳无音信 418
杳无踪迹 418
杳如黄鹤 418
枪林弹雨 253
述而不作 319
枕戈待旦 473
丧心病狂 290
丧权辱国 290
丧尽天良 290
丧家之犬 290
丧魂失魄 290
画龙点睛 146
画地为牢 146
画饼充饥 146
画蛇添足 146
卧床不起 368
卧狼当道 368
卧雪吞毡 368
卧榻之侧，岂容他人鼾睡 368
卧薪尝胆 368
事与愿违 312
事无巨细 312
事不过三 312
事不关己，高高挂起 312
事不宜迟 312
事半功倍 312
事必躬亲 312
事出无奈 312
事出有因 312
事在人为 312
事过境迁 312
事后诸葛亮 312
事关重大 312
事到临头 312
事实胜于雄辩 312
事倍功半 312
刺股悬梁 59
雨过天晴 457
雨后春笋 457
卖国求荣 205
卖官鬻爵 205

〔一丿〕

郁郁葱葱　458
郁郁寡欢　458
奔走相告　16
奇山异水　241
奇风异俗　241
奇文共赏　241
奇光异彩　241
奇形怪状　242
奇花异草　241
奇货可居　241
奇珍异宝　242
奇耻大辱　241
奇谈怪论　241
奇装异服　242
奄奄一息　413
奋不顾身　100
奋发有为　100
奋发图强　100
奋勇当先　100
奋起直追　100
奋笔疾书　100
欧风美雨　226

〔一乛〕

拓土开疆　350
拓落不羁　350
拔山扛鼎　7
拔苗助长　7
拈花惹草　223
拈轻怕重　223
担雪填井　70
担惊受怕　70
抽薪止沸　52
拐弯抹角　124
拖儿带女　349
拖泥带水　349
拍手称快　227
拍板成交　227
拍案叫绝　227
拍案而起　227
拆东补西　43
拥军优属　448
拥兵自固　448
拥政爱民　448
拥彗救火　448
势不可当　313
势不两立　313
势不得已　313
势在必行　313
势如破竹　313
势如累卵　313
势均力敌　313
势单力薄　313
抱子弄孙　14
抱火卧薪　13
抱头鼠窜　13
抱瓮灌园　14
抱残守缺　13
抱薪救火　14
拉帮结派　189
拂袖而去　106
招亡纳叛　469
招之即来，挥之即去　470
招兵买马　469
招贤纳士　469
招降纳叛　470
招魂扬幡　469
招摇过市　470
招摇撞骗　470
招蜂引蝶　469
披头散发　231
披坚执锐　231
披肝沥胆　231
披沙拣金　231
披荆斩棘　231
披枷带锁　231
披星戴月　231
披麻带孝　231
拨云见日　23
拨乱反正　23
择木而栖　466
择善而从　466
顶天立地　79
顶礼膜拜　79
妻荣夫贵　240
妻离子散　240
转危为安　489
转败为功　489
转战千里　489
转弯抹角　489
转祸为福　489
转悲为喜　489
转瞬即逝　489
斩木揭竿　467
斩尽杀绝　467
斩钉截铁　467

斩草除根 467
斩将搴旗 467
轮扁斫轮 203
软弱无能 285
软弱可欺 285
软硬兼施 285
轰动一时 139
轰轰烈烈 139

〔丨一〕

非分之想 96
非此即彼 96
非同儿戏 97
非同小可 97
非我莫属 97
非驴非马 96
非亲非故 97
歧路亡羊 242
卓尔不群 491
卓有成效 491
卓荦不羁 491
卓绝千古 491
虎入羊群 143
虎口余生 143
虎口拔牙 143
虎头虎脑 143
虎头蛇尾 144
虎视眈眈 143
虎背熊腰 143
虎落平川 143

〔丨丨〕

贤妻良母 386

〔丨乛〕

昙花一现 329
味同嚼蜡 364
国无宁日 128
国计民生 128
国色天香 128
国泰民安 128
国破家亡 128
国家兴亡，匹夫有责 128
国难当头 128
国富民强 128
咂嘴弄舌 464
畅所欲言 45
畅通无阻 45
明火执仗 215
明目张胆 215
明争暗斗 215
明来暗往 215
明枪暗箭 215
明知故问 216
明修栈道，暗渡陈仓 215
明珠暗投 216
明哲保身 215
明眸皓齿 215
明媒正娶 215
明察秋毫 215
明察暗访 215
明镜高悬 215
明辨是非 215
易如反掌 442
昂首挺胸 5
昂首阔步 5
固执己见 122
固若金汤 122
忠于职守 484
忠心耿耿 484
忠臣烈士 484
忠贞不二 484
忠贞不渝 484
忠肝义胆 484
忠言逆耳 484
忠君爱国 484
忠厚老实 484
忠贯日月 484
呼之欲出 142
呼天抢地 142
呼风唤雨 141
呼朋引类 142
鸣金收兵 216
鸣冤叫屈 216
咆哮如雷 229
咄咄怪事 87
咄咄逼人 87
岿然不动 187
迥然不同 176
败不旋踵 11
败瓦残垣 11
败军之将，不可言勇 11
败笔成丘 11
图财害命 346
图穷匕见 346
图谋不轨 346

〔丿一〕

知人知面不知心477
知人善任 477
知之为知之，不知为不知 478
知己知彼 477
知无不言，言无不尽 477
知书达理 477
知过必改 477
知足常乐 478
知其然而不知其所以然 477
知法犯法 477
知根知底 477
知恩报恩 477
知难而进 477
知难而退 477
知遇之恩 477
垂头丧气 57
垂死挣扎 56
垂帘听政 56
垂涎三尺 57
垂涎欲滴 57
物以类聚 378
物以稀为贵 378
物归原主 378
物伤其类 378
物华天宝 378
物各有主 378
物尽其用 378
物极必反 378
物阜民康 378
物是人非 378
物换星移 378
物竞天择 378
刮目相看 123
刮垢磨光 123
和气生财 137
和风细雨 136
和衷共济 137
和盘托出 137
和睦相处 137
和蔼可亲 136
和颜悦色 137
委曲求全 362
委曲详尽 362
委决不下 362
委罪于人 362
委靡不振 362
秉笔直书 22
秉烛待旦 22

〔丿丨〕

佶屈聱牙 157
供不应求 118
例行公事 196
侃侃而谈 182
凭山负海 235
凭空捏造 235
佩金带紫 230
货真价实 153
依山傍水 435
依依不舍 435
依依惜别 435
依法炮制 434
依样画葫芦 435
依然如故 435
依然故我 435
卑之无甚高论 15
卑躬屈膝 15
卑鄙无耻 15
迫不及待 236
迫不得已 235
迫在眉睫 236

〔丿丿〕

质而不野 482
质难问疑 482
欣欣向荣 397
欣喜若狂 397
欣然自得 397
征敛无度 474
往者不可谏，来者犹可追 358
所见所闻 327
所向无敌 327
所向披靡 327

〔丿丶〕

舍己为人 296
舍己救人 296
舍本逐末 296
舍生忘死 297
舍我其谁 297
舍生取义 297
舍身求法 297
舍近求远 296

金无足赤 170
金戈铁马 170
金风送爽 170
金玉良言 171
金玉其外，败絮其中 171
金字招牌 171
金汤之固 170
金针暗度 171
金枝玉叶 171
金城汤池 170
金科玉律 170
金屋藏娇 170
金童玉女 170
金碧辉煌 170
金榜题名 169
金蝉脱壳 170
命若悬丝 216
采风问俗 38
受之有愧 317
受用不尽 316
受制于人 317
受宠若惊 316
受益匪浅 316
乳臭未干 284
贪大求全 329
贪天之功 329
贪夫徇财 329
贪生怕死 329
贪而无信 329
贪如饕餮 329
贪财好色 329
贪利忘义 329
贪图口腹 329
贪官污吏 329
贪赃枉法 329
贪得无厌 329
贪墨不法 329
念念不忘 223
念念有词 223
贫无立锥 234
贫而无谄，富而无骄 233
贫贱之交 234
贫病交加 233
贫富悬殊 234
忿然作色 100
瓮中之鳖 367
瓮中捉鳖，手到拿来 367
瓮声瓮气 367
瓮牖绳枢 367

〔丿乛〕

肺腑之言 98
朋比为奸 230
股掌之上 121
肥马轻裘 97
肥头大耳 97
周而复始 487
周郎顾曲 487
周急济贫 487
昏天黑地 151
昏头昏脑 151
昏昏欲睡 151
昏迷不醒 151
昏庸无道 151
鱼水之欢 456
鱼龙混杂 455
鱼目混珠 455
鱼米之乡 455
鱼死网破 456
鱼肉百姓 455
鱼贯而入 455
兔丝燕麦，南箕北斗 347
兔死狐悲，物伤其类 348
兔死狗烹 348
兔走乌飞 348
兔起鹘落 347
兔葵燕麦 347
狐死首丘 142
狐凭鼠伏 142
狐朋狗友 142
狐假虎威 142
狐群狗党 142
忽冷忽热 142
狗仗人势 120
狗皮膏药 120
狗头军师 120
狗尾续貂 120
狗咬吕洞宾 120
狗胆包天 119
狗急跳墙 119
狗眼看人低 120
狗嘴吐不出象牙 120
咎由自取 177
备尝艰苦 15

炙手可热　482
枭首示众　390
饱经风霜　13
饱经忧患　13
饱经沧桑　13
饱食终日，无所用心　13

〔丶一〕

变化无穷　19
变化无常　19
变化多端　19
变幻莫测　19
变本加厉　19
变生肘腋　19
庞然大物　228
夜不闭户　420
夜不能寐　420
夜长梦多　420
夜以继日　420
夜郎自大　420
夜深人静　420
庖丁解牛，游刃有余　229
废私立公　97
废寝忘食　97
盲人骑瞎马　207
盲人摸象　207
放下包袱　95
放下屠刀，立地成佛　95
放之四海而皆准　96
放任自流　95
放虎归山　95
放荡不羁　95
放浪形骸　95
刻不容缓　183
刻舟求剑　184
刻骨铭心　183
刻鹄类鹜　183
刻薄寡恩　183

〔丶丶〕

郑人买履　475
郑重其事　476
卷土重来　180
单刀直入　71
单门独户　71
单枪匹马　71
炊沙作饭　56
炎黄子孙　412
炉火纯青　202
浅尝辄止　252
法力无边　92
法贵必行　91
法家拂士　91
泄漏天机　393
沽名钓誉　120
河东狮吼　137
河清海晏　137
沾沾自喜　467
沾亲带故　467
泪如雨下　193
泪如泉涌　193
油腔滑调　451
油然而生　451
油嘴滑舌　451
泱泱大国　414
沿波讨源　412
泣不成声　246
泫然流涕　405
泥牛入海　222
泥古不化　222
泥沙俱下　222
泥菩萨过河，自身难保　222
沸反盈天　97
沸沸扬扬　98
波澜壮阔　23
泼妇骂街　235
泼油救火　235
泾渭分明　173
治国安民　482
治国安邦　482
治标治本　482
治病救人　482
怙恶不悛　144
怵目惊心　55
怦然心动　230
怏怏不乐　416
性命攸关　401
怪诞不经　124
怪模怪样　124
怡然自得　435
学无常师　406
学以致用　406
学而不厌，诲人不倦　406
学而优则仕　406

学非所用，用非所学 406
学贯中西 406
学海无涯 406
学富五车 406
宝刀不老 13
宠辱不惊 52
宠辱皆忘 52
审时度势 301
官运亨通 125
官官相护 124
官样文章 124
官逼民反 124
空口无凭 184
空中楼阁 184
空头支票 184
空穴来风 184
空空如也 184
空前绝后 184
空洞无物 184
宛然在目 353
实心实意 309
实事求是 309

〔丶乛〕

郎才女貌 189
肩不能挑，手不能提 162
诗中有画，画中有诗 307
诗以言志 306
诗礼之家 306
诗情画意 306
诗意盎然 307
诚心诚意 48
诚惶诚恐 47
视为儿戏 313
视为知己 314
视为畏途 314
视而不见，听而不闻 313
视死如归 313
视如土芥 313
视如寇仇 313
视若路人 313
话不投机 146
话里有话 146
诡计多端 127

〔乛一〕

建功立业 163
肃然起敬 325
居心不良 178
居心叵测 178
居功自傲 178
居安思危 178
居高临下 178
屈打成招 265
屈指可数 265
屈膝求和 265
屈蠖求伸 265
弥天大罪 211
弦外之音 386

〔乛丨〕

降龙伏虎 389

〔乛丿〕

姑妄言之，姑妄听之 121
姑息养奸 121
姓甚名谁 401
姗姗来迟 293
始作俑者 310
始终不渝 310
始终不懈 310
始终如一 310
始料不及 310
驽箭离弦 225
驽马十驾 225
驾轻就熟 161

〔乛丶〕

参差不齐 42
艰苦朴素 162
艰苦奋斗 162
艰难曲折 162
艰难困苦 162
艰难险阻 162

〔乛乛〕

承上启下 48
承前启后 48
孤儿寡母 120
孤立无援 121
孤军作战 120
孤芳自赏 120
孤身只影 121
孤苦伶仃 120

孤注一掷 121
孤陋寡闻 121
孤家寡人 120
孤掌难鸣 121
细大不捐 383
细水长流 383
细皮嫩肉 383
细针密缕 383
细枝末节 383
细嚼慢咽 383
终老牖下 484
终身大事 485
终南捷径 484
终养天年 485
经久不息 173
经天纬地 173
经年累月 173
骀背鹤发 328

九画

〔一一〕

契若金兰 246
春风化雨 57
春风得意 57
春光明媚 57
春华秋实 57
春色满园 58
春花秋月 57
春秋笔法 57
春蚕到死丝方尽 57
春寒料峭 57
春暖花开 57
春意盎然 58
珍禽异兽 472
玲珑剔透 199

〔一丨〕

封妻荫子 103
项庄舞剑，意在沛公 389
城下之盟 48
城门失火，殃及池鱼 48
政通人和 476
政简刑清 476
赴汤蹈火 108
甚嚣尘上 301
荆棘丛生 173
革故鼎新 115
草木皆兵 41
草长莺飞 42
草行露宿 42
草草了事 41
草草收场 41
草莽英雄 41
草菅人命 41
草率从事 42
草薰风暖 42
茶余饭后 43
荒无人烟 148
荒郊野外 148
荒诞无稽 148
荒诞不经 148
荒淫无度 148
荒淫无耻 148
荒淫无道 148
茫无所知 208
茫然失措 208
茫然若失 207
荡气回肠 72
荡然无存 72
荣华富贵 280
故伎重演 122
故弄玄虚 122
故步自封 122
故作高深 122
胡作非为 143
胡言乱语 143
胡思乱想 143
胡说八道 143
胡搅蛮缠 143
胡编乱造 143
茹毛饮血 284
茹古涵今 284
南来北往 220
南征北战 220
南柯一梦 220
南郭先生 219
南腔北调 220
南辕北辙 220
南橘北枳 219
药石之言 418
药到病除 418
标新立异 20
枯木逢春 185
枯枝败叶 186
枯燥无味 186
栉比鳞次 482

栉风沐雨 482
栋梁之材 81
相习成风 388
相见恨晚 388
相反相成 387
相生相克 388
相机行事 389
相安无事 387
相形见绌 388
相依为命 388
相视而笑 388
相持不下 387
相映成趣 388
相亲相爱 388
相差无几 387
相顾失色 387
相辅而行 387
相辅相成 387
相得无间 387
相得甚欢 387
相得益彰 387
相敬如宾 388
相提并论 388
相煎何急 387
相貌堂堂 389
相濡以沫 388
柳暗花明 201
树大招风 319
树大根深 319
树倒猢狲散 319
树高千丈，叶落归根 319
树欲静而风不止 319
树碑立传 319
勃然大怒 23
要死要活 418
要言不烦 418
要害之地 418

〔一丿〕

咸与维新 386
威风扫地 360
威风凛凛 360
威武不屈 360
威胁利诱 360
威信扫地 360
威震天下 360
歪门邪道 351
歪风邪气 351
歪打正着 351
歪歪斜斜 351
研精覃思 412
厚古薄今 141
厚此薄彼 141
厚积薄发 141
厚颜无耻 141
斫轮老手 491
面无人色 212
面不改色 211
面目一新 212
面目全非 212
面目狰狞 212
面有难色 212
面如土色 212
面如凝脂 212
面红耳赤 212
面面相觑 212
面面俱到 212
面黄肌瘦 212
耐人寻味 219
牵一发而动全身 250
牵肠挂肚 250
牵强附会 250
残冬腊月 38
残圭断壁 39
残兵败将 38
残垣断壁 39
残缺不全 39
残渣余孽 39
残编断简 38
残酷无情 39
残暴不仁 38
残羹冷炙 38

〔一乛〕

拭目以待 314
挂一漏万 124
挂羊头，卖狗肉 124
持之以恒 50
持之有故，言之成理 50
拱手让人 119
拱手听命 119
挺身而出 340
拾人牙慧 309
拾金不昧 309
拾遗补阙 309
挑三拣四 338
挑拨离间 339

挑肥拣瘦 338
指天画地 480
指日可待 480
指日成功 480
指手画脚 480
指古摘今 480
指东打西 480
指名道姓 480
指画口授 480
指挥若定 480
指点江山 479
指桑骂槐 480
指鹿为马 480
指雁为羹 481
指腹为婚 480
挤眉弄眼 159
挖空心思 351
按兵不动 4
按兵束甲 4
按图索骥 4
按部就班 4
挥汗如雨 150
挥金如土 150
挥洒自如 150
挥霍无度 150
拯溺扶危 474
轻于鸿毛 259
轻车简从 258
轻车熟路 258
轻手轻脚 259
轻而易举 258
轻言细语 259
轻重倒置 259
轻重缓急 259
轻举妄动 258
轻诺寡信 259
轻描淡写 259
轻装上阵 259
轻徭薄赋 259
轻歌曼舞 258
皆大欢喜 166
鸦雀无声 409

〔丨一〕

背井离乡 16
背水一战 16
背信弃义 16
背道而驰 15
战天斗地 468
战无不胜，攻无不克 468
战战兢兢 468
点石成金 78
点睛之笔 77

〔丨丨〕

临危不惧 198
临危受命 199
临阵脱逃 199
临阵磨枪 199
临渊羡鱼 199
临渴掘井 198
竖子不足与谋 319

〔丨丶〕

省吃俭用 304
削足适履 406
削铁如泥 406

〔丨乛〕

是可忍，孰不可忍 314
是非之地 314
是非曲直 314
是非颠倒 314
郢书燕说 447
哄堂大笑 139
哑口无言 409
哑巴吃黄连，有苦说不出 409
哑然失笑 409
显山露水 386
显而易见 386
冒天下之大不韪 208
冒名顶替 208
星火燎原 399
星罗棋布 399
星星点点 399
昭然若揭 470
畏首畏尾 364
畏敌如虎 364
畏罪潜逃 364
畏缩不前 364
贵人多忘事 128
贵古贱今 127
贵耳贱目 127
贵远贱近 128
虾兵蟹将 383
思如泉涌 322

思贤若渴 322
思前想后 322
思绪万千 322
虽死犹生 326
品学兼优 234
哗众取宠 145
囿于成见 454
响彻云霄 389
响遏行云 389
咬牙切齿 418
咬文嚼字 418
咬定牙关 418
罚不当罪 91
峥嵘岁月 474
贻人口实 435
贻笑大方 435
贻害无穷 435
骨肉相连 122
骨肉相残 121
骨瘦如柴 122

〔丿一〕

钟灵毓秀 485
钟鸣鼎食 485
钩心斗角 119
钩玄提要 119
卸磨杀驴 393
看家本领 181
看菜吃饭，量体裁衣 182
适可而止 314
适得其反 314
香车宝马 388
香饵之下，必有死鱼 388
香消玉殒 389
种瓜得瓜，种豆得豆 486
秋风扫落叶 264
秋高气爽 264
秋毫无犯 264
科班出身 183
重于泰山 487
重义轻生 486
重见天日 51
重利盘剥 486
重温旧梦 51
重赏之下，必有勇夫 486
重新做人 51
重整河山 51
重整旗鼓 51
重操旧业 51
重蹈覆辙 51

〔丿丨〕

便宜从事 20
顺手牵羊 321
顺水人情 321
顺水推舟 321
顺我者昌，逆我者亡 321
顺其自然 321
顺理成章 321
顺藤摸瓜 321
修心养性 403
促膝谈心 60
信口开河 398
信口雌黄 398
信马由缰 398
信手拈来 398
信以为真 398
信而有征 398
信赏必罚 398
信誓旦旦 398
俗不可耐 325
鬼使神差 127
鬼斧神工 127
鬼话连篇 127
鬼鬼祟祟 127
鬼迷心窍 127
鬼哭狼嚎 127
鬼蜮伎俩 127
侯门似海 140
追本溯源 490
追根究底 490
追悔莫及 490

〔丿丿〕

待人接物 70
待价而沽 70
待字闺中 70
待时而动 70
徇私舞弊 408
徇情枉法 408

〔丿丶〕

剑拔弩张 164
逃之夭夭 332

食之无味，弃之可惜　310
食不二味，居不重席　309
食不甘味，寝不安席　309
食不厌精，脍不厌细　309
食不果腹　309
食古不化　310
食而不化　309

〔丿乛〕

胆大包天　71
胆大妄为　71
胆小如鼠　71
胆战心惊　71
胜不骄，败不馁　304
胜败乃兵家常事　304
胜造七级浮屠　304
脉络分明　206
脉络贯通　206
勉为其难　211
狭路相逢　383
独一无二　83
独开生面　82
独夫民贼　82
独木难支　83
独占鳌头　83
独立王国　82
独立不群　82
独立自主　82
独出心裁　82
独当一面　82
独行其是　83
独步天下　82
独到之处　82
独具一格　82
独具匠心　82
独树一帜　83
独断专行　82
独善其身　83
独辟蹊径　83
独霸一方　82
狡兔三窟　166
怨天尤人　461
怨气冲天　461
怨声载道　461
急于求成　158
急不可待　157
急中生智　158
急风暴雨　157
急功近利　157
急如星火　158
急转直下　158
急急忙忙　157
急起直追　158
急流勇进　157
急流勇退　157
饶有风趣　269
饶有兴味　269

〔丶一〕

哀而不伤　1
哀兵必胜　1
哀哀欲绝　1
哀矜勿喜　1
哀莫大于心死　1
哀鸿遍野　1
哀痛欲绝　1
哀感顽艳　1
亭亭玉立　340
度日如年　84
疮痍满目　56
亲自出马　256
亲如手足　256
亲如骨肉　256
亲密无间　256
亲痛仇快　256
亲疏贵贱　256
亲操井臼　256
音容宛在　444
音容笑貌　444

〔丶丨〕

闻一知十　366
闻风而动　366
闻风而至　366
闻风而逃　366
闻风丧胆　366
闻过则喜　366
闻鸡起舞　366
闻所未闻，见所未见　366

〔丶丶〕

差之毫厘，谬以千里　42
差强人意　42

养生之道 416
养老送终 416
养兵千日，用兵一时 416
养虎遗患 416
养痈遗患 416
养家糊口 416
养尊处优 416
养精蓄锐 416
美不胜收 209
美中不足 209
美轮美奂 209
送君千里，终有一别 325
送往迎来 325
迷途知返 211
迷惑不解 211
前人栽树，后人乘凉 251
前无古人，后无来者 252
前不见古人，后不见来者 251
前不巴村，后不着店 250
前车之鉴 251
前仆后继 251
前功尽弃 251
前因后果 252
前仰后合 252
前言不搭后语 252
前事不忘，后事之师 251
前呼后拥 251
前所未有 252
前所未闻 252
前怕狼，后怕虎 251
前赴后继 251
前思后想 252
前倨后恭 251
前程万里 251
首当其冲 316
首尾相应 316
首屈一指 316
逆水行舟，不进则退 222
逆来顺受 222
逆流而上 222
总而言之 497
姿态横生 492
炯炯有神 176
炮火连天 229
炫异争奇 405
烂醉如泥 189
洁身自好 167
洪水猛兽 140
洪福齐天 140
洞若观火 81
洞房花烛 81
洗手不干 381
洗手奉职 381
洗心革面 382
洗心涤虑 381
洗耳恭听 381
活灵活现 152
活蹦乱跳 152
洛阳纸贵 203
济世安民 159
济济一堂 159
洋为中用 415
洋洋大观 415
洋洋万言 415
洋洋洒洒 415
洋洋得意 415
浑水摸鱼 152
浑身是胆 151
浑身解数 151
浑浑噩噩 151
浑然一体 151
浑然天成 151
浓妆艳抹 224
津津乐道 171
津津有味 171
恃才放旷 314
恃才傲物 314
恃强凌弱 314
恍如隔世 149
恍然大悟 149
恻隐之心 42
恬不知耻 338
恬淡无为 338
恰如其分 246
恰到好处 246
将计就计 165
将心比心 165
将功补过 165
将功赎罪 165
将信将疑 165
将错就错 165

恪尽职守 184
恼羞成怒 221
恨入骨髓 138
恨之入骨 138
恨铁不成钢 138
举一反三 179
举不胜举 178
举止大方 179
举手之劳 179
举手投足 179
举世无双 179
举世闻名 178
举世瞩目 179
举目无亲 178
举足轻重 179
举贤任能 179
举国上下 178
举国若狂 178
举重若轻 179
举案齐眉 178
举棋不定 178
突飞猛进 345
突如其来 345
突然袭击 345
穿杨贯虱 55
穿针引线 55
穿凿附会 55
穿靴戴帽 55
窃玉偷香 255
窃窃私语 255

〔丶乛〕

冠绝一时 125
冠绝古今 125
冠冕堂皇 125
冠盖如云 125
语无伦次 457
语重心长 457
语焉不详 457
语惊四座 457
神工鬼斧 300
神不知，鬼不觉 299
神气十足 300
神气活现 300
神乎其神 300
神出鬼没 300
神机妙算 300
神色自若 301
神色怡然 301
神交已久 300
神采飞扬 299
神采奕奕 300
神经兮兮 300
神经过敏 300
神经错乱 300
神秘莫测 300
神通广大 301
神情恍惚 301
神清气爽 300
神魂颠倒 300
误人子弟 379
误入歧途 379
误尽苍生 378
误国殃民 378
诱敌深入 454
诲人不倦 151
诲尔谆谆，听我藐藐 151
说一不二 322
说三道四 321
说长道短 321

〔乛一〕

退避三舍 349
既成事实 159
既来之，则安之 159
既往不咎 159
既得利益 159
昼伏夜行 487
昼夜兼程 487
昼锦荣归 487
咫尺千里 481
咫尺之书 481
咫尺之功 481
咫尺天涯 481
费尽心机 98

〔乛丨〕

眉飞色舞 209
眉开眼笑 209
眉目如画 209
眉来眼去 209
眉清目秀 209
除旧布新 54
除恶务尽 54
除暴安良 54
险象环生 387

〔乛丿〕

娇小玲珑 165

娇生惯养 165
姹紫嫣红 43
怒不可遏 225
怒气冲天 225
怒气冲冲 225
怒火中烧 225
怒目而视 225
怒发冲冠 225
怒形于色 225

〔乛丶〕

勇往直前 449
勇冠三军 449
柔肠寸断 281
柔能克刚 281
柔情似水 281
柔情蜜意 281

〔乛乛〕

结发夫妻 168
结党营私 168
结绳而治 168
绕梁之音 269
骁勇善战 390
骄兵必败 165
骄奢淫逸 165
骄傲自满 165
绘声绘色 151
绚丽多彩 406
络绎不绝 203
绝口不谈 180
绝无仅有 180
绝代佳人 180
绝处逢生 180
绝伦逸群 180
绝然不同 180
绞尽脑汁 166
骇人听闻 131
统筹兼顾 342
骈拇枝指 233

十画

〔一一〕

艳丽夺目 414
挈妇将雏 255
秦晋之好 256
泰山北斗 328
泰山压卵 328
泰山压顶 328
泰然处之 328
泰然自若 328
珠光宝气 487
珠圆玉润 488
珠联璧合 487
班门弄斧 12
班功行赏 12
班班可考 12
素不相识 325
素车白马 326
素昧平生 326
蚕丛鸟道 39
蚕食鲸吞 39
顽固不化 353

〔一丨〕

匪夷所思 97
载誉而归 465
载歌载舞 465
赶尽杀绝 111
起死回生 243
起早贪黑 243
埋头苦干 205
耄耋之年 208
耿耿于怀 117
恭敬不如从命 119
莫名其妙 217
莫逆之交 217
莫衷一是 217
荷枪实弹 137
荼毒生灵 346
获益匪浅 153
莘莘学子 298
恶衣恶食 88
恶作剧 88
恶言恶语 88
恶贯满盈 88
恶语中伤 88
莺歌燕舞 447
真才实学 472
真心实意 473
真伪莫辨 472
真枪实弹 472
真知灼见 473
真凭实据 472
真金不怕火炼 472
真金不镀 472
真相大白 473
真相毕露 473
真情实感 472

桂殿兰宫 128
桂薪玉粒 128
桃红柳绿 332
桃李不言，下自成蹊 332
桃李争妍 332
桃李满天下 332
格杀勿论 115
格物致知 115
格格不入 115
根深叶茂 117
根深蒂固 116
栩栩如生 404
索然无味 327
速战速决 326

〔一丿〕

唇亡齿寒 58
唇红齿白 58
唇枪舌剑 58
唇齿相依 58
砸锅卖铁 464
砥砺琢磨 76
破土而出 237
破口大骂 236
破门而入 237
破旧立新 236
破竹之势 237
破竹建瓴 237
破烂不堪 236
破除迷信 236
破格录用 236
破釜沉舟 236
破涕为笑 237
破铜烂铁 237
破绽百出 237
破镜重圆 236
破壁飞去 236
破罐破摔 236
原形毕露 459
原封不动 459
原原本本 460
逐字逐句 488
殊途同归 317
顾此失彼 123
顾全大局 123
顾名思义 123
顾盼生姿 123
顾盼自雄 123
顾虑重重 123
顾影自怜 123

〔一乛〕

捕风捉影 24
振奋人心 473
振振有词 473
振聋发聩 473
振臂一呼 473
捉摸不定 491
捉襟见肘 491
损人利己 327
损公肥私 327
损兵折将 327
逝者如斯 314
换汤不换药 147
热气腾腾 270
热火朝天 269
热血沸腾 270
热泪纵横 269
热泪盈眶 269
热情洋溢 270
热锅上的蚂蚁 269
挨肩擦背 1
挨家挨户 1
顿开茅塞 85
顿足捶胸 86

〔丨一〕

柴米油盐 43

〔丨丨〕

监守自盗 162
紧锣密鼓 171

〔丨丶〕

逍遥自在 390
逍遥法外 390
党同伐异 72

〔丨乛〕

逞强好胜 49
晓以大义 392
晓行夜宿 392
晕头转向 462
晕晕糊糊 462
蚍蜉撼树 232
哭笑不得 186
恩威并行 89
恩重如山 89

恩怨分明 89
恩将仇报 89
恩恩爱爱 89
恩断义绝 89
恩深义重 89
唉声叹气 2
罢黜百家 7
峰回路转 104
圆凿方枘 460
贼头贼脑 466
贼眉鼠眼 466
贼喊捉贼 466

〔丿一〕

钱可通神 252
钻天打洞 498
钻牛角尖 498
钻心刺骨 498
钻冰取火 498
铁石心肠 339
铁证如山 339
铁板一块 339
铁树开花 339
铁面无私 339
缺吃少穿 267
特立独行 332
造谣中伤 466
造谣惑众 466
乘人之危 48
乘风破浪 48
乘龙佳婿 48
乘兴而来，败兴而返 48
乘虚而入 48
舐犊之爱 314
积土成山 156
积习难改 156
积少成多 156
积劳成疾 156
积重难返 156
积毁销骨 156
秩序井然 482
称王称霸 47
称心如意 46
称兄道弟 47
称名道姓 47
秘而不宣 211
笔头生花 17
笔走龙蛇 17
笑而不答 392
笑里藏刀 392
笑面虎 392
笑逐颜开 392
笑容可掬 392
笑容满面 392
氤氤氲氲 444

〔丿丨〕

债台高筑 467
借刀杀人 169
借古讽今 169
借花献佛 169
借酒浇愁 169
借题发挥 169
倚门傍户 440
倚老卖老 440
倚财仗势 440
倾城倾国 259
倾盆大雨 260
倾家荡产 259
倾盖如故 259
倾巢而出 259
倾筐倒箧 260
倒打一耙 73
倒行逆施 73
倒背如流 73
倒海翻江 73
倒屣迎之 73
倜傥不群 333
倜傥不羁 333
俯拾即是 106
俯首帖耳 106
倍道兼行 16
健步如飞 164
臭名远扬 52
臭名昭著 52
臭味相投 52
息事宁人 380
息息相关 380

〔丿丿〕

徒子徒孙 346
徒有虚名 346
徒劳无功 346
徒劳无益 346
徒费唇舌 346
徐娘半老 404

〔丿丶〕

拿手好戏 219

拿来主义 219
釜底抽薪 107
耸人听闻 325
豺狼当道 43
爱才若渴 2
爱不释手 2
爱民如子 2
爱财如命 2
爱国如家 2
爱屋及乌 2
爱莫能助 2
爱憎分明 2

〔丿乛〕

脍炙人口 187
胸无城府 402
胸无点墨 402
胸无宿物 402
胸中有数 402
胸中块垒 402
胸有成竹 402
胸怀大志 401
胸怀磊落 401
狼子野心 190
狼心狗肺 190
狼吞虎咽 190
狼狈不堪 190
狼狈为奸 190
狼奔豕突 190
狼烟四起 190
卿卿我我 260
逢人说项 104
逢山开路，遇水叠桥 104
逢凶化吉 104
逢场作戏 104
桀骜不驯 168
留有余地 200
饿殍载道 88

〔丶一〕

恋恋不舍 196
高人一等 113
高山流水 113
高门大户 113
高不可攀 113
高不成，低不就 113
高风亮节 113
高枕无忧 114
高抬贵手 114
高朋满座 113
高官厚禄 113
高视阔步 113
高屋建瓴 114
高耸入云 114
高高在上 113
高谈阔论 114
高深莫测 113
高傲自大 112
高楼大厦 113
高瞻远瞩 114
席不暇暖 381
席地而坐 381
席卷天下 381
座无虚席 502
症结所在 474
病入膏肓 23
病急乱投医 23
疾风扫落叶 158
疾风知劲草 158
疾风暴雨 158
疾言厉色 158
疾恶如仇 158
疲于奔命 232
疲惫不堪 232
离乡背井 194
离心离德 194
离题万里 194
剖腹藏珠 237
旁门小道 228
旁门左道 228
旁观者清 228
旁若无人 228
旁征博引 229
旁敲侧击 228

〔丶丶〕

羞恶之心，人皆有之 403
拳不离手，曲不离口 267
拳打脚踢 267
粉身碎骨 99
粉饰太平 99
粉墨登场 99
料事如神 198
兼而有之 162
兼收并蓄 162
兼听则明，偏信

则暗 162
兼容并包 162
凌云壮志 199
凄风冷雨 240
凄然泪下 240
恣行无忌 497
恣情纵欲 497
恣意妄为 497
烘云托月 139
烜赫一时 405
烟波浩渺 410
烟消云散 410
酒肉朋友 177
酒足饭饱 177
酒逢知己千杯少 177
酒囊饭袋 177
涉笔成趣 297
消愁解闷 390
浩气长存 135
浩气凛然 135
浩如烟海 136
浩浩荡荡 135
浩然之气 136
海内无双 130
海水不可斗量 131
海外奇谈 131
海市蜃楼 130
海角天涯 130
海纳百川 130
海底捞月 130
海枯石烂 130
海阔天空 130
海阔凭鱼跃，天高任鸟飞 130
海誓山盟 130
涂脂抹粉 346
浴血奋战 458
浮生若梦 106
浮光掠影 106
浮家泛宅 106
浮想联翩 106
涣然冰释 148
流水无情 201
流水不腐，户枢不蠹 201
流芳百世 200
流连忘返 200
流言蜚语 201
流星赶月 201
流离失所 200
涕泗滂沱 333
浪子回头金不换 190
悄然无声 255
悔之无及 150
悔过自新 150
悔恨交加 150
害人不浅 131
害群之马 131
宽严得体 187
宽宏大度 187
家长里短 159
家丑不可外扬 160
家有敝帚，享之千金 160
家传户诵 160
家学渊源 160
家破人亡 160
家贼难防 160
家徒四壁 160
家常便饭 160
家喻户晓 160
宾至如归 21
宾客如云 21
容光焕发 280
容当后议 280
窈窕淑女 418
剜肉补疮 352
宰相肚里好撑船 464
案无留牍 5

〔丶乛〕

请君入瓮 262
朗朗乾坤 190
诸如此类 488
读万卷书，行万里路 83
读书百遍，其义自见 83
读书破万卷，下笔如有神 83
袒胸露背 330
袒裼裸裎 330
袖手旁观 403
袍笏登场 229
冥思苦想 216
冥顽不化 216
调朱弄粉 339
调兵遣将 78
调虎离山 78

调查研究 78
谆谆告诫 491
谈天说地 330
谈何容易 330
谈虎色变 330
谈笑风生 330
谈笑自若 330
冤家对头 459
冤家宜解不宜结 459
冤家路窄 459
冤冤相报 459
冤假错案 459

〔乛一〕

展翅高飞 468
弱不禁风 286
弱肉强食 286

〔乛丨〕

陶朱猗顿 332
陶然自得 332
陷身囹圄 387

〔乛丿〕

娓娓而谈 362
娓娓动听 362
婀娜多姿 88

〔乛丶〕

通力合作 340
通风报信 340
通行无阻 340
通俗易懂 340
通宵达旦 340
通情达理 340
能工巧匠 221
能文能武 222
能言善辩 222
能者为师 222
能者多劳 222
能征惯战 222
能屈能伸 221
能说会道 221
能掐会算 221
能歌善舞 221
难于上青天 220
难于启齿 220
难以为继 220
难以置信 220
难兄难弟 221
难言之隐 220
难舍难分 220
难能可贵 220
难解难分 220

〔乛乛〕

绠短汲深 117
绣花枕头 403
继往开来 159

十一画

〔一一〕

理直气壮 194
理所当然 194
理屈词穷 194
琅琅上口 190

〔一丨〕

堆积如山 85
教学相长 166
聊以自慰 198
聊表寸心 198
著书立说 488
著有成效 488
著作等身 488
黄金时代 149
黄袍加身 149
黄雀伺蝉 149
黄道吉日 149
黄粱美梦 149
菩萨心肠 237
萍水相逢 235
萍踪浪迹 235
营私舞弊 447
萧然物外 390
彬彬有礼 21
梦笔生花 210
梦寐以求 211
梦魂颠倒 210
梧鼠之技 376
梯山航海 333

〔一丿〕

硕果仅存 322
硕果累累 322
袭故蹈常 381
盛气凌人 305
盛名之下，其实

难副 305
盛极一时 305
盛况空前 305
盛衰荣辱 305
盛情难却 305

〔一丶〕

雪上加霜 406
雪中送炭 406

〔一乛〕

捧腹大笑 230
措手不及 61
掩人耳目 413
掩耳盗铃 413
捷报频传 168
捷足先登 168
排山倒海 227
排斥异己 227
排兵布阵 227
排忧解难 227
排除万难 227
排难解纷 227
掉以轻心 79
捶胸顿足 57
插科打诨 43
插架万轴 43
插翅难飞 43
推三阻四 348
推己及人 348
推己及物 348
推心置腹 349
推而广之 348
推陈出新 348
推贤让能 349
推波助澜 348
推诚相见 348
推崇备至 348
授人口实 317
授人以柄 317
授业解惑 317
掐头去尾 246
掠人之美 203
接二连三 167
接风洗尘 167
接踵而至 167
掷地有声 482
探本穷源 330
探头探脑 331
探奇览胜 331
探幽索隐 331
探骊得珠 331
探囊取物 331
据为己有 179
据理力争 179
辅车相依 107
救亡图存 177
救死扶伤 177

〔丨一〕

虚与委蛇 404
虚无缥缈 404
虚有其表 404
虚位以待 404
虚怀若谷 403
虚张声势 404
虚度年华 403
虚晃一枪 403
虚虚实实 404
虚情假意 403

〔丨丶〕

堂而皇之 331
堂堂正正 331

〔丨乛〕

晨钟暮鼓 46
眼光如豆 413
眼观六路，耳听八方 413
眼观鼻，鼻观心 413
眼花缭乱 413
眼高手低 413
眼疾手快 413
悬而未决 405
悬崖峭壁 405
悬崖勒马 405
悬梁刺股 405
悬鹑百结 405
野人献芹 419
野无遗贤 419
野心勃勃 419
野生野长 419
野叟献曝 419
遇难成祥 459
晚节不保 353
晚节不终 353
趾高气扬 481
跃马扬鞭 462

跃跃欲试 462
跃然纸上 462
略知一二 203
略胜一筹 203
蛊惑人心 122
蛇蝎心肠 296
患难与共 148
患难之交 148
患得患失 148
唾手可得 350
唾面自干 350
唯才是举 361
唯利是图 361
唯我独尊 362
唯命是从 361
唯唯诺诺 362
啸聚山林 392
崎岖不平 242
崭露头角 468
崇山峻岭 51
崇本抑末 51
崇洋媚外 52
帷薄不修 362
崛地而起 180

〔丿一〕

铜筋铁骨 342
铜墙铁壁 342
铤而走险 340
铮铮铁骨 474
铲草除根 44
矫枉过正 166
矫揉造作 166
甜言蜜语 338
梨花带雨 194
移山倒海 436
移风易俗 436
移东补西 436
移花接木 436
移步换形 436
笨鸟先飞 16
笨嘴拙舌 16
笼络人心 202

〔丿丨〕

偃武修文 414
偃旗息鼓 414
做贼心虚 502
悠然自得 450
悠然神往 450
偎干就湿 360
偷工减料 343
偷天换日 343
偷鸡摸狗 343
偷营劫寨 343
偷偷摸摸 343
偷梁换柱 343
停滞不前 340
偏安一隅 232
偏听偏信 232
假仁假义 160
假公济私 160
假戏真做 160
假途灭虢 160

〔丿丿〕

徘徊不前 227
徙宅忘妻 382
徜徉恣肆 45
得一望十 75
得寸进尺 74
得天独厚 75
得不偿失 74
得心应手 75
得而复失 74
得过且过 74
得陇望蜀 74
得鱼忘筌 75
得道多助，失道寡助 74
得意门生 75
得意忘形 75
得意洋洋 75
衔石填海 386
衔冤负屈 386
盘马弯弓 228
盘根问底 228
盘根错节 228

〔丿丶〕

斜风细雨 392
敛声屏气 196
悉心竭虑 380
欲加之罪，何患无辞 458
欲言又止 459
欲速则不达 459
欲罢不能 458
欲盖弥彰 458
欲擒故纵 458

欲壑难填 458

〔丿乛〕

脚踩两只船 166
脚踏实地 166
脱口而出 350
脱胎换骨 350
脱颖而出 350
脱缰之马 350
象牙之塔 390
猫哭老鼠 208
猫鼠同眠 208
猝不及防 60
猛志常在 210
猛将如云，谋臣似雨 210

〔丶一〕

毫无疑义 134
毫不介意 133
毫不讳言 133
毫不利己，专门利人 133
毫分缕析 134
毫发无遗 133
毫厘不爽 134
烹龙炮凤 230
麻木不仁 205
麻雀虽小，肝胆俱全 205
麻痹大意 205
康庄大道 182
庸人自扰 448
庸庸碌碌 448
鹿死谁手 202
望子成龙 359
望风而降 359
望风而逃 359
望风披靡 359
望文生义 359
望而生畏 359
望而却步 358
望尘而拜 358
望尘莫及 358
望其项背 359
望洋兴叹 359
望穿秋水 358
望梅止渴 359
望眼欲穿 359

〔丶丶〕

盖世无双 110
盖棺论定 110
着手成春 491
着意栽花花不发，无心插柳柳成荫 491
粗心大意 60
粗衣淡饭 60
粗声粗气 60
粗枝大叶 60
粗制滥造 60
粗茶淡饭 59
断子绝孙 85
断井颓垣 85
断线风筝 85
断章取义 85
断断续续 84
断编残简 84
断鹤续凫 85
断壁颓垣 84
焕然一新 148
烽火连天 104
烽火相连 104
盗亦有盗 73
清心寡欲 261
清水出芙蓉 260
清水衙门 260
清正廉明 261
清汤寡水 260
清闲自在 260
清词丽句 260
清规戒律 260
清官难断家务事 260
清茶淡饭 260
清廉正直 260
清静无为 260
添枝加叶 338
添油加醋 338
添砖加瓦 338
鸿雁传书 140
鸿鹄之志 140
鸿篇巨制 140
淋漓尽致 199
渐入佳境 164
混为一谈 152
混世魔王 152
混淆视听 152
混淆是非 152

混淆黑白 152
涸辙之鲋 137
淮橘为枳 147
淫词艳曲 445
婆婆妈妈 235
淡而无味 71
深入人心 299
深入浅出 299
深入骨髓 299
深山老林 299
深山幽谷 299
深不可测 298
深仇大恨 298
深宅大院 299
深更半夜 299
深明大义 299
深居简出 299
深思熟虑 299
深信不疑 299
深恶痛绝 299
深情厚谊 299
深谋远虑 299
梁上君子 197
情人眼里出西施 261
情不自禁 261
情文并茂 261
情有可原 262
情同手足 261
情同骨肉 261
情好甚笃 261
情投意合 261
情真意切 262
情理难容 261
情深义重 261
情深似海 261
情景交融 261
情意绵绵 262
情窦初开 261
惜老怜贫 380
惜墨如金 380
惝恍迷离 45
惘然若失 358
惟妙惟肖 362
惊弓之鸟 173
惊天动地 174
惊心动魄 174
惊世骇俗 173
惊恐万状 173
惊涛骇浪 174
惊喜交加 174
惊慌失措 173
惊魂未定 173
敝帚自珍 18
惨无人道 39
惨不忍睹 39
惨绝人寰 39
惨淡经营 39
寅吃卯粮 445
寄人篱下 159
密不通风 211

〔丶乛〕

谋财害命 217
谋事在人，成事在天 217
祸不单行 153
祸不旋踵 153
祸从口出 153
祸从天降 153
祸国殃民 154
祸福无常 153

〔乛一〕

敢作敢为 111
敢作敢当 111
敢怒不敢言 111
屠门大嚼 346
屠龙之技 346
弹丸之地 71
弹无虚发 71
弹尽粮绝 71
弹指之间 330
弹冠相庆 330

〔乛丨〕

随风转舵 326
随心所欲 326
随机应变 326
随声附和 326
随时随地 326
随波逐流 326
随遇而安 326
隐约其辞 446
隐姓埋名 446
隐恶扬善 446

〔乛丿〕

婉言谢绝 353
婉若游龙 353

〔乛乛〕

绫罗绸缎 199
骐骥一毛 242
骐骥过隙 242
骑驴觅驴 242
骑者善堕 242
骑虎难下 242
骑鹤扬州 242
绰约多姿 58
绰绰有余 58
绳之以法 304
绳锯木断，水滴石穿 304
绵延起伏 211
绵里藏针 211
绵绵不绝 211
绿草如茵 203

十二画

〔一一〕

琴棋书画 256
琪花瑶草 243
琳琅满目 199
琼浆玉液 263
琼楼玉宇 264
斑驳陆离 12
替天行道 334
替古人担忧 333

〔一丨〕

款款而谈 187
越俎代庖 462
趁火打劫 46
趁热打铁 47
趋之若鹜 265
趋炎附势 265
超前绝后 45
超然物外 45
超群绝伦 45
博大精深 23
博古通今 23
博而寡要 23
博观慎取 23
博采众长 23
博学多才 24
博学笃志 24
博览群书 23
博闻强记 24
喜上眉梢 382
喜不自胜 382
喜气洋洋 382
喜从天降 382
喜出望外 382
喜形于色 382
喜闻乐见 382
喜怒无常 382
喜怒不形于色 382
喜怒哀乐 382
喜笑颜开 382
喜新厌旧 382
斯文扫地 322
期期艾艾 240
期颐之寿 240
欺人太甚 240
欺上罔下 240
欺世罔俗 240
欺世盗名 240
欺软怕硬 240
散兵游勇 290
惹人注目 269
惹火烧身 269
惹是生非 269
敬业乐群 176
敬而远之 175
落井下石 204
落水狗 204
落汤鸡 204
落花流水 203
落英缤纷 204
落荒而逃 204
落落大方 204
朝三暮四 470
朝夕相处 471
朝云暮雨 471
朝不保夕 470
朝不谋夕 470
朝生暮死 471
朝气蓬勃 470
朝令夕改 470
朝发夕至 470
朝思暮想 471
朝闻夕死 471
朝秦暮楚 470
朝野上下 45
朝朝寒食，夜夜元宵 471
朝朝暮暮 471

棒打鸳鸯 13
棋逢敌手，将遇良才 242
森罗万象 291
焚书坑儒 99
焚林竭泽 99
焚琴煮鹤 99
焚膏继晷 99
逼上梁山 16
逼良为娼 16
酣畅淋漓 131

〔一丿〕

硬着头皮 448
硝烟弥漫 390
硝烟弹雨 390
雁过拔毛 414
雁行鱼贯 414
雄才大略 402
雄心壮志 402
雄心勃勃 402
雄赳赳，气昂昂 402
雄姿英发 402
殚财竭力 71
殚精竭虑 71

〔一乛〕

搽脂抹粉 43
揠苗助长 409
提心吊胆 333
提纲挈领 333
揭竿而起 167
搜索枯肠 325
援古证今 460
搅海翻江 166
握手言欢 368
搔首弄姿 290
雅俗共赏 409
翘首以待 254

〔丨一〕

斐然可观 97
斐然成章 97
悲天悯人 15
悲不自胜 15
悲观失望 15
悲欢离合 15
悲喜交集 15
悲痛欲绝 15
悲愤填膺 15

〔丨丨〕

凿壁偷光 466

〔丨丶〕

赏心乐事 294
赏心悦目 294
赏罚分明 294
掌上明珠 469

〔丨乛〕

晴天霹雳 262
晴空万里 262
量入为出 198
量力而行 198
量才录用 198
量体裁衣 198
鼎力相助 79
鼎足之势 79
喷薄欲出 230
喋喋不休 79
喃喃细语 221
跋山涉水 7
跑马观花 229
遗文轶事 436
遗老遗少 436
遗恨千古 436
遗臭万年 436
蛙鸣蝉噪 351
蛛丝马迹 488
蛛网尘封 488
喟然长叹 188
啼笑皆非 333
嗟来之食 167
喧宾夺主 405
喧嚣一时 405
赔了夫人又折兵 229
黑白不分 138
黑白分明 138
黑灯瞎火 138

〔丿一〕

铸成大错 489
铺天盖地 237
铺张浪费 237
铿锵有力 184
销声匿迹 390
销魂夺魄 390
锄强扶弱 54

锋芒毕露 104
锋芒所向 104
锐不可当 285
锒铛入狱 190
短小精悍 84
短兵相接 84
智者千虑，必有一失 483
智勇双全 482
稍纵即逝 295
稍胜一筹 295
程门立雪 48
稀世之才 380
稀世之宝 380
稀奇古怪 380
黍离之悲 318
等米下锅 76
等闲之辈 76
等闲视之 76
等量齐观 76
筚门陋巷 18
筚路蓝缕 18
答非所问 62
筋疲力尽 171
鹅行鸭步 88

〔丿丨〕

傲雪欺霜 6
傲然屹立 6
集思广益 158
集腋成裘 158
焦头烂额 166
焦躁不安 166
皓月千里 136
皓首穷经 136
粤犬吠雪 462
奥妙无穷 6

〔丿丿〕

遁入空门 86
遁世绝俗 86
街头巷尾 167
惩一儆百 49
惩前毖后 49
惩恶劝善 49
御用文人 459
循序渐进 408
循环往复 408
循规蹈矩 408
循循善诱 408

〔丿丶〕

禽兽不如 256

〔丿乛〕

馋涎欲滴 43

〔丶一〕

蛮不讲理 206
蛮横无理 206
就地正法 177
就地取材 177
就事论事 177
痛入骨髓 343
痛下针砭 343
痛不欲生 342
痛心疾首 343
痛快淋漓 343
痛改前非 342
痛定思痛 342
痛哭流涕 342
童山濯濯 342
童心未泯 342
童言无忌 342
童叟无欺 342

〔丶丨〕

阒无人声 266

〔丶丶〕

善男信女 294
善价而沽 294
善始善终 294
善罢甘休 294
善解人意 294
普天之下 238
普天同庆 238
普度众生 238
尊师重道 499
尊卑有序 499
道不同，不相为谋 74
道不拾遗，夜不闭户 73
道听途说 74
道高一尺，魔高一丈 74
道路以目 74
道貌岸然 74

装怯作勇 490
装点门面 490
装疯卖傻 490
装神弄鬼 490
装聋作哑 490
装腔作势 490
装模作样 490
曾几何时 42
曾母投杼 467
曾经沧海 42
湖光山色 143
湮灭无闻 410
渺无人烟 212
渺无音信 212
温文尔雅 364
温故知新 364
温柔敦厚 364
溃不成军 188
渡江亡楫 84
游人如织 451
游山玩水 451
游刃有余 451
游手好闲 451
游目骋怀 451
愤世嫉俗 100
愤愤不平 100
慌不择路 148
慌慌张张 149
惺惺相惜 399
惴惴不安 491
愣头愣脑 193
愀然变色 255
惶恐不安 149
惶惶不可终日 149
愧不敢当 188
割席分座 114
割据一方 114
寒来暑往 132
寒蝉凄切 132
富可敌国 108
富甲天下 108
富丽堂皇 108
富国强兵 108
富贵不淫 108
窗明几净 56

〔丶乛〕

遍地开花 20
遍体鳞伤 20
谢天谢地 393
谦虚谨慎 250
谦谦君子 250

〔乛一〕

遐方绝域 383
屡见不鲜 202
屡试不第 202
屡教不改 202
强人所难 254
强中更有强中手 253
强龙压不过地头蛇 253
强奸民意 253
强扭的瓜不甜 253
强作解人 254
强词夺理 253
强弩之末 253
强将手下无弱兵 253
强颜欢笑 254

〔乛丨〕

疏不间亲 317
疏而不漏 317
疏密有致 317
疏影横斜 317
隔世之感 115
隔岸观火 115
隔靴搔痒 115

〔乛丿〕

絮絮叨叨 404

〔乛丶〕

登山临水 76
登峰造极 75
登高望远 76
登堂入室 76

〔乛乛〕

缓兵之计 147
缘木求鱼 460
骚人墨客 290

十三画

〔一一〕

瑞雪兆丰年 286
瑕不掩瑜 383
瑕瑜互见 383

魂飞魄散 152
魂不守舍 152
魂不附体 152
魂牵梦萦 152
肆无忌惮 325

〔一丨〕

鼓乐喧天 122
鼓足干劲，力争上游 122
鼓角齐鸣 122
鼓盆之戚 122
勤工俭学 256
勤学好问 257
勤学苦练 257
勤政爱民 257
勤俭持家 257
勤能补拙 257
勤勤恳恳 257
鹊巢鸠居 267
幕天席地 218
蓬门筚户 230
蓬头垢面 230
蓬头跣足 230
蓬荜生辉 230
蒲柳之姿 237
蒙在鼓里 210
蒙昧无知 210
蒙冤受屈 210
蒙混过关 210
颐指气使 436
颐神养性 436
蒸蒸日上 474
楚河汉界 55
楚楚动人 55
想入非非 389
想方设法 389
想当然 389
概莫能外 110
酩酊大醉 216

〔一丿〕

感人至深 112
感人肺腑 112
感天动地 112
感同身受 112
感恩图报 111
感恩戴德 111
感情用事 112
感慨万分 112
感激不尽 112
感激涕零 112
碍手碍脚 2
碌碌无为 202

〔一丶〕

雷厉风行 193
雷声大，雨点小 193
雷霆万钧 193
雾里看花 379

〔一乛〕

摄人魂魄 297
携手并肩 392
搬弄是非 12
摇头晃脑 417
摇头摆尾 417
摇身一变 417
摇尾乞怜 417
摇唇鼓舌 417
摇笔即来 417
摇摆不定 417
摇摇欲坠 417
摇旗呐喊 417

〔丨一〕

粲花妙论 39
粲然可观 40

〔丨丨〕

鉴往知来 164

〔丨乛〕

睹物思人 83
睚眦必报 409
嗷嗷待哺 5
愚不可及 456
愚公移山 456
愚者千虑，必有一得 456
愚昧无知 456
暗无天日 5
暗送秋波 5
暗淡无光 5
暗渡陈仓 5
暗箭伤人 5
照本宣科 471
照猫画虎 471
照章办事 471

跳进黄河洗不清 339
跳梁小丑 339
路见不平，拔刀相助 202
路遥知马力，日久见人心 202
遣词造句 253
蛾眉皓齿 88
蜂拥而至 104
蜕化变质 349
嗤之以鼻 49
置之不理 483
置之死地而后生 483
置之度外 483
置身世外 483
置身事外 483
置若罔闻 483
罪大恶极 498
罪不容诛 498
罪在不赦 499
罪有应得 499
罪责难逃 499
罪该万死 499
罪莫大焉 499
罪恶昭著 499
罪恶滔天 498
罪魁祸首 499
罪孽深重 499
蜀犬吠日 318

〔丿一〕

错综复杂 61
错落有致 61
锣鼓喧天 203
锦上添花 171
锦心绣口 171
锦衣玉食 172
锦绣山河 172
锦绣前程 172
锦囊妙计 171
锱铢必较 492
舞文弄墨 377
矮人看戏 2
稗官野史 11
稠人广众 52
颓垣败壁 349
愁眉不展 52
愁眉苦脸 52
歃血为盟 292
简明扼要 163
简单明了 163

〔丿丨〕

催人泪下 60
躲躲闪闪 87
鼠目寸光 318
鼠肚鸡肠 318
鼠窃狗盗 318

〔丿丿〕

微不足道 360
微乎其微 360

〔丿丶〕

遥相呼应 417
遥遥无期 417
遥遥相对 418
遥遥领先 417

〔丿乛〕

腰缠万贯 416
腥风血雨 399
腹背受敌 108
鹏程万里 230
腾云驾雾 332
腾蛟起凤 332
觥筹交错 119
触目惊心 55
触类旁通 55
触景生情 55
解甲归田 168
解铃还须系铃人 168
解囊相助 168
煞有介事 292
煞费苦心 292

〔丶一〕

痴人说梦 49
痴心不改 49
痴心妄想 50
廉洁奉公 196
新人新事 397
新仇旧恨 397
新来乍到 397
新陈代谢 397
新亭对泣 397
新硎初试 397
意气飞扬 442
意气风发 442

意气用事 442
意气扬扬 442
意在言外 443
意犹未尽 442
意味深长 442
雍容华贵 449
雍容典雅 448

〔丶丶〕

数一数二 318
数九寒天 318
数不胜数 318
数以万计 320
数典忘祖 318
数往知来 318
慈乌反哺 58
慈眉善目 58
溘然长逝 184
满不在乎 206
满打满算 206
满目凄凉 206
满怀信心 206
满城风雨 206
满面春风 206
满载而归 207
满腔热忱 206
满腹牢骚 206
满腹经纶 206
漠不关心 217
漠然置之 217
誉满天下 459
源头活水 460
源远流长 460
源源不断 460
滥竽充数 189
滔天大罪 331
滔滔不绝 331
溪壑无厌 380
溜之大吉 200
滚瓜烂熟 128
滚滚而来 128
溢于言表 443
溢美之辞 443
溯本求源 326
慎始慎终 301
慎终如始 301
塞翁失马，安知非福 287
寝不安席 257
窥豹一斑 187

〔丶乛〕

谨小慎微 172
福无双至，祸不单行 106
福如东海 106
福禄双全 106

〔乛一〕

群龙无首 267
群英荟萃 268
群居终日，言不及义 267
群蚁附膻 268
群雄逐鹿 268
群策群力 267
群魔乱舞 268

〔乛丿〕

嫌贫爱富 386
嫁鸡随鸡，嫁狗随狗 161
嫁祸于人 161

〔乛乛〕

缚鸡之力 108
缠绵悱恻 43

十四画

〔一一〕

碧血丹心 18
韬光晦迹 331

〔一丨〕

墙内开花墙外香 253
墙头马上 253
墙倒众人推 253
截然不同 168
赫赫有名 137
聚沙成塔 180
聚精会神 179
暮气沉沉 218
蔚为大观 364
蔚然可观 364
蔚然成风 364
蔼然可亲 2
兢兢业业 174
熙熙攘攘 381

模棱两可 216
榜上无名 13
歌功颂德 114
歌声绕梁 114
歌舞升平 115
酸甜苦辣 326

〔一丿〕

臧否人物 466
臧谷亡羊 465

〔一乛〕

摧枯拉朽 60
摧眉折腰 60
誓不两立 314
辗转反侧 468

〔丨一〕

龇牙咧嘴 492

〔丨乛〕

颗粒无存 183
踌躇不前 52
踌躇满志 52
踉踉跄跄 198
蜻蜓点水 261
蝇头小利 447
嘘欷不已 404
嘘寒问暖 404

〔丿一〕

锲而不舍 256
稳扎稳打 366
稳坐钓鱼台 367
稳稳当当 366
稳操胜券 366
箪瓢陋巷 71
管中窥豹 125
管鲍之交 125
管窥蠡测 125

〔丿丨〕

僧多粥少 291
鼻青脸肿 17
鼻垩挥斤 17

〔丿、〕

貌合神离 209

〔丿乛〕

鲜血淋漓 386
鲜艳夺目 386
疑则勿用，用则勿疑 437
疑神疑鬼 437
疑惑不解 436
獐头鼠目 469

〔、一〕

裹足不前 129
敲山震虎 254
敲门砖 254
敲诈勒索 254
敲骨吸髓 254
敲锣打鼓 254
豪言壮语 134
豪放不羁 134
豪情壮志 134
遮人耳目 471
遮天蔽日 471
瘦骨嶙峋 317
旗开得胜，马到成功 243
旗帜鲜明 243
旗鼓相当 243
彰善瘅恶 469
韶光荏苒 296
竭尽全力 168
竭泽而渔 168
端本澄源 84

〔、、〕

精卫填海 175
精打细算 174
精兵简政 174
精妙绝伦 174
精明强干 174
精诚团结 174
精诚所至，金石为开 174
精神抖擞 175
精神恍惚 175
精神焕发 175
精耕细作 174
精疲力竭 175
精益求精 175
精雕细琢 174
熔古铸今 280
煽风点火 293

漆黑一团 241
漂母之恩 233
漂泊无依 233
漂洋过海 233
漫山遍野 207
漫天匝地 207
漫无边际 207
漫不经心 207
滴水不漏 76
滴水成冰 76
漏网之鱼 202
漏洞百出 202
慢声细语 207
慢条斯理 207
慷慨陈词 182
慷慨就义 182
慷慨解囊 182
慷慨激昂 182
寡不敌众 123
寡言少语 124
寡恩少义 124
寡廉鲜耻 124
察言观色 43
寥若晨星 198
寥寥无几 198
寥寥可数 198

〔乛丿〕

嫣然一笑 410

〔乛丶〕

熊心豹胆 402
熊罴之师 402
熊熊烈火 402

〔乛乛〕

缩手缩脚 327
缩头缩脑 327

十五画

〔一一〕

璀璨夺目 60

〔一丨〕

聪明一世，糊涂一时 59
聪明伶俐 59
蕙质兰心 151
鞍马劳顿 4
鞍前马后 4
横七竖八 138
横生枝节 138
横加干涉 138
横加指责 138
横扫千军 138
横行天下 139
横行无忌 139
横行霸道 139
横冲直撞 138
横征暴敛 139
横眉冷对 138
横槊赋诗 139
敷衍了事 105
敷衍塞责 105
飘茵堕溷 233
飘飘欲仙 233
醉生梦死 499
醉翁之意不在酒 499
醉眼朦胧 499

〔一丶〕

震天动地 473
震古铄今 473
震耳欲聋 473

〔一乛〕

擒贼擒王 257

〔丨乛〕

瞒上欺下 206
瞒天过海 206
暴风骤雨 14
暴虎冯河 14
暴殄天物 14
暴虐无道 14
暴跳如雷 14
暴露无遗 14
瞎子摸鱼 383
嘲风咏月 45
影影绰绰 448
踔厉风发 58
踏破铁鞋 328
墨守成规 217
墨迹未干 217

〔丿一〕

靠山吃山，靠水吃水 182

靠天吃饭 182
箭不虚发 164
箭在弦上 164

〔丿丿〕

德才兼备 75
德高望重 75

〔丶一〕

熟门熟路 318
熟视无睹 318
熟读精思 317
熟能生巧 318
摩肩接踵 216
摩拳擦掌 216
颜色憔悴 413
颜筋柳骨 413
毅然决然 443

〔丶丶〕

糊里糊涂 143
熠熠生辉 443
潜移默化 252
潜滋暗长 252
潸然泪下 293

〔丶乛〕

翩翩起舞 232
鹤立鸡群 138
鹤发童颜 138

〔乛一〕

憨态可掬 131
劈头盖脸 231
劈两分星 231
履险如夷 202

〔乛丿〕

嬉皮笑脸 381
嬉笑怒骂，皆成文章 381

〔乛乛〕

缮甲治兵 294

十六画

〔一丨〕

燕瘦环肥 414
噩梦初醒 88
擎天之柱 262
薪尽火传 398
颠三倒四 77
颠扑不破 77
颠来倒去 77
颠沛流离 77
颠倒是非 77
颠倒黑白 77
颠倒错乱 77
整顿乾坤 475
整装待发 475
瓢泼大雨 233
融会贯通 280
醍醐灌顶 333

〔一乛〕

操之过急 41
操觚染翰 41
操翰成章 41
擅离职守 294

〔丨一〕

餐风饮露 38

〔丨乛〕

瞠目结舌 47
噤若寒蝉 173
踵事增华 485
嘴甜心苦 498
蹉跎岁月 61
螓首蛾眉 257
默默无言 217
默默无闻 217
黔驴技穷 252
鹦鹉学舌 447

〔丿一〕

赞不绝口 465
赞叹不已 465

〔丿丨〕

邀功求赏 416

〔丿乛〕

雕虫小技 78
雕栏玉砌 78
雕章琢句 78
雕梁画栋 78
邂逅相遇 393

〔丶一〕

磨杵成针 216

〔丶丶〕

糖衣炮弹 331
燃眉之急 269
澡雪精神 466
激扬文字 156
激浊扬清 156

〔乛一〕

壁垒森严 18
避人之长，攻人之短 19
避实击虚 19
避重就轻 19

十七画

〔一丨〕

戴罪立功 70
罄竹难书 262
鞠躬尽瘁 178
藏龙卧虎 41
藏头露尾 41
藏而不露 41
藏锋敛锷 41
藏踪蹑迹 41
藏器待时 41

〔一丶〕

霞光万道 383

〔一乛〕

擢发难数 491

〔丨乛〕

瞬息万变 321
瞬息即逝 321
蹑手蹑脚 223
螳螂捕蝉，黄雀在后 331
螳臂当车 331
髀肉复生 19

〔丿一〕

繁文缛节 93
繁华盛地 92
繁花似锦 92
繁荣昌盛 92
繁荣富强 93

〔丿丨〕

鼾声如雷 131

〔丶丶〕

糟糠之妻 466
濮上之音 237
豁达大度 154
豁然开朗 154

〔乛丶〕

鹬蚌相争，渔人得利 459

〔乛乛〕

孺子可教 284

十八画

〔一丨〕

藕断丝连 226
鞭长莫及 19
鞭辟入里 19
覆水难收 109
覆巢毁卵 109

〔丨乛〕

瞻前顾后 467

〔丿丶〕

翻山越岭 92
翻天覆地 92
翻云覆雨 92
翻江倒海 92
翻来覆去 92
翻脸无情 92
翻然悔悟 92
翻箱倒柜 92

〔丿乛〕

鳏寡孤独 125

〔丶丶〕

懵懵懂懂 210

〔丶乛〕

襟怀坦白 171

十九画

〔一丨〕

攀云追月 228
攀龙附凤 228

〔丨乛〕

曝鳃之鱼 238
蟾宫折桂 44

〔丶一〕

靡不有初，鲜克有终 211
靡靡之音 211
癣疥之疾 405

二十画

〔一乛〕

攘人之美 269

〔丨丶〕

耀武扬威 419

〔丨乛〕

巍然屹立 360

〔丿乛〕

鳞次栉比 199

〔丶一〕

魔高一尺，道高一丈 217

〔丶丶〕

灌夫骂坐 125

二十一画

〔一一〕

蠢蠢欲动 58

〔丨乛〕

黯然失色 5
黯然神伤 5
黯然销魂 5

二十二画

〔一丨〕

囊空如洗 221
囊括四海 221
囊萤映雪 221

〔丨乛〕

饕口馋舌 332

〔丶一〕

饔飧不继 449

〔乛一〕

鬻妻卖子 459